맛지마 니까야
중간 길이로 설한 경[中部]

제2권
M31~M70

맛지마 니까야

Majjhima Nikāya

중간 길이로 설하신 경

제2권

M31~M70

초기불전연구원

그분
부처님
공양 올려 마땅한 분
바르게 깨달으신 분께 귀의합니다.

Namo tassa Bhagavato Arahato Sammāsambuddhassa

제2권 목차

제2권 해제 15
제4장 긴 쌍 품(M31~M40) 81
고싱가살라 짧은 경(M31) 83
고싱가살라 긴 경(M32) 99
소치는 사람의 긴 경(M33) 115
소치는 사람의 짧은 경(M34) 128
삿짜까 짧은 경(M35) 134
삿짜까 긴 경(M36) 157
갈애 멸진의 짧은 경(M37) 193
갈애 멸진의 긴 경(M38) 205
앗사뿌라 긴 경(M39) 241
앗사뿌라 짧은 경(M40) 264

제5장 짧은 쌍 품(M41~M50) 273
살라의 바라문들 경(M41).................................... 275
웨란자의 바라문들 경(M42) 287
교리문답의 긴 경(M43) 289
교리문답의 짧은 경(M44) 315
법 실천의 짧은 경(M45).................................... 334
법 실천의 긴 경(M46) 342
검증자 경(M47) 355
꼬삼비 경(M48).................................... 363
범천의 초대 경(M49) 375
마라 견책 경(M50) 391

II. 가운데 50개 경들의 묶음 409
제6장 장자 품(M51~M60) 411
깐다라까 경(M51).................................... 413
앗타까나가라 경(M52) 434
유학 경(M53) 445
뽀딸리야 경(M54) 458

지와까 경(M55) 475
우빨리 경(M56) 484
견서계경(犬誓戒經, M57) 518
아바야 왕자 경(M58) 530
많은 느낌 경(M59) 539
확실한 가르침 경(M60) 548

제7장 비구 품(M61~M70) 575
암발랏티까에서 라훌라를 교계한 경(M61) 577
라훌라를 교계한 긴 경(M62) 590
말룽꺄 짧은 경(M63) 607
말룽꺄 긴 경(M64) 619
밧달리 경(M65) 632
메추라기 비유 경(M66) 653
짜뚜마 경(M67) 673
날라까빠나 경(M68) 685
굴릿사니 경(M69) 699
끼따기리 경(M70) 707

약어

A.	Aṅguttara Nikāya(앙굿따라 니까야, 증지부)
AA.	Aṅguttara Nikāya Aṭṭhakathā = Manorathapūraṇī(증지부 주석서)
AAṬ.	Aṅguttara Nikāya Aṭṭhakathā Ṭīkā(증지부 복주서)
ApA.	Apadāna Aṭṭhakathā(아빠다나(譬喩經) 주석서)
Be	Burmese-script ed. of M.(미얀마 육차결집본)
BG.	Bhagavadgīta(바가왓 기따)
BHD	Buddhist Hybrid Sanskrit Dictionary
BHS	Buddhist Hybrid Sanskrit
BL	Buddhist Legends(Burlingame)
BPS	Buddhist Publication Society
BvA.	Buddhavaṁsa Aṭṭhakathā
CBETA	CBETA Chinese Electronic Tripitaka Collection: CD-ROM
CMA	A Comprehensive Manual of Abhidhamma(아비담맛타 상가하)
CPD	Critical Pāli Dictionary
C.Rh.D	C.A.F. Rhys Davids
D.	Dīgha Nikāya(디가 니까야, 장부)
DA.	Dīgha Nikāya Aṭṭhakathā = Sumaṅgalavilāsinī(장부 주석서)
DAṬ.	Dīgha Nikāya Aṭṭhakathā Ṭīkā(장부 복주서)

Dhp.	Dhammapada(법구경)
DhpA.	Dhammapada Aṭṭhakathā(법구경 주석서)
Dhs.	Dhammasaṅgaṇi(담마상가니, 法集論)
DhsA.	Dhammasaṅgaṇi Aṭṭhakathā = Aṭṭhasālinī(법집론 주석서)
DPL	A Dictionary of the Pali Language(Childers)
DPPN.	G. P. Malalasekera's *Dictionary of Pali Proper Names*
Dv.	Dīpavaṁsa(島史), edited by Oldenberg
DVR	A Dictionary of the Vedic Rituals, Sen, C. Delhi, 1978.
Ee	Roman-script ed. of M.
EV1	Elders' Verses I(장로게 영역, Norman)
EV2	Elders' Verses II(장로니게 영역, Norman)
GD	Group of Discourse(숫따니빠따 영역, Norman)
Ibid.	*Ibidem*(전게서, 前揭書, 위의 책)
It.	Itivuttaka(如是語)
ItA.	Itivuttaka Aṭṭhakathā(여시어 경 주석서)
Jā.	Jātaka(本生譚)
JāA.	Jātaka Aṭṭhakathā(본생담 주석서)
KhpA.	Khuddakapātha Aṭṭhakathā(쿳다까빠타 주석서)
KS	Kindred Sayings(상윳따 니까야 영역, Rhys Davids, Woodward)
Kv.	Kathāvatthu(까타왓투, 論事)
KvA.	Kathāvatthu Aṭṭhakathā(까타왓투 주석서)
LBD	Long Discouurse of the Buddha(디가 니까야 영역, Walshe)
M.	Majjhima Nikāya(맛지마 니까야, 중부)

MA.	Majjhima Nikāya Aṭṭhakathā = Papañcasūdanī(중부 주석서)
MAT.	Majjhima Nikāya Aṭṭhakathā Ṭīkā(중부 복주서)
Mil.	Milindapañha(밀린다왕문경)
MLBD	Middle Length Discouurse of the Buddha(중부 영역, Ñāṇamoli)
Mvu.	Mahāvastu(북전 大事, Edited by Senart)
Mhv.	Mahāvaṁsa(大史), edited by Geiger
MW	Monier-Williams′ Sanskrit-English Dictionary
Nd1.	Mahā Niddesa(大義釋)
Nd1A.	Mahā Niddesa Aṭṭhakathā (대의석 주석서)
Nd2.	Cūla Niddesa(소의석)
Netti.	Nettippakaraṇa(指道論)
NMD	Ven. Ñāṇamoli′s *Pali-English Glossary of Buddhist Terms*
Pe.	Peṭakopadesa(藏釋論)
PED	*Pāli-English Dictionary* (PTS)
Pm.	Paramatthamañjūsā = Visuddhimagga Mahāṭīkā(청정도론 복주서)
Ps.	Paṭisambhidāmagga(무애해도)
Ptn.	Paṭṭhāna(發趣論)
PTS	Pāli Text Society
Pug.	Puggalapaññatti(人施設論)
PugA.	Puggalapaññatti Aṭṭhakathā(인시설론 주석서)
Pv.	Petavatthu (아귀사)
Rv.	Ṛgveda(리그베다)
S.	Saṁyutta Nikāya(상윳따 니까야, 상응부)
SA.	Saṁyutta Nikāya Aṭṭhakathā = Sāratthappakāsinī(상응부 주석서)
SAṬ.	Saṁyutta Nikāya Aṭṭhakathā Ṭīkā(상응부 복주서)
Se	Sinhala-script ed. of M.(스리랑카본)

Sk.	Sanskrit
Sn.	Suttanipāta(숫따니빠따, 경집)
SnA.	Suttanipāta Aṭṭhakathā(숫따니빠따 주석서)
SS	Ee에 언급된 S.의 싱할리어 필사본
Sv	Sāsanavaṁsa(사사나왐사, 교단의 역사)
s.v.	*sub verbō(under the word)*
Te	Thai-script ed. of M.(태국본)
Thag.	Theragāthā(테라가타, 장로게)
ThagA.	Theragāthā Aṭṭhakathā(장로게 주석서)
Thig.	Therīgāthā(테리가타, 장로니게)
ThigA.	Therīgāthā Aṭṭhakathā(장로니게 주석서)
Ud.	Udāna(감흥어)
UdA.	Udāna Aṭṭhakathā(감흥어 주석서)
Uv	Udānavarga(북전 출요경, 出曜經)
VĀT	Vanarata, Āananda Thera
Vbh.	Vibhaṅga(위방가, 分別論)
VbhA.	Vibhaṅga Aṭṭhakathā = Sammohavinodanī(분별론 주석서)
Vin.	Vinaya Piṭaka(율장)
VinA.	Vinaya Piṭaka Aṭṭhakathā = Samantapāsādikā(율장 주석서)
Vis.	Visuddhimagga(청정도론)
v.l.	variant reading(이문, 異文)
VRI	Vipassanā Research Institute
VṬ	Abhidhammaṭṭha Vibhavinī Ṭīkā(위바위니 띠까)
Vv.	Vimānavatthu(천궁사)
VvA.	Vimānavatthu Aṭṭhakathā(천궁사 주석서)

Yam.　Yamaka(쌍론)

YamA.　Yamaka Aṭṭhakathā = Pañcappakaraṇa(야마까 주석서)

Ybhūś　Yogācārabhūmi Śarirārthagāthā(범본 유가사지론)

디가 니까야　각묵 스님 옮김, 초기불전연구원, 2006, 3쇄 2010

상윳따 니까야　각묵 스님 옮김, 초기불전연구원, 2009

앙굿따라 니까야　대림 스님 옮김, 초기불전연구원, 2006~2007

냐나몰리 스님/보디 스님

The Middle Length Discourses of the Buddha(맛지마 니까야 영역본)

보디 스님　*The Connected Discourses of the Buddha*(상윳따 니까야 영역본)

청정도론　대림 스님 옮김, 초기불전연구원, 2004, 4쇄 2012.

아비담마 길라잡이　대림스님/각묵스님 옮김, 초기불전연구원, 2002, 9쇄 2011

우드워드　*The Book of the Kindred Sayings*(상윳따 니까야 영역본)

육차결집본　Vipassana Research Institute(인도) 간행 육차결집 본

초기불교이해　각묵스님 지음, 초기불전연구원, 2010, 3쇄 2012

일러두기

(1) 삼장(Tipitaka)과 주석서(Aṭṭhakathā)들은 별다른 언급이 없는 한 모두 PTS본(Ee)임.
『디가 니까야 복주서』(DAṬ)를 제외한 모든 복주서(Ṭīkā)들은
미얀마 육차결집본(Be, 인도 Vipassana Research Institute 간행)이고,
『디가 니까야 복주서』(DAṬ)는 PTS본이며, 『청정도론』은 HOS본임.
M89는 『맛지마 니까야』의 89번째 경을 뜻함.
M.ii.123은 PTS본(Ee) 『맛지마 니까야』 제2권 123쪽을 뜻함.
M89/ii.123은 『맛지마 니까야』의 89번째 경으로 『맛지마 니까야』 제2권
123쪽에 나타남을 뜻함.

(2) 본문에 나타나는 문단번호는 냐나몰리 스님/보디 스님을 따랐음.

(3) 『청정도론 복주서』(Pm)의 숫자는 미얀마 6차결집본(VRI)의 문단번호임.

(4) [ ] 안의 숫자는 모두 PTS본(Ee)의 페이지 번호임.

(5) { } 안의 숫자는 PTS본(Ee)의 게송번호임.

(6) 빠알리어는 정체로 표기하였고 영어는 이탤릭체로 표기하였음.

맛지마 니까야 제2권 해제

1. 들어가는 말

『맛지마 니까야』는 부처님과 직계제자들이 남기신 가르침 가운데 그 길이가 중간 정도에 해당하는 경들을 모아서 결집한 것이다. 여기서 중간 정도란 복주서의 설명대로 지나치게 길지도 않고 지나치게 짧지도 않은 길이의 경들[1]을 말한다. 길이가 긴 경 34개는 『디가 니까야』에 결집을 하였다. 그리고 길이가 짧은 경들은 다시 주제별로 나누어서 2904개를 『상윳따 니까야』에 담았고, 숫자별로 분류하여 2305개를 『앙굿따라 니까야』에 모았다. 여기 『맛지마 니까야』에는 이들을 제외한 중간 정도의 길이에 해당하는 경들 152개가 들어 있다.

이 152개의 경들은 모두 15개의 품으로 분류되고, 이 15개의 품들은 다시 세 개의 '50개 경들의 묶음'으로 묶어져서 모두 세 권으로 전승되어 온다. 제1권인 『처음 50개 경들의 묶음』(Mūla-paṇṇāsa)에는 제1품부터 제5품에 속하는 M1부터 M50까지의 50개 경들이 포함되어 있다.[2] 『가운데 50개 경들의 묶음』(Majjhima-paṇṇāsa)이라 불리는 제2권

---

1) na-atidīgha-na-atikhuddaka-pamāṇā suttantā — MAṬ.i.14.

2) 『맛지마 니까야』뿐만 아니라 모든 니까야에서 10개의 경들은 하나의 품(vagga)으로 분류가 된다. 그리고 다섯 개의 품들 즉 50개의 경들은 다시 하나의 '50개 경들의 묶음(빤나사, 빤나사까, paṇṇāsa/paññāsa/paṇṇāsaka/paññāsaka)'으로 분류가 된다. 빤나사(paṇṇāsa)는 문자 그대로 '50개로 된 것'이라는 의미이다. 이 방법을 『맛지마 니까야』에 적용시키면 전체 152개의 경들은 15개의 품으로 분류가 되고 이들은 다시 세 개의 '50개 경들의 묶음'으로 분류가 된다.

에는 제6품부터 제10품에 속하는 M51부터 M100까지의 50개 경들이 들어 있다. 그리고 마지막인 제3권은 『마지막 50개 경들의 묶음』(Upari-paṇṇāsa)이라 불리는데, 여기에는 제11품부터 제15품에 속하는 M101부터 M152까지의 52개 경들이 포함되어 있다. 주석서에 의하면 『맛지마 니까야』는 일차결집에서 『디가 니까야』 다음에 결집(합송)되어서 사리뿟따 존자의 제자들에게 부촉되어 그들이 함께 외워서 전승해왔다고 한다.(AA.i.15)

초기불전연구원에서는 분량의 문제 때문에 이들을 전체 네 권으로 번역하여 출간하고 있다. 초기불전연구원의 번역본 제1권에는 제1품부터 제3품까지의 세 개 품 30개의 경들이, 제2권에는 제4품부터 제7품까지의 네 개 품 40개의 경들이, 제3권에는 제8품부터 제11품까지의 네 개 품 40개의 경들이, 제4권에는 제12품부터 제15품까지의 네 개 품 42개의 경들이 실려 있다.

2. 한글 『맛지마 니까야』 제2권의 구성

초기불전연구원에서 번역하여 출간하는 『맛지마 니까야』 제2권에는 제4품부터 제7품까지의 네 개 품에 포함된 40개 경들이 담겨 있다. 이 가운데 제4품과 제5품은 빠알리 원본의 제1권인 첫 번째 묶음인 『처음 50개 경들의 묶음』에 포함되어 있는 다섯 개 품들 가운데 네 번째와 다섯 번째 품에 해당하고, 제6품과 제7품은 빠알리 원본의 제2권인 『가운데 50개 경들의 묶음』 가운데 첫 번째와 두 번째 품에 해당한다. 이처럼 『맛지마 니까야』 한글번역본 제2권에는 제4장 「긴 쌍 품」(M31~M40)과 제5장 「짧은 쌍 품」(M41~M50)과 제6장 「장자 품」(M51~M60)과 제7장 「비구 품」(M61~M70)에 포함된 40개 경들이 담겨 있다. 이제 『맛지마 니까야』 제2권에 포함되어 있는 네 개의 품들에 대해서 개관해 보자.

(1) 제4장 「긴 쌍 품」(M31～M40)

『맛지마 니까야』 제4품과 제5품의 품의 명칭은 '쌍 품(Yamaka-vagga)'이다. 이 두 개의 품을 구분하기 위해서 제4품에는 '긴(mahā-)'이라는 수식어를 붙이고, 제5품에는 '짧은(cūḷa-)'이란 수식어를 붙여서 각각 「긴 쌍 품」과 「짧은 쌍 품」으로 명명하고 있다. 이것은 마치 제4품의 첫 번째 경(M31)과 두 번째 경(M32)의 이름이 둘 다 '고싱가살라 경'인데 이를 구분하기 위해서 전자는 「고싱가살라 짧은 경」으로, 후자는 「고싱가살라 긴 경」으로 짧은(cūḷa-)과 긴(mahā-)이란 수식어를 붙여서 구분하는 것과 같다.

『맛지마 니까야』의 큰 특징 중의 하나는 152개의 경들 가운데 18개 쌍인 36개 혹은 37개 경에 긴(mahā-)과 짧은(cūḷa-)이라는 수식어를 붙여서 서로 쌍을 이루는 경의 제목을 붙이고 있다는 점이다. 여기에 대해서는 역자 서문 §6을 참조하기 바란다. 이런 방법으로 경의 이름을 정한 경우는 다른 니까야에서는 찾아보기가 어렵다.

여기서 쌍은 yamaka를 옮긴 것인데 이것은 말 그대로 쌍이나 짝이나 벌을 뜻하며 영어 *double, twin, a pair, couple* 등에 해당한다. 그런데 여기 제4품과 제5품에서 이 yamaka가 뜻하는 것은 '짧은(cūḷa-)'이라는 수식어가 붙는 경과 '긴(mahā-)'이라는 수식어가 붙은 경 한 쌍을 뜻한다. 특히 본 품 즉 제4장에 포함된 10개의 경들은 이처럼 길고(mahā-) 짧은(cūḷa-) 쌍으로 구성된 「고싱가살라 짧은 경」(Cūḷa-gosiṅga-sāla Sutta, M31)과 「고싱가살라 긴 경」(Mahā-gosiṅgasāla Sutta, M32) 등의 다섯 쌍의 경들로 구성되어 있다. 그래서 '쌍 품'이라 부른다.

이런 방법을 사용하여 같은 사람이나 같은 장소나 같은 주제나 같은 비유 등으로 설하신 경 18쌍 36개 혹은 37개를 서로 구분하고 있다. 예를 들면 본 품의 「삿짜까 짧은 경」(M35)과 「삿짜까 긴 경」(M36)은 같은 사람에게 설하신 경을 쌍으로 묶은 경우에 속한다. 그리고 「고싱가살라 짧은 경」(M31)과 「고싱가살라 긴 경」(M32)은 같은 장소를, 「갈애 멸진의 짧은 경」(M37)과 「갈애 멸진의 긴 경」(M38)은 같은 주제를, 「소치는 사람의 긴 경」(M33)과 「소치는 사람의 짧은 경」(M34)은 같은 비유를 쌍으로 묶은 경우이다.

이제 본 품에 포함된 열 개의 경을 간략하게 개관해 보자. 본 품의 다섯 개의 쌍으로 된 경들 가운데 첫 번째 쌍은 모범적이고 화합된 승가생활을 통해서 4선 - 4처 - 상수멸을 증득하는 가르침을 담은 「고싱가살라 짧은 경」(M31)과 사리뿟따 존자 등 여러 존자들의 특별히 뛰어난 점을 드러내고 있는 「고싱가살라 긴 경」(M32)이다.

두 번째 쌍은 「소치는 사람의 긴 경」(M33)과 「소치는 사람의 짧은 경」(M34)인데 전자는 소떼를 돌보지 못하고 소떼를 불리지 못하는 소치는 사람의 특징 열한 가지와 소떼를 잘 돌보는 소치는 사람의 특징 열한 가지를 수행과 비교하고 있으며, 후자는 부처님을 강가 강 저쪽 언덕으로 소들을 몰고 가는 목자에 비유하고 있다.

세 번째 쌍은 「삿짜까 짧은 경」(M35)과 「삿짜까 긴 경」(M36)인데 전자는 오온무상과 오온무아의 가르침으로 삿짜까의 오만함을 굴복시키는 경이고, 후자는 부처님의 성도과정을 심도 깊게 설명하면서 이를 통해서 괴로운 느낌과 즐거운 느낌이 세존의 마음을 제압하지는 못했음을 밝히고 있으며 아울러 잠의 문제도 다루고 있다.

네 번째 쌍은 목갈라나 존자가 신통으로 삭까의 거주처인 삼십삼천의 에까뿐다리까 정원을 방문하는 신화적인 내용을 담은 「갈애 멸진의 짧은 경」(M37)과 오온 가운데 특히 알음알이의 무아와 조건발생[緣起]을 강조하는 「갈애 멸진의 긴 경」(M38)으로 구성되어 있다. 특히 「갈애 멸진의 긴 경」은 마음이나 알음알이가 윤회한다고 굳게 믿고 있는 한국 불자들이 반드시 읽고 음미해야 할 경이 아닌가 생각한다.

마지막 다섯 번째 쌍은 「앗사뿌라 긴 경」(M39)과 「앗사뿌라 짧은 경」(M40)인데 부처님은 전자에서 진정한 사문이 되고 진정한 바라문이 되는 법 9가지와 『맛지마 니까야』의 15단계 계·정·혜의 정형구를 들고 계시고, 후자에서는 계급에 의해서 참다운 사문이 정해지는 것이 아니라 사무량심을 닦고 번뇌가 다해야 그가 진정한 사문이라고 강조하고 계신다.

(2) 제5장 「짧은 쌍 품」(M41~M50)

앞의 제4품처럼 본 품도 '쌍 품'으로 명명되고 있다. 제4품은 본 품에 포함된 10개의 경의 제목에 모두 '짧은'과 '긴'이라는 수식어가 붙은 다섯 쌍의 경을 포함하고 있기 때문에 '쌍 품'이라 불렀다. 그러나 본 품에는 10개의 경들 가운데 「교리문답의 긴 경」(M43)과 「교리문답의 짧은 경」(M44)의 쌍과 「법 실천의 짧은 경」(M45)과 「법 실천의 긴 경」(M46)의 쌍을 이루는 이 네 개의 경들만이 '짧은'과 '긴'이란 수식어를 포함하고 있다. 이 외에 「살라의 바라문들 경」(M41)과 「웨란자의 바라문들 경」(M42)의 쌍과, 「검증자 경」(M47)과 「꼬삼비 경」(M48)의 쌍과, 「범천의 초대 경」(M49)과 「마라 견책 경」(M50)의 쌍으로 조합할 수 있는 이들 세 쌍의 여섯 개 경들은 그렇지 못하다. 그렇지만 경을 결집한 분들이 이들 세 쌍의 여섯 개 경들은 그 내용으로 볼 때 서로 쌍이 된다고 여겨서 본 품에 포함시켜 본 품을 「짧은 쌍 품」으로 명명하였던 것 같다. 이제 본 품에 포함된 10개의 경을 간략하게 개관해 보자.

먼저 십불선업을 지음으로 해서 악도에 태어나고 십선업을 지음으로 해서 선처에 태어난다고 말씀하시는 「살라의 바라문들 경」(M41)과 「웨란자의 바라문들 경」(M42)은 쌍을 이루는데 후자는 전자와 똑같은 내용을 담고 있기 때문이다. 그리하여 결집자들은 이 두 경을 쌍으로 간주하였다.

마하꼿티따 존자와 사리뿟따 존자가 11개의 주제에 대해서 교리문답을 주고받는 「교리문답의 긴 경」(M43)과 담마딘나 비구니 스님과 출가하기 전에 그녀의 남편이었던 위사카 청신사가 주고받았던 9가지 주제에 대한 교리문답이 담겨 있는 「교리문답의 짧은 경」(M44)은 하나의 쌍이 된다. 그리고 업지음과 과보를 네 가지로 나누어서 네 가지 법의 실천을 주제로 하고 있는 「법 실천의 짧은 경」(M45)과 「법 실천의 긴 경」(M46)도 쌍을 이룬다.

그리고 「검증자 경」(M47)은 여래도 검증해야 한다고 부처님이 스스로 말씀하고 계시며 그 구체적인 방법을 제시하고 있다. 그리고 「꼬삼비 경」(M48)은 분쟁을 막기 위한 여섯 가지 기억해야 할 법과 자신과 동료 수행자들이 동등한 견해를 가졌는가를 살펴보는 일곱 가지 지혜를 제시한다. 이 가운데 전자는 부처님에 대한 여섯 가지 검증을 담고 있고 후자는 자신이 동료 수행자들과 동등한 견해를 구족하였는가를 검증해 보는 일곱 가지 지혜를 담고 있기 때문에 이 두 경은 쌍이 된다고 여겨서 본 품에 포함시킨 듯하다.

마지막으로 「범천의 초대 경」(M49)은 세존께서 천상의 바까 범천에게 가셔서 그가 가진 잘못된 견해를 지적하시는 내용을 담고 있으며 「마라 견책 경」(M50)은 신통제일인 목갈라나 존자가 자신도 까꾸산다 부처님 시대에는 마라였음을 밝히면서 마라의 악행을 나무라는 내용을 담고 있는데 각각 범천과 마라를 경책하는 내용을 담고 있어서 하나의 쌍으로 편성하였을 것이다.

(3) 제6장 「장자 품」(M51~M60)

「장자 품」을 개관해 보기 전에 먼저 본 품이 담겨 있는 『맛지마 니까야』 빠알리 원본의 제2권인 『가운데 50개 경들의 묶음』부터 간단하게 살펴보도록 하자.

『가운데 50개 경들의 묶음』에는 제6품부터 제10품까지의 5개 품이 포함되어 있다. 초기불전연구원에서는 분량의 문제 때문에 이 가운데 6품과 7품을 여기 제2권에서 번역하여 출간하고 제8품부터 제10품까지 세 개 품은 제3권에 포함시켜서 출간하고 있다.

『가운데 50개 경들의 묶음』의 가장 큰 특징을 들라면 본 묶음에 포함된 5개 품은 부처님의 설법을 들은 사람들을 장자, 비구, 유행승, 왕, 바라문의 다섯 개 부류로 나누고 이들에 관계된 경들을 10개씩 각 품에 배정했다는 것이다. 이 가운데 비구와 유행승과 바라문은 요즘의 종교인과 지식인에 해당하며 부처님 시대의 수행자와 지식인들을 망라한 것이다. 그리고 장자와 왕은 요즘의 경제인과 정치인에 해당한다 할 수 있으며 당대의 유력한 재력가와 권력가들을 대표하는 것으로 볼 수 있다.

그러면 이제 제6장 「장자 품」을 개관해 보자. 여기서 '장자'는 가하빠띠(gahapati)를 옮긴 것인데 이것은 gaha(집)+pati(주인)의 합성어이다. 니까야에서 장자는 여러 문맥에서 나타나는데 기본적으로는 가하빠띠(집의 주인)의 문자적인 뜻 그대로 가정을 가지고 있는 사람을 총칭하는 술어로 쓰인다. 그래서 주석서는 "장자란 집의 주인[戶主, gehassa pati]을 말하며, 한 집에서(eka-geha-matte) 연장자(jeṭṭhaka)를 장자라 한다."(MA.i.170)라고 설명하고 있다. 이처럼 장자는 가정을 가진 모든 계층의 사람들을 일컫기도 하고, 부유한 사람들 특히 부유한 와이샤(평민계급)를 뜻하기도 하며, 급고독 장자와 같은 금융 사업을 하는 재력가들을 뜻하기도 한다. 장자의 설명에 대해서는 PED의 *s.v.* gahapati를 참조하기 바란다. 일반적으로 건실한 가정을 가진 부유한 중산층을 뜻하는 단어로 쓰인다고 보면 되겠다. 그래서 초기불전연구원에서는 가하빠띠(gahapati)를 장자(長者)로 옮기고 있다.

본 품에는 장자들과 관련된 10개의 경들이 포함되어 있다. 본 품의 첫 번째 경인 「깐다라까 경」(M51)은 코끼리 조련사의 아들 뻿사와 깐다라까 유행승이 세존을 뵈러 가서 나누었던 대화로 구성된 가르침이다. 경의 제목은 깐다라까 유행승의 이름을 따서 「깐다라까 경」이라 붙였지만 세존께서 네 부류의 사람들에 대한 본경의 가르침을 펴시는 데는 뻿사의 역할이 크다. 그가 평민 혹은 가정을 가진 사람이었기 때문에 본경을 이곳 「장자 품」에 포함시킨 듯하다.

다사마 장자가 아난다 존자에게 부처님의 가르침에 대해 11개의 주제를 통해서 질문을 하고 아난다 존자가 이에 대답한 것을 담고 있는 「앗타까나가라 경」(M52)은 지명을 따서 경의 제목을 붙였지만 다사마 장자와 관계된 경이라서 본 품에 포함시켰다.

「유학 경」(M53)은 부처님의 권유로 아난다 존자가 사꺄 사람들에게 유학의 경지에 대해 설명한 15개 주제를 포함하고 있다. 아난다 존자는 세존의 사촌인 마하나마를 지칭하면서 설법을 전개하는데 그가 가정을 가진 재가자라서 본경을 본 품에 포함시킨 듯하다.

그리고 진정한 세간의 일을 놓아버림에 대해 세존께서 뽀딸리야 장자에게 하신 설법을 담은 「뽀딸리야 경」(M54)이 본 품의 네 번째로 포함되어 있다. 세존의 주치의인 지와까가 출가자와 육식의 문제를 질문드리고 세존께서 고기를 먹어서는 안되는 경우와 고기를 먹어도 되는 경우를 명확하게 밝혀주시는 「지와까 경」(M55)은 지와까가 가정을 가진 재가자라서 본 품에 포함시켰다. 「우빨리 경」(M56)은 니간타의 신도였던 우빨리 장자가 세존의 신도가 되는 일화를 담은 경인데 본 품의 여섯 번째 경으로 포함되었다.

「견서계경」(犬誓戒經, M57)은 소처럼 사는 서계를 가져 소의 행을 닦는 뿐나와 개처럼 사는 서계를 가져 개의 행을 닦는 나체 수행자 세니야가 부처님의 가르침을 듣고 부처님께 귀의하는 내용을 담고 있는데, 이들 나체 수행자들은 유행승이 아니고 아울러 본서에 나체 수행자에 관계된 품이 따로 없기 때문에 본경을 본 품에 넣은 듯하다.

세존께서 아바야 왕자에게 말[言語]에 대한 여섯 가지 원칙을 말씀하시는 「아바야 왕자 경」(M58)도 본 품에 포함되었다. 같은 왕자의 신분인 보디 왕자에게 설하신 「보디 왕자 경」(M85)은 본서 제3권의 제9장 왕 품에 포함되어 있지만 본경은 이곳 「장자 품」에 들어 있다.

「많은 느낌 경」(M59)은 느낌에 대해서 논쟁을 하다가 부처님을 찾은 빤짜깡가 목수와 우다이 존자에게 하신 설법이다. 본경은 인간이 추구하는 즐거움 혹은 행복을 감각적 욕망 - 4선 - 4처 - 상수멸로 나누어서 말씀하시는 부처님 가르침을 담고 있다. 빤짜깡가 목수가 바라문이 아닌 재가자라서 본경은 본 품에 포함된 듯하다.

「확실한 가르침 경」(M60)은 누구를 스승으로 받들어 모셔야 하는가에 대한 부처님의 말씀이 담겨 있는 경인데, 살라라는 꼬살라의 바라문촌의 바라문 장자들에게 하신 가르침이라서 본 품에 포함되었다.

(4) 제7장 「비구 품」(M61~M70)

본 품에는 비구[3]들과 관계된 경 10개가 포함되어 있다. 초기불전 특히 부처님과 직계제자들의 가르침을 담고 있는 4부 니까야에 포함되어 있는 경들은 초기불전연구원에서 번역·출간한 기준으로 보면 대략 5434개가 된다. 그런데 이 경들의 대부분은 부처님이나 직계제자들이 비구들에게 설하신 것이거나 비구들과 관계된 경들이다. 그러므로 본서에서 굳이 「비구 품」이라 하여 따로 비구에 관계된 품을 하나 만들 필요는 없어 보인다. 그런데도 이처럼 「비구 품」을 만든 것은 『가운데 50개 경들의 묶음』은 사람들을 그 부류에 따라서 분류한 다섯 개의 품을

3) '비구(比丘)'는 bhikkhu(Sk. bhikṣu)를 음역한 것이다. 이 술어는 √bhikṣ(*to beg*)에서 파생된 술어로 '걸식자'를 말하며 생업에 종사하지 않고 세상을 떠나서 수행이나 종교생활에만 전념하는 자라는 뜻이다. 그래서 중국에서는 여러 경론에서 '걸사(乞士)'라 번역하기도 하였다. 『청정도론』에서는 "윤회에서(saṁsāre) 두려움을(bhayaṁ) 보기(ikkhati) 때문에 비구(bhik-khu)라 한다."(Vis.I.7)고 정의하고, 주석서에서는 문맥에 따라 "도를 닦는 자는 누구나 비구라고 이름한다. … 도를 닦는 자는 신이든 인간이든 모두 비구라는 명칭을 가지게 된다."(DA.iii.756)라고도 설명한다.
중국에서 比丘(비구)는 빠알리 bhikkhu를 음역한 듯하고, 苾芻(필추)는 산스끄리뜨 bhikṣu를 음역한 듯하다. 자이나교에서도 그들 수행자를 부르는 여러 술어 중의 하나로 쓰이고 있다. 그러나 초기불전에서 비구는 불교 교단의 남성 출가자만을 지칭하고 있다. 여성 출가자는 비구니(bhikkhuinī)라 부른다.

담고 있기 때문인 것으로 보인다. 그럼 본 품에 포함되어 있는 경들을 간략하게 개관해 보자.

「암발랏티까에서 라훌라를 교계한 경」(M61)은 라훌라 존자가 일곱 살 때 세존께서 설하신 경으로(MA.iii.126) 외동아들이면서 어린 라훌라 존자에게 설하신 부처님의 서릿발 같은 교계가 담긴 경이다. 「라훌라를 교계한 긴 경」(M62)은 라훌라 존자가 열여덟 살의 사미 시절에 세존께서 설하신 경으로 라훌라 존자에게 본격적으로 수행을 가르치시는 내용을 담고 있다.

「말룽꺄 짧은 경」(M63)은 북전 『중아함』의 「전유경」(箭喩經, 화살 비유 경)에 상응하는 가르침으로 십사의 가르침을 배제하고[十事無記] 사성제를 천명하시는 경이다. 「말룽꺄 긴 경」(M64)에는 다섯 가지 낮은 단계의 족쇄들에 대한 설명과 이들 족쇄를 제거하기 위한 수행으로 4선 - 3처를 토대로 한 수·상·행·식의 무상·고·무아를 통찰하는 것과 열반을 실현하는 가르침이 담겨 있다.

「밧달리 경」(M65)은 오후불식에 얽힌 밧달리 존자의 일화와 4선 - 3명, 학습계목, 무학의 십정도 등에 대한 가르침이 담겨 있다. 「메추라기 비유 경」(M66)은 우다이 존자에게 하신 가르침으로 오후불식이라는 출가자의 삶을 방식을 통해서 4선 - 4처 - 상수멸을 증득하여 재생의 근거를 부수어 해탈하는 내용을 담고 있다. 「짜뚜마 경」(M67)은 짜뚜마의 아말라끼 숲에서 사리뿟따와 목갈라나를 상수로 하는 오백 명의 비구들과 있었던 일화를 담고 있는 경이다. 본경은 출가자들이 두려워해야 할 네 가지를 강조하고 있다.

「날라까빠나 경」(M68)은 꼬살라의 날라까빠나에 있는 빨라사 숲에서 비구들에게 설하신 가르침으로 사부대중 즉 불자들이 임종을 하면 어떻게 되는가를 설하신 가르침이다. 「굴릿사니 경」(M69)은 숲 속에 거주하는 자였다가 어떤 일 때문에 승가 대중에 머물게 된 품행이 단정하지 못했던 굴릿사니 비구에게 사리뿟따 존자가 설한 가르침인데, 비구가 승가 대중에 머물 때 갖추어야 하는 자질 17가지를 들고 있다. 「끼따기리 경」(M70)은 세존께서 끼따기리라는 까시의 읍에서 비구대중에게 느낌과 수행의 과위를 증득한 일곱 부류의 인간과 순차적인 공부지음에 대해 설하신 가르침을 담고 있다.

이처럼 본 품에 포함된 10개의 경들은 모두 비구들에게 설하신 내용을 담고 있어서 여기에 포함되었다.

3. 한글 『맛지마 니까야』 제2권에 포함된 경들에 대한 해설

이제 본서에 포함된 40개의 경들을 간략하게 요약하면서 간단한 해설을 붙이는 것으로 본서의 해제를 마무리 짓고자 한다.

제4장 「긴 쌍 품」(M31~M40)

「고싱가살라 짧은 경」(M31) 해설

출가의 목적은 궁극적 행복인 열반을 실현하기 위해서이다. 그러나 열반은 로또복권에 당첨되듯이 그냥 실현되는 것이 아니다. 당연히 37보리분법과 사마타·위빳사나로 정리되는 진지한 수행을 통해서 실현된다. 그리고 출가를 하게 되면 같은 목적으로 출가한 여러 출가자들의 모임인 승가의 일원이 된다. 승가생활의 기본은 화합이다.(§6) 이렇게 화합하여 함께 청정범행을 닦을 때 본경 §§22에서 하신 세존의 말씀처럼 출가자는 세상의 복밭[福田, M7 §7]이 되는 것이다.

본경은 세존께서는 나디까의 벽돌집에 머무시고 아누룻다 존자와 난디야 존자와 낌빌라 존자는 고싱가살라 숲의 동산에서 수행할 때 세존께서 고싱가살라 숲으로 가셔서 나누었던 대화를 담고 있다. 본경의 §§3~9는 본서 제4권 「오염원 경」(M128)의 §§8~14와 같다. 「오염원 경」(M128) §§1~7에 의하면 당시 꼬삼비에는 비구들의 분쟁이 생겼다.[4] 그들은 중재하려는 세존의 말씀도 듣지 않게 되자 세존께서는 발라깔로나까라 마을로 가셔서 바구 존자에게 설법을 하시어 그를 기쁘게 하신 뒤에, 다시 동쪽 대나무 동산으로 가시어 본경 §§3~9와 같은 내용을 담고 있는 §§8~14의 일화가 진행되는 것으로 나타난다.

본경의 대화는 두 가지 주제를 담고 있다. 첫째는 출가자의 일상생활에 대한 것이고, 둘째는 인간의 법을 초월하고 성자들에게 적합한, 지와 견의 특별함을 증득하여 편히 머묾에 대한 것이다. 이를 요약하면 다음과 같다.

(1) 먼저 본경에서 아누룻다 존자는 세존의 질문에 대답하면서 출가자가 일상생활에서 갖추어야 하는 다섯 가지를 언급하고 있다. 그것은 ① 항상 서로에 대해 자애로운 몸과 말과 마음의 업(業)을 유지함 ② 먼저 탁발에서 돌아온 자가 자리 등을 준비하고 나중에 돌아온 자는 이것을 정리함 ③ 누구든 물 항아리들이 비어있는 것을 보면 그것을 준비함 ④ 묵언을 깨뜨리지 않음 ⑤ 닷새마다 법담으로 온밤을 지새움이다.(§§7~9)

(2) 이어서 세존께서 "인간의 법을 초월하고 성자들에게 적합한, 지와 견의 특별함을 증득하여 편히 머무는가?"(§10)라고 물으시자 아누룻다 존자는 4선 - 4처 - 상수멸의 정형구로 대답을 한다.(§§10~18) 세존께서 떠나시고 나서(§19) 난디야 존자와 낌빌라 존자가 아누룻다 존자에게 "우리가 아누룻다 존자께 '우리는 이러이러한 경지를 증득했다.'고 알려드린 적이 있습니까? 그런데도 아누룻다 존자께서는 세존의 바로 앞에서 우리가 번뇌의 소멸에까지 이른 것으로 말씀드렸습니다."(§20)라고 하자 아나룻다 존자는 마음으로 마음을 알았으며 천신들도 이야기해주었다고 대답한다.(§20)

그러자 디가 빠라자나 약카가 세존을 뵈러 가서 이 세 분이 왓지에 머무는 것은 왓지족의 축복이라 찬탄하였고, 그의 찬탄을 들은 땅의 신들과 사대왕천의 신들부터 범중천의 신들에 이르기까지 모두 찬탄하였다.(§21) 세존께서는 어느 가문에서든 어느 나라에서든 집을 나와 출가

---

4) 자세한 것은 본서 제2권 「꼬삼비 경」(M48) §2의 주해를 참조할 것.

하는 사람이 있을 때 그 출가자를 청정한 믿음으로 기억한다면, 그 가문과 나아가서 그 나라와 네 계급과 천상과 인간의 모든 존재에 이르기까지 모두 큰 이익과 행복이 있을 것이라고 말씀하시는 것으로 경은 마무리가 된다.(§22)

본경에 나타난 두 가지 대화의 주제 가운데 첫 번째는 본서 제4권 「오염원 경」(M128)의 첫 번째 주제를 담고 있는 §§8~14와 같고 두 번째 주제는 다르다. 그런데 「오염원 경」(M128) §15 이하에서는 세 존자가 아라한과를 얻기 위해서 노력하는 과정이 설명되고 있지만 본경에서는 이처럼 4선 - 4처 - 상수멸을 증득하여 번뇌를 소멸하였다고 나타나기 때문에 「오염원 경」(M128)이 더 앞선 일화를 담고 있다 하겠다.

「고싱가살라 긴 경」(M32) 해설

『앙굿따라 니까야』 제1권 「으뜸 품」(A1:14)에는 부처님의 직계제자 사부대중 가운데서 각 분야에서 뛰어난 80 분들이 거명되고 있다. 예를 들면 사리뿟따 존자는 지혜제일이고, 목갈라나 존자는 신통제일이며, 마하깟사빠 존자는 두타제일이요, 아누룻다 존자는 천안제일이요, 아난다 존자는 다문제일 등으로 나타난다.(A1:14:1 이하 참조) 어느 존자가 무엇의 대가라고 부르는 이런 전통은 일차합송 때에 생긴 것이 아니라 이미 부처님 재세 시부터 있었던 듯하다. 본경이 여기에 대한 좋은 보기가 된다. 본경은 여러 존자들의 특별히 뛰어난 점을 드러내고 있기 때문이다.

본경은 세존과 사리뿟따 존자, 마하목갈라나 존자, 마하깟사빠 존자, 아누룻다 존자, 레와따 존자, 아난다 존자와 그 외 잘 알려진 여러 장로 제자들과 함께 고싱가살라 숲의 동산에서 있었던 일화를 담고 있다.

사리뿟따 존자가 이들 존자들에게 "도반이여, 고싱가살라 숲은 아름답습니다. 밤이면 달빛이 밝고 살라 꽃이 만개하여 마치 천상의 향기가 두루 퍼져있는 것 같습니다. 도반이여, 어떤 비구가 이 고싱가살라 숲을 빛나게 합니까?"(§4 등)라는 방법으로 질문을 하면 존자들은 모두 자기의 경지에 맞게 대답을 한다. 예를 들면 아난다 존자는 다문제일에 어울리는 답변을 하고(§4) 아누룻다 존자는 천안제일에 맞는 답변을 하고(§6) 마하깟사빠 존자는 두타제일에 어울리는 답변을 하고(§7) 마하목갈라나 존자는 신통제일에 맞는 답변을 하고(§8) 사리뿟따 존자는 지혜제일에 상통하는 답변을 한다.(§9)

이렇게 답변하는 것을 다 듣고 그들은 모두 세존께 다가가서 그 사실을 말씀드리고(§§10~16) 누가 가장 잘 말했는가를 세존께 여쭙는다.(§17) 그러자 세존께서는 "여기 비구는 공양을 마치고 탁발에서 돌아와 가부좌를 틀고 상체를 곧추세우고 전면에 마음챙김을 확립하여 앉는다. 그는 '취착이 없어져서 내 마음이 번뇌에서 해탈할 때까지 이 가부좌를 풀지 않으리라.'라고 결심한다. 이런 비구가 고싱가살라 숲을 빛나게 한다."(§17)라고 말씀하시는 것으로 경은 마무리된다.

「소치는 사람의 긴 경」(M33) 해설

소치는 것을 수행에 비유한 가르침은 중국선종에서 십우도(十牛圖)로 표현되기도 한다. 수행을 소치는 것에 비유하는 것은 이미 초기불전에서도 나타나는데 특히 『맛지마 니까야』에 몇 개의 경들이 전해온다. 본경과 다음 경은 그 가운데 하나이다. 그리고 본서 제1권 「두 가지 사유 경」(M19)의 §7과 §12에도 수행은 소치는 것에 비유되어 나타난다. 본경은 『앙굿따라 니까야』 제6권 「소치는 사람 경」(A11:18)과 똑같다.

본경에서 세존께서는 먼저 소떼를 돌보지 못하고 소떼를 불리지 못하는 소치는 사람의 특징 열한 가지를 말씀하시는데,(§2) 그것은 ① 물질을 알지 못함 ② 특징에 능숙하지 못함 ③ 진드기를 제거하지 않음 ④ 상처를 잘 싸매지 않음 ⑤ [외양간 내에 파리와 모기 등이 들끓을 때] 연기를 지피지 않음 ⑥ 물 마시는 곳을 알지 못함 ⑦ 마시는 물인지 [못 마시는 물인지] 알지 못함 ⑧ [안전한] 길인지 [길이 아닌지] 알지 못함 ⑨ 방목지에 능숙하지 못함 ⑩ 젖을 남김없이 다 짜버림 ⑪ 소들의 아버지요, 소들의 지도자인 황소를 특별히 공경하지 않음이다. 그리고 이 특징을 향상을 바라는 비구에게 적용시키시고는(§3) 이를 하나씩 설명하신다.(§§4~14)

다시 위와 반대로 소떼를 잘 돌보고 소떼를 불리는 소치기의 특징 11가지를 설하시고는(§15) 이를 차례대로 설명하신다.(§§17~27) 이 열한 가지는 불자들 특히 출가수행자들이 갖추어야 할 덕목이다.

「소치는 사람의 짧은 경」(M34) 해설

본경은 출가수행자를 소에다 비유하고 있고, 부처님을 강가 강 저쪽 언덕으로 소들을 몰고 가는 목자에 비유하고 있다. 본경은 왓지에서 욱까쩰라의 강가 강 언덕에서 세존께서 비구들에게 하신 말씀을 담고 있는데 강가 강 언덕에서 하신 설법이라서 소를 몰고 강을 건너는 비유가 더 생생하게 다가오는 가르침이다.

본경에서 세존께서는 어리석은 소치는 사람이 우기의 마지막 달인 가을에 강가 강의 이쪽과 저쪽 언덕을 잘 관찰하지 않고 소를 몰아가다가 강가 강의 한가운데서 흐름에 휩쓸려 그곳에서 참극을 당해버린 비유(§2)와 마가다에서 지혜로운 소치는 사람이 우기의 마지막 달인 가을에 강가 강의 이쪽 언덕을 잘 관찰하여 소를 저쪽 언덕으로 잘 몰아가는 비유(§4)를 드신다. 전자는 능숙하지 못한 사문이나 바라문에 대한 비유이며(§3) 후자는 능숙한 사문이나 바라문에 대한 비유이다.(§5)

이렇게 하여 능숙한 목자인 부처님의 도움으로 아라한(소들의 아버지요 소들의 지도자인 황소들, §6)과 불환자(힘센 소와 길들여야 할 소들, §7)와 일래자(젊은 암소들과 수소들, §8)와 예류자(힘없는 송아지들, §9)와 법을 따르고 믿음을 따르는 자(막 태어난 연약한 어린 송아지, §10)는 저 언덕으로 무사히 건너간다.

마지막으로 세존께서는 "비구들이여, 나는 이 세상에 대해 능숙하고 저 세상에 대해서도 능숙하며, 마라의 영역에도 능숙하고 마라의 영역이 아닌 것에도 능숙하며, 죽음의 영역에도 능숙하고 죽음의 영역이 아닌 것에도 능숙하다. 이런 나로부터 배워야 하고 나에게 믿음을 가져야 한다고 생각하는 자들에게는 오랜 세월을 이익과 행복이 있을 것이다." (§11)라고 말씀하시면서 설법을 마치신다.

「**삿짜까 짧은 경**」(M35) **해설**

부처님 당시에 인도에는 바라문과 육사외도와 유행승을 위시한 많은 종교인들과 사상가들이 있었다. 그들은 서로 논쟁을 하기도 하였다. 본 경에 나타나는 웨살리의 삿짜까도 그런 사람 가운데 하나였다. 삿짜까는 "나와 논쟁을 시작하면 동요하지 않고 떨지 않고 전율하지 않고 겨드랑이에 식은땀을 흘리지 않는 자를 보지 못했다."(§2)라고 큰소리치고 다녔다. 그는 오비구 가운데 한 분인 앗사지 존자를 만나서 세존께서 오온무상과 오온무아를 설한다는 말을 듣고(§3~4) 세존을 척파하기 위해 많은 릿차위 대중과 함께 큰 숲으로 들어가서 세존께 다가갔다.(§5~8)

그는 세존으로부터 직접 오온무상과 오온무아라는 말씀을 듣고(§9) 오온이 바로 자아라고 자신 있게 대꾸한다.(§11) 그러자 세존께서는 "그대는 '물질은 나의 자아이다.'라고 주장하는데, 그대는 '내 물질은 이렇게 되고, 이렇게 되지 마라.'고 그 물질을 지배할 수 있는가?"라고 두 번을 물으셨으나 그는 침묵하였다.(§13) 그러나 마침내 침묵을 깨뜨리고 '오온에 대해서 이렇게 되고, 이렇게 되지 말라고 하면서 오온을 지배할 수 없다.'고 물질부터 알음알이까지 차례대로 대답한다.(§15~19) 그리고 나아가서 불교교학의 핵심인 오온의 무상 · 고 · 무아에 대해서 정형구로 세존과 함께 문답을 나눈다.(§20) 이렇게 하여 그는 완전히 세존과의 논쟁에서 패배하였다.

다시 세존께서는 오온에 대해서 '이것은 나의 것이 아니다. 이것은 내가 아니다. 이것은 나의 자아가 아니다.'라고 바른 통찰지로 보아서 취착 없이 해탈하고, 번뇌 다한 아라한이 된다고 결론지으신다.(§25) 삿짜까는 패배를 인정하고 세존과 비구승가를 초청하여 음식공양을 올리는 것으로 경은 마무리가 된다.(§§27~30)

이처럼 세존께서 강조하신 오온무상과 오온무아의 가르침은 삿짜까와 같은 논쟁자도 건널 수 없는 가르침으로 당대 인도의 지식인들에게 각인이 되고 있다.

「**삿짜까 긴 경**」(M36) **해설**

본경도 웨살리 큰 숲의 중각강당에서 삿짜까와 나누신 대화인데, 본서 제1권 「성스러운 구함 경」(M26)처럼 본경은 부처님의 성도과정을 잘 설명하고 있다. 본경과 「성스러운 구함 경」(M26)이 둘 다 세존의 성도 전후의 과정을 설명하고 있지만 「성스러운 구함 경」(M26)에는 세존이 깨달음을 실현하시는 구체적인 과정은 나타나지 않는다. 「성스러운 구함 경」(M26)은 부처님이 깨달음을 증득하신 후에 전법에 대한 사유를 하시고 그래서 바라나시로 가셔서 오비구를 교화하는 부분을 자세히 설명하고 있다. 반면에 본경은 부처님의 성도과정을 구체적으로 묘사하고 있다. 본경에서 부처님의 고행을 상세하게 묘사하는 부분과(§§20~30) 특히 부처님께서 고행을 버리고 수행을 통한 행복을 인정하는 진지한 사유를 하시는 대목은(§§31~33) 우리가 관심 있게 봐야 할 부분이라 생각한다. 이렇게 해서 세존께서는 네 가지 禪을 체득하시고(§§34~37) 이를 바탕으로 숙명통과 천안통을 증득하시고 누진통을 통해서 깨달음을 실현하시는데(§§38~44) 본경에 이 과정이 자세히 나타나고 있기 때문에 본경은 부처님의 성도과정을 바르게 알 수 있는 가장 중요한 경이라 할 수 있다.

그러나 본경의 주목적은 이러한 부처님의 성도과정을 밝히는 데 있는 것은 아니다. 본경은 부처님께서 수행하실 때에 어떤 괴로운 느낌[苦受]도 세존의 마음을 제압하지 못했고(§20 이하) 아울러 어떤 즐거운 느낌[樂受]도 세존의 마음을 제압하지 못했음을 밝히기 위해서(§34 이하) 설하신 경이다. 그리고 본경에서 우리의 관심을 끄는 또 하나는 부처님께서도 낮잠이나 잠을 주무시는가 하는 문제이다. 여기에 대해서는 아래 부분을 참조하기 바란다.

부처님의 성도과정은 본경 §13 이하에서 설명되고 있는데 이것은 M26의 §13 이하와 같다. 그리하여 알라라 깔라마와 웃다까 라마뿟따 회중에서 무소유처와 비상비비상처를 체득했지만 궁극이 아니라고 버리고 떠나시는 것은 M26의 §§15~16와 같다.

그리고 본경 §§16~29는 부처님이 행하신 극심한 고행을 묘사하고 있다. 다시 §30 이하에서는 고행이 깨달음을 성취하기 위한 길이 아님에 사무치시고 어릴 때 농경제 때 체험한 초선을 떠올리시고 '이것이 깨달음을 위한 길이다.'라고 생각하셨다.(§31) 그래서 이것을 초선으로 하여 발판을 만들어서(§34) 제2·3·4선을 증득하시고(§35~37) 초경에 숙명통을(§38~39), 이경에 천안통을(§40~41), 삼경에 누진통을 체득하셔서(§42 ~43) 마침내 깨달은 분이 되었다.(§44)

물론 이처럼 고행을 하실 때에도(§§16~29), 네 가지 선과 삼명을 체득하실 때에도(§§34~44), 각각 괴로운 느낌과 즐거운 느낌이 세존의 마음을 제압하지는 못했다고 말씀하시는 것이 본경의 주된 목적이다.

다시 삿짜까가 낮잠에 대해서 질문을 드리자(§45) "나는 여름의 마지막 달에 공양을 마치고 탁발에서 돌아와서 가사를 네 겹으로 접어서 깔고 오른쪽 옆구리로 누워 마음챙기고 잘 알아차리면서[正念·正知] 잠을 잤던 것을 기억한다."(§46)고 말씀하신다. 삿짜까가 그러면 그것은 미혹에 빠져 머무는 것이 아닌가라고 반문하자(§46) "번뇌를 제거하지 못했기 때문에 미혹한 사람이 되고"(§47) "번뇌를 제거했기 때문에 미혹하지 않은 사람이 된다."(§47)고 말씀하시면서 잠을 자는 것과 미혹에 빠져 머무는 것은 다르다고 말씀하신다.

「**갈애 멸진의 짧은 경**」(M37) **해설**

본경은 신화적인 표현이 가득한 경이다. 인도 혹은 인도 종교를 표현하는 말로 흔히들 만신전(萬神殿)이라는 말을 쓴다. 인도는 말 그대로 수만의 신들이 존재하는 종교의 나라라는 표현이다. 베다 문헌에서부터 시작해서 『마하바라따』와 『뿌라나』 문헌들을 거치면서 인도 신들의 수는 더욱더 많아지고 확장되어 가고 있다. 이런 문화를 배경으로 하는 불교도 당연히 신화적 표현을 즐겨 사용할 수밖에 없었을 것이다. 『디가 니까야』 제2권의 「대전기경」(D14)과 제3권의 「전륜성왕 사자후경」(D26), 「대회경」(D20), 「아따나띠야 경」(D32) 등 『디가 니까야』에도 적지 않은 경에 신화적인 표현이 가득하다.

본경에도 삭까(인드라, 제석천)가 등장하고 목갈라나 존자가 신통으로 삭까의 거주처인 삼십삼천의 에까뿐다리까 정원을 방문하는 등 신화적인 서술이 많다. 그러면서 신화적 표현과 신통력으로 불교수행자들의 정신적인 힘을 드러내는 경이기도 하다. 역자가 신화적 표현이란 말을 썼다고 해서 신들의 존재를 의심하는 것으로 오해하는 것은 곤란하다. 초기불전에서 신들의 존재는 너무도 당연한 것이며, 부처님께서도 본서 제3권 「상가라와 경」(M100) §42에서 이 점을 분명히 하고 계신다. 본경을 요약하면 다음과 같다.

세존께서 사왓티 동쪽 원림의 녹자모 강당에 계실 때 신들의 왕 삭까가 와서 갈애의 멸진에 대해서 질문을 드린 뒤(§2) 세존의 말씀을 듣고(§3) 기뻐하며 물러가자(§4) 신통제일인 마하목갈라나 존자가 정말 삭까가 세존의 말씀을 알아들었는지 알아보기 위해서 즉시에 삼십삼천의 에까뿐다리까 정원에 나타났다.(§§5~6) 신들이 천상에서 유유자적하게 지내는 것을 본(§§7~10) 목갈라나 존자는 삭까를 위시한 신들이 너무 방일하게 지낸다고 생각하여(§11) 신통을 부렸는데 그의 발끝으로 신들이 머무는 웨자얀따 궁전을 흔들리게 하고 진동하게 하고 요동치게 했다.(§11) 그러자 신들의 왕 삭까와 웻사완나 대왕과 삼십삼천의 신들은 경이로움과 놀라움이 가득하였다.(§11) 그리하여 목갈라나 존자는 삭까가 세존으로부터 들은 갈애의 멸진에 대한 말씀을 삭까로부터 다시 들은 뒤(§12) 녹자모 강당으로 되돌아 와서는(§13) 세존으로부터도 같은 말씀을 듣고 기뻐하였다고 하면서 경은 마무리된다.(§15)

이처럼 본경은 마하목갈라나 존자를 빌어서 갈애를 멸진하여 열반을 실현하기 위해서 수행하는 불교 교단의 출가자들의 정신적인 힘이 천상에서 유유자적하는 신들과 신들의 왕인 인드라(삭까)보다 뛰어남을 신화적인 표현으로 드러내는 경이라 할 수 있겠다.

「갈애 멸진의 긴 경」(M38) 해설

지금도 대부분의 한국불자들은 마음 혹은 알음알이[識]가 감각장소[根]와 감각대상[境]을 반연하여 생긴 조건발생이 아니라 마음이라는 불변하는 실체가 있는 줄로 착각하고 있다. 한국불교에는 마음 깨쳐 성불한다거나 마음이 곧 부처[心卽是佛]라거나 마음 외에 부처란 없다[心外無佛]라거나 일체는 마음이 만들어낸 것[一切唯心造]이라거나 하며 마음을 절대화하는 데 열을 올리는 분들이 많다. 이처럼 마음을 절대화하여 마음이 우주의 모든 것을 만들어내는 창조주나 절대자인 양 받아들여 버린다면 이것은 큰 문제라 아니할 수 없다.

모든 불교에서 오온은 실체가 없다(오온무아)고 설한다. 그러므로 오온의 다섯 번째인 알음알이[識] 즉 마음도 실체가 없는 것이요, 단지 찰나생・찰나멸의 흐름일 뿐이다. '나'라는 존재를 알음알이 등의 오온으로 해체해서 보면 이들의 무상과 고와 무아가 극명하게 드러나고, 여기에 사무치면 존재에 넌더리치고(염오), 탐욕이 남김없이 빛바래고(이욕), 그래서 해탈하고, 구경해탈지가 일어나고, 열반을 실현하게 된다는 것이 초기불전의 도처에서 부처님이 강조하고 계신 가르침이다.[5]

---

5) 본서 제4권의 M147과 M148의 해설 등을 참조하고 자세한 것은 『초기불교 이해』 213쪽 이하를 참조할 것.

마음을 절대화하면 즉시 외도의 자아이론[我相]이나 개아이론[人相]이나 영혼이론[壽者相]이나 진인이론으로 떨어지고 만다. 그렇게 되면 이것은 『금강경』에서 척파의 대상으로 강조하는 산냐(saññā, 相, 想, 고정관념, 잘못된 인식)가 되어버린다. 이것은 우리 불교가 가장 유념하면서 고뇌해야 할 부분이기도 하다. 그런 의미에서 본경은 한국의 출가자나 불자들이 반드시 읽고 깊이 새기고 음미해야 하는 경이라 하겠다.

특히 본경은 연기에 대한 가르침으로 주목해야 할 경이다. 본경은 연기에 대한 유전문과 환멸문, 순관과 역관을 분명하게 설하기도 하지만(§§17~22) 니까야 전체에서 본경이야말로 알음알이[識] 혹은 마음을 윤회의 주체로 간주하는 것에 대해 연기의 가르침으로 무아를 명쾌하게 천명하는 가장 중요한 경이기 때문이다.

본경은 급고독원에서 세존께서 어부의 아들 사띠 비구의 일화를 계기로 비구들에게 하신 설법이다. 그때 어부의 아들 사띠라는 비구에게 '내가 세존께서 설하신 법을 알기로는, 다름 아닌 바로 이 알음알이가 계속되고 윤회한다.'라는 삿된 견해가 일어났다고 한다.(§2) 대중들의 경책을 받았지만 그는 자신의 소견을 굽히지 않았다.(§3) 그래서 대중들은 세존께 고하였고(§4) 세존께서 사띠를 불러 경책을 하시면서(§5) 비구들에게 본경을 말씀하셨다.

먼저 부처님께서는 알음알이는 조건발생이라는 점을 강조하신다.(§8) 그래서 세존께서는 "알음알이는 조건을 반연하여 생기는데, 그 각각의 조건에 따라 알음알이는 이름을 얻는다. 알음알이가 눈과 형상들을 조건하여 일어나면 그것은 눈의 알음알이[眼識]라고 한다. … 알음알이가 마노[意]와 법들을 조건하여 일어나면 그것은 마노의 알음알이[意識]라고 한다.

마치 어떤 것을 조건하여 불이 타면 그 불은 그 조건에 따라 이름을 얻나니, 장작으로 인해 불이 타면 장작불이라고 하고, … 쓰레기로 인해 불이 타면 쓰레기불이라고 하는 것과 같다."(§8)라고 명쾌하고 분명하게 말씀하신다.

지금도 대부분의 한국불자들은 알음알이나 마음이 이처럼 조건발생이 아니라 무슨 불변하는 실체가 있는 줄로 착각하고 있다. 그런 의미에서 본경은 한국불교에 시사하는 바가 크다 하겠다.

그리고 §9 이하에서는 비구대중들과 존재에 대한 여러 가지 일반적인 문답을 하시고 §15 이하에서는 네 가지 음식과 연기에 대해 자세하게 말씀하신다. 이렇게 하여 본경에서 세존께서는 여러 관점에서 12연기를 말씀하시는데 표제어만 발췌해 보면 다음과 같다.

§17에서는 일어남에 대한 연기의 순관을, §18에서는 일어남에 대한 연기의 역관을, §19에서는 일어남에 대한 연기의 유전문을, §20에서는 소멸에 대한 연기의 순관을, §21에서는 소멸에 대한 연기의 역관을, §22에서는 소멸에 대한 연기의 환멸문을 설하신다.

이처럼 12연기를 여섯 가지 관점에서 심도 깊게 설하고 계신다.

그리고 다시 §23에서 존재함에 대한 지혜를 설하시고 §§26~29에서는 윤회의 시작으로 수태에서부터 성장기까지를, 다시 §30에서는 윤회의 전개를, §§31~39에서는 윤회를 종식시키는 방법(점진적인 수행)으로 계의 구족의 정형구 등과(§31~38) 네 가지 禪의 정형구를 설하신다.(§39) 그리고 §40에서 윤회의 종식에 대한 가르침으로 짧은 누진통의 정형구를 말씀하시고 [근·경·식·촉]을 전제한 수·애·취·유·생·노사의 정형구로 전체 괴로움의 무더기가 소멸한다고 결론지으신다.(§40) 이렇게 해서 갈애의 멸진을 연기의 가르침으로 심도 깊게 해석하면서 마무리를 지으신다.

이렇게 하여 본경은 고정 불변하는 윤회의 주체로서의 알음알이는 없는 것이며 알음알이[識]란 감각장소[根]와 감각대상[境]에 의한 조건발생이고 알음알이가 조건생·조건멸하는 것을 본경은 6가지 관점에서 12연기를 분석하면서 담담하게 드러내고 있다.

「**앗사뿌라 긴 경**」(M39) **해설**

참다운 출가자란 무엇인가? 진정한 사문이란 무엇인가? 사문은 어떻게 살아야 하는가? 여기에 대한 부처님 말씀은 없을까? — 여기에 대한 답이 바로 본경과 다음 경이다. 본경에서 세존께서는 "사람들은 그대들을 '사문들, 사문들'이라고 인지한다. 그대들도 역시 '당신들은 누구십니까?'라고 물으면 '우리는 사문입니다.'라고 자칭한다. 비구들이여, 그대들이 이와 같이 불리고 이와 같이 자칭하므로 그대들은 참으로 이와 같이 공부지어야 한다."(§2)라고 말씀하시고 §3 이하에서 진정한 사문이 되고 진정한 바라문이 되는 법 9가지 들고 계신다. 그것은 ① 양심과 수치심을 잘 지님 ② 몸의 행위가 청정함 ③ 말의 행위가 청정함 ④ 마음의 행위가 청정함 ⑤ 생계가 청정함 ⑥ 감각기능들의 문을 보호함 ⑦ 음식에 적당한 양을 앎 ⑧ 깨어있음에 전념함 ⑨ 마음챙김과 알아차림을 구족함이다.(§§3~11)

그러나 이러한 9가지를 성취했다고 '우리는 출가의 삶을 성취했다. 더 이상 해야 할 일이 없다.'고 만족하면 안된다. 더 해야 할 일이 있다.(§§3~11) 세존께서는 출가자가 더 해야 할 것으로 먼저 외딴 처소를 의지함(§12)과 다섯 가지 장애를 극복함(§§13~14)을 비유를 들면서 말씀하신다. 그 뒤에 §§15~18에서 네 가지 禪의 정형구를 비유와 함께 말씀하시고(§§15~18) 다시 §§19~21에서 삼명을 말씀하신다. 본 『맛지마 니까야』의 다른 곳에서는 삼명의 문맥에서는 모두 짧은 누진통의 정형구가 나타나지만 여기서는(§21) 긴 누진통의 정형구가 나타나는 것이 특징이다. 이처럼 본경 §§3~21까지는 『맛지마 니까야』의 15단계 계·정·혜의 정형구를 진정한 사문과 진정한 바라문이 행해야 할 것으로 말씀하고 계신다.

그리고 이어서 "이런 비구를 두고 사문이라고도 하고, 바라문이라고도 하고, 목욕을 마친 자라고도 하고, 베다에 통달한 자라고도 하고, 슈루띠에 정통한 자(깨끗한 자)라고도 하고, 성스러운 자라고도 하고, 아라한이라고도 한다."(§22)고 정의하시고 §§23~29에서는 이들 각각에 대한 정의를 내리고 계신다. 이렇게 하여 본경의 말씀은 마무리가 된다.

「앗사뿌라 짧은 경」(M40) 해설

본경에서도 출가자란 무엇인가, 사문이란 무엇인가, 사문은 어떻게 살아야 하는가를 두고 부처님의 진지하신 설법이 진행된다. 본경도 앙가의 앗사뿌라라는 앙가 족의 읍에서 비구들에게 하신 설법이다. 본경에서도 세존께서는 먼저 "비구들이여, 사람들은 그대들을 '사문들, 사문들'이라고 인지한다. 그대들도 역시 '당신들은 누구십니까?'라고 물으면 '우리는 사문입니다.'라고 자칭한다."고 문제 제기를 하신다.(§2)

그리고 세존께서는 욕심, 악의, 분노, 적의, 모욕, 얕봄, 질투, 인색, 속임수, 사기, 나쁜 바람, 삿된 견해라는 이러한 12가지가 없어야 '사문에게 어울리는 도닦음을 실천하고 수행하는 것'이라고 말씀하신다.(§7) 이 12가지 해로운 법들은 본서 제1권 「법의 상속자 경」(M3) §§8~15에서 사리뿟따 존자가 들고 있는 해로운 법들과 비슷하다.

이어서 §§9~12에서는 네 가지 거룩한 마음가짐(사무량심)을 설하시고 §13에서는 그 예를 드신다. 그리고 마지막으로 만일 어떤 자가 끄샤뜨리야 가문이든 바라문 가문이든 와이샤 가문이든 수드라 가문이든 아니면 어떠한 가문에서든 집을 나와 출가하여 아무 번뇌가 없는 마음의 해탈[心解脫]과 통찰지를 통한 해탈[慧解脫]을 구족하여 머문다면 그가 바로 참다운 사문이라고(§14) 결론을 맺으신다. 계급에 의해서 참다운 사문이 정해지는 것이 아니라 사무량심을 닦고 번뇌가 다해야 그가 진정한 사문이라고 부처님께서는 강조하시는 것이다. 사성계급에 대해서는 본서 제3권 제10장 바라문 품의 여러 경들을 참조하기 바란다.

제5장 「짧은 쌍 품」(M41~M50)

「살라의 바라문들 경」(M41) 해설

죽으면 어떻게 되는가, 어떻게 해서 선처에 태어나는가 하는 것은 종교를 가진 모든 사람들의 관심이다. 특히 종교의 나라라는 인도에서는 더 큰 관심사였을 것이다. 그리고 중요한 것은 죽은 뒤를 결정짓는 요인일 것이다. 본경에는 여기에 대한 부처님의 답이 들어있다. 본경은 살라라는 꼬살라의 바라문 촌에서 살라의 바라문 장자들에게 하신 말씀이다.

살라의 바라문 장자들은 세존께 어떤 원인과 조건 때문에 지옥을 위시한 악처에 태어나고 또 어떤 원인과 조건 때문에 천성과 같은 선처에 태어나는지 질문을 드린다.(§4) 세존께서는 여기에 대해서 법에 따르지 않은 그릇된 행실과 법에 따른 올바른 행실을 각각의 원인으로 말씀하신다.(§5) 다시 세존께서는 악처에 태어나는 원인으로 몸으로 짓는 세 가지(살생, 투도 사음), 말로 짓는 네 가지(망어, 양설, 악구, 기어), 마음으로 짓는 세 가지(간탐, 악의, 사견)의 법에 따르지 않은 그릇된 행실을 설하신다.(§§7~10) 십불선업을 지음으로 해서 악도에 태어난다는 말씀이다.

그리고 §§11~14에서는 반대로 십선업을 지음으로 해서 선처에 태어난다고 말씀하신다. 계속해서 세존께서는 이처럼 법에 따르는 올바른 행실을 하는 자는 부유한 끄샤뜨리야나 부유한 바라문이나 부유한 장자로도 태어나고(§§15~17) 25개의 천상에 태어날 수 있다고 말씀하신다.(§§18~42) 그리고 짧은 누진통의 정형구를 실현할 수 있다고 하신다.(§43) 이렇게 해서 살라에 사는 바라문 장자들은 모두 부처님께 재가신자로 귀의를 하고 가르침은 마무리 된다.(§44)

「웨란자의 바라문들 경」(M42) 해설

급고독원에서 머무실 때 웨란자의 바라문 장자들이 찾아와서 그들에게 설하신 말씀이다. 내용은 앞의 「살라의 바라문들 경」과 같다.

「교리문답의 긴 경」(M43) **해설**

초기불전에는 부처님의 가르침을 두고 제자들 간에 혹은 부처님과 제자들 간에 교학적인 문답을 주고받는 경들이 나타난다. 이런 경들을 전통적으로 교리문답(vedalla)이라 한다. 이 웨달라는 구분교(九分敎)의 아홉 가지 가운데서 맨 마지막에 나타나는 것이다. 웨달라의 어원은 불분명하며 중국에서는 방등(方等)으로 정착이 되었다.

『디가 니까야 주석서』는 이 웨달라에 속하는 경들의 보기로 본서 「교리문답의 짧은 경」(M44), 본경(M43), 본서 제1권 「바른 견해 경」(M9), 『디가 니까야』 제2권 「제석문경」(D21), 「상카라 분석경」, 본서 제3권 「보름밤의 긴 경」(M109)을 들고 있다.(AA.i.24) 이처럼 본경과 다음의 「교리문답의 짧은 경」(M44)은 주석서에서 교리문답의 보기로 제일 먼저 언급되고 있다.

본경은 급고독원에서 있었던 마하꼿티따 존자와 사리뿟따 존자의 교리문답을 모은 경인데 유명한 부처님의 직계제자들의 주관심사와 교학에 대한 이해를 살펴볼 수 있는 좋은 경이다. 본경에서는 11개의 주제가 교리문답의 형태로 논의되고 있는데 주제만을 나열해 보면 다음과 같다.

① 통찰지가 없는 자와 통찰지를 가진 자(§§2~3) ② 알음알이와 통찰지의 관계(§§4~6) ③ 느낌과 인식과 알음알이와의 관계(§§7~10) ④ 통찰지(§§11~12) ⑤ 바른 견해(§§13~14) ⑥ 존재(§15) ⑦ 다시 태어남(§§16~17) ⑧ 초선과 구성요소들(§§18~20) ⑨ 다섯 가지 감각기능(§§21~23) ⑩ 상수멸(§§24~25) ⑪ 여러 가지 해탈들이다.(§§26~37)

여기서 보듯이 이 두 분 아라한 스님들의 관심사도 2600년 뒤에 초기불교를 접하는 우리의 관심과 크게 다르지 않는 듯하다. 위의 11가지 교리문답 가운데 특히 11번째에는 여러 가지 해탈이 거론되는데 그것은 괴롭지도 즐겁지도 않은 마음의 해탈(§26)과 표상 없는 마음의 해탈(§§27~29)과 무량한 마음의 해탈(§§30 ~37)과 무소유의 마음의 해탈과 공한 마음의 해탈과 표상 없는 마음의 해탈의 여섯 가지이다.

「교리문답의 짧은 경」(M44) 해설

초기불전에서 비구니 스님의 설법은 아주 적게 결집되어 나타난다. 그 가운데 하나가 본경이면서 가장 심도 깊은 비구니 스님의 가르침이라 할 수 있다. 본경을 통해서 비구니 스님 특히 아라한이 된 비구니 스님의 깊은 통찰력을 볼 수 있다. 또 다른 비구니 스님의 설법으로는 케마 비구니 스님이 빠세나디 꼬살라 왕에게 10사무기를 설하고 있는 『상윳따 니까야』 제5권 「케마 경」(S44:1)을 들 수 있고, "마치 부품들을 조립한 것이 있을 때 / 마차라는 명칭이 있는 것처럼 / 무더기들[蘊]이 있을 때 / 중생이라는 인습적 표현이 있을 뿐이로다."라고 무아에 대한 깊은 통찰지를 드러내는 와지라 비구니 스님의 「와지라 경」(S5:10) {554}을 들 수 있다. 그 외 비구니 스님들의 가르침은 『상윳따 니까야』 제1권 「비구니 상윳따」(S5)를 참조하기 바란다.

이제 본경을 간략하게 살펴보자. 본경은 세존께서 라자가하 대나무 숲의 다람쥐 보호구역에 머무실 때 출가하기 전에 담마딘나 비구니의 남편이었던 위사카 청신사가 담마딘나 비구니를 만나러 가서 나눈 대화를 담고 있는 경이다. 본경에는 9가지 주제에 대한 교리문답이 담겨 있다. 주제만을 나열하면 다음과 같다.

① 존재 더미[有身]와 집 · 멸 · 도에 대한 문답(§§2~5) ② 취착과 오취온(§6) ③ 유신견(§§7~8) ④ 팔정도(§§9~10) ⑤ 팔정도와 삼학(§11) ⑥ 삼매(§12) ⑦ 신행 · 구행 · 의행의 삼행(§§13~15) ⑧ 상수멸(§§16~21), ⑨ 느낌(§§22~29)

이러한 중요한 주제로 교리문답을 한 뒤에 위사카 청신사가 부처님께 가서 이 사실을 말씀드리자 세존께서는 "위사카여, 담마딘나 비구니는 현자이다. 위사카여, 담마딘나 비구니는 큰 통찰지를 가졌다. 위사카여, 그대가 만일 내게 이 뜻을 물었더라도 나 역시 담마딘나 비구니가 설명한 대로 설명했을 것이다. 그러니 그대는 그대로 호지하라."(§31)라고 담마딘나 스님을 크게 인정하신다.

「**법 실천의 짧은 경**」(M45) **해설**

인간은 무엇인가를 행하면서 살기 마련이다. 아무것도 하지 않고 산다는 것은 있을 수가 없다. 매순간 눈 · 귀 · 코 · 혀 · 몸 · 마노의 여섯 가지 감각장소들로 형색 · 소리 · 냄새 · 맛 · 감촉 · 법의 여섯 가지 감각의 대상들을 조우하여서는 즐거움도 향유하고 괴로움도 겪으면서, 또 즐거움을 주는 대상에는 엄청난 탐욕을 일으키고 괴로운 느낌을 주는 대상에는 분노하고 저항하면서 무수한 의도적 행위(업)를 일으킨다. 그리고 이러한 의도적 행위는 당연히 그 과보를 가져오게 된다. 이렇게 하여 업을 짓고 과보를 경험하는 것을 반복하면서 인간의 삶은 쉼 없이 흘러간다. 이러한 업과 과보의 상관관계가 금생의 흐름으로 끝나면 얼마나 좋겠는가. 그러나 업에 대한 과보의 흐름은 다음 생으로 다음 생으로 계속해서 흘러간다. 의도적 행위 혹은 업지음은 무명과 갈애에서 비롯된다.(무명-행, 애-취-유) 그리고 갈애는 다시 태어남을 가져오는 것(ponobhavikā)으로 정의되고 욕애 · 유애 · 무유애로 설명된다.(M141 §21) 그러므로 갈애가 있는 한 업지음은 계속되고 그래서 악처든 선처든 다시 태어남 즉 재생과 윤회는 지속된다.

본경에서 세존께서는 인간의 행위를 업지음과 그 과보의 측면에 따라 네 가지로 나누어서 법의 실천이라는 술어를 사용하여 말씀하신다. 그것은 다음과 같다.

① 지금은 즐겁지만 미래에 괴로운 과보를 가져오는 법의 실천
② 지금도 괴롭고 미래에도 괴로운 과보를 가져 오는 법의 실천
③ 지금은 괴롭지만 미래에 즐거운 과보를 가져오는 법의 실천
④ 지금도 즐겁고 미래에도 즐거운 과보를 가져오는 법의 실천(§2)

이 가운데 ① 지금은 즐겁지만 미래에 괴로운 과보를 가져오는 법의

실천은 감각적 욕망에 흠뻑 취해서 살다가 죽어서 악처에 태어나는 경우이다.(§3~4) ② 지금도 괴롭고 미래에도 괴로운 과보를 가져 오는 법의 실천으로 세존께서는 여러 가지 고행을 들고 계신다.(§5) ③ 지금은 괴롭지만 미래에 즐거운 과보를 가져오는 법의 실천은 선천적으로 탐·진·치가 강하여 괴로움과 정신적 고통을 항상 경험하는 사람이 청정범행을 잘 닦아서 죽은 뒤 선처에 태어난 경우이다.(§6) ④ 지금도 즐겁고 미래에도 즐거운 과보를 가져오는 법의 실천은 선천적으로 탐·진·치가 강하지 않아서 괴로움과 정신적 고통을 항상 경험하지 않는 사람이 네 가지 禪을 잘 닦아서 죽은 뒤 천상세계에 태어나는 경우이다.(§7)

「법 실천의 긴 경」(M46) **해설**

본경도 인간의 행위를 업지음과 과보의 측면에 따라 네 가지로 나누어서 논의를 전개하고 있다. 본경에서 세존께서는 먼저 '중생들은 원하지 않는 법들은 쇠퇴하고 원하는 법들은 증장하기를 바라지만 원하지 않는 법들은 증장하고 원하는 법들은 쇠퇴한다. 그 원인이 무엇일까?'라고 문제 제기를 하신다.(§2) 그러고 나서 범부는 받들어 행하지 말아야 할 법들을 받들어 행하고, 받들어 행해야 할 법들을 받들어 행하지 않기 때문에 그렇다고 말씀하신다.(§3) 그러나 성스러운 제자는 받들어 행하지 말아야 할 법들을 받들어 행하지 않고, 받들어 행해야 할 법들을 받들어 행하기 때문에 좋은 법들은 증장한다고 하신다.(§4)

이렇게 말씀하시고 부처님께서는 본경에서도 네 가지 법의 실천을 말씀하시는데 앞의 경에서처럼 그것은 ① 지금도 괴롭고 미래에도 괴로운 과보를 가져오는 법의 실천 ② 지금은 즐겁지만 미래에 괴로운 과보를 가져오는 법의 실천 ③ 지금은 괴롭지만 미래에 즐거운 과보를 가져오는 법의 실천 ④ 지금도 즐겁고 미래에도 즐거운 과보를 가져오는 법의 실천이다.(§5)

그런 뒤에 이 네 가지를 다시 어리석은 자에게 일어나는 경우와(§§6~

9) 지혜로운 자에게 일어나는 경우로(§§10~13) 나누어서 말씀을 하신다. 어리석은 자는 ①과 ②는 받들어 행하고 ③과 ④는 받들어 행하지 않는다.(§§6~9) 지혜로운 자는 반대로 ①과 ②는 받들어 행하지 않고 ③과 ④는 받들어 행한다.(§§10~13)

이렇게 말씀하신 뒤에 다시 이들이 일어나는 경우를 구체적으로 설하시는데 §§14~15에서는 십불선업도를 통해서 각각 ①과 ②를 설명하시고 몸이 무너져 죽은 뒤 처참한 곳, 불행한 곳, 파멸처, 지옥에 태어난다고 하신다. 다시 §§16~17에서는 십선업도를 통해서 각각 ③과 ④를 설명하시고 몸이 무너진 다음에는 좋은 곳, 천상 세계[天界]에 태어난다고 하신다.

그리고 이들 네 가지에 대한 다섯 가지 비유를 들고 계신다.(§§18~22) 그것은 독이 섞인 쓴 박의 비유(§18), 색깔과 냄새와 맛이 좋은 마실 것이 청동 컵에 들어있는데 독이 섞여 있는 비유(§19), 여러 가지 양약과 섞인 오줌의 비유(§20), 응유와 꿀과 버터기름과 당밀이 함께 섞여 있는데 이질에 걸린 사람이 마시는 비유(§21)이다. 그리고 세존께서는 가을 하늘에 태양이 광채를 발하는 비유(§22)를 드신 뒤에 "지금도 즐겁고 미래에도 즐거운 과보를 가져오는 이 법의 실천은 다른 범속한 사문·바라문들의 이런저런 교리를 흩어버린 뒤 빛나고 찬란하고 광채를 발할 것이다."라고 말씀하시면서 법문을 마치신다.

「**검증자 경**」(M47) **해설**

본경은 급고독원에서 세존께서 비구들에게 말씀하신 가르침으로, 여래도 검증해야 한다는 불교의 자신감이 깃들어있는 경이다. 그리고 제자들이 여래를 검증해야 한다고 말하는 것이 아니라 부처님이 직접 비구들에게 여래도 검증해보아야 한다고 말씀하고 계시기 때문에 더 각별한 의미를 지닌다고 할 수 있다.

먼저 세존께서는 "검증하는 비구가 다른 사람의 마음 길을 알지 못할 때 여래가 정등각자인지 아닌지를 알기 위해 여래를 참구해야 한다." (§2)고 말씀하시면서 법문을 이어가신다. 그리고 검증은 눈으로 알 수 있는 법들과 귀로 알 수 있는 법들의 두 가지 측면으로 행해야 한다고 말씀하신다.(§4)

이렇게 하여 먼저 §§4～10에서는 여래에 대해서 비구가 혼자서 마음속으로 참구하여 검증하는 것 여섯 가지를 말씀을 하시고 다시 §§11～13에서는 세 가지 사실을 여래께 직접 여쭈어야 한다고 말씀하신다. 이를 조금 구체적으로 살펴보자. 비구는 먼저 여래에 대해서 참구를 한다. 참구는 ① 오염된 법들(§4) ② 섞인 법들(§5) ③ 청정한 법들(§6) ④ 유익한 법(§7) ⑤ 여래가 유명해지고 명성을 얻었을 경우(§8) ⑥ 두려움 없이 억제하고 두려움 때문에 억제하는 것이 아님(§9)의 여섯 가지에 대해서 해야 한다. 이렇게 혼자서 참구한 뒤에는 여래께 ① 오염된 법들과(§11) ② 섞인 법들과(§12) ③ 청정한 법들에 대해서(§13) 직접 여쭈어야 한다.

이렇게 할 때 그는 스승에 대한 청정한 믿음을 가지게 되고 그래서 비로소 '세존께서는 바르게 완전히 깨달으셨고, 가르침은 세존에 의해 잘 설해졌고, 승가는 잘 도를 닦는다.'라고 불·법·승 삼보를 바르게 알게 된다.(§15) 이렇게 해서 여래에 믿음을 심게 되면 이런 믿음이야말로 합리적이고 견에 뿌리를 두고 확고하다고 한다. 이렇게 되면 이 세상 그 어느 누구도 그것을 꺾을 수 없다고(§16) 하시면서 본경을 마무리 지으신다.

불교는 이처럼 부처님 당대에서부터 철저한 검증을 통한 믿음을 중요시한다. 초기불교에 맹신이란 없다. 위의 여섯 가지에 토대한 철저한 검증에서 청정한 믿음이 생기게 되고, 이런 믿음이야말로 합리적이고 견(見, 봄)에 뿌리 하고 확고한 것이 된다고 세존께서 직접 비구들에게 말씀하고 계신다.

「**꼬삼비 경**」(M48) **해설**

대중이 모이면 분쟁이 일어나기 마련이고 그래서 말다툼을 하고 분열이 일어나기 마련인가보다. 이미 부처님 당시에도 이런 분쟁이 일어나서 세존께서 그 대책을 내놓고 계신다. 대중생활을 하는 수행자는 특히 본경에서 부처님이 제시하시는 분쟁을 막기 위한 여섯 가지 기억해야 할 법과 일곱 가지 지혜를 읽고 자신을 점검해봐야 할 것이다.

본경은 꼬삼비 고시따 원림에 계실 때 비구들이 논쟁을 하고 말다툼을 하고 분쟁하면서 혀를 무기 삼아 서로를 찌르고 있을 때(§2)를 배경으로 한 가르침을 담고 있다. 본서 제4권「오염원 경」(M128)과 본서「고싱가살라 짧은 경」(M31)도 본경과 같은 배경에서 설해진 경이다.

어떤 비구가 세존께 다가가서 꼬삼비의 승가가 분열되고 있음을 말씀드리자(§3) 세존께서는 비구들을 부르셔서(§4) 여섯 가지 기억해야 할 법들을 말씀하신다.(§6) 그것은 ①~③ 몸과 말과 마음의 업으로 자애를 유지함 ④ 법답게 얻은 법다운 것들을 동료 수행자들과 나누어서 사용함 ⑤ 동료수행자들과 함께 계를 동등하게 구족하여 머묾 ⑥ 동료 수행자들과 함께 바른 견해를 동등하게 구족하여 머묾이다.(§6) 그리고 이들 여섯 가지 기억해야 할 법들 가운데 마지막인 바른 견해가 최상이고 포괄적이고 총체적인 것이라고 말씀하신다.(§7)

그러고 나서 세존께서는 자신이 동료 수행자들과 동등한 견해를 구족하였는가를 검증해 보는 일곱 가지 지혜를 말씀하신다.(§§8~14) 그것은 자기 안의 강박관념(§8), 사마타와 적멸을 얻음(§9), 교단 외부에 동일한 견해를 가진 사문・바라문이 없음(§10), 자신이 바른 견해를 구족한 사람과 동일한 성품을 가졌음에 대한 두 가지(§§11~12), 자신이 바른 견해를 구족한 사람과 동일한 힘을 가졌음에 대한 두 가지(§§13~14)의 모두 일곱 가지이다. 그리고 이러한 바른 견해와 관련된 일곱 가지 요소를 갖춘 성스러운 제자는 예류과를 갖춘 것이라고 말씀하시면서(§15) 경은 마무리 된다.

본경은 꼬삼비의 두 비구 간에 일어난 논쟁에 근거한 것으로 『율장』 『대품』(Vin.i.337)에 나타나 있다. 사소한 계율에 관한 오해로 시작된 것이 큰 논쟁으로 변해 급기야 큰 승단과 꼬삼비에 사는 재가신도들이 두 쪽으로 분리되고 말았다고 한다. 자세한 것은 본경 §2의 주해를 참조하기 바란다.

「**범천의 초대 경**」(M49) **해설**

본경에서 세존께서는 변하지 않고 영원한 자아가 있다고 믿는 바까 범천의 나쁜 견해를 비판하시는데, 이것은 영원한 자아(아뜨만)를 믿고 의지하는 인도 고유의 종교와 사상에 대해서 불교가 신화적인 표현을 빌려 그것을 비판하는 가르침이라 할 수 있다.

본경은 급고독원에서 비구들에게 말씀하신 것이지만 경의 내용은 욱깟타에서 수바가 숲의 큰 살라 나무 아래 머무실 때의 일화를 말씀하시는 것이다. 세존께서 욱깟타에서 수바가 숲의 큰 살라 나무 아래 머무실 때 바까 범천에게 '이것은 항상하고, 이것은 견고하고, 이것은 영원하고, 이것은 유일하고, 이것은 불멸의 법이고, 이것은 참으로 생겨나지 않고 늙지 않고 죽지 않고 떨어지지 않고 태어나지 않는다. 이것을 넘어 다른 더 수승한 벗어남은 없다.'라는 나쁜 견해가 생겼다고 한다.(§2) 그래서 세존께서는 천상의 바까 범천에게 가셔서 그 잘못됨을 말씀하신다.(§§3~4) 그러자 마라가 어떤 범천의 몸에 들어가서 세존께 대항을 한다.

마라는 지·수·화·풍, 존재, 신, 쁘라자빠띠, 범천의 여덟 가지를 비난하는 자들은 죽어서 저열한 몸을 받고 이것을 찬탄하는 자들은 죽어서 수승한 몸을 받으니 세존도 저 범천의 말을 인정하고 따르라고 유혹한다.(§§5) 세존께서는 이것이 마라의 말이라는 것을 아시지만(§6) 바까 범천은 마라의 말에 동의하여 마라와 같은 말로 세존께 대항을 한다.(§7) 이런 마라와 바까 범천의 주장에 세존께서는 다음의 4가지로 대응을 하신다.

첫째, 세존께서도 바까 범천의 큰 신통과 큰 위력과 큰 영향력을 이미 꿰뚫어 알고 있다고 말씀하신다.(§§8~9)

둘째, 그렇지만 범천이 알지 못하는 광음천의 신, 변정천의 신, 광과천의 신에 대해서 세존께서는 알고 계신다. 그러므로 세존이 바까 범천보다 수승하다고 말씀하신다.(§10)

셋째, 세존께서는 이미 앞의 여덟 가지뿐만 아니라 광음천의 신, 변정천의 신, 광과천의 신, 승자천의 신, 그리고 전체를 전체라고 최상의 지혜로 알아 이들에 대해 기뻐하지 않으므로 세존이 더 수승하다고 말씀하신다.(§§11~23) 여기 나타나는 13가지는 본서 제1권 「뿌리에 대한 법문 경」(M1)의 24가지 대상을 축소한 것이다.

넷째, 마지막으로 그러나 열반은 이러한 것들에 내재된 특질로는 체득할 수 없음을 말씀하신다.(§25)

그러자 바까 범천은 세존 앞에서 사라져 보겠다고 말하지만 그는 사라지지 못한다.(§26)

그러나 반대로 세존께서는 범천과 범천의 회중과 범천 회중의 일원들이 세존의 소리는 듣지만 볼 수는 없는 그런 신통을 나투셨다.(§27) 범천의 회중은 크게 놀라고(§28) 다시 마라가 끼어들어서 훼방을 놓으려 했지만(§29) 부처님께서는 그가 마라인 것을 아시고 그를 꾸짖으신다.(§30) 그리고 '여래는 모든 번뇌들을 제거하고, 그 뿌리를 자르고, 미래에 다시는 일어나지 않게끔 했다.'라고 말씀하시면서 경은 마무리 된다.(§§30 ~ 31)

이렇게 하여 본경은 신화적인 표현을 빌려서 열반의 실현이 얼마나 높고 귀중한 것인가, 그리고 이러한 열반을 실현하신 부처님은 얼마나 존귀한 분인가, 그리고 이러한 열반의 실현을 위해서 정진하는 불자들은 얼마나 소중한 사람들인가 하는 것을 분명하게 보여주고 있다.

「**마라 견책 경**」(M50) **해설**

본경은 신통제일인 목갈라나 존자가 까꾸산다 세존의 시대에는 두시라는 마라였다고 밝히면서 마라의 악행을 나무라는 경이다. 본경은 마하목갈라나 존자와 마라와의 일화를 담고 있는데 존자가 박가에서 악어산 근처 베사깔라 숲의 녹야원에 머물 때였다.

마하목갈라나 존자가 노지에서 포행을 하고 있을 때에 사악한 마라가 목갈라나 존자의 배에 들어가서 창자에 붙었고(§2) 마하목갈라나 존자는 그것이 마라인 줄을 알고 나오라고 했다. 사악한 마라는 마하목갈라나 존자의 입으로부터 뛰쳐나와 문빗장 곁에 섰다.(§§3~6) 그러자 목갈라나 존자는 "사악한 자여, 옛적에 나는 두시라는 마라였고, 내게 깔리라는 이름의 누이가 있었다. 그대는 그녀의 아들이었으므로 나의 조카였다."(§8)라고 말하면서 존자가 두시 마라였을 때의 일화를 이야기하는 것이 본경의 내용이다.

두시 마라는 까꾸산다 세존 때 승단에 대해서 불선한 짓을 많이 했지만 까꾸산다 세존은 비구들이 네 가지 거룩한 마음가짐 등을 닦게 하여 이를 극복하게 하셨다.(§§9~19) 그러다가 마침내 두시 마라는 어떤 소년에게 들어가 돌을 집어 까꾸산다 세존의 상수제자인 위두라 존자의 머리를 때려 존자의 머리가 깨졌다.(§21) 위두라 존자는 머리가 깨져 피를 흘리면서 까꾸산다 세존·아라한·정등각자의 뒤를 계속하여 따라갔다. 그러자 까꾸산다 세존이 두시 마라가 너무한 것을 아시고 '이 두시 마라는 한도를 모르는구나.'라고 여기시면서 코끼리가 뒤를 돌아보듯이 뒤를 돌아보셨다. 그러자 두시 마라는 그곳에서 떨어져 대지옥에 태어났다고 한다.(§21)

목갈라나 존자는 전생에 자신이 저질렀던 이런 악행을 마라에게 말해주고 마지막에 게송으로 마라를 견책하면서 경은 마무리 된다.(§§24~31) 본경은 부처님의 상수제자인 마하목갈라나 존자가 먼 전생에는 수행자들을 괴롭히는 마라였다는 사실을 담고 있는데, 불교에 적대적인 개인이나 집단까지도 껴안으려는 부처님의 직계제자들의 넓은 마음을 신화적으로 표현한 경이 아닌가 싶다.

제6장 「장자 품」(M51~M60)

「깐다라까 경」(M51) 해설

『맛지마 니까야』에는 사람을 분류하여 설하는 가르침이 몇 군데 나타난다. 본경 §5 이하에 나타나는 네 부류의 사람과 같은 내용이 본서 「확실한 가르침 경」(M60) §§36~40과 제3권 「고따무카 경」(M94) §12 이하에도 나타난다. 그리고 본서 제1권 「흠 없음 경」(M5) §2, 본서 「메추라기 비유 경」(M66) §13 이하, 제3권 「고따무카 경」(M94) §5 이하, 제4권 「업 분석의 긴 경」(M136) §8에도 네 부류의 사람이 나타나며, 본서 「끼따기리 경」(M70) §14 이하에는 일곱 부류의 인간이 나타나고 있다. 그런데 이것이 설법의 주제를 숫자별로 분류하여 「하나의 모음」(A1)부터 「열하나의 모음」(A11)까지로 구성된 『앙굿따라 니까야』로 가면 인용을 다 못할 정도로 많은 경들에서 인간을 여러 가지로 분류하고 있다. 예를 들면 「셋의 모음」(A3)에는 14개 정도의 경들이 세 부류의 사람을 언급하고 있고, 「넷의 모음」(A4)에는 사람을 네 부류로 분류하여 설하고 있는 경이 무려 61개 이상이나 된다.[6] 불교는 인간의 문제, 그것도 인간의 괴로움을 해결하는 문제로 귀결되기 때문에 부처님의 인간에 대한 관심과 분류는 당연한 일이라 해야 할 것이다.

본경은 짬빠의 각가라 호숫가에서 많은 비구승가와 함께 머무실 때 코끼리 조련사의 아들 뻿사와 깐다라까 유행승이 세존을 뵈러 가서 나누었던 대화로 구성된 가르침이다. 깐다라까 유행승이 세존과 비구대중을 칭송하는 말을 하자(§2) 세존께서도 그에 동의하시면서 유학들은 네 가지 마음챙김의 확립(사념처)을 공부한다고 하신다.(§3) 그러자 뻿사는 재가자들도 이처럼 네 가지 마음챙김의 확립을 공부한다고 감격의 말씀

6) 『앙굿따라 니까야』 제1권 해제 §6과 제2권 해제 §4를 참조할 것.

드린다.(§4) 그리고 이 인간들은 참으로 뒤엉켜 있지만 동물들은 다 드러나 있다고 말씀드린다.(§4) 그러자 세존께서는 그렇다고 동의하시면서 네 부류의 사람들에 대한 법문을 시작하신다.(§5)

이 넷은 ① 자신을 학대하고 자신을 학대하는 데 몰두하는 사람 ② 다른 사람을 학대하고 다른 사람을 학대하는 데 몰두하는 사람 ③ 자신을 학대하고 자신을 학대하는 데 몰두하며, 또 다른 사람을 학대하고 다른 사람을 학대하는 데 몰두하는 사람 ④ 자신을 학대하지 않고 자신을 학대하는 데 몰두하지 않고, 또 다른 사람을 학대하지 않고 다른 사람을 학대하는 데 몰두하지 않는 사람이다.(§5)

설법이 일부 진행되고 있을 때 뻣사는 다른 볼일로 나가고(§6) 세존께서는 비구들을 불러서 계속해서 말씀을 하신다.(§7) 본경에서 세존께서는 ①의 보기로 고행자를 말씀하시고(§8) ②의 보기로는 도살꾼을(§9) ③의 보기로는 제사를 거행하는 왕을 말씀하신다.(§10) 그리고 ④의 보기로는 "비구들이여, 여기 여래가 이 세상에 출현한다. …"로 시작되는 『맛지마 니까야』의 15단계 계·정·혜의 정형구를 말씀하신다.(§§12~28)

「앗타까나가라 경」(M52) 해설

불교는 열반의 실현을 그 목적으로 한다. 초기불전의 여러 곳에 그리고 당연히 본 『맛지마 니까야』의 여러 곳에서 부처님께서는 나와 세상을 오온과 12처로 해체해서 보기 - 무상·고·무아 - 염오 - 이욕 - 해탈 - 구경해탈지로 열반을 성취하고 구경의 지혜를 증득하여 번뇌 다한 아라한이 되는 구조로 말씀하고 계신다. 이 여섯 단계가 다 중요하지만 특히 깨달음을 체득하는 대전환은 바로 무상에 뼈저리게 사무치는 것이다. 이 무상을 보아서 괴로움을 체득하고 무상을 보아서 무아를 체득한다. 그런데 이처럼 나와 세상만을 무상으로 보는 것이 아니라 수행에서 증득되는 높고 귀한 본삼매의 경지까지도 무상하다고 체득하여 번뇌 다한 아라한이 되는 가르침이 있다. 그것이 바로 본경이다.

본경에서 다사마 장자는 아난다 존자에게 부처님께서 한 가지를 강조한 가르침이 있느냐고 묻고 아난다 존자가 여기에 대답하는 것으로 본경은 구성되어 있다. 본경은 『앙굿따라 니까야』 제6권에도 「다사마경」(A11:17)으로 나타나고 있다. 본경이 열한 개의 주제를 담고 있기 때문에 『앙굿따라 니까야』의 「열하나의 모음」(A11)에 포함되어 나타난다. 이 열한 개의 주제는 다름 아닌 초선·2선·3선·4선의 네 가지 선과, 자·비·희·사의 네 가지 거룩한 마음가짐과, 공무변처·식무변처·무소유처의 11가지이다.

본경에서 다사마 장자는 아난다 존자에게 세존께서는 "아직 해탈하지 않은 그의 마음이 해탈하게 되고, 아직 다하지 못한 번뇌들이 다하게 되고, 아직 성취하지 못한 위없는 유가안은을 성취하게 되는 그러한 한 가지 법을 설하셨습니까?"(§3)라고 묻자 아난다 존자는 여기에 대해서 대답을 하고 있다.

그 대답으로 아난다 존자는 초선의 증득을 든 뒤 "그는 이와 같이 숙고합니다. '이러한 초선은 형성되었고 의도되었다.'라고. 그리고 그는 '형성되고 의도된 것은 그 무엇이건, 무상하고 소멸하기 마련인 법이다.'라고 꿰뚫어 압니다. 그는 여기에 확고하여 번뇌가 다함을 얻습니다.[阿羅漢]"라고 설명하고 그렇지 못하더라도 불환자가 된다고 설명하고 있다.(§4) 즉 초선이, 초선도 무상하다고 사무치는 것이 번뇌 다한 아라한이나 불환자가 되는 토대가 된다는 말이다. 여기에 대해서는 본경 §4의 주해들도 참조하기 바란다. 같은 방법으로 아난다 존자는 제2선부터 제4선까지(§§6~8) 그리고 자·비·희·사의 네 가지 거룩한 마음가짐[四無量, 四梵住, bhrahma-vihāra]의 증득(§§9~12)과 공무변처·식무변처·무소유처의 증득을 들고(§§13~15) 이를 토대로 번뇌가 다하거나 불환과를 얻는 것을 설하고 있다.(§§5~14) 이처럼 본경은 모두 11개의 주제를 담고 있다.

본경은 초선부터 제4선까지의 4선과 공무변처부터 무소유처까지의 3처의 각각을 의지해서 그 경지에 있는 느낌과 인식과 심리현상들과 알음알이가 무상 · 고 · 무아 등임을 통찰하여 열반을 실현하고 그래서 아라한이나 불환자가 된다고 말씀하시는 본서 「말룽꺄 긴 경」(M64) §§9~15의 가르침과도 궤를 같이하고 있다.

그리고 4선 - 4처의 증득 즉 팔등지가 오염원들을 지워 없애거나 오염원들을 말살하는 것이 아니라 그것은 단지 지금 · 여기에서의 행복한 머묾일 뿐이라고 말씀하시는(§§4~11) 본서 제1권 「지워 없앰 경」(M8)의 가르침과도 상통한다.

나아가서 이러한 가르침은 초선부터 제4선까지의 4선과 공무변처부터 비상비비상처까지의 4처의 각각을 의지해서 번뇌 다한 아라한이 된다고 분명하게 밝히고 있는 『앙굿따라 니까야』 제5권 「선(禪) 경」(A9:36)과도 같은 입장이다. 그리고 「대념처경」(D22)의 주석서도 이처럼 초선 등의 본삼매에서 출정하여 무상 · 고 · 무아를 통찰하여 깨달음을 실현하는 좀 더 구체적인 설명을 담고 있다.[7)]

그리고 특히 본경 §§8~11에서 네 가지 거룩한 마음가짐 가운데 하나를 토대로 해서 아라한 등이 된다고 하는 아난다 존자의 설명은 각별하다 할 수 있다. 네 가지 거룩한 마음가짐을 닦으면 열반을 실현하기보다는 범천의 세상에 태어난다는 것이 일반적이기 때문이다.(예를 들면 M83 §6; D17 §2.13; A5:192 §3 등) 이처럼 초기불전 전체에서 보자면 네 가지 거룩한 마음가짐[四梵住]이 본경에서처럼 수행의 토대로 나타나는 것은 주목해야 할 필요가 있다고 생각된다.

「유학 경」(M53) 해설

불교에서는 성자의 경지를 크게 둘로 나누는데 그것은 유학과 무학이

---

7) 여기에 대해서는 『네 가지 마음챙기는 공부』 127쪽과 286~287쪽 등을 참조하기 바란다.

다. 유학(有學, sekha)은 예류도, 예류과, 일래도, 일래과, 불환도, 불환과, 아라한도의 일곱 단계의 성자(ariya)들을 뜻하고 아라한과를 얻은 성자만이 무학(無學, asekha)이다. 아라한과가 수행으로 도달할 수 있는 구경의 경지이기 때문에 수행에 관계된 초기불전의 대부분의 가르침은 이 아라한과를 증득하는데 초점이 맞추어져 있다 할 수 있다. 그런데 아난다 존자의 설법을 주 내용으로 담고 있는 본경은 특이하게도 유학의 경지를 증득하는 방법에 초점이 맞추어져 있다. 아마 아난다 존자가 그때 아직 유학인 예류자였고 아직 아라한과를 증득하지 못했기 때문에 세존께서 아난다 존자에게 유학의 경지를 설하라고 하신 듯하다.

본경은 삭까에서 까삘라왓투의 니그로다 원림에 머무실 때의 일화를 담고 있다. 그 무렵에 까삘라왓투에 있는 사꺄족들이 최근에 새 공회당을 지었는데 세존께서 가장 먼저 사용하시고 난 후에 까삘라왓투의 사꺄 사람들이 사용하려고 세존과 비구대중을 공회당으로 초청하였다.(§2) 거기서 행사가 끝나고 세존께서는 아난다 존자에게 대중들을 위해서 도를 닦고 있는 유학(有學)의 경지를 설하라고 하신다.(§5) 그래서 아난다 존자는 유학의 경지에 대해서 설법을 하였다. 그 주제를 나열해 보면 다음의 15가지가 된다.

① 계의 구족(§7) ② 감각의 문을 단속함(§8) ③ 음식에 적당한 양을 앎(§9) ④ 깨어있음에 전념함(§10)이다. 다시 §11 이하에서는 ⑤~⑪ 일곱 가지 바른 법을 갖춤을 설하는데 그것은 ⑤ 여래의 깨달음에 청정한 믿음이 있고 신뢰가 있음(§11) ⑥ 양심(§12) ⑦ 수치심(§13) ⑧ 많이 배우고[多聞] 배운 것을 바르게 호지하고 배운 것을 잘 정리함(§14) ⑨ 불굴의 정진(§15) ⑩ 마음챙기는 자가 됨(§16) ⑪ 통찰지를 갖춤이다.(§17) 계속해서 §18에서는 ⑫~⑮ 초선부터 제4선까지의 네 가지 禪을 얻는 것을 설한다.

아난다 존자는 이 15가지를 갖추면 그를 일러 도에 든 유학이라 한다고 설명하고 그의 계란은 상하지 않아서 껍질을 부수고 나올 수 있고,

깨달을 수 있고, 위없는 유가안은을 성취할 수 있다고 정리하고 있다.(§19) 계속해서 아난다 존자는 숙명통과 천안통과 누진통의 삼명을 얻는 것에 대한 설법을 하면서 병아리가 계란 껍질을 깨고 나오는 것에 비유하여 부숨으로 표현을 하고(§§20~22) 다시 이를 각각 명지라고 표현하고 있다.(§§23~25) 그러자 세존께서는 아난다 존자가 잘 설했다고 인정하시는 것으로 경은 끝을 맺는다.(§26)

「뽀딸리야 경」(M54) **해설**

인간은 행복을 추구한다. 불교에서는 행복을 금생의 행복, 내생의 행복, 궁극적 행복(열반)으로 설명한다. 금생에 행복해지기 위해서는 먼저 기본적인 생계가 보장되어야 한다. 인간은 이런 생계를 위해서 학문과 기술을 배우고 20살이 넘어 성인이 되면 그 학문과 기술을 이용해서 이웃에 봉사하고 그 대가로 급여를 받거나 이윤을 남겨서 그것으로 금생에 행복을 추구하며 살아간다. 인간은 이런 구조 속에서 열심히 일하다가 일정한 나이가 되면 사회에서 은퇴한다. 이 은퇴를 본경에서는 세간의 일을 놓아버림(vohārā samucchinnā)이라고 표현하고 있다.(§3) 본경은 진정한 세간의 일을 놓아버림에 대해서 세존께서 뽀딸리야 장자에게 설법을 하시는 가르침이다.

본경을 통해서 세존께서는 뽀딸리야 장자에게 세간에서 모든 세간의 일을 놓아버림과 성스러운 율에서 세간의 일을 놓아버림은 다르다고 말씀하시고(§3) 그것을 설하신다.

먼저 세존께서는 성스러운 율에서 세간의 일을 놓아버림으로 인도하는 여덟 가지를 말씀하시는데, 그것은 생명을 죽이지 않는 것, 주는 것만을 가지는 것, 진실한 말, 중상모략하지 않는 말, 탐욕과 욕심을 부리지 않는 것, 비난하지 않고 성내지 않는 것, 분노하고 절망하지 않는 것, 교만하지 않는 것의 여덟 가지이다.(§4) 이 여덟 가지는 본경의 §§6~13에서 하나하나 설명되고 있다.

그런 뒤에 다시 7가지 비유를 통해서 완벽하게 모든 방면에서 모든 세간의 일을 놓아버림을 말씀하신다.(§§15~21) 이 7가지 비유는 모두 감각적 욕망을 뼈다귀 등에 비유하여 말씀하신 것이다. 여기서 비유의 제목만 적어보면 다음과 같다. 뼈다귀의 비유(§15), 고깃덩이의 비유(§16), 횃불의 비유(§17), 숯불구덩이의 비유(§18), 꿈의 비유(§19), 빌린 물품의 비유(§20), 과일이 열린 나무의 비유(§21)이다.

이렇게 7가지 비유로써 평온을 닦는 것을 말씀하신 뒤에 "평온으로 인해 청정해진 최상의 마음챙김에 도달하여" 숙명통을 얻고(§22) 천안통을 얻고(§23) 누진통을 얻는다(§24)고 말씀하시면서 경을 마무리 짓는다. 그리고 이것이 성스러운 율에서 완벽하게 모든 방면에서 모든 세간의 일을 놓아버림이라고 말씀하신다.(§25) 가르침을 듣고 뽀딸리야 장자는 세존의 재가신도가 된다.(§26)

「**지와까 경**」(M55) **해설**

출가자는 고기가 든 음식을 먹어도 되는가 아니면 먹으면 안되는가. 대승불교권에서는 출가자의 육식을 금하고 있고, 상좌부 불교권에서는 탁발을 기본으로 하고 있기 때문에 신도가 음식으로 주는 것은 먹고 있다. 그리고 의·식·주의 생활방식이 완전히 바뀌어 버린 한국불교계에서는 지금도 스님들의 육식문제를 두고 말이 많다. 아마 이것은 부처님 시대에도 마찬가지였을 것이다. 그래서 본경에서 부처님 당시의 대표적인 재가신도요, 부처님의 주치의였던 지와까 꼬마라밧짜가 세존께 와서 이 문제에 대해서 진지하게 여쭙고 세존께서도 진지하게 답변을 하고 계신다.

세존께서 라자가하에서 지와까 꼬마라밧짜의 망고 숲에 머무실 때 지와까가 찾아와서 고기 먹는 것에 대해서 부처님께 이렇게 여쭙는다. "세존이시여, '사람들은 사문 고따마를 위해 산목숨을 죽이는데, 사문 고따마는 자신을 위해 동물을 죽인 것임을 알면서도 그 고기를 먹는다.'라고 말하는 자들은 세존께서 말씀하신 대로 말했고, 혹시 거짓으로 세존을 헐뜯는 것은 아닙니까? 어떤 이유로도 그들의 주장은 비난받지 않겠습니까?"(§3)

그러자 세존께서는 그런 말은 사실이 아닌 거짓으로 나를 헐뜯는 것이라고 말씀하시고 나서(§4), "지와까여, 나는 세 가지 경우에는 고기를 먹어서는 안된다고 설하나니 ① 본 것 ② 들은 것 ③ 의심스러운 것이다. 지와까여, 이 세 가지 경우에는 고기를 먹어서는 안된다고 설한다. 지와까여, 세 가지 경우에는 고기를 먹어도 된다고 설하나니 ① 보지 않았고 ② 듣지 않았고 ③ 의심스럽지 않은 것이다. 지와까여, 이 세 가지 경우에는 고기를 먹어도 된다고 설한다."(§5)라고 분명하게 말씀하신다.

나아가서 세존께서는 자애·연민·더불어 기뻐함·평온의 네 가지 거룩한 마음가짐을 가지고 공양음식을 먹는 비구는 자신과 남 둘 다를 헤칠 생각을 하지 않는다. 그렇다면 그때에 비구는 참으로 비난받을 일이 없는 음식을 먹는 것이라고 강조하신다.(§§6~11)

그리고 세존께서는 여래나 여래의 제자를 위해 생명을 죽이는 자는 다섯 가지 이유로 많은 악덕을 쌓는다고 강조하신다.(§12) 세존의 이러한 분명하고 명쾌한 말씀을 듣고 지와까는 다시 한 번 재가신도로 귀의하는 정형구를 읊으며 기뻐한다.(§13)

「**우빨리 경**」(M56) **해설**

부처님께서 전법선언을 하시고 법을 펴기 시작하자 오래지 않은 시간에 아라한이 1250명이 되고 재가신도들도 많아졌다. 부처님께 귀의하기 전에 재가신도들은 다른 교단의 신도였던 경우가 많다. 대표적인 경우가 초기불전에서 니간타로 명명되는 자이나교의 신도였던 경우이다. 본경도 니간타의 대표적인 재가신도였던 우빨리 장자가 부처님께 귀의하는 과정을 담고 있다. 이미 외도들 사이에서는 본경에도 나타나듯이 "사문 고따마는 요술쟁이입니다. 그는 개종시키는 요술(āvaṭṭani māya)을 알아 다른 외도들을 제자로 개종시킵니다."(§8)라는 말이 나돌고 있었다. 이런 말은 본경뿐만 아니라 『앙굿따라 니까야』 제2권 「밧디야 경」(A4:193)과 『상윳따 니까야』 제4권 「빠딸리야 경」(S42:13) 등에도 나타나고 있다.

이제 우빨리 장자의 귀의를 담고 있는 본경을 정리해 보자. 니간타 따빳시가 세존을 뵈러 왔을 때 세존께서는 그에게 니간타 나따뿟따는 악업을 짓고 악업을 행하는 것에 대해 몇 가지 업을 설하는가를 물으시고(§3), 그는 악업을 짓고 악업을 행하는 것에 대해 몸의 몽둥이와 말의 몽둥이와 마음[意]의 몽둥이의 세 가지 몽둥이를 설한다고 대답한다.(§3) 부처님께서는 불교에서도 세 가지 업을 말하는데 악업을 짓고 악업을 행함에 있어 마음의 업이 가장 비난받아야 할 것이라 말씀하신다.(§3)

이런 말이 니간타들에게 퍼지자 사문 고따마는 개종시키는 요술쟁이라고 우려하는 따빳시의 말을 뒤로하고(§8) 우빨리 장자가 부처님을 논파하기 위해서 왔다.(§9) 그러나 그는 §11에서 마음이 찬물에 묶여 임종하여 태어난, 마음이 묶인 신들의 이야기로 부처님께 바로 논파되었다. 몇 가지 질문을 통해서 더 논파된 우빨리는 오히려 기뻐하면서 "세존이시여, 저는 세존께서 해주신 첫 번째 비유만으로도 마음이 흡족하고 크게 기뻤습니다. 그래도 여러 가지 질문에 대한 세존의 이런 답변을 듣고 싶어서 세존과는 반대 입장을 취해야겠다고 생각했습니다."(§15)라고 말하면서 재가신도로 귀의하는 정형구를 읊고 오히려 부처님의 신도가 되었다.(§15)

그러자 부처님께서는 오히려 "장자여, 심사숙고한 연후에 행하라. 그대와 같은 유명한 사람은 심사숙고하는 것이 좋다."(§16)라고 하셨고 그는 더욱 기뻐하였다.(§16) 부처님께서는 "장자여, 그대의 가문은 오랜 세월 니간타들을 후원해왔다. 그러니 그들이 오면 음식을 공양해야 한다고 생각해야 한다."(§17)라고 하셨다. 그리고 세존께서는 그에게 법을 설하시어 우빨리는 예류자가 되었다.(§18)

이런 소문을 듣고 이것이 사실인 것을 직접 확인한(§§20~30) 니간타는 입에서 피를 토했다고 한다.(§31)

「**견서계경**」(犬誓戒經, M57) **해설**

부처님 당시의 인도에는 많은 사문들이 있었고 그들 중의 적지 않은 수행자들은 고행을 닦는 자들이었다. 그들은 고행을 통해서 금생에 많은 고통을 받아버리면 다음 생에는 천상에 태어난다는 믿음을 가지고 있었다. 정말 그렇게 될 것인가. 본경에서 부처님께서는 그렇지 않다는 것을 단호하게 말씀하신다.

본경은 꼴리야에서 할릿다와사나라는 꼴리야의 읍에 머무셨을 때 찾아온, 소처럼 사는 서계를 가져 소의 행을 닦는 꼴리야의 후손인 뿐나와 개처럼 사는 서계를 가져 개의 행을 닦는 나체 수행자 세니야에게 하신 말씀이다.

소처럼 사는 서계를 닦는 꼴리야의 후손인 뿐나는 세존께 개처럼 사는 서계를 닦는 나체 수행자 세니야가 다음 생에 어디에 태어나겠는가를 여쭈었고(§2) 처음에 답변을 거부하신 세존께서는(§2) 그가 세 번을 여쭙자 개의 행을 닦았으므로 개의 서계가 성취되면 개들의 일원으로 태어날 것이고 성취되지 못하면 지옥에 떨어질 것이라고 말씀하신다.(§3) 세니야는 눈물을 흘렸다.(§4) 같은 방법으로 세니야가 뿐나에 대해서 여쭙자(§4) 세존께서는 같은 방법으로 소의 서계가 성취되면 소들의 일원으로 태어날 것이고 성취되지 못하면 지옥에 떨어질 것이라고 말씀하시고(§5) 뿐나도 눈물을 흘린다.(§6)

세존께서는 그들에게 ① 어두운 과보를 가져오는 어두운 업 ② 밝은 과보를 가져오는 밝은 업 ③ 어둡고 밝은 과보를 가져오는 어둡고 밝은 업 ④ 어두운 과보도 밝은 과보도 가져오지 않고 업의 소멸로 인도하는 어둡지도 밝지도 않은 업의 네 가지 업을 말씀하신다.(§§7~11) 세존의 말씀을 듣고 소처럼 사는 서계를 닦는 꼴리야의 후손인 뿐나는 재가신도가 되었고(§12) 개처럼 사는 서계를 닦는 나체 수행자 세니야는 세존의 제자로 출가하여 마침내 아라한이 되었다.(§§13~15)

고행이든 아니면 그것이 무슨 방법의 수행이든 무조건 혹독하게 하고 애써서 밀어붙인다고 다 좋은 과보를 가져오는 것은 아니다. 팔정도의 가르침처럼 바른 견해가 바탕이 된 수행이라야 바른 과보를 가져온다. 그렇지 않으면 난행고행이 오히려 개로 태어나거나 지옥에 떨어지는 과보를 가져올 수도 있음을 본경에서 부처님께서는 말씀하고 계신다. 본경은 수행에 있어서 왜 바른 견해가 중요한지를 보여주는 경이라 하겠다.

「**아바야 왕자 경**」(M58) **해설**

언어의 중요성은 아무리 강조해도 지나치지 않다. 말 한마디로 천 냥 빚을 갚는다거나 발 없는 말이 천리 간다는 말도 그래서 나온 것이리라. 그리고 내뱉는다고 다 말은 아닐 것이다. 말에도 원칙이 있다. 본경에서 세존께서는 말에 대한 여섯 가지 원칙을 들고 계시는데 불자들이 명심해서 새겨봐야 할 가르침이다.

본경은 라자가하에서 대나무 숲의 다람쥐 보호구역에서 머무실 때 있었던 아바야 왕자와의 일화를 담고 있다. 니간타의 신도였던 아바야 왕자는 니간타가 데와닷따에 관한 양극단을 가진 난문을 만들어서 세존을 논파하기 위해서 보냈다.(§3) 그래서 왕자는 자신의 집으로 세존을 공양청을 하였다.(§§4~5) 공양을 마치신 세존께 그가 "세존이시여, 여래도 다른 사람들에게 사랑스럽지 않고 마음에 들지 않는 말을 하십니까?"라고 질문을 하자 "왕자여, 거기에 대해서는 한가지로 대답할 수 없다."라고 답하신다. 그러자 왕자는 이 문제에 있어서 니간타가 졌다고 말을 하고 사실을 세존께 아뢴다.(§6)

세존께서는 그에게 말에 대한 다음의 여섯 가지 원칙을 말씀하신다.

① 여래는 그 말이 사실이 아니고 진실이 아니고 이익을 줄 수 없다

고 알고, 또 그 말이 다른 사람들에게 사랑스럽지도 않고 마음에 들지도 않는 것이면 여래는 그 말을 하지 않는다.

② 여래는 그 말이 사실이고 진실이지만 이익을 줄 수 없다고 알고, 또 그 말이 다른 사람들에게 사랑스럽지도 않고 마음에 들지도 않는 것이면 여래는 그 말도 하지 않는다.

③ 여래는 그 말이 사실이고 진실이고 이익을 줄 수 있다고 알지만 그 말이 다른 사람들에게 사랑스럽지 않고 마음에 들지 않는 것이면 여래는 그 말을 해줄 바른 시기를 안다.

④ 여래는 그 말이 사실이 아니고 진실이 아니고 이익을 줄 수 없다고 알면, 비록 그 말이 다른 사람들에게 사랑스럽고 마음에 드는 것이라도 여래는 그 말을 하지 않는다.

⑤ 여래는 그 말이 사실이고 진실이지만 이익을 줄 수 없다고 알면, 비록 그 말이 다른 사람들에게 사랑스럽고 마음에 드는 것이라도 여래는 그 말을 하지 않는다.

⑥ 여래는 그 말이 사실이고 진실이고 이익을 줄 수 있다고 알고, 또 그 말이 다른 사람들에게 사랑스럽고 마음에 드는 것이면 여래는 그 말을 해줄 바른 시기를 안다.(§8)

즉 사실과 진실이 아니고 이익을 줄 수 없으면 어떤 경우에도 말씀을 하지 않으시고 이 둘에 해당되더라도 때를 봐서 말씀을 하신다는 원칙인데 우리 모두가 귀담아 들어야 할 말씀이다. 이러한 세존의 말씀을 듣고 아바야 왕자는 세존께 귀의한 신도가 되었다.(§12)

「많은 느낌 경」(M59) 해설

느낌[受, vedanā]은 인간의 감정적, 정서적 단초가 되는 중요한 심리현상이다. 그래서 느낌은 '나'라는 존재를 다섯 가지 무더기로 해체해서 설하는 오온의 두 번째로 나타나고 초기불전의 도처에서 부처님은 느낌에 대해서 말씀하고 계신다. 그러면 느낌에는 몇 가지 종류가 있는가? 경에서는 즐거운 느낌, 괴로운 느낌, 괴롭지도 즐겁지도 않은 느낌의 세 가지를 들고 있고, 아비담마에서는 이들 각각의 느낌에 육체적인 것과 정신적인 것을 구분하여 육체적 즐거움[樂, sukha], 육체적 괴로움[苦, dukkha], 정신적 즐거움[喜, somanassa], 정신적 괴로움[憂, domanassa], 평온[捨, upekkhā]의 다섯으로 분류하고 있다.

느낌은 몇 가지인가를 두고 논쟁을 벌이다가 부처님의 설법을 듣는 것이 바로 본경이다. 본경은 다양한 느낌에 대한 부처님의 가르침을 담고 있다. 본경이 느낌에 대한 가르침을 담고 있기 때문에 본경은 『상윳따 니까야』 제4권 「느낌 상응」(S36)에도 포함되어 나타난다. 그래서 본경은 『상윳따 니까야』 제4권 「빤짜깡가 경」(S36:19)과 동일하다.

본경은 세존께서 급고독원에 머무실 때 빤짜깡가 목수와 우다이 존자에게 하신 설법이다. 이 두 사람은 세존이 몇 가지 느낌을 설하셨는가를 두고 논쟁을 하였다. 빤짜깡가 목수는 부처님은 두 가지 느낌을 설하셨다고 주장하고(§3) 우다이 존자는 세 가지 느낌을 설하셨다고 한다.(§3) 그들은 서로가 서로를 설득할 수가 없어서 세존을 찾아뵙고 세존의 가르침을 청하였다.(§4) 세존께서는 "나는 방편에 따라 느낌들을 두 가지로 설했고, 느낌들을 세 가지로 설했으며, 다섯 가지로, 여섯 가지로, 열여덟 가지로, 서른여섯 가지로, 때로는 백여덟 가지로 설하기도 했다. 아난다여, 이와 같이 나는 방편에 따라 여러 가지로 법을 설했다."(§5)라고 말씀하시면서 설법을 진행하신다.

계속해서 세존께서는 다섯 가닥의 얽어매는 감각적 욕망이라는 세속적인 즐거움을 말씀하셨고(§6) 이 즐거움보다 훨씬 고상하고 수승한 또 다른 즐거움으로 초선을 말씀하셨으며(§7) 이런 방법으로 제2선과 제3선과 제4선을 말씀하시고(§§8~10) 공무변처부터 비상비비상처까지의 4처를 말씀하시고(§§11~14) 상수멸까지 말씀하신다.(§15)

만일 외도들이 상수멸은 인식과 느낌이 모두 다 소멸된 경지인데 그것이 어떻게 즐거움인가라고 반박하면 "도반들이여, 세존께서는 즐거운 느낌만을 즐거움이라고 말씀하신 것이 아닙니다. 도반들이여, 오히려 여래는 언제 어디서 얻어진 어떤 종류의 즐거움이든지 간에, 그것을 모두 즐거움이라고 합니다."라고 말해주어야 한다고 말씀하신다.(§16)

이처럼 본경에서 부처님께서는 인간이 추구하는 즐거움 혹은 행복을 감각적 욕망 - 4선 - 4처 - 상수멸로 나누어서 말씀하시며 상수멸의 경지를 최고로 즐거운 경지로 말씀하고 계신다.

「**확실한 가르침 경**」(M60) **해설**

세상에는 많은 스승이 있고 많은 가르침이 있다. 우리는 도대체 누구를 믿고 누구를 의지하고 누구의 가르침을 따라서 수행을 해야 하는가. 이것은 다양성이 지극히 존중받는 지금시대를 사는 현대인들이 가진 의문이면서 많은 사문·바라문들이 활발한 활동을 하던 부처님 시대의 사람들이 가지는 의문이기도 하였다. 인도에서 바라문들은 예나 지금이나 지식인으로 꼽힌다. 그래서 초기불전에서도 많은 바라문들이 부처님과 대화를 나누는 것이 경에 나타나고 있다. 본경도 그런 경들 가운데 하나인데 누구를 스승으로 받들어 모셔야 하는가에 대한 부처님의 말씀이 담겨 있는 경이다. 본경은 꼬살라에서 살라라는 꼬살라의 바라문 촌에서 바라문 장자들에게 하신 가르침이다.

세존께서는 바라문 장자들에게 믿음이 가는 그런 마음에 드는 스승이 있는가라고 물으시자 그들은 한 분도 없다고 대답한다.(§4) 그래서 세존께서는 지금 세존께서 말씀하시려는 이 확실한 가르침을 받아 지녀 실천해야 하고 그러면 그것은 그대들에게 오랜 세월을 이익과 행복이 될 것이라고 말씀하시면서 가르침을 시작하신다.(§4)

본경 §5에는 ① 아지따 께사깜발리의 [사후] 단멸론(uccheda-vāda)이 소개되고 §§6~12에서 세존께서는 이를 비판하신다. 그리고 §13에는 ② 뿌라나 깟사빠의 도덕부정론(akiriya-vāda)이 언급되고 §§14~20에서 비판된다. 그리고 §21에는 ③ 막칼리 고살라의 무인론(ahetuka-vāda)

이 나타나고 §§22~28에서 비판된다. 주석서는 이 세 가지 견해를 "확정된 삿된 견해(niyata-miccha-diṭṭhi)"(MA.iii.122)라고 밝히고 있다. 그리고 §9 등에서는 이런 견해를 가진 자는 "처참한 곳[苦界], 불행한 곳[惡處], 파멸처, 지옥에 태어날 것이다."라고 언급되고 있다.

세존께서는 본경 §§5~28에서 이 세 가지 견해를 각각 모두 8가지 방법으로 드러내시어 모두 24가지로 설명하고 계신다. 역자는 각 문단에서 이 8가지를 각각 (A), (A1), (A2), (A3)과 (B), (B1), (B2), (B3)으로 표기 하였다. 다음으로 세존께서는 '절대로 무색계는 없다.'는 설과(§29~31) '존재[有]의 소멸은 절대로 없다.'는 설을 비판하신다.(§§32~34)

이제 §35 이하에서 세존께서는 네 부류의 사람을 설하시는데 이것은 본서 「깐다라까 경」(M51) §§8~11과 동일하다. 본경에서 세존께서는 이 넷 가운데 ①의 보기로 고행자를 드시고(§36) ②의 보기로는 도살꾼을(§37) ③의 보기로는 제사를 거행하는 왕을(§38) 말씀하신다. 그리고 자신을 학대하지 않고 자신을 학대하는 데 몰두하지 않고, 또 다른 사람을 학대하지 않고 다른 사람을 학대하는 데 몰두하지 않는 사람인 ④의 보기로는 『맛지마 니까야』의 15단계 계·정·혜의 정형구를 드신다.(§§39~56) 법문을 들은 바라문 장자들은 세존께 귀의하여 재가신도가 된다.(§57)

제7장 「비구 품」(M61~M70)

「암발랏티까에서 라훌라를 교계한 경」(M61) 해설

라훌라 존자는 석가모니 부처님의 외동아들로 잘 알려져 있다. 라훌라 존자는 7세 무렵에 출가하였다. 라훌라 존자를 출가시키면서 세존께서는 라훌라 존자에게 "다시는 세상에 태어나지 마라(mā lokaṁ punarāgami — Sn. {339})."는 간곡한 말씀을 하셨다. 이렇게 하여 라훌라는 출가하여 사미가 되었다. 부처님께서 라훌라 존자를 가르치신 여러 경들이 전승되어 오는데 그 가운데서 최초의 경은 아마 본경일 것이다. 주석서에 의하면 본경이 설해질 때 라훌라 존자는 7살이었다고 설명하고 있다.(MA.iii.126) 본경은 세존께서 라자가하의 대나무 숲 다람쥐 보호구역에서 암발랏티까라는 대나무 숲의 숙소에 머물고 있는 라훌라 존자에게 설하신 가르침이다.

세존께서 해거름에 좌선에서 일어나셔서 라훌라가 있는 곳으로 가시자 라훌라 사미는 물 대야에 발 씻을 물을 준비하여 세존께 가지고 갔다.(§2) 세존께서는 발을 씻으신 후에 물을 조금 남겨서 라훌라에게 보여주시면서 "알면서 고의로 거짓말하는 것을 전혀 부끄러워하지 않는 자들은 이와 같이 조금 남은 [하찮은 물]과 같은 것에 지나지 않는다."(§3) 라고 하시면서 이런 방식으로 라훌라 존자를 엄하게 교계(敎誡)하셨다.

그런 뒤에 세존께서는 다시 거울을 예로 들어서 "라훌라야, 그와 같이 거듭 비추어보고서[返照] 몸으로 행위[業]를 해야 한다. 거듭 비추어보고서 말로써 행위를 해야 한다. 거듭 비추어보고서 마음으로 행위를 해야 한다."(§8)라고 교계하신다. 이처럼 세존께서는 고구정녕하면서도 엄하게 라훌라 사미에게 항상 거듭해서 비추어보고 반조해 본 뒤에 행동할 것을 말씀하셨다.

이러한 세존의 자상하신 가르침이 어디 부모의 자식교육에만 해당되겠는가. 이 가르침은 세존께서 입멸하신 후 130여 년 뒤에 인도를 통일한 아소까(아쇼카) 대왕에게도 큰 감명을 주어서 그의 명령으로 바위에 새긴 아소까 대왕의 칙령에서도 이 경의 일부를 언급하고 있는데, 그 칙령은 모든 출가자들은 이러한 부처님의 가르침을 잘 배워야 한다고 언급하고 있다 한다.

「**라훌라를 교계한 긴 경**」(M62) **해설**

본경은 세존께서 급고독원에 계실 때 사왓티로 탁발을 가시면서 라훌라 존자에게 설하신 가르침이다. 주석서에 의하면 본경은 라훌라 존자

가 열여덟 살의 사미 시절에 설하신 경이라고 한다.(MA.iii126)

먼저 세존께서는 오온에 대해서 "'이것은 나의 것이 아니다. 이것이 내가 아니다. 이것은 나의 자아가 아니다.'라고 이와 같이 이것을 있는 그대로 바른 통찰지로 보아야 한다."(§3)라고 말씀하신다. 이 말씀을 듣고 발심이 된 라훌라 사미는 되돌아와서 어떤 나무 아래에서 가부좌를 틀고 상체를 곧추세우고 전면에 마음챙김을 확립하여 앉아있었다.(§4) 이 모습을 보고 사리뿟따 존자가 들숨과 날숨에 대한 마음챙김을 닦으라고 라훌라 존자를 교계한다.(§5) 라훌라 존자는 다시 세존께 가서(§6) 어떻게 들숨과 날숨에 대한 마음챙김을 닦아야 하는지를 여쭙고(§7) 세존께서는 말씀해 주신다.

세존께서는 먼저 지・수・화・풍 사대에 대해서 '이것은 나의 것이 아니다. 이것은 내가 아니다. 이것은 나의 자아가 아니다.'라고 있는 그대로 바르게 통찰지로 보아 이 사대를 염오하고 사대에 대한 탐욕을 빛바래게 해야 한다고 말씀하신다.(§§8~12) 그리고 다시 지・수・화・풍과 허공을 닮는 수행을 하라고 말씀하시고(§§13~17), 자애・연민・더불어 기뻐함・평온(자・비・희・사)의 수행(§§18~21)과, 부정하다고 인식하는[不淨想] 수행(§22)과 무상을 인식하는[無常想] 수행(§23)을 말씀하신 후에 최종적으로 들숨날숨에 마음챙기는 공부를 16단계로 요점만 말씀하신다.(§§24~30)

이처럼 본경은 세존께서 라훌라 존자에게 본격적으로 수행을 가르치시는 내용을 담고 있다. 이런 과정을 거쳐 라훌라 존자는 본서 제4권 「라훌라를 교계한 짧은 경」(M147)에서 세존의 가르침을 받고 드디어 아라한이 된다.

「말룽꺄 짧은 경」(M63) 해설

인간은 자라면서 자연스럽게 나는 누구인가를 두고 고뇌하게 되고, 세상이란 무엇인가를 두고 사유하게 되며, 세상 혹은 우주는 끝이 있는가 없는가를 두고 끝없는 생각의 나래를 펼치기도 한다. 그리고 불교는 이런 문제에 대해서 어떻게 답하는가를 궁금해 하고 고민하는 불자들도 많다. 초기불전에서 부처님께서는 다음과 같이 이 문제를 말씀하신다. 나는 오온이요, 세상은 육내외처일 뿐이다. 나와 세상을 이렇게 간단명료하게 보지 않고 참나・진아・대아・진인 등을 설정하고, 광활한 세상과 우주의 끝을 상정하게 되면, 쓸데없는 생각(희론)의 소용돌이에 휩싸여 귀중한 한 평생을 허비하게 된다. 본경은 불교의 이런 태도를 분명하게 드러내는 가르침이다.

본경에서 말룽꺄 존자는 세존께서 ① '세상은 영원하다.'거나 ② '세상은 영원하지 않다.'거나 ③ '세상은 유한하다.'거나 ④ '세상은 무한하다.'거나 ⑤ '생명이 바로 몸이다.'거나 ⑥ '생명은 몸과 다른 것이다.'거나 ⑦ '여래는 사후에도 존재한다.'거나 ⑧ '여래는 사후에 존재하지 않는다.'거나 ⑨ '여래는 사후에 존재하기도 하고 존재하지 않기도 한다.'거나 ⑩ '여래는 사후에 존재하는 것도 아니고 존재하지 않는 것도 아니다.'라는 10사에 대해서 설명해주시지 않는다[十事無記]고 불만을 가지고 세존께 다가가서 말씀을 드린다.(§§2~3)

세존께서는 독이 잔뜩 묻은 화살에 맞은 사람의 비유를 드신 후에(§5), 10사의 문제는 이익을 주지 못하고, 청정범행의 시작과 관련이 없고, 염오로 인도하지 못하고, 탐욕의 빛바램으로 인도하지 못하고, 소멸로 인도하지 못하고, 고요함으로 인도하지 못하고, 최상의 지혜로 인도하지 못하고, 바른 깨달음으로 인도하지 못하고, 열반으로 인도하지 못하기 때문에 설명하지 않는다고 말씀하신다.(§8) 그리고 다시 세존께서는 사성제를 말씀하시는데(§9) 이것은 위와 반대로 참으로 이익을 주고, … 열반으로 인도하기 때문이라고 말씀하시고 가르침을 마무리하신다.(§10)

여기서 눈여겨볼 점은 본경에서 말룽꺄뿟따 존자는 애초 출가의 목적이 위의 10사에 대한 관심이었다는 점이다. 그래서 그는 이것을 성취하지 못하면 환속하겠다고 생각한다.(§2) 그러면 세존께서 말씀하시는 출가의 목적은 무엇인가? 본서 「날라까빠나 경」(M68)에서 부처님께서는 출가의 목적에 대해서 "그대들은 '나는 태어남과 늙음과 죽음과 근심·탄식·육체적 고통·정신적 고통·절망에 짓눌렸다. 괴로움에 짓눌렸다. 괴로움에 압도되었다. 이제 참으로 이 전체 괴로움의 무더기의 끝을 꿰뚫어 알아야겠다.'라고 생각하면서 믿음으로 집을 나와 출가한 것이 아닌가?"(§5)라고 분명하게 말씀하신다. 생사로 대표되는 괴로움의 해결이 출가의 목적이다. 그래서 본경에서도 세존께서는 사성제를 설하신다고 분명히 밝히고 계신다.(§9) 그러므로 출가자가 조금이라도 10사와 같은 쓸데없는 것에 관심을 둔다면 그의 태도는 전적으로 잘못된 것이다. 출가자는 진정으로 괴로움과 괴로움의 원인과 괴로움의 소멸과 괴로움의 소멸로 인도하는 도닦음으로 정리되는 성스러운 진리, 저 사성제에 온 마음을 다 쏟아야 한다. 그래야 그것이 진정한 출가라는 것을 본경은 분명하게 보여주고 있다.

「**말룽꺄 긴 경**」(M64) **해설**

초기불교에서는 깨달음을 실현한 예류자, 일래자, 불환자, 아라한의 성자(ariya)들을 10가지 족쇄(saṁyojana)를 얼마나 많이 풀었는가와 연결 지어서 설명한다. 10가지 족쇄는 ① [불변하는] 존재 더미가 있다는 견해[有身見] ② 의심 ③ 계행과 의례의식에 대한 집착[戒禁取] ④ 감각적 욕망 ⑤ 악의 ⑥ 색계에 대한 탐욕 ⑦ 무색계에 대한 탐욕 ⑧ 자만 ⑨ 들뜸 ⑩ 무명이다. 이 가운데 앞의 다섯 가지가 본경 §2와 §5 등에 나타나는 다섯 가지 낮은 단계의 족쇄[下分結]라 하고 뒤의 다섯 가지를 다섯 가지 높은 단계의 족쇄[上分結]라 한다.

본경에서 세존께서는 급고독원에서 비구들에게 다섯 가지 낮은 단계의 족쇄들에 대한 설법을 하시는데 말룽꺄 존자가 잘못 이해하고 있다.(§2) 그래서 세존께서는 그를 힐난하신다.(§3) 아난다 존자가 다섯 가지 낮은 단계의 족쇄들에 대해 상세하게 설명해주시기를 세존께 간청

드리자(§4) 세존께서 설법을 해주신다.

배우지 못한 범부는 [불변하는] 존재 더미가 있다는 견해[有身見], 의심, 계행과 의례의식에 대한 집착[戒禁取], 감각적 욕망, 악의가 견고하여 제거되지 않으면, 그것이 그에게 낮은 단계의 족쇄가 된다.(§5) 그러나 잘 배운 성스러운 제자는 이러한 족쇄들이 잠재성향과 더불어 그에게서 완전히 제거된다.(§6)

그리고 이러한 다섯 가지 낮은 단계의 족쇄들을 제거하기 위해서는 도와 도닦음이 있는데 그것은 무엇인가? 그것은 초선부터 제4선까지의 4禪과(§§9~12) 공무변처·식무변처·무소유처의 3처이다.(§§13~15) 본경에서 중요한 것은 이 4선과 3처를 다 닦는 것이 아니라 이들 가운데 어느 하나의 수행을 통해 그 경지에 있는 느낌과 인식과 심리현상들과 알음알이를 무상·고·무아 등으로 통찰하여 열반을 실현하고 그래서 아라한이나 불환자가 된다고 말씀하신다는 점이다.(§9 참조) 즉 4선-3처 등의 경지에서 일어나는 어떤 수·상·행·식이든 그것이 무상이요, 괴로움이요, 무아라는 등으로 관찰하여 "그는 이런 법들에서 마음을 돌려버린다. 그는 이런 법들에서 마음을 돌린 뒤 불사(不死)의 경지로 마음을 향하게 해야 한다."(§9, §15)라고 하신다. 이것이 없는 禪의 경지만으로는 불사인 열반은 실현할 수 없다는 것이다. 본경은 이것을 강조하고 있다.

이런 측면에서 본경은 본서 「앗타까나가라 경」(M52)과 궤를 같이하는 가르침이라 할 수 있다. 여기에 대해서는 「앗타까나가라 경」(M52)의 해설을 참조하기 바란다.

「**밧달리 경**」(M65) **해설**

오후불식은 초기불교에서부터 정착된 비구들의 기본 생활방식이다. 그러나 이 오후불식은 애초부터 실행된 것은 아니었던 듯하다. 본경과 다음의 「메추라기 비유 경」(M66)이 그 사실을 보여준다. 「메추라기 비유 경」(M66) §6에 의하면 처음에는 세 끼를 다 먹어도 되었고 그 다음에는 오히려 점심을 먹지 않고 아침과 저녁을 먹었던 듯하다. 그러나 저녁에 탁발을 나가는 어려움 등을 이유로 아침과 점심을 먹고 저녁을 먹지 않는 것으로 정착이 되어서 지금까지 상좌부 교단에서는 잘 지켜져 오고 있다.

본경은 세존께서 한 자리에서만 먹는 수행을 하라고 대중에게 말씀하시자(§2) 이에 반발을 하는(§3) 밧달리 존자에게 설하신 가르침이다. 밧달리 존자는 반발하여 안거의 석 달 동안을 세존의 면전에 나타나지 않았다가 대중들의 권유로 세존께 가서 참회를 드린다.(§7) 세존께서는 여러 가지 비유를 들어 밧달리 존자를 나무라신 뒤에(§§8~14) 네 가지에 대해서 가르침을 베푸시는 것이 본경의 주요 내용이다. 그 넷은 다음과 같다.

(1) 세존께서는 먼저 스승의 교법에서 [학습계목을] 완전하게 실천하는 자가 네 가지 禪과 숙명통・천안통・누진통의 삼명을 얻게 된다고 말씀하신다.(§§15~21)

(2) 밧달리 존자가 대중공사를 하는 이유에 대해서 질문을 드리자 세존께서는 여러 가지 사례를 들어서 이를 설명하신다.(§§22~28)

(3) 계속해서 밧달리 존자는 이전에는 더 적은 학습계목으로 더 많은 비구들이 구경의 지혜를 성취했는데 지금은 더 많은 학습계목이 있음에도 불구하고 더 적은 비구들이 구경의 지혜를 성취하는지에 대해서 세존께 질문을 드린다.(§29) 세존께서는 능숙한 조련사의 조련을 받아서 마침내 10가지 자질을 갖추게 되는 어린 준마의 비유(§33)를 드시면서 자세하게 그 이유를 말씀하신다.(§§30~33)

(4) 그리고 마지막으로 세존께서는 준마가 10가지 자질을 가지듯이 무학인 비구가 갖추게 되는 무학의 10정도를 말씀하시어 가르침을 마무리하신다.(§34)

「**메추라기 비유 경**」(M66) **해설**

인간의 삶에는 기본적으로 의·식·주·약의 네 가지가 필요하다. 출가자도 마찬가지이다. 그래서 이 넷을 초기불전에서부터 네 가지 필수품(catu-parikkhāra, catu-paccaya)이라 부르고 있다.(M2 §§13~17 참조) 출가자는 자신이 생업에 종사하지 못하기 때문에 이 네 가지 필수품을 신도들의 공양에 의지하는 수밖에 없다. 그래서 네 가지 필수품을 가장 단순화하여 사용해야 한다. 의복은 삼의(三衣)가 기본인데 아래옷·윗옷·외투(가사)를 삼의라 한다.(M88 §18 주해 참조) 음식은 오후불식이 기본이고, 거주처는 신도들의 기증으로 지어진 원림이나 아주 단출한 개인 토굴이며, 약은 부란약(腐爛藥, 썩은 오줌으로 만든 약 — 「지족 경」(A4:27) 등 참조)을 권한다. 이 네 가지 필수품은 『청정도론』의 필수품에 관한 계(I.85~97)에 상세하게 설명되어 있다.

본경은 이 가운데서 오후불식으로 대표되는 출가자들의 음식에 대한 부처님의 가르침이 들어있다. 상좌부 불교국가인 태국이나 미얀마 같은 곳에서 수행해 보신 분들은 출가생활의 기본을 오후불식에 두고 있는 그 나라의 불교신도들이 오후불식을 하지 않는 스님을 아예 출가자로 인정하지 않으려 하는 것을 목격하였을 것이다.

본경은 이처럼 출가자의 삶의 방식에 대해서 추상적으로 답변하는 것이 아니라 오후불식 혹은 때 아닌 때 먹지 않는 것이라는 아주 현실적인 출가자의 삶의 방식을 강조하고 있다. 부처님께서는 이러한 오후불식이 철저하게 몸에 배어서 4선 - 4처 - 상수멸의 수행을 통해서 재생의 근거를 부수어 해탈하는 것(§§20~34)을 본경을 통해서 말씀하고 계신다.

본경은 세존께서 앙굿따라빠의 아빠나라는 앙굿따라빠들의 읍에서 머무실 때 우다이 존자에게 하신 가르침이다. 우다이 존자는 세존께서는 제자들의 괴롭고 해로운 법들을 제거해주시고 즐겁고 유익한 법들을 주셨다고 사유한 뒤 세존을 뵙고 세존께서 특히 오후불식을 제정해주신 고마움에 대한 사례를 들면서 감사드린다.(§§3~6) 우다이 존자는 세존께서는 적당한 때가 아닌 오후에 음식을 먹는 것을 버리라고 하셔서 아침과 저녁만을 먹었고 적당한 때가 아닌 저녁에 음식을 먹는 것을 버리라고 하셔서 아침에만 먹게 되었다고 언급하고 있다.(§6)

그러자 세존께서는 암 메추라기의 비유(§8), 전쟁에 능숙한 왕의 코끼리의 비유(§10), 가난하고 무일푼이고 곤궁에 처한 사람의 비유(§11), 큰 재물과 큰 재산을 가진 부유한 장자나 장자의 아들의 비유(§12)의 네 가지 비유를 드시면서 때 아닌 때 먹는 잘못된 습관을 나무라신다.(§§7~12) 그리고는 네 부류의 사람들에 대해서 말씀하시는데, 그것은 ① 재생의 근거와 관련된 기억과 사유들을 버리지 못하는 경우(§14) ② 버리는 경우(§15) ③ 마음챙김은 느리게 일어나지만 위의 사유들을 버리는 경우(§16) ④ 다 부수어 해탈하는 경우(§17)이다.

마지막으로 세존께서는 먼저 다섯 가닥의 얽어매는 감각적 욕망을 말씀하시고(§§18~19) 재생의 근거를 부수는 방법으로 감각적 욕망을 떨쳐버린 뒤에 초선부터 제4선까지와 4처를 설하시면서 차례로 앞의 경지를 넘어설 것을 말씀하셔서 상수멸까지 설하신다.(§§20~34) 이렇게 하여 본경은 4선 - 4처 - 상수멸을 통해서 재생의 근거를 부수어 해탈하는 것을 설하고 있다.

「**짜뚜마 경**」(M67) **해설**

대중이 모이면 소란스럽기 마련이다. 출가한 스님들이라고 소란스럽지 않기란 쉬운 게 아니다. 그리고 출가자들이 기본적으로 두려워해야 할 것들이 있다. 본경에서 세존께서는 이것을 4가지로 말씀하고 계신데(§§15~19) 비구들이 명심해야 할 사항들이다.

본경은 세존께서 짜뚜마의 아말라끼 숲에 머무실 때 그곳으로 찾아온 사리뿟따 존자와 목갈라나 존자를 상수로 하는 오백 명의 비구들과 있었던 일화를 담고 있는 경이다. 이들이 숲에 와서 소란스럽고 시끄럽게 떠들자(§2) 세존께서 아난다 존자를 시켜서 이들을 불러오게 하셔서는

"비구들이여, 물러가라. 나는 그대들을 내쫓는다. 그대들은 나와 함께 머물 수 없다."라고 그들을 내쫓으셨다.(§5)

그러자 짜뚜마에 사는 사꺄족들과 사함빠띠 범천이 이를 보고 세존께 가서 이들을 다시 받아주시라고 간청을 한다.(§§6~9) 그래서 오백 명의 비구들은 다시 세존 곁으로 돌아가게 되었다.(§§10~11)

그때 세존께서는 비구들에게 파도에 대한 두려움과 악어에 대한 두려움과 소용돌이에 대한 두려움과 상어에 대한 두려움의 네 가지 두려움을 말씀하신다.(§15) (1) 여기서 파도에 대한 두려움이란 분노에 따른 절망을 두고 하신 말씀이다.(§16) (2) 악어에 대한 두려움이란 게걸스러움을 두고 하신 말씀이다.(§17) (3) 소용돌이에 대한 두려움이란 다섯 가닥의 얽어매는 감각적 욕망들을 두고 하신 말씀이다.(§18) (4) 상어에 대한 두려움이란 여인을 두고 하신 말씀이다.(§19) 출가자는 기본적으로 이 넷을 두려워하면서 조심하여 방일하지 않고 수행에 전념해야 한다는 부처님의 고구정녕하신 말씀을 끝으로 본경은 마무리된다.

「**날라까빠나 경**」(M68) **해설**

비구 · 비구니 · 청신사 · 청신녀로 불리는 사부대중(catu-parisā) 즉 불자들이 임종을 하면 어떻게 되는가? 특히 수행을 많이 한 사부대중이 임종을 하면 어디에 태어나게 되는지는 지금도 관심거리 중의 하나이지만 부처님이 살아계신 시대에도 역시 큰 관심거리였을 것이다. 본서의 M91 §39, M140 §36, M145 §8 등에서 세존께서는 임종한 지 얼마 되지 않는 스님이나 재가자에 대해서 그의 태어난 곳을 말씀하고 계신다. 뿐만 아니라 「벽돌집 경」 1/2/3(S55:8~10)과 「대반열반경」(D16/ii.91~94) §§2.6~2.9 등에는 사부대중이 죽어서 아라한, 불환자, 일래자, 예류자가 된 경우를 이름을 들어가면서 구체적으로 말씀하고 계신다.

그러면 왜 세존께서는 이런 말씀을 하실까? 본경에서 세존께서는 그 이유를 말씀하고 계신다. 먼저 세존께서는 이렇게 문제 제기를 하신다.

"아누룻다들이여, 이를 어떻게 생각하는가? 여래는 어떤 목적을 보기에 제자가 죽어서 임종하면 '아무개는 이런 곳에 태어났다. 아무개는 저런 곳에 태어났다.'라고 재생을 설명하는가?"(§8)

비구들이 부처님의 설명을 듣기를 원하자(§8) 세존께서는 분명하게 다음과 같이 말씀하신다.

"아누룻다들이여, 여래가 '아무개는 이런 곳에 태어났다. 아무개는 저런 곳에 태어났다.'라고 죽어서 임종한 제자의 재생을 설명하는 것은 결코 사람들을 속이기 위한 것이거나, 사람들에게 발림 말을 하기 위한 것이거나, 이득과 환대와 명성을 얻기 위한 것이거나, '이와 같이 사람들이 나를 알아주겠지.'라는 이유 때문도 아니다. 아누룻다들이여, 그것은 믿음과 큰 기쁨과 큰 환희를 가진 좋은 가문의 아들들이 이런 말을 들으면 그러한 상태로 마음을 향하게 할 것이고, 그것은 그들에게 오랫동안 이익과 행복이 되기 때문이다."(§9)

이렇게 말씀하신 뒤에 본경에서는 아라한, 불환자, 일래자, 예류자가 된 비구들과 비구니들에 대해서 아라한 등의 정형구로 말씀하시고(§§10~17) 다시 불환자, 일래자, 예류자가 된 청신사와 청신녀들에 대해서 불환자 등의 정형구로 말씀하신다.(§§18~23)

임종을 한 사부대중의 태어날 곳에 대한 세존의 말씀을 들은 불자들은 그러한 상태로 마음을 향하게 할 것이고, 그것은 그들에게 오랫동안 이익과 행복이 되겠지만(§9), 사실 누가 임종을 할 때마다 세존께 와서 그가 태어날 곳을 여쭙는다면 성가신 일이 되고 만다. 그래서 세존께서는 「대반열반경」(D16) §2.8의 법의 거울[法鏡]에 대한 법문에서 "아난다여, 사람으로 태어난 자가 죽는 것은 놀랄만한 일이 아니다. 그런데 이런저런 사람이 죽을 때마다 여래에게 다가와서 이러한 뜻을 묻는다면 이것은 여래에게 성가신 일이다. …"라고 말씀하신다.

그래서 세존께서는 「대반열반경」에서 법의 거울이라는 법문을 하셨는데 이 법문의 내용은 다른 것이 아니라 불·법·승·계에 대한 확신을 가지는 것이다. 불·법·승·계에 확신을 가지면 그는 지옥·축생·아귀의 삼악도에는 태어나지 않는 예류자가 된다고 이 경에서 말씀하고 계신다.(D16 §2.9) 그러므로 태어날 곳에 대한 걱정을 하지 않아도 된다.

「굴릿사니 경」(M69) **해설**

출가생활은 대부분 대중생활이 기본이다. 대중생활에는 기본 법도가 있다. 본경의 기본 주제는 이러한 대중생활을 어떻게 해야 할 것인가이다. 본경은 사리뿟따 존자의 말을 통해서 부처님 당시부터 통용되던 대중생활의 기본 법도를 설하고 있는데 현대를 살아가면서 대중생활을 하는 출가자에게도 해당되는 말씀이다.

본경은 라자가하 대나무 숲의 다람쥐 보호구역에서 사리뿟따 존자가 설한 것이다. 그곳에는, 본래 숲 속에 거주하는 자였으나 어떤 일 때문에 승가 대중에 머물게 된 품행이 단정하지 못했던 굴릿사니 비구가 함께 살고 있었다. 그를 본보기로 사리뿟따 존자는 숲 속에 거주하는 비구가 갖추어야 할 자질들 특히 승가 대중에 머물 때 갖추어야 하는 자질 17가지를 들고 있는데 다음과 같다.

① 숲 속에 거주하는 비구가 승가 대중에 와서 머물면 동료 수행자들에 대해 공경하고 순응해야 함(§3) ② 앉을 자리에 대한 차례(좌차, 座次)를 잘 지켜야 함(§4) ③ 너무 일찍 마을에 들어가서도 안되고 한낮에 돌아와서도 안됨(§5) ④ 식사 전이나 식사 후에 가정집을 방문해서는 안됨(§6) ⑤ 오만불손해서도 안되고 경거망동해서도 안됨(§7) ⑥ 험한 말을 해서도 안되고 수다스러워서도 안됨(§8) ⑦ 훈계를 쉽게 받아들이고 좋은 도반과 사귀어야 함(§9) ⑧ 숲 속에 거주하는 비구는 감각의 대문을 잘 지켜야 함(§10) ⑨ 음식에 적당한 양을 알아야 함(§11) ⑩ 깨어있음에 몰두해야 함(§12) ⑪ 부지런히 정진해야 함(§13) ⑫ 마음챙김을 확립해야 함(§14) 마음이 집중되어 있어야 함(§15) ⑭ 통찰지를 가져

야 함(§16) ⑮ 수승한 법과 수승한 율에 전념해야 함(§17) ⑯ 물질을 초월한 무색계의 평화로운 해탈에 전념해야 함(§18) ⑰ 인간을 초월한 법에 전념해야 함(§19)

그리고 사리뿟따 존자는 "숲 속에 거주하는 비구도 이 법들을 수지해야 하는데 마을 부근에 거주하는 비구는 다시 말해서 무엇하겠습니까?"(§20)라고 하여 마을 부근에 거주하는 비구들도 당연히 이 법들을 수지해야 한다고 말하면서 가르침을 마무리 짓는다.

「끼따기리 경」(M70) 해설

본경에서 세존께서는 크게 세 가지 주제를 말씀하신다. 첫째는 느낌에 관한 것이고 둘째는 수행의 과위를 증득한 일곱 부류의 인간에 관한 말씀이고 셋째는 순차적인 공부지음이다. 본경은 순차적인 공부지음을 가르치는 대표적인 경들 가운데 하나라 할 수 있다.

세존께서는 까시에서 차례로 유행하시다가 마침내 끼따기리라는 까시의 읍에서(§3) 율행이 나쁜 육군비구(六群比丘)에 속하는 앗사지와 뿌납바수까라는 두 비구를 부르신 뒤에 이들에게 하신 말씀을 담은 경이다.(§5)

(1) 먼저 본경 §6 이하에서 부처님께서는 즐거운 느낌이든 괴로운 느낌이든 괴롭지도 즐겁지도 않은 느낌이든 그 느낌을 느낄 때 ① 해로운 법들이 증장하고 유익한 법들이 줄어들면 '그대들은 이런 종류의 느낌을 버려라.'라는 것이다. 그러나 반대로 ② 해로운 법들이 줄어들고 유익한 법들이 증장하면 부처님께서는 '그대들은 이런 종류의 느낌을 구족하여 머물러라.'라고 말씀하신다.(§§8~10)

(2) 둘째로 본경의 §14 이하에서는 본경의 핵심이 되는 일곱 부류의 인간들을 말씀하신다. 먼저 일곱 부류의 인간은 ① 양면으로 해탈[兩面解脫]한 자 ② 통찰지로 해탈[慧解脫]한 자 ③ 몸으로 체험한 자 ④ 견해를 얻은 자 ⑤ 믿음으로 해탈한 자 ⑥ 법을 따르는 자 ⑦ 믿음을 따르는

자이다. 본경 §§15~21에서는 이 일곱 부류의 인간을 상세히 설명하여 정의하시는데 이들 일곱 부류의 인간을 설명하는 좋은 경전적 근거가 되고 있다.

(3) 셋째로는 깨달음이란 단박에 증득되는 것인가, 아니면 점진적으로 닦아서 성취되는 것인가를 말씀하시는데, 세존께서는 "비구들이여, 나는 구경의 지혜가 단박에 이루어진다고 말하지 않는다. 비구들이여, 그러나 순차적인 공부지음과 순차적인 실천과 순차적인 도닦음으로 구경의 지혜는 이루어지는 것이다."(§22)라고 말씀하신다. 이 순차적인 가르침은 본서 제3권 「가나까 목갈라나 경」(M107)의 중심주제이기도 하다. 여기에 대해서는 「가나까 목갈라나 경」(M107)의 해설과 본경 §22의 주해 등을 참조하기 바란다.

그리고 그 방법으로 스승에 대한 믿음 - 스승을 친견함 - 공경 - 귀 기울임 - 법을 배움 - 법을 호지함 - 뜻을 살핌 - 법을 사유하여 받아들임 - 열의 - 시도 - 세밀히 조사함 - 노력 - 최상의 진리를 실현함으로 공부지음을 순차적으로 말씀하신다.(§23)

세존께서는 일곱 부류의 인간들 가운데 제일 낮은 단계로 믿음을 따르는 자를 말씀하셨는데(§14) §23에서 보듯이 믿음을 수행의 출발점으로 보고 계신다. 그리고 본경의 마지막 단락인 §27에서도 '스승의 교법에 믿음을 가진 제자'를 강조하시면서 "스승의 교법에 믿음을 가진 제자가 통찰하여 취할 때 두 가지 결실 가운데 한 가지 결실을 얻나니, 바로 지금 · 여기에서 구경의 지혜를 증득하거나 만일 취착이 남아있다면 불환자가 된다."라고 하시면서 경을 끝맺고 계신다. 본경의 가르침이 육군비구(六群比丘)에 속하는 앗사지와 뿌납바수까가 오후불식을 지키지 않는 것에서 출발하였기 때문에 세존께서는 이처럼 스승에 대한 믿음을 강조하면서 경을 마무리하신 것으로 보인다.

4. 맺는 말

이상으로 『맛지마 니까야』 제2권에 포함된 제4품부터 제7품까지의 40개 경들에 대해서 살펴보았다. 제4장 「긴 쌍 품」(M31~M40)을 통해서는 경의 제목에 '긴(mahā-)'과 '짧은(cūḷa-)'이란 수식어가 붙은 다섯 쌍의 10개의 경들에 대해 사유해보았다. 제5장 「짧은 쌍 품」(M41~M50)에도 경의 제목에 '긴(mahā-)'과 '짧은(cūḷa-)'이란 수식어가 들어있는 경들 두 쌍과 내용상 서로 쌍을 이루는 세 쌍의 경들이 포함되어 있다. 제6장 「장자 품」(M51~M60)에서는 장자들과 관련된 경들을 살펴보았고 제7장 「비구 품」(M61~M70)에는 비구들에게 설하신 경 10개가 담겨 있다.

본서에 실려 있는 세존의 가르침들 가운데서 역자는 특히 「갈애 멸진의 긴 경」(M38)을 주목하고 싶다. 많은 한국의 불자님들은 마음이나 알음알이가 윤회한다고 굳게 믿고 있기 때문이다. 이것은 부처님 당시에도 마찬가지였던 것 같다. 심지어 부처님 문하로 출가한 스님도 이런 견해를 국집하여 거머쥐고 있었던 듯하다. 그래서 어부의 아들인 사띠 비구는 '내가 세존께서 설하신 법을 알기로는, 다름 아닌 바로 이 알음알이가 계속되고 윤회한다.'(M38 §2)라는 삿된 견해를 내려놓지 않아서 동료들의 큰 걱정거리가 되었다.

이런 잘못된 견해를 바로잡기 위한 부처님의 간절하신 가르침이 바로 이 「갈애 멸진의 긴 경」(M38)에 들어있다. 세존께서는 본경에서 알음알이는 조건발생이라는 점을 강조하신다. 그래서 "알음알이가 눈과 형상들을 조건하여 일어나면 그것은 눈의 알음알이[眼識]라고 한다. … 마치 어떤 것을 조건하여 불이 타면 그 불은 그 조건에 따라 이름을 얻나니, 장작으로 인해 불이 타면 장작불이라고 하고, … 쓰레기로 인해 불이 타면 쓰레기불이라고 하는 것과 같다."(§8)라고 명쾌하고 분명하게 말씀하신다.

오온 가운데 특히 알음알이의 무아와 조건발생[緣起]을 강조하며 심도 깊은 가르침을 전개하는 본경은 알음알이나 마음을 두고 무슨 불변하는 실체가 있는 줄로 잘못 이해하는 분들이 꼭 깊이 음미하고 사유해 봐야 할 가르침이 아닌가 생각한다.

부처님 말씀이 어느 하나 중요하지 않은 것이 없겠지만 역자는 특히 한국불교의 현실에서 본서 「갈애 멸진의 긴 경」(M38)이야말로 반드시 사유해 봐야 할 가르침이라고 추천하면서 『맛지마 니까야』 제2권의 해제를 접는다.

제4장

긴 쌍 품[8)]

Mahā-yamaka-vagga

(M31~40)

---

8) 『맛지마 니까야』에 포함되어 있는 152개의 경들은 모두 세 개의 '50개 경들의 묶음(paññāsa)'으로 나누어져서 세 권으로 전승되어 온다. 제1권인 『처음 50개 경들의 묶음』(Mūla-paṇṇasa)'에는 M1부터 M50까지의 50개 경들이 포함되어 있고, 『가운데 50개 경들의 묶음』(Majjhima-paṇṇāsa)이라 불리는 제2권에는 M51부터 M100까지의 50개 경들이 들어있다. 그리고 마지막인 제3권은 『마지막 50개 경들의 묶음』(Upari-paṇṇāsa)'이라 불리는데, 여기에는 M101부터 M152까지의 52개 경들이 포함되어 있다.
초기불전연구원에서는 분량의 문제 때문에 이들을 전체 네 권으로 번역하여 출간하고 있다. 그 가운데 여기 한글번역본 제2권에는 『처음 50개 경들의 묶음』의 네 번째 품인 「긴 쌍 품」(M31~M40)부터 시작하여 『가운데 50개 경들의 묶음』의 두 번째 품인 「비구 품」(M61~M70)까지의 네 개의 품에 포함되어 있는 40개의 경들을 싣고 있다.
본서에서는 혼란을 피하기 위해서 『맛지마 니까야』의 전체 15개 품을 제1품부터 제15품까지 일괄적으로 표기하고 있다. 그래서 여기 한글번역본 제2권에는 전체 15개 품 가운데서 제4품부터 제7품까지의 네 개 품이 포함되어 있다.

고싱가살라 짧은 경

Cūḷa-gosiṅgasāla Sutta(M31)

1. 이와 같이 나는 들었다. 한때 세존께서는 나디까[9]의 벽돌집[10]에 머무셨다.

---

9) 『디가 니까야』 제2권 「대반열반경」(D16) §2.5와 §2.11에 의하면 나디까(Nādika)는 꼬띠가마와 웨살리를 연결하는 대로변에 위치한 왓지(Vajjī)족의 마을이다. 본경(M31)과 다음 경(M32) 등을 통해서 보면 이 나디까의 고싱가살라 숲은 여러 유명한 장로들이 즐겨 수행하던 곳이었다. 그런 만큼 이 지역 사람들도 불교와 큰 인연이 있었으며 『디가 니까야』 제2권 「대반열반경」(D16) §2.7과 「자나와사바 경」(D18)과 『상윳따 니까야』 제6권 「벽돌집 경」 3(S55:10)을 통해서 보듯이 과위를 증득한 신도들이 많이 배출되었다.
일찍부터 이 지명에 대해서는 나디까(Nādika)로도 전승되었고, 냐띠까(Nātika)로도 전승되어 온 듯하다. 주석서들에서 각각 다른 해석을 하기 때문이다. 냐띠까는 친척(ñāti)들끼리 사는 마을로 설명되고(SA.iii.281), 나디까는 강(nadī)과 연관이 있는 이름으로 간주된다. 현재 인도 비하르주의 웨살리와 빠뜨나 사이의 강가(Gaṅgā) 강에 있는 나따까(Nātaka)라는 마을이라고 학자들은 말한다. 『디가 니까야』와 『앙굿따라 니까야』에서는 대부분 나디까로 통일해서 옮겼고 『상윳따 니까야』에서는 냐띠까로 통일해서 옮겼다.

10) '벽돌집'은 giñjakāvasatha를 옮긴 것인데 주석서는 "벽돌(iṭṭhakā)로 만든 큰 강당(mahā-pāsāda)"(MA.ii.235; SA.ii.75)이라고 설명하고 있다.

2. 그때 아누룻다 존자[11])와 난디야 존자[12])와 낌빌라 존자[13])는 고싱가살라 숲의 동산에 머물렀다.

---

11) 아누룻다 존자(āyasmā Anuruddha)에 대해서는 본서 「고싱가살라 긴 경」(M32) §2의 주해를 참조할 것.

12) 본서 「날라까빠나 경」(M68) §2에 의하면 난디야 존자(āyasmā Nandiya)는 아누룻다 존자, 낌빌라 존자, 바구 존자, 꾼다다나 존자, 레와따 존자, 아난다 존자와 다른 잘 알려진 사꺄족(석가족)의 좋은 가문의 아들들과 함께 출가하였다. 『율장』과 주석서 문헌에서는 성도 후에 까삘라왓투를 방문하신 부처님을 따라서 사꺄의 아누삐야(Anupiya)에서 아누룻다 존자(āyasmā Anuruddha), 아난다(Ananda), 바구(Bhagu), 낌빌라(Kimbila), 데와닷따(Devadatta) 같은 왕자와 이발사 우빨리(Upāli)를 비롯한 많은 사꺄의 청년들과 함께 출가하였다고 나타난다.(Vin.ii.180; AA.i.108; DhpA.i.133;iv.127)
이처럼 그는 까삘라왓투(Kapilavatthu)의 사꺄족의 왕족출신이라고 하며, 그가 난디야로 불리게 된 것은 그의 출생이 그의 가문에 큰 기쁨(nanda)을 가져다주었기 때문이라고 한다. 그는 출가하여 곧 아라한이 되었다고 한다.(ThegA.i.86)
초기불전에는 세 명의 난디야가 나타난다. 『상윳따 니까야』 제6권 「난디야 경」(S55.40)과 『앙굿따라 니까야』 제6권 「난디야 경」(A11:14)에 나타나는 삭까 사람 난디야(Nandiya Sakka)와, 아누룻다(Anuruddha) 존자와 낌빌라(Kimbila) 존자와 함께 본경(M31) 등에서 언급되는 난디야 존자(āyasmā Nandiya)와, 『상윳따 니까야』 제5권 「난디야 경」(S45:10)의 난디야 유행승(Nandiya paribbājaka)이다.

13) 낌빌라 존자(āyasmā Kimbila)는 난디야 존자 등과 함께 출가한 사꺄족 왕자 출신이다.(위의 주해 참조) 그는 본경과 다음 경과 「날라까빠나 경」(M68)과 본서 제4권 「오염원 경」(M128) §8에서 아누룻다 존자와 난디야 존자 등과 함께 나타나고 있다. 그런데 이 낌빌라 존자는 강가(Gaṅga) 강 언덕에 있는 낌빌라 도시의 상인의 아들로 태어난 낌빌라 존자(āyasmā Kimbila/Kimila)와는 다르다.(DPPN)
낌빌라의 대나무 숲과 함께 언급되는 「낌빌라 경」(A5:201) 등 『앙굿따라 니까야』의 몇몇 경에 나타나는 낌빌라 존자는 낌빌라 도시의 상인의 아들인 낌빌라 존자이고 그렇지 않은 경우(예를 들면 본경, M32, M68, M128)는 사꺄족 출신의 낌빌라 존자라고 보면 된다. 그런데 DPPN은 이 두 사람을 하나의 표제어 안에서 함께 설명하고 있다.

3. 그때 세존께서는 해거름에 [낮 동안의] 홀로 앉음[14]에서 일어나셔서 고싱가살라 숲의 동산[15]으로 가셨다. 그때 동산지기가 세존께서 멀리서 오시는 것을 보고 세존께 말씀드렸다.[16]

"사문이여, 이 동산에 들어오지 마십시오. 여기는 자신들의 이익을 추구하는[17] 세 분의 선남자들이 머물고 계십니다. 그분들을 불편하

---

14) '홀로 앉음(paṭisallāna)'에 대해서는 본서 제1권 「지워 없앰 경」(M8) §2의 주해를 참조할 것.

15) 문자적으로 '고싱가(go-siṅga)'는 소(go)의 뿔(siṅga, Sk. śṛnga)을 뜻한다. 주석서는 이렇게 설명한다.
"'고싱가살라 숲(Gosiṅgasālavana)'이라 하였다. 이 숲에는 아주 오래 된 나무 한 그루(eka jeṭṭhaka-rukkha)가 있었는데 이 나무의 몸통(khandha)에서부터 소의 뿔과 같은 모습(go-siṅga-saṇṭhāna)을 한 가지(viṭa-pa)가 뻗어나와 있었다. 그래서 이 나무 때문에 이 숲 전체가 고싱가살라(소뿔 모양을 한 살라 나무) 숲이라고 불리게 된 것이다."(M.ii.235)

16) 이하 본경의 §§3~9는 본서 제4권 「오염원 경」(M128)의 §§8~14와 같은 내용이다. 「오염원 경」(M128) §§1~7에 의하면 꼬삼비에서는 비구들이 분쟁이 생겼는데 그들이 중재하려는 세존의 말씀도 듣지 않게 되자 세존께서는 발라깔로나까라 마을로 가셨다. 그 무렵 바구 존자(āyasmā Bhagu)는 발라깔로나까라 마을에 머물고 있었는데 그에게 설법을 하시어 그를 기쁘게 하신 뒤에 세존께서는 동쪽 대나무 동산으로 가시어 그 경의 §§8~14의 일화가 진행되는데 이 §§8~14가 본경 §§3~9와 같다.
바구 존자(āyasmā Bhagu)에 대해서는 본서 「날라까빠나 경」(M68) §2의 주해를 참조할 것.

17) '자신들의 이익을 추구하는'은 atta-kāma-rūpā를 옮긴 것이다. 주석서에서 "자기의 이익을 원하는 것을 본성으로 하여 머문다(attano hitam kāma-yamāna-sabhāvā hutvā viharanti)."(MA.ii.236)라고 설명하고 있어서 이렇게 옮겼다. 주석서는 계속해서 이렇게 설명하고 있다.
"어떤 자는 이 교단에 출가했지만 의료 행위를 한다거나 사자(使者)의 행위를 하거나 심부름꾼으로 나서는 등 21가지 삿된 방법으로 생계를 유지하는데(jīvikaṁ kappeti), 이런 자는 자기의 이익을 원하면서 머무는 자라 하지 않는다. 어떤 자는 이 교단에 출가하여 21가지 추구해서는 안되는 것(anesanā, 삿된 생계수단)을 버리고 네 가지 청정한 계(catu-pārisuddhi-sīla)에 서서 부처님의 말씀을 배우고 적합한 두타행(sappāya-dhutaṅga)

게 만들지 마십시오."

4. 마침 아누룻다 존자는 동산지기가 세존과 더불어 대화하는 것을 들었다. 듣고서는 동산지기에게 이렇게 말했다.

"여보게 동산지기여, 세존을 막지 말게. 우리의 스승이신 세존께서 오신 것이네."

그리고 나서 아누룻다 존자는 난디야 존자와 낌빌라 존자에게 가서 말했다.

"존자들이여, 나오십시오. 존자들이여, 나오십시오. 우리의 스승 세존께서 [206] 오셨습니다."

을 결심하고 38가지 대상 가운데서 자기에게 맞는 명상주제를 가지고 마을을 버리고 숲 속에 들어가서 증득[等至, samāpatti, 초선부터 비상비비상처까지의 본삼매]을 일으켜서 위빳사나를 통하여 [사문의] 일(kamma)을 하면서 머무는데, 이러한 자를 자기의 이익을 원하면서 머무는 자라 한다." (MA.ii.236)

『쿳다까빳타 주석서』(KhpA.236~237)에 의하면 21가지 추구해서는 안 되는 것은 다음과 같다.

"대나무를 줌(veḷudāna), 향기로운 잎을 줌(pattadāna), 꽃을 줌(puppha-dāna), 과일을 줌(phaladāna), 치목을 줌(dantakaṭṭhadāna), 세숫물을 줌(mukhodakadāna), 목욕한 뒤 바르는 분가루를 줌(sinānadāna), 목욕가루를 줌(cuṇṇadāna), 진흙을 줌(mattikādāna), 아첨(cāṭukamyata), 반쯤만 사실인 이야기를 함(muggasūpyata), 다른 사람의 아이를 귀여워함(pāribhaṭayata), 심부름을 감(jaṅghapesanika), 약을 제조하는 기술(vejja-kamma), 전령의 일을 함(dūtakamma), 심부름꾼이 됨(pahiṇagamana), 탁발음식을 주고받음(piṇḍapaṭipiṇḍa), 보시를 권장함(dānānuppadāna), 집터 보기(vatthuvijja), 별자리 보기(nakkhattavijja), 수상(手相) 보기(aṅga-vijja)"(KhpA.236~237)

이 가운데 앞의 10가지 정도는 『청정도론』 I.44에서 언급되어 나타나고 몇몇은 『디가 니까야』 제1권 「범망경」(D1) §1.21 등에 나타나기도 한다.

그리고 네 가지 청정한 계는 본서 제1권 「역마차 교대 경」(M24) §2의 주해를, 38가지 명상주제에 대해서는 본서 제1권 「지워 없앰 경」(M8) §18의 주해를 참조할 것.

5. 아누룻다 존자와 난디야 존자와 낌빌라 존자는 세존을 영접하고는 한 사람은 세존의 발우와 가사를 받아들고 한 사람은 자리를 준비하고 한 사람은 발 씻을 물을 가져왔다. 세존께서는 마련된 자리에 앉으시고 발을 씻으셨다. 세 존자들은 세존께 절을 올리고 한 곁에 앉았다. 세존께서는 한 곁에 앉은 아누룻다 존자에게 이렇게 말씀하셨다.

"아누룻다들이여,[18] 그대들은 견딜만한가? 잘 지내는가? 탁발하는 데 어려움은 없는가?"

"저희들은 견딜만합니다, 세존이시여. 잘 지냅니다, 세존이시여. 탁발하는 데 어려움이 없습니다, 세존이시여."

6. "아누룻다들이여, 그런데 그대들은 사이좋게 화합하고 정중하고 다투지 않고 물과 우유가 잘 섞이듯이 서로를 우정 어린 눈으로 보면서 머무는가?"

"참으로 그러합니다. 세존이시여, 저희들은 사이좋게 화합하여 다투지 않고 물과 우유가 잘 섞이듯이 서로를 우정 어린 눈으로 보면서

---

18) '아누룻다들이여'는 Anuruddhā(복수 호격)를 옮긴 것이다. 단수 Anuruddha가 아니라 복수 Anuruddhā로 나타나고 있어서 이렇게 옮겼다. 복주서는 이런 방법을 '하나와 나머지의 방법(eka-sesa-naya)'이라고 부르고 있다. 즉 하나를 지칭하여 나머지 전체를 다 포함시키는 방법이다. 여기서는 아누룻다 존자 한 사람만을 복수로 지칭하여 난디야 존자와 낌빌라 존자를 다 포함시켜 부르는 방법을 뜻한다. 이런 어법은 본서 「날라까빠나 경」(M68) §4 이하와 본서 제4권 「오염원 경」(M128) §11 이하에도 나타난다. 복주서는 이렇게 설명하고 있다.
"여기서 '아누룻다들이여'[라고 복수를 사용한 것은] 하나와 나머지의 방법(eka-sesa-naya)으로 말씀하신 것인데 하나의 부분이 유사한 나머지 전체를 다 포함하는 방법(virūp-eka-sesa, Vis.XVII.197 참조)을 말한다. 그래서 복수의 형태(bahu-vacana-niddesa)로 말씀하시는 것이다."(MAṬ.ii.170)

머뭅니다."

"아누룻다들이여, 그러면 그대들은 어떻게 사이좋게 화합하여 다투지 않고 물과 우유가 잘 섞이듯이 서로를 우정 어린 눈으로 보면서 머무는가?"

7. "세존이시여, 여기서 저희들에게 이런 생각이 듭니다. '내가 이러한 동료 수행자들과 함께 머문다는 것은 참으로 나에게 이익이고, 참으로 나에게 축복이다.'라고. 그래서 제게는 이 스님들이 눈앞에 있건 없건 항상 그들에 대해 자애로운 몸의 업[身業]을 유지하고, 제게는 이 스님들이 눈앞에 있건 없건 항상 그들에 대해 자애로운 말의 업[口業]을 유지하고, 제게는 이 스님들이 눈앞에 있건 없건 항상 그들에 대해 자애로운 마음의 업[意業]을 유지합니다.[19] 그러면 제게 이런 생각이 듭니다. '이제 나는 나 자신의 마음은 제쳐두고 [207] 이 스님들의 마음에 따라야겠다.'라고. 세존이시여, 그러면 저는 제 자신의 마음은 제쳐두고 이 스님들의 마음에 따릅니다. 세존이시여, 참으로 저희는 몸은 다르지만 마음은 하나라고 생각합니다."

난디야 존자도 역시 … 낌빌라 존자도 역시 세존께 이렇게 말씀드렸다.

"세존이시여, 여기서 저희들에게 이런 생각이 듭니다. … 세존이시여, 참으로 저희는 몸은 다르지만 마음은 하나라고 생각합니다.

세존이시여, 이와 같이 저희들은 사이좋게 화합하고 정중하고 다투지 않고 물과 우유가 잘 섞이듯이 서로를 우정 어린 눈으로 보면서 머뭅니다."

---

19) 이 세 가지는 본서 「꼬삼비 경」(M48) §6에 나타나는 '여섯 가지 기억해야 할 법들(cha sāraṇīyā dhammā)' 가운데 처음의 세 가지에 해당한다. 이 여섯 가지는 본서 제3권 「사마가마 경」(M104) §21에도 나타난다.

8. "아누룻다들이여, 장하고 장하구나. 아누룻다들이여, 그런데 그대들은 방일하지 않고 열심히, 스스로 독려하며 머무는가?"

"참으로 그러합니다, 세존이시여. 저희들은 방일하지 않고 열심히, 스스로 독려하며 머뭅니다."

"아누룻다들이여, 그러면 어떻게 그대들은 방일하지 않고 열심히, 스스로 독려하며 머무는가?"

9. "세존이시여, 여기서 저희들 중에서 먼저 탁발을 마치고 마을에서 돌아온 자는 자리를 마련하고 마실 물과 발 씻을 물을 준비하고 여분의 음식을 담을 통을 준비합니다. 나중에 탁발을 마치고 마을에서 돌아온 자는 남은 음식이 있으면 그가 원하면 먹고, 원하지 않으면 풀이 없는 곳에 버리거나 생물이 없는 물에 던져 넣습니다. 그는 자리를 치우고 마실 물과 발 씻을 물을 치우고 여분의 음식을 담은 통을 치우고 밥 먹은 곳을 닦아냅니다. 누구든 마시는 물 항아리나 씻는 물 항아리나 뒷물 항아리가 바닥이 나거나 비어있는 것을 보면 그는 그것을 준비합니다. 만일 [너무 무거워] 혼자 감당할 수 없으면 손짓으로 다른 사람을 불러서 손을 맞잡고 가져옵니다. 세존이시여, 그러나 우리는 그 때문에 묵언을 깨뜨리지 않습니다. 세존이시여, 대신에 닷새마다 법담으로 온 밤을 지새웁니다. 세존이시여, 이와 같이 저희들은 방일하지 않고 열심히, 스스로 독려하며 머뭅니다."

10. "아누룻다들이여, 장하고 장하구나. 아누룻다들이여, 그런데 그대들은 이와 같이 방일하지 않고 열심히, 스스로 독려하며 머물 때 인간의 법을 초월했고 성자들에게 적합한 지와 견의 특별함을 증득하여 편히 머무는가?"

"어찌 아니겠습니까, 세존이시여.[20] 세존이시여, 저희들은 원하기만 하면 감각적 욕망들을 완전히 떨쳐버리고 해로운 법[不善法]들을 떨쳐버린 뒤, 일으킨 생각[尋]과 지속적 고찰[伺]이 있고, 떨쳐버렸음에서 생긴 희열[喜]과 행복[樂]이 있는 초선(初禪)을 구족하여 머뭅니다.[21] 세존이시여, 이것이 저희들이 방일하지 않고 열심히, 스스로 독려하며 머물 때 인간의 법을 초월했고 성자들에게 적합한 지와 견의 특별함을 증득하여 편히 머무는 것입니다."

11. "아누룻다들이여, 장하고 장하구나. 아누룻다들이여, 그런데 그대들은 이렇게 머무는 것을 뛰어넘고 이렇게 머무는 것을 [208] 가라앉히기 위해[22] 또 다른 인간의 법을 초월했고 성자들에게 적합한 지와 견의 특별함을 증득하여 편히 머무는가?"

"어찌 아니겠습니까, 세존이시여. 세존이시여, 여기 저희들은 원하기만 하면 일으킨 생각과 지속적 고찰을 가라앉혔기 때문에 [더 이상 존재하지 않고], 자기 내면의 것이고, 확신이 있으며, 마음의 단일한 상태이고, 일으킨 생각과 지속적 고찰은 없고, 삼매에서 생긴 희열과 행복이 있는 제2선(二禪)을 구족하여 머뭅니다. 세존이시여, 이

---

20) 여기서부터 본경의 내용은 본서 제4권 「오염원 경」(M128)과 달라진다. 「오염원 경」(M128)에서는 세 존자가 아라한과를 얻기 위해서 노력하는 과정이 설명되고 있지만 본경에서는 4선-4처-상수멸을 증득하여 번뇌를 소멸하였다고 나타나기 때문에 「오염원 경」(M128)이 더 앞 선 일화를 담고 있다 하겠다.

21) 이하 네 가지 禪의 정형구에 대한 총체적인 설명은 본서 제1권 「미끼 경」(M25) §15의 주해를 참조할 것.

22) '이렇게 머무는 것을 뛰어넘고 이렇게 머무는 것을 가라앉히기 위해'로 옮긴 원문은 etassa vihārassa samatikkamāya etassa vihārassa paṭip-passaddhiyā이다. 여기서 samatikkamāya(뛰어넘은 뒤)와 paṭippassad-dhiyā(가라앉힌 뒤)를 주석서는 각각 samatikkamatthāya(뛰어넘기 위해)와 paṭippassaddhatthāya(가라앉히기 위해)의 뜻이라고 설명하고 있어서(MA.ii.243) 이렇게 옮겼다.

것이 그렇게 머무는 것을 뛰어넘고 그렇게 머무는 것을 가라앉히기 위해 또 다른 인간의 법을 초월했고 성자들에게 적합한 지와 견의 특별함을 증득하여 편히 머무는 것입니다."

12. "아누룻다들이여, 장하고 장하구나. 아누룻다들이여, 그런데 그대들은 이렇게 머무는 것을 뛰어넘고 이렇게 머무는 것을 가라앉히기 위해 또 다른 인간의 법을 초월했고 성자들에게 적합한 지와 견의 특별함을 증득하여 편히 머무는가?"

"어찌 아니겠습니까, 세존이시여. 세존이시여, 여기 저희들은 원하기만 하면 희열이 빛바랬기 때문에 평온하게 머물렀고, 마음챙기고 알아차리며[正念·正知] 몸으로 행복을 경험했습니다. 이 [禪 때문에] '평온하고 마음챙기며 행복하게 머문다.'고 성자들이 묘사하는 제3선(三禪)을 구족하여 머뭅니다. 세존이시여, 이것이 그렇게 머무는 것을 뛰어넘고 그렇게 머무는 것을 가라앉히기 위해 또 다른 인간의 법을 초월했고 성자들에게 적합한 지와 견의 특별함을 증득하여 편히 머무는 것입니다."

13. "아누룻다들이여, 장하고 장하구나. 아누룻다들이여, 그런데 그대들은 이렇게 머무는 것을 뛰어넘고 이렇게 머무는 것을 가라앉히기 위해 또 다른 인간의 법을 초월했고 성자들에게 적합한 지와 견의 특별함을 증득하여 편히 머무는가?"

"어찌 아니겠습니까, 세존이시여. 세존이시여, 여기 저희들은 원하기만 하면 행복도 버리고 괴로움도 버리고, 아울러 그 이전에 이미 기쁨과 슬픔을 소멸하였으므로 괴롭지도 즐겁지도 않으며, 평온으로 인해 마음챙김이 청정한 제4선(四禪)을 구족하여 머뭅니다. 세존이시여, 이것이 그렇게 머무는 것을 뛰어넘고 그렇게 머무는 것을 가라앉히기 위해 또 다른 인간의 법을 초월했고 성자들에게 적합한 지와 견의 특별함을 증득하여 편히 머무는 것입니다."

14. "아누룻다들이여, 장하고 장하구나. 아누룻다들이여, 그런데 그대들은 이렇게 머무는 것을 뛰어넘고 이렇게 머무는 것을 가라앉히기 위해 또 다른 인간의 법을 초월했고 성자들에게 적합한 지와 견의 특별함을 증득하여 편히 머무는가?"

"어찌 아니겠습니까, 세존이시여. 세존이시여, 여기 저희들은 원하기만 하면 물질[色]에 대한 인식을 완전히 초월하고 부딪힘의 인식을 소멸하고 갖가지 인식을 마음에 잡도리하지 않기 때문에 '무한한 허공'이라고 하면서 [209] 공무변처(空無邊處)23)를 구족하여 머뭅니다. 세존이시여, 이것이 그렇게 머무는 것을 뛰어넘고 그렇게 머무는 것을 가라앉히기 위해 인간의 법을 초월했고 성자들에게 적합한 지와 견의 특별함을 증득하여 편히 머무는 것입니다."

15. "아누룻다들이여, 장하고 장하구나. 아누룻다들이여, 그런데 그대들은 이렇게 머무는 것을 뛰어넘고 이렇게 머무는 것을 가라앉히기 위해 인간의 법을 초월했고 성자들에게 적합한 지와 견의 특별함을 증득하여 편히 머무는가?"

"어찌 아니겠습니까, 세존이시여. 세존이시여, 여기 저희들은 원하기만 하면 공무변처를 완전히 초월하여 '무한한 알음알이[識]'라고 하면서 식무변처(識無邊處)를 구족하여 머뭅니다. 세존이시여, 이것이

---

23) 본경에 나타나는 공무변처(空無邊處, ākāsānañcāyatana)와 식무변처(識無邊處, viññāṇañcāyatana)와 무소유처(無所有處, ākiñcaññāyatana)와 비상비비상처(非想非非想處, nevasaññā-nāsaññāyatana)로 분류되는 사처(四處)에 대한 설명은 본서 제1권 「지워 없앰 경」(M8) §8이하의 주해들을 참조할 것.

그렇게 머무는 것을 뛰어넘고 그렇게 머무는 것을 가라앉히기 위해 인간의 법을 초월했고 성자들에게 적합한 지와 견의 특별함을 증득하여 편히 머무는 것입니다."

16. "아누룻다들이여, 장하고 장하구나. 아누룻다들이여, 그런데 그대들은 이렇게 머무는 것을 뛰어넘고 이렇게 머무는 것을 가라앉히기 위해 인간의 법을 초월했고 성자들에게 적합한 지와 견의 특별함을 증득하여 편히 머무는가?"

"어찌 아니겠습니까, 세존이시여. 세존이시여, 여기 저희들은 원하기만 하면 식무변처를 완전히 초월하여 '아무것도 없다.'라고 하면서 무소유처(無所有處)를 구족하여 머뭅니다. 세존이시여, 이것이 그렇게 머무는 것을 뛰어넘고 그렇게 머무는 것을 가라앉히기 위해 인간의 법을 초월했고 성자들에게 적합한 지와 견의 특별함을 증득하여 편히 머무는 것입니다."

17. "아누룻다들이여, 장하고 장하구나. 아누룻다들이여, 그런데 그대들은 이렇게 머무는 것을 뛰어넘고 이렇게 머무는 것을 가라앉히기 위해 인간의 법을 초월했고 성자들에게 적합한 지와 견의 특별함을 증득하여 편히 머무는가?"

"어찌 아니겠습니까, 세존이시여. 세존이시여, 여기 저희들은 원하기만 하면 무소유처를 완전히 초월하여 비상비비상처(非想非非想處)를 구족하여 머뭅니다. 세존이시여, 이것이 그렇게 머무는 것을 뛰어넘고 그렇게 머무는 것을 가라앉히기 위해 인간의 법을 초월했고 성자들에게 적합한 지와 견의 특별함을 증득하여 편히 머무는 것입니다."

18. "아누룻다들이여, 장하고 장하구나. 아누룻다들이여, 그런데 그대들은 이렇게 머무는 것을 뛰어넘고 이렇게 머무는 것을 가라앉

히기 위해 인간의 법을 초월했고 성자들에게 적합한 지와 견의 특별함을 증득하여 편히 머무는가?"

"어찌 아니겠습니까, 세존이시여. 세존이시여, 여기 저희들은 원하기만 하면 비상비비상처를 완전히 초월하여 상수멸(想受滅)을 구족하여 머뭅니다. 세존이시여, 이것이 그렇게 머무는 것을 뛰어넘고 그렇게 머무는 것을 가라앉히기 위해 인간의 법을 초월했고 성자들에게 적합한 지와 견의 특별함을 증득하여 편히 머무는 것입니다."

19. 그러자 세존께서는 아누룻다 존자와 난디야 존자와 낌빌라 존자에게 법을 설하여 가르치시고 격려하시고 분발하게 하시고 기쁘게 하시고 자리에서 일어나 떠나셨다.

20. 그러자 아누룻다 존자와 난디야 존자와 낌빌라 존자는 세존을 배웅하고 돌아와서 난디야 존자와 [210] 낌빌라 존자는 아누룻다 존자에게 이렇게 말했다.

"우리가 아누룻다 존자께 '우리는 이러이러한 경지를 증득했다.'고 알려 드린 적이 있습니까? 그런데도 아누룻다 존자께서는 세존의 바로 앞에서 우리가 번뇌의 소멸에까지 이른 것으로 말씀드렸습니다."

"존자들이 제게 '우리는 이러이러한 경지를 증득했다.'라고 알려주지는 않았지만 존자들의 마음을 마음으로 다 알았습니다. '이 존자들은 이러이러한 경지를 증득했다.'라고. 그리고 천신들도 제게 '이 존자들은 이러이러한 경지를 증득했다.'라고 이 뜻을 알려주었습니다. 그래서 제가 세존의 질문에 대답하면서 그렇게 말씀드린 것입니다."

21. 그때 디가 빠라자나 약카[24]가 세존을 뵈러 갔다. 세존을 뵙

---

24) "디가 빠라자나 약카(Dīgha Parajana yakkha)에서 '디가'라는 것은 "마니, 마니짜라, 디가, 그리고 세릿사까"(D32 §10)라고 전해 내려오는 스물여덟

고 세존께 절을 올리고 한 곁에 섰다. 한 곁에 서서 디가 빠라자나 약카는 세존께 이와 같이 말씀드렸다.

"세존이시여, 여래·아라한·정등각자와 이들 세 분 선남자들인

명의 야차(약카) 장군(yakkha-senāpati)들 가운데 한 명인 천상의 왕(devarājā)을 말한다. '빠라자나'는 그 약카의 이름이다."(MA.ii.244)

『디가 니까야』 제3권 「아따나띠야 경」(D32) §10을 참조할 것.

'약카(yakkha, Sk. yakṣa)'는 중국에서 야차(夜叉)로 한역되었다. 이 단어는 yakṣ(*to move quickly*)에서 파생된 명사인데 문자적으로는 '재빨리 움직이는 존재'를 뜻한다. 그러나 빠알리 주석서에서는 √yaj(*to sacrifice*)에서 파생된 명사로 간주하여 "그에게 제사 지낸다. 그에게 제사음식을 가져간다고 해서 약카라 한다."(VvA.224) 혹은 "예배를 받을만한 자라고 해서 약카라 한다."(VvA.333)고 풀이하고 있다.

『디가 니까야』 제2권 「빠야시 경」(D23) §23에서 보듯이 약카는 일반적으로 비인간(amanussa)으로 묘사되고 있다. 주석서에 의하면 그들은 아귀(peta)들보다 높은 존재로 묘사되고 있으며 선한 아귀들을 약카로 부르는 경우도 있다.(PvA.45; 55) 그들은 많은 계통이 있는데 후대 문헌으로 올수록 우리말의 정령, 귀신, 요정, 유령, 도깨비 등 나쁜 비인간인 존재들을 모두 일컫는 말로 정착이 되고 있다. 이런 의미에서 힌두 문헌의 삐사짜(Piśāca, 도깨비, 유령, 악귀, 『상윳따 니까야』 제1권 「요정 경」(S1:46) §2와 「삐양까라 경」(S10:6) §3에도 pisāca로 나타남)과 거의 같은 존재를 나타낸다 할 수 있다.

일반적으로 약카는 힘이 아주 센 비인간을 뜻한다. 그래서 본서 「삿짜까 짧은 경」(M35) §14와 『디가 니까야』 제1권 「암밧타 경」(D3)에는 금강수 약카(Vajirapāṇī)가 금강저(벼락)를 손에 들고 부처님 곁에 있는 것으로 묘사되기도 한다. 그래서 신들의 왕인 삭까(Sakka, Indra)도 약카로 표현되기도 하며(본서 「갈애 멸진의 짧은 경」(M37) §5/M.i.252; J.iv.4), 『상윳따 니까야』 제1권 「삭까 상윳따」(S11)의 「삭까의 예배 경」 2(S11:19)에서 삭까의 마부(수행원) 마딸리는 부처님도 약카로 지칭하고 있으며 본서 「우빨리 경」(M56/i.386) §29의 부처님을 찬탄하는 게송에서 우빨리 장자도 부처님을 약카로 부르고 있다. 자이나교에서도 약카는 신성한 존재로 숭배되고 있는데 이러한 영향이 아닌가 한다.

육도윤회의 입장에서 보면 약카는 사대왕천의 북쪽에 거주하며 꾸웨라(Kuvera, 웻사와나(Vessavaṇa)라고도 한다. 『아비담마 길라잡이』 제5장 §5의 [해설] 참조.)가 그들의 왕이라고 한다.(『디가 니까야』 제3권 「아따나띠야 경」(D32) §7 참조) 『마하바라따』(Mahābhārata) 등의 힌두 문헌에도 약카(Sk. Yakṣa)는 꾸웨라의 부하들로 묘사되고 있다.

아누룻다 존자와 난디야 존자와 낌빌라 존자께서 왓지에 머무시니, 그것은 왓지족들의 이득이고 왓지 백성들의 축복입니다."

디가 빠라자나 약카의 말을 듣고 땅의 신들도 소리를 질렀다.

"여래·아라한·정등각자와 이들 세 분 선남자들인 아누룻다 존자와 난디야 존자와 낌빌라 존자께서 왓지에 머무시니, 그것은 왓지족들의 이득이고 왓지 백성들의 축복이다."라고. 땅의 신들의 소리를 듣고 사대왕천의 신들도 … 삼십삼천의 신들도 … 야마천의 신들도 … 도솔천의 신들도 … 화락천의 신들도 … 타화자재천의 신들도 … 범중천의 신들도 소리를 질렀다.

"여래·아라한·정등각자와 이들 세 분 선남자들인 아누룻다 존자와 난디야 존자와 낌빌라 존자께서 왓지에 머무시니, 그것은 왓지족들의 이득이고 왓지 백성들의 축복이다."

이와 같이 하여 그 찰나 그 시각에 범천들에게까지도 알려지게 되었다.

22. [세존께서는 말씀하셨다.]

"그것은 그러하다, 디가여. 그것은 그러하다, 디가여. 어떤 가문에서 세 명의 선남자들이 집을 나와 출가할 때, 만약 그 가문이 이 세 명의 선남자들을 청정한 마음으로 기억한다면, 그 가문에게는 오랜 세월 이익과 행복이 있을 것이다. 디가여, 어떤 가문에서 세 명의 선남자들이 집을 나와 출가할 때, 만약 [211] 그 가문의 후손들이 이 세 명의 선남자들을 청정한 마음으로 기억한다면, 그 가문의 후손들에게는 오랜 세월 이익과 행복이 있을 것이다.

디가여, 어떤 마을에서 세 명의 선남자들이 집을 나와 출가할 때, 만약 그 마을이 이 세 명의 선남자들을 청정한 마음으로 기억한다면, 그 마을에는 오랜 세월 이익과 행복이 있을 것이다. 디가여, 어떤 성읍에서 세 명의 선남자들이 집을 나와 출가할 때, 만약 그 성읍이 이 세 명의 선남자들을 청정한 마음으로 기억한다면, 그 성읍에는 오랜 세월 이익과 행복이 있을 것이다. 디가여, 어떤 도시에서 세 명의 선남자들이 집을 나와 출가할 때, 만약 그 도시가 이 세 명의 선남자들을 청정한 마음으로 기억한다면, 그 도시에는 오랜 세월 이익과 행복이 있을 것이다. 디가여, 어떤 나라에서 세 명의 선남자들이 집을 나와 출가할 때, 만약 그 나라가 이 세 명의 선남자들을 청정한 마음으로 기억한다면, 그 나라에는 오랜 세월 이익과 행복이 있을 것이다.

디가여, 모든 끄샤뜨리야들이 이 세 명의 선남자들을 청정한 마음으로 기억한다면, 그 끄샤뜨리야들에게는 오랜 세월 이익과 행복이 있을 것이다. 디가여, 모든 바라문들이 이 세 명의 선남자들을 청정한 마음으로 기억한다면, 그 바라문들에게는 오랜 세월 이익과 행복이 있을 것이다. 디가여, 모든 와이샤들이 이 세 명의 선남자들을 청정한 마음으로 기억한다면, 그 와이샤들에게는 오랜 세월 이익과 행복이 있을 것이다. 디가여, 모든 수드라들이 이 세 명의 선남자들을 청정한 마음으로 기억한다면, 그 수드라들에게는 오랜 세월 이익과 행복이 있을 것이다.

디가여, 신을 포함하고 마라를 포함하고 범천을 포함한 세상과 사문・바라문들을 포함하고 신과 사람을 포함한 무리들이 이 세 명의 선남자들을 청정한 마음으로 기억한다면, 신을 포함하고 마라를 포함하고 범천을 포함한 세상과 사문・바라문들을 포함하고 신과 사람을 포함한 무리들에게는 오랜 세월 이익과 행복이 있을 것이다. 디가여, 많은 사람들의 이익과 행복을 위해, 이 세상에 대한 연민으로, 신들과 인간들의 이상과 이익과 행복을 위해 수행하는 저 세 명의 선남자들을 보라."

세존께서는 이와 같이 설하셨다. 디가 빠라자나 약카는 흡족한 마음으로 세존의 말씀을 크게 기뻐하였다.

고싱가살라 짧은 경(M31)이 끝났다.

고싱가살라 긴 경

Mahā-gosiṅgasāla Sutta(M32)

1. 이와 같이 나는 들었다. [212] 한때 세존께서는 널리 알려진 많은 장로 제자들과 함께 즉 사리뿟따 존자, 마하목갈라나 존자, 마하깟사빠 존자, 아누룻다 존자, 레와따 존자, 아난다 존자와 그 외 잘 알려진 여러 장로 제자들과 함께 고싱가살라 숲의 동산에 머무셨다.

2. 그때 마하목갈라나 존자[25]가 해거름에 [낮 동안의] 홀로 앉음에서 일어나[26] 마하깟사빠 존자[27]를 만나러 갔다. 가서는 마하깟

25) 마하목갈라나 존자(āyasmā Mahā-Moggallān)는 라자가하의 꼴리따 마을(Kolitagāma)의 바라문 가문에서 태어났으며 마을 이름을 따서 꼴리따라 불리었다. 어머니의 이름이 목갈리(Moggalī 혹은 Moggalinī)였기 때문에 목갈라나로 불리게 되었다. 어릴 적부터 사리뿟따와 절친한 친구였으며 같이 산자야 문하에서 수학하다가 사리뿟따 존자와 함께 부처님의 제자가 되었다. 사리뿟따 존자와 함께 부처님의 두 상수제자(agga sāvaka-yuga)로 불린다. 북방에서 마하목갈라나 존자는 신통제일이라 불린다.

26) "'홀로 앉음(paṭisallānā)에서 일어났다.'는 것은 과의 증득의 한거(phala-samāpatti-viveka)에서 깨어났다는 말이다."(MA.ii.248)

27) 마하깟사빠(āyasmā Mahā-Kassapa) 존자는 마가다의 마하띳타(Mahā-tittha)에서 바라문으로 태어났으며 이름은 삡빨리(Pippali)였다. 그는 일찍 결혼하였으나 아내인 밧다(Bhaddā)와 논의하여 둘 다 출가하였다.(『앙굿

사빠 존자에게 이렇게 말했다.

"도반 깟사빠여, 사리뿟따 존자[28]에게 법문을 들으러 갑시다."

"좋습니다, 도반이여."라고 마하깟사빠 존자는 마하목갈라나 존자에게 대답했다. 그러자 마하목갈라나 존자와 마하깟사빠 존자와 아누룻다 존자[29]는 사리뿟따 존자에게 법문을 들으러 갔다.

3. 아난다 존자[30]는 마하목갈라나 존자와 마하깟사빠 존자와

따라 니까야』「하나의 모음」 A1:14:5-10의 밧다 까삘라니 주해 참조) 『상윳따 니까야』「깟사빠 상윳따」(S16)의 여러 경들은 그의 출중한 경지를 잘 드러내어 주고 있으며 부처님이 반열반하신 후 교단을 이끌었던 분이다. 북방에서 마하깟사빠 존자는 두타제일로 꼽힌다.
『디가 니까야 주석서』의 「서문」 §39에 의하면 1차결집에서 『상윳따 니까야』는 마하깟사빠 존자의 제자들에게 부촉해서 전승하도록 하였다 한다. (『디가 니까야』 제3권 564쪽 참조)

28) 사리뿟따 존자(āyasmā Sāriputta)에 대해서는 본서 제1권 「법의 상속자 경」(M3) §4의 주해를 참조할 것. 1차결집에서 『맛지마 니까야』는사리뿟따 존자의 제자들에게 부촉해서 전승하도록 하였다 한다.(『디가 니까야』 제3권 564쪽 참조)

29) 아누룻다 존자(āyasmā Anuruddha)는 부처님의 사촌이고 사꺄의 아미또다나(Amitodāna)의 아들이다. 성도 후에 까삘라왓투를 방문하신 부처님을 따라서 사꺄의 아누삐야(Anupiya)에서 밧디야(Bhaddiya), 아난다(Ananda), 바구(Bhagu), 낌빌라(Kimbila), 데와닷따(Devadatta) 같은 왕자와 이발사 우빨리(Upāli)를 비롯한 많은 사꺄의 청년들과 함께 출가하였다. (Vin.ii.180; AA.i.108; DhpA.i.133; iv.127)
존자는 『앙굿따라 니까야』「하나의 모음」(A1:14:1-5)에서 천안을 가진 자들 가운데 제일이라고 언급되듯이 우리에게 천안제일로 알려진 분이다. 그는 부처님께 대한 한없는 신뢰를 가진 분이었으며 부처님 입멸 후 마하깟사빠 존자가 당도할 때까지 승가를 통솔하였다.
1차결집에서 『앙굿따라 니까야』는 아누룻다 존자의 제자들에게 부촉해서 전승하도록 하였다 한다.(『디가 니까야』 제3권 564~565쪽 참조)

30) 아난다 존자(āyasmā Ananda)는 부처님의 사촌 동생이고, 부처님의 후반부 25년 동안 시자로 있으면서 부처님의 가르침을 가장 많이 듣고 외운 분이며, 경의 결집에서 경을 암송하는 역할을 맡아서 불법의 체계화에 지대한 역할을 한 분으로 잘 알려져 있다. 그래서 북방에서는 아난다 존자를 다문제일

아누룻다 존자가 사리뿟따 존자에게 법문을 들으러 가는 것을 보았다. 보고는 레와따 존자[31]를 찾아갔다. 레와따 존자를 찾아가서는 이렇게 말했다.

"도반 레와따여, 저 훌륭한 분들이 사리뿟따 존자에게 법문을 들으러 갑니다. 도반 레와따여, 우리도 사리뿟따 존자께 법문을 들으러 갑시다."

"그럽시다, 도반이여."라고 레와따 존자는 아난다 존자에게 대답했다. 그러자 레와따 존자와 아난다 존자는 사리뿟따 존자에게 법문을 들으러 갔다.

4. 사리뿟따 존자는 레와따 존자와 아난다 존자가 멀리서 오는 것을 보았다. 오는 것을 보고는 아난다 존자에게 이렇게 말했다.

"세존의 시자이시며 항상 세존의 곁에 임석해있는 아난다 존자는

로 간주하여 10대 제자에 포함시키고 있다.
1차결집에서 『디가 니까야』는 아난다 존자의 제자들에게 부촉해서 전승하도록 하였다 한다.(『디가 니까야』 제3권 564쪽 참조)

31) 레와따 존자(āyasmā Revata)는 카디라와니야 레와따(Khadiravaniya Revata)와 깡카 레와따(Kaṅkhā-Revata)의 두 명의 존자가 있다. 그중에서 카디라와니야 레와따는 법의 총사령관인 사리뿟따 존자의 막내 동생인데 여기서는 이 존자를 말하는 것이 아니라 깡카 레와따를 말하는 것이다.
깡카레와따(Kaṅkhā-Revata) 존자는 사왓티의 아주 부유한 집안 출신이었다. 그는 출가하여 禪의 증득(jhāna-samāpatti)을 통해서 십력(十力, dasa-bala, M12와 『청정도론』 XII.76 주해 참조)을 갖춘 아라한이 되었다고 한다. 그래서 세존께서는 그를 禪을 얻은 자(jhāyī)들 가운데 으뜸이라고 칭찬하시는 것이다. 그는 아라한이 되기 전에 [율장에서] 무엇이 허용되고 무엇은 허용되지 않았는가를 두고 고심을 많이 하였다고 한다. 그래서 주석서는 이렇게 적고 있다.
"후회하는 성품을 지녔기 때문에 깡카 레와따(Kaṅkhā-Revata)라고 부른다. 여기서 깡카(kaṅkhā)는 후회를 말하고 후회하는 자란 뜻이다. 물론 다른 사람들도 후회를 하지만 이 장로는 옳은 일에조차도 후회를 하였다. 이 장로의 후회하는 성품이 너무 잘 알려져 있기 때문에 깡카 레와따라고 불리게 되었다."(AA.i.230)

어서 오십시오. 아난다 존자는 잘 오셨습니다. 도반 아난다여, 고싱가살라 숲은 아름답습니다.[32] 밤이면 달빛이 밝고[33] 살라 꽃이 만개하여 마치 천상의 향기가 두루 퍼져있는 것 같습니다. 도반 아난다여, 어떤 비구가 이 고싱가살라 숲을 빛나게 합니까?"

"도반 [213] 사리뿟따여, 여기 비구가 있어 많이 배우고[多聞] 배운 것을 바르게 호지하고 배운 것을 잘 정리합니다. 그는 시작도 훌륭하고 중간도 훌륭하고 끝도 훌륭하며 의미와 표현을 구족했고 더할 나위 없이 완벽하고 지극히 청정한 법을 설하고, 범행(梵行)을 드러내나니, 그는 그러한 가르침들을 많이 배우고 호지하고 말로써 친숙해지고 마음으로 숙고하고 견해로써 잘 꿰뚫습니다. 그는 잠재성향[34]을 뿌리 뽑기 위해 사부대중[35]에게 잘 장엄된 언구와 표현을 두루

---

32) "'아름다움(ramaṇīya)'에는 두 가지 아름다움이 있다. 숲의 아름다움(vana-rāmaṇeyyaka)과 사람의 아름다움(puggala-rāmaṇeyyaka)이다. 숲의 아름다움이란 코끼리와 향나무와 살라와 짬빠까 꽃 등이 가득하고, 그늘이 짙고 온갖 꽃과 과일이 있고, 여러 종류의 나무와 물이 있고, 마을에서 떨어져 있는 것을 말한다. 그러나 숲이 비록 불모의 땅이고 물이 없고 그늘이 없고 가시로 가득 차있더라도 그곳에 부처님 등 성인들이 머문다면 이것은 사람의 아름다움이다."(MA.ii.250)

33) '달빛이 밝고'는 dosinā(Sk. jyotsnā)를 옮긴 것인데, 주석서에서 "dosinā는 dosāpagatā(티가 없다)는 말로써 구름, 안개, 연기, 먼지, 월식(abbha mahikā dhūma rajo rāhu)의 다섯 가지 오점(pañca upakkilesā)이 없는 것을 말한다."(MA.ii.250)라고 설명하고 있다. dosinā의 산스끄리뜨에 해당하는 jyotsnā가 일반적으로 달빛(*moonlight*)을 뜻하기 때문에 이렇게 옮겼다.

34) '잠재성향(anusaya)'은 일곱 가지 잠재성향으로 정리되는데 본서 제1권 「꿀 덩어리 경」(M18) §8과 『디가 니까야』 제3권 「합송경」(D33) §2.3 (12)에도 나타난다. 잠재성향에 대해서는 『아비담마 길라잡이』 제7장 §9의 [해설]을 참조할 것. 16 5.16

35) '사부대중(catu-parisā)'은 비구, 비구니, 청신사(upāsaka, 남자 신도), 청신녀(upāsikā, 여자 신도)를 말한다.

갖추어서 법을 설합니다.[36] 도반 사리뿟따여, 이런 비구가 고싱가살라 숲을 빛나게 합니다."

5. 이렇게 말했을 때 사리뿟따 존자는 레와따 존자에게 이렇게 말했다.

"도반 레와따여, 아난다 존자가 자신의 영감을 표현했습니다. 도반 레와따여, 이제 우리는 레와따 존자에게 묻겠습니다. 도반 레와따여, 고싱가살라 숲은 아름답습니다. 밤이면 달빛이 밝고 살라 꽃이 만개하여 마치 천상의 향기가 두루 퍼져있는 것 같습니다. 도반 레와따여, 어떤 비구가 이 고싱가살라 숲을 빛나게 합니까?"

"도반 사리뿟따여, 여기 비구가 혼자 머묾[獨居]을 즐깁니다. 혼자 머묾을 기뻐하여 안으로 마음의 고요함[止]에 몰두하고 禪을 경원시하지 않으며 위빳사나[觀]를 구족하여[37] 빈집에 머물기를 즐깁니다. 도반 사리뿟따여, 이런 비구가 고싱가살라 숲을 빛나게 합니다."

6. 이렇게 말했을 때 사리뿟따 존자는 아누룻다 존자에게 이렇게 말했다.

"도반 아누룻다여, 레와따 존자가 자신의 영감을 표현했습니다. 도반 아누룻다여, 이제 우리는 아누룻다 존자에게 묻겠습니다. 도반 아

---

36) 세존께서는 『앙굿따라 니까야』 제1권 「으뜸 품」(Etadagga-vagga, A1:14)에서 "비구들이여, 많이 들은[多聞] 나의 비구 제자들 가운데서 아난다가 으뜸이다."(A1:14:4-1)라고 하셨다. 그리고 『디가 니까야』 제2권 「대반열반경」(D16) §5.16에서 세존께서는 아난다 존자가 갖춘 네 가지 놀라운 법들(cattāro acchariyā abbhutā dhammā)을 들고 계신다.

37) "안으로 마음의 고요함[止]에 몰두하고 禪을 경원시하지 않으며 위빳사나[觀]를 구족하여(ajjhattaṁ cetosamathamanuyutto anirākatajjhāno, vipassanāya samannāgato)"에 대해서는 본서 제1권 「원한다면 경」(M6) §3의 주해들을 참조할 것.

누룻다여, 고싱가살라 숲은 아름답습니다. 밤이면 달빛이 밝고 살라 꽃이 만개하여 마치 천상의 향기가 두루 퍼져있는 것 같습니다. 도반 아누룻다여, 어떤 비구가 이 고싱가살라 숲을 빛나게 합니까?"

"도반 사리뿟따여, 여기 비구는 인간의 능력을 넘어선 청정한 하늘 눈으로 1,000의 세계를 봅니다. 마치 눈을 가진 자가 궁궐의 누각에 올라가서 1,000개의 수레바퀴를 보듯이 그와 같이 비구는 인간의 능력을 넘어선 청정한 하늘 눈으로 1,000의 세계를 봅니다. 도반 사리뿟따여, 이런 비구가 고싱가살라 숲을 빛나게 합니다."

7. 이렇게 말했을 때 사리뿟따 존자는 마하깟사빠 존자에게 이렇게 말했다.

"도반 깟사빠여, 아누룻다 존자가 자신의 영감을 표현했습니다. 도반 깟사빠여, 이제 우리는 마하깟사빠 존자에게 묻겠습니다. 도반 깟사빠여, 고싱가살라 숲은 아름답습니다. 밤이면 달빛이 밝고 살라 꽃이 만개하여 마치 천상의 향기가 두루 퍼져있는 것 같습니다. 도반 깟사빠여, 어떤 [214] 비구가 이 고싱가살라 숲을 빛나게 합니까?"

"도반 사리뿟따여, 여기 비구는 스스로 숲 속에서 살고 또 숲 속에서 사는 것을 찬탄하며, 스스로 탁발음식만을 수용하고 또 탁발음식만 수용하는 것을 찬탄하며, 스스로 분소의를 입고 또 분소의 입는 것을 찬탄하며, 스스로 세벌 옷[三衣]만 지니고 또 세벌 옷만 지니는 것을 찬탄하며, 스스로 소욕하고 소욕을 찬탄하며, 스스로 지족하고 지족을 찬탄하며, 스스로 한거하고 한거하는 것을 찬탄하며, 스스로 교제하지 않고 교제하지 않는 것을 찬탄하며, 스스로 정진을 시작하고 정진을 시작하는 것을 찬탄하며,[38] 스스로 계(戒)를 구족하고 계

38) 이것이 마하깟사빠 존자의 사자후이다. 첫 번째 네 가지는 그가 실천하는 두타행을 서술하고 있고, 뒤의 다섯 가지는 두타행을 실천하여 생긴 덕목을 들

의 구족을 찬탄하며, 스스로 삼매[定]를 구족하고 삼매의 구족을 찬탄하며, 스스로 통찰지[慧]를 구족하고 통찰지의 구족을 찬탄하며, 스스로 해탈을 구족하고 해탈의 구족을 찬탄하고, 스스로 해탈지견을 구족하고 해탈지견의 구족을 찬탄합니다.[39] 도반 사리뿟따여, 이런 비구가 고싱가살라 숲을 빛나게 합니다."

8. 이렇게 말했을 때 사리뿟따 존자는 마하목갈라나 존자에게 이렇게 말했다.

"도반 목갈라나여, 마하깟사빠 존자가 자신의 영감을 표현했습니다. 도반 목갈라나여, 이제 우리는 마하목갈라나 존자에게 묻겠습니다. 도반 목갈라나여, 고싱가살라 숲은 아름답습니다. 밤이면 달빛이 밝고 살라 꽃이 만개하여 마치 천상의 향기가 두루 퍼져있는 것 같습니다. 도반 목갈라나여, 어떤 비구가 이 고싱가살라 숲을 빛나게 합니까?"

"도반 사리뿟따여, 여기 두 비구가 있어 아비담마에 대해 논의[40]

고 있다. 『상윳따 니까야』 제2권 「늙음 경」(S16:5) §4에서도 마하깟사빠 존자는 이 9가지를 자기 스스로가 말하고 있다. 13가지 두타행에 대해서는 『청정도론』 제2장을 참조할 것.

그리고 『앙굿따라 니까야』 제1권 「하나의 모음」(A1) 「으뜸 품」(A1:14:1-4)에서 세존께서는 "두타행을 하는 자들 가운데서 마하깟사빠가 으뜸이다."라고 밝히고 계신다.

39) 계부터 해탈지견까지의 다섯은 다섯 가지 법의 무더기 즉 오법온(五法蘊, pañca dhamma-kkhanda)으로 불린다. 다섯 가지 법의 무더기(오법온)에 대해서는 『초기불교 이해』 제28장(434쪽과 441쪽 이하)과 『청정도론』 XXII.19 이하를 참조할 것.

40) '아비담마에 대한 논의'는 abhidhamma-kathā(더 높은 법에 대한 논의)를 옮긴 것이다. 주석서는, 아비담마에 대한 논의를 하는 자(ābhidhammika-dhamma-kathika)에게는 미세한(sukhuma) 여러 가지 마음(cittantara), 여러 가지 무더기[蘊], 여러 가지 요소[界, dhātu], 여러 가지 감각장소[處], 禪을 극복함(jhān-okkantika), 대상을 극복함(ārammaṇ-okkantika), 구

를 하는데 그들은 서로에게 질문을 하고 각자 받은 질문에 대답하며 그칠 줄을 모르고 그들의 대화는 법에 근거하여 계속됩니다. 도반 사리뿟따여, 이런 비구가 고싱가살라 숲을 빛나게 합니다."

9. 그러자 마하목갈라나 존자가 사리뿟따 존자에게 이렇게 말

성요소의 결정(aṅga-vavatthāna), 대상의 결정(ārammaṇa-vavatthāna), 구성요소의 변이(aṅga-saṅkanti), 대상의 변이(ārammaṇa-saṅkanti), 한쪽에서 확장함(ekato-vaḍḍhana), 양쪽에서 확장함(ubhato-vaḍḍhana)이 분명하게 된다(pākaṭa)고 설명하고 있다.(MA.ii.256)
계속해서 주석서는 말한다.
"아비담마의 법을 논하지 않는 자(anābhidhammika)는 법을 말할 때 그것이 자기의 교리(saka-vāda)인지 다른 사람의 교리(para-vāda)인지 알지 못하여 자기의 교리를 설하리라고 하면서 다른 이의 교리를 설하고, 다른 이의 교리를 설하리라고 하면서 자기의 교리를 설하여 각각의 교리에 대해 거짓을 말한다. 아비담마의 법을 논하는 자(ābhidhammika)는 자기의 교리의 확실성에 의해 자기의 교리를 설하고, 다른 이의 교리의 확실성에 의해 다른 이의 교리를 설하여 각각의 교리에 거짓을 말하지 않는다.
그러므로 목갈라나 존자에게 이런 생각이 들었다. '동료 수행자가 아비담마의 법을 설하는 자가 되어서야 미세한 경우들(sukhumā ṭhānā)에 대해 지혜를 얻고 위빳사나를 증장하여 출세간법을 실현할 수 있다.'라고. 그러므로 이와 같이 설한 것이다."(MA.ii.256)
본경에 나타나는 이 '아비담마(abhidhamma)'라는 술어는 『논장』 즉 아비담마(Abhidhamma)가 부처님과 그 직계제자들로부터 비롯되었다는 경전적 근거가 된다 할 수 있다. 『논장』 칠론(七論) 가운데 첫 번째 가르침인 『담마상가니』(Dhs)의 주석서 『앗타살리니』(DhsA)는 「서문」(Nidāna-kathā)에서 아비담마가 부처님이 직접 설하신 것(abhidhammo Buddha-bhāsito)이라는 것을 강조하면서 몇 가지 출처를 밝히고 있는데 이러한 출처들 가운데 하나로 본경의 이 문단을 인용하고 있다.(DhsA.29) 본경 §8에 나타나는 목갈라나 존자의 말은 아래 §15에서 세존의 인정을 받는데 『앗타살리니』는 이것을 예로 들면서 아비담마는 부처님이 직접 설하신 것이라고 강조한다.(*Ibid.*)
여러 부파의 아비담마/아비달마 체계를 비교 연구한 후미나로 와타나베(Fuminaro Watanabe) 교수도 아비담마는 니까야에 나타난 토론형식이 직접적으로 발전한 것이라고 결론짓는 것처럼 아비담마 혹은 『논장』의 가르침은 니까야에 튼튼한 뿌리를 두고 있다 하겠다.(Philosophy and its Development in the Nikāyas and Abhidhamma, pp.34-36 참조)

했다.

"도반 사리뿟따여, 우리 모두가 이렇게 자신의 영감을 표현했습니다. 도반 사리뿟따여, 이제 우리는 사리뿟따 존자에게 묻겠습니다. 도반 사리뿟따여, 고싱가살라 숲은 아름답습니다. 밤이면 달빛이 밝고 살라 꽃이 만개하여 마치 천상의 향기가 두루 퍼져있는 것 같습니다. 도반 사리뿟따여, 어떤 비구가 이 고싱가살라 숲을 빛나게 합니까?"

"도반 목갈라나여, 여기 비구는 마음을 지배할 뿐 마음의 지배를 받지 않습니다. 오전에 어떤 증득에 머물기를 원하면 오전에 [215] 그 증득에 머물고, 한낮에 어떤 증득에 머물기를 원하면 한낮에 그 증득에 머물고, 해거름에 어떤 증득에 머물기를 원하면 해거름에 그 증득에 머뭅니다.

도반 목갈라나여, 예를 들면 왕이나 왕의 대신에게 여러 가지 색깔의 옷이 가득 찬 옷장이 있어서 그가 오전에 어떤 옷 한 벌을 입기를 원하면 오전에 그 옷을 입고, 한낮에 어떤 옷 한 벌을 입기를 원하면 한낮에 그 옷을 입고, 해거름에 어떤 옷 한 벌을 입기를 원하면 해거름에 그 옷을 입는 것과 같습니다.

도반 목갈라나여, 그와 같이 비구는 마음을 지배할 뿐 마음의 지배를 받지 않습니다. 오전에 어떤 증득에 머물기를 원하면 오전에 그 증득에 머물고, 한낮에 어떤 증득에 머물기를 원하면 한낮에 그 증득에 머물고, 해거름에 어떤 증득에 머물기를 원하면 해거름에 그 증득에 머뭅니다. 도반 목갈라나여, 이런 비구가 고싱가살라 숲을 빛나게 합니다."

10. 그때 사리뿟따 존자는 그 존자들에게 이렇게 말했다.

"도반들이여, 우리 모두는 자신의 영감을 표현했습니다. 도반들이여, 오십시오. 이제 세존을 뵈러 갑시다. 가서 세존께 이 뜻을 말씀드리고 세존께서 우리에게 설명해주시는 그대로 우리는 호지합시다."

"그렇게 합시다, 도반이여."라고 그 존자들은 사리뿟따 존자에게 대답했다. 그 존자들은 세존을 뵈러 갔다. 가서는 세존께 절을 올리고 한 곁에 앉았다. 한 곁에 앉아서 사리뿟따 존자는 세존께 이렇게 말씀드렸다.

11. "세존이시여, 여기 레와따 존자와 아난다 존자는 제게 법문을 들으러 왔습니다. 저는 레와따 존자와 아난다 존자가 멀리서 오는 것을 보았습니다. 오는 것을 [216] 보고 아난다 존자에게 이렇게 말했습니다.

'세존의 시자이시며 항상 세존의 곁에 임석해 있는 아난다 존자는 어서 오십시오. 아난다 존자는 잘 오셨습니다. 도반 아난다여, 고싱가살라 숲은 아름답습니다. 밤이면 달빛이 밝고 살라 꽃이 만개하여 마치 천상의 향기가 두루 퍼져있는 것 같습니다. 도반 아난다여, 어떤 비구가 이 고싱가살라 숲을 빛나게 합니까?'

세존이시여, 이렇게 묻자 아난다 존자는 제게 이렇게 말했습니다.

'도반 사리뿟따여, 여기 비구가 있어 많이 배우고[多聞] 배운 것을 바르게 호지하고 배운 것을 잘 정리합니다. 그는 시작도 훌륭하고 중간도 훌륭하고 끝도 훌륭하며 의미와 표현을 구족했고 더할 나위 없이 완벽하고 지극히 청정한 법을 설하고, 범행(梵行)을 드러내나니, 그는 그러한 가르침들을 많이 배우고 호지하고 말로써 친숙해지고 마음으로 숙고하고 견해로써 잘 꿰뚫습니다. 그는 잠재성향을 뿌리뽑기 위해 사부대중에게 잘 장엄된 언구와 표현을 두루 갖추어서 법을 설합니다. 도반 사리뿟따여, 이런 비구가 고싱가살라 숲을 빛나게 합니다.'"

"장하구나. 장하구나, 사리뿟따여. 아난다가 그것을 바르게 설명하면서 그가 했던 대로 말했을 것이다. 왜냐하면 사리뿟따여, 아난다는 참으로 많이 배우고[多聞] 배운 것을 바르게 호지하고 배운 것을 잘 정리하기 때문이다. 그리고 그는 시작도 훌륭하고 중간도 훌륭하고 끝도 훌륭하며 의미와 표현을 구족했고 더할 나위 없이 완벽하고 지극히 청정한 법을 설하고, 범행(梵行)을 드러내나니, 그는 그러한 가르침들을 많이 배우고 호지하고 말로써 친숙해지고 마음으로 숙고하고 견해로써 잘 꿰뚫으며, 잠재성향을 뿌리 뽑기 위해 사부대중에게 잘 장엄된 언구와 표현을 두루 갖추어서 법을 설하기 때문이다."

12. "세존이시여, 이렇게 말했을 때 저는 레와따 존자에게 이렇게 말했습니다.

'도반 레와따여, 아난다 존자가 자신의 영감을 표현했습니다. 도반 레와따여, 이제 우리는 레와따 존자에게 묻겠습니다. 도반 레와따여, 고싱가살라 숲은 아름답습니다. 밤이면 달빛이 밝고 살라 꽃이 만개하여 마치 천상의 향기가 두루 퍼져있는 것 같습니다. 도반 레와따여, 어떤 비구가 이 고싱가살라 숲을 빛나게 합니까?'

세존이시여, 이렇게 묻자 레와따 존자는 제게 이렇게 말했습니다.

'도반 사리뿟따여, 여기 비구가 혼자 머묾[獨居]을 즐깁니다. 혼자 머묾을 기뻐하여 안으로 마음의 고요함[止]에 몰두하고 禪을 경원시하지 않으며 위빳사나[觀]를 구족하여 빈집에 머물기를 즐깁니다. 도반 사리뿟따여, 이런 비구가 고싱가살라 숲을 빛나게 합니다.'"

"장하구나. 장하구나, 사리뿟따여. 레와따가 그것을 바르게 설명하면서 그가 했던 대로 말했을 것이다. 왜냐하면 사리뿟따여, 레와따는 참으로 혼자 머묾[獨居]을 즐겨하기 때문이다. 그는 혼자 머묾을 기뻐하여 안으로 마음의 고요함[止]에 몰두하고 禪을 경원시하지 않으며 위빳사나[觀]를 구족하여 빈집에 머물기를 즐겨하는 자이기 때문이다."

13. "세존이시여, [217] 이렇게 말했을 때 저는 아누룻다 존자에게 이렇게 말했습니다.

'도반 아누룻다여, 레와따 존자가 자신의 영감을 표현했습니다. 도반 아누룻다여, 이제 우리는 아누룻다 존자에게 묻겠습니다. 도반 아누룻다여, 고싱가살라 숲은 아름답습니다. … 빛나게 합니까?'

세존이시여, 이렇게 묻자 아누룻다 존자는 제게 이렇게 말했습니다.

'도반 사리뿟따여, 여기 비구는 인간의 능력을 넘어선 청정한 하늘 눈으로 1,000의 세상[41]을 봅니다. 마치 눈을 가진 자가 궁궐의 누각

---

41) 여기서 '1000의 세상'은 sahassa lokā를 옮긴 것이다. 이것은 『상윳따 니까야』 제1권 「아루나와띠 경」(S6:14) §7에서 '1000의 세계(sahassi-loka-dhātu)'로 나타난다. 이것은 다시 『앙굿따라 니까야』 제1권 「아비부 경」(A3:80) §1에서 아난다 존자가 인용하여 언급하고 있다. 그런데 「아비부 경」(A3:80)은 니까야에서 삼천대천세계를 설명하는 유일한 경이라 할 수 있다.

『앙굿따라 니까야』 제1권 「아비부 경」(A3:80)에 의하면 이 세상은 다음과 같이 분류되고 있다.

① 1000의 달과 1000의 태양과 1000의 산의 왕인 수미산과 1000의 잠부디빠와 1000의 아빠라고야나와 1000의 웃따라꾸루와 1000의 뿝바위데하와 4000의 큰 바다와 1000의 사대왕천과 1000의 삼십삼천과 1000의 야마천과 1000의 도솔천과 1000의 자재천과 1000의 타화자재천과 1000의 범천을 '1000의 작은 세계[小千世界, sahassī cūḷanikā lokadhātu]'라 부른다.

② 다시 소천세계의 1000배가 되는 세계를 일러 '1000을 제곱한 중간 세계[中千世界, dvisahassī majjhimikā lokadhātu, 즉 백만의 세계(dasasata-sahassa-cakkavāḷa — AAṬ.ii.168)]'라 한다.

③ 그리고 중천세계의 1000배가 되는 세계를 일러 '1000을 세제곱한 큰 1000의 세계[三千大千世界, tisahassī mahāsahassīlokadhātu, 즉 10억]'라 한다.

즉 하나의 세계는 지옥·축생·아귀·인간·아수라를 포함하여 욕계 천상과 색계·무색계 천상(범천)으로 구성되어 있으며, 이러한 세계가 10억 개가 모이면 이것을 삼천대천세계라 부른다는 것이다. 이처럼 삼천대천세계라

에 올라가서 1,000개의 수레바퀴를 보듯이 그와 같이 비구는 인간의 능력을 넘어선 청정한 하늘 눈으로 1,000의 세상을 봅니다. 도반 사리뿟따여, 이런 비구가 고싱가살라 숲을 빛나게 합니다.'"

"장하구나. 장하구나, 사리뿟따여. 아누룻다가 그것을 바르게 설명하면서 그가 했던 대로 말했을 것이다. 왜냐하면 사리뿟따여, 아누룻다는 참으로 인간의 능력을 넘어선 청정한 하늘 눈으로 1,000의 세상을 보기 때문이다."

14. "세존이시여, 이렇게 말했을 때 저는 마하깟사빠 존자에게 이렇게 말했습니다.

'도반 깟사빠여, 아누룻다 존자가 자신의 영감을 표현했습니다. 도반 깟사빠여, 이제 우리는 마하깟사빠 존자에게 묻겠습니다. 도반 깟사빠여, 고싱가살라 숲은 아름답습니다. … 빛나게 합니까?'

세존이시여, 이렇게 묻자 마하깟사빠 존자는 제게 이렇게 말했습니다.

'도반 사리뿟따여, 여기 비구는 스스로 숲 속에서 살고 또 숲 속에서 사는 것을 찬탄하며, 스스로 탁발음식만을 수용하고 또 탁발음식만 수용하는 것을 찬탄하며, 스스로 분소의를 입고 또 분소의 입는 것을 찬탄하며, 스스로 세벌 옷[三衣]만 지니고 또 세벌 옷만 지니는 것을 찬탄하며, 스스로 소욕하고 소욕을 찬탄하며, 스스로 지족하고 지족을 찬탄하며, 스스로 한거하고 한거하는 것을 찬탄하며, 스스로 교제하지 않고 교제하지 않는 것을 찬탄하며, 스스로 정진을 시작하고 정진을 시작하는 것을 찬탄하며, 스스로 계(戒)를 구족하고 계의 구족을 찬탄하며, 스스로 삼매[定]를 구족하고 삼매의 구족을 찬탄하

는 불교의 우주관은 초기불전에서부터 나타나고 있다 하겠다.

며, 스스로 통찰지[慧]를 구족하고 통찰지의 구족을 찬탄하며, 스스로 해탈을 구족하고 해탈의 구족을 찬탄하고, 스스로 해탈지견을 구족하고 해탈지견의 구족을 찬탄합니다. 도반 사리뿟따여, 이런 비구가 고싱가살라 숲을 빛나게 합니다.'"

"장하구나. [218] 장하구나, 사리뿟따여. 마하깟사빠가 그것을 바르게 설명하면서 그가 했던 대로 말했을 것이다. 왜냐하면 사리뿟따여, 마하깟사빠는 참으로 스스로 숲 속에서 살고 또 숲 속에서 사는 것을 찬탄하며 … 스스로 해탈지견을 구족하고 해탈지견의 구족을 찬탄하기 때문이다."

15. "세존이시여, 이렇게 말했을 때 저는 마하목갈라나 존자에게 이렇게 말했습니다.

'도반 목갈라나여, 마하깟사빠 존자가 자신의 영감을 표현했습니다. 도반 목갈라나여, 이제 우리는 마하목갈라나 존자에게 묻겠습니다. 도반 목갈라나여, 고싱가살라 숲은 아름답습니다. … 빛나게 합니까?'

세존이시여, 이렇게 묻자 마하목갈라나 존자는 제게 이렇게 말했습니다.

'도반 사리뿟따여, 여기 두 비구가 있어 아비담마에 대해 논의를 하는데 그들은 서로에게 질문을 하고 각자 받은 질문에 대답하며 그칠 줄을 모르고 그들의 대화는 법에 근거하여 계속됩니다. 도반 사리뿟따여, 이런 비구가 고싱가살라 숲을 빛나게 합니다.'"

"장하구나. 장하구나, 사리뿟따여. 마하목갈라나가 그것을 바르게 설명하면서 그가 했던 대로 말했을 것이다. 왜냐하면 사리뿟따여, 마하목갈라나는 참으로 법에 대한 이야기를 잘하기 때문이다."

16. 이렇게 말했을 때 마하목갈라나 존자가 세존께 이렇게 말씀드렸다.

"세존이시여, 그러자 제가 사리뿟따 존자에게 이렇게 말했습니다.

'도반 사리뿟따여, 우리 모두가 이렇게 자신의 영감을 표현했습니다. 도반 사리뿟따여, 이제 우리는 사리뿟따 존자에게 묻겠습니다. 도반 사리뿟따여, 고싱가살라 숲은 아름답습니다. … 빛나게 합니까?'

세존이시여, 이렇게 묻자 사리뿟따 존자는 제게 이렇게 말했습니다.

'도반 목갈라나여, 여기 비구는 마음을 지배할 뿐 마음의 지배를 받지 않습니다. 오전에 어떤 증득에 머물기를 원하면 오전에 그 증득에 머물고, 한낮에 어떤 증득에 머물기를 원하면 한낮에 그 증득에 머물고, 해거름에 어떤 증득에 머물기를 원하면 해거름에 그 증득에 머뭅니다.

도반 목갈라나여, 예를 들면 왕이나 왕의 대신에게 여러 가지 색깔의 옷이 가득 찬 옷장이 있어서 그가 오전에 [219] 어떤 옷 한 벌을 입기를 원하면 오전에 그 옷을 입고, 한낮에 어떤 옷 한 벌을 입기를 원하면 한낮에 그 옷을 입고, 해거름에 어떤 옷 한 벌을 입기를 원하면 해거름에 그 옷을 입는 것과 같습니다.

도반 목갈라나여, 그와 같이 비구는 마음을 지배할 뿐 마음의 지배를 받지 않습니다. 오전에 어떤 증득에 머물기를 원하면 오전에 그 증득에 머물고, 한낮에 어떤 증득에 머물기를 원하면 한낮에 그 증득에 머물고, 해거름에 어떤 증득에 머물기를 원하면 해거름에 그 증득에 머뭅니다. 도반 목갈라나여, 이런 비구가 고싱가살라 숲을 빛나게 합니다.'"

"장하구나. 장하구나, 목갈라나여. 사리뿟따가 그것을 바르게 설명하면서 그가 했던 대로 말했을 것이다. 왜냐하면 목갈라나여, 사리뿟따는 참으로 마음을 지배할 뿐 마음의 지배를 받지 않고, 오전에 어떤 증득에 머물기를 원하면 오전에 그 증득에 머물고, 한낮에 어떤 증득에 머물기를 원하면 한낮에 그 증득에 머물고, 해거름에 어떤 증득에 머물기를 원하면 해거름에 그 증득에 머물기 때문이다."

17. 이렇게 말씀하시자 사리뿟따 존자는 세존께 이렇게 말씀드렸다.

"세존이시여, 누가 가장 잘 말했습니까?"

"사리뿟따여, 그대들 모두가 다 각자의 방법에 따라 잘 말했다. 이제 어떤 비구가 고싱가살라 숲을 빛나게 하는지에 대한 나의 말을 들어라.

사리뿟따여, 여기 비구는 공양을 마치고 탁발에서 돌아와 가부좌를 틀고 상체를 곧추세우고 전면에 마음챙김을 확립하여42) 앉는다. 그는 '취착 없이 내 마음이 번뇌에서 해탈할 때까지 이 가부좌를 풀지 않으리라.'라고 결심한다. 사리뿟따여, 이런 비구가 고싱가살라 숲을 빛나게 한다."

세존께서는 이와 같이 설하셨다. 그 존자들은 흡족한 마음으로 세존의 말씀을 크게 기뻐했다.

고싱가살라 긴 경(M32)이 끝났다.

---

42) '전면에 마음챙김을 확립하여(parimukhaṁ satim upaṭṭhapetvā)'에 대해서는 본서 제1권 「코끼리 발자국 비유의 짧은 경」(M27 §18)의 주해를 참조할 것.

소치는 사람의 긴 경[43)]

Mahā-gopāla Sutta(M33)

1. 이와 같이 나는 들었다. [220] 한때 세존께서는 사왓티에서 제따 숲의 아나타삔디까 원림(급고독원)에 머무셨다. 거기서 세존께서는 "비구들이여."라고 비구들을 부르셨다. "세존이시여."라고 비구들은 세존께 응답했다. 세존께서는 이렇게 말씀하셨다.

2. "비구들이여, 열한 가지 특징을 갖춘 소치는 사람이 소떼를 돌보고 소떼를 불린다는 것은 있을 수 없다. 무엇이 열하나인가?

비구들이여, 여기 소치는 사람은 ① 물질을 알지 못한다.[44)] ② 특징에 능숙하지 못하다. ③ 진드기를 제거하지 않는다. ④ 상처를 잘 싸매지 않는다. ⑤ [외양간 안에 파리와 모기 등이 들끓을 때] 연기를 피우지 않는다. ⑥ 물 마시는 곳을 알지 못한다.[45)] ⑦ 마시는 물

---

43) 본경은 『앙굿따라 니까야』 제6권 「소치는 사람 경」(Gopāla-sutta, A11:18)과 똑같다. 그래서 여기서는 역자가 먼저 번역하여 출간한 『앙굿따라 니까야』의 「소치는 사람 경」(A11:18)을 거의 그대로 옮겨 실었음을 밝힌다.

44) "'물질을 알지 못한다(na rūpaññū hoti).'는 것은 자기의 소떼가 몇 마리인지 숫자를 헤아리거나 혹은 어떤 색깔을 가졌는지를 통해 그 물질을 알지 못한다는 말이다."(AA.v.87)

인지 [못 마시는 물인지] 알지 못한다. ⑧ [안전한] 길인지 [길이 아닌지] 알지 못한다. ⑨ 방목지에 능숙하지 못하다.[46] ⑩ 젖을 남김없이 다 짜버린다.[47] ⑪ 소들의 아버지요, 소들의 지도자인 황소를 특별히 공경하지 않는다.

비구들이여, 이러한 열한 가지 특징을 갖춘 소치는 사람이 소떼를 돌보고 소떼를 불린다는 것은 있을 수 없다."

3. "비구들이여, 그와 같이 열한 가지 특징을 갖춘 비구가 이 법과 율에서 향상하고 증장하고 충만하게 된다는 것은 있을 수 없다.

---

45) "'물 마시는 곳을 알지 못한다(na titthaṁ jānāti).'는 것은 물 마시는 곳이 평탄한지 아닌지, 악어가 있는지 없는지를 알지 못한다는 말이다. 그는 물 마시는 곳이 아닌 곳에 소떼들을 몰고 내려간다. 평탄하지 않은 곳에서는 돌부리에 걸려서 발이 부러지고, 악어가 살고 있는 깊은 곳에 소떼들을 몰고 내려갈 때에는 악어(kumbhīla) 등이 소들을 낚아챈다. 그리하여 그는 '오늘은 이만큼의 소가 죽었고, 오늘은 이만큼이다.'라고 말하는 처지에 놓이게 된다."(AA.v.89)

46) "'방목지에 능숙하지 못하다(na gocara-kusalo hoti).'는 것은 5일이나 7일이 지난 다음에 그곳으로 다시 풀을 뜯기러 가는 것을 알지 못한다는 말이다. 한 방향으로 소떼를 몰면, 다시 다음 날에는 그곳으로는 몰아서는 안된다. 큰 무리의 소떼가 지나간 곳은 마치 북의 표면처럼 깨끗하여 풀이 없고, 물도 역시 흐리다. 그러므로 5일이나 7일이 지난 다음에 다시 그곳으로 몰아야 한다. 이만큼이 지나야 풀도 다시 자라고, 물도 가라앉는다. 그러나 이 사람은 이것을 알지 못한다. 그리하여 날마다 안전한 장소(rakkhita-ṭṭhāna)에서만 보호한다. 따라서 소떼는 푸른 풀을 먹지 못하고 마른 풀만을 먹고, 흙탕물(kalala-missaka udaka)을 마시게 된다."(AA.v.91)

47) "'젖을 남김없이 다 짜버린다(anavasesa-dohī hoti).'는 것은 현명한 목동(gopālaka)은 젖먹이 송아지가 있으면 그들을 위해 한두 개의 젖꼭지는 남겨두고 젖을 짜야 한다. 그러나 이 사람은 송아지를 위해 조금도 남겨두지 않고 젖을 다 짜버린다. 젖먹이 송아지는 젖에 목말라 비실비실한다. 몸을 지탱할 수 없자 전율하면서 어미 소 앞에 쓰러져 죽는다. 어미는 새끼를 보고 '내 새끼가 젖을 얻지 못했다.'라고 생각하면서 새끼에 대한 슬픔 때문에 풀도 먹을 수가 없고 물도 마실 수가 없다. 그리하여 젖에서 우유가 말라버린다."(AA.v.91)

무엇이 열하나인가?

비구들이여, 여기 비구는 ① 물질을 알지 못한다.[48] ② 특징에 능숙하지 못하다. ③ 진드기를 제거하지 않는다. ④ 상처를 잘 싸매지 않는다. ⑤ 외양간에 연기를 피우지 않는다. ⑥ 물 마시는 곳을 알지 못한다. ⑦ 마시는 물을 알지 못한다. ⑧ 길을 알지 못한다. ⑨ 방목지에 능숙하지 못하다. ⑩ 젖을 남김없이 다 짜버린다. ⑪ 승가의 아

---

48) "'네 가지 근본물질(mahā-bhūta)과 네 가지 근본물질에서 파생된 물질(upādāya-rūpa)이 있다.'라고 설한 물질을, 숫자(gaṇana)를 통해서나 혹은 그것이 일어난 원인(samuṭṭhāna)을 통해 알지 못한다는 뜻이다.
숫자를 통해서 물질을 알지 못한다는 것은 '눈 · 귀 · 코 · 혀 · 몸 · 형색 · 소리 · 냄새 · 맛 · 감촉 · 여근 · 남근 · 명근 · 몸의 암시 · 말의 암시 · 공계(空界) · 수대(水大) · 물질의 가벼움 · 물질의 부드러움 · 물질의 적합함 · 물질의 생성 · 물질의 상속 · 물질의 쇠퇴 · 물질의 무상함 · 단식(段食, 물질로 된 음식)이 있다.'라고 삼장에서 전해오는 25가지 물질의 부분을 알지 못한다는 말이다. 마치 소치는 사람이 숫자를 헤아려서 소떼의 물질을 알지 못하듯이 이 비구도 그와 같다. 그가 물질을 알지 못하면서 물질을 파악하고 정신을 판별하여 물질-정신을 파악한 뒤 조건을 주시하여 특징을 드러낸 뒤 명상주제들의 정상에 오른다는 것은 불가능하다. 마치 그 소치는 사람의 소떼가 늘지 않는 것처럼, 그는 이 교법에서 계와 사마타와 위빳사나와 도와 과와 열반을 통해 향상하지 않는다. 마치 소치는 사람이 다섯 가지의 유제품(우유, 응유, 생 버터, 정제된 버터, 최상의 버터(醍醐)와 거리가 멀듯이, 이 비구도 무학의 계온과 무학의 정온과 무학의 혜온과 무학의 해탈온과 무학의 해탈지견온인 다섯 가지 법의 무더기(오법온)와 거리가 멀다.
'물질이 일어난 원인을 통해서 물질을 알지 못한다.'는 것은 이런 물질은 하나의 원인을 가졌고, 이런 물질은 두 개의 원인을 가졌고, 이런 물질은 세 개의 원인을 가졌고, 이런 물질은 네 개의 원인을 가졌고, 이런 물질은 원인을 갖지 않았다고 알지 못한다는 말이다."(AA.v.92~93)

상좌부 아비담마에서는 모두 28가지 물질을 들고 있는데 본경에 해당하는 주석서에는 지 · 화 · 풍 대신에 감촉을 넣었고 심장토대를 언급하지 않았다. 그러므로 감촉을 빼고 이 넷을 넣으면 아비담마에서 설하는 28가지 물질이 된다.(『아비담마 길라잡이』 6장 §2 이하를 참조할 것.)
물질이 일어나는 원인은 네 가지이니 그것은 업(kamma), 마음(citta), 온도(utu), 음식(āhāra)이다. 여기에 대해서는 『아비담마 길라잡이』 6장 §9 이하를 참조할 것.

버지요, 승가의 지도자인, 구참(久參)이고 출가한 지 오래된 장로 비구들을 특별히 공경하지 않는다.

비구들이여, 이러한 열한 가지 특징을 갖춘 비구가 이 법과 율에서 향상하고 증장하고 충만하게 된다는 것은 있을 수 없다."

4. "비구들이여, 그러면 어떻게 비구는 ① 물질을 알지 못하는가? 비구들이여, 여기 [이 교법에서] 비구는 '물질은 그것이 어떤 것이건, 모두 네 가지 근본물질[四大]과 그 근본물질에서 파생된 물질들이다.'라고 있는 그대로 꿰뚫어 알지 못한다. 비구들이여, 이와 같이 비구는 물질을 알지 못한다."

5. "비구들이여, 그러면 어떻게 비구는 ② 특징에 능숙하지 못한가? 비구들이여, 여기 비구는 '어리석은 자의 특징도 그의 행위에 의한 것이고, 현자의 특징도 그의 행위에 의한 것이다.'라고 있는 그대로 꿰뚫어 알지 못한다.49) 비구들이여, 이와 같이 비구는 특징에 능숙하지 못하다."50)

6. "비구들이여, 그러면 어떻게 비구는 ③ 진드기를 제거하지

---

49) "그가 이와 같이 알지 못하여 어리석은 자를 피하고 현자를 섬기지 않는다. 어리석은 자를 피하고 현자를 섬기지 않기 때문에 적당한 것과 적당하지 않은 것, 유익한 것과 해로운 것, 비난받아야 할 것과 비난받을 일이 없는 것, 무거운 [죄]와 가벼운 [죄], 고칠 수 있는 것과 고칠 수 없는 것, 원인과 원인 아닌 것을 알지 못한다. 그것을 알지 못하면서 명상주제를 취하여 향상한다는 것은 불가능하다. 마치 소치는 사람의 소떼가 불지 않는 것처럼 그는 이 교법에서 앞서 설한 계 등으로 향상하지 않는다. 마치 소치는 사람이 다섯 가지의 유제품과 거리가 멀듯이, 이 비구도 다섯 가지 법온과 거리가 멀다."(AA.v.93)

50) 세 가지 '어리석은 자의 특징(bāla-lakkhaṇa)'은 본서 제4권 「어리석은 자와 현명한 자 경」(M129) §2를, 세 가지 '현자의 특징(paṇḍita-lakkhaṇa)'은 §27을 참조할 것.

않는가? 비구들이여, 여기 비구는 감각적 욕망에 대한 생각이 일어나면, 그것을 품고 있고 버리지 않고 제거하지 않고 끝내지 않고 없애지 않는다. 악의에 대한 생각이 일어나면, … 해코지에 대한 생각이 일어나면, … 나쁘고 해로운법들[不善法]이 계속적으로 일어나면, 그것을 품고 있고 버리지 않고 [221] 제거하지 않고 끝내지 않고 없애지 않는다. 비구들이여, 이와 같이 비구는 진드기를 제거하지 않는다."

7. "비구들이여, 그러면 어떻게 비구는 ④ 상처를 잘 싸매지 않는가? 비구들이여, 여기 비구는 눈으로 형색을 봄에 그 표상[全體相]을 취하며, 또 그 세세한 부분상[細相]을 취한다. 그리하여 만약 그가 눈의 기능[眼根]이 제어되지 않은 채 머무르면, 욕심과 싫어하는 마음[51]이라는 나쁘고 해로운 법[不善法]들이 그에게 [물밀듯이] 흘러들어올 것이다. 그는 눈의 감각기능을 잘 단속하기 위해 수행하지 않으며, 눈의 감각기능을 잘 방호하지 않고, 눈의 감각기능을 잘 단속하지 않는다.

귀로 소리를 들음에…, 코로 냄새를 맡음에…, 혀로 맛을 봄에…, 몸으로 감촉을 느낌에…, … 마노[意]로 법을 지각함에 그 표상을 취하며, 그 세세한 부분상을 취한다. 그리하여 만약 그가 마노의 기능[意根]이 제어되지 않은 채 머무르면, 욕심과 싫어하는 마음이라는 나쁘고 해로운 법들이 그에게 [물밀듯이] 흘러들어올 것이다. 그는 마노의 감각기능을 잘 단속하기 위해 수행하지 않으며, 마노의 감각기능을 잘 방호하지 않고, 마노의 감각기능을 잘 단속하지 않는다. 비구들이여, 이와 같이 비구는 상처를 잘 싸매지 않는다."

---

51) '싫어하는 마음(domanassa)'에 대해서는 본서 제4권「여섯 가지 청정 경」(M112) §15의 주해를 참조할 것.

8. "비구들이여, 그러면 어떻게 비구는 ⑤ 외양간에 연기를 피우지 않는가? 비구들이여, 여기 비구는 들은 대로 배운 대로 남들에게 자세하게 법을 설하지 않는다.[52] 비구들이여, 이와 같이 비구는 외양간에 연기를 피우지 않는다."

9. "비구들이여, 그러면 어떻게 비구는 ⑥ 물 마시는 곳을 알지 못하는가? 비구들이여, 여기 비구는 많이 배우고 전승된 가르침에 능통하고 법(경장)을 호지하고 율[장]을 호지하고 논모(論母, 마띠까)를[53] 호지하는[54] 장로 비구들에게 자주 다가가서 '존자들이시여, 이

---

52) "마치 소치는 사람이 연기를 피우지 않듯이, 이 비구도 법의 가르침의 연기를 피우지 않는다. 설법도 하지 않고, 특정한 음조를 넣어 [가르침을] 외우지도 않고, 가까이 다가온 사람에게 [법에 관한] 이야기를 하지도 않고, [보시를 한 사람들에게] 감사의 표시도 하지 않는다. 그리하여 사람들이 그를 '많이 배웠고 덕 있는 분이다.'라고 알지 못한다. 그들은 덕이 있는 자와 없는 자를 알지 못하여 4종 필수품으로 돕지 않는다. 그는 필수품 때문에 지쳐서 공부하는 것과 여러 가지 소임을 충실히 하는 것과 명상주제를 들어 향상한다는 것은 불가능하다. … 마치 소치는 사람이 다섯 가지의 유제품과 거리가 멀듯이, 이 비구도 다섯 가지 법온과 거리가 멀다."(AA.v.94)

53) '논모(論母)'는 마띠까(mātikā)를 옮긴 것으로 문자적으로는 인도-유럽어족에 속하는 matrix(자궁, 모체)란 말과 같은 어원인데 어머니를 뜻하는 mātā(Sk. mātṛ)에서 파생된 말이다. 논모는 경이나 율의 주요 주제를 표제어만 뽑아서 외우기 쉽고 전체를 파악하기 쉽게 축약한 것이다.
논모에는 법에 대한 논모와 율에 대한 논모가 있다. 법에 대한 논모는 『논장』의 첫머리에 나타나는데 『논장』은 이 논모를 상세하게 설명하는 형식으로 구성되어 있다. 그리고 『율장』의 논모는 『비구계목』과 『비구니계목』이다. 이를 "두 가지 마띠까(dve mātikā)"(VinA.i.247 등)라고 부르기도 한다. 전체 『율장』은 율의 논모인 이 두 계목에 대한 설명을 주축으로 하고 있다. 이처럼 주석서에서는 일반적으로 "논모를 호지한 자(Mātika-dhāra)는 『비구계목』과 『비구니계목』의 두 가지 논모를 호지한 자(dve-pātimokkha-dharā)"(AA.iii.382)라고 설명하고 있다.
그러나 같은 주석서에 대한 복주서에서는 "법과 율의 논모를 호지한 자(dhammavinayānaṁ mātikāya dhāraṇena mātikādharā)"(AAṬ.iii.109)라고 설명하고 있다. 본경의 문맥에서는 이러한 복주서의 설명이 더 타

것은 어떻게 된 것이며, 이 뜻은 무엇입니까?'라고 묻지 않고 질문하지 않는다. 그래서 그 존자들은 그에게 드러나지 않은 것을 드러내지 않고, 명확하지 않은 것을 명확하게 해주지 않고, 여러 가지 의심되는 법에 대해 의심을 없애주지 않는다. 비구들이여, 이와 같이 비구는 물 마시는 곳을 알지 못한다."

10. "비구들이여, 그러면 어떻게 비구는 ⑦ 마시는 물을 알지 못하는가? 비구들이여, 여기 비구는 여래가 선언하신 법과 율이 설해질 때 주석서를 의지하여 생긴 희열과 환희를 얻지 못하고, 성전을 의지하여 생긴 희열과 환희를 얻지 못하며,[55] 법[56]과 관계된 환희를

당한 듯하다. 마띠까에 대해서는 『아비담마 길라잡이』 서문 §4를 참조할 것. 논모(論母)에 대해서는 후미나로 와타나베(Fuminaro Watanabe) 교수의 Philosophy and its Development in the Nikāyas and Abhidhamma, pp.42~45도 참조할 것.

54) "'논모(論母, 마띠까)를 호지하는 자(mātikā-dhara)'란 두 가지 논모를 외우는 자이다."(AA.ii.189)
"두 가지 논모를 외우는 자란 비구와 비구니 논모의 두 가지 마띠까를 외우는 자를 말한다. [그러나] 율과 아비담마의 마띠까를 외우는 자가 적절하다(yutta)."(AAṬ.ii.83) 즉 전통적으로 두 가지 논모는 『비구계목』과 『비구니계목』을 뜻하지만 여기서는 문맥상 율의 논모와 아비담마의 논모를 외우는 자로 보는 것이 더 타당하다는 것이 복주서의 견해이다.

55) '주석서를 의지하여 생긴 희열과 환희를 얻지 못하고 성전을 의지하여 생긴 희열과 환희를 얻지 못하며'는 na labhati atthavedaṁ na labhati dhamma-vedaṁ을 의역한 것이다. 이것은 '뜻에서 영감을 얻지 못하고 법에서 영감을 얻지 못하며'로 직역된다. 그런데 주석서에서 'attha-veda(뜻을 앎)'를 주석서(aṭṭhakathā)를 의지하여 생긴 희열과 환희(pīti-pāmojja)로, 'dhamma-veda(법을 앎)'를 성전(pāḷi)을 의지하여 생긴 희열과 환희로 설명하고 있어서(AA.iii.337) 이렇게 의역하였다.
여기에 대해서는 본서 제1권 「옷감의 비유 경」(M7) §8의 주해를 참조할 것.

56) "여기서 '법(dhamma)'이란 성전(pāḷi)과 주석서(aṭṭhakathā)를 뜻한다."(AA.v.94)

얻지 못한다. 비구들이여, 이와 같이 비구는 마시는 물을 알지 못한다."

11. "비구들이여, 그러면 어떻게 비구는 ⑧ 길을 알지 못하는가? 비구들이여, 여기 비구는 성스러운 팔정도[八支聖道]를 있는 그대로 꿰뚫어 알지 못한다.57) 비구들이여, 이와 같이 비구는 길을 알지 못한다."

12. "비구들이여, 그러면 어떻게 비구는 ⑨ 방목지에 능숙하지 못한가? 비구들이여, 여기 비구는 네 가지 마음챙김의 확립[四念處]을 있는 그대로 꿰뚫어 알지 못한다. 비구들이여, 이와 같이 [222] 비구는 방목지에 능숙하지 못하다."58)

13. "비구들이여, 그러면 어떻게 비구는 ⑩ 젖을 남김없이 다 짜버리는가? 비구들이여, 믿음 있는 장자들이 의복, 탁발음식, 거처, 병구완을 위한 약품을 그가 원하는 만큼 가져가도록 비구를 초청하면, 그는 그것을 취함에 있어 적당한 양을 알지 못한다. 비구들이여, 이와 같이 비구는 젖을 남김없이 다 짜버린다."

14. "비구들이여, 그러면 어떻게 비구는 ⑪ 승가의 아버지요, 승가의 지도자인, 구참(久參)이고 출가한 지 오래된 장로 비구들을 특

57) "마치 소치는 사람이 길인지 길이 아닌지를 알지 못하듯이, 이 비구도 '이것은 세간적인 것이다, 이것은 출세간적인 것이다.'라고 이 성스러운 팔정도[八支聖道]를 있는 그대로 꿰뚫어 알지 못한다. 알지 못한 채 세간적인 길에 들어서서 출세간적인 것을 만든다는 것은 불가능하다. … 마치 소치는 사람이 다섯 가지의 유제품과 거리가 멀듯이, 이 비구도 다섯 가지 법온과 거리가 멀다."(AA.v.95)

58) 『상윳따 니까야』 제5권 「새매 경」(S47:6) §7에서도 세존께서는 네 가지 마음챙김의 확립[四念處, cattāro satipaṭṭhānā]이야말로 자신의 고향동네(pettika visaya)인 방목지(gocara, 행동영역)라고 말씀하고 계신다.

별히 공경하지 않는가? 비구들이여, 여기 비구는 승가의 아버지요, 승가의 지도자인, 구참(久參)이고 출가한 지 오래된 장로 비구들에 대해, 눈앞에 있건 없건 몸의 업으로 자애를 유지하지 못하고, 눈앞에 있건 없건 말의 업으로 자애를 유지하지 못하고, 눈앞에 있건 없건 마음의 업으로 자애를 유지하지 못한다. 비구들이여, 이와 같이 비구는 승가의 아버지요, 승가의 지도자인, 구참이고 출가한 지 오래된 장로 비구들을 특별히 공경하지 않는다.

비구들이여, 이러한 열한 가지 특징을 갖춘 비구가 이 법과 율에서 향상하고 증장하고 충만하게 된다는 것은 있을 수 없다."

15. "비구들이여, 열한 가지 특징을 갖춘 소치는 사람이 소떼를 돌보고 소떼를 불린다는 것은 가능하다. 무엇이 열하나인가?

비구들이여, 여기 소치는 사람은 ① 물질을 안다. ② 특징에 능숙하다. ③ 진드기를 제거한다. ④ 상처를 잘 싸맨다. ⑤ [외양간 안에 파리와 모기 등이 들끓을 때] 연기를 피운다. ⑥ 물 마시는 곳을 안다. ⑦ 마시는 물을 안다. ⑧ 길을 안다. ⑨ 방목지에 능숙하다. ⑩ 젖을 조금 남겨두고 짠다. ⑪ 소들의 아버지요, 소들의 지도자인 황소를 특별히 공경한다.

비구들이여, 이러한 열한 가지 특징을 갖춘 소치는 사람이 소떼를 돌보고 소떼를 불린다는 것은 가능하다."

16. "비구들이여, 그와 같이 열한 가지 특징을 갖춘 비구가 이 법과 율에서 향상하고 증장하고 충만하게 된다는 것은 가능하다. 무엇이 열하나인가?

비구들이여, 여기 비구는 ① 물질을 안다. ② 특징에 능숙하다. ③ 진드기를 제거한다. ④ 상처를 잘 싸맨다. ⑤ 외양간에 연기를 피운다. ⑥ 물 마시는 곳을 안다. ⑦ 마시는 물을 안다. ⑧ 길을 안다. ⑨ 방목지에 능숙하다. ⑩ 젖을 조금 남겨두고 짠다. ⑪ 승가의 아버지요, 승가의 지도자인, 구참(久參)이고 출가한 지 오래된 장로 비구들을 특별히 공경한다.
비구들이여, 이러한 열한 가지 특징을 갖춘 비구가 이 법과 율에서 향상하고 증장하고 충만하게 된다는 것은 가능하다."

17. "비구들이여, 그러면 어떻게 비구는 ① 물질을 아는가? 비구들이여, 여기 비구는 '물질은 그것이 어떤 것이건, 모두 네 가지 근본물질[四大]과 [223] 그 근본물질에서 파생된 물질들이다.'라고 있는 그대로 꿰뚫어 안다. 비구들이여, 이와 같이 비구는 물질을 안다."

18. "비구들이여, 그러면 어떻게 비구는 ② 특징에 능숙한가? 비구들이여, 여기 비구는 '어리석은 자의 특징도 그의 행위에 의한 것이고, 현자의 특징도 그의 행위에 의한 것이다.'라고 있는 그대로 꿰뚫어 안다. 비구들이여, 이와 같이 비구는 특징에 능숙하다."

19. "비구들이여, 그러면 어떻게 비구는 ③ 진드기를 제거하는가? 비구들이여, 여기 비구는 감각적 욕망에 대한 생각이 일어나면, 그것을 품고 있지 않고 버리고 제거하고 끝내고 없앤다. 악의에 대한 생각이 일어나면, … 해코지에 대한 생각이 일어나면, … 나쁘고 해로운법들이 계속적으로 일어나면, 그것을 품고 있지 않고 버리고 제거하고 끝내고 없앤다. 비구들이여, 이와 같이 비구는 진드기를 제거한다."

20. "비구들이여, 그러면 어떻게 비구는 ④ 상처를 잘 싸매는가? 비구들이여, 여기 비구는 눈으로 형색을 봄에 그 표상[全體相]을 취하

지 않으며, 또 그 세세한 부분상[細相]을 취하지도 않는다.[59] 만약 그가 눈의 기능[眼根]이 제어되지 않은 채 머무르면, 욕심과 싫어하는 마음의 나쁘고 해로운 법[不善法]들이 그에게 [물밀듯이] 흘러들어올 것이다. 따라서 그는 눈의 감각기능을 잘 단속하기 위해 수행하며, 눈의 감각기능을 잘 방호하고, 눈의 감각기능을 잘 단속한다.

귀로 소리를 들음에…, 코로 냄새를 맡음에…, 혀로 맛을 봄에…, 몸으로 감촉을 느낌에…, … 마노[意]로 법을 지각함에 그 표상을 취하지 않으며, 그 세세한 부분상을 취하지도 않는다. 만약 그가 마노의 기능[意根]이 제어되지 않은 채 머무르면, 욕심과 싫어하는 마음의 나쁘고 해로운 법들이 그에게 [물밀듯이] 흘러들어올 것이다. 따라서 그는 마노의 감각기능을 잘 단속하기 위해 수행하며, 마노의 감각기능을 잘 방호하고 마노의 감각기능을 잘 단속한다. 비구들이여, 이와 같이 비구는 상처를 잘 싸맨다."

21. "비구들이여, 그러면 어떻게 비구는 ⑤ 외양간에 연기를 피우는가? 비구들이여, 여기 비구는 들은 대로 배운 대로 남들에게 상세하게 법을 설한다. 비구들이여, 이와 같이 비구는 외양간에 연기를 피운다."

22. "비구들이여, 그러면 어떻게 비구는 ⑥ 물 마시는 곳을 아는가? 비구들이여, 여기 비구는 많이 배우고 전승된 가르침에 능통하

59) "'그 표상[全體相, nimitta]을 취하지 않으며'라는 것은 여자라든지 남자라든지 하는 표상이나 아름답다는 표상 등 오염원의 바탕이 되는 표상을 취하지 않는 것이다. 단지 본 것에서만 그친다. '세세한 부분상[細相, anuvyañja-na]을 취하지도 않는다.'는 것은 손, 발, 미소, 웃음, 이야기, 앞으로 봄, 옆으로 봄 등의 형태를 취하지 않는 것이다. 그런 형태는 오염원들을 더 상세하게 하기 때문에, 분명히 드러나게 하기 때문에 세세한 부분상이라는 이름을 얻는다. 그는 단지 있는 그대로 그것을 취한다."(『청정도론』 I.54)

고 법(경장)을 호지하고 율[장]을 호지하고 논모(論母, 마띠까)를 호지하는 장로 비구들에게 자주 다가가서 '존자들이시여, 이것은 어떻게 된 것이며, 이 뜻은 무엇입니까?'라고 묻고 질문한다. 그러면 그들은 그에게 드러나지 않은 것을 드러내고, 명확하지 않은 것을 명확하게 해주고, 여러 가지 의심되는 법에 대해 의심을 없애준다. 비구들이여, 이와 같이 비구는 물 마시는 곳을 안다."

23. "비구들이여, 그러면 어떻게 [224] 비구는 ⑦ 마시는 물을 아는가? 비구들이여, 여기 비구는 여래가 선언하신 법과 율이 설해질 때 주석서를 의지하여 생긴 희열과 환희를 얻고, 성전을 의지하여 생긴 희열과 환희를 얻으며, 법과 관계된 환희를 얻는다. 비구들이여, 이와 같이 비구는 마시는 물을 안다."

24. "비구들이여, 그러면 어떻게 비구는 ⑧ 길을 아는가? 비구들이여, 여기 비구는 성스러운 팔정도[八支聖道]를 있는 그대로 꿰뚫어 안다. 비구들이여, 이와 같이 비구는 길을 안다."

25. "비구들이여, 그러면 어떻게 비구는 ⑨ 방목지에 능숙한가? 비구들이여, 여기 비구는 네 가지 마음챙김의 확립[四念處]을 있는 그대로 꿰뚫어 안다. 비구들이여, 이와 같이 비구는 방목지에 능숙하다."

26. "비구들이여, 그러면 어떻게 비구는 ⑩ 젖을 조금 남겨두고 짜는가? 비구들이여, 믿음 있는 장자들이 의복, 탁발음식, 거처, 병구완을 위한 약품을 그가 원하는 만큼 가져가도록 비구를 초청하면, 그는 그것을 취함에 있어 적당한 양을 안다. 비구들이여, 이와 같이 비구는 젖을 조금 남겨두고 짠다."

27. "비구들이여, 그러면 어떻게 비구는 ⑪ 승가의 아버지요, 승

가의 지도자인, 구참(久參)이고 출가한 지 오래된 장로 비구들을 특별히 공경하는가? 비구들이여, 여기 비구는 승가의 아버지요, 승가의 지도자인, 구참(久參)이고 출가한 지 오래된 장로 비구들에 대해, 눈앞에 있건 없건 몸의 업으로 자애를 유지하고, 눈앞에 있건 없건 말의 업으로 자애를 유지하고, 눈앞에 있건 없건 마음의 업으로 자애를 유지한다. 비구들이여, 이와 같이 비구는 승가의 아버지요, 승가의 지도자인, 구참(久參)이고 출가한 지 오래된 장로 비구들을 특별히 공경한다.

비구들이여, 이러한 열한 가지 특징을 갖춘 비구가 이 법과 율에서 향상하고 증장하고 충만하게 된다는 것은 가능하다."

세존께서는 이와 같이 설하셨다. 그 비구들은 흡족한 마음으로 세존의 말씀을 크게 기뻐했다.

소치는 사람의 긴 경(M33)이 끝났다.

소치는 사람의 짧은 경

Cūḷa-gopāla Sutta(M34)

1. 이와 같이 나는 들었다. [225] 한때 세존께서는 왓지60)에서 욱까쩰라61)의 강가 강 언덕에 머무셨다. 거기서 세존께서는 "비구들

60) 왓지(Vajjī)는 인도 중원의 16국(16국은 『앙굿따라 니까야』 제1권 「팔관재계 경」(A3:70) §17을 참조할 것.) 가운데 하나였다. 웨살리(Vesāli)를 수도로 하였으며 공화국 체제를 유지한 강성한 국가였다. 강가(Gaṅgā) 강을 경계로 하여 남쪽으로는 강대국 마가다가 있었다. 왓지는 몇몇 부족들로 이루어져 있었다고 하는데 그 가운데서 릿차위(Licchavī)와 위데하(Videha)가 강성하였다고 하며, 『브르하다란냐까 우빠니샤드』에 의하면 바라문 전통에서 성군으로 칭송받는 자나까(Janaka) 왕이 위데하의 왕이었다. 부처님 당시에는 릿차위가 강성하여(MA.i.394.) 초기불전에서는 릿차위와 왓지는 동일시되다시피 하고 있다.
『디가 니까야』 제2권 「대반열반경」(D16) §§1.1～1.5에 의하면 마가다의 왕 아자따삿뚜 웨데히뿟따는 왓지를 정복하기 위해서 마가다의 대신인 왓사까라 바라문(Vassakāra brāhmaṇa)을 세존께 보내서 세존의 말씀을 듣게 한다. 세존께서는 "일곱 가지 쇠퇴하지 않는 법들이 왓지들에게 정착이 되고, 이 일곱 가지 쇠퇴하지 않는 법들을 왓지들이 준수한다면, 왓지들은 번영할 것이고 쇠퇴란 기대할 수 없다."고 하셨다. 세존의 말씀을 듣고 왓사까라는 '기만(upalāpanā)'과 '상호 불신(mithubhedā)'을 획책하여 왓지의 국력을 쇠잔하게 한 뒤 마가다의 군대가 공격하여 세존께서 웨살리를 마지막으로 방문하신 지 3년 후에(즉 불멸 3년 후에) 왓지를 정복하였다고 한다.(DA.ii.522)

이여."라고 비구들을 부르셨다. "세존이시여."라고 비구들은 세존께 응답했다. 세존께서는 이렇게 말씀하셨다.

2. "비구들이여, 전에 마가다에서 어리석은 소치는 사람이 우기의 마지막 달인 가을에 강가 강의 이쪽 언덕도 제대로 관찰하지 않고 저쪽 언덕도 제대로 관찰하지 않고 얕은 여울도 없는 곳으로 소들을 몰아 언덕을 넘어 위데하로 건너게 했다. 비구들이여, 이때에 소들이 강가 강의 한가운데서 흐름에 휩쓸려 그곳에서 참변을 당해버렸다. 이것은 무슨 까닭인가? 비구들이여, 그곳에서 그 마가다의 어리석은 소치는 사람이 우기의 마지막 달인 가을에 강가 강의 이쪽 언덕도 제대로 관찰하지 않고 저쪽 언덕도 제대로 관찰하지 않고 얕은 여울도 없는 곳으로 소들을 몰아 언덕을 넘어 위데하로 건너게 했기 때문이다."

3. "비구들이여, 그와 같이 어떤 사문이나 바라문이 이 세상에 대해 능숙하지 못하고 저 세상에 대해서도 능숙하지 못하며,[62] 마라의 영역에도 능숙하지 못하고 마라의 영역이 아닌 것에도 능숙하지 못하며,[63] 죽음의 영역에도 능숙하지 못하고 죽음의 영역이 아닌 것

---

61) "'욱가쩰라(Ukkācelā)'는 왓지(Vajji)에 있는 마을 이름이다."(MA.ii.265)

62) "'이 세상에 대해 능숙하지 못하다(akusalā imassa lokassa).'는 것은 이 세상의 무더기(온)와 요소(계)와 감각장소(처)에 대해 능숙하지 못하고, 현명하지 못하다(achekā)는 말이고, 저 세상에 대해서도 이와 같다."(MA.ii.266)

63) "'마라의 영역(māra-dheyya)'이란 삼계의 법들(tebhūmaka-dhammā)을 말하고, '마라의 영역이 아닌 것(amāra-dheyya)'이란 [아홉 가지] 출세간법들(lokuttara-dhammā)을 말한다. '죽음의 영역(maccu-dheyya)'과 '죽음의 영역이 아닌 것(amaccu-dheyya)'도 각각 삼계의 법들과 출세간법들을 말한다. 마라의 영역(māra-dheyya)에서 dheyya(영역)는 장소(ṭhāna), 토대(vatthu), 거주처(nivāsa), 영역(gocara)을 말한다."(MA.ii.266)

에도 능숙하지 못한데도, 그들로부터 배워야 하고 그들에게 믿음을 가져야 한다고 생각하는 자들에게는 오랜 세월 손해와 괴로움이 있을 것이다."

4. "비구들이여, 전에 마가다에서 통찰지를 갖춘 소치는 사람이 우기의 마지막 달인 가을에 강가 강의 이쪽 언덕도 잘 관찰하고 저쪽 언덕도 잘 관찰하여 얕은 여울이 있는 곳으로 소들을 몰아 언덕을 넘어 위데하로 건너게 했다. 그는 먼저 소들의 아버지요 소들의 지도자인 황소들을 건너게 했다. 그들은 강가 강의 흐름을 가로질러 안전하게 저 언덕으로 갔다. 그 다음은 힘센 소와 길들여야 할 소들을 건너게 했다. 그들 역시 강가 강의 흐름을 가로질러 안전하게 저 언덕으로 갔다. 그 다음은 젊은 암소들과 수소들을 건너게 했다. 그들 역시 강가 강의 흐름을 가로질러 안전하게 저 언덕으로 갔다. 그 다음은 힘없는 송아지들을 건너게 했다. 그들 역시 강가 강의 흐름을 가로질러 안전하게 저 언덕으로 갔다.

그 다음은 막 태어난 연약한 어린 송아지가 어미 소의 울음소리에 끌려[64] 강가 강의 흐름을 가로질러 안전하게 저 언덕으로 갔다. 이것은 무슨 까닭인가? 비구들이여, 그곳에서 그 마가다의 통찰지를 갖춘 소치는 사람이 우기의 [226] 마지막 달인 가을에 강가 강의 이쪽 언덕도 잘 관찰하고 저쪽 언덕도 잘 관찰하여 얕은 여울이 있는 곳으로 소들을 몰아 언덕을 넘어 위데하로 건너게 했기 때문이다."

마라(Māra)에 대해서는 본서 「마라 견책 경」(M50) §2의 주해를 참조할 것.

64) "'어미 소의 울음소리에 끌려(mātu goravakena vuyhamāno)'라는 것은 어미 소가 앞에서 계속해서 '음, 음'하고 소리를 내어 인식을 시키면서(saññaṁ dadamānā) 가슴으로 물살을 끊으면서 갈 때, 송아지도 그 어미 소의 울음소리를 인식하면서 그 어미 소가 가슴으로 물살을 끊은 곳으로 갈 때 어미 소의 울음소리에 끌려서 건넌다고 한다."(MA.ii.267)

5. "비구들이여, 그와 같이 어떤 사문이나 바라문이 이 세상에 대해 능숙하고 저 세상에 대해서도 능숙하며, 마라의 영역에도 능숙하고 마라의 영역이 아닌 것에도 능숙하며, 죽음의 영역에 대해서도 능숙하고 죽음의 영역이 아닌 것에도 능숙하다면, 그들로부터 배워야 하고 그들에게 믿음을 가져야 한다고 생각하는 자들에게는 오랜 세월 이익과 행복이 있을 것이다."

6. "비구들이여, 마치 소들의 아버지요 소들의 지도자인 황소들이 강가 강의 흐름을 가로질러 안전하게 저 언덕으로 간 것처럼, 번뇌가 다했고 삶을 완성했으며 할 바를 다 했고 짐을 내려놓았으며 참된 이상을 실현했고 삶의 족쇄를 끊었으며 바른 구경의 지혜[65]로 해탈한 아라한 비구들은 마라의 흐름을 가로질러 안전하게 저 언덕으로 갔다."

7. "비구들이여, 마치 힘센 소와 길들여야 할 소들이 강가 강의 흐름을 가로질러 안전하게 저 언덕으로 간 것처럼, 다섯 가지 낮은 단계의 족쇄를 완전히 없애고 [정거천에] 화생하여 그곳에서 완전한 열반에 들어 그 세계로부터 다시 돌아오지 않는 법을 얻은[不還者] 비구들 역시 마라의 흐름을 가로질러 안전하게 저 언덕으로 갔다."

8. "비구들이여, 마치 젊은 암소들과 수소들이 강가 강의 흐름을 가로질러 안전하게 저 언덕으로 간 것처럼, 세 가지 족쇄를 완전히 없애고 탐욕과 성냄과 미혹이 엷어져서 한 번만 더 돌아올 자[一來者]가 되어 한 번만 이 세상에 와서 괴로움의 끝을 만들 비구들 역시

---

65) '바른 구경의 지혜(sammad-aññā)'에 대해서는 본서 제1권 「뿌리에 대한 법문 경」(M1) §51과 제4권 「수낙캇따 경」(M105) §2의 주해를 참조할 것.

마라의 흐름을 가로질러 안전하게 저 언덕으로 갔다."

9. "비구들이여, 마치 힘없는 송아지들이 강가 강의 흐름을 가로질러 안전하게 저 언덕으로 간 것처럼, 세 가지 족쇄를 완전히 끊어버리고 흐름에 든 자[預流者]가 되어 [악처에] 떨어지는 법이 없고 [해탈이] 확실하며 바른 깨달음을 궁극으로 하는 비구들 역시 마라의 흐름을 가로질러 안전하게 저 언덕으로 갔다."

10. "비구들이여, 마치 막 태어난 연약한 어린 송아지가 어미 소의 울음소리에 끌려 강가 강의 흐름을 가로질러 안전하게 저 언덕으로 간 것처럼, 법을 따르고 믿음을 따르는[66] 비구들 역시 마라의 흐름을 가로질러 안전하게 저 언덕으로 갔다."

11. "비구들이여, 나는 [227] 이 세상에 대해 능숙하고 저 세상에 대해서도 능숙하며, 마라의 영역에도 능숙하고 마라의 영역이 아닌

---

66) "'법을 따르는 자들(dhamma-anusārino)'과 '믿음을 따르는 자들(saddha-anusārino)'이라는 이 둘은 첫 번째 도(예류도)를 구족한 자들(paṭhama-magga-samaṅgino)이다."(MA.ii.267)
'법을 따르는 자(dhamma-anusāri)'와 '믿음을 따르는 자(saddha-anusāri)'에 대해서는 본서 「끼따기리 경」(M70) §20의 주해와 제1권 「뱀의 비유 경」(M22) §46의 주해를 참조할 것.
본서 「밧달리 경」(M65) §11과 본서 「끼따기리 경」(M70) §§14~21에 의하면 초기불전에는 일곱 부류의 성자들이 나타난다. 그것은 양면으로 해탈한 비구, 통찰지로 해탈한 비구, 몸으로 체험한 비구, 견해를 얻은 비구, 믿음으로 해탈한 비구, 법을 따르는 비구, 믿음을 따르는 비구의 일곱이다. 본 문단에 나타나는 법을 따르는 비구와 믿음을 따르는 비구는 이 일곱 부류 가운데 여섯 번째와 일곱 번째에 해당된다.
이 일곱 부류의 성자들은 본서 「끼따기리 경」(M70) §§14~21에 자세히 설명되어 나타나므로 참조하기 바란다. 그리고 이 일곱 부류의 인간들(satta puggalā)은 『디가 니까야』 제3권 「확신경」(D28) §8과 『앙굿따라 니까야』 제4권 「사람 경」(A7:14) 등에도 나타나고 『인시설론 주석서』(PugA. 194~195)에 잘 설명되고 있다. 『인시설론 주석서』의 해당 부분은 본서 「밧달리 경」(M65) §11의 주해에 인용되어 있으므로 참조하기 바란다.

것에도 능숙하며, 죽음의 영역에도 능숙하고 죽음의 영역이 아닌 것에도 능숙하다. 이런 나로부터 배워야 하고 나에게 믿음을 가져야 한다고 생각하는 자들에게는 오랜 세월 이익과 행복이 있을 것이다."

12. 세존께서는 이렇게 말씀하셨다. 스승이신 선서께서는 이렇게 말씀하신 뒤 다시 이렇게 말씀하셨다.

> "이 세상과 저 세상, 마라와 죽음의 영역,
> 그리고 죽음의 영역 아닌 것에 대해서도
> 아는 자[67]가 이것을 분명하게 밝혔으며
> 일체 세계를 최상의 지혜로 꿰뚫어 아는 정등각자가
> 열반을 증득하기 위해 안온한 불사의 문[68]을 열었노라.
> 사악한 자의 흐름 막고 부수었고 황폐하게 만들었나니
> 크게 기뻐하라. 비구들이여, 이제 안온을 바랄지어다."[69]

소치는 사람의 짧은 경(M34)이 끝났다.

---

67) "'아는 자(jānatā)'란 일체 법(sabba-dhammā)을 아는 부처님을 말한다." (MA.ii.267)

68) "'불사의 문(amatadvāra)'이란 성스러운 도(ariya-magga)를 말한다." (MA.ii.267)

69) "'안온을 바랄지어다(khemaṁ patthetha).'라는 것은 하고자 하는 열의(kattukamyatā-chanda)로써 아라한과를 바래야 한다는 말이다."(MA.ii.267)

삿짜까 짧은 경

Cūḷa-saccaka Sutta(M35)

1. 이와 같이 나는 들었다. 한때 세존께서는 웨살리[70]에서 큰 숲[71]의 중각강당[72]에 머무셨다.

2. 그때 니간타의 후예 삿짜까[73]가 웨살리에 살고 있었다. 그는

---

70) 웨살리(Vesāli)에 대해서는 본서 제1권 「사자후의 긴 경」(M12) §1의 주해를 참조할 것.

71) '큰 숲[大林]'은 Mahā(큰)-vana(숲)를 직역한 것이다. 세존께서 웨살리에 머무실 때는 주로 이 큰 숲의 중각강당에 계셨다고 한다. 초기경에는 몇 군데 큰 숲이 언급되고 있다. 여기 웨살리의 마하와나(D6; M35; M36; M71; M105 등)와 까삘라왓투의 마하와나(D20; M18 등)와 우루웰라 근교의 마하와나(A.iv.437)와 네란자라(Nerañjarā) 강 언덕의 마하와나(DhA.i.86) 등이다.

72) '중각강당'은 kūṭāgārasālā를 옮긴 것인데 kūṭa(위층 누각[이 있는])-āgāra(집의)-sālā(강당)라는 뜻이다. 여기 kūṭa는 뾰족한 지붕(우리의 기와지붕이나 태국의 사원들처럼 위가 솟은 지붕)을 뜻하기도 하고 누각 등의 위층을 뜻하기도 하였다. 그래서 꾸따가라는 크고 좋은 저택을 뜻하는 의미로 쓰였다. 중국에서 중각강당(重閣講堂)이라 한역하였으며 역자도 이를 따랐다.

73) 삿짜까(Saccaka)는 본경에서 보듯이 니간타(Nigaṇṭha)이며 그의 족성인 악기웻사나(Aggivessana, Sk. Agnivesyāyana)로 불리고 있다.

논객이고 스스로 학문이 깊은 자라 말하며[74] 많은 사람들에게 사두(종교가)[75]로 인정되었다. 그는 웨살리의 집회에서 이렇게 말했다.

"어떤 사문이나 바라문이든 간에, 그가 승가를 가졌든 무리를 가졌든 무리의 스승이든, 또한 아라한·정등각자라고 자처하던, 나와 논쟁을 시작하면 동요하지 않고 떨지 않고 전율하지 않고 겨드랑이에 식은땀을 흘리지 않는 자를 보지 못했다. 비록 내가 무정물인 기둥과 논쟁을 시작하더라도 막상 논쟁이 시작되면 그 기둥도 동요하고 떨고 전율할 것인데 하물며 인간이야 말해서 무엇하겠는가?"

3. 그때 앗사지 존자[76]가 오전에 옷매무새를 가다듬고 발우와

주석서에 의하면 그의 양친도 모두 니간타였으며 두 사람 다 논쟁(vāda)에 뛰어났으며 각각 500개씩의 논쟁거리를 가지고 논쟁을 위해서 전 인도(Jambudīpa)를 돌아다니다가 웨살리에서 만났다고 한다. 그들은 논쟁에서 서로를 논파할 수 없었기 때문에 릿치위들이 둘을 결혼하게 하였고 그들의 살림을 돌보아주었다고 한다. 그들에게서 삿짜(Saccā), 롤라(Lolā), 빠따짜라(Paṭācārā), 시와와띠까(Sivāvatikā, 『자따까』(J.iii.1)에서는 Avavādakā로 나타남.)라는 네 명의 딸이 태어났는데 그들은 사리뿟따 존자와 논쟁을 벌였으며 존자에게 패했다고 한다. 그래서 불교 교단으로 출가하여 모두 아라한이 되었다고 한다. 삿짜까는 이들의 막내 동생이었는데 릿차위들의 스승이었고 웨살리에 살고 있었다고 한다.(MA.ii.268~270)
주석서에 의하면 삿짜까는 부처님께서 반열반 하신 200년 뒤에 스리랑카에 태어나서 출가하여 깔라 붓다락키따(Kāḷa-Buddharakkhita)로 불리게 되었으며 아라한과를 얻었다고 한다.(MA.ii.293, 본서 「삿짜까 긴 경」(M36) §48의 마지막 주해 참조)

74) '스스로 학문이 깊은 자라 말하며'는 paṇḍita-vāda(학문이 깊은 자라는 주장)를 옮긴 것인데, 주석서에서 "'나는 학문이 깊은 자다.'라고 이렇게 말하는 것이다(ahaṁ paṇḍitoti evaṁ vādo)."(MA.ii.270)라고 설명하고 있어서 이렇게 풀어서 옮겼다.

75) 여기서 '사두(종교가)'는 sādhu를 음역한 것이다. 요즘도 인도의 힌두 수행자를 두고 사두라고 부르고 있어서 이렇게 음역을 하였다.

76) "앗사지 존자(āyasmā Assaji)는 부처님의 첫 제자인 오비구(五比丘) 가운데 한 사람이고, 사리뿟따 존자의 스승인 앗사지 장로를 말한다."(MA.ii.270)

가사를 수하고 웨살리로 탁발을 갔다. 니간타의 후예 삿짜까가 웨살리에서 산책을 나와 이리저리 경행하다가 [228] 앗사지 존자가 멀리서 오는 것을 보았다. 보고는 앗사지 존자에게 다가갔다. 가서는 앗사지 존자와 함께 환담을 나누었다. 유쾌하고 기억할만한 이야기로 서로 담소를 하고서 한 곁에 섰다. 한 곁에 서서 니간타의 후예 삿짜까는 앗사지 존자에게 이렇게 말했다.

4. "앗사지 존자여, 사문 고따마께서는 어떻게 제자들을 인도합니까? 그리고 사문 고따마께서는 가르침을 어떻게 분류하여 제자들

앗사지 존자는 오비구 가운데 마지막으로 언급되는 분이다. 그는 오비구 가운데 맨 마지막으로 예류자가 되었다고 한다.(AA.i.84) 그리고 오비구와 함께 『상윳따 니까야』 제3권 「무아의 특징 경」[無我相經, S22:59/iii.66f]을 듣고 아라한이 되었다. 사리뿟따 존자가 진리를 찾아다니던 끝에 라자가하에서 탁발을 하는 앗사지 존자의 엄정한 품행을 보고 그가 공양을 마칠 때를 기다려 앗사지 존자에게 그의 스승과 가르침에 대해서 질문하자 그는 다음의 유명한 게송으로 대답을 한다.

"원인으로부터 생긴 법들
그들의 원인을 여래는 말씀하셨고
그들의 소멸도 [말씀하셨나니]
대사문은 이렇게 설하시는 분입니다."(Vin.i.40)
(ye dhammā hetuppabhavā
tesaṁ hetuṁ Tathāgato āha
tesañ ca yo nirodho
evaṁvādī Mahāsamaṇo
諸法從緣起 如來說是因
彼法因緣盡 是大沙門說 — 『根本說一切有部毘奈耶』)

사리뿟따 존자는 게송의 첫 번째 두 구절을 듣고 예류과를 얻었다고 하며(Vin.i.39~40, DhpA.i.75ff) 사리뿟따 존자는 그 후로 항상 앗사지 존자에게 큰 존경을 표했다고 한다.(DhpA.iv.150~151)
그리고 본경에서 그는 니간타의 후예인 삿짜까가 부처님 가르침에 대해서 질문을 하자, 부처님께서는 오온의 무상과 무아를 가르치신다고 대답한다. (§4) 이것이 인연이 되어 삿짜까는 500명의 릿차위들을 데리고 세존께 질문을 드리러 가게 되는 것이다.

에게 거듭해서 제시합니까?"

"악기웻사나여,[77] 이와 같이 세존께서는 제자들을 인도하십니다. 그리고 이와 같이 세존께서는 가르침을 분류하여 제자들에게 거듭하여 제시하십니다. '비구들이여, 물질은 무상하다. 느낌은 무상하다. 인식은 무상하다. 심리현상들[行]은 무상하다. 알음알이는 무상하다. 비구들이여, 물질은 무아이다.[78] 느낌은 무아이다. 인식은 무아이다.

---

77) 니까야에서 악기웻사나(Aggivessana)라는 이름은 본경(M35)과 다음 경(M36)에서는 삿짜까를 부를 때 나타나고, 본서 제3권 「디가나카 경」(M74)에서는 디가나카 유행승을 부를 때 나타나며, 제4권 「길들임의 경지 경」(M125)에서는 아찌라와띠 사미도 이렇게 호칭되고 있다. 그리고 『디가 니까야』 제1권 「사문과경」(D2) §28에서는 니간타 나따뿟따가 악기웻사나라 호칭되고 있다. 이들은 모두 웨살리(Vesāli) 출신들이다. 그러므로 악기웻사나는 웨살리 지방에 사는 왓지 족들에게 사용되던 족성의 호칭이었던 것 같다.

78) 『맛지마 니까야 주석서』는 무아인 이유를 다음의 넷으로 설명하고 있다.
"공하고, 주인이 없고, 지배자가 아니고, 자아와 반대된다는 뜻(suñña-assāmi-ka-anissara-attapaṭikkhep-aṭṭha)에 의해서, 이러한 네 가지 이유(kāraṇa) 때문에 '무아(anatta)'이다."(MA.ii.113)
『청정도론』도 이렇게 설명하고 있다.
"'일어난 형성된 것들[行]은 머묾에 이르지 말고, 머묾에 이른 것은 늙지 말고, 늙음에 이른 것은 무너지지 마라.'고 이 세 단계에 대해서 어느 누구도 지배력(vasavatti-bhāva)을 행사하지 못한다. 지배력을 행사하지 못하므로 공하다. 그러므로 공하고, 주인이 없고, 지배력을 행사하지 못하고(avasavatti), 자아와 반대되기 때문에 무아다."(VIS.XX.47)
한편, 세존의 두 번째 설법이요 이 설법을 듣고 오비구가 아라한이 된 『상윳따 니까야』 제3권 「무아의 특징 경」(S22:59)에서는 두 가지 이유로 오온 즉 나라는 이 존재가 무아임을 천명하고 있다.
첫째, §3에서 오온에는 이와 같이 되어라거나 이와 같이 되지 말라는 등의 지배력을 행사할 수 없기 때문(avasavattitā)이라고 설명하고 있다. 이것은 본경 §§9~22에 나타나는 부처님의 비유를 통한 말씀과 일치한다.
둘째, §4에서는 삼특상을 통해서 설명하고 있다. 즉 무상하고 괴로움이라는 처음의 두 가지 특상을 통해서 무아라는 특상을 설명하고 있다.
앗사지 존자는 이러한 「무아의 특징 경」(S22:59)을 듣고 아라한이 된 분이다. 그러므로 본경에서 존자가 오온을 통해서 제행무상과 제법무아를 강조하는 것은 각별한 의미가 있다 하겠다.

심리현상들은 무아이다. 알음알이는 무아이다. 제행은 무상하고 제법은 무아이다.'라고. 악기웻사나여, 세존께서는 이와 같이 가르침을 분류하여 제자들에게 거듭해서 제시하십니다."79)

"앗사지 존자여, 사문 고따마께서 이런 말씀을 하신다고 하시니, 우리는 참으로 달갑지 않은 것을 들었습니다. 우리는 언제 어디서든 고따마 존자를 만나 허심탄회하게 어떤 대화를 한번 나눌 수 있을 것입니다. 그리하면 그의 아주 나쁜 견해를 씻어낼 수 있을 것입니다."

5. 그때 오백 명의 릿차위들80)은 어떤 일 때문에 집회소에 모였다. 그때 니간타의 후예 삿짜까는 그 오백 명의 릿차위들에게 가서 이렇게 말했다.

"존경하는 릿차위들께서는 어서 오십시오. 존경하는 릿차위들께서는 어서 오십시오. 오늘 나는 사문 고따마와 함께 대화를 나눌 것

---

79) "'모든 형성된 것들은 무상하다[諸行無常, sabbe saṅkhārā aniccā].'라는 것은 삼계에 속하는 모든 형성된 것들(te-bhūmaka-saṅkhārā)은 무상하다는 말이다. '모든 법들은 무아다[諸法無我, sabbe dhammā anattā].'라는 것은 4가지 세계(삼계 + 출세간)에 속하는 모든 법들(catu-bhūmaka-dhammā)은 무아라는 말이다. 이처럼 그 비구들은 장로에게 무상의 특상(anicca-lakkhaṇa)과 무아의 특상(anatta-lakkhaṇa)의 두 가지 특상은 말했으나 괴로움의 특상(dukkha-lakkhaṇa)은 말하지 않았다. 왜? 그들은 생각하기를 이 비구는 시비걸기를 좋아하기(vādī) 때문에 괴로움의 특상을 언급하는 순간에 '물질도 … 알음알이도 괴로움이라면 도도 괴로움이요 과도 괴로움이다. 그러니 그대들은 괴로움을 얻은(dukkha-ppattā) 비구에 지나지 않는다.'라고 여길 것이다. 그래서 두 가지 특상만 말한 것이다."(SA.ii.318) 본경에 해당하는 주석서도 같은 내용을 담고 있다.(MA.ii.271)
한편 『상윳따 니까야』 제3권 「찬나 경」(S22:90) §4에서도 장로 비구들이 재가에 있을 때 세존의 미부였던 찬나 존자에게 오온의 무상과 무아만을 설하는 것으로 나타나는데, 위에서 인용한 주석서는 이 경에 해당하는 주석서를 옮긴 것이다.

80) 릿치위(Licchavī)에 대해서는 본서 제1권 「사자후의 긴 경」(M12) §2의 주해를 참조할 것.

입니다. 만일 그의 가장 잘 알려진 제자인 앗사지라는 비구가 내게 주장한 것처럼 사문 고따마가 내게 그렇게 주장하면, 마치[81] 힘센 사람이 긴 머리털의 숫양을, 그의 머리채를 잡고 앞으로 끌고 뒤로 끌고 때로는 앞으로 때로는 뒤로 끌듯이,[82] 그와 같이 나도 논쟁에서 사문 고따마를 앞으로 끌고 뒤로 끌고 때로는 앞으로 때로는 뒤로 끌겠습니다.

마치 힘센 양조업자가 술 거르는 체를 깊은 물탱크에다 던져 넣고는 그 가장자리를 잡고 앞으로 끌고 뒤로 끌고 때로는 앞으로 때로는 뒤로 끌듯이, 그와 같이 나도 논쟁에서 사문 고따마를 앞으로 끌고 뒤로 끌고 때로는 앞으로 때로는 뒤로 끌겠습니다. 마치 힘센 양조 혼합사가 [229] 체의 가장자리를 잡고 위로 흔들고 아래로 흔들고 탁탁 치듯이, 그와 같이 나도 논쟁에서 사문 고따마를 위로 흔들고 아래로 흔들고 탁탁 치겠습니다. 마치 60년 된 코끼리가 깊은 호수에 들어가서 대마 씻는 놀이[83]를 즐기듯이, 그와 같이 나도 사문 고따

81) 여기 본경 §5에 나타나는 네 가지 비유는 본서 「우빨리 경」(M56) §7에도 나타나고 있다.

82) '때로는 앞으로 때로는 뒤로 끌겠다.'는 것은 samparikaḍḍhissāmi를 옮긴 것인데 주석서에서 "어떤 때는 앞으로 끌고 어떤 때는 뒤로 끌겠다(kālena ākaḍḍheyya kālena parikaḍḍheyya)."(MA.ii.271)라는 뜻이라고 설명하고 있어서 이렇게 옮겼다.

83) '대마를 씻는 놀이'는 sāṇadhovikaṁ nāma kīḷitajātaṁ을 옮긴 것이다. 주석서는 이렇게 설명하고 있다.
"여기서 '대마를 씻음(sāṇadhovika)'이 놀이의 이름이다. 사람들은 삼베를 만들기 위해 대마의 껍질을 가져와서 한 움큼씩 묶어서 물에 던져 넣는다. 그리고는 시큼한 미음과 술 등을 가지고 그곳에 가서 한 움큼의 대마를 건져서 오른쪽과 왼쪽과 중간에 놓인 세 개의 판자 위에 올려놓고 한 번은 오른쪽, 한 번은 왼쪽, 한 번은 중간을 두들기면서 시큼한 미음과 술을 마시고 즐기고 먹고 하면서 씻는다. 이것은 큰 오락이 된다. 큰 코끼리가 그것을 보고 깊은 물속에 들어가 코로 물을 빨아올려 한 번은 배에, 한 번은 등에, 한 번은 양 옆구리에, 한 번은 안쪽 넓적다리에 뿌리면서 논다. 이런 놀이를 대마

마와 함께 대마 씻는 놀이를 즐기겠습니다. 존경하는 릿차위들께서는 어서 오십시오. 존경하는 릿차위들께서는 어서 오십시오. 오늘 나는 사문 고따마와 함께 대화를 나눌 것입니다."

6. 그곳에서 어떤 릿차위들은 이렇게 말했다.

"어떻게 사문 고따마가 니간타의 후예인 삿짜까의 언설을 논파한다는 말인가? 오히려 니간타의 후예인 삿짜까가 사문 고따마의 언설을 논파할 것이다."

어떤 릿차위들은 이렇게 말했다.

"니간타의 후예 삿짜까가 누구라고[84] 감히 세존의 언설을 논파한다는 말인가? 그와는 반대로 세존께서 니간타의 후예인 삿짜까의 언설을 논파하실 것이다."

그때 니간타의 후예인 삿짜까는 오백 명의 릿차위들에게 둘러싸여 큰 숲의 중각강당으로 갔다.

7. 그때 많은 비구들이 노지에서 경행을 하고 있었다. 그러자 니간타의 후예 삿짜까가 그 비구들에게 다가가서 이렇게 말했다.

"존자들이여, 지금 고따마 존자께서는 어디에 머무십니까? 우리는 그분 고따마 존자를 뵙고 싶습니다."

"악기웻사나여, 세존께서는 큰 숲에 들어가셔서 어떤 나무 아래 앉아 낮 동안을 머물고 계십니다."

씻는 놀이라 한다."(MA.ii.272)

84) '니간타의 후예 삿짜까가 누구라고'라는 것은 kiṁ so bhavamāno saccako niganthaputto를 옮긴 것이다. 주석서는 이렇게 설명하고 있다.
"즉 삿짜까가 무엇이 되어, 즉 어떤 모습으로, 그가 약카로 변하여, 혹은 인드라 혹은 범천이 되어 세존의 말씀을 논파할 수 있단 말인가?(vādaṁ āropessati) 세존의 말씀은 평범한 인간(pakati-manussa)에 의해 절대 논파될 수 없다는 말이다."(MA.ii.272)

8. 그러자 니간타의 후예인 삿짜까는 많은 릿차위 대중과 함께 큰 숲으로 들어가서 세존께 다가갔다. 가서는 세존과 함께 환담을 나누었다. 유쾌하고 기억할만한 이야기로 서로 담소를 나누고 한 곁에 앉았다. 릿차위들도 어떤 자들은 세존께 절을 올리고 한 곁에 앉았고, 어떤 자들은 세존과 함께 환담을 나누고 유쾌하고 기억할만한 이야기로 서로 담소를 나누고 한 곁에 앉았고, 어떤 자들은 세존께 합장하여 절을 올리고 한 곁에 앉았고, 어떤 자들은 세존의 앞에서 이름과 성을 말한 뒤 한 곁에 앉았고, 어떤 자들은 말없이 한 곁에 앉았다.

9. 한 곁에 앉은 니간타의 후예인 삿짜까는 세존께 이렇게 말씀드렸다.

"만일 고따마 존자께서 저의 질문을 허락해주신다면 저는 고따마 존자께 어떤 점에 대해 질문을 드리고자 합니다."

"악기웻사나여, 그대가 묻고 싶은 것을 질문하라."

"고따마 존자께서는 [230] 어떻게 제자들을 인도하십니까? 그리고 고따마 존자께서는 가르침을 어떻게 분류하여 제자들에게 거듭해서 제시하십니까?"

"악기웻사나여, 이와 같이 나는 제자들을 인도한다. 그리고 이와 같이 나는 가르침을 분류하여 제자들에게 거듭하여 제시한다. '비구들이여, 물질은 무상하다. 느낌은 무상하다. 인식은 무상하다. 심리현상들[行]은 무상하다. 알음알이는 무상하다. 비구들이여, 물질은 무아이다. 느낌은 무아이다. 인식은 무아이다. 심리현상들은 무아이다. 알음알이는 무아이다. 제행은 무상하고 제법은 무아이다.'라고. 악기웻사나여, 이와 같이 나는 가르침을 분류하여 제자들에게 거듭해서 제시한다."

10. "고따마 존자시여, 제게 비유가 떠올랐습니다."

"악기웻사나여, 그것을 말해 보라."라고 세존께서는 말씀하셨다.

"고따마 존자시여, 예를 들면 씨앗이나 식물이라면 그것이 어떤 종류이건 성장하고 번성하고 충만하게 되는 것은 모두 땅에 의지하고 땅에 바탕을 두어 성장하고 번성하고 충만하게 되고, 다시 예를 들면 힘을 많이 써서 해야 하는[85] 일이라면 그것이 어떤 종류이건 모두 땅을 의지하고 땅에 바탕을 두어 힘쓰는 일들을 하듯이, 고따마 존자시여, 이 인간이란 물질을 자아로 삼아 그 물질에 바탕을 두고 공덕을 짓기도 하고 악덕을 짓기도 합니다. 이 인간이란 느낌을 자아로 삼아 그 느낌에 바탕을 두고 공덕을 짓기도 하고 악덕을 짓기도 하며, 이 인간이란 인식을 자아로 삼아 그 인식에 바탕을 두고 공덕을 짓기도 하고 악덕을 짓기도 하며, 이 인간이란 심리현상들을 자아로 삼아 그 심리현상들에 바탕을 두고 공덕을 짓기도 하고 악덕을 짓기도 하며, 이 인간이란 알음알이를 자아로 삼아 그 알음알이에 바탕을 두고 공덕을 짓기도 하고 악덕을 짓기도 합니다."

11. "악기웻사나여, 참으로 그대는 이와 같이 말하는 것인가? '물질은 나의 자아다. 느낌은 나의 자아다. 인식은 나의 자아다. 심리현상들은 나의 자아다. 알음알이는 나의 자아다.'라고."

"고따마 존자시여, 저는 참으로 그와 같이 말합니다. '물질은 나의 자아다. 느낌은 나의 자아다. 인식은 나의 자아다. 심리현상들은 나의 자아다. 알음알이는 나의 자아다.'라고. 그리고 이 많은 사람들도

---

85) '힘을 많이 써서 해야 하는'은 bala-karaṇīyā(힘을 써야 하는)를 옮긴 것인데 주석서에서 "많은 힘으로 행해야 하는(bāhu-balena kattabbā)"(MA.ii.275)이라고 설명하고 있고 그 예로 농업, 상업 등을 말한다고 들고 있어서 이렇게 옮겼다.

그렇게 말합니다."

"악기웻사나여, 이 많은 사람들이 그대와 무슨 상관인가?[86] 악기웻사나여, 그대는 자신의 주장을 설명하라."

"고따마 존자시여, 저는 이와 같이 말합니다. '물질은 나의 자아다. 느낌은 나의 자아다. 인식은 나의 자아다. 심리현상들은 나의 자아다. 알음알이는 나의 자아다.'라고."

12. "악기웻사나여, 그렇다면 이것을 그대에게 물어보리니 그대가 원하는 대로 설명하라. 악기웻사나여, [231] 이를 어떻게 생각하는가? 관정식을 거친 끄샤뜨리야 왕은, 예를 들면 꼬살라의 빠세나디같은 왕이나 마가다의 왕 아자따삿뚜 웨데히뿟따처럼, 그의 영토에서 사형에 처해야 할 자를 사형시키고, 벌금을 물려야 할 자는 벌금을 물리고, 추방시켜야 할 자는 추방시키는 권력을 행사하는가?"

"고따마 존자시여, 관정식을 거친 끄샤뜨리야 왕은, 예를 들면 꼬살라의 빠세나디같은 왕이나 마가다의 왕 아자따삿뚜 웨데히뿟따처럼, 그의 영토에서 사형에 처해야 할 자를 사형시키고, 벌금을 물려야 할 자는 벌금을 물리고, 추방시켜야 할 자는 추방시키는 권력을 행사합니다. 고따마 존자시여, 이들 공화제나 집단 체제인 왓지들과 말라들도 그들의 영토에서 사형에 처해야 할 자를 사형시키고, 벌금을 물려야 할 자는 벌금을 물리고, 추방시켜야 할 자는 추방시키는 권력을 행사하는데 하물며 꼬살라의 빠세나디같은 왕이나 마가다의 왕 아자따삿뚜 웨데히뿟따처럼 관정식을 거친 끄샤뜨리야 왕에 대해서야 말해 무엇하겠습니까? 그는 그렇게 행하고 있고 또 충분히 그

86) "즉 이 많은 사람들은 나의 말을 논파하려고 온 것이 아니라, 오직 그대만이 나의 말을 논파하려고 온 것이니까 이 많은 사람들을 끌어들이지 말고 그대 자신의 교리(sakka vāda)를 스스로 설명하라는 말이다."(MA.ii.276)

렇게 행할 만합니다."

13. "악기웻사나여, 이를 어떻게 생각하는가? 그대는 '물질은 나의 자아다.'라고 주장하는데, 그대는 '내 물질은 이렇게 되고, 이렇게 되지 마라.'고[87] 그 물질을 지배할 수 있는가?"

이렇게 말씀하셨을 때 니간타의 후예인 삿짜까는 침묵했다.

세존께서는 두 번째에도 니간타의 후예인 삿짜까에게 이렇게 말씀하셨다.

"악기웻사나여, 이를 어떻게 생각하는가? 그대는 '물질은 나의 자아다.'라고 주장하는데, 그대는 '내 물질은 이렇게 되고, 이렇게 되지 마라.'고 그 물질을 지배할 수 있는가?"

이렇게 말씀하셨을 때 니간타의 후예인 삿짜까는 역시 침묵했다.

그러자 세존께서는 니간타의 후예인 삿짜까에게 이렇게 말씀하셨다.

"이제 설명을 하라, 악기웻사나여. 지금은 그대가 침묵을 지킬 때가 아니다. 악기웻사나여, 여래가 세 번이나 법다운 질문을 해도 설명하지 않으면 그 자리에서 머리가 일곱 조각 날 것이다."

14. "그때에 금강수(金剛手)[88] 약카가 시뻘겋게 달구어지고 불꽃

---

87) "'내 물질은 이와 같이, 즉 호감가고 잘생기고 장엄하기에 적합하고 매혹적으로 되어라.'라고 바라는 바를 보여주거나(manāpa-dassana), '내 물질은 이와 같이, 즉 못 생기고 일그러지고 주름지고 머리카락이 새지 마라.'라고 권한을 행사할 수 있는(vattituṁ arahati) 것을 말한다."(MA.ii.277)
즉 물질을 비롯한 다섯 가지 무더기(오온)에 대해 아무런 권한도 행사할 수 없고, 그들을 지배(vasa)할 수도 없으므로 그 다섯 가지 무더기는 자아가 아니라고 말씀하시는 것이다.

88) '금강수(金剛手)'는 와즈라빠니(Vajirapāṇī)를 옮긴 것이다. 와즈라빠니는 "그의 손에 금강저(혹은 벼락)를 가진(vajiraṁ pāṇimhi assā ti)"(MA.ii.277)이란 의미이며 바후워르히(Bahuvrīhi, 有財釋) 합성어이다. 주석서에서는 이 금강수 약카는 다름 아닌 신들의 왕 삭까(Sakko devarājā, 인드라, 제석)라고 설명하고 있다.(*Ibid*) 한편 이런 합성어를 가진 이름으로는 연화

이 이글거리고 빛을 내는 금강저를 들고 '만일 니간타의 후예인 삿짜까가 세존께서 세 번이나 법다운 질문을 했는데도 설명하지 않으면 이 자리에서 그의 머리를 일곱 조각 내어버리리라.'라고 생각하면서 니간타의 후예인 삿짜까의 바로 위쪽 허공에 나타났다. 세존께서도 그 금강수 약카를 보셨고 니간타의 후예인 삿짜까도 그를 보았다. 그러자 니간타의 후예인 삿짜까는 두렵고 떨리고 모골이 송연하여 [232] 세존께 보호를 청하고 세존께 피난처가 되어 주실 것을 원하고 세존께 귀의하기를 원하면서 세존께 이렇게 말씀드렸다.

"고따마 존자시여, 질문해 주십시오. 설명하겠습니다."

15. "악기웻사나여. 이를 어떻게 생각하는가? 그대는 '물질은 나의 자아다.'라고 주장하는데, 그대는 '내 물질은 이렇게 되고, 이렇게 되지 마라.'라고 그 물질을 지배할 수 있는가?"

"아닙니다, 고따마 존자시여."

16. "악기웻사나여, 마음에 잡도리하라. 악기웻사나여, 마음에 잡도리하고서 설명하라. 그대의 말은 먼저 한 말은 뒤에 한 말과 일치하지 않고 뒤에 한 말은 먼저 한 말과 일치하지 않는다.

악기웻사나여. 이를 어떻게 생각하는가? 그대는 '느낌은 나의 자아다.'라고 주장하는데, 그대는 '내 느낌은 이렇게 되고, 이렇게 되지 마라.'고 그 느낌을 지배할 수 있는가?"

"아닙니다, 고따마 존자시여."

17. "악기웻사나여, 마음에 잡도리하라. 악기웻사나여, 마음에

수(蓮花手)로 옮기는 빠두마빠니(Padumapāṇī) 등을 들 수 있다.
금강수 약카는 『디가 니까야』 제1권 「암밧타 경」(D3) §1.21에서 세존과 암밧타 바라문 학도의 대화에서도 등장하고 있다.

잡도리하고서 설명하라. 그대의 말은 먼저 한 말은 뒤에 한 말과 일치하지 않고 뒤에 한 말은 먼저 한 말과 일치하지 않는다.

악기웻사나여. 이를 어떻게 생각하는가? 그대는 '인식은 나의 자아다.'라고 주장하는데, 그대는 '내 인식은 이렇게 되고, 이렇게 되지 마라.'고 그 인식을 지배할 수 있는가?"

"아닙니다, 고따마 존자시여."

18. "악기웻사나여, 마음에 잡도리하라. 악기웻사나여, 마음에 잡도리하고서 설명하라. 그대의 말은 먼저 한 말은 뒤에 한 말과 일치하지 않고 뒤에 한 말은 먼저 한 말과 일치하지 않는다.

악기웻사나여. 이를 어떻게 생각하는가? 그대는 '심리현상들[行]은 나의 자아다.'라고 주장하는데, 그대는 '내 심리현상들[行]은 이렇게 되고, 이렇게 되지 마라.'고 그 심리현상들을 지배할 수 있는가?"

"아닙니다, 고따마 존자시여."

19. "악기웻사나여, 마음에 잡도리하라. 악기웻사나여, 마음에 잡도리하고서 설명하라. 그대의 말은 먼저 한 말은 뒤에 한 말과 일치하지 않고 뒤에 한 말은 먼저 한 말과 일치하지 않는다.

악기웻사나여. 이를 어떻게 생각하는가? 그대는 '알음알이는 나의 자아다.'라고 주장하는데, 그대는 '내 알음알이는 이렇게 되고, 이렇게 되지 마라.'고 그 알음알이를 지배할 수 있는가?"

"아닙니다, 고따마 존자시여."

20. "악기웻사나여, 마음에 잡도리하라. 악기웻사나여, 마음에 잡도리하고서 설명하라. 그대의 말은 먼저 한 말은 뒤에 한 말과 일치하지 않고 뒤에 한 말은 먼저 한 말과 일치하지 않는다.

악기웻사나여, 이를 어떻게 생각하는가? 물질은 항상한가, 무상한가?"

"무상합니다, 고따마 존자시여."

"그러면 무상한 것은 괴로움인가, 즐거움인가?"

"괴로움입니다, 고따마 존자시여."

"그러면 무상하고 괴로움이고 변하기 마련인 것을 두고 '이것은 내 것이다. 이것은 나이다. 이것은 [233] 나의 자아다.'라고 보는 것이 타당하겠는가?"

"그렇지 않습니다, 고따마 존자시여."

"악기웻사나여, 이를 어떻게 생각하는가? 느낌은 항상한가, 무상한가? …

악기웻사나여, 이를 어떻게 생각하는가? 인식은 항상한가, 무상한가? …

악기웻사나여, 이를 어떻게 생각하는가? 심리현상들은 항상한가, 무상한가? …

악기웻사나여, 이를 어떻게 생각하는가? 알음알이는 항상한가, 무상한가?"

"무상합니다, 고따마 존자시여."

"그러면 무상한 것은 괴로움인가 즐거움인가?"

"괴로움입니다, 고따마 존자시여."

"그러면 무상하고 괴로움이고 변하기 마련인 것을 두고 '이것은 내 것이다. 이것은 나이다. 이것은 나의 자아다.'라고 보는 것이 타당하겠는가?"

"그렇지 않습니다, 고따마 존자시여."

21. "이를 어떻게 생각하는가, 악기웻사나여? 괴로움에 들러붙고[89] 괴로움에 의지하고 괴로움을 고수하여 괴로움을 두고 '이것은

내 것이다. 이것은 나이다. 이것은 나의 자아다.'라고 보는[90] 자가 그 스스로 괴로움을 통달하여 알 수 있거나[91] 혹은 괴로움을 철저히 부수어버리고[92] 머물 수 있겠는가?"

"어찌 그럴 수 있겠습니까, 고따마 존자시여. 참으로 그렇지 않습니다, 고따마 존자시여."[93]

22. "악기웻사나여, 예를 들면 심재가 필요하고 심재를 찾는 사람이 심재를 찾아 이리저리 다니면서 날카로운 도끼를 들고 숲에 들어가서, 그는 거기서 야자나무 줄기가 크고 곧고 싱싱하지만 안이 꽉 차지 않은 것[94]을 볼 것이다. 그는 그것의 뿌리를 자를 것이다. 뿌리

---

89) "'괴로움에 들러붙는다(allīno dukkhaṁ).'는 등은 이 다섯 가지 무더기(오온)의 괴로움(pañca-kkhandha-dukkha)에 갈애와 사견(taṇhā-diṭṭhi)에 의해 들러붙는다는 말이다."(MA.ii.279)

90) "'괴로움은 나의 자아다(dukkhaṁ etaṁ mama).'라는 등을 본다(samanu-passati)는 말은 다섯 가지 무더기의 괴로움을 갈애와 자만과 사견으로써 본다는 말이다."(MA.ii.279)

91) "'통달하여 안다(parijāneyya).'는 것은 무상하고 괴로움이고 무아라고 조사의 통달지(tīraṇa-pariññā)에 의해 철저히 아는 것을 말한다."(MA.ii.279)

92) "'철저히 부수어버린다(parikkhepetvā).'는 것은 부수어지고(khaya) 사라지고(vaya) 다시 생기지 않는 것(anuppāda)에 이른다는 말이다."(MA.ii.279)

93) Be와 Se에는 이 문단 다음에 다시 다음 문단이 들어있다.
"이를 어떻게 생각하는가, 악기웻사나여. 비록 그와 같다 하더라도 그대는 괴로움에 들러붙고 괴로움에 의지하고 괴로움을 고수하여 괴로움을 두고 '이것은 내 것이다. 이것은 나이다. 이것은 나의 자아다.'라고 보고 있지 않은가?" "어찌 그렇지 않겠습니까, 고따마 존자시여? 참으로 그렇습니다, 고따마 존자시여."
(taṁ kiṁ maññasi, aggivessana, nanu tvaṁ evaṁ sante dukkhaṁ allīno dukkhaṁ upagato dukkhaṁ ajjhosito, dukkhaṁ—etaṁ mama, esohamasmi, eso me attā'ti samanupassasī ti? kiñhi no siyā, bho gotama? evametaṁ bho gotamā ti)

94) '안이 꽉 차지 않은 것'은 akukkuka-jāta를 의역한 것이다. 주석서에서 "안에

를 자르고 꼭대기를 자를 것이다. 꼭대기를 자른 뒤 잔가지와 잎사귀를 깨끗하게 제거할 것이다. 이처럼 잔가지와 잎사귀까지 깨끗하게 제거해버리고 나면 그는 겉재목[白木質]조차도 얻을 수 없을 것이다. 그러니 어디서 속재목을 얻겠는가? 95)

악기웻사나여, 그와 같이 그대는 그대 자신의 주장에 대해 내가 질문하고 반문하고 추궁하자 실없고 헛되고 좌절되었다. 악기웻사나여, 그런데도 그대는 웨살리의 집회에서 이렇게 말했다.

'어떤 사문이나 바라문이든 간에, 그가 승가를 가졌든 무리를 가졌든 무리의 스승이든, 또한 아라한·정등각자라고 자처하든, 나와 논쟁을 시작하면 동요하지 않고 떨지 않고 전율하지 않고 겨드랑이에 식은땀을 흘리지 않는 자를 보지 못했다. 비록 내가 무정물인 기둥과 논쟁을 시작하더라도 막상 논쟁이 시작되면 그 기둥도 동요하고 떨고 전율할 것인데 하물며 인간이야 말해서 무엇하겠는가?'라고.

악기웻사나여, 그런데 이제 그대의 이마가 온통 땀방울에 젖어서 윗옷을 몽땅 적시고는 땅에 떨어졌다. 악기웻사나여, 그러나 내 몸에는 땀이 한 방울도 없다."

이렇게 세존께서는 말씀하시고 그 대중에서 황금색 몸을 드러내셨

유조직(柔組織)이 들어 있지 않은 것(anto asañjāta-ghana-daṇḍaka)" (SA.ii.322)이라거나, "꽃이 필 시기에 안에 손가락 크기만 한(aṅguṭṭha-ppamāṇa) 하나의 유조직(柔組織)이 생기는데 그런 것이 없다는(virahita) 뜻이다."(MA.ii.279)라고 설명하고 있어서 이렇게 옮겼다. 이것은 야자나무의 껍질이 시멘트 같이 생겨서 두껍지만 내부가 비어 있는 것을 말한다.
그리고 꾹꾸까(kukkuka)는 길이를 뜻하는 의미로도 쓰이는데 이 경우에 꾹꾸까는 길이로는 핫타(hattha)와 같다고 한다.(AA.iv.192, 『앙굿따라 니까야』 제5권 「돌기둥 경」(A9:26) §5와 주해를 참조할 것.) 도량단위로서의 핫타(hattha)는 영어의 큐빗(cubit, 약 46~56㎝)에 해당하는 길이라고 한다.(PED)

95) 이것과 같은 비유가 『상윳따 니까야』 제3권 「포말 경」(S22:95) §7 등에도 나타난다.

다. 이렇게 [234] 말씀하셨을 때 삿짜까는 말없이 의기소침하여 어깨를 늘어뜨리고 고개를 숙이고 우울한 표정으로 아무런 대답을 못하고 앉아있었다.

23. 그러자 릿차위의 후예인 둠무카는 니간타의 후예인 삿짜까가 말없이 의기소침하여 어깨를 늘어뜨리고 고개를 숙이고 우울한 표정으로 아무런 대답을 못하는 것을 알고 세존께 이렇게 말씀드렸다.

"세존이시여, 제게 비유가 떠올랐습니다."

"그것을 말해 보라, 둠무카여."라고 세존께서는 말씀하셨다.

"세존이시여, 예를 들면 마을이나 성읍으로부터 멀지 않은 곳에 연못이 있는데 그곳에 게가 있다고 합시다. 세존이시여, 이제 많은 소년들이나 소녀들이 그 마을이나 성읍에서 나와 그 연못으로 갑니다. 가서는 연못에 들어가 그 게를 물 밖으로 끄집어내어 땅바닥에 던져 놓습니다. 그 게가 집게발을 내어놓을 때마다 그 소년들이나 소녀들이 막대기나 돌로 그것을 잘라버리고 끊어버리고 박살을 냅니다. 세존이시여, 이렇게 그 게는 모든 집게발들이 잘리고 끊어지고 박살이 나 다시는 전에처럼 그 연못으로 내려갈 수가 없을 것입니다. 그와 같이 니간타의 후예인 삿짜까의 곡해, 안절부절, 동요96)는 세존에 의해 모두 잘리고 끊어지고 박살이 나버렸습니다. 세존이시여, 그래서 니간타의 후예인 삿짜까는 다시는 세존과 논쟁을 벌이겠다고 찾아오는 것은 불가능하게 되었습니다."

24. 이렇게 들었을 때 니간타의 후예인 삿짜까는 릿차위의 후예인 둠무카에게 이렇게 말했다.

96) "삿짜까의 '곡해, 안절부절, 동요(visūkāyitāni visevitāni vipphanditāni)'는 모두 사견(diṭṭhi)에 의한 곡해, 사견에 의한 안절부절, 사견에 의한 동요이다."(MA.ii.280)

"그대는 기다리시오,[97] 둠무카여. 그대는 기다리시오, 둠무카여. 우리는 그대와 더불어 이야기하는 것이 아니라 지금 우리는 고따마 존자와 더불어 이야기하고 있습니다."

[다시 삿짜까는 세존께 말씀드렸다.]

"고따마 존자시여, 이제 이것을 그만둡시다. 우리의 대화도 여느 보통 사문・바라문들의 논쟁처럼 단지 한담에 지나지 않는다고 생각합니다. 그런데 어떻게 해서 고따마 존자의 제자들은 가르침을 실천하고 훈계를 받들어 행하고 의심을 건너고 회의를 극복하고 무외를 얻고[98] 다른 사람을 의지하지 않고[99] 스승의 가르침에 머뭅니까?"[100]

---

97) "'기다리시오(āgamehi).'라는 것은 다시 말하지 말고 가만히 있으라는 말이다."(MA.ii.281)

98) "'무외를 얻는다(vesārajja-ppatta).'는 것은 지혜 얻음(ñāṇa-ppatta)을 말한다."(MA.ii.281)

99) '다른 사람을 의지하지 않고'는 apara-ppaccaya를 옮긴 것이다. 본경에 해당하는 주석서는 "남의 증득이 아님(apara-ppattiya)을 뜻한다."(MA.ii.281)라고만 밝히고 있는데 복주서는 다시 "남이 증득한 것은 신뢰되어서는 안된다는 뜻이다(na paro pattiyo saddahātabbo etassa atthīti)."(MAṬ.ii.208)라고 풀이하고 있다.
그리고 『상윳따 니까야』 제2권 「깟짜나곳따 경」(S12:15) §5에 해당하는 주석서에는 "'그의 지혜는 다른 사람을 의지하지 않는다(aparapaccayā ñāṇaṁ).'는 것은 남을 의지하지 않고(aññassa apattiyāyetvā) 자기 자신이 직접 경험한 지혜(atta-paccakkha-ñāṇa)를 말한다."(SA.ii.33)라고 설명하고 있다.
여기서 paccakkha는 눈앞에 드러난(prati+akṣa)에서 파생된 단어로 인명학(因明學)에서 말하는 직접지[現量, Sk. pratakṣa]와 같은 말이다. 추론지[比量, anumāna]나 비유지[譬喩量 upamāna]나 성인의 가르침[聖言量, āpta-vaca]을 통해서 알게 된 지혜가 아니고 직접 체득한 지혜라는 뜻이며, 온・처・계・근・제・연으로 대표되는 법에 대한 지혜가 생긴 것을 말한다. 그리고 이것은 예류자 이상의 성자의 경지이기도 하다.

100) '가르침을 실천하고 … 스승의 가르침에 머문다.'는 이 정형구는 본서 「우빨

"악기웻사나여, 여기서 나의 제자는 물질이라고 하는 것은 그 어떤 것이든, 그것이 과거의 것이든, 미래의 것이든, 현재의 것이든, 안의 것이든 밖의 것이든, 거칠든 섬세하든, 저열하든 수승하든, 멀리 있건 가까이 있건, 그 모든 물질에 대해 '이것은 내 것이 아니다. 이것은 내가 아니다. 이것은 나의 자아가 아니다.'라고 이렇게 [235] 있는 그대로 바른 통찰지로써 본다.

악기웻사나여, 여기서 나의 제자는 느낌이라고 하는 것은 그 어떤 것이든, … 인식이라고 하는 것은 그 어떤 것이든, … 심리현상들이라고 하는 것은 그 어떤 것이든, … 알음알이라고 하는 것은 그 어떤 것이든, 그것이 과거의 것이든, 미래의 것이든, 현재의 것이든, 안의 것이든 밖의 것이든, 거칠든 섬세하든, 저열하든 수승하든, 멀리 있건 가까이 있건, 그 모든 알음알이에 대해 '이것은 내 것이 아니다. 이것은 내가 아니다. 이것은 나의 자아가 아니다.'라고 이렇게 있는 그대로 바른 통찰지로써 본다.

악기웻사나여, 이렇게 해서 나의 제자들은 가르침을 실천하고 훈계를 받들어 행하고 의심을 건너고 회의를 극복하고 무외를 얻고 다른 사람을 의지하지 않고 스승의 가르침에 머문다."

25. "고따마 존자시여, 그러면 어떻게 해서 비구는 번뇌 다한 아라한이 되어 삶을 완성하고 할 바를 다 하고 짐을 내려놓고 참된 이상을 실현하고 삶의 족쇄를 부수고 바른 구경의 지혜로 해탈합니까?"

"악기웻사나여, 여기 비구는 물질이라고 하는 것은 그 어떤 것이

리 경」(M56) §18과 본서 제3권 「왓차곳따 긴 경」(M73) §10과 「디가나카 경」(M74) §15 등에도 나타난다. 본경의 주석서의 설명처럼 이 정형구는 예류자, 일래자, 불환자의 유학(有學)의 경지(sekkha-bhūmi)를 설명하는 정형구로 알려져 있다.(sekkha-bhūmi dassitā — MA.ii.281)

든, 그것이 과거의 것이든, 미래의 것이든, 현재의 것이든, 안의 것이든 밖의 것이든, 거칠든 섬세하든, 저열하든 수승하든, 멀리 있건 가까이 있건, 그 모든 물질에 대해 '이것은 내 것이 아니다. 이것은 내가 아니다. 이것은 나의 자아가 아니다.'라고 이렇게 있는 그대로 바른 통찰지로써 보아 취착 없이 해탈한다.

느낌이라고 하는 것은 그 어떤 것이든, … 인식이라고 하는 것은 그 어떤 것이든, … 심리현상들이라고 하는 것은 그 어떤 것이든, … 알음알이라고 하는 것은 그 어떤 것이든, 그것이 과거의 것이든, 미래의 것이든, 현재의 것이든, 안의 것이든 밖의 것이든, 거칠든 섬세하든, 저열하든 수승하든, 멀리 있건 가까이 있건, 그 모든 알음알이에 대해 '이것은 내 것이 아니다. 이것은 내가 아니다. 이것은 나의 자아가 아니다.'라고 이렇게 있는 그대로 바른 통찰지로써 보아 취착 없이 해탈한다.

악기웻사나여, 이렇게 해서 비구는 번뇌 다한 아라한이 되어 삶을 완성하고 할 바를 다 하고 짐을 내려놓고 참된 이상을 실현하고 삶의 족쇄를 부수고 바른 구경의 지혜로 해탈한다."

26. "악기웻사나여, 이와 같이 마음이 해탈한 비구는 세 가지 위없음, 즉 위없는 견해, 위없는 도닦음, 위없는 해탈을 구족한다.[101]

---

101) "'위없는 견해(dassana-anuttariya)' 등은 세간적인 통찰지와 출세간적인 통찰지(lokiya-lokuttarā paññā) 등을 말한다. 혹은 청정한 출세간(suddha-lokuttara)의 견해와 도닦음과 해탈을 말한다.
이처럼 [출세간에 속하는 것일 경우에] '위없는 견해(dassana-anuttariya)'란 아라한도의 정견(sammā-diṭṭhi)을 말하고, '위없는 도닦음(paṭipadā-nuttariya)'은 아라한도의 정견을 제외한 나머지 일곱 가지 도의 각지(정사유부터 정정까지)를 말하고, '위없는 해탈(vimutta-anuttariya)'이란 아라한과의 해탈을 말한다. 혹은 첫 번째는 번뇌 다한 자가 열반을 보는 것을 말하고, 두 번째는 팔정도의 각지를 말하고, 세 번째는 최상의 과인 아라한과를 말한다."(MA.ii.281~282)

악기웠사나여, 이와 같이 해탈한 비구는 여래를 존경하고 존중하고 공경하고 숭배한다. '깨달으신 세존께서는 깨달음을 위해 법을 설하신다.[102] 제어되신 세존께서는 제어를 위해 법을 설하신다. 고요하신 세존께서는 고요함을 위해 법을 설하신다. 건너신[103] 세존께서는 건너게 하기 위해 법을 설하신다. 구경열반을 성취하신 세존께서는 구경열반을 위해 법을 설하신다.'라고."

27. 이렇게 말씀하시자 니간타의 후예인 삿짜까는 세존께 이와 같이 말씀드렸다. [236]

"고따마 존자시여, 제가 논쟁에서 고따마 존자와 맞붙을 수 있다고 생각했으니 참으로 무례하고 무모했습니다.[104] 고따마 존자시여, 사람이 취기 오른 코끼리와 대적하여 안전할 수는 있어도 고따마 존자와 대적하여 안전할 수는 없습니다. 고따마 존자시여, 사람이 타오르는 불덩이를 습격하여 안전할 수는 있어도 고따마 존자와 대적하여 안전할 수는 없습니다. 사람이 맹독이 있는 독사를 습격하여 안전할 수는 있어도 고따마 존자와 대적하여 안전할 수는 없습니다. 고따마 존자시여, 저는 논쟁에서 고따마 존자와 맞붙을 수 있다고 생각했으니 참으로 무례하고 무모했습니다. 고따마 존자께서는 비구 승가와 함께 내일 저의 공양을 허락하여 주십시오."

---

102) "여기서 '깨달으신(buddha)'이란 네 가지 진리[四諦, cattāri saccāni]를 깨달았다는 것이다. '법을 설하신다(dhammaṁ deseti).'는 것은 다른 사람들에게도 사성제를 깨닫게 하기 위해 법을 설하신다는 말이다."(MA.ii.282)

103) "'고요하신(santa)'이란 것은 모든 오염원들이 가라앉았다는(sabba-kilesa-vūpasama) 말이고, '건너신(tiṇṇa)'이란 것은 네 가지 격류(catur-ogha)를 건넜다는 말이다."(MA.ii.282)

104) "'무례했다(dhaṁsī)'는 것은 세존의 특질 혹은 공덕을 훼손시켰고(guṇa-dhaṁsakā), '무모했다(pagabbhā)'는 것은 말을 뻔뻔스럽게(vācā-pāgabbiya) 했다는 뜻이다."(MA.ii.282)

세존께서는 침묵으로 허락하셨다.

28. 니간타의 후예인 삿짜까는 세존께서 허락하신 것을 알고서 그들 릿차위들에게 말했다.

"존경하는 릿차위들이여, 들으시오. 내일 사문 고따마를 비구 승가와 함께 초대했습니다. 그러니 그대들은 그분께 적당하다고 생각되는 것을 내게 가져오시오."

29. 릿차위들은 그 밤이 지나자 니간타의 후예인 삿짜까에게 오백 접시의 우유죽105)을 가져왔다. 그때 니간타의 후예인 삿짜까는 자신의 원림에서 여러 가지 맛있는 부드러운 음식과 딱딱한 음식을 준비하게 하고서 세존께 시간을 알려 드렸다.

"고따마 존자시여, 시간이 되었습니다. 공양이 다 준비되었습니다."

30. 그때 세존께서는 오전에 옷매무새를 가다듬고 발우와 가사를 수하시고 비구 승가와 함께 니간타의 후예인 삿짜까의 원림으로 가셨다. 가셔서는 비구 승가와 함께 마련된 자리에 앉으셨다. 그러자 니간타의 후예인 삿짜까는 부처님을 비롯한 비구 승가에게 부드러운 음식과 딱딱한 음식 등 맛있는 음식을 손수 충분히 대접하고 만족시켜드렸다.106) 그때 니간타의 후예인 삿짜까는 세존께서 공양을 마치시고 발우에서 손을 떼시자 어떤 낮은 자리를 잡아서 한 곁에 앉았다. 한 곁에 앉아서 니간타의 후예 삿짜까는 세존께 이렇게 말씀드렸다.

---

105) '우유죽'은 탈리빠까(thāli-pāka)를 옮긴 것인데, 이것은 브라흐마나 문헌에도 등장하는 음식으로 가정제사의 기본 음식이 된다.

106) "'만족시켜드렸다(sampavāresi).'는 것은 충분히 공양을 올린 뒤, '이제 그만, 이제 그만 충분하다.'라고 손짓으로 거절할 때까지 공양을 올린다는 말이다."(MA.ii.283)

"고따마 존자시여, 이 보시의 공덕[107]과 큰 과보가 이 음식을 보시한 자들에게 큰 행복이 되기를 바랍니다."[108]

"악기웻사나여, 탐욕을 여의지 못하고 성냄을 여의지 못하고 어리석음을 여의지 못한 그대 같은 자에게 보시하여 얻는 것은 무엇이든지 [237] 보시자들을 위한 것이 될 것이다. 악기웻사나여, 그러나 탐욕을 여의고 성냄을 여의고 어리석음을 여읜 나 같은 자에게 보시하여 얻는 것은 무엇이든지 그대를 위한 것이 될 것이다."[109]

삿짜까 짧은 경(M35)이 끝났다.

---

107) 여기서 '공덕'은 puñña를 옮긴 것이고 '큰 과보'는 puñña-mahī를 옮긴 것이다. 주석서는 이렇게 설명하고 있다.
"'공덕(puñña)'이란 이 보시(dāna)에서 생기는 공덕으로 미래에 생길 과보의 무더기(vipāka-kkhandha)를 뜻한다. '큰 과보(puñña-mahī)'란 이런 공덕의 무더기들에 의해서 에워싸인 것(parivāra)이다."(MA.ii.283)

108) "이 음식을 보시한 자들에게 큰 행복이 되기를 바란다는 것은 바로 이들 릿차위들에게 큰 행복이 되길 바란다는 말이다. 왜냐하면 자기는 출가자(pabbajita)이기 때문에 자기에게 보시의 공덕을 돌리는 것은 적당하지 않아서 그들 릿차위들에게 보시의 공덕을 돌렸다고 한다."(MA.ii.283)

109) "릿차위들은 삿짜까에게 보시를 했지 세존께 보시를 한 것이 아니다. 그러나 삿짜까는 세존께 보시를 했다. 그래서 이 뜻을 밝히기 위해 '탐·진·치를 여의지 못한 그대 같은 자에게 보시하여 얻는 것은 …' 등을 말씀하셨다."(MA.ii.283)
즉 삿짜까는 자기가 출가자임을 내세워 보시의 공덕을 모두 이들 릿차위들에게 돌리려 했지만, 세존께서는 삿짜까에게 보시한 이들 릿차위들에게도 보시의 공덕이 있을 것이고, 세존께 보시한 삿짜까에게도 보시의 공덕이 있을 것이라고 말씀하신 것이다.
보시에 대한 여러 가지 논의는 본서 제4권 「보시의 분석 경」(M142)에서 논의되고 있다. 그 가운데 보시의 과보는 "이 가운데서 축생에게 보시를 하면 백 배의 보답이 기대된다. …"는 식으로 §6에서 설명되고 있다.

삿짜까 긴 경

Mahā-saccaka Sutta(M36)

1. 이와 같이 나는 들었다. 한때 세존께서는 웨살리에서 큰 숲의 중각강당에 머무셨다.

2. 그때 세존께서는 오전에 옷매무새를 가다듬고 발우와 가사를 수하시고 웨살리로 탁발을 가셨다.

3. 그때 니간타의 후예 삿짜까가 웨살리에서 산책을 나와 이리저리 경행하다가 큰 숲의 중각강당으로 왔다.[110] 아난다 존자가 니간타의 후예 삿짜까가 멀리서 오는 것을 보았다. 그를 보고 아난다 존자는 세존께 말씀드렸다.

"세존이시여, 니간타의 후예 삿짜까가 오고 있습니다. 이 사람은 논객이고 스스로 학문이 깊은 자라 말하며 많은 사람들에게 성자로 인정되고 있습니다. 그러나 세존이시여, 이 사람은 부처님을 비방하려 하고 법을 비방하려 하고 승가를 비방하려 합니다. 세존이시여,

110) 주석서에 의하면 이번에 삿짜까가 세존을 뵈러 온 것은 잠에 대한 질문(niddā-pañha), 특히 '낮잠(divā supita)'에 대한 질문을 드리기 위해서라고 한다.(MA.ii.284) 이 낮잠에 대한 질문은 본경 §45에 나타난다.

그러니 세존께서 연민히 여기시어 잠시 앉아계시면 좋겠습니다."

세존께서는 마련된 자리에 앉으셨다. 그러자 니간타의 후예 삿짜까가 세존께 다가갔다. 가서는 세존과 환담을 나누었다. 유쾌하고 기억할만한 이야기로 서로 담소를 하고서 한 곁에 앉았다. 한 곁에 앉아서 니간타의 후예 삿짜까는 세존께 이렇게 말씀드렸다.

4. "고따마 존자시여, 어떤 사문·바라문들은 몸을 닦는 수행에만 몰두하며 머물고 마음을 닦는 수행에는 몰두하지 않습니다. 고따마 존자시여, 그들은 몸에서 일어난 몸의 괴로운 느낌을 경험하게 됩니다. 고따마 존자시여, 전에 어떤 사람이 몸의 괴로운 느낌을 경험할 때 허벅지가 마비되고 심장이 딱딱하게 굳고 입에서는 뜨거운 피가 나오고 미치고 정신이상을 일으키게 되었습니다. 고따마 존자시여, 그의 마음은 몸에 종속되고 몸의 지배하에 놓입니다. 그것은 무슨 이유입니까? 마음을 [238] 닦지 않았기 때문입니다.

고따마 존자시여, 반면에 어떤 사문·바라문들은 마음을 닦는 수행에만 몰두하며 머물고 몸을 닦는 수행에는 몰두하지 않습니다. 고따마 존자시여, 그들은 마음과 마음부수에서 일어난 괴로운 느낌을 경험합니다. 고따마 존자시여, 전에 어떤 사람이 정신적인 괴로운 느낌을 경험할 때 허벅지가 마비되고 심장이 딱딱하게 굳고 입에서는 뜨거운 피가 나오고 미치고 정신이상을 일으키게 되었습니다. 고따마 존자시여, 그의 몸은 마음에 종속되고 마음의 지배하에 놓입니다. 그것은 무슨 이유입니까? 몸을 닦지 않았기 때문입니다.

고따마 존자시여, 그래서 저게 이런 생각이 들었습니다. '지금 고따마 존자의 제자들은 마음을 닦는 수행에만 몰두하여 머물지 몸을 닦는 수행에는 몰두하지 않는다.'라고."

5 "악기웻사나여, 그러면 그대는 어떤 것이 몸을 닦는 것이라고 들었는가?"

"예를 들면 난다 왓차, 끼사 상낏짜, 막칼리 고살라가 있습니다.111)

고따마 존자시여, 그들은 나체수행자이고, 관습을 거부하며 살고, 손에 [받아] 핥아서 먹고, [음식을 주려고] 오라 하면 가지 않고, [음식을 주려고] 서라 하면 서지 않으며, 가져온 음식을 받지 않고, [내 몫으로] 지칭된 것을 받지 않으며, 초청에 응하지 않고, 그릇에서 떠 주는 음식을 받지 않고, 항아리에서 퍼주는 것을 받지 않고, 문지방을 넘어와서 주는 것을 받지 않고, 막대기를 넘어와서 주는 것을 받지 않고, 절굿공이를 넘어와서 주는 것을 받지 않으며, 두 사람이 먹고 있을 때 받지 않고, 임신부에게 받지 않고, 젖 먹이는 여자에게 받지 않고, 남자에게 안겨 있는 여자에게 받지 않으며, [보시한다고] 널리 알린 그 음식을 받지 않고, 개가 옆에서 보고 있을 때 받지 않고, 파리떼가 날아다닐 때 받지 않고, 생선과 고기를 받지 않고, 곡차, 과일주, 발효주를 마시지 않습니다.

그들은 한 집만 가서 음식을 받고 한 입의 음식만 먹고, 두 집만 가서 음식을 받고 두 입의 음식만 먹고 … 일곱 집만 가서 음식을 받고 일곱 입의 음식만 먹고, 한 닷띠의 음식만 구걸하고, 두 닷띠의 음식만 구걸하고, … 일곱 닷띠의 음식만 구걸하며, 하루에 한 번만, 이틀에 한 번만 … 이런 식으로 보름에 한 번만 음식을 먹으며 삽니다."112)

---

111) 복주서에 의하면 난다 왓차(Nanda Vaccha), 끼사 상낏짜(Kisa Saṅkicca), 막칼리 고살라(Makkhali Gosāla)의 세 사람은 아지와까 수행자들이다. (MAṬ.iii.123) 막칼리 고살라에 대해서는 본경 §48의 주해를 참조할 것.

112) 본 문단은 본서 제1권 「사자후의 긴 경」(M12) §45와 동일하다.

6. "악기웻사나여, 그런데 그들은 정말 그것으로만 삶을 영위하는가?"

"아닙니다, 고따마 존자시여. 어떤 때는 아주 좋은 딱딱한 음식을 먹고, 아주 좋은 부드러운 음식을 먹고, 아주 좋은 것을 맛보고, 아주 좋은 것을 마십니다. 그래서 [다시] 그들의 몸은 원기로 충만하고 튼튼하고 살찌게 됩니다."

"악기웻사나여, 그들은 처음에는 버리고 나중에는 다시 취한다. 그래서 이와 같이 몸이 살찌기도 하고 여위기도 한다. 악기웻사나여, 그런데 그대는 어떤 것이 마음을 닦는 것이라고 들었는가?"

니간타의 후예 [239] 삿짜까는 마음을 닦는 수행에 대해 세존의 질문을 받았으나 대답하지 못했다.

7. 그러자 세존께서는 니간타의 후예 삿짜까에게 이렇게 말씀하셨다.

"악기웻사나여, 그대가 처음에 말한 몸을 닦는 수행은 성자의 율에서는 몸을 닦는 법다운 수행이 아니다. 악기웻사나여, 그대는 몸을 닦는 수행에 대해서도 모르는데 어찌 다시 마음을 닦는 수행을 알겠는가? 악기웻사나여, 이제 어떻게 해서 그가 몸을 닦지 않은 사람, 마음을 닦지 않은 사람, 몸을 닦은 사람, 마음을 닦은 사람이 되는지 그것에 대해 잘 듣고 마음에 잘 잡도리하라. 이제 나는 설하리라."

"그러겠습니다, 존자시여."라고 니간타의 후예 삿짜까는 세존께 대답했다.

세존께서는 이렇게 말씀하셨다.

8. "악기웻사나여, 어떻게 사람이 몸을 닦지 않고 마음을 닦지 않은 자가 되는가?

악기웻사나여, 여기 [법을] 배우지 못한 범부에게 즐거운 느낌이 일어난다. 그가 그 즐거운 느낌을 경험하면 그 즐거운 느낌을 갈망하고 그 즐거운 느낌이 지속되길 갈망한다. 그런 그에게 이제 그 즐거운 느낌이 소멸한다. 즐거운 느낌이 소멸하고 다시 괴로운 느낌이 일어난다. 그가 그 괴로운 느낌을 경험하면 근심하고 상심하고 슬퍼하고 가슴을 치고 울부짖고 광란한다. 악기웻사나여, 그에게 일어난 그 즐거운 느낌은 마음을 제압하면서 머무나니 그것은 몸을 닦지 않았기 때문이고, 그에게 일어난 그 괴로운 느낌은 마음을 제압하면서 머무나니 그것은 마음을 닦지 않았기 때문이다.

악기웻사나여, 이와 같이 양 측면 모두, 즉 몸을 닦지 않았기 때문에 이미 일어난 즐거운 느낌이 그의 마음을 제압하여 머물고, 마음을 닦지 않았기 때문에 이미 일어난 괴로운 느낌이 그의 마음을 제압하여 머무는 사람은 누구든지 이와 같이 몸을 닦지 않고 마음을 닦지 못한 자이다."

9. "악기웻사나여, 어떻게 사람이 몸을 닦고 마음을 닦은 자가 되는가?

악기웻사나여, 여기 [법을] 잘 배운 성스러운 제자에게 즐거운 느낌이 일어난다. 그는 그 즐거운 느낌을 경험하더라도 그 즐거운 느낌을 갈망하지 않고 그 즐거운 느낌이 지속되길 갈망하지 않는다. 그런 그에게 이제 그 즐거운 느낌이 소멸한다. 즐거운 느낌이 소멸하고 다시 괴로운 느낌이 일어난다. 그는 그 괴로운 느낌을 경험하더라도 근심하지 않고 괴로워하지 않고 탄식하지 않고 가슴을 치지 않고 울부짖지 않고 광란하지 않는다. 악기웻사나여, 그에게 일어난 그 즐거운 느낌은 마음을 제압하지 않나니 그것은 몸을 닦았기 때문이고, 그에게 일어난 그 괴로운 느낌은 마음을 제압하지 않나니 그것은 마음을 닦았기 때문이다.

악기웻사나여, 이와 같이 양 측면 모두, 즉 몸을 닦았기 때문에 이미 일어난 즐거운 느낌이 [240] 그의 마음을 제압하지 않고, 마음을 닦았기 때문에 이미 일어난 괴로운 느낌이 그의 마음을 제압하지 않는 사람은 누구든지 이와 같이 몸을 닦고 마음을 닦은 자이다."

10. "저는 '고따마 존자는 몸을 닦은 분이고 마음을 닦은 분이다.'라고 이와 같이 고따마 존자께 믿음이 생깁니다."

"악기웻사나여, 참으로 그대는 [나의 덕을] 해치고 비방하는 말을 하는구나. 그렇지만 나는 그대에게 설명하리라. 악기웻사나여, 내가 삭발을 하고 가사를 입고 집을 떠나 출가한 이후 이미 일어난 즐거운 느낌이 마음을 제압하면서 머물거나, 혹은 이미 일어난 괴로운 느낌이 마음을 제압하면서 머무는 그런 경우란 없었다."

11. "정말 고따마 존자께는 이미 일어난 즐거운 느낌이 마음을 제압하면서 머문 적이 없었다는 말입니까? 정말 고따마 존자께는 이미 일어난 괴로운 느낌이 마음을 제압하면서 머문 적이 없었다는 말입니까?"

12. "악기웻사나여, 어찌 없었겠는가? 악기웻사나여, 내가 깨닫기 전, 아직 바른 깨달음을 성취하지 못한 보살이었을 때 내게 이런 생각이 들었다. '재가의 삶이란 번잡하고 때가 낀 길이지만 출가의 삶은 열린 허공과 같다. 재가에 살면서 더할 나위 없이 완벽하고 지극히 청정한 소라고둥처럼 빛나는 청정범행을 실천하기란 쉽지 않다. 그러니 나는 이제 삭발을 하고 가사를 입고 집을 떠나 출가하리라.'라고."

13. "악기웻사나여, 그런 나는 나중에 아직은 연소하고 젊고 머리가 검고 축복받은 젊음을 구족한 초년기에 부모님이 원치 않아 눈물을 흘리며 통곡하심에도 불구하고 삭발을 하고 가사를 입고 집을 떠나 출가했다."

14. "그런[113] 나는 이와 같이 출가하여 무엇이 유익함[善]인가를 구하고 위없는 평화로운 경지를 찾아 알라라 깔라마를 만나러 갔다. 가서는 알라라 깔라마에게 이렇게 말했다.

"알라라 깔라마시여, 이 법과 율에서 청정범행을 닦고자 합니다."

악기웻사나여, 이렇게 말하자 알라라 깔라마는 내게 이렇게 말했다.

"존자는 머무십시오. 이 법은 이 법에 대해 지혜가 있는 사람이라면[114] 오래지 않아 자기 스승과 동등한 것을 스스로 최상의 지혜로 알고 실현하고 증득하여 머물 수 있는 그런 법입니다."

악기웻사나여, 그런 나는 오래지 않아 즉시에 그 법을 증득했다. 악기웻사나여, 그런 나는 입술을 두드리자마자 말하자마자[115] 지혜로운 말과 확신에 찬 말[116]을 했다. 그래서 나는 '나는 알고 본다.'라

---

113) 이하 알라라 깔라마와 웃따라 라마뿟따를 참예하여 수행하는 부분(§§14~16)은 본서 제1권 「성스러운 구함 경」(M26) §§15~17과 동일하다. 그곳의 주해들을 모두 여기에 그대로 옮겨 실었다.

114) '[이 법에 대해] 지혜가 있는 사람이라면'은 yattha viññū puriso(지혜로운 사람이면)를 옮긴 것이다. 주석서에서 이것을 "이 법에 대해 지혜가 있는 사람이라면(yasmin dhamme paṇḍito puriso)"(MA.ii.171)이라고 설명하고 있어서 주석서대로 옮겼다.

115) "'입술을 두드리자마자(oṭṭha-pahata-mattena)'라는 것은 스승이 그에게 말해준 것에 응하기 위해 입술을 움직이자마자라는 뜻이고, '말하자마자(lapita-lāpana-mattena)'라는 것은 스승이 그에게 말해준 것을 그대로 따라 하자마자라는 말이다."(MA.ii.171)

116) "'지혜로운 말(ñāṇa-vāda)'이란 '나는 안다.'라고 하는 말이고, '확신에 찬

고 선언했고 다른 사람들도 그렇게 말했다."

"악기웻사나여, 그런 내게 이런 생각이 들었다.

"알라라 깔라마는 단순히 믿음만으로[117] '나는 이 법을 스스로 최상의 지혜로 알고 실현하고 증득하여 머문다.'라고 선언하는 것이 아니라, 참으로 알라라 깔라마는 이 법을 알고 보면서 머문다."

악기웻사나여, 그러자 나는 알라라 깔라마를 만나러 가서 이렇게 말했다.

"깔라마 존자시여, 어떻게 이 법을 스스로 최상의 지혜로 알고 실현하고 증득하여 머문다고 선언하십니까?"

악기웻사나여, 이렇게 말하자 알라라 깔라마는 무소유처에 대해 설명해주었다.[118]

악기웻사나여, 그런 내게 이런 생각이 들었다.

"알라라 깔라마에게만 믿음[119]이 있는 것이 아니라 나에게도 믿

말(thera-vāda)'이란 '나 장로가 여기 있노라.'라고 확신에 차서 하는 말(thira-bhāva-vāda)이다."(MA.ii.171)

117) "'단순히 믿음만으로(kevalaṁ saddhāmattakena)'라는 것은 통찰지로써 실현하지 않고 단순히 청정한 믿음만(suddha saddhā-mattaka)으로 그렇게 주장하는 것이 아닐 것이라고 생각하는 말이다."(MA.ii.171)

118) "무소유처를 마지막으로 하는(ākiñcaññāyatana-pariyosānā) 일곱 가지 증득(satta samāpatti)을 나에게 알려주었다는 말이다."(MA.ii.171)
이 무소유처는 네 가지 무색계 증득 가운데 세 번째로, 세간적인 것이지 출세간적인 것이 아니기 때문에 열반으로 인도하는 것은 아니다.

119) "이 믿음 등 다섯 가지는 일곱 가지 증득을 얻기 위한 믿음 등이다."(MA.ii.171)
이 다섯 가지는 니까야에서 다섯 가지 기능[五根, pañca indriya]과 다섯 가지 힘[五力, pañca bala]으로 불리며 37보리분법에 포함되어 있다. 다섯 가지 기능에 대해서는 초기불교 이해 324쪽 이하와 『상윳따 니까야』 제5권 해제 §8. 「기능[根] 상윳따」(S48)와 「기능 상윳따」(S48)에 포함된 경들의 주해들을 참조할 것.

음이 있다. 알라라 깔라마에게만 정진이 있는 것이 아니라 나에게도 정진이 있다. 알라라 깔라마에게만 마음챙김이 있는 것이 아니라 나에게도 마음챙김이 있다. 알라라 깔라마에게만 삼매가 있는 것이 아니라 나에게도 삼매가 있다. 알라라 깔라마에게만 통찰지가 있는 것이 아니라 나에게도 통찰지가 있다. 참으로 나는 알라라 깔라마가 스스로 최상의 지혜로 알고 실현하고 증득하여 머문다고 선언하는 그 법을 실현하기 위해 정진하리라.'"

"악기웻사나여, 그런 나는 오래지 않아 즉시에 그 법을 스스로 최상의 지혜로 알고 실현하고 증득하여 머물렀다. 악기웻사나여, 그러자 나는 알라라 깔라마를 만나러 갔다. 가서는 알라라 깔라마에게 이렇게 말했다.

"깔라마 존자시여, 당신은 이렇게 '나는 이 법을 스스로 최상의 지혜로 알고 실현하고 증득했다.'라고 선언하십니까?"

"존자여, 나는 이렇게 이 법을 스스로 최상의 지혜로 알고 실현하고 증득했다고 선언합니다."

"깔라마 존자시여, 나도 이렇게 이 법을 스스로 최상의 지혜로 알고 실현하고 증득했다고 선언합니다."

"존자여, 존자와 같은 분이 우리의 동료 수행자가 되는 것은 참으로 우리에게 이득이고 큰 축복입니다. 이처럼 내가 스스로 최상의 지혜로 알고 실현하고 증득하여 선언한 그 법을 존자도 스스로 최상의 지혜로 알고 실현하고 증득하여 머뭅니다. 그리고 존자가 스스로 최상의 지혜로 알고 실현하고 증득하여 머무는 법을 나도 스스로 최상의 지혜로 알고 실현하고 증득하여 선언합니다.

이처럼 내가 아는 그 법을 존자가 알고, 존자가 아는 그 법을 내가 압니다. 이와 같이 나처럼 존자도 그렇고 존자처럼 나도 그러합니다. 오십시오, 존자여. 우리 둘이 함께 머물면서 이 무리를 지도해 나갑시다.”

악기웻사나여, 이와 같이 나의 스승이었던 알라라 깔라마는 제자인 나를 자신과 동등한 위치에 놓고 나를 크게 공경했다. 악기웻사나여, 그런 내게 이런 생각이 들었다.

“이 법은 염오로 인도하지 못하고, 탐욕의 빛바램으로 인도하지 못하고, 소멸로 인도하지 못하고, 고요함으로 인도하지 못하고, 최상의 지혜로 인도하지 못하고, 바른 깨달음으로 인도하지 못하고, 열반으로 인도하지 못한다.[120] 그것은 단지 무소유처에 다시 태어나게 할 뿐이다.”[121]

악기웻사나여, 그런 나는 그 법에 만족하지 않고 그 법을 염오하면서 떠나갔다.”[122]

---

120) 여기서 ‘염오’, ‘탐욕의 빛바램’, ‘소멸’, ‘고요함’, ‘최상의 지혜’, ‘바른 깨달음’, ‘열반’의 일곱 가지는 각각 nibbidā, virāga, nirodha, upasama, abhiññā, sambodha, nibbāna를 옮긴 것이다. 주석서는 이렇게 설명한다.
“염오(nibbidā) 등의 이 일곱 가지 증득의 법(satta-samāpatti-dhammā)은 윤회(vaṭṭa)에 대해 염오 등으로 인도하지도 못하고, 네 가지 도에 대한 바른 깨달음(catu-magga-sambodha)으로, 열반을 실현하는 것으로 인도하지도 못한다는 말이다.”(MA.ii.172)

121) “‘그것은 단지 무소유처에 다시 태어나게 할 뿐이다(yāvadeva ākiñcaññ-āyatanūpapattiyā).’라는 것은 60,000겁의 수명을 가진 무소유처에 태어나는 한 그만큼만 살고 그이상은 살 수 없다. 그 기간이 다하면 그곳에서 죽어 더 낮은 세계로 돌아온다. 그가 이르는 그곳은 태어남과 늙음과 죽음[生老死, jātijarāmaraṇa]에서 벗어나지 못하고(aparimutta) 염라대왕의 덫에 갇혀 있는 것(maccu-pāsa-parikkhitta)이다.”(MA.ii.172)

122) “그때부터 마하살(mahāsatta)은, 마치 배고픈 사람이 맛있는 음식을 얻어 극진한 대접과 함께 먹고 나서 담즙이나 점액으로 [생긴 병 때문에] 토하고 난 뒤에는 또 다시 한 덩이의 음식을 먹으리라는 마음이 일어나지 않듯이, 이런 일곱 가지의 증득을 불굴의 정진(ussāha)으로 얻었지만 그 증득들에서 이런 다시 돌아옴(punar-āvattika) 등의 재난(ādīnava)을 보자 또 다시 이 법으로 전향하고, 증득하고, 머물고, 출정하고, 반조하리라는(āvajji-

15. "악기웻사나여, 그런 나는 유익한 것[善]을 구하고 위없는 평화로운 경지를 찾아 웃다까 라마뿟따[123]를 만나러 갔다. 가서는 웃다까 라마뿟따에게 이렇게 말했다.

"웃다까 라마뿟따시여, 이 법과 율에서 청정범행을 닦고자 합니다."

악기웻사나여, 이렇게 말하자 웃다까 라마뿟따는 나에게 이렇게 말했다.

"존자는 머무십시오. 이 법은 이 법에 대해 지혜가 있는 사람이라면 오래지 않아 자기 스승과 동등한 것을 스스로 최상의 지혜로 알고 실현하고 증득하여 머물 수 있는 그런 법입니다."

악기웻사나여, 그런 나는 오래지 않아 즉시에 그 법을 증득했다. 악기웻사나여, 그런 나는 입술을 두드리자마자 말하자마자 지혜로운 말과 확신에 찬 말을 했다. 그래서 나는 '나는 알고 본다.'라고 선언

---

ssāmi vā samāpajjissāmi vā adhiṭṭhahissāmi vā vuṭṭhahissāmi vā paccavekkhissāmi vā) 마음이 일어나지 않았다."(MA.ii.172)

123) 본경과 본서 제1권 「성스러운 구함 경」(M26)에서 보듯이 웃다까 라마뿟따(Uddaka Rāmaputta)는 세존께서 처음 출가하여 찾았던 두 스승 가운데 두 번째 사람이었으며 그는 세존께 비상비비상처를 가르쳤다.
『상윳따 니까야』 제4권 「웃다까 경」(S35:103)에서 세존께서는 "웃다까 라마뿟따는 지혜의 달인이 아니면서도 '나는 지혜의 달인이다.'라고 말하고, 일체승자가 아니면서도 '나는 일체승자다.'라고 말하고, 종기의 뿌리를 파내지 못했으면서도 '나의 종기의 뿌리는 파내어졌다.'라고 말한다."라고 비판하신 뒤에 이 말의 참다운 의미를 불교식으로 설명하고 계신다. 그리고 『앙굿따라 니까야』 제2권 「왓사까라 경」(A4:187)에서도 라마뿟따가 언급되는데 주석서(AA.iii.164)와 DPPN은 이 라마뿟따가 웃다까 라마뿟따라고 언급하고 있다. 이외에는 웃다까 라마뿟따는 초기불전에서 잘 언급되고 있지 않다.
문자적으로 라마뿟다(Rāmaputta)는 라마(Rāma)의 아들(putta)이라는 뜻이다. 아래에서 보듯이 그의 부친인 라마는 비상비비상처의 경지를 가르쳤다. 그는 부친으로부터 비상비비상처에 대한 가르침을 들었지만 그 경지는 증득하지 못한 것으로 여겨진다. 아래 주해를 참조할 것.

했고 다른 사람들도 그렇게 말했다.

악기웻사나여, 그런 내게 이런 생각이 들었다.

"라마는 단순히 믿음만으로 '나는 이 법을 스스로 최상의 지혜로 알고 실현하고 증득하여 머문다.'라고 선언하는 것이 아니라, 참으로 라마는 이 법을 알고 보면서 머문다."

악기웻사나여, 그러자 나는 웃다까 라마뿟따를 만나러 가서 이렇게 말했다.

"라마뿟따 존자시여, 어떻게 이 법을 스스로 최상의 지혜로 알고 실현하고 증득하여 머문다고 선언하십니까?"

악기웻사나여, 이렇게 말하자 웃다까 라마뿟따는 비상비비상처에 대해 설명해주었다.

악기웻사나여, 그런 내게 이런 생각이 들었다.

"라마에게만 믿음이 있는 것이 아니라 나에게도 믿음이 있다. 라마에게만 정진이 있는 것이 아니라 나에게도 정진이 있다. 라마에게만 마음챙김이 있는 것이 아니라 나에게도 마음챙김이 있다. 라마에게만 삼매가 있는 것이 아니라 나에게도 삼매가 있다. 라마에게만 통찰지가 있는 것이 아니라 나에게도 통찰지가 있다. 참으로 나는 라마가 스스로 최상의 지혜로 알고 실현하고 증득하여 머문다고 선언하는 그 법을 실현하기 위해 정진하리라."

악기웻사나여, 그런 나는 오래지 않아 즉시에 그 법을 스스로 최상의 지혜로 알고 실현하고 증득하여 머물렀다. 악기웻사나여, 그러자 나는 웃다까 라마뿟따를 만나러 갔다. 가서는 웃다까 라마뿟따에게 이렇게 말했다.

"존자시여, 라마는 이렇게 '나는 이 법을 스스로 최상의 지혜로 알고 실현하고 증득했다.'라고 선언하셨습니까?"

"존자여, 라마는 이렇게 이 법을 스스로 최상의 지혜로 알고 실현하고 증득했다고 선언하셨습니다."

"라마뿟따 존자시여, 나도 이렇게 이 법을 스스로 최상의 지혜로 알고 실현하고 증득하여 머뭅니다."

"존자여, 존자와 같은 분이 우리의 동료 수행자가 되는 것은 참으로 우리에게 이득이고 큰 축복입니다. 이처럼 라마가 스스로 최상의 지혜로 알고 실현하고 증득하여 선언한 그 법을 존자도 스스로 최상의 지혜로 알고 실현하고 증득하여 머뭅니다. 그리고 존자가 스스로 최상의 지혜로 알고 실현하고 증득하여 머무는 그 법을 라마도 스스로 최상의 지혜로 알고 실현하고 증득하였다고 선언했습니다.

이처럼 라마가 알았던 그 법을 존자가 알고, 존자가 아는 그 법을 라마가 알았습니다. 이와 같이 라마처럼 존자도 그렇고 존자처럼 라마도 그러했습니다. 오십시오, 존자여. 그대가 이 무리를 지도해주십시오."124)

악기웻사나여, 이와 같이 나의 동료였던 웃다까 라마뿟따는 나를 스승의 위치에 올려놓고 나를 크게 공경했다. 악기웻사나여, 그런 내게 이런 생각이 들었다.

"이 법은 염오로 인도하지 못하고, 탐욕의 빛바램으로 인도하지 못하고, 소멸로 인도하지 못하고, 고요함으로 인도하지 못하고, 최상의 지혜로 인도하지 못하고, 바른 깨달음으로 인도하지 못하고, 열반으로 인도하지 못한다. 그것은 단지 비상비비상처에 다시 태어나게

---

124) 보살과 웃다까 라마뿟따의 이 대화에서 보듯이 라마뿟따의 부친인 라마(Rāma)는 비상비비상처의 경지를 증득하였다. 라마뿟따는 부친이 천명한 비상비비상처의 경지를 가르치고는 있었지만 그 경지는 증득하지 못했다. 그래서 비상비비상처의 경지를 체득한 보살을 자신의 '스승의 위치(ācariya-ṭṭhāna)'에 올려놓았으며 보살은 그를 자신의 '동료(sabrahmacāri)'라고 언급하고 있다.

할 뿐이다."

악기웻사나여, 그런 나는 그 법에 만족하지 않고 그 법을 염오하면서 떠나갔다."

16. "악기웻사나여, 그런 나는 유익한 것[善]을 구하고 위없는 평화로운 경지를 찾아 마가다 지방에서 차례로 유행하다가 우루웰라의 장군촌125)에 이르렀다. 그곳에서 아름다운 땅과 매력적인 숲과 유유히 흐르는 깨끗한 강과 아름다운 강기슭과 근처에 탁발할 수 있는 마을을 보았다. 악기웻사나여, 그런 내게 이런 생각이 들었다.

"땅은 풍요롭고 숲은 상쾌하다. 유유히 흐르는 강은 맑고, 강기슭은 아름답다. 근처에는 탁발할 수 있는 마을이 있다. 참으로 이곳은 용맹정진을 원하는 선남자들이 용맹정진하기에 적합한 곳이다.""

17. "악기웻사나여, 전에 들어본 적이 없는 세 가지 비유가 즉시 내게 떠올랐다. 악기웻사나여, 예를 들면 젖은 생나무 토막이 물위에 떠있는데 그때 어떤 사람이 '불을 지피고 열을 내리라.'라고 생각하면서 부시 막대를 가지고 왔다 하자. 악기웻사나여, 이를 어떻게 생각하는가? 그 사람은 물위에 떠있는 저 젖은 생나무 토막에다 부시 막대를 비벼 불을 지피고 열을 낼 수 있겠는가?"

"아닙니다, 고따마 존자시여. 왜냐하면 그것은 젖은 생나무 토막이

---

125) "'장군촌(Senā-nigama)'은 장군의 마을(senāya nigama)이라는 뜻이다. 처음 겁이 생길 때에 그곳에 장군이 살았던 이유로 그 마을을 장군촌이라고 불렀다고 한다. 혹은 세나니(Senāni)는 수자따의 아버지이고, 그의 마을(gama)이라는 뜻이다."(MA.ii.173)
주석서는 이처럼 Senānigama를 Sena-nigama로도 끊어 읽고 Senāni-gama로도 끊어 읽어서 두 가지로 뜻을 설명하고 있다. 전자는 장군(sena)촌(성읍, nigama)이라는 뜻이 되고, 후자는 수자따 아버지의 이름인 세나니(Senāni)의 마을(gama)이라는 뜻이 된다.

고 더군다나 [241] 물속에 있기 때문입니다. 결국 그 사람은 지치고 짜증나게 될 것입니다."

"악기웻사나여, 그와 같이 어떤 사문이나 바라문들이 있어 육체적으로나 정신적으로[126] 감각적 욕망들을 멀리 떨쳐버리지 못한 채 머물거나, 혹은 감각적 욕망에 대한 열망, 애착, 홀림, 갈증, 열병을 안으로 잘 제거하지 못하고 가라앉히지 못한 자들이 있다. 그 사문・바라문들은 비록 격렬하고 괴롭고 혹독하고 사무치고 호된 느낌을 느끼더라도 지와 견과 위없는 바른 깨달음[127]을 얻을 수 없고, 비록 그런 느낌을 느끼지 않더라도 그들은 지와 견과 위없는 바른 깨달음을 얻을 수가 없다. 악기웻사나여, 이것이 내가 전에 들어본 적이 없는 즉시에 떠오른 첫 번째 비유이다."[128]

18. "악기웻사나여, 참으로 전에 들어본 적이 없는 두 번째 비유가 즉시 내게 떠올랐다. 악기웻사나여, 예를 들면 젖은 생나무 토막

---

126) Ee와 Se에는 kāyena ceva kāmehi avūpakaṭṭhā(육체적으로 감각적 욕망을 멀리 떨쳐버리지 못하고)라고 되어있지만 Be에는 kāyena ceva cittena ca kāmehi avūpakaṭṭhā(육체적으로나 정신적으로 감각적 욕망을 멀리 떨쳐버리지 못하고)라고 나타난다. 문맥상으로도 후자가 더 적합하다고 판단하여 역자는 이를 따라 옮겼다. 냐나몰리 스님도 역자처럼 '육체적으로나 정신적으로'로 옮겼다.(냐나몰리 스님/보디 스님, 335쪽 참조)

127) "여기서 '지(ñāṇa)'와 '견(dassana)'과 '위없는 바른 깨달음(anuttara sam-bodha)'은 출세간도(lokuttara-magga)를 말한다."(MA.ii.287)

128) "이 비유의 뜻은 다음과 같다. 오염원인 감각적 욕망(kilesa-kāma)에 의해 감각적 욕망의 대상을 버리지 못한 자는 젖은 무화과 나무토막(alla sakhīra udumbara-kaṭṭha)과 같다. 물속에 잠겨있는 상태는 오염원인 감각적 욕망에 젖어 있는 것과 같다. 오염원인 감각적 욕망에 의해 감각적 욕망의 대상을 버리지 못한 자들이 격렬한 느낌(opakkamikā vedanā)에 의해서도 출세간도를 얻을 수 없는 것은 젖어있는 나무를 비록 열심히 비벼도 불을 피울 수 없는 것과 같다. 그 사람들이 격렬한 느낌이 없이도 출세간도를 얻을 수 없는 것은 비비지 않아도 불을 얻을 수 없는 것과 같다."(MA.ii.287)

이 물에서 멀리 떨어진 땅바닥에 놓여있는데 그때 어떤 사람이 '불을 지피고 열을 내리라.'라고 생각하면서 부시 막대를 가지고 왔다 하자. 악기웻사나여, 이를 어떻게 생각하는가? 그 사람은 물에서 멀리 떨어진 땅바닥에 놓여있는 저 젖은 생나무 토막에다 부시 막대를 비벼 불을 지피고 열을 낼 수 있겠는가?"

"아닙니다, 고따마 존자시여. 왜냐하면 그것은 물에서 멀리 떨어진 땅바닥에 놓여있기는 하나 젖은 생나무토막이기 때문입니다. 결국 그 사람은 지치고 짜증나게 될 것입니다."

"악기웻사나여, 그와 같이 어떤 사문이나 바라문들이 있어 육체적으로나 정신적으로 감각적 욕망들을 멀리 떨쳐버리지 못한 채 머물거나, 혹은 감각적 욕망에 대한 열망, 애착, 홀림, 갈증, 열병을 안으로 잘 제거하지 못하고 가라앉히지 못한 자들이 있다. 그 사문·바라문들은 비록 격렬하고 괴롭고 혹독하고 사무치고 호된 느낌을 느끼더라도 지와 견과 위없는 바른 깨달음을 얻을 수 없고, 비록 그런 느낌을 느끼지 않더라도 그들은 지와 견과 위없는 바른 깨달음을 얻을 수가 없다. 악기웻사나여, 이것이 내가 전에 들어본 적이 없는 즉시에 떠오른 두 번째 비유이다."

19. "악기웻사나여, 참으로 전에 들어본 적이 없는 세 번째 비유가 즉시 [242] 내게 떠올랐다. 악기웻사나여, 예를 들면 물기 없는 마른 장작이 물에서 멀리 떨어진 땅바닥에 놓여있는데 그때 어떤 사람이 '불을 지피고 열을 내리라.'라고 생각하면서 부시 막대를 가지고 왔다 하자. 악기웻사나여, 이를 어떻게 생각하는가? 그 사람은 물에서 멀리 떨어진 땅바닥에 놓여있는 저 물기 없는 마른 장작에다 부시 막대를 비벼 불을 지피고 열을 낼 수 있겠는가?"

"그렇습니다, 고따마 존자시여. 그것은 왜냐하면 그 장작이 마르고 물기가 없으며 게다가 물에서 멀리 떨어진 땅바닥에 놓여있기 때문입니다."

"악기웻사나여, 그와 같이 어떤 사문이나 바라문들이 있어 육체적으로나 정신적으로 감각적 욕망들을 멀리 떨쳐버리고서 머물고, 혹은 감각적 욕망에 대한 열망, 애착, 홀림, 갈증, 열병을 안으로 잘 제거하고 가라앉힌 자들이 있다. 그 사문・바라문들은 비록 격렬하고 괴롭고 혹독하고 사무치고 호된 느낌을 느끼더라도 지와 견과 위없는 바른 깨달음을 얻을 수 있고, 비록 그런 느낌을 느끼지 않더라도 그들은 지와 견과 위없는 바른 깨달음을 얻을 수 있다. 악기웻사나여, 이것이 내가 전에 들어본 적이 없는 즉시에 떠오른 세 번째 비유이다. 악기웻사나여, 이들이 내가 전에 들어본 적이 없는 즉시에 떠오른 세 가지 비유이다."

20. "악기웻사나여, 그런 내게 이런 생각이 들었다. '나는 아랫니에다 윗니를 얹고 혀를 입천장에 대고 마음으로 마음을[129] 제압하고 압박하고 항복시키리라.'라고. 그래서 나는 아랫니에다 윗니를 얹고 혀를 입천장에 대고 마음으로 마음을 제압하고 압박하고 항복시켰다. 내가 그렇게 아랫니에다 윗니를 얹고 혀를 입천장에 대고 마음으로 마음을 제압하고 압박하고 항복시키자 겨드랑이에서 땀이 흘렀다. 악기웻사나여, 마치 힘센 사람이 허약한 사람의 머리통을 잡거나 어깨를 붙잡아 제압하고 압박하고 항복시키듯이 나는 아랫니에다 윗니를 얹고 혀를 입천장에 대고 마음으로 마음을 제압하고 압박하고 항복시켰다. 내가 그렇게 아랫니에다 윗니를 얹고 혀를 입천장에 대

129) "'마음으로 마음을(cetasā cittaṁ)'이란 것은 유익한 마음[善心, kusala-citta]으로 해로운 마음[不善心, akusala-citta]을 제압하고 압박하고 항복시킨다는 말이다."(MA.ii.289)

고 마음으로 마음을 제압하고 압박하고 항복시키자 겨드랑이에서 땀이 흘렀다. 악기웻사나여, 비록 내게는 불굴의 정진이 생겼고 나태하지 않았고 마음챙김이 확립되어 잊어버림이 없었지만 고통스러운 용맹정진으로 인해 나의 몸이 극도로 긴장되었고 [243] 안정되지 않았다.

악기웻사나여, 내게 비록 이러한 괴로운 느낌이 일어났지만 그것이 내 마음을 제압하지는 못했다."130)

21. "악기웻사나여, 그런 내게 이런 생각이 들었다. '나는 숨을 쉬지 않는 禪을 닦으리라.'라고. 악기웻사나여, 그런 나는 입과 코로 들숨과 날숨을 멈추었다. 악기웻사나여, 그렇게 내가 입과 코로 들숨과 날숨을 멈추자 귓구멍에서 바람이 나오면서 굉음이 났다. 마치 대장장이가 풀무를 불면 굉음이 나듯이 그와 같이 내가 입과 코로 들숨과 날숨을 멈추자 귓구멍에서 바람이 나오면서 굉음이 났다. 악기웻사나여, 비록 내게는 불굴의 정진이 생겼고 나태하지 않았고 마음챙김이 확립되어 잊어버림이 없었지만 고통스러운 용맹정진으로 인해 나의 몸이 극도로 긴장되었고 안정되지 않았다.

악기웻사나여, 내게 비록 이러한 괴로운 느낌이 일어났지만 그것이 내 마음을 제압하지는 못했다."

22. "악기웻사나여, 그런 내게 이런 생각이 들었다. '나는 숨을 쉬지 않는 禪을 닦으리라.'라고. 악기웻사나여, 그런 나는 입과 코로 들숨과 날숨을 멈추었다. 악기웻사나여, 그렇게 내가 입과 코로 들숨

---

130) 여기서부터 아래 §25까지 각 문단의 끝에 반복해서 나타나는 이 문장은 위 §11에서 삿짜까가 "정말 고따마 존자께는 이미 일어난 괴로운 느낌이 마음을 제압하면서 머문 적이 없었다는 말입니까?"라고 질문 드린데 대한 세존의 대답이다.

과 날숨을 멈추자 거센 바람이 머리를 내리쳤다. 마치 힘센 사람이 예리한 칼로 머리를 쪼개듯이 그와 같이 내가 입과 코와 귀로 들숨과 날숨을 멈추자 거센 바람이 머리를 내리쳤다. 악기웻사나여, 비록 내게는 불굴의 정진이 생겼고 나태하지 않았고 마음챙김이 확립되어 잊어버림이 없었지만 고통스러운 용맹정진으로 인해 나의 몸이 극도로 긴장되었고 안정되지 않았다.

악기웻사나여, 내게 비록 이러한 괴로운 느낌이 일어났지만 그것이 내 마음을 제압하지는 못했다."

23. "악기웻사나여, 그런 내게 이런 생각이 들었다. '나는 숨을 쉬지 않는 禪을 닦으리라.'라고. 악기웻사나여, 그런 나는 입과 코로 들숨과 날숨을 멈추었다. 악기웻사나여, 그렇게 내가 입과 코로 들숨과 날숨을 멈추자 머리에 심한 두통이 생겼다. 마치 힘센 사람이 [244] 단단한 가죽 끈으로 머리에 머리띠를 동여맨 것처럼 그와 같이 내가 입과 코와 귀로 들숨과 날숨을 멈추자 머리에 심한 두통이 생겼다. 악기웻사나여, 비록 내게는 불굴의 정진이 생겼고 나태하지 않았고 마음챙김이 확립되어 잊어버림이 없었지만 고통스러운 용맹정진으로 인해 나의 몸이 극도로 긴장되었고 안정되지 않았다.

악기웻사나여, 내게 비록 이러한 괴로운 느낌이 일어났지만 그것이 내 마음을 제압하지는 못했다."

24. "악기웻사나여, 그런 내게 이런 생각이 들었다. '나는 숨을 쉬지 않는 禪을 닦으리라.'라고. 악기웻사나여, 그런 나는 입과 코로 들숨과 날숨을 멈추었다. 악기웻사나여, 그렇게 내가 입과 코로 들숨과 날숨을 멈추자 거센 바람이 배를 도려내었다. 마치 능숙한 백정이나 백정의 도제가 예리한 도살용 칼로 배를 도려내듯이 그와 같이 내

가 입과 코와 귀로 들숨과 날숨을 멈추자 거센 바람이 배를 도려내었다. 악기웻사나여, 비록 내게는 불굴의 정진이 생겼고 나태하지 않았고 마음챙김이 확립되어 잊어버림이 없었지만 고통스러운 용맹정진으로 인해 나의 몸이 극도로 긴장되었고 안정되지 않았다.

악기웻사나여, 내게 비록 이러한 괴로운 느낌이 일어났지만 그것이 내 마음을 제압하지는 못했다."

25. "악기웻사나여, 그런 내게 이런 생각이 들었다. '나는 숨을 쉬지 않는 禪을 닦으리라.'라고. 악기웻사나여, 그런 나는 입과 코로 들숨과 날숨을 멈추었다. 악기웻사나여, 그렇게 내가 입과 코로 들숨과 날숨을 멈추자 몸에 큰 불이 붙었다. 마치 힘센 두 사람이 힘없는 사람의 양팔을 잡고 숯불 구덩이 위에서 지지고 태우듯이 그와 같이 내가 입과 코와 귀로 들숨과 날숨을 멈추자 몸에 큰 불이 붙었다. 악기웻사나여, 비록 내게는 불굴의 정진이 생겼고 나태하지 않았고 마음챙김이 확립되어 잊어버림이 없었지만 고통스러운 용맹정진으로 인해 나의 몸이 극도로 긴장되었고 안정되지 않았다.

악기웻사나여, 내게 비록 이러한 괴로운 느낌이 일어났지만 그것이 내 마음을 제압하지는 못했다."

26. "악기웻사나여, [245] 그러자 신들이 나를 보고 이렇게 말했다. '사문 고따마는 죽었다.'라고. 다른 신들은 이렇게 말했다. '사문 고따마는 죽지 않았다. 그렇지만 그는 죽어가고 있다.'라고. 다른 신들은 이렇게 말했다. '사문 고따마는 죽은 것도 아니고, 죽어가는 것도 아니다. 사문 고따마는 아라한131)이다. 아라한은 이처럼 머문

131) 문자적으로 '아라한(阿羅漢, Arahan, 應供)'은 √arh(*to deserve*)의 현재분사를 취해서 명사화한 것으로 '존경을 받을 만한 사람'이라는 뜻이다. 이 단어는 이미 바라문교 『제의서』의 하나인 『사따빠타 브라흐마나』(Sata-

다.'라고."

27. "악기웻사나여, 그런 내게 이런 생각이 들었다. '나는 모든 음식을 끊고 수행하리라.'라고. 악기웻사나여, 그러자 신들이 다가와서 이렇게 말했다. '존경하는 분이시여, 당신이 모든 음식을 끊어버리고 수행하시는 것은 안됩니다. 존경하는 분이시여, 만약 당신이 모든 음식을 끊어버리고 수행을 하시면 우리는 당신께 하늘 음식을 당신의 털구멍으로 공급해드릴 것입니다. 그것으로 당신은 연명할 수 있을 것입니다.'라고. 악기웻사나여, 그런 내게 이런 생각이 들었다. '만약 내가 완전한 단식을 공포했는데도 이 신들이 내게 하늘 음식을 털구멍으로 공급해주고 내가 또 그것으로 연명한다면 나는 거짓말을 하는 것이 된다.'라고. 악기웻사나여, 그런 나는 그 신들에게 '필요 없소.'라고 거절했다."

28. "악기웻사나여, 그런 내게 이런 생각이 들었다. '나는 아주 적은 양의 음식을 먹으리라. 녹두죽이건 대두 죽이건 완두콩 죽이건 검은콩 죽이건 그것을 한 움큼씩만 먹으리라.'라고. 악기웻사나여, 그런 나는 아주 적은 양의 음식을 먹었나니 녹두죽이건 대두 죽이건 완두콩 죽이건 검은콩 죽이건 그것을 한 움큼씩만 먹었다. 악기웻사나여, 내가 그렇게 아주 적은 양의 음식을 먹자 내 몸은 극도로 여위어

---

pathabrāhmaṇa) 등 베다문헌에도 등장하고 있는데 『샤따빠타 브라흐마나』에는 마치 아라한 즉 존경받아야 할 분이 그 마을을 방문하면 소를 잡아서 대접하는 것과 같다는 문구가 나타난다고 한다.(『금강경 역해』 54쪽 참조) 이 술어는 자이나 문헌에도 나타난다. 본경의 여기 이 문맥에 나타나는 아라한은 이런 의미로 이해하면 되겠다.

이렇게 고대인도 문헌에서 존경받아야할 분이라는 의미로 쓰이던 이 아라한이라는 술어는 초기불교에 자연스럽게 받아들여져서 불교 최고의 경지인 번뇌 다한 자를 뜻하게 되었다. 아라한에 대해서는 『청정도론』 VII.4~25와 XXII.28~30을 참조할 것.

갔다. 그렇게 적은 음식 때문에 나의 사지는 마치 아시띠까 넝쿨의 마디나 깔라 풀의 마디와 같았다. 그렇게 적은 음식 때문에 나의 엉덩이는 마치 낙타의 발처럼 되었다. 그렇게 적은 음식 때문에 나의 등뼈는 줄로 엮어둔 구슬처럼 되었다. 그렇게 적은 음식 때문에 나의 갈빗대들은 오래된 집의 서까래가 허물어지고 부서지듯이 허물어지고 부서졌다. 그렇게 적은 음식 때문에 내 동공 안에서 눈동자의 빛은 마치 깊은 우물에서 물빛이 깊고 멀리 들어가 보이듯이 깊고 멀리 들어가 보였다. 그렇게 적은 음식 때문에 나의 머리 가죽은 마치
[246] 익지 않은 쓴 호리병박이 바람과 햇빛에 시들듯이 시들었다.

악기웻사나여, 그렇게 적은 음식 때문에 나의 뱃가죽이 등뼈에 달라붙어 내가 뱃가죽을 만져야지 하면 등뼈가 잡혔고, 등뼈를 만져야지 하면 뱃가죽이 잡혔다. 악기웻사나여, 그렇게 적은 음식 때문에 내가 대변이나 소변을 보려고 하면 머리가 땅에 꼬꾸라졌다. 악기웻사나여, 그렇게 적은 음식 때문에 몸을 편안하게 하려고 손으로 사지를 문지르면 뿌리가 썩은 털들이 몸에서 우수수 떨어져나갔다."

29. "악기웻사나여, 사람들은 나를 보고서 이렇게 말했다. '사문 고따마는 검다.'라고. 다른 사람들은 이렇게 말했다. '사문 고따마는 검은 것이 아니라 푸르다.'라고. 다른 사람들은 이렇게 말했다. '사문 고따마는 검지도 푸르지도 않고 황금색 피부를 가졌다.'라고. 악기웻사나여, 그렇게 적은 음식 때문에 나의 깨끗하고 맑은 피부색이 파괴되어 갔다."

30. "악기웻사나여, 그런 내게 이런 생각이 들었다.
'과거의 사문들이나 바라문들이 어떠한 격렬하고 괴롭고 혹독하고 사무치고 호된 느낌을 경험했다 하더라도 이것이 가장 지독한 것이

고 이보다 더한 것은 없다. 미래의 사문들이나 바라문들이 어떠한 격렬하고 괴롭고 혹독하고 사무치고 호된 느낌을 경험한다 하더라도 이것이 가장 지독한 것이고 이보다 더한 것은 없다. 현재의 사문들이나 바라문들이 어떠한 격렬하고 괴롭고 혹독하고 사무치고 호된 느낌을 경험하더라도 이것이 가장 지독한 것이고 이보다 더한 것은 없다.

그러나 나는 이런 극심한 고행으로도 인간의 법을 초월했고 성자들에게 적합한 지와 견의 특별함을 증득하지 못했다. 깨달음을 얻을 다른 길이 없을까?'"

31. "악기웻사나여, 그런 내게 이런 생각이 들었다.

'아버지가 삭까족의 농경제 의식을 거행하실 때 나는 시원한 잠부나무 그늘에 앉아서 감각적 욕망을 완전히 떨쳐버리고 해로운 법들을 떨쳐버린 뒤 일으킨 생각과 지속적 고찰이 있고, 떨쳐버렸음에서 생긴 희열과 행복이 있는 초선(初禪)을 구족하여 머물렀던 적이 있었는데,[132] 혹시 그것이 깨달음을 위한 길[133]이 되지 않을까?'

---

132) "삭까의 왕에게는 농경제 축제를 행하는 날(vappa-maṅgala-divasa)이 있었다. 그때는 여러 가지 맛있는 음식을 장만하고 도시의 길도 깨끗이 청소하고 물을 담은 항아리를 준비하고 깃발을 세우는 등 온 시가지를 천상의 왕궁처럼 장엄했다. 모든 하인들과 고용인들은 새 옷을 차려입고 향과 꽃으로 장식하여 왕궁에 모였다. 준비된 쟁기들은 모두 금과 은으로 도금되었고, 왕은 많은 수행원들과 함께 아들을 데리고 갔다. 그곳에 한 그루 잠부나무가 있었는데 무성한 가지와 함께 시원한 그늘이 있었다.
그 나무 아래 왕자의 자리를 마련하고 그 위로 금빛 별무늬가 새겨진 일산을 세우고 휘장으로 보호하게 하고는 왕은 모든 장신구로 장엄하여 대신들에 둘러싸여 밭가는 곳으로 갔다. 그곳에서 왕은 금 쟁기를 집어 들었고, 대신들은 은 쟁기를 집어 들고 여기저기서 쟁기질을 했지만 왕은 이쪽 끝에서 저쪽 끝으로 혹은 저쪽 끝에서 이쪽 끝으로 갔다. 왕이 쟁기질을 하는 곳에 풍성한 수확(mahā-sampatti)이 있었다. 그래서 보살을 돌보면서 주위에 앉아있던 시중들도 그것을 보기 위해 휘장 밖으로 나갔다.
그때 보살이 주위를 둘러보았지만 아무도 없이 홀로 있는 것을 확인하고 신속하게 자리에서 일어나 가부좌를 하고 들숨날숨을 챙겨(ānāpāne parig-

악기웠사나여, 그런 내게 그 기억을 따라서 이런 알음알이가 [즉시에] 일어났다.134)

'이것이 깨달음을 위한 길이다.'"

---

gahetvā) 초선(初禪, paṭhama-jjhāna)에 들었다. 시중들은 식사 후 잠시 경행을 했고, 다른 나무들의 그늘은 없어졌지만 오직 그 나무의 그늘은 잘 장엄한 채 드리워져 있었다. 시중들은 '사랑스러운 아들이 홀로 있다.'라고 생각하면서 얼른 휘장을 열고 안으로 들어가 보살이 가부좌를 하고 앉아있는 신통(pāṭihāriya)을 보고는 왕에게 아뢰었다. 왕이 급히 와서 그 신통을 보고 '아들이여, 이것이 너를 위한 두 번째 경배이다.'라고 말하면서 아들에게 인사했다. 이것을 두고 이렇게 말씀하신 것이다."(MA.ii.290~291)

133) "'깨달음을 위한 길(maggo bodhāya)'이라 하셨다. 여기서 '길[道, magga]'이란 들숨날숨에 대한 마음챙김을 통한 초선(ānāpānassati-paṭhamajjhāna)이 깨달음을 성취하기 위한 길이라는 말씀이다."(MA.ii.291)

134) '그 기억을 따라서 이런 알음알이가 [즉시에] 일어났다.'는 satānusāri-viññāṇaṁ ahosi를 옮긴 것이다. 여기서 satānusāri는 sati와 anusāri의 합성어이다. sati는 '마음챙김'으로 옮기는, 초기불전에서 가장 중요한 술어이지만 여기서는 문맥상 sati의 어원인 √smṛ(*to remember*)의 기본 의미인 '기억'으로 이해하였다. 냐나몰리 스님도 *memory*로 옮기고 있다. 그리고 anusāri는 anu+√sṛ(*to flow*)에서 파생된 형용사로 따름을 뜻하고 중국에서는 隨順(수순)으로 옮기기도 하였다. 주석서는 다음과 같이 설명하고 있다.

"[농경제 때 체험한 이 경지는] 깨달음을 위한 길(bodhāya maggo)이 바로 되지는 않고 들숨날숨에 대한 마음챙김을 통한 초선이 될 것이라는 말씀이다. 여기서 기억이 일어나서(uppanna-sati) 바로 그 다음에(anantaraṁ) 알음알이가 일어난 것(uppanna-viññāṇa)을 두고 satānusāri-viññāṇa 즉 기억을 따라서 알음알이가 일어남이라 한다."(MA.ii.291)

한편 satānusāri-viññāṇa는 『디가 니까야』 제3권 「정신경」(D29) §27에도 "쭌다여, 과거에 대해서 여래에게는 이전의 것을 기억하는 알음알이가 있다. 그는 원하는 만큼 무엇이든지 기억한다."라는 문맥에서도 나타나는데 거기서는 '이전의 것을 기억하는 알음알이'로 옮겼다.

『디가 니까야 주석서』는 이 복합어를 그곳의 문맥에 따라서 "전생을 기억하는 것과 함께하는(pubbenivāsa-anussati-sampayuttaka) 지혜(ñāṇa)"(DA.iii.914)로 설명하고 있어서 그렇게 옮긴 것이다. 이렇게 볼 때 satānusāri-viññāṇa에서 sati는 기억으로 이해하는 것이 훨씬 타당하다.

32. "악기웻사나여, 그런 내게 이런 생각이 들었다.

'이 [247] 행복[135]은 감각적 욕망들과도 상관없고 해로운 법들과도 상관없는데, 그것을 내가 왜 두려워하는가?'

악기웻사나여, 그런 내게 이런 생각이 들었다.

'나는 감각적 욕망들과도 상관없고 해로운 법들과도 상관없는 그런 행복을 두려워하지 않는다.'"[136]

33. "악기웻사나여, 그런 내게 이런 생각이 들었다.

'이렇게 극도로 야윈 몸으로 그런 행복을 얻기란 쉽지 않다. 나는 쌀밥과 보리죽 같은 덩어리진 음식을 먹으리라.'

악기웻사나여, 그런 나는 쌀밥과 보리죽 같은 덩어리진 음식을 먹었다.

악기웻사나여, 그때에 다섯 비구들[137]이 '참으로 우리의 사문 고따마가 법을 증득한다면 그것을 우리에게 알려줄 것이다.'라고 생각

---

135) "여기서 '행복(sukha)'이란 들숨날숨에 대한 마음챙김을 통한 초선의 행복(ānāpāna-ssati-paṭhama-jjhāna-sukha)을 말한다."(MA.ii.291)
여기서 '행복'으로 옮기는 단어는 sukha이다. 초기불전연구원에서는 즐거운 느낌(sukha-vedanā), 괴로운 느낌(dukkha-vedanā), 괴롭지도 즐겁지도 않은 느낌(adukkhamasukha-vedanā)의 세 가지 느낌의 하나로 나타나는 sukha는 대부분 '즐거움'으로 옮기고 여기서처럼 초선 등의 정형구에 나타나는 sukha나 느낌의 문맥에서 나타나지 않는 sukha는 '행복'으로 옮기고 있다.

136) 이 구절은 고행에 대한 부처님의 반성이 깊이 담겨 있는 말씀이다. 그리고 감각적 욕망에 기인한 행복이나 즐거움이 아닌, 수행을 통한 행복을 인정하는 중요한 말씀이기도 하다. 여기에 대해서는 본서 제1권 「괴로움의 무더기의 짧은 경」(M14) §20에 나타나는 "행복으로 행복은 얻어지지 않습니다. 괴로움으로 행복은 얻어집니다."라는 니간타들의 강변과 여기에 대한 세존의 대응도 참조할 것.

137) '다섯 비구들' 혹은 '오비구(五比丘, pañcavaggiyā bhikkhū)'에 대해서는 본서 제1권 「성스러운 구함 경」(M26) §24의 주해를 참조할 것.

하면서 나를 시중들고 있었다. 악기웻사나여, 그러나 내가 쌀밥과 보리죽 같은 덩어리진 음식을 먹자 그 다섯 비구들은 '사문 고따마는 호사스러운 생활을 하고 용맹정진을 포기하고 사치스러운 생활에 젖어있다.'라고 생각하면서 나를 혐오하여 떠나 가버렸다."

34. "악기웻사나여, 그런 나는 덩어리진 음식을 먹고 감각적 욕망을 완전히 떨쳐버리고 해로운 법[不善法]들을 떨쳐버린 뒤 일으킨 생각[尋]과 지속적 고찰[伺]이 있고, 떨쳐버렸음에서 생긴 희열[喜]과 행복[樂]이 있는 초선(初禪)을 구족하여 머물렀다.

악기웻사나여, 내게 비록 이러한 즐거운 느낌이 일어났지만 그것이 내 마음을 제압하지는 못했다."138)

35. "그런 나는 일으킨 생각[尋]과 지속적 고찰[伺]을 가라앉혔기 때문에 더 이상 존재하지 않으며] 자기 내면의 것이고, 확신이 있으며, 마음의 단일한 상태이고, 일으킨 생각과 지속적 고찰은 없고, 삼매에서 생긴 희열과 행복이 있는 제2선(二禪)을 구족하여 머물렀다.

악기웻사나여, 내게 비록 이러한 즐거운 느낌이 일어났지만 그것이 내 마음을 제압하지는 못했다."

36. "그런 나는 희열이 빛바랬기 때문에 평온하게 머물렀고, 마음챙기고 알아차리며[正念·正知] 몸으로 행복을 경험했다. 이 [禪 때문에] '평온하고 마음챙기며 행복하게 머문다.'고 성자들이 묘사하는 제3선(三禪)을 구족하여 머물렀다.

악기웻사나여, 내게 비록 이러한 즐거운 느낌이 일어났지만 그것

---

138) 여기서부터 아래 §44까지 반복해서 나타나는 이 문장은 위 §11에서 삿짜까가 "정말 고따마 존자께는 이미 일어난 즐거운 느낌이 마음을 제압하면서 머문 적이 없었다는 말입니까? "라고 질문 드린 데 대한 세존의 대답이다.

이 내 마음을 제압하지는 못했다."

37. "그런 나는 행복도 버리고 괴로움도 버리고, 아울러 그 이전에 이미 기쁨과 슬픔을 소멸하였으므로 괴롭지도 즐겁지도 않으며, 평온으로 인해 마음챙김이 청정한 제4선(四禪)을 구족하여 머물렀다.

악기웻사나여, 내게 비록 이러한 즐거운 느낌이 일어났지만 그것이 내 마음을 제압하지는 못했다."

38. "그런 나는 이와 같이 마음이 집중되고, 청정하고, 깨끗하고, 흠이 없고, 오염원이 사라지고, 부드럽고, 활발발하고, 안정되고, 흔들림이 없는 상태에 이르렀을 때 [248] 전생을 기억하는 지혜[宿命通]로 마음을 향하게 했다.

그런 나는 한량없는 전생의 갖가지 삶들을 기억했다. 즉 한 생, 두 생, 세 생, 네 생, 다섯 생, 열 생, 스무 생, 서른 생, 마흔 생, 쉰 생, 백 생, 천 생, 십만 생, 세계가 수축하는 여러 겁, 세계가 팽창하는 여러 겁, 세계가 수축하고 팽창하는 여러 겁을 기억했다. '어느 곳에서 이런 이름을 가졌고, 이런 종족이었고, 이런 용모를 가졌고, 이런 음식을 먹었고, 이런 행복과 고통을 경험했고, 이런 수명의 한계를 가졌고, 그곳에서 죽어 다른 어떤 곳에 다시 태어나 그곳에서는 이런 이름을 가졌고, 이런 종족이었고, 이런 용모를 가졌고, 이런 음식을 먹었고, 이런 행복과 고통을 경험했고, 이런 수명의 한계를 가졌고, 그곳에서 죽어 다시 여기 태어났다.'라고. 이처럼 한량없는 전생의 갖가지 모습들을 그 특색과 더불어 상세하게 기억해냈다."

39. "악기웻사나여, 이것이 내가 밤의 초경(初更)에 증득한 첫 번째 명지(明知)139)이다. 마치 방일하지 않고 열심히, 스스로 독려하며 머무는 자에게 무명이 제거되고 명지가 일어나고 어둠이 제거되고

광명이 일어나듯이, 내게도 무명이 제거되고 명지가 일어났고 어둠이 제거되고 광명이 일어났다.

악기웻사나여, 내게 비록 이러한 즐거운 느낌이 일어났지만 그것이 내 마음을 제압하지는 못했다."

40. "그런 나는 이와 같이 마음이 집중되고, 청정하고, 깨끗하고, 흠이 없고, 오염원이 사라지고, 부드럽고, 활발발하고, 안정되고, 흔들림이 없는 상태에 이르렀을 때 중생들의 죽음과 다시 태어남을 [아는] 지혜[天眼通]로 마음을 향하게 했다.

그런 나는 청정하고 인간을 넘어선 신성한 눈[天眼]으로 중생들이 죽고 태어나고, 천박하고 고상하고, 잘생기고 못생기고, 좋은 곳[善處]에 가고 나쁜 곳[惡處]에 가는 것을 보고, 중생들이 지은 바 그 업에 따라 가는 것을 꿰뚫어 알았다. '이들은 몸으로 못된 짓을 골고루 하고 말로 못된 짓을 골고루 하고 또 마음으로 못된 짓을 골고루 하고, 성자들을 비방하고, 아주 나쁜 견해를 지니어 사견업(邪見業)을 지었다. 이들은 몸이 무너져 죽은 뒤 처참한 곳[苦界], 불행한 곳[惡處], 파멸처, 지옥에 태어났다. 그러나 이들은 몸으로 좋은 일을 골고루 하고 말로 좋은 일을 골고루 하고 마음으로 좋은 일을 골고루 하고 성자들을 비방하지 않고 바른 견해를 지니고 정견업(正見業)을 지었다. 이들은 몸이 무너져 죽은 뒤 좋은 곳[善處], 천상세계에 태어났다.'라고. 이와 같이 나는 청정하고 인간을 넘어선 신성한 눈으로 중생들이 죽고 태어나고, 천박하고 고상하고, 잘생기고 못생기고, 좋은 곳[善處]에 가고 나쁜 곳[惡處]에 가는 것을 보고, 중생들이 지은 바 그 업에 따라 가는 것을 꿰뚫어 알았다."

---

139) 본경에 나타나는 세 가지 명지[三明, te-vijjā]와 명지(明知, vijjā)에 대해서는 본서 제1권 「두려움과 공포 경」(M4) §28을 참조할 것.

41. "악기웻사나여, 이것이 내가 밤의 이경(二更)에 증득한 두 번째 명지(明知)이다. 마치 방일하지 않고 열심히, 스스로 독려하며 머무는 자에게 무명이 제거되고 명지가 일어나고 어둠이 [249] 제거되고 광명이 일어나듯이, 내게도 무명이 제거되고 명지가 일어났고 어둠이 제거되고 광명이 일어났다.

악기웻사나여, 내게 비록 이러한 즐거운 느낌이 일어났지만 그것이 내 마음을 제압하지는 못했다."

42. "그런 나는 이와 같이 마음이 집중되고, 청정하고, 깨끗하고, 흠이 없고, 오염원이 사라지고, 부드럽고, 활발발하고, 안정되고, 흔들림이 없는 상태에 이르렀을 때 모든 번뇌를 소멸하는 지혜[漏盡通]로 마음을 향하게 했다.

그런 나는 '이것이 괴로움이다.'라고 있는 그대로 꿰뚫어 알았고, '이것이 괴로움의 일어남이다.'라고 있는 그대로 꿰뚫어 알았고, '이것이 괴로움의 소멸이다.'라고 있는 그대로 꿰뚫어 알았고, '이것이 괴로움의 소멸로 인도하는 도닦음이다.'라고 있는 그대로 꿰뚫어 알았다. '이것이 번뇌다.'라고 있는 그대로 꿰뚫어 알았고, '이것이 번뇌의 일어남이다.'라고 있는 그대로 꿰뚫어 알았고, '이것이 번뇌의 소멸이다.'라고 있는 그대로 꿰뚫어 알았고, '이것이 번뇌의 소멸로 인도하는 도닦음이다.'라고 있는 그대로 꿰뚫어 알았다."

43. "내가 이와 같이 알고 이와 같이 볼 때 나는 감각적 욕망에 기인한 번뇌[欲漏]에서 마음이 해탈했다. 존재에 기인한 번뇌[有漏]에서도 마음이 해탈했다. 무명에 기인한 번뇌[無明漏]에서도 마음이 해탈했다. 해탈했을 때 해탈했다는 지혜가 생겼다. '태어남은 다했다. 청정범행은 성취되었다. 할 일을 다 해 마쳤다. 다시는 어떤 존재로

도 돌아오지 않을 것이다.'라고 꿰뚫어 알았다."

44. "악기웻사나여, 이것이 밤의 삼경(三更)에 내가 증득한 세 번째 명지(明知)이다. 마치 방일하지 않고 열심히, 스스로 독려하며 머무는 자에게 무명이 제거되고 명지가 일어나고 어둠이 제거되고 광명이 일어나듯이, 내게도 무명이 제거되고 명지가 일어났고 어둠이 제거되고 광명이 일어났다.

악기웻사나여, 내게 비록 이러한 즐거운 느낌이 일어났지만 그것이 내 마음을 제압하지는 못했다."

45. "악기웻사나여, 나는 수백의 대중들에게 법을 설한 것을 기억한다. 아마 그 사람들은 제각기 나에 대해 이렇게 생각할 것이다. '사문 고따마는 오직 나를 위해 법을 설하신다.'라고. 악기웻사나여, 그러나 그렇게 여겨서는 안된다. 여래는 그들을 깨우치기 위해서 공평하게 그들에게 법을 설할 뿐이다. 악기웻사나여, 설법을 마치고 나면 나는 항상140) 머무는 이전의 삼매의 표상141)에 안으로 마음을 확

---

140) '항상'은 niccakappaṁ niccakappaṁ을 옮긴 것이다. 직역하면 nicca(영원한)-kappaṁ(겁 동안) nicca(영원한)-kappaṁ(겁 동안)이 되어서 '영겁 동안' 혹은 '영원히'라는 의미가 된다. 그런데 주석서는 nicca-kappaṁ을 항상(nicca-kālaṁ)으로 설명하고 있어서(MA.v.82 등) '항상'으로 옮겼다.
사실 kappa가 겁(劫)이라는 엄청나게 긴 시간 단위로만 항상 쓰이는 것이 아닌 것으로 주석서는 해석하고 있다. 예를 들면 『디가 니까야』 제2권 「대반열반경」(D16) 등에 "누구든지 네 가지 성취수단[四如意足]을 닦고, 많이 [공부]짓고, 수레로 삼고, 기초로 삼고, 확립하고, 굳건히 하고, 부지런히 닦은 사람은 원하기만 하면 일 겁을 머물 수도 있고, 겁의 남은 기간이 다하도록 머물 수도 있다."(D16 §3.3; 『상윳따 니까야』 제6권 「탑묘 경」(S51:10) §5)라고 나타나는데, 주석서에 의하면 여기서 겁은 수명의 겁(āyu-kappa)을 뜻한다고 하며, 그것은 백 년이라고 한다.(SA.iii.251; AA.iv.149) 그 당시 인간이 살 수 있는 수명의 한계를 다 채울 때까지 머물 수 있다는 뜻이다.
사실 niccakappaṁ niccakappaṁ을 '영겁에서 영겁으로'로 직역하면 아주

립하고 고요하게 하고 전일하게 하고 집중한다."142)

"그것에 관해선 고따마 존자를 믿을 수 있습니다. 왜냐하면 그분은 아라한이시고 정등각자이시기 때문입니다. 그런데 고따마 존자께서는 낮에 낮잠 주무신 것을 기억하십니까?"

46. "악기웻사나여, 나는 여름의 마지막 달에 공양을 마치고 탁발에서 돌아와서 가사를 네 겹으로 접어서 깔고 오른쪽 옆구리로 누워 마음챙기고 잘 알아차리면서[正念·正知] 잠을 잤던 것을 기억한다."

극적인 표현이 될 수 있지만 현재 우리가 쓰는 영겁이라는 어법과 여기에서 뜻하는 niccakappaṁ은 그 의미가 다르다고 이해해서 그냥 '항상 오래오래' 정도로 옮겼다.

'겁(劫, kappa)'에 대해서는 『상윳따 니까야』 제2권 「산 경」(S15:5)의 내용과 §3의 주해와 제6권 「탑묘 경」(S51:10) §5의 주해 등을 참조할 것.

141) '삼매의 표상(samādhi-nimitta)'에 대해서는 다른 주석서의 설명을 인용한다.

"'어떤 한 가지 삼매의 표상(aññatara samādhi-nimitta)'이란 38가지의 대상(명상주제)을 가진 [삼매] 가운데서 어떤 하나의 삼매가 삼매의 표상이다."(AA.iii.230)

『청정도론』 「삼매 품」(III~XI)에는 삼매를 닦는 명상주제로 40가지를 들어서 하나하나를 상세하게 설명하고 있다. 그러나 주석서에는 38가지 명상주제라는 말이 자주 나타난다.(본서 제1권 「지워 없앰 경」(M8) §18의 주해 참조) 이러한 대상 중의 하나를 가진 삼매를 삼매의 표상이라고 주석서는 설명하고 있다.

142) '나는 항상 머무는 이전의 삼매의 표상에 안으로 마음을 확립하고 고요하게 하고 전일하게 하고 집중한다.'는 tasmiṁ yeva purimasmiṁ samādhi-nimitte ajjhattameva cittaṁ saṇṭhapemi sannisādemi ekodikaromi samādahāmi yena sudaṁ niccakappaṁ nicca-kappaṁ viharāmīti를 옮긴 것이다. 주석서는 이 문장을 다음과 같이 설명한다.

"내가 항상(nicca-kālaṁ) 그 공한 과의 삼매(suñña phala-samādhi)에 머무는데 그 '삼매의 표상(samādhi-nimitta)'에 마음을 확립하고 집중한다고 말씀하시는 것이다."(MA.ii.292)

공한 과의 삼매에 대해서는 본서 제4권 「공(空)에 대한 긴 경」(M122) §6과 주해들을 참조할 것.

"고따마 존자시여, 어떤 사문 · 바라문들은 이것을 두고 미혹에 빠져 머무는 것이라고 말합니다."

"악기웻사나여, [250] 이런 것을 두고 미혹하다거나 미혹하지 않다고 하는 것이 아니다. 악기웻사나여, 어떻게 미혹한 사람이 되고 미혹하지 않은 사람이 되는지 그것을 이제 듣고 잘 마음에 잡도리하라. 나는 설하리라."

"그러겠습니다, 존자시여."라고 니간타의 후예 삿짜까는 세존께 대답했다.

세존께서는 이렇게 말씀하셨다.

47. "악기웻사나여, 누구든지 그가 정신적 오염원이고 다시 태어남을 가져오고 두렵고 괴로운 과보를 가져오고 미래의 태어남과 늙음과 죽음을 초래하는 번뇌들을 제거하지 못했다면, 그를 나는 미혹한 사람이라고 부른다. 악기웻사나여, 번뇌를 제거하지 못했기 때문에 미혹한 사람이 된다.

악기웻사나여, 누구든지 그가 정신적 오염원이고 다시 태어남을 가져오고 두렵고 괴로운 과보를 가져오고 미래의 태어남과 늙음과 죽음을 초래하는 번뇌를 제거했다면, 그를 나는 미혹하지 않은 사람이라고 부른다. 악기웻사나여, 번뇌를 제거했기 때문에 미혹하지 않은 사람이 된다.143)

악기웻사나여, 여래는 정신적 오염원이고 다시 태어남을 가져오고

143) '번뇌를 제거했기 때문에 미혹하지 않은 사람이 된다(āsavānañhi pahānā asammūḷho hoti).'라고 하셨다. 번뇌의 제거(āsavānaṁ pahāna)는 그가 깨달은 사람이냐 미혹한 사람(sammūḷha)이냐를 판단하는 기준이 된다. 그래서 불교의 최고의 성자인 아라한은 항상 번뇌 다한 자(khīnāsava)로 여러 경들에서 묘사되고 있는 것이다.(본서 제1권 「뱀의 비유 경」(M22) §42 등) 그런 것이지 잠을 자느냐 마느냐는 깨달음이나 미혹하지 않음을 판단하는 기준이 되지 못함을 여기서 부처님께서는 분명히 드러내 보여주신다.

두렵고 괴로운 과보를 가져오고 미래의 태어남과 늙음과 죽음을 초래하는 번뇌들을 모두 제거하고 그 뿌리를 자르고 줄기만 남은 야자수처럼 만들고 멸절시켜 미래에 다시는 일어나지 않게끔 했다.

악기웻사나여, 예를 들면 야자수가 그 윗부분이 잘리면 다시 자랄 수 없는 것처럼, 여래는 정신적 오염원이고 다시 태어남을 가져오고 두렵고 괴로운 과보를 가져오고 미래의 태어남과 늙음과 죽음을 초래하는 번뇌를 모두 제거하고 그 뿌리를 자르고 줄기만 남은 야자수처럼 만들고 멸절시켜 미래에 다시는 일어나지 않게끔 했다."

48. 이렇게 말씀하셨을 때 니간타의 후예 삿짜까는 세존께 이렇게 말씀드렸다.

"경이롭습니다, 고따마 존자시여. 놀랍습니다, 고따마 존자시여. 고따마 존자께서는 이와 같이 거듭되는 무례한 말과 비방하는 조의 말투로 대응해도 피부색이 깨끗하고 안색이 밝아서 참으로 아라한·정등각자에게 어울립니다. 고따마 존자시여, 전에 저는 뿌라나 깟사빠와 논쟁을 벌였던 것을 기억합니다. 그는 논쟁을 시작하더니 엉뚱한 말로 받아넘기고 회피하고 화를 내고 분노하고 불만을 드러내었습니다. 그러나 고따마 존자께서는 이와 같이 거듭되는 무례한 말과 비방하는 조의 말투로 대응해도 피부색이 깨끗하고 안색이 밝아서 참으로 아라한·정등각자에게 어울립니다.

고따마 존자시여, 전에 저는 막칼리 고살라[144]와 … 아지따 께사

144) 막칼리 고살라(Makkhali Gosāla)의 사상은 한마디로 운명론(niyati)으로 정리된다. 모든 것은 이미 운명으로 결정되어 있기 때문에 어떤 노력으로도 이를 바꿀 수 없다. 그렇기 때문에 어떤 선행이나 악행을 저질러도 그것 때문에 운명이 바뀌지 않는다고 주장한다. 그래서 세존께서는 『앙굿따라 니까야』에서 그는 업지음(kiriya)도 노력(viriya)도 업의 결과(vipāka)도 모두 부정하기 때문에 그의 사상이 가장 위험하다고 경고하시며(A1:18:4/i.33) 그의 사상이 가장 천박하다고 꾸짖으신다.(A3:135/i.286)

깜발리[145]와 … 빠꾸다 깟짜야나[146]와 … 산자야 벨랏티뿟따[147]와

주석서에서는 그의 이름을 풀이하는 것으로도 그를 비하하고 있다. 그가 하인으로 있으면서 기름통을 가지고 흙탕길을 갈 때 그의 주인이 절대로 넘어지지 마라(mā khali, 마 칼리)고 했는데도 넘어졌기 때문에 막칼리라는 이름을 가졌다고 한다.(DA.i.143; MA.i.422) 그리고 그는 소 외양간(go-sāla, 고살라)에서 태어났기 때문에 고살라라고 한다. 그는 아지와까(Ājīvaka, 邪命外道) 가운데 가장 유명한 스승이었다고 한다. 그래서 DPPN은 그의 교설을 아지와까의 교설과 동일시하고 있다.(DPPN *s.v.* ājīvaka)
자이나 문헌에 의하면 그는 고살라 망칼리뿟따(Gosāla Maṅkhaliputta, 혹은 Ghosāla Maṅkhamiputta)로 알려졌으며 아버지는 망칼리였고 어머니는 밧다였다고 한다. 자이나 문헌에서는 maṅkha를 '다니면서 그림을 보여주면서 구걸하는 자(*A wandering beggar earning his liveli-hood by showing pictures*)'라고 설명하고 있다. 그러므로 그의 아버지는 일종의 광대였던 것 같으며 고살라는 그가 사문이 되기 전에 가졌던 소치는 직업을 뜻한다. 이처럼 자이나 문헌에서도 그를 하시(下視)하여 설명한다.
그러나 바루아 교수(Barua 298)에 의하면 빠알리어 Makkhali와 아르다마가디어(자이나교의 경전언어)의 Maṅkhali가 산스끄리뜨 Maskarin에서 파생된 것이며, 이를 대문법가 빠니니는 '대나무 지팡이(maskara)를 지니고 있는 자'로 해석하여 Maskarin은 '하나의 지팡이를 지니고 있는 자(Ekadaṇḍin)'라고 설명한다.(Pāṇini.VI.i.154) 그러나 문법가 빠딴잘리는 마스까린은 유행승의 한 집단으로, 그들이 대나무 지팡이를 지니고 있기 때문에 Maskarin이 아니라 그들은 자유의지를 부정하기 때문에 그렇게 불렸다고 설명한다.(Mahābhāṣya.iii.96) 이것은 『디가 니까야』 「사문과경」에서 나열하고 있는 그의 운명론(niyati)과도 일치한다.
흥미롭게도 자이나 문헌에 의하면 막칼리 고살라가 지와 견[知見, ñāṇa-dassana]을 가진 자로 묘사되고 있다(uppanna-ṇāna-daṁsaṇa-dhāre jiṇe arahā kevalī sabbaṇṇū sabbadarisī. — Bhag 15.1). 그리고 여러 문헌에 의하면 아지와까(사명외도)는 아소까(Asoka) 대왕 때까지도 번창했다고 한다.

145) 아지따 께사깜발리(Ajito Kesakambalī)는 많은 제자들을 거느렸고 도덕적이었고 사람들에게서 높은 명성을 가졌다고 한다.(S3:1/i.68) 그는 '보시한 것도 없고 제사지낸 것도 없고 헌공(獻供)한 것도 없고, 선행과 악행의 업들에 대한 열매도 과보도 없고, 이 세상도 없고 저 세상도 없고, 어머니도 없고 아버지도 없고, 화생하는 중생도 없고, 이 세상과 저 세상을 스스로 최상의 지혜로 알고 실현하여 드러내는 바른 도를 구족한 사문・바라문들도 이 세상에는 없다. 이 인간이란 것은 사대(四大)로 이루어진 것이어서 임종하면 땅은 땅의 몸으로 돌아가고, 물은 물의 몸으로 돌아가고, 불은 불의 몸으로 돌아가고, 바람은 바람의 몸으로 돌아가고, 감각기능들은 허공으로 돌아간

… 니간타 나따뿟따[148]와 논쟁을 벌였던 것을 기억합니다.[149] 그는 논쟁을 시작하더니 엉뚱한 말로 [251] 받아넘기고 회피하고 화를 내고 분노하고 불만을 드러내었습니다. 그러나 고따마 존자께서는 이와 같이 거듭되는 무례한 말과 비방하는 조의 말투로 대응해도 피부

다.'라고 주장하는 [사후] 단멸론(ucchedavāda)자였다.

146) 빠꾸다(Pakudha)는 이름이고 깟짜야나(Kaccāyana)는 바라문 족성이다. 그는 땅의 몸, 물의 몸, 불의 몸, 바람의 몸, 즐거움, 괴로움, 영혼의 일곱 가지를 궁극적 실재로 인정하고 있다. 그리하여 중생이라는 여러 요소들로 이루어진 생명체는 죽일 수 있지만 이 일곱 가지 실재는 죽일 수도, 자를 수도, 없앨 수도 없는 본래 존재하는 실재라고 주장한다. 이와 같이 그는 업과 업의 과보를 인정하지 않기 때문에 도덕부정론자 가운데 한 사람이다.
한편 이처럼 여러 기본 실재들의 적집으로 우주와 인간은 구성되어 있다는 이러한 사문 전통의 사상을 학자들은 적취설(積取說)이라고 부르고, 이것과 반대로 하나의 궁극적인 실재가 전변하여 세상이 이루어졌다고 하는 바라문 전통의 학설을 전변설(轉變說)이라 부른다.

147) 산자야 벨랏티뿟따(Sañjayena Belaṭṭhiputta)는 애매모호한(vikkhepa)자로 잘 알려져 있다. 일반 불교개론서에는 산자야의 교설을 불가지론(不可知論)이나 회의론으로 명명하고 있는데, 역자는 원의미를 살려 애매모호함이라 명명한다. 그는 "만일 당신이 '저 세상이 있소?'라고 내게 물으면 내가 '저 세상이 있다.'고 생각하면 나는 '저 세상은 있다.'고 대답할 것이다. 그러나 나는 이러하다고도 하지 않으며, 그러하다고도 하지 않으며, 다르다고도 하지 않으며, 아니라고도 하지 않으며, 아니지 않다고도 하지 않는다."라는 식으로 애매모호한 이론을 내세웠다. 이렇듯 그는 형이상학적인 문제에 대해서는 어떤 결정적인 답을 회피했으며 다른 외도들과는 달리 존재론적인 실재를 상정하지 않았다는 점에서 주목할 만하다.
그리고 그의 이러한 영향으로 인해 그의 제자였던(Vin.i.39) 사리뿟따(Sāri-putta) 존자와 목갈라나(Moggallāna) 존자는 형이상학적인 존재론보다는 연기(緣起)에 바탕한 고(苦)의 완전한 소멸을 통한 해탈·열반을 즉시에 이해하여 부처님의 제자가 되었다고 생각된다. 여기에 대해서는 본서 「삿짜까 짧은 경」(M35) §4의 주해를 참조할 것.

148) 니간타 나따뿟따(Nigaṇṭha Nātaputta)에 대해서는 본서 제1권 「괴로움의 무더기의 짧은 경」(M14) §17의 주해를 참조할 것.

149) 여기 언급되고 있는 육사외도의 더 자세한 주장에 대해서는 『디가 니까야』 「사문과경」(D2) §16 이하를 참조할 것.

색이 깨끗하고 안색이 밝아서 참으로 아라한 · 정등각자에게 어울립니다.

고따마 존자시여, 저는 이제 가봐야 할 것 같습니다. 바쁘고 해야 할 일이 많습니다."

"악기웻사나여, 지금이 적당한 시간이라면 그렇게 하라."

그러자 니간타의 후예 삿짜까는 세존의 설법을 크게 기뻐하고 감사드리면서 자리를 떠났다.150)

삿짜까 긴 경(M36)이 끝났다.

---

150) "여기서 세존께서는 이 니간타에게 두 개의 경(M35와 M36)을 설하셨다. 앞 경은 한 개의 바나와라 분량이고, 이번 경은 한 개 반의 바나와라 분량이다. 이렇듯 두 개 반의 바나와라 분량의 경을 듣고도 이 니간타는 어떤 [진리의] 관통(abhisamaya)도 증득하지 못했고, 교단에 출가하지도 않았고, 삼보에 귀의하지도 않았다. 그런데 세존께서는 무엇 때문에 법을 설하셨는가? 미래의 영향력(vāsanattha)을 위해서이다.
왜냐하면 세존께서는 '이 사람이 지금은 강한 의지가 없다. 그러나 내가 열반에 든 후 200년이 지난 후 땀바빤니 섬(Tambapaṇṇi-dīpa, 스리랑카)에 불교가 전래될 것인데, 그곳에서 이 사람은 장자의 집에 태어나서 시절인연이 도래할 때 출가하여 삼장을 배워 위빳사나를 증장시켜 무애해(paṭisambhidā)를 겸한 아라한과를 얻어서 깔라붓다락키따(Kāḷa-Buddharakkhita)라는 이름의 번뇌 다한 위대한 사람이 될 것이다.'라는 것을 보셨기 때문이다. 이것을 보시고 미래의 영향력 때문에 가르침을 설하셨다."(MA.ii.293)
바나와라(bhāṇavārā)는 문자 그대로 '암송(bhāṇā)의 전환점(vāra)'이라는 말인데 성전을 외워 내려가다가 한 바나와라가 끝나면 쉬었다가 다시 외우는 것이 반복되고 그 다음 바나와라가 끝나면 또 다시 쉬었다가 시작한다. 한 바나와라는 8음절로 된 사구게(四句偈)로 250게송의 분량이라 한다. 그래서 총 4×8×250=8000음절이 된다. 한편 삼장은 모두 2547개에 해당되는 바나와라를 가진다고 한다.

갈애 멸진의 짧은 경

Cūḷa-taṇhāsaṅkhaya Sutta(M37)

1. 이와 같이 나는 들었다. 한때 세존께서는 사왓티 동쪽 원림[東園林]의 녹자모 강당151)에 머무셨다.

2. 그때 신들의 왕인 삭까152)가 세존을 뵈러 갔다. 가서는 세존

151) 동쪽 원림[東園林, Pubbārāma]과 녹자모 강당(Migāramātu-pāsāda)에 대해서는 본서 제1권 「성스러운 구함 경」(M26) §3의 주해를 참고할 것

152) 삭까(Sakka, *Sk.* Sakra)는 제석(帝釋) 혹은 석제환인(釋提桓因)으로 한역된 신이며, 베다에 등장하는 인도의 유력한 신인 인드라(Indra)를 말한다. 『상윳따 니까야』 제1권에는 삭까(인드라)와 관련된 25개의 경들이 「삭까 상윳따」(S11)에 결집되어 나타난다. 한편 『상윳따 니까야』 제1권 「삭까의 이름 경」(S11:12) §3에는(S.i.229; DhpA.i.264) 그의 여러 가지 이름들이 나열되는데 그 가운데 세 번째에서 "그는 인간으로 있을 때 정성을 다해 보시를 베풀었다(sakkaccam dānam adāsi)고 해서 삭까(sakka)라 한다."라고 설명하고 있다. 그러나 산스끄리뜨 śakra는 '힘센, 막강한'이라는 뜻이다. 베다에서 이미 인드라는 끄샤뜨리야의 신으로 자리매김 되는데, 베다의 후기 시대부터는 인도의 모든 신들에게도 사성(四姓)계급이 부여되었다. 즉 아그니(Agni, 불의 신)는 바라문 계급의 신으로, 인드라는 끄샤뜨리야의 신으로 베딕 문헌에 나타난다.
베다 문헌들에서 신들은 자주 '인드라를 상수로 하는 신들(Indraśreṣṭāḥ devāḥ)'로 표현되고 있는데, 초기불교에서도 이를 받아들여서 여기서처럼 '신들의 왕(devānaṁ Indo, D11 §70 등)'으로 표현하고 있다. 좀 더 구체적

께 절을 올리고 한 곁에 섰다. 한 곁에 서서 신들의 왕 삭까는 세존께 이렇게 말씀드렸다.[153]

"세존이시여, 간략하게 말하면 어떻게 해서 비구는 갈애를 멸진하여[154] 해탈하고, 구경의 목표에 이르고, 구경의 유가안은을 얻고, 구경의 청정범행(梵行)을 성취하고, 구경의 완성을 성취하여, 신들과 인간들 가운데 으뜸이 됩니까?"[155]

3. "신들의 왕이여, 여기 비구는 '모든 법들[156]은 집착할만한

으로 말하면, 인드라는 삼십삼천의 신들의 왕이며 그래서 삼십삼천은 제석천이라고도 부른다. 인드라는 웨자얀따(Vejayanta) 궁전에 거주하며(§8) 수도의 이름은 수닷사나(Sudassana)이다.
초기경들 가운데 인드라가 부처님께 와서 설법을 듣고 가는 것을 묘사한 경이 몇 있는데 본경도 그 가운데 하나이다. 그리고 본경에 의하면 목갈라나 존자가 이 궁전을 손가락으로 진동시켜 신들에게 무상의 법칙을 일깨우기도 하였다.(§11) 한편 『디가 니까야』 제2권 「제석문경」(D21)은 이런 신들의 왕 삭까가 세존과의 문답을 통해서 예류자가 되는 것을 기술하고 있다. 불교에서는 불교를 보호하는 신[護法善神]으로 일찍부터 받아들여졌다.

153) 이하 본경 §2에 언급되고 있는 삭까의 이 질문은 『디가 니까야』 「제석문경」(D21) §2.6에서도 그의 질문으로 나타나고 있다. 그러나 거기서는 '신과 인간들 가운데서 뛰어나다(seṭṭhā devamanussānaṁ).'는 마지막 부분은 나타나지 않는다.
그러나 할릿디까니 장자가 「제석문경」(D21)의 이 부분을 마하깟짜나 존자에게 질문을 하고 있는 『상윳따 니까야』 제3권 「할릿디까니 경」 2(S22:4) §3에는 나타나고 있다. 두 경의 해당부분에 나타나는 주해들도 참조할 것.

154) "'갈애의 멸진(taṇhā-saṅkhaya)'이란 도(magga)와 열반이다. 도는 갈애를 멸진하고(saṅkhiṇāti) 파멸시킨다(vināseti)고 해서 갈애의 멸진이다. 열반은 갈애를 멸진하고 파멸시켜서 드러나는(āgamma) 것이기 때문에 갈애의 멸진이다. 갈애를 멸진하는 도에 의해서 해탈했고 갈애의 멸진인 열반[속]으로 해탈한다, 향한다(확신한다, adhimuttā)고 해서 갈애를 멸진하여 해탈한 것(taṇhā-saṅkhaya-vimuttā)이다."(DA.iii.738)

155) "어떤 수행(paṭipatti)으로 비구가 갈애를 멸진하여 해탈한 자(taṇhā-saṅkhaya-vimutta)가 되는지, 그 갈애가 멸진한 비구의 예비 수행(pubbabhāga-ppaṭipadā)을 간략하게 설해달라고 청하는 것이다."(MA.ii.297)

것이 못 된다.'라고 배운다. 신들의 왕이여, 이와 같이 비구가 '모든 법들은 집착할만한 것이 못 된다.'라고 배우면 그는 모든 법들을 완전히 안다. 모든 법들을 완전히 안 뒤 모든 법들을 철저히 안다.157) 모든 법들을 철저히 알아 그가 어떤 느낌을 느끼더라도, 그것이 즐거운 느낌이든 괴로운 느낌이든 괴롭지도 즐겁지도 않은 느낌이든, 그 느낌들에 대해서 무상을 관찰하면서 머물고, 탐욕이 빛바램을 관찰하면서 머물고, 소멸을 관찰하면서 머물고, 놓아버림을 관찰하면서 머문다. 그가 이렇게 머물 때 세상에서 그 어떤 것에도 취착하지 않는다. 취착하지 않으면 번민하지 않고, 번민하지 않으면 스스로 완전히 열반에 든다. [252] '태어남은 다했다. 청정범행은 성취되었다. 할 일을 다 해 마쳤다. 다시는 어떤 존재로도 돌아오지 않을 것이다.'라고 꿰뚫어 안다.

---

156) "여기서 '모든 법들[諸法, sabbe dhammā]'이란 다섯 가지 무더기[五蘊], 열두 가지 감각장소[十二處], 열여덟 가지 요소[十八界]를 말한다. 이러한 법들은 집착할만한 것이 못 된다. 왜냐하면 이들은 영원하고, 즐겁고, 자아라고 취하더라도 무상할 뿐이고, 괴로움일 뿐이고, 무아일 뿐인 것으로 판명되기 때문이다. 그러므로 '집착할만한 것이 못 된다(nālaṁ abhinivesāyāti).'" (MA.ii.298)

157) "'완전히 안다(abhijānāti).'는 것은 모든 법들은 무상하고 괴로움이고 무아라고 안 것의 통달지(ñāta-pariññā)로써 완전히 안다는 말이고, '철저히 안다(parijānāti).'는 것은 그것에 대해 조사의 통달지(tīraṇa-pariññā)로써 철저히 안다는 말이다."(MA.ii.298)
'안 것의 통달지(ñāta-pariññā)'란 세 가지 통달지 가운데 정신과 물질을 조건과 함께 완전히 아는 것을 말하고, '조사의 통달지(tīraṇa-pariññā)'란 물질의 깔라빠를 명상하는 것부터 시작하여 무상, 고, 무아라고 조사함으로써 일어나는 수순하는 지혜(anulomā ñāṇā)까지가 이 지혜의 영역이다. 세 가지 통달지에 대해서는 『청정도론』 XXII(22장) §105이하를 참고할 것.
일창스님의 제언에 의하면 미얀마에서 근현대 미얀마 불교의 최고 권위로 존경받는 레디 사야도와 마하시 사야도 등께서는 여기서 '완전히 안다.'로 옮기고 있는 abhijānāti를 '특별히(특별한 지혜로) 안다.'로, '철저히 안다.'로 옮기고 있는 parijānāti를 '구분하여 안다.'로 번역하고 있다고 한다.

신들의 왕이여, 간략하게 말하면 이렇게 해서 비구는 갈애를 멸진하여 해탈하고, 구경의 목표에 이르고, 구경의 유가안은[158]을 얻고, 구경의 청정범행(梵行)을 성취하고, 구경의 완성을 성취하여, 신들과 인간들 가운데 으뜸이 된다."

4. 그러자 신들의 왕인 삭까는 세존의 말씀을 크게 기뻐하고 감사드리면서 세존께 절을 올리고 오른쪽으로 돌아 [경의를 표한] 뒤 그곳에서 사라졌다.

5. 그때 마하목갈라나 존자가 세존께서 계시던 곳에서 멀지 않은 곳에 앉아있었다. 그러자 마하목갈라나 존자에게 이런 생각이 들었다.

"이 약카는 세존의 말씀을 제대로 이해하고 기뻐한 것일까, 아니면 그렇지 않은 것일까?[159] 이 약카가 세존의 말씀을 제대로 이해하

---

158) '유가안은(瑜伽安隱)'은 요가케마(yogakkhema)를 옮긴 것이다. 초기불전에서 요가케마(yogakkhema)는 아라한됨이나 열반과 동의어로 쓰이는데 주석서는 한결같이 이 단어를 속박(yoga)으로부터 안은함(khema)으로 설명하고 있다. 예를 들면 "속박들로부터 안은(安隱)하기 때문에 열반을 유가안은이라 한다(yogehi khemattā nibbānaṁ yogakkhemaṁ nāma)."(SA.i.255)라거나, "네 가지 속박들로부터 안은하고 속박되지 않은 것이 유가안은이다. 아라한됨과 동의어이다(catūhi yogehi khemaṁ ananuyuttanti yogakkhemaṁ arahattameva adhippetaṁ)."(MA.i.41)라는 등으로 나타나고 있다.
중국에서는 이 단어를 유가안은(瑜伽安隱)으로 옮겼는데 역자도 이를 채택하였다. 주석서적인 의미는 네 가지 속박으로부터 풀려나 안은함을 뜻한다. 한편 경들은 감각적 욕망(kāma), 존재(bhava), 사견(diṭṭhi), 무명(avijjā)의 네 가지 속박을 들고 있다.(A4:10; D33 §1.11 (32))
그리고 유가안은은 초기불전의 도처에서 본경처럼 '위없는 유가안은(anuttara yogakkhema)'으로 나타나기도 한다.

159) "목갈라나 존자에게 '이 삭까가 부처님의 가르침을 제대로 이해하고 기뻐한 것일까, 아니면 제대로 이해하지 못한 채 기뻐한 것일까?'라는 생각이 들었는데, 왜 이런 생각이 들었을까? 장로는 삭까의 질문에 대한 세존의 대답을

고 기뻐한 것인지, 그렇지 않은지를 알아봐야겠다."

6. 그러자 마하목갈라나 존자는 마치 힘센 사람이 구부린 팔을 펴고 편 팔을 구부리듯이 그렇게 재빨리 동쪽 원림의 녹자모 강당에서 사라져 삼십삼천의 천상에 나타났다.

7. 그때에 신들의 왕 삭까는 에까뿐다리까 정원160)에서 다섯 종류로 된 오백의 천상악기를 갖추고 완비하여 즐기고 있었다. 신들의 왕 삭까는 마하목갈라나 존자가 멀리서 오는 것을 보았다. 보고는 다섯 종류로 된 그 오백의 천상악기를 중지시키고 마하목갈라나 존자에게 다가갔다. 다가가서 마하목갈라나 존자에게 이렇게 말했다.

듣지 못하고, 신들의 왕인 삭까(Sakka devarājā)가 '그렇습니다, 세존이시여.'라고 기뻐하는 소리만 들었기 때문이다. 삭까는 큰 소리로 기뻐했다고 한다.
목갈라나 장로가 세존의 소리를 듣지 못한 것은, 부처님이 가르침을 설하실 때는 오로지 그 대중에게만 들리고, 그곳을 벗어나서는 조금도 들리지 않기 때문이다. 이렇게 달콤한 대화(madhura-kathā)가 쓸데없는 이야기(nir-atthakā)가 되지 말라는 의도에서이다. 그때 세존께서는 녹자모 강당의 칠보로 가득한 작은 방에 앉아 계셨고, 그 오른쪽에는 사리뿟따 존자가, 왼 쪽에는 목갈라나 존자가 있었고, 그 중간에 열린 공간이 없었다. 그래서 목갈라나 장로는 세존의 소리는 듣지 못하고 삭까의 소리만 듣고 이런 생각이 들었던 것이다."(MA.ii.299~300)

160) '에까뿐다리까 정원'은 Ekapuṇḍarīka uyyāna를 옮긴 것이다. 신들의 왕 삭까의 천상의 정원으로 에까뿐다리까 정원이 언급되는 곳은 빠알리 삼장 전체에서 이곳뿐이다. 주석서는 이 정원에 대해서 아무런 설명이 없다. 빠알리 고유명사를 상세하게 거의 다 다루고 있는 것으로 유명한 DPPN에도 에까뿐다리까 정원은 언급되지 않는다.
일반적으로 삼십삼천에 있는 정원으로는 난다나 정원(Nandana-vana)이 니까야에 자주 나타난다.(예를 들면 본서 제3권 「마간디야 경」(M75) §11 참조)
한편 본서 제3권 「왓차곳따 삼명 경」(M71) §2에는 에까뿐다리까라는 이름의 왓차곳따 유행승이 머무는 에까뿐다리까 [망고나무] 원림(園林)이 나타나고 있으며, 본서 제3권 「외투 경」(M88) §3에는 에까뿐다리까라는 꼬살라의 빠세나디 왕의 코끼리가 언급되고 있다.

"어서 오십시오, 목갈라나 존자시여. 저희는 목갈라나 존자를 환영합니다. 목갈라나 존자는 오랜만에 여기에 오실 기회를 만드셨습니다. 이리로 와서 앉으십시오. 목갈라나 존자시여, 이것이 마련된 자리입니다."

목갈라나 존자는 마련된 자리에 앉았다. 신들의 왕 삭까 역시 다른 낮은 자리를 잡아서 한 곁에 앉았다. 한 곁에 앉은 신들의 왕 삭까에게 마하목갈라나 존자는 이렇게 말했다.

8. "꼬시야[161]여, 세존께서는 어떻게 해서 갈애를 멸진하여 해탈한다고 간략하게 말씀하셨습니까? 그 말씀을 나도 들을 수 있으면 감사하겠습니다."

"목갈라나 존자시여, 나는 바쁘고 해야 할 일이 많습니다. 나의 일뿐만 아니라 삼십삼천의 신들의 일도 있습니다. 목갈라나 존자시여, 그러나 잘 듣고 잘 이해하고 잘 [253] 마음에 잡도리하고 잘 호지한 것은 갑자기 사라지지 않습니다. 목갈라나 존자시여, 전에 신들과 아수라들의 전쟁이 일어났습니다. 목갈라나 존자시여, 그 전쟁에서 신들은 승리하고 아수라들은 패배했습니다.[162] 신들과 아수라들의 전쟁에서 승리를 하고 전쟁의 승리자로 그곳에서 돌아와 웨자얀따라는

---

161) 꼬시야(Kosiya)는 산스끄리뜨 까우쉬까(Kauśika)에서 온 말로 리그베다에서부터 나타나는 인드라 즉 신들의 왕 삭까의 다른 이름이다. Kauśika는 Kuśika의 곡용형으로 '꾸쉬까의 아들, 꾸쉬까 가문에 속하는'이라는 뜻이다. 꾸쉬까(kuśika)는 사팔뜨기란 뜻이다. 꾸쉬까는 리그베다에서부터 나타나는 위슈와미뜨라(Viśvamitra)의 아버지 혹은 할아버지였다고도 하며 인드라의 아버지였다고도 한다. 그래서 인드라는 까우쉬까, 즉 꾸쉬까의 아들이라고 불리는 것이다.

162) 신들과 아수라들의 전쟁은 『상윳따 니까야』 제1권의 제11주제(S11) 「삭까 상윳따」(Sakka-saṁyutta)의 여러 경들에 등장하는 단골 메뉴이다. 본경의 이 구절은 「새의 보금자리 경」(S11:6)에 나타나고 있다.

궁전을 지었습니다. 목갈라나 존자시여, 웨자얀따 궁전에는 백 개의 뾰족탑이 있고 그 각각의 뾰족탑에는 칠백 개의 누각이 있으며 각각의 누각에는 각각 일곱 요정들이 있고 그 일곱 요정들은 각각 일곱 궁녀들을 거느리고 있습니다. 목갈라나 존자시여, 웨자얀따 궁전의 아름다움을 한 번 보시겠습니까?"

마하목갈라나 존자는 침묵으로 동의했다.

9. 그러자 신들의 왕 삭까와 웻사완나 대왕163)은 마하목갈라나 존자를 앞세워 웨자얀따 궁전으로 갔다. 신들의 왕 삭까의 시녀들은 마하목갈라나 존자가 멀리서 오는 것을 보았다. 보고는 수치를 느끼고 부끄러워하면서 각각 자신들의 내전으로 들어갔다. 마치 며느리가 시아버지를 보고 수치를 느끼고 부끄러워하듯이 신들의 왕 삭까의 시녀들은 마하목갈라나 존자가 멀리서 오는 것을 보고는 수치를 느끼고 부끄러워하면서 각각 자신들의 내전으로 들어갔다.

10. 그러자 신들의 왕 삭까와 웻사완나 대왕은 마하목갈라나 존자가 웨자얀따 궁전을 산책하고 둘러보도록 안내했다.

"목갈라나 존자시여, 이 웨자얀따 궁전의 아름다움을 보십시오. 목갈라나 존자시여, 이 웨자얀따 궁전의 아름다움을 보십시오."

"참으로 전에 공덕을 많이 쌓은 자에게 이런 영예가 주어지듯, 이

---

163) 웻사완나 대왕(Vessavaṇṇa mahārājā)은 사대천왕의 한 신으로 북쪽을 관장하는 신이며 꾸웨라(Kuvera)라고도 이름하는 약카(yakkha)들의 왕이다. 한편 『디가 니까야』 제2권 「자나와사바 경」(D18) §12에 의하면, 동쪽 방위에는 다따랏타 대천왕이 서쪽을 향하여 신들을 앞에 하고 앉고, 남쪽 방위에는 위룰하까 대천왕이 북쪽을 향하여 신들을 앞에 하여 앉고, 서쪽 방위에는 위루빡카 대천왕이 동쪽을 향하여 신들을 앞에 하여 앉고, 북쪽 방위에는 웻사완나 대천왕이 남쪽을 향하여 신들을 앞에 하여 앉는다고 기술하고 있다.

것은 꼬시야 존자의 영예입니다. 인간들은 어떤 아름다운 것을 볼 때면 언제나 이렇게 말합니다. '참으로 이것은 삼십삼천의 신들의 영예이다.'라고. 참으로 전에 공덕을 많이 쌓은 자에게 이런 영예가 주어지듯, 이것은 꼬시야 존자의 영예입니다."

11. 그때 마하 목갈라나 존자에게 이런 생각이 들었다.

"이 약카는 지나치게 방일하여 지내는구나. 내가 이제 야차에게 경각심을 일으키게 해야겠다."

그러자 마하목갈라나 존자는 신통을 부렸는데[164] 그의 발끝으로 웨자얀따 궁전을 흔들리게 하고 진동하게 하고 요동치게 했다. 그러자 [254] 신들의 왕 삭까와 웻사완나 대왕과 삼십삼천의 신들은 경이로움과 놀라움이 가득한 마음으로 말했다.

"오, 참으로 경이롭습니다. 오, 참으로 놀랍습니다. 이 사문은 큰 신통과 큰 위력을 가졌습니다. 실로 그의 발끝으로 하늘나라를 흔들리게 하고 진동하게 하고 요동치게 하다니요."

12. 그러자 마하목갈라나 존자는 신들의 왕 인드라가 [마음이] 동요하여 털끝이 곤두선 것을 알고 신들의 왕 삭까에게 이렇게 말했다.

"꼬시야여, 세존께서는 어떻게 해서 갈애를 멸진하여 해탈한다고 간략하게 말씀하셨습니까? 그 말씀을 나도 들을 수 있으면 감사하겠습니다."

---

164) "즉 물의 까시나(āpo-kasiṇa)를 통해 증득에 들어 '궁전이 서 있는 공간이 물로 변해라.'라고 신통을 결심하고(iddhiṁ adhiṭṭhāya) 궁전의 모퉁이를 발끝으로 쳤다. 그 궁전은 마치 나뭇잎이 물 표면에 떠있을 때 그 잎의 가장자리를 손가락으로 가볍게 치면 이리저리 흔들리고 진동하고 요동치듯이 그렇게 '흔들리고 진동하고 요동쳤다(saṅkampi sampakampi sampavedhi).'"(MA.ii.304)

“목갈라나 존자시여, 저는 세존을 뵈러 갔습니다. 가서는 세존께 절을 올리고 한 곁에 섰습니다. 한 곁에 서서 저는 세존께 이렇게 말씀드렸습니다.

‘세존이시여, 간략하게 말하면 어떻게 해서 비구는 갈애를 멸진하여 해탈하고, 구경의 목표에 이르고, 구경의 유가안은을 얻고, 구경의 청정범행을 성취하고, 구경의 완성을 성취하여, 신들과 인간들 가운데 으뜸이 됩니까?’

목갈라나 존자시여, 이렇게 말씀드리자 세존께서는 제게 이렇게 말씀하셨습니다.

‘신들의 왕이여, 여기 비구는 ‘모든 법들은 집착할만한 것이 못 된다.’라고 배운다. 신들의 왕이여, 이와 같이 비구가 ‘모든 법들은 집착할만한 것이 못 된다.’라고 배우면 그는 모든 법들을 완전히 안다. 모든 법들을 완전히 안 뒤 모든 법들을 철저히 안다. 모든 법들을 철저히 알아 그가 어떤 느낌을 느끼더라도, 그것이 즐거운 느낌이든 괴로운 느낌이든 괴롭지도 즐겁지도 않은 느낌이든, 그 느낌들에 대해서 무상을 관찰하면서 머물고, 탐욕이 빛바램을 관찰하면서 머물고, 멸진을 관찰하면서 머물고, 놓아버림을 관찰하면서 머문다. 그가 이렇게 머물 때 세상에서 그 어떤 것에도 취착하지 않는다. 취착하지 않으면 번민하지 않고, 번민하지 않으면 스스로 완전히 열반에 든다. ‘태어남은 다했다. 청정범행은 성취되었다. 할 일을 다 해 마쳤다. 다시는 어떤 존재로도 돌아오지 않을 것이다.’라고 꿰뚫어 안다.

신들의 왕이여, 간략하게 말하면 이렇게 해서 비구는 갈애를 멸진하여 해탈하고, 구경의 목표에 이르고, 구경의 유가안은을 얻고, 구경의 청정범행을 성취하고, 구경의 완성을 성취하여, 신들과 인간들 가운데 으뜸이 된다.’

목갈라나 존자시여, 이와 같이 세존께서는 갈애를 멸진하여 해탈한다고 제게 간략하게 말씀하셨습니다."

13. 그러자 마하목갈라나 존자는 신들의 왕 삭까의 말을 크게 기뻐하고 감사드리면서 마치 [256] 힘센 사람이 구부린 팔을 펴고 편 팔을 구부리듯이 그렇게 재빨리 삼십삼천들에서 사라져서 동쪽 원림의 녹자모 강당에 나타났다.

14. 그러자 신들의 왕 삭까의 시녀들은 마하목갈라나 존자가 떠난 지 얼마 되지 않아 신들의 왕 삭까에게 이렇게 물었다.

"존자시여, 저 분이 당신의 스승이신 세존이십니까?"

"존경하는 분들이여, 아닙니다. 그는 내 동료 수행자인 마하목갈라나 존자입니다."165)

"존자시여, 당신의 동료 수행자가 이와 같은 큰 신통력과 큰 위력을 가진 것은 참으로 당신에게 이익이고, 참으로 당신에게 축복입니다. 참으로 당신의 스승이신 세존께서는 얼마나 더 대단하시겠습니까?"

15. 그때 마하목갈라나 존자는 세존을 뵈러 갔다. 가서는 세존께 절을 올리고 한 곁에 앉았다. 한 곁에 앉아서 마하목갈라나 존자는 세존께 이와 같이 말씀드렸다.

"세존이시여, 세존께서는 큰 영향력을 가진 어떤 유명한 약카에게 갈애를 멸진하여 해탈하는 것에 대해 간략하게 말씀하신 것을 기억하십니까?"

"목갈라나여, 나는 기억한다. 여기 신들의 왕 삭까가 나에게 왔다.

---

165) 여기서 삭까는 목갈라나 존자를 '동료 수행자(sabrahmacārī)'로 부르고 있는데 삭까는 이미 『디가 니까야』 제2권 「제석문경」(D21)을 통해서 부처님의 법문을 듣고 §2.10에서 예류자가 되었기 때문이다.

나에게 와서 인사하고서 한 곁에 서서 신들의 왕 삭까는 내게 이렇게 물었다.

'세존이시여, 간략하게 말하면 어떻게 해서 비구는 갈애를 멸진하여 해탈하고, 구경의 목표에 이르고, 구경의 유가안은을 얻고, 구경의 청정범행(梵行)을 성취하고, 구경의 완성을 성취하여, 신들과 인간들 가운데 으뜸이 됩니까?'

목갈라나여, 이렇게 말하자 나는 신들의 왕 삭까에게 이렇게 말했다.

'신들의 왕이여, 여기 비구는 '모든 법들은 집착할만한 것이 못 된다.'라고 배운다. 신들의 왕이여, 이와 같이 비구가 '모든 법들은 집착할만한 것이 못 된다.'라고 배우면 그는 모든 법들을 완전히 안다. 모든 법들을 완전히 알고서는 모든 법들을 철저히 안다. 모든 법들을 철저히 알아 그가 어떤 느낌을 느끼더라도, 그것이 즐거운 느낌이든 괴로운 느낌이든 괴롭지도 즐겁지도 않은 느낌이든, 그 느낌들에 대해서 무상을 관찰하면서 머물고, 탐욕이 빛바램을 관찰하면서 머물고, 소멸을 관찰하면서 머물고, 놓아버림을 관찰하면서 머문다. 그가 이렇게 머물 때 세상에서 어떤 것에도 취착하지 않는다. 취착하지 않으면 번민하지 않고, 번민하지 않으면 스스로 완전히 열반에 든다. '태어남은 다했다. 청정범행은 성취되었다. 할 일을 [256] 다 해 마쳤다. 다시는 어떤 존재로도 돌아오지 않을 것이다.'라고 꿰뚫어 안다.

신들의 왕이여, 간략하게 말하면 이렇게 해서 비구는 갈애를 멸진하여 해탈하고, 구경의 목표에 이르고, 구경의 유가안은을 얻고, 구경의 청정범행(梵行)을 성취하고, 구경을 완성을 성취하여, 신들과 인간들 가운데 으뜸이 된다.'

목갈라나여, 이와 같이 나는 신들의 왕 삭까에게 갈애를 멸진하여 해탈한다고 간략하게 설했다."

세존께서는 이와 같이 설하셨다. 마하목갈라나 존자는 흡족한 마음으로 세존의 말씀을 크게 기뻐했다.

갈애 멸진의 짧은 경(M37)이 끝났다.

갈애 멸진의 긴 경

Mahā-taṇhāsaṅkhaya Sutta(M38)

법문의 배경

1. 이와 같이 나는 들었다. 한때 세존께서는 사왓티에서 제따 숲의 아나타삔디까 원림(급고독원)에 머무셨다.

2. 그때[166] 어부의 아들 사띠라는 비구[167]에게 '내가 세존께서 설하신 법을 알기로는, 다름 아닌 바로 이 알음알이가 계속되고 윤회한다.'라는 이런 아주 나쁜 견해[惡見]가[168] 생겼다.[169]

---

166) 본경 §§2~7은 본서 제1권 「뱀의 비유 경」(M22) §§2~8과 내용만 다를 뿐 같은 형식으로 전개 되고 있다.

167) '사띠라는 비구(Sāti nāma bhikkhu)'는 학식이 적은 사람(appa-ssuta)이었다. 그래서 그는 세존께서 『자따까』(Jātaka)를 설하시면서 세존께서 여러 전생에 보살행을 하실 때에 여러 존재들로 태어나셨다고 하는 것을 듣고는 '이 물질과 느낌과 인식과 심리현상들은 거기서 소멸하지만 알음알이는 이 세상에서 저 세상으로 저 세상에서 이 세상으로 치달리고 윤회한다.'라는 상견(常見, sassata-dassana)이 생겼다고 한다. 그래서 그는 '내가 세존께서 설하신 법을 알기로는, 다름 아닌 바로 이 알음알이가 계속되고 윤회한다.'라는 말을 하게 된 것이라고 한다.(MA.ii.305)

168) "본서 제1권 「뱀의 비유 경」(M22)에서 '나쁜 견해(diṭṭhi-gata)'는 그릇

3. 많은 비구들이 어부의 아들 사띠라는 비구에게 '내가 세존께서 설하신 법을 알기로는, 다름 아닌 바로 이 알음알이가 계속되고 윤회한다.'라는 이런 아주 나쁜 견해가 생겼다고 들었다. 그러자 그 비구들은 어부의 아들 사띠 비구를 만나러 갔다. 가서는 어부의 아들 사띠 비구에게 이렇게 말했다.

"도반 사띠여, 그대에게 '내가 세존께서 설하신 법을 알기로는, 다름 아닌 바로 이 알음알이가 계속되고 윤회한다.'라는 이런 아주 나쁜 견해가 생겼다는 것이 사실입니까?"

"그렇습니다, 도반들이여. 내가 세존께서 설하신 법을 알기로는, 다름 아닌 바로 이 알음알이가 계속되고 윤회합니다."

그러자 그 비구들은 어부의 아들 사띠 비구에게 이러한 아주 나쁜 견해를 멀리 여의게 하려고 질문하고 반문하고 대화를 나누었다.

"도반 사띠여, 그렇게 말하지 마십시오. 세존을 비방하지 마십시오. 세존을 비방하는 것은 옳지 않습니다. 세존께서는 그렇게 말씀하지 않으셨습니다. 도반 사띠여, 세존께서는 여러 가지 방편으로 알음알이는 조건 따라 일어난다[緣而生][170]고 설하셨습니다. [257] 조건이

된 견해를 굳게 거머쥔 것(laddhi-matta)이고, 여기서 나쁜 견해는 상견(常見, sassata-diṭṭhi)을 말한다."(MA.ii.305)

169) "물질(색), 느낌(수), 인식(상), 심리현상들(행)은 그 자리에서 바로바로 멸하지만 알음알이(식)는 이 세상(idha-loka)에서 저 세상(para-loka)으로, 저 세상에서 이 세상으로 '계속되고 윤회한다(sandhāvati saṁsarati).'는 상견(常見, sassata-dassana)이 이 비구에게 일어났다. 그래서 그는 다른 것이 아닌 바로 이 알음알이가 계속되고 윤회한다고 말한 것이다.
그러나 정등각자께서는 알음알이는 조건[緣]에 의해서 생기는 것(paccaya-sambhava)이기 때문에 조건이 있을 때 일어나고, 조건이 없으면 일어나지 않는다고 말씀하셨다."(MA.ii.305)

170) '조건 따라 일어나는[緣而生]'은 paṭicca-samuppanna를 옮긴 것이다. 『상윳따 니까야』 제2권 「인연 상윳따」(S12)에서는 문장을 부드럽게 하기

없어지면 알음알이도 일어나지 않는다고 하셨습니다."

이와 같이 어부의 아들 사띠 비구는 그 비구들과 더불어 질문하고 반문하고 대화를 나누었지만 그 나쁜 견해를 완강하게 고수하고 고집하여 주장했다.

"도반들이여, 내가 세존께서 설하신 법을 알기로는, 다름 아닌 바로 이 알음알이가 계속되고 윤회합니다."

4. 그 비구들이 어부의 아들 사띠 비구에게 그 나쁜 견해를 멀리 여의게 할 수 없자 세존을 찾아갔다. 가서는 세존께 절을 올리고 한 곁에 앉았다. 한 곁에 앉아서 그 비구들은 세존께 이렇게 말씀드렸다.

"세존이시여, 어부의 아들 사띠라는 비구에게 '내가 세존께서 설하신 법을 알기로는, 다름 아닌 바로 이 알음알이가 계속되고 윤회한다.'라는 이런 아주 나쁜 견해가 생겼습니다. 세존이시여, 저희들은 어부의 아들 사띠라는 비구에게 '내가 세존께서 설하신 법을 알기로는, 다름 아닌 바로 이 알음알이가 계속되고 윤회한다.'라는 이런 아주 나쁜 견해가 생겼다고 들었습니다. 세존이시여, 그러자 저희들은 어부의 아들 사띠 비구를 만나러 갔습니다. 가서는 어부의 아들 사띠 비구에게 이렇게 말했습니다.

'도반 사띠여, 그대에게 '내가 세존께서 설하신 법을 알기로는, 다름 아닌 바로 이 알음알이가 계속되고 윤회한다.'라는 이런 아주 나쁜 견해가 생겼다는 것이 사실입니까?'

위해 '연기된'으로 통일해서 옮겼다. 한편 CBETA로 검색을 해 보면 이 단어는 연이생(緣而生)으로 한역된 경우가 가장 많고, 緣已生으로도 많이 한역되었으며, 緣以生으로 나타나는 경우도 있다.
그리고 아랫줄의 '조건[緣]'은 paccaya를 옮긴 것이다.

세존이시여, 그러자 어부의 아들 사띠는 저희들에게 이렇게 대답했습니다.

'그렇습니다. 도반들이여, 내가 세존께서 설하신 법을 알기로는, 다름 아닌 바로 이 알음알이가 계속되고 윤회합니다.'

세존이시여, 그러자 저희들은 어부의 아들 사띠 비구에게 이러한 아주 나쁜 견해를 멀리 여의게 하려고 질문하고 반문하고 대화를 나누었습니다.

'도반 사띠여, 그렇게 말하지 마십시오. 세존을 비방하지 마십시오. 세존을 비방하는 것은 옳지 않습니다. 세존께서는 그렇게 말씀하지 않으셨습니다. 도반 사띠여, 세존께서는 여러 가지 방편으로 알음알이는 조건 따라 일어난다고 설하셨습니다. 조건이 없어지면 알음알이도 일어나지 않는다고 하셨습니다.'

세존이시여, 이와 같이 어부의 아들 사띠 비구는 저희들과 함께 질문하고 반문하고 대화를 나누었지만 그 나쁜 견해를 완강하게 고수하고 고집하여 주장했습니다.

'내가 세존께서 설하신 법을 알기로는, 다름 아닌 바로 이 알음알이가 계속되고 윤회합니다.'라고.

세존이시여, 저희들은 어부의 아들 사띠 비구에게 그 나쁜 견해를 멀리 여의게 할 수가 없어 이 사실을 세존께 말씀드리는 것입니다."

5. 그러자 세존께서는 다른 비구를 부르셨다.

"오라, 비구여. [258] 그대는 내 말이라 전하고 어부의 아들 사띠 비구를 불러오라. '도반 사띠여, 스승께서 그대를 부르십니다.'라고."

"그러겠습니다, 세존이시여."라고 그 비구는 세존께 대답하고 어부의 아들 사띠 비구를 만나러 갔다. 가서는 어부의 아들 사띠 비구에게 이렇게 말했다.

"도반 사띠여, 스승께서 그대를 부르십니다."

"도반이여, 잘 알겠습니다."라고 어부의 아들 사띠 비구는 그 비구에게 대답하고 세존을 뵈러 갔다. 가서는 세존께 절을 올리고 한 곁에 앉았다. 한 곁에 앉은 어부의 아들 사띠 비구에게 세존께서는 이렇게 말씀하셨다.

"사띠여, 그대에게 '내가 세존께서 설하신 법을 알기로는, 다름 아닌 바로 이 알음알이가 계속되고 윤회한다.'라는 이런 아주 나쁜 견해가 생겼다는 것이 사실인가?"

"그렇습니다, 세존이시여. 제가 세존께서 설하신 법을 알기로는, 다름 아닌 바로 이 알음알이가 계속되고 윤회합니다."

"사띠여, 그러면 어떤 것이 알음알이인가?"

"세존이시여, 그것은 말하고 느끼고 여기저기서 선행과 악행의 과보를 경험하는 것입니다."171)

"쓸모없는 자여, 도대체 내가 누구에게 그런 법을 설했다고 그대는 이해하고 있는가? 쓸모없는 자여, 참으로 나는 여러 가지 방편으로 알음알이는 조건 따라 일어난다고 설했고, 조건이 없어지면 알음알이도 일어나지 않는다고 하지 않았던가? 쓸모없는 자여, 그러나 그대는 그대 스스로 잘못 파악하여 우리를 비난하고 자신을 망치고 많은 허물을 쌓는구나. 쓸모없는 자여, 그것은 그대를 긴 세월 불이익과 고통으로 인도할 것이다."

6. 그러자 세존께서는 비구들을 부르셨다.

---

171) 이것은 본서 제1권 「모든 번뇌 경」(M2) §8에서 정리하고 있는 지혜 없이 마음에 잡도리할 때 생기는 여섯 가지 견해 가운데 마지막인 '⑥ 이러한 나의 자아는 말하고 경험하며, 여기저기서 선행과 악행의 과보를 경험한다. 그런 나의 자아는 항상하고 견고하고 영원하고 변하지 않는 법이고 영원히 지속될 것이다.'와 같다.

"이를 어떻게 생각하는가, 비구들이여. 어부의 아들 사띠 비구가 이 법과 율에서 조금이라도 [지혜의] 열기가 있다고 생각하는가?"

"세존이시여, 어찌 그러하겠습니까? 전혀 그렇지 않습니다, 세존이시여."

이렇게 말했을 때 어부의 아들 사띠 비구는 말없이 의기소침하여 어깨를 늘어뜨리고 고개를 숙이고 우울한 표정으로 아무런 대답을 못하고 앉아있었다. 세존께서는 어부의 아들 사띠 비구가 말없이 의기소침하여 어깨를 늘어뜨리고 고개를 숙이고 우울한 표정으로 아무런 대답을 못하는 것을 아시고 그에게 이렇게 말씀하셨다.

"이 쓸모없는 자여, 그대는 그대 자신의 아주 나쁜 견해를 이제 인정하게 될 것이다. 이제 나는 비구들에게 물어보겠다."

7. 세존께서는 비구들을 부르셨다.

"비구들이여, 그대들도 내가 설한 법에 대해 어부의 아들 [259] 사띠 비구가 자기 스스로 잘못 파악하여 우리를 비난하고 자신을 망치고 많은 허물을 쌓는 것처럼 그렇게 이해하고 있는가?"

"그렇지 않습니다, 세존이시여. 세존께서는 여러 가지 방편으로 알음알이는 조건 따라 일어난다고 설하셨고, 조건이 없어지면 알음알이도 일어나지 않는다고 하셨습니다."

"장하구나, 비구들이여. 장하게도 그대들은 내가 설한 법을 이렇게 이해하고 있구나. 비구들이여, 참으로 나는 여러 가지 방편으로 알음알이는 조건 따라 일어난다고 설했고, 조건이 없어지면 알음알이도 일어나지 않는다고 말했다. 그러나 어부의 아들 사띠 비구는 자신이 스스로 잘못 파악하여 우리를 비난하고 자신을 망치고 많은 허물을 쌓는구나. 그것은 그 쓸모없는 인간을 긴 세월 불이익과 고통으로 인도할 것이다."

알음알이는 조건발생이다

8. "비구들이여, 알음알이는 조건을 반연하여 생기는데,[172] 그 각각의 조건에 따라 알음알이는 이름을 얻는다. 알음알이가 눈과 형색들을 조건하여 일어나면 그것은 눈의 알음알이[眼識]라고 한다. 알음알이가 귀와 소리들을 조건하여 일어나면 그것은 귀의 알음알이[耳識]라고 한다. 알음알이가 코와 냄새들을 조건하여 일어나면 그것은 [260] 코의 알음알이[鼻識]라고 한다. 알음알이가 혀와 맛들을 조건하여 일어나면 그것은 혀의 알음알이[舌識]라고 한다. 알음알이가 몸과 감촉들을 조건하여 일어나면 그것은 몸의 알음알이[身識]라고 한다. 알음알이가 마노[意]와 법들[173]을 조건하여 일어나면 그것은 마노의 알음알이[意識]라고 한다.

비구들이여, 마치 어떤 것을 조건하여 불이 타면 그 불은 그 조건에 따라 이름을 얻나니, 장작으로 인해 불이 타면 장작불이라고 하고,[174] 지저깨비로 인해 불이 타면 모닥불이라고 하고, 짚으로 인해

172) '알음알이는 조건을 반연하여 생긴다.'는 paccayaṁ paṭicca uppajjati viññāṇaṁ을 옮긴 것이다.

173) "여기서 '마노(mano, 意)'란 전향과 함께한(sah-āvajjana) 바왕가의 마노(bhavaṅga-mana, 잠재의식)를 말하고, '법들(dhammā)'이란 삼계의 법들(tebhūmaka-dhammā)을 말한다."(MA.ii.306)

174) "'장작으로 인해 불이 타면 장작불이라고 하고(kaṭṭhañca paṭicca aggi ja-lati kaṭṭhaggitveva saṅkhyaṁ gacchati)' 등으로 말씀하셨다. 이 비유는 감각의 문을 옮겨가는(dvāra-saṅkanti) [알음알이의 윤회라는 것이] 없음(abhāva)을 보여준다.
마치 장작으로 인해 타는 불은 연료라는 조건(upādāna-paccaya)이 있을 때 계속해서 불타고, 연료가 떨어지면 조건의 결여(paccaya-vekalla)로 반드시 그 자리에서 소멸되지 그것이 지저깨비 등으로 옮겨가서 모닥불 등이라 불리지 않듯이, 눈과 형색들을 조건하여 생긴 알음알이는 그 문에서 눈과 형색들과 빛과 마음에 잡도리함이라고 불리는(cakkhu-rūpa-āloka-manasi-

불이 타면 짚불이라고 하고, 소똥으로 인해 불이 타면 소똥불이라고 하고, 왕겨로 인해 불이 타면 왕겨불이라고 하고, 쓰레기로 인해 불이 타면 쓰레기불이라고 하는 것과 같다.

비구들이여, 그와 같이 알음알이는 어떤 것을 조건하여 생기는데, 그 각각의 조건에 따라 알음알이는 이름을 얻는다. 알음알이가 눈과 형색들을 조건하여 일어나면 그것은 눈의 알음알이라고 한다. 알음알이가 귀와 소리들을 조건하여 일어나면 그것은 귀의 알음알이라고 한다. 알음알이가 코와 냄새들을 조건하여 일어나면 그것은 코의 알음알이라고 한다. 알음알이가 혀와 맛들을 조건하여 일어나면 그것은 혀의 알음알이라고 한다. 알음알이가 몸과 감촉들을 조건하여 일어나면 그것은 몸의 알음알이라고 한다. 알음알이가 마노[意]와 법들을 조건하여 일어나면 그것은 마노의 알음알이라고 한다."

존재에 대한 일반적인 문답

9. "비구들이여, '이것은 생긴 것이다.'라고 보는가?"175)

---

kāra-saṅkhāta) 조건들이 있을 때 생기고, 그것이 없으면 조건의 결여로 반드시 그곳에서 소멸하지 귀 등으로 옮겨가서 귀의 알음알이 등으로 불리지 않는다.

그러므로 세존께서는 다음과 같이 사띠 비구를 비난하신다. '나는 알음알이가 생기는 것(viññāṇa-ppavatta)에 관해 감각의 문에서 감각의 문으로 옮겨간다고(dvāra-saṅkanti-matta)도 말하지 않거늘, 이 쓸모없는 인간 사띠는 [이 생에서 저 생으로] 존재를 옮겨간다(bhava-saṅkanti)고 말한다.'라고."(MA.ii.306~307)

175) "알음알이는 조건과 함께 생긴 것(sappaccaya-bhāva)이라는 것을 보이시고 지금은 다섯 가지 무더기(오온, khandha-pañcaka)도 조건에서 생긴 것(paccaya-sambhava)임을 보이시면서 '이것은 생긴 것이다(bhūtam idaṁ).'라고 말씀을 시작하셨다.

'이것은 생긴 것이다(bhūtam idaṁ).'라는 것은 이 오온은 출생한 것(jāta)이고 생긴 것(bhūta)이고 태어난 것(nibbatta)이라는 뜻이다."(MA.ii.307)

"그러합니다, 세존이시여."

"비구들이여, '이것은 음식에서 생긴 것이다.'176)라고 보는가?"

"그러합니다, 세존이시여."

"비구들이여, '음식이 소멸하기 때문에 그 생긴 것도 소멸하기 마련이다.'라고 보는가?"

"그러합니다, 세존이시여."

10. "비구들이여, 이것이 생긴 것인지, 혹은 그렇지 않은 것인지 불명확할 때 의심이 생기는가?"

"그러합니다, 세존이시여."

"비구들이여, '이것이 음식에서 생긴 것인지, 혹은 그렇지 않은 것인지 불명확할 때 의심이 생기는가?"

"그러합니다, 세존이시여."

"비구들이여, '음식이 소멸하기 때문에 그 생긴 것도 소멸하기 마련인 것인지 혹은 그렇지 않은지 불명확할 때 의심이 생기는가?"

"그러합니다, 세존이시여."

11. "비구들이여, '이것은 생긴 것이다.'라고 있는 그대로 바른 통찰지로 보면 그 의심은 제거되는가?"

"그러합니다, 세존이시여."

"비구들이여, '이것은 음식에서 생긴 것이다.'라고 있는 그대로 바른 통찰지로 보면 그 의심은 제거되는가?"

"그러합니다, 세존이시여."

"비구들이여, '음식이 소멸하기 때문에 그 생긴 것도 소멸하기 마련

---

176) "'이것은 음식에서 생긴 것이다(tad āhāra-sambhavaṁ).'라는 것은 이 오온은 음식에서 생긴 것이요 조건에서 생긴 것으로, 조건이 있을 때 생겨난다는 것을 보는가를 물으신 것이다."(MA.ii.307)

이다.'라고 있는 그대로 바른 통찰지로 보면 그 의심은 제거되는가?"

"그러합니다, 세존이시여."

12. "비구들이여, '이것은 생긴 것이다.'라는 이것에 그대들은 의심이 없는가?"

"그러합니다, 세존이시여."

"비구들이여, '이것은 음식에서 생긴 것이다.'라는 이것에 그대들은 의심이 없는가?"

"그러합니다, 세존이시여."

"비구들이여, '음식이 소멸하기 때문에 그 생긴 것도 소멸하기 마련이다.'라는 이것에 그대들은 의심이 없는가?"

"그러합니다, 세존이시여."

13. "비구들이여, '이것이 생긴 것이다.'라고 있는 그대로 바른 통찰지로 잘 보았는가?"

"그러합니다, 세존이시여."

"비구들이여, '이것은 음식에서 생긴 것이다.'라고 있는 그대로 바른 통찰지로 잘 보았는가?"

"그러합니다, 세존이시여."

"비구들이여, '음식이 소멸하기 때문에 그 생긴 것도 소멸하기 마련이다.'라고 있는 그대로 바른 통찰지로 잘 보았는가?"

"그러합니다, 세존이시여."

14. "비구들이여, 만일 그대들이 이와 같이 청정하고 이와 같이 깨끗한 견해[177]를 집착하고 즐기고 재산으로 여기고 내 것으로 여긴

---

177) "'견해(diṭṭhi)'란 위빳사나로 인한 바른 견해(vipassanā-sammā-diṭṭhi)를 말한다. 본성을 보기(sabhāva-dassana) 때문에 '청정한(parisuddha)'

다면,[178] 법은 건너기 위한 것[179]이지 움켜쥐기 위한 것이 아니라고 뗏목에 비유[180]해서 설한 것을 이해했다고 할 수 있겠는가?"

"아닙니다, 세존이시여."

"비구들이여, 만일 그대들이 이와 같이 청정하고 이와 같이 깨끗한 견해를 집착하지 않고 [261] 즐기지 않고 재산으로 여기지 않고 내 것으로 여기지 않는다면, 법은 건너기 위한 것이지 움켜쥐기 위한 것이 아니라고 뗏목에 비유해서 설한 것을 이해했다고 할 수 있겠는가?"

"그러합니다, 세존이시여."

이라 하고 조건을 보기(paccaya-dassana) 때문에 '깨끗한(pariyodāta)'이라고 하는 것이다."(MA.ii.307)

178) "'집착한다(allīyetha).'는 것은 갈애와 사견(taṇhā-diṭṭhi)으로 집착하면서 머물고, '즐긴다(kelāyetha).'는 것은 갈애와 사견으로 즐기면서 머물고, '재산으로 여긴다(dhanāyetha).'는 것은 마치 재산처럼 바라면서 애착(gedha)을 일으키고, '내 것으로 여긴다(mamāyetha).'는 것은 갈애와 사견으로 내 것이라는 생각을 일으키는 것을 말한다."(MA.ii.307~308)

179) "'건너기 위한 것(nittharaṇatthāya)'이라는 것은 법은 네 가지 폭류(catur-ogha)를 건너기 위한 것이라는 말이다."(MA.ii.308)
네 가지 폭류는 감각적 욕망의 폭류, 존재의 폭류, 사견의 폭류, 무명의 폭류이다. 주석서는 이렇게 설명하고 있다.
"윤회(vaṭṭa)에서 중생들을 삼켜버린다, 가라앉게 한다고 해서 폭류라 한다. [네 가지 폭류가 있다.] 다섯 가닥의 얽어매는 감각적 욕망으로 구성된 욕망이 감각적 욕망의 폭류(kāma-ogha)이다. 색계와 무색계에 대한 욕탐이 존재의 폭류(bhav-ogha)이다. 禪을 갈망(jhāna-nikanti)하는 상견(常見)과 함께하는 욕망과 62가지 견해가 견해의 폭류(diṭṭh-ogha)이다. [그리고 네 번째로 무명의 폭류(avijj-ogha)가 있다.]"(DA.iii.1023)
여기서 보듯이 감각적 욕망의 폭류는 눈·귀·코·혀·몸을 통한 다섯 가닥의 얽어매는 감각적 욕망에 대한 집착을, 존재의 폭류는 색계나 무색계나 禪에 대한 집착을 뜻하고, 견해의 폭류는 62가지 견해를 의미하며, 무명의 폭류는 사성제를 모르는 것(『상윳따 니까야』 제2권 「분석 경」(S12:2) §15 참조)을 말한다. 이 넷은 번뇌(āsava)라 부르기도 하고 속박(yoga)이라 부르기도 한다. 『아비담마 길라잡이』 7장 §§3~4의 해설도 참조할 것.

180) '뗏목의 비유(kullūpama)'에 대해서는 본서 제1권 「뱀의 비유 경」(M22) §§13~14와 주해들을 참조할 것.

네 가지 음식과 연기

15. "비구들이여, 네 가지 음식이 있나니, 그것은 생겨난 중생들을 유지하게 하고 생겨나게 될 중생들을 지탱하게 한다. 무엇이 넷인가? 거칠거나 미세한 덩어리진 [먹는] 음식[段食], 두 번째는 감각접촉[觸食], 세 번째는 마음의 의도[意思食], 네 번째는 알음알이[識食]이다."181)

16. "비구들이여, 이 네 가지 음식들은 무엇을 원인으로 하고 무엇을 조건으로 하고 무엇을 근원으로 하고 무엇에서 기원한 것인가? 이 네 가지 음식들은 갈애[愛]를 원인으로 하고 갈애를 조건으로 하며 갈애를 근원으로 하고 갈애에서 기원한 것이다.

비구들이여, 그러면 이 갈애는 무엇을 원인으로 하고 … 갈애는 느낌[受]을 원인으로 하고 …느낌에서 기원한 것이다.

이 느낌은 무엇을 원인으로 하고 … 느낌은 감각접촉[觸]을 원인으로 하고 … 감각접촉에서 기원한 것이다.

이 감각접촉은 무엇을 원인으로 하고 … 감각접촉은 여섯 가지 감각장소[六入]를 원인으로 하고 … 여섯 가지 감각장소에서 기원한 것이다.

이 여섯 가지 감각장소[六入]는 무엇을 원인으로 하고 … 여섯 가지 감각장소는 정신・물질[名色]을 원인으로 하고 … 정신・물질에서 기원한 것이다.

---

181) '네 가지 음식(cattāro āhārā)'은 각각 kabaḷīkāra-āhāra, phassa-āhāra, manosañcetanā-āhāra, viññāṇa-āhāra이다. 중국에서 이를 각각 단식(段食), 촉식(觸食), 의사식(意思食), 식식(識食)으로 옮겼다. 네 가지 음식에 대한 설명은 본서 제1권 「바른 견해 경」(M9) §11의 주해를 참조할 것.

이 정신·물질[名色]은 무엇을 원인으로 하고 … 정신·물질은 알음알이[識]를 원인으로 하고 … 알음알이에서 기원한 것이다.

이 알음알이는 무엇을 원인으로 하고 … 알음알이는 의도적 행위들[行]을 원인으로 하고 … 의도적 행위들[行]에서 기원한 것이다.

이 의도적 행위들[行]은 무엇을 원인으로 하고 무엇을 조건으로 하고 무엇을 근원으로 하고 무엇에서 기원한 것인가? 의도적 행위들은 무명을 원인으로 하고 무명을 조건으로 하고 무명을 근원으로 하고 무명에서 기원한 것이다."

괴로움의 발생구조[流轉門]에 대한 연기의 순관[182]

---

182) 본경에서는 12연기로 대표되는 연기의 정형구가 다음의 네 가지 형태로 나타난다. 편의상 한자 정형구로 적어보면 다음과 같다.
첫째, 무명연행 행연식 … 생연노사우비고뇌
둘째, 무명멸즉행멸 행멸즉식멸 … 생멸즉노사우비고뇌멸
셋째, 생연노사 유연생 … 행연식 무명연행
넷째, 생멸즉노사멸 유멸즉생멸 … 행멸즉식멸 무명멸즉행멸

이 가운데서 괴로움의 발생구조를 밝히고 있는 첫 번째 정형구를 주석서에서는 anuloma라는 술어로 정리하고 있다. 초기불전연구원에서는 중국불교에서 사용되던 유전문(流轉門)을 차용하여 유전문(流轉門)이라고 옮긴다. 두 번째 정형구를 주석서에서는 paṭiloma라고 부른다. 초기불전연구원에서는 중국불교에서 사용되던 환멸문(還滅門)을 차용하여 환멸문(還滅門)이라고 옮긴다.

한편 북방의 『아비달마대비바사론』(阿毘達磨大毘婆沙論)이나 『아비달마순정리론』(阿毘達磨順正理論) 등에서 순관(順觀)은 위의 첫째와 둘째를 뜻하고 역관(逆觀)은 위의 셋째와 넷째를 뜻하는 것으로 주로 나타나고 있다. 즉 무명부터 노사우비고뇌의 순서는 순관(順觀)이 되고 노사우비고뇌부터 무명까지의 순서는 역관(逆觀)이 된다. 초기불전연구원에서도 이를 차용하여 사용함을 밝힌다.
북방불교의 입장에 따라 유전문(流轉門)·환멸문(還滅門)과 순관(順觀)·역관(逆觀)을 구분하여 적용하면 다음과 같다.
① 무명연행 행연식 … 생연노사 ☞ 유전문이면서 순관
② 무명멸즉행멸 행멸즉식멸 … 생멸즉노사멸 ☞ 환멸문이면서 순관
③ 생연노사 유연생 … 행연식 무명연행 ☞ 유전문이면서 역관

17. "비구들이여, 이와 같이 무명을 조건으로 의도적 행위들[行]이, 의도적 행위들을 조건으로 알음알이[識]가, 알음알이를 조건으로 정신·물질[名色]이, 정신·물질을 조건으로 여섯 감각장소[六入]가, 여섯 감각장소를 조건으로 감각접촉[觸]이, 감각접촉을 조건으로 느낌[受]이, 느낌을 조건으로 갈애[愛]가, 갈애를 조건으로 취착[取]이, 취착을 조건으로 존재[有]가, 존재를 조건으로 태어남[生]이, 태어남을 조건으로 늙음과 죽음[老死], 근심·탄식·육체적 고통·정신적 고통·절망이 발생한다. 이와 같이 전체 괴로움의 무더기[苦蘊]가 발생한다."183)

괴로움의 발생구조[流轉門]에 대한 연기의 역관

18. "'태어남[生]을 조건으로 늙음과 죽음[老死]이 있다.'라고 설했다. 비구들이여, 참으로 태어남을 조건으로 늙음과 죽음이 있는가, 아니면 그렇지 않은가? 이것에 대해 어떻게 생각하는가?"

"세존이시여, 참으로 태어남을 조건으로 늙음과 죽음이 있습니다. 이것에 대해 저희들은 이와 같이 '태어남을 조건으로 늙음과 죽음이 있다.'라고 생각합니다."

"'존재[有]를 조건으로 태어남이 있다.'라고 설했다. 비구들이여, 참으로 존재를 조건으로 태어남이 있는가, 아니면 그렇지 않은가? 이것에 대해 어떻게 생각하는가?"

"세존이시여, 참으로 존재를 조건으로 태어남이 [262] 있습니다. 이

---

④ 생멸즉노사멸 유멸즉생멸 … 무명멸즉행멸 ☞ 환멸문이면서 역관

183) 본 문단에 나타나는 12연기의 구성요소들은 『상윳따 니까야』 제2권 「연기(緣起) 경」(S12:1)과 「분석 경」(S12:2) 등에서 주해로 잘 설명하고 있으므로 참조하기 바란다. 그리고 이것은 『초기불교 이해』 239~252쪽에 정리되어 있다.

것에 대해 저희들은 이와 같이 '존재를 조건으로 태어남이 있다.'라고 생각합니다."

"'취착[取]을 조건으로 존재가 있다.'라고 설했다. 비구들이여, 참으로 취착을 조건으로 존재가 있는가, 아니면 그렇지 않은가? 이것에 대해 어떻게 생각하는가?"

"세존이시여, 참으로 취착을 조건으로 존재가 있습니다. 이것에 대해 저희들은 이와 같이 '취착[取]을 조건으로 존재가 있다.'라고 생각합니다."

"'갈애[愛]를 조건으로 취착이 있다.'라고 설했다. 비구들이여, 참으로 갈애를 조건으로 취착이 있는가, 아니면 그렇지 않은가? 이것에 대해 어떻게 생각하는가?"

"세존이시여, 참으로 갈애를 조건으로 취착이 있습니다. 이것에 대해 저희들은 이와 같이 '갈애를 조건으로 취착이 있다.'라고 생각합니다."

"'느낌[受]을 조건으로 갈애가 있다.'라고 설했다. 비구들이여, 참으로 느낌을 조건으로 갈애가 있는가, 아니면 그렇지 않은가? 이것에 대해 어떻게 생각하는가?"

"세존이시여, 참으로 느낌을 조건으로 갈애가 있습니다. 이것에 대해 저희들은 이와 같이 '느낌을 조건으로 갈애가 있다.'라고 생각합니다."

"'감각접촉[觸]을 조건으로 느낌이 있다.'라고 설했다. 비구들이여, 참으로 감각접촉을 조건으로 느낌이 있는가, 아니면 그렇지 않은가? 이것에 대해 어떻게 생각하는가?"

"세존이시여, 참으로 감각접촉을 조건으로 느낌이 있습니다. 이것에 대해 저희들은 이와 같이 '감각접촉을 조건으로 느낌이 있다.'라고 생각합니다."

"'여섯 가지 감각장소[六入]를 조건으로 감각접촉이 있다.'라고 설했다. 비구들이여, 참으로 여섯 가지 감각장소를 조건으로 감각접촉이 있는가, 아니면 그렇지 않은가? 이것에 대해 어떻게 생각하는가?"

"세존이시여, 참으로 여섯 가지 감각장소를 조건으로 감각접촉이 있습니다. 이것에 대해 저희들은 이와 같이 '여섯 가지 감각장소를 조건으로 감각접촉이 있다.'라고 생각합니다."

"'정신·물질[名色]을 조건으로 여섯 가지 감각장소가 있다.'라고 설했다. 비구들이여, 참으로 정신·물질을 조건으로 여섯 가지 감각장소가 있는가, 아니면 그렇지 않은가? 이것에 대해 어떻게 생각하는가?"

"세존이시여, 참으로 정신·물질을 조건으로 여섯 가지 감각장소가 있습니다. 이것에 대해 저희들은 이와 같이 '정신·물질을 조건으로 여섯 가지 감각장소가 있다.'라고 생각합니다."

"'알음알이[識]를 조건으로 정신·물질이 있다.'라고 설했다. 비구들이여, 참으로 알음알이를 조건으로 정신·물질이 있는가, 아니면 그렇지 않은가? 이것에 대해 어떻게 생각하는가?"

"세존이시여, 참으로 알음알이를 조건으로 정신·물질이 있습니다. 이것에 대해 저희들은 이와 같이 '알음알이를 조건으로 정신·물질이 있다.'라고 생각합니다."

"'의도적 행위들[行]을 조건으로 알음알이가 있다.'라고 설했다. 비구들이여, 참으로 의도적 행위들을 조건으로 알음알이가 있는가, 아니면 그렇지 않은가? 이것에 대해 어떻게 생각하는가?"

"세존이시여, 참으로 의도적 행위들을 조건으로 알음알이가 있습니다. 이것에 대해 저희들은 이와 같이 '의도적 행위들을 조건으로 알음알이가 있다.'라고 생각합니다."

"'무명을 조건으로 의도적 행위들이 있다.'라고 설했다. 비구들이여, 참으로 무명을 조건으로 의도적 행위들이 있는가, 아니면 그렇지 않은가? 이것에 대해 어떻게 생각하는가?"

"세존이시여, 참으로 무명을 조건으로 의도적 행위들이 있습니다. 이것에 대해 저희들은 이와 같이 '무명을 조건으로 의도적 행위들이 있다.'라고 생각합니다."

괴로움의 발생구조[流轉門]에 대한 연기의 정형구

19. "비구들이여, 장하구나. 비구들이여, 그대들도 이와 같이 설하고 나도 또한 이와 같이 설한다.

'이것이 있을 때 저것이 있다. [263] 이것이 일어날 때 저것이 일어난다.[184] 즉 무명을 조건으로 의도적 행위들[行]이, 의도적 행위들을 조

---

184) "이것이 있을 때 저것이 있다. 이것이 일어날 때 저것이 일어난다(imasmiṁ sati idaṁ hoti imassuppādā idam uppajjati)."와 §22의 "이것이 없을 때 저것이 없다. 이것이 소멸할 때 저것이 소멸한다(imasmiṁ asati idaṁ na hoti imassa nirodhā idaṁ nirujjhati)."는 다른 경들에서는 함께 연결되어서 하나의 게송의 형태로 나타나고 있다. 그런 다음에 "즉 무명을 조건으로 의도적 행위들이, 의도적 행위들을 조건으로 알음알이가, … 이와 같이 전체 괴로움의 무더기[苦蘊]가 발생한다. 그러나 무명이 남김없이 빛바래어 소멸하기 때문에 의도적 행위들이 소멸하고, 의도적 행위들이 소멸하기 때문에 알음알이가 소멸하고, … 이와 같이 전체 괴로움의 무더기[苦蘊]가 소멸한다."라는 12연기의 정형구가 나타나고 있다.
예를 들면 『상윳따 니까야』 「인연 상윳따」(S12)의 「십력 경」 1(S12:21) 등의 7개 경들과 『앙굿따라 니까야』 제6권 「증오 경」(A10:92) §5에 이 구문이 나타나는데 예외 없이 모든 경에서 이 두 구문은 붙어서 나타나고 있다.(『초기불교 이해』 231쪽과 『상윳따 니까야』 제2권 해제 §3의 「인연 상윳따」(S12)의 해당부분을 참조할 것.)

건으로 알음알이[識]가, 알음알이를 조건으로 정신·물질[名色]이, 정신·물질을 조건으로 여섯 가지 감각장소[六入]가, 여섯 가지 감각장소를 조건으로 감각접촉[觸]이, 감각접촉을 조건으로 느낌[受]이, 느낌을 조건으로 갈애[愛]가, 갈애를 조건으로 취착[取]이, 취착을 조건으로 존재[有]가, 존재를 조건으로 태어남[生]이, 태어남을 조건으로 늙음과 죽음, 근심·탄식·육체적 고통·정신적 고통·절망이 발생한다. 이와 같이 전체 괴로움의 무더기[苦蘊]가 발생한다.'라고."

괴로움의 소멸구조[還滅門]에 대한 연기의 순관

20. "무명이 남김없이 빛바래어 소멸하기 때문에 의도적 행위들[行]이 소멸하고, 의도적 행위들이 소멸하기 때문에 알음알이가 소멸하고, 알음알이가 소멸하기 때문에 정신·물질이 소멸하고, 정신·물질이 소멸하기 때문에 여섯 가지 감각장소가 소멸하고, 여섯 가지 감각장소가 소멸하기 때문에 감각접촉이 소멸하고, 감각접촉이 소멸하기 때문에 느낌이 소멸하고, 느낌이 소멸하기 때문에 갈애가 소멸하고, 갈애가 소멸하기 때문에 취착이 소멸하고, 취착이 소멸하기 때문에 존재가 소멸하고, 존재가 소멸하기 때문에 태어남이 소멸하고, 태어남이 소멸하기 때문에 늙음과 죽음, 근심·탄식·육체적 고통·정신적 고통·절망이 소멸한다. 이와 같이 전체 괴로움의 무더기가 소멸한다."

본경처럼 '이것이 있을 때 저것이 있다. 이것이 일어날 때 저것이 일어난다.'와 '이것이 없을 때 저것이 없다. 이것이 소멸할 때 저것이 소멸한다.'가 유전문의 정형구(§19)와 환멸문의 정형구(§22)에 분리되어서 나타나는 경우는 다른 니까야에서는 찾아보기 힘들다.

이 연기의 추상화된 정형구에 대해서는 본서 제3권 「사꿀루다이 짧은 경」(M79) §7의 주해도 참조할 것.

괴로움의 소멸구조[還滅門]에 대한 연기의 역관

21. "'태어남이 소멸하기 때문에 늙음과 죽음이 소멸한다.'라고 설했다. 비구들이여, 참으로 태어남이 소멸하기 때문에 늙음과 죽음이 소멸하는가, 아니면 그렇지 않은가? 이것에 대해 어떻게 생각하는가?"

"세존이시여, 참으로 태어남이 소멸하기 때문에 늙음과 죽음이 소멸합니다. 이것에 대해 저희들은 이와 같이 '태어남이 소멸하기 때문에 늙음과 죽음이 소멸한다.'라고 생각합니다."

"'존재가 소멸하기 때문에 태어남이 소멸한다.'라고 설했다. 비구들이여, 참으로 존재가 소멸하기 때문에 태어남이 소멸하는가, 아니면 그렇지 않은가? 이것에 대해 어떻게 생각하는가?"

"세존이시여, 참으로 존재가 소멸하기 때문에 태어남이 소멸합니다. 이것에 대해 저희들은 이와 같이 '존재가 소멸하기 때문에 태어남이 소멸한다.'라고 생각합니다."

"'취착이 소멸하기 때문에 존재가 소멸한다.'라고 설했다. 비구들이여, 참으로 취착이 소멸하기 때문에 존재가 소멸하는가, 아니면 그렇지 않은가? 이것에 대해 어떻게 생각하는가?"

"세존이시여, 참으로 취착이 소멸하기 때문에 존재가 소멸합니다. 이것에 대해 저희들은 이와 같이 '취착이 소멸하기 때문에 존재가 소멸한다.'라고 생각합니다."

"'갈애가 소멸하기 때문에 취착이 소멸한다.'라고 설했다. 비구들이여, 참으로 갈애가 소멸하기 때문에 취착이 소멸하는가, 아니면 그렇지 않은가? 이것에 대해 어떻게 생각하는가?"

"세존이시여, 참으로 갈애가 소멸하기 때문에 취착이 소멸합니다.

이것에 대해 저희들은 이와 같이 '갈애가 소멸하기 때문에 취착이 소멸한다.'라고 생각합니다."

"'느낌이 소멸하기 때문에 갈애가 소멸한다.'라고 설했다. 비구들이여, 참으로 느낌이 소멸하기 때문에 갈애가 소멸하는가, 아니면 그렇지 않은가? 이것에 대해 어떻게 생각하는가?"

"세존이시여, 참으로 느낌이 소멸하기 때문에 갈애가 소멸합니다. 이것에 대해 저희들은 이와 같이 '느낌이 소멸하기 때문에 갈애가 소멸한다.'라고 생각합니다."

"'감각접촉이 소멸하기 때문에 느낌이 소멸한다.'라고 설했다. 비구들이여, 참으로 감각접촉이 소멸하기 때문에 느낌이 소멸하는가, 아니면 그렇지 않은가? 이것에 대해 어떻게 생각하는가?"

"세존이시여, 참으로 감각접촉이 소멸하기 때문에 느낌이 소멸합니다. 이것에 대해 저희들은 이와 같이 '감각접촉이 소멸하기 때문에 [264] 느낌이 소멸한다.'라고 생각합니다."

"'여섯 가지 감각장소가 소멸하기 때문에 감각접촉이 소멸한다.'라고 설했다. 비구들이여, 참으로 여섯 가지 감각장소가 소멸하기 때문에 감각접촉이 소멸하는가, 아니면 그렇지 않은가? 이것에 대해 어떻게 생각하는가?"

"세존이시여, 참으로 여섯 가지 감각장소가 소멸하기 때문에 감각접촉이 소멸합니다. 이것에 대해 저희들은 이와 같이 '여섯 가지 감각장소가 소멸하기 때문에 감각접촉이 소멸한다.'라고 생각합니다."

"'정신 · 물질이 소멸하기 때문에 여섯 가지 감각장소가 소멸한다.'라고 설했다. 비구들이여, 참으로 정신 · 물질이 소멸하기 때문에 여섯 가지 감각장소가 소멸하는가, 아니면 그렇지 않은가? 이것에 대해 어떻게 생각하는가?"

"세존이시여, 참으로 정신·물질이 소멸하기 때문에 여섯 가지 감각장소가 소멸합니다. 이것에 대해 저희들은 이와 같이 '정신·물질이 소멸하기 때문에 여섯 가지 감각장소가 소멸한다.'라고 생각합니다."

"'알음알이가 소멸하기 때문에 정신·물질이 소멸한다.'라고 설했다. 비구들이여, 참으로 알음알이가 소멸하기 때문에 정신·물질이 소멸하는가, 아니면 그렇지 않은가? 이것에 대해 어떻게 생각하는가?"

"세존이시여, 참으로 알음알이가 소멸하기 때문에 정신·물질이 소멸합니다. 여기서 저희들은 이와 같이 '알음알이가 소멸하기 때문에 정신·물질이 소멸한다.'라고 생각합니다."

"'의도적 행위들[行]이 소멸하기 때문에 알음알이가 소멸한다.'라고 설했다. 비구들이여, 참으로 의도적 행위들이 소멸하기 때문에 알음알이가 소멸하는가, 아니면 그렇지 않은가? 이것에 대해 어떻게 생각하는가?"

"세존이시여, 참으로 의도적 행위들이 소멸하기 때문에 알음알이가 소멸합니다. 이것에 대해 저희들은 이와 같이 '의도적 행위들이 소멸하기 때문에 알음알이가 소멸한다.'라고 생각합니다."

"'무명이 소멸하기 때문에 의도적 행위들이 소멸한다.'라고 설했다. 비구들이여, 참으로 무명이 소멸하기 때문에 의도적 행위들이 소멸하는가, 아니면 그렇지 않은가? 이것에 대해 어떻게 생각하는가?"

"세존이시여, 참으로 무명이 소멸하기 때문에 의도적 행위들이 소멸합니다. 이것에 대해 저희들은 이와 같이 '무명이 소멸하기 때문에 의도적 행위들이 소멸한다.'라고 생각합니다."

괴로움의 소멸구조[還滅門]에 대한 연기의 정형구

22. "비구들이여, 장하구나. 비구들이여, 그대들도 이와 같이 설하고 나도 또한 이와 같이 설한다.

'이것이 없을 때 저것이 없고, 이것이 소멸함으로써 저것이 소멸한다. 즉 무명이 소멸하기 때문에 의도적 행위들이 소멸하고, 의도적 행위들이 소멸하기 때문에 알음알이가 소멸하고, 알음알이가 소멸하기 때문에 정신·물질이 소멸하고, 정신·물질이 소멸하기 때문에 여섯 가지 감각장소가 소멸하고, 여섯 가지 감각장소가 소멸하기 때문에 감각접촉이 소멸하고, 감각접촉이 소멸하기 때문에 느낌이 소멸하고, 느낌이 소멸하기 때문에 갈애가 소멸하고, 갈애가 소멸하기 때문에 취착이 소멸하고, 취착이 소멸하기 때문에 존재가 소멸하고, 존재가 소멸하기 때문에 태어남이 소멸하고, 태어남이 소멸하기 때문에 늙음과 죽음, 근심·탄식·육체적 고통·정신적 고통·절망이 소멸한다. 이와 같이 전체 괴로움의 무더기가 소멸한다.'라고."185)

---

185) 이상으로 본경의 §§17~22에서는 12연기가 6가지 방법으로 설해지고 있는데 이것을 한문술어를 이용해서 간략하게 정리하면 다음과 같다.
§17 → 무명연행 행연식 … 생연노사우비고뇌(유전문의 순관)
§18 → 생연노사 유연생 … 행연식 무명연행(유전문의 역관)
§19 → 차유고피유 … 무명연행 행연식 … 생연노사우비고뇌(유전문의 정형구)
§20 → 무명멸즉행멸 행멸즉식멸 … 생멸즉노사우비고뇌멸(환멸문의 순관)
§21 → 생멸즉노사멸 유멸즉생멸 … 행멸즉식멸 무명멸즉행멸(환멸문의 역관)
§22 → 차유고피유 … 무명멸즉행멸 행멸즉식멸 … 생멸즉노사우비고뇌멸(환멸문의 정형구)
여기서 처음 셋(§§17~19)은 괴로움의 일어남 즉 발생구조(유전문)를 나타내고 있고, 뒤의 셋(§§20~22)은 괴로움의 소멸 즉 소멸구조(환멸문)를 밝히고 있다.

존재함에 대한 지혜

23. "비구들이여, 그대들이 이와 같이 알고 이와 같이 보면서도[186] [265] '나는 정말 과거에 존재했는가? 아니면 과거에 존재하지 않았는가? 나는 과거에 무엇이었을까? 나는 과거에 어떠했을까? 나는 과거에 무엇이었다가 무엇으로 변했을까?'라고 과거로 치닫겠는가?"[187]

"그렇지 않습니다, 세존이시여."

"비구들이여, 그대들이 이와 같이 알고 이와 같이 보면서도 '나는 정말 미래에도 존재할까? 아니면 미래에 존재하지 않을까? 나는 미래에 무엇이 될까? 나는 미래에 어떠할까? 나는 미래에 무엇이 되어 무엇으로 변할까?'라고 미래로 치닫겠는가?"

"그렇지 않습니다, 세존이시여."

"비구들이여, 그대들이 이와 같이 알고 이와 같이 보면서도 '나는 존재하기는 하는가? 나는 존재하지 않는가? 나는 무엇인가? 나는 어떠한가? 이 중생은 어디서 왔는가? 어디로 가게 될 것인가?'라고 지금 현재에 대해서 안으로 의심을 가지겠는가?"[188]

"그렇지 않습니다, 세존이시여."

24. "비구들이여, 그대들이 이와 같이 알고 이와 같이 보는데도 '우리는 스승을 존중한다. 스승을 존중하므로 우리는 이렇게 말한다.'

---

186) "'이와 같이 알고 이와 같이 본다(evaṁ jānantā evaṁ passantā).'는 것은 위빳사나와 함께한 도로써 알고 보는 것을 말한다."(MA.ii.309)

187) "'과거(pubbanta)'란 과거의 무더기(온), 감각장소(처), 요소(계)를 말하고, '치닫는다(paṭidhāveyyātha).'는 것은 갈애와 사견을 가지고 치닫는 것을 말한다."(MA.ii.309)

188) 본경 §23에 나타나는 16가지 의심의 정형구는 본서 제1권 「모든 번뇌 경」(M2) §7에 나타나는 지혜 없이 마음에 잡도리하는 내용과 같다. 그곳의 주해를 참조할 것.

라고 말하겠는가?"

"그렇지 않습니다, 세존이시여."

"비구들이여, 그대들이 이와 같이 알고 이와 같이 보는데도 '사문께서[189] 이와 같이 말씀하시고, 다른 사문들도 이와 같이 말한다. 그러나 우리는 이와 같이 말하지 않는다.'라고 말하겠는가?"

"그렇지 않습니다, 세존이시여."

"비구들이여, 그대들이 이와 같이 알고 이와 같이 보는데도 다른 사람을 스승이라고 인정하겠는가?"

"그렇지 않습니다, 세존이시여."

"비구들이여, 그대들이 이와 같이 알고 이와 같이 보는데도 일반 사문・바라문들[190]이 서계를 지니고 예언을 하고 점복하는 것[191]을 [수행의] 핵심이라 여겨 다시 움켜쥐겠는가?"

"그렇지 않습니다, 세존이시여."

"비구들이여, 참으로 그대들이 스스로 알고 스스로 보고 스스로 체득한 것을 말해야 하지 않겠는가?"

"그러합니다. 세존이시여."

25. "비구들이여, 장하구나. 비구들이여, 스스로 보아 알 수 있고, 시간이 걸리지 않고, 와서 보라는 것이고, 향상으로 인도하고, 지자들이 각자 알아야 하는 이 법으로써 나는 그대들을 잘 인도하였다.

---

189) "여기서 '사문(samaṇa)'이란 부처님을 말한다."(MA.ii.309)

190) "다른 외도들의 사문과 바라문을 말한다."(MA.ii.309)

191) "'서계를 지니고 예언을 하고 점복(占卜)하는 것(vatta-kotūhala-maṅgalā-ni)'이란 서계를 받는 것(vata-samādānāni)과 조짐을 보는 것(diṭṭhi-kutūhalāni)과 보고 듣고 생각한 것으로 점복(占卜)하는 것(diṭṭha-suta-muta-maṅgalāni)을 말한다."(MA.ii.309)

내가 '비구들이여, 이 법은 스스로 보아 알 수 있고, 시간이 걸리지 않고, 와서 보라는 것이고, 향상으로 인도하고, 지자들이 각자 알아야 하는 것이다.'[192]라고 설한 것은 바로 이것을 두고 설한 것이다."

윤회의 시작 — 수태에서부터 성장기까지

26. "비구들이여, 세 가지가 만나서 수태[193]가 이루어진다. 여기[194] 어머니와 아버지가 교합하더라도 어머니가 월경이 없고, 간답바[195]가 있지 않으면, 수태가 [266] 이루어지지 않는다. 여기 어머니

---

192) 이것은 법에 대한 정형구로 초기불전의 여러 곳에 나타난다. 이 법에 대한 정형구의 설명은 『청정도론』 VII.68~88에 잘 설명되어 있으므로 참조할 것.

193) 여기서 '수태'는 gabbhassa avakkanti를 옮긴 것인데 이것은 '모태에 듦'으로 직역할 수 있다. 모태에 듦과 12연기의 알음알이[識]의 관계에 대해서는 『상윳따 니까야』 제2권 「알음알이 경」(S12:59) §3의 주해를 참조할 것.

194) "'여기(idha)'란 이 중생 세계(satta-loka)를 말한다."(MA.ii.310)

195) "'간답바(gandhabba)'란 그곳에 올 중생(tatrūpaga-satta)을 말한다."(MA.ii.310)

일반적으로 빠알리어 간답바는 산스끄리뜨 간다르와(Gandharva)와 관련된 단어로 간주되며 중국에서 건달바(乾達婆)로 옮겨졌다. 그러나 빠알리어 '간답바(gandhabba)'는 초기불전에서는 크게 다음의 세 가지 문맥에서 나타나고 있다.

첫 번째는 사대왕천(Cātummahārājika)에 있는 신들이다. 『디가 니까야』 제2권 「자나와사바 경」(D18) §20에서 그들은 가장 낮은 영역의 신들이라 불리고 있다. 일반적으로 간답바는 천상의 음악가로 불리는데(J.ii.249 등) 『디가 니까야』 제2권 「제석문경」(D21) §1.2 이하에서도 빤짜식카 간답바가 벨루와빤두 루트를 켜면서 연주하고 노래하는 장면이 나타난다. 『디가 니까야』 제3권 「아따나띠야 경」(D32) §4에 의하면 간답바들은 사대왕천의 동쪽에 거주하며 다따랏타가 그들의 왕이라고 한다. 이 신들은 산스끄리뜨로 간다르와(Gandharva)에 해당한다.

두 번째는 향기(gandha) 나는 곳에 사는 신들을 뜻한다. 『상윳따 니까야』 제3권 「간답바 무리 상윳따」(S31)의 「간단한 설명 경」(S31:1) §3에서 세존께서는 간답바 무리의 신들(Gandhabbakāyikā devā)은 나무의 뿌리나 껍질이나 수액이나 꽃의 향기(gandha)에 거주하기 때문에 붙여진 이름이라

와 아버지가 교합하고 어머니가 월경이 있더라도 간답바가 있지 않으면 수태가 이루어지지 않는다. 비구들이여, 어머니와 아버지가 교합하고 어머니가 월경이 있고 간답바가 있어서, 이와 같이 세 가지가 만날 때 수태가 이루어진다."196)

27. "비구들이여, 어머니는 아홉 달이나 열 달을 이 태아를 무거운 짐으로 크게 염려하면서 뱃속에 잘 잉태한다. 비구들이여, 어머니는 아홉 달이나 열 달이 지나면 무거운 짐으로 크게 염려하면서 이 태아를 출산한다. 아이가 태어나면 어머니는 자신의 피로 키운다. 비

고 설하고 계신다.(S.iii.250.) 그래서 『디가 니까야 주석서』에서도 "간답바는 뿌리의 무더기 등에 사는 신들"(DA.ii.498)이라고 설명하기도 한다. 이 향기와 관계있는 신들이 사대왕천의 동쪽에 거주하는 앞의 간답바 신들과 같은지는 알 수 없다. DPPN도 이 둘에 대한 연관성을 설명하지 않고 있다.

그리고 세 번째가 바로 본경에 나타나는 태아의 잉태와 관련이 있는 존재이다. 『율장 복주서』는 이 간답바를 간땁바(gantabba)로 설명하고 있다. (VinAṬ.ii.13) 그리고 마치 nekkhamma(出離)가 nekkamma의 속어 형태이듯이 gandhabba도 gantabba의 속어형태라는 식으로 덧붙이고 있다. 여기서 간땁바(gatabba)는 √gam(*to go*)의 가능태(*Potential*) 분사이다. 그래서 그 의미는 '가야만 하는 [것, 자]'가 된다. 그리고 같은 복주서는 계속해서 "업에 의해서 [다음 생으로] 가야만 하는 어떤 중생이 다시 태어날 때에 전생의 [마지막 자와나 순간에] 생긴 태어날 곳의 표상 등의 대상을 원인으로 하여 다시 태어남에 직면한 것(upapattābhimukha)을 말한다."(VinAṬ.ii.13)라고 설명하고 있다.

그래서 『청정도론』 VIII.35에도 '가야만 하는'을 뜻하는 gamanīya(gantabba처럼 √gam에서 파생된 또 다른 형태의 Pot. 분사임)라는 단어로 이 간답바를 나타내고 있으며, 당연히 『청정도론 복주서』(Pm)는 이 gamanīya를 gandhabba(간답바)라고 해석하고 있다.(Pm.175) 그래서 "간답바가 되어 내생으로 갈 것이다."(Vis.VIII.35)라고 설명하고 있다. 중생들은 업에 의해서 죽은 다음에 반드시 다시 태어나야 하기 때문에 이 간답바에는 간땁바 즉 '다시 태어나야만 하는 [자]'라는 의미가 들어 있다는 해석이다.

이처럼 빠알리어 간답바는 크게 세 가지 문맥에서 초기불전에 나타나고 있다.

196) 수태에 대한 본경 §26의 가르침은 본서 제3권 「앗살라야나 경」(M93) §18의 뒷부분에도 나타난다.

구들이여, 성자의 율에서는 모유를 피라고 부르기 때문이다."

28. "비구들이여, 그 어린아이가 점점 성장하고 감각기능들이 원숙해지면 소년에게 어울리는 놀이를 한다. 즉 장난감 쟁기 놀이, 자치기 놀이, 재주넘기, 팔랑개비 놀이, 잎사귀로 만든 튜브 놀이,[197] 장난감 마차 놀이, 장난감 활 놀이를 하며 논다."

29. "비구들이여, 그 소년은 점점 성장하고 감각기능들이 원숙해지면 다섯 가닥의 얽어매는 감각적 욕망들을 갖추고 완비하여 즐긴다. 즉 원하고 좋아하고 마음에 들고 사랑스럽고 감각적 욕망을 짝하고 매혹적인, 눈으로 인식되는 형색들, … 귀로 인식되는 소리들, … 코로 인식되는 냄새들, … 혀로 인식되는 맛들, … 몸으로 인식되는 감촉들인 이 다섯 가닥의 얽어매는 감각적 욕망들을 갖추고 완비하여 즐긴다."

윤회의 전개

30. "그는 눈으로 형색을 보고 사랑스러운 형색에는 욕망을 일으키고 사랑스럽지 않은 형색에는 혐오를 일으킨다. 그는 몸에 대한 마음챙김을 확립하지 못하고, 마음은 제한되어 있다.[198] 그는 나쁘고 해로운 법들이 남김없이 소멸되는, 마음의 해탈[心解脫]과 통찰지를 통한 해탈[慧解脫][199]을 있는 그대로 꿰뚫어 알지 못한다.

---

197) "'잎사귀로 만든 튜브 놀이(pattāḷhaka)'란 그 안에 모래 등을 담아 무게를 재면서 노는 것을 말한다."(MA.ii.311)

198) "'마음은 제한되어 있다(paritta-cetaso).'는 것은 해로운 마음(akusala-citta)으로 차있다는 말이다."(MA.ii.311)

199) '마음의 해탈[心解脫]'과 '통찰지를 통한 해탈[慧解脫]'에 대해서는 본서 제1권 「원한다면 경」(M6) §19의 주해를 참조할 것. 그리고 양면해탈과 통찰

그는 이와 같이 욕망과 성냄에 구속되어 그가 무슨 느낌을 느끼든지[受], 그것이 즐거운 것이든 괴로운 것이든 괴롭지도 즐겁지도 않은 것이든, 그 느낌을 즐기고 환영하고 움켜쥔다.200) 그가 그 느낌을 즐기고 환영하고 움켜쥘 때 즐거워함[愛]이 일어난다.201) 느낌들을 즐거워함이 바로 취착[取]이다. 그 취착을 조건으로 존재[有]가 있다. 존재를 조건으로 태어남[生]이 있다. 태어남을 조건으로 늙음과 죽음, 근심·탄식·육체적 고통·정신적 고통·절망이 생겨난다. 이와 같이 전체 괴로움의 무더기가 일어난다.

그는 귀로 소리를 듣고 … 코로 냄새를 맡고 … 혀로 맛을 보고 … 몸으로 감촉을 느끼고 … 마노로 법을 지각하고 [267] 사랑스러운 법에는 욕망을 일으키고 사랑스럽지 않은 법에는 혐오를 일으킨다. 그는 몸에 대한 마음챙김을 확립하지 못하고, 마음은 제한되어 있다. 그는 나쁘고 해로운 법들이 남김없이 소멸되는, 마음의 해탈[心解脫]과 통찰지를 통한 해탈[慧解脫]을 있는 그대로 꿰뚫어 알지 못한다.

그는 이와 같이 욕망과 성냄에 구속되어 그가 무슨 느낌을 느끼든지[受], 그것이 즐거운 것이든 괴로운 것이든 괴롭지도 즐겁지도 않은 것이든, 그 느낌을 즐기고 환영하고 움켜쥔다. 그가 그 느낌을 즐

지를 통한 해탈에 대해서는 본서 「끼따기리 경」(M70) §§14~16의 주해들도 참조할 것.

200) '즐기고 환영하고 움켜쥔다(abhinandati abhivadati ajjhosāya tiṭṭhati).'는 것은 갈애(taṇhā)를 가지고 즐기고, 갈애를 가지고 '나는 행복하다.'라고 말하면서 환영하고, 갈애를 가지고 움켜쥐는 것을 말한다. 즐거운 느낌이나 괴롭지도 즐겁지도 않은 느낌을 즐길 수는 있지만 어떻게 괴로움 느낌을 즐기는가? 이 경우에는 '나는 괴롭다, 나의 괴로움'이라고 움켜쥐는 것(gaṇhanta)이 즐기는 것이다."(MA.ii.311)

201) 여기서 '즐거워함이 일어난다(uppajjati nandi).'라는 것은 갈애가 일어난다는 말이다. 바로 그 갈애는 움켜쥔다는 뜻(gahaṇ-aṭṭha)에서 '취착(upādāna)'이라고 불린다."(MA.ii.311)

기고 환영하고 움켜쥘 때 즐거워함[愛]이 일어난다. 느낌들을 즐거워함이 바로 취착[取]이다. 그 취착을 조건으로 존재[有]가 있다. 존재를 조건으로 태어남[生]이 있다. 태어남을 조건으로 늙음과 죽음, 근심·탄식·육체적 고통·정신적 고통·절망이 생겨난다. 이와 같이 전체 괴로움의 무더기가 일어난다."

윤회를 종식시키는 방법 — 점진적인 수행

31. 비구들이여,[202] 그와 같이 여기 여래가 이 세상에 출현한다. 그는 아라한[應供]이며, 완전히 깨달은 분[正等覺]이며, 명지와 실천을 구족한 분[明行足]이며, 피안으로 잘 가신 분[善逝]이며, 세간을 잘 알고 계신 분[世間解]이며, 가장 높은 분[無上士]이며, 사람을 잘 길들이는 분[調御丈夫]이며, 하늘과 인간의 스승[天人師]이며, 부처님[佛]이며, 세존(世尊)이다. 그는 신을 포함하고 마라를 포함하고 범천을 포함한 이 세상을 스스로 최상의 지혜로 알고 실현하여 드러낸다. 그는 시작도 훌륭하고 중간도 훌륭하고 끝도 훌륭하며 의미와 표현을 구족했고 더할 나위 없이 완벽하고 지극히 청정한 법을 설하고, 범행(梵行)을 드러낸다."

32. "이런 법을 장자나 장자의 아들이나 다른 가문에 태어난 자가 듣는다. 그는 이 법을 듣고 여래에게 믿음을 가진다. 그는 이런 믿음을 구족하여 이렇게 숙고한다. '재가의 삶이란 번잡하고 때가 낀 길이지만 출가의 삶은 열린 허공과 같다. 재가에 살면서 더할 나위 없이 완벽하고 지극히 청정한 소라고둥처럼 빛나는 청정범행을 실천하기란 쉽지 않다. 그러니 나는 이제 머리와 수염을 깎고 물들인 옷

202) 이 문단부터 아래 §38까지는 본서 제1권 「코끼리 발자국 비유의 짧은 경」(M27)의 §§11~18까지와 동일함.

을 입고 집을 떠나 출가하리라.'라고. 그는 나중에 재산이 적건 많건 간에 모두 다 버리고, 일가친척도 적건 많건 간에 다 버리고, 머리와 수염을 깎고, 물들인 옷을 입고 집을 떠나 출가한다."

33. "그는 이와 같이 출가하여 비구들의 학습계목을 받아 지녀 그것과 더불어 생활한다.

그는 생명을 죽이는 것을 버리고 생명을 죽이는 것을 멀리 여의고, 몽둥이를 내려놓고 칼을 내려놓고, 양심적이고 동정심이 있으며 모든 생명의 이익을 위하여 연민하며 머문다. 그는 주지 않은 것을 가지는 것을 버리고 주지 않은 것을 가지는 것을 [268] 멀리 여의고, 준 것만을 받고 준 것만을 받으려고 하며 스스로 훔치지 않아 자신을 깨끗하게 하여 머문다. 그는 금욕적이지 못한 삶을 버리고 청정범행을 닦으며, 도덕적이고, 성행위의 저속함을 멀리 여읜다.

그는 거짓말을 버리고 거짓말을 멀리 여의고, 진실을 말하며 진실에 부합하고 굳건하고 믿음직하여 세상을 속이지 않는다. 그는 중상모략하는 말을 버리고 중상모략하는 말을 멀리 여의고, 여기서 듣고 이들을 이간하려고 저기서 말하지 않고 저기서 듣고 저들을 이간하려고 여기서 말하지 않는다. 오히려 그는 이와 같이 이간된 자들을 합치고 우정을 장려하며 화합을 좋아하고 화합을 기뻐하고 화합을 즐기며 화합하게 하는 말을 한다. 그는 욕설을 버리고 욕설을 멀리 여의고, 유순하고 귀에 즐겁고 사랑스럽고 가슴에 와 닿고 예의바르고 많은 사람들이 좋아하고 많은 사람들의 마음에 드는 그런 말을 한다. 그는 잡담을 버리고 잡담을 멀리 여의고, 적절한 시기에 말하고, 사실을 말하고, 유익한 말을 하고, 법을 말하고, 율을 말하며, 가슴에 담아둘 만한 말을 하고, 이치에 맞고, 절제가 있으며, 유익한 말을 적절한 시기에 한다.

그는 씨앗류와 초목류를 손상시키는 것을 멀리 여윈다. 하루 한 끼만 먹는다. 그는 밤에 [먹는 것을] 여의고 때 아닌 때에 먹는 것을 멀리 여윈다. 춤, 노래, 연주, 연극을 관람하는 것을 멀리 여윈다. 화환을 두르고 향과 화장품을 바르고 장신구로 꾸미는 것을 멀리 여윈다. 높고 큰 침상을 멀리 여윈다.

금과 은을 받는 것을 멀리 여윈다. [요리하지 않은] 날곡식을 받는 것을 멀리 여윈다. 생고기를 받는 것을 멀리 여윈다. 여자나 동녀를 받는 것을 멀리 여윈다. 하인과 하녀를 받는 것을 멀리 여윈다. 염소와 양을 받는 것을 멀리 여윈다. 닭과 돼지를 받는 것을 멀리 여윈다. 코끼리, 소, 말, 암말을 받는 것을 멀리 여윈다. 농토나 토지를 받는 것을 멀리 여윈다.

심부름꾼이나 전령으로 가는 것을 멀리 여윈다. 사고파는 것을 멀리 여윈다. 저울을 속이고 금속을 속이고 치수를 속이는 것을 멀리 여윈다. 악용하고 속이고 횡령하고 사기하는 것을 멀리 여윈다. 상해, 살해, 포박, 약탈, 노략질, 폭력을 멀리 여윈다."

34. "그는 몸을 보호할 정도의 옷과 위장을 지탱할 정도의 음식으로 만족한다. 그는 어디를 가더라도 그의 자구(資具)를 몸에 지니고 간다. 예를 들면 새가 어디를 날아가더라도 자기 양 날개를 짐으로 하여 날아가는 것과 같다. 그와 같이 비구는 몸을 보호할 정도의 옷과 위장을 지탱할 정도의 음식으로 만족한다. 어디를 가더라도 그의 자구를 몸에 지니고 간다. 그는 이러한 [269] 성스러운 계의 조목[戒蘊]을 구족하여 안으로 비난받을 일이 없는 행복을 경험한다."

35. "그는 눈으로 형색을 봄에 그 표상[全體相]을 취하지 않으며, 또 그 세세한 부분상[細相]을 취하지도 않는다. 만약 그의 눈의 기능

[眼根]이 제어되어 있지 않으면, 욕심과 싫어하는 마음이라는 나쁘고 해로운 법[不善法]들이 그에게 [물밀듯이] 흘러들어 올 것이다. 따라서 그는 눈의 감각기능을 잘 단속하기 위해 수행하며, 눈의 감각기능을 잘 방호하고, 눈의 감각기능을 잘 단속한다.

그는 귀로 소리를 들음에 … 코로 냄새를 맡음에 … 혀로 맛을 봄에 … 몸으로 감촉을 느낌에 … 마노[意]로 법을 지각함에 그 표상을 취하지 않으며, 그 세세한 부분상을 취하지도 않는다. 만약 그의 마노의 기능[意根]이 제어되어 있지 않으면, 욕심과 싫어하는 마음이라는 나쁘고 해로운 법[不善法]들이 그에게 [물밀듯이] 흘러들어 올 것이다. 따라서 그는 마노의 감각기능을 잘 단속하기 위해 수행하며, 마노의 감각기능을 잘 방호하고, 마노의 감각기능을 잘 단속한다. 그는 이러한 성스러운 감각기능의 단속을 구족하여 안으로 더럽혀지지 않는 행복을 경험한다."

36. "그는 나아갈 때도 돌아올 때도 [자신의 거동을] 분명히 알아차리면서[正知] 행한다. 앞을 볼 때도 돌아볼 때도 분명히 알아차리면서 행한다. 구부릴 때도 펼 때도 분명히 알아차리면서 행한다. 법의(法衣)·발우·의복을 지닐 때도 분명히 알아차리면서 행한다. 먹을 때도 마실 때도 씹을 때도 맛볼 때도 분명히 알아차리면서 행한다. 대소변을 볼 때도 분명히 알아차리면서 행한다. 갈 때도 서 있을 때도 앉아 있을 때도 잠잘 때도 깨어있을 때도 말할 때도 침묵할 때도 분명히 알아차리면서 행한다."

37. "그는 이러한 성스러운 계의 조목을 잘 갖추고 이러한 성스러운 감각기능의 단속을 잘 갖추고 이러한 마음챙김과 알아차림[正念·正知]을 잘 갖추어 숲 속이나 나무 아래나 산이나 골짜기나 산속

동굴이나 묘지나 밀림이나 노지나 짚더미와 같은 외딴 처소를 의지한다."

38. "그는 탁발하여 공양을 마치고 탁발에서 돌아와 가부좌를 틀고 상체를 곧추세우고 전면에 마음챙김을 확립하여 앉는다. 그는 세상에 대한 욕심을 제거하여 욕심을 버린 마음으로 머물고, 욕심으로부터 마음을 청정하게 한다. 악의의 오점을 제거하여 악의가 없는 마음으로 머물고, 모든 생명의 이익을 위하여 연민하며, 악의의 오점으로부터 마음을 청정하게 한다. 해태와 혼침을 제거하여 해태와 혼침 없이 머물고, 광명상(光明想)을 가져 마음챙기고 알아차리며[正念·正知] 해태와 혼침으로부터 마음을 청정하게 한다. 들뜸과 후회를 제거하여 들뜨지 않고 머물고, 안으로 고요히 가라앉은 마음으로 들뜸과 후회로부터 마음을 청정하게 한다. 의심을 제거하여 의심을 극복하여 머물고, 유익한 법들에 아무런 의심이 없어서 의심으로부터 마음을 청정하게 한다."

39. "그는 [270] 마음의 오염원이고 통찰지를 무력하게 만드는 이들 다섯 가지 장애를 제거하여 감각적 욕망들을 완전히 떨쳐버리고 해로운 법[不善法]들을 떨쳐버린 뒤, 일으킨 생각[尋]과 지속적 고찰[伺]이 있고, 떨쳐버렸음에서 생긴 희열[喜]과 행복[樂]이 있는 초선(初禪)을 구족하여 머문다.

비구들이여, 다시 비구는 일으킨 생각[尋]과 지속적 고찰[伺]을 가라앉혔기 때문에 [더 이상 존재하지 않고], 자기 내면의 것이고, 확신이 있으며, 마음의 단일한 상태이고, 일으킨 생각과 지속적 고찰은 없고, 삼매에서 생긴 희열과 행복이 있는 제2선(二禪)을 구족하여 머문다.

비구들이여, 다시 비구는 희열이 빛바랬기 때문에 평온하게 머물고, 마음챙기고 알아차리며[正念·正知] 몸으로 행복을 경험한다. [이 禪 때문에] 성자들이 그를 두고 '평온하고 마음챙기며 행복하게 머문다.'고 묘사하는 제3선(三禪)을 구족하여 머문다.

비구들이여, 다시 비구는 행복도 버리고 괴로움도 버리고, 아울러 그 이전에 이미 기쁨과 슬픔을 소멸하였으므로 괴롭지도 즐겁지도 않으며, 평온으로 인해 마음챙김이 청정한[捨念淸淨] 제4선(四禪)을 구족하여 머문다."

윤회의 종식 — 완전한 소멸

40. "그는 눈으로 형색을 보고 사랑스러운 형색에 욕망을 일으키지 않고, 사랑스럽지 않은 형색에 혐오를 일으키지 않는다. 그는 몸에 대한 마음챙김을 확립하고, 무량한 마음[203]을 갖는다. 그는 나쁘고 해로운 법들이 남김없이 소멸되는, 마음의 해탈[心解脫]과 통찰지를 통한 해탈[慧解脫]을 있는 그대로 꿰뚫어 안다.[204]

그는 이와 같이 욕망과 성냄을 버려 그가 무슨 느낌을 느끼든지[受], 그것이 즐거운 것이든 괴로운 것이든 괴롭지도 즐겁지도 않은 것이든, 그 느낌을 즐기지 않고 환영하지 않고 움켜쥐지 않는다. 그가 그 느낌을 즐기지 않고 환영하지 않고 움켜쥐지 않을 때 느낌들을 즐거워함[愛]이 소멸한다. 그 즐거워함이 소멸하므로 취착[取]이 소멸

---

203) "'무량한 마음(appamāṇa-cetaso)'이란 도의 마음이 함께한(magga-citta-samaṅgi) 출세간(lokuttara)의 마음을 말한다."(MA.ii.311)

204) 보통 4선을 통해서 여섯 가지 신통(육신통)이나 여덟 가지 명지[八明, 八通]이나 삼명으로 회향되는데(본서 제1권 「코끼리 발자국 비유의 짧은 경」(M27) §26의 주해 참조) 여기서는 4선을 통해서 심해탈·혜해탈의 정형구로 회통되고 그래서 수-애-취-유-생-노사우비고뇌의 6지연기로 마무리를 하고 있다.

한다. 취착이 소멸하므로 존재[有]가 소멸한다. 존재가 소멸하므로 태어남[生]이 소멸한다. 태어남이 소멸하므로 늙음과 죽음, 근심·탄식·육체적 고통·정신적 고통·절망이 소멸한다. 이와 같이 전체 괴로움의 무더기가 소멸한다.

그는 귀로 소리를 듣고, … 코로 냄새를 맡고, … 혀로 맛을 보고, … 몸으로 감촉을 느끼고 … 마노로 법을 지각하고 사랑스러운 법에 욕망을 일으키지 않고, 사랑스럽지 않은 법에 혐오를 일으키지 않는다. 그는 몸에 대한 마음챙김을 확립하고, 무량한 마음을 갖는다. 그는 나쁘고 해로운 법들이 남김없이 소멸되는, 마음의 해탈[心解脫]과 통찰지를 통한 해탈[慧解脫]을 있는 그대로 꿰뚫어 안다.

그는 이와 같이 욕망과 성냄을 버려 그가 무슨 느낌을 느끼든지[受], 그것이 즐거운 것이든 괴로운 것이든 괴롭지도 즐겁지도 않은 것이든, 그 느낌을 즐기지 않고 환영하지 않고 움켜쥐지 않는다. 그가 그 느낌을 즐기지 않고 환영하지 않고 움켜쥐지 않을 때 느낌들을 즐거워함[愛]이 소멸한다. 그 즐거워함이 소멸하므로 취착[取]이 소멸한다. 취착이 소멸하므로 존재[有]가 소멸한다. 존재가 소멸하므로 태어남[生]이 소멸한다. 태어남이 소멸하므로 늙음과 죽음, 근심·탄식·육체적 고통·정신적 고통·절망이 소멸한다. 이와 같이 전체 괴로움의 무더기가 소멸한다."[205]

결론

41. "비구들이여, 내가 간략하게 설한 이 갈애의 멸진을 통한 해탈[206]을 잘 호지하라. 어부의 아들 [271] 비구 사띠는 갈애의 큰 그물

205) 이 §40은 앞의 §30과 반대되는 구조로 설해지고 있다.

206) "'갈애의 멸진을 통한 해탈(taṇhā-saṅkhaya-vimutti)'이라고 하셨다. [갈

과 갈애의 올가미에 걸린 것[207]이다."

세존께서는 이와 같이 설하셨다. 그 비구들은 흡족한 마음으로 세존의 말씀을 크게 기뻐했다.

갈애 멸진의 긴 경(M38)이 끝났다.

애의 멸진에 대한] 이 가르침은 해탈을 얻는 원인(vimutti-paṭilābha-hetu)이기 때문에 해탈이라고 하셨다."(MA.ii.311)

207) "'갈애의 큰 그물과 갈애의 올가미에 걸린(mahā-taṇhā-jāla-taṇhā-saṅghāṭa-paṭimukka)'이라고 하셨다. 갈애는 꿰매어져 있다는 뜻에서(saṁsibbit-aṭṭha) '큰 갈애의 그물(mahā-taṇhā-jāla)'이고, 걸려들어 있다는 뜻에서(saṅghaṭit-aṭṭha) '올가미(saṅghāṭa)'이다. 이처럼 큰 갈애의 그물과 올가미에 이 사띠 비구가 '걸린 것(paṭimukka)'이다."(MA.ii.311)

앗사뿌라 긴 경

Mahā-assapura Sutta(M39)

1. 이와 같이 나는 들었다. 한때 세존께서는 앙가[208]의 앗사뿌라라는 앙가 족의 성읍에 머무셨다. 거기서 세존께서는 "비구들이여."라고 비구들을 부르셨다. "세존이시여."라고 비구들은 세존께 응답했다. 세존께서는 이렇게 말씀하셨다.

---

208) 앙가(Aṅga)는 옛 인도 중원의 16국(Mahājanapada) 가운데 하나였다. 앙가는 마가다의 동쪽에 있었으며 짬빠(Campā, 본서 「깐다라까 경」(M51) §1 참조)가 수도였다. 짬빠는 현재 바갈뿌르 부근에 있는 Campānagara와 Campāpura일 것이라고 학자들은 말한다. 경에 언급되는 다른 앙가의 도시로는 밧디야(Bhaddiya, 『앙굿따라 니까야』 제3권 「욱가하 경」(A5:33) 등)와 본경과 다음 경에 나타나는 앗사뿌라(Assapura)가 있다.
주석서를 통해서 보면 앙가는 마히(Mahī) 강에 의해서 둘로 나누어져 있는데 이 가운데 마히 강 북쪽에 있는 곳을 앙굿따라빠(Aṅguttarāpa, 즉 앙가(Aṅga)의 북쪽(uttara)에 있는 물(āpa=강) 주변(avidūra)의 장소)라 부르고 있다.(SnA.ii.437) 그래서 아빠나(Apaṇa)가 앙가의 아빠나로 나타나기도 하고, 본서 「뽀딸리야 경」(M54) §1과 「메추라기 비유 경」(M66) §1과 본서 제3권 「셀라 경」(M92) §1에서는 모두 앙굿따라빠(Aṅguttarā-pa)의 아빠나로 나타나고 있다.(M54 §1의 주해 참조) 이러한 세 개의 경이 모두 아빠나에서 설해진 것으로 미루어 볼 때 아빠나는 앙가의 북쪽 지방 혹은 앙굿따라빠에서 가장 번창했던 곳이 분명하다.

2. "비구들이여, 사람들은 그대들을 '사문들, 사문들'이라고 인지한다. 그대들도 역시 '당신들은 누구십니까?'라고 물으면 '우리는 사문입니다.'라고 자칭한다. 비구들이여, 그대들이 이와 같이 불리고 이와 같이 자칭하므로 그대들은 참으로 이와 같이 공부지어야 한다.

'우리는 진정한 사문으로 만들고 진정한 바라문209)으로 만드는 그런 법들210)을 받아들여 닦으리라. 그래서 우리의 호칭이 진실이 되고 우리가 자칭한 것이 사실이 될 것이며, 우리가 사용하는 의복, 음식, 거처, 병구완을 위한 약품을 보시해준 분들에게 큰 결실과 큰 공덕이 생길 것이며, 우리의 이 출가가 헛되지 않아 결실을 맺고 향상될 것이다.'라고."

3. "비구들이여, 그러면 어떤 법들이 진정한 사문으로 만들고 진정한 바라문으로 만드는가? 비구들이여, '우리는 양심과 수치심211)을 지니리라.'라고 이와 같이 그대들은 공부지어야 한다.

---

209) 본경 §23과 §24에서 정의하는 내용이 '진정한 사문'과 '진정한 바라문'일 것이다.

210) "'진정한 사문으로 만들고 진정한 바라문으로 만드는 그런 법들(ye dhammā samaṇakaraṇā ca brāhmaṇakaraṇā ca)'이란 그런 법을 받아들여 완성되면 악을 가라앉힌 사문(samita-pāpa-samaṇa)이 되게 하고, 악을 멀리 내쫓아버린 바라문(bāhita-pāpa-brāhmaṇa)이 되게 한다는 뜻이다. 『앙굿따라 니까야』 제1권 「사문 경」(A3:81) §1에서 "비구들이여, 사문에게는 세 가지 사문이 해야 할 일이 있다. 무엇이 셋인가? 높은 계를 공부짓고[增上戒學] 높은 마음을 공부짓고[增上心學] 높은 통찰지를 공부짓는 것[增上慧學]이다. 비구들이여, 이것이 세 가지 사문이 해야 할 일이다."(A3:81)라고 사문이 해야 할 일에 대해 설하셨다. 그것도 사문이 해야 할 일이지만 여기서는 양심과 수치심(hir-ottappa) 등으로 가르침을 상세하게 설하신다."(MA.ii.313)

211) "몸으로 짓는 나쁜 행위 등에 대해 부끄러워한다고 해서 '양심(hirī)'이라 한다. 이것은 부끄러움(lajjā)의 동의어이다. 몸으로 짓는 나쁜 행위 등에 대해 두려워한다고 해서 '수치심(ottappa)'이라 한다. 이것은 악행에 대한 불안의

비구들이여, 그대들에게 이런 생각이 들지도 모른다. '우리는 양심과 수치심을 잘 지니고 있다. 이만큼이면 충분하다. 이만큼 실천했다. 우리는 출가의 목적을 성취했다. 더 이상 해야 할 일이 없다.'라고. 그리고 이만큼으로 그대들은 만족해버릴지도 모른다. 비구들이여, 나는 그대들에게 선언하고 공언하노라. 출가의 목적을 추구하는 그대들은 아직 더 해야 할 일이 있으니 출가의 목적을 버리지 마라."212)

동의어이다. 양심은 부끄러움 때문에 악행을 짓지 않는 역할을 하고, 수치심은 두려움 때문에 악행을 짓지 않는 역할을 한다. 양심은 자기를 중히 여기고, 수치심은 타인을 중히 여긴다. 자신을 중히 여겨 양심상 악행을 버린다. 마치 좋은 가문의 규수처럼. 타인을 중시 여겨 수치심으로 악행을 버린다. 마치 궁녀처럼. 이 두 가지 법은 세상의 보호자라고 알아야 한다."(청정도론 XIV.142)

『앙굿따라 니까야』 제1권 부인 경」(A2:1:9)에서 세존께서는 이렇게 강조하고 계신다.

"비구들이여, 두 가지 밝은 법이 있으니, 그것은 세상을 보호한다. 무엇이 둘인가?

양심과 수치심이다. 비구들이여, 만약 이러한 두 가지 밝은 법이 세상을 보호하지 않았더라면 [나의] 어머니라고 혹은 이모, 외숙모, 스승의 부인, 존경하는 분의 부인이라고 [존경심으로 대하는 것을] 보지 못했을 것이다. 세상이 뒤범벅이 되었을 것이다. 마치 염소, 양, 닭, 돼지, 개, 자칼처럼."

212) 주석서는 『상윳따 니까야』 제5권 「사문됨 경」 1/2(S45:35~36)를 인용하고 있다.

"비구들이여, 그러면 무엇이 사문됨인가? 그것은 바른 견해, … 바른 삼매(즉 팔정도)이다. 비구들이여, 이를 일러 사문됨이라 한다.

비구들이여, 그러면 무엇이 사문됨의 결실인가? 예류과, 일래과, 불환과, 아라한과 — 비구들이여, 이를 일러 사문됨의 결실이라 한다."(S45:35 §3)

"비구들이여, 그러면 무엇이 사문됨의 목적(sāmaññattha)인가? 비구들이여, 탐욕의 멸진, 성냄의 멸진, 어리석음의 멸진 — 이를 일러 사문됨의 목적이라 한다."(S45:36 §3)

본경 §§3~12에서 '출가의 목적'으로 옮긴 원어는 sāmaññattha인데 사문됨(sāmañña)의 목적(attha)으로 직역할 수 있다. 출가가 바로 사문이 되는 것이라서 사문됨을 '출가'로 의역하였다. S45:36에서는 '사문됨의 목적'으로 직역하였으며 『디가 니까야』 제1권 「로힛짜 경」(D12) 16~18에서는 '출

4. "비구들이여, 그러면 무엇이 더 해야 할 일인가? 그대들은 다음과 같이 공부지어야 한다. '우리는 몸의 행위를 [272] 청정하게 하고 분명하게 하고 선명하게 하고 흠이 없고 절제하여 행하리라. 그리고 우리는 우리 몸의 행위가 청정하다 해서 결코 자신을 칭찬하거나 남을 비난하지 않으리라.'라고.

비구들이여, 그대들에게 이런 생각이 들지도 모른다. '우리는 양심과 수치심을 잘 지녔다. 우리 몸의 행위는 청정하다. 이만큼이면 충분하다. 이만큼 실천했다. 우리는 출가의 목적을 성취했다. 더 이상 해야 할 일이 없다.'라고. 그리고 이만큼으로 그대들은 만족해버릴지도 모른다. 비구들이여, 나는 그대들에게 선언하고 공언하노라. 출가의 목적을 추구하는 그대들은 아직 더 해야 할 일이 있으니 출가의 목적을 버리지 마라."

5. "비구들이여, 그러면 무엇이 더 해야 할 일인가? 그대들은 다음과 같이 공부지어야 한다. '우리는 말의 행위를 청정하게 하고 분명하게 하고 선명하게 하고 흠이 없고 절제하여 행하리라. 그리고 말의 행위가 청정하다 해서 결코 자신을 칭찬하거나 남을 비난하지 않으리라.'라고.

비구들이여, 그대들에게 이런 생각이 들지도 모른다. '우리는 양심과 수치심을 잘 지녔다. 몸의 행위도 청정하고, 말의 행위도 청정하다. 이만큼이면 충분하다. 이만큼 실천했다. 우리는 출가의 목적을

가생활의 목적'이라고 옮겼다.

한편 『디가 니까야 주석서』에서는 열반이 바로 출가생활의 목적이라고 설명하고 있으며(DA.iii.132) 『상윳따 니까야 주석서』에서는 출가생활(사문됨, sāmañña)을 성스러운 도(ariya-magga)라고 설명하고 목적(attha)을 성스러운 과(ariya-phala)라고 설명하고 있다.(SA.ii.32)

성취했다. 더 이상 해야 할 일이 없다.'라고. 그리고 이만큼으로 그대들은 만족해버릴지도 모른다. 비구들이여, 나는 그대들에게 선언하고 공언하노라. 출가의 목적을 추구하는 그대들은 아직 더 해야 할 일이 있으니 출가의 목적을 버리지 마라."

6. "비구들이여, 그러면 무엇이 더 해야 할 일인가? 그대들은 다음과 같이 공부지어야 한다. '우리는 마음의 행위를 청정하게 하고 분명하게 하고 선명하게 하고 흠이 없고 절제하여 행하리라. 그리고 마음의 행위가 청정하다 해서 결코 자신을 칭찬하거나 남을 비난하지 않으리라.'라고.

비구들이여, 그대들에게 이런 생각이 들지도 모른다. '우리는 양심과 수치심을 잘 지녔다. 몸의 행위도 청정하고, 말의 행위도 청정하고, 마음의 행위도 청정하다. 이만큼이면 충분하다. 이만큼 실천했다. 우리는 출가의 목적을 성취했다. 더 이상 해야 할 일이 없다.'라고. 그리고 이만큼으로 그대들은 만족해버릴지도 모른다. 비구들이여, 나는 그대들에게 선언하고 공언하노라. 출가의 목적을 추구하는 그대들은 아직 더 해야 할 일이 있으니 출가의 목적을 버리지 마라."

7. "비구들이여, 그러면 무엇이 더 해야 할 일인가? 그대들은 다음과 같이 공부지어야 한다. '우리는 생계를 청정하게 하고 분명하게 하고 선명하게 하고 흠이 없고 절제하여 행하리라. 그리고 우리의 생계가 청정하다 해서 결코 자신을 칭찬하거나 남을 비난하지 않으리라.'라고.

비구들이여, 그대들에게 이런 생각이 들지도 모른다. '우리는 양심과 수치심을 잘 지녔다. 몸의 행위도 청정하고, 말의 행위도 청정하고, 마음의 행위도 청정하고, 우리의 생계도 청정하다. [273] 이만큼

이면 충분하다. 이만큼 실천했다. 우리는 출가의 목적을 성취했다. 더 이상 해야 할 일이 없다.'라고. 그리고 이만큼으로 그대들은 만족해버릴지도 모른다. 비구들이여, 나는 그대들에게 선언하고 공언하노라. 출가의 목적을 추구하는 그대들은 아직 더 해야 할 일이 있으니 출가의 목적을 버리지 마라."

8. "비구들이여, 그러면 무엇이 더 해야 할 일인가? 그대들은 다음과 같이 공부지어야 한다. '우리는 감각기능들의 문을 보호하리라. 우리는 눈으로 형색을 봄에 그 표상[全體相]을 취하지 않으며, 또 그 세세한 부분상[細相]을 취하지도 않으리라. 만약 눈의 기능[眼根]이 제어되어 있지 않으면, 욕심과 싫어하는 마음이라는 나쁘고 해로운 법[不善法]들이 우리에게 [물밀듯이] 흘러들어 올 것이다. 따라서 우리는 눈의 감각기능을 잘 단속하기 위해 수행하며, 눈의 감각기능을 잘 보호하고, 눈의 감각기능을 잘 단속하리라.

우리는 귀로 소리를 들음에 … 코로 냄새를 맡음에 … 혀로 맛을 봄에 … 몸으로 감촉을 느낌에 … 마노[意]로 법을 지각함에 그 표상을 취하지 않으며, 또 그 세세한 부분상[細相]을 취하지도 않으리라. 만약 마노의 기능[意根]이 제어되어 있지 않으면, 욕심과 싫어하는 마음이라는 나쁘고 해로운 법[不善法]들이 우리에게 [물밀듯이] 흘러들어 올 것이다. 따라서 우리는 마노의 감각기능을 잘 단속하기 위해 수행하며, 마노의 감각기능을 잘 보호하고, 마노의 감각기능을 잘 단속하리라.'라고.

비구들이여, 그대들에게 이런 생각이 들지도 모른다. '우리는 양심과 수치심을 잘 지녔다. 몸의 행위도 청정하고, 말의 행위도 청정하고, 마음의 행위도 청정하고, 우리의 생계도 청정하다. 감각기능들의 문도 보호했다. 이만큼이면 충분하다. 이만큼 실천했다. 우리는 출가의 목적을 성취했다. 더 이상 해야 할 일이 없다.'라고. 그리고 이만큼으로 그대들은 만족해버릴지도 모른다. 비구들이여, 나는 그대들에게 선언하고 공언하노라. 출가의 목적을 추구하는 그대들은 아직 더 해야 할 일이 있으니 출가의 목적을 버리지 마라."

9. "비구들이여, 그러면 무엇이 더 해야 할 일인가? 그대들은 다음과 같이 공부지어야 한다. '우리는 음식에 적당한 양을 아는 자가 되리라. 우리는 지혜롭게 숙고하면서 음식을 수용하리라. 그것은 즐기기 위해서도 아니고, 취하기 위해서도 아니며, 치장을 하기 위해서도 아니고, 장식을 하기 위해서도 아니며, 단지 이 몸을 지탱하고 존속하고 잔인함을 쉬고 청정범행을 잘 지키기 위해서이다. 그래서 우리는 오래된 느낌을 물리치고 새로운 느낌을 일어나게 하지 않을 것이다. 우리는 잘 부양될 것이고 비난받을 일이 없이 편안하게 머물 것이다.'라고.

비구들이여, 그대들에게 이런 생각이 들지도 모른다. '우리는 양심과 수치심을 잘 지녔다. 몸의 행위도 청정하고, 말의 행위도 청정하고, 마음의 행위도 청정하고, 우리의 생계도 청정하다. 감각기능들의 문도 보호했고, 음식에 적당한 양도 안다. 이만큼이면 충분하다. 이만큼 실천했다. 우리는 출가의 목적을 성취했다. 더 이상 해야 할 일이 없다.'라고. 그리고 이만큼으로 그대들은 만족해버릴지도 모른다. 비구들이여, 나는 그대들에게 선언하고 공언하노라. 출가의 목적을 추구하는 그대들은 아직 더 해야 할 일이 있으니 출가의 목적을 버리지 마라."

10. "비구들이여, 그러면 무엇이 더 해야 할 일인가? 그대들은 다음과 같이 공부지어야 한다. '우리는 깨어있음에 전념하리라. 낮

동안에는 경행하거나 앉아서 장애가 되는 법들로부터 마음을 청정하게 하리라. 밤의 초경에도 경행하거나 [274] 앉아서 장애가 되는 법들로부터 마음을 청정하게 하리라. 한밤중에는 발에다 발을 포개어 오른쪽 옆구리로 사자처럼 누워서 마음챙기고 알아차리면서[正念·正知] 일어날 시간을 마음에 잡도리하리라. 밤의 삼경에는 일어나서 경행하거나 앉아서 장애가 되는 법들로부터 마음을 청정하게 하리라.'라고.

비구들이여, 그대들에게 이런 생각이 들지도 모른다. '우리는 양심과 수치심을 잘 지녔다. 몸의 행위도 청정하고, 말의 행위도 청정하고, 마음의 행위도 청정하고, 우리의 생계도 청정하다. 감각기능들의 문도 보호했고, 음식에 적당한 양도 알고, 깨어있음에 전념한다. 이만큼이면 충분하다. 이만큼 실천했다. 우리는 출가의 목적을 성취했다. 더 이상 해야 할 일이 없다.'라고. 그리고 이만큼으로 그대들은 만족해버릴지도 모른다. 비구들이여, 나는 그대들에게 선언하고 공언하노라. 출가의 목적을 추구하는 그대들은 아직 더 해야 할 일이 있으니 출가의 목적을 버리지 마라."

11. "비구들이여, 그러면 무엇이 더 해야 할 일인가? 그대들은 다음과 같이 공부지어야 한다. '우리는 마음챙김과 알아차림[正念·正知]을 구족하리라. 나아갈 때도 돌아올 때도 [우리의 거동을] 분명히 알아차리면서[正知] 행하리라. 앞을 볼 때도 돌아볼 때도 분명히 알아차리면서 행하리라. 구부릴 때도 펼 때도 분명히 알아차리면서 행하리라. 법의(法衣)·발우·의복을 지닐 때도 분명히 알아차리면서 행하리라. 먹을 때도 마실 때도 씹을 때도 맛볼 때도 분명히 알아차리면서 행하리라. 대소변을 볼 때도 분명히 알아차리면서 행하리라. 갈 때도 서 있을 때도 앉아 있을 때도 잠잘 때도 깨어있을 때도 말할 때

도 침묵할 때도 분명히 알아차리면서 행하리라.'라고.

비구들이여, 그대들에게 이런 생각이 들지도 모른다. '우리는 양심과 수치심을 잘 지녔다. 몸의 행위도 청정하고, 말의 행위도 청정하고, 마음의 행위도 청정하고, 우리의 생계도 청정하다. 감각기능들의 문도 보호했고, 음식에 적당한 양도 알고, 깨어있음에 전념하고 마음챙김과 알아차림도 구족했다. 이만큼이면 충분하다. 이만큼 실천했다. 우리는 출가의 목적을 성취했다. 더 이상 해야 할 일이 없다.'라고. 그리고 이만큼으로 그대들은 만족해버릴지도 모른다. 비구들이여, 나는 그대들에게 선언하고 공언하노라. 출가의 목적을 추구하는 그대들은 아직 더 해야 할 일이 있으니 출가의 목적을 버리지 마라."

12. "비구들이여, 그러면 무엇이 더 해야 할 일인가? 비구들이여, 여기 비구는 숲 속이나 나무 아래나 산이나 골짜기나 산속 동굴이나 묘지나 밀림이나 노지나 짚더미와 같은 외딴 처소를 의지한다."

13. "그는 탁발하여 공양을 마치고 탁발에서 돌아와 가부좌를 틀고 상체를 곧추세우고 전면에 마음챙김을 확립하여 앉는다. 그는 세상에 대한 욕심을 제거하여 욕심을 버린 마음으로 머물고, 욕심으로부터 마음을 청정하게 한다. 악의의 오점을 제거하여 악의가 없는 마음으로 머물고, 모든 생명의 이익을 위하여 연민하며, [275] 악의의 오점으로부터 마음을 청정하게 한다. 해태와 혼침을 제거하여 해태와 혼침 없이 머물고, 광명상(光明想)을 가져 마음챙기고 알아차리며 [正念 · 正知] 해태와 혼침으로부터 마음을 청정하게 한다. 들뜸과 후회를 제거하여 들뜨지 않고 머물고, 안으로 고요히 가라앉은 마음으로 들뜸과 후회로부터 마음을 청정하게 한다. 의심을 제거하여 의심을 극복하여 머물고, 유익한 법들에 아무런 의심이 없어서 의심으로

부터 마음을 청정하게 한다."[213]

14. "비구들이여, 마치 어떤 사람이 빚을 내어 사업을 하는데 그가 사업에 성공하여 묵은 빚을 갚을 수 있을 뿐만 아니라 부인을 부양할 수 있는 여분의 재산도 생겼다고 하자. 그에게 이런 생각이 들 것이다. '나는 전에 빚을 내어 사업을 시작했다. 그런 내가 사업에 성공하여 이제 묵은 빚을 다 청산하고 부인을 부양할 수 있는 여분의 재산도 생겼다.'라고. 그로 인해 그는 환희심을 내고 기뻐한다.[214]

비구들이여, 마치 어떤 사람이 병에 걸려 극심한 고통에 시달릴 때 음식을 먹을 수 없어 그의 몸에 힘이라고는 하나 없었는데, 얼마 지난 뒤 병이 나아 음식을 소화시키면서 힘이 다시 생겨났다 하자. 그에게 이런 생각이 들 것이다. '내가 전에 병에 걸려 극심한 고통에 시달릴 때 음식을 먹을 수 없어 나의 몸에 힘이라고는 하나 없었다. 그런데 이제 병이 나아 음식을 소화시키면서 힘도 다시 생겨났다.'라고.

---

213) 이 다섯 가지를 '다섯 가지 장애[五蓋, pañca-nīvaraṇa]'라 부른다. 다섯 가지 장애에 대한 설명은 본서 제1권 「마음챙김의 확립 경」(M10) §36의 주해들을 참조할 것. 초기불전에 나타나는 다섯 가지 장애에 대한 글로는 냐나뽀니까(Nyānaponika) 스님이 지은 'The Five Mental Hindrances'가 있다. 이것은 고요한 소리에서 「다섯 가지 장애와 그 극복 방법」(재연 스님 옮김)으로 옮겨서 출간하였다.

214) 세존께서는 제거되지 않은 감각적 욕망의 장애는 '빚(iṇa)'과 같다고 말씀하신다. 주석서는 다음과 같은 비유를 들고 있다.
"어떤 사람이 다른 사람의 빚(iṇa)을 얻어 쓰고는 망해버린다. 그들에게서 빚을 갚으라는 말을 듣거나 거친 말을 듣거나 포박을 당하거나 매질을 당하더라도 아무런 대항을 할 수 없고 그저 모든 것을 참는다. 그가 참는 이유는 빚이 있기 때문이다. 그와 마찬가지로 어떤 이가 감각적 욕망에 물들면 갈애로 인해 그 대상을 취한다. 그는 그 때문에 거친 말을 듣거나 포박을 당하거나 매질을 당하더라도 아무런 대항을 할 수 없고 그저 모든 것을 참는다. 그가 참는 이유는 감각적 욕망(kāmacchanda)이 있기 때문이다. 이와 같이 감각적 욕망은 빚과 같다고 보아야 한다."(MA.ii.318)

그로 인해 그는 환희심을 내고 기뻐한다.[215]

비구들이여, 마치 어떤 사람이 옥에 갇혔다가 얼마 뒤 안전하고 두려움 없이 석방되고 그의 재산도 축나지 않았다 하자. 그에게 이런 생각이 들 것이다. '나는 전에 옥에 갇혔는데 지금은 안전하고 두려움 없이 석방되었고 나의 재산도 축나지 않았다.'라고. 그로 인해 그는 환희심을 내고 기뻐한다.[216]

비구들이여, 마치 어떤 사람이 노예가 되어 자기가 원하는 것이라고는 어떤 것도 할 수 없고, 남에게 종속되어 가고 싶은 곳에도 갈 수 없이 지내다가, 얼마 뒤 종살이에서 해방되어 자기가 원하는 것을 할 수 있고, 남에게 더 이상 종속되지 않아서 가고 싶은 대로 갈 수 있는

---

215) 세존께서는 제거되지 않은 악의는 '병(roga)'과 같다고 말씀하신다. 주석서의 설명을 살펴보자.
"담즙으로 인해 병이 난 자(pitta-roga-atura)는 꿀이나 사탕 등을 얻어도 담즙으로 인한 병 때문에 그 맛을 알 수 없다. '쓰다, 쓰다'라고 하면서 토해내 버린다. 그와 마찬가지로 악의에 찬 마음(byāpanna-citta)은 이로움을 바라는 스승이나 은사가 가볍게 충고를 해도 그 충고를 받아들이지 않고 오히려 '당신들은 나를 너무 괴롭히는군요.'라는 식으로 말하면서 환속해버린다. 마치 담즙으로 인해 병이 난 사람은 꿀이나 사탕 맛을 모르듯이, 성냄의 병에 걸린 사람은 禪의 행복 등으로 분류되는 가르침의 맛을 알지 못한다. 이와 같이 악의(byāpāda)는 병과 같다고 보아야 한다."(MA.ii.318)

216) 세존께서는 제거되지 않은 해태와 혼침은 '감옥(bandhan-āgāra)'과 같다고 말씀하신다. 주석서의 비유를 살펴보자.
"축제일(nakkhatta-divasa)에 감옥(bandhana-agāra)에 갇혀 있는 사람은 축제의 시작도 보지 못하고, 중간도 끝도 보지 못한다. 그가 그 다음날에 석방되어 '참으로 어제 축제는 흥겨웠어, 그 춤이며 그 노래라니.'라고 들어도 덧붙일 말이 없다. 무슨 까닭인가? 축제를 체험하지 못했기 때문이다. 그와 마찬가지로 해태와 혼침에 사로잡힌 비구는 여러 가지 법을 듣더라도 그 법문의 시작도 알지 못하고, 중간과 끝도 알지 못한다. 법문이 끝났을 때 '아 그 법문이었어, 그 논거며, 그 훌륭한 비유라니!'라고 그 법문에 대해 칭송하는 것을 들어도 덧붙일 말이 없다. 무슨 까닭인가? 해태와 혼침 때문에 법문을 듣지 못했기 때문이다. 이와 같이 해태와 혼침(thina-middha)은 감옥과 같다고 보아야 한다."(MA.ii.318~319)

자유인이 되었다 하자. 그에게 이런 생각이 들 것이다. '나는 전에 노예가 되어 내가 원하는 것이라고는 어떤 것도 할 수 없었고, 남에게 종속되어 가고 싶은 곳에도 갈 수 없이 지냈는데, 지금은 종살이에서 해방되어 내가 원하는 것을 할 수 있고, 남에게 더 이상 종속되지 않아서 가고 싶은 대로 갈 수 있는 자유인이 되었다.'라고. [276] 그로 인해 그는 환희심을 내고 기뻐한다.217)

비구들이여, 마치 어떤 부유한 사람이 재물을 가지고 사막으로 길을 들었다가 얼마 뒤 안전하고 두려움 없이 사막을 건넜고 재산도 축나지 않았다 하자. 그에게 이런 생각이 들 것이다. '나는 전에 재물을 가지고 사막으로 길을 들었는데 지금은 안전하고 두려움 없이 사막을 건넜고 재산도 축나지 않았다.'라고. 그로 인해 그는 환희심을 내고 기뻐한다.218)

---

217) 세존께서는 제거되지 않은 들뜸과 후회는 '노예(dāsabya)'와 같다고 말씀하신다. 주석서는 이렇게 비유를 들고 있다.
"하인(dāsa)은 비록 축제(nakkhatta)를 즐기고 있을 때라도 '여기 급한 일이 있으니 빨리 그곳으로 가라. 그렇지 않으면 너의 손발이나 코와 귀를 자를 것이다.'라는 말을 들으면 그는 빨리 그곳으로 간다. 그는 축제의 처음과 중간과 끝을 즐길 수 없다. 무슨 까닭인가? 남에게 종속되어 있기 때문이다. 그와 마찬가지로 율을 잘 알지 못하는 자는 한거를 위해 숲 속에 들어가더라도 허용된 고기에 대해 허용되지 않은 고기라는 생각이 들어 한거를 버리고 계율을 청정히 하기 위해 율을 호지한 자를 찾는다. 그는 한거에서 오는 행복을 경험하지 못한다. 무슨 까닭인가? 들뜸과 후회(uddhacca-kukkucca)에 사로잡혀 있기 때문이다. 이와 같이 들뜸과 후회는 감옥(bandhana-agāra)과 같다고 보아야 한다."(MA.ii.319)

218) 세존께서는 제거되지 않은 의심은 '사막의 길'(kantār-addhāna-magga)과 같다고 말씀하신다. 주석서는 다음과 같이 비유를 들고 있다.
"사막 길에 들어선 사람이 강도들에 의해 사람들이 약탈을 당하거나 살해되는 것을 보고 나뭇가지 소리나 새 소리를 듣고도 강도가 나타났다고 생각하면서 두려움과 공포(ussaṅkita-parisaṅkita)에 떤다. 그는 나아가기도 하고 서기도 하고 회전하기도 하고 갔던 곳에서 되돌아가길 거듭한다. 그리하여 그는 어렵사리 안전한 곳에 이르기도 하고 혹은 이르지 못하기도 한다.

비구들이여, 이와 같이 비구는 자기 안에서 아직 제거되지 않은 이들 다섯 가지 장애들을 빚처럼, 병처럼, 감옥처럼, 노예처럼, 사막 길처럼 본다.[219] 그러나 자기 안에서 이들 다섯 가지 장애들이 제거되었을 때 비구는 그것을 빚 없음처럼, 병 없음처럼, 감옥에서 석방된 것처럼, 자유인처럼, 안전한 곳에 이른 것처럼 본다."

15. "비구들이여, 그와 같이 그는 마음의 오염원이고 통찰지를 무력하게 만드는 이들 다섯 가지 장애를 제거하여 감각적 욕망들을 완전히 떨쳐버리고 해로운 법[不善法]들을 떨쳐버린 뒤, 일으킨 생각[尋]과 지속적 고찰[伺]이 있고, 떨쳐버렸음에서 생긴 희열[喜]과 행복[樂]이 있는 초선(初禪)을 구족하여 머문다. 그는 떨쳐버렸음에서 생긴 희열과 행복으로 이 몸을 흠뻑 적시고 충만케 하고 가득 채우고 속속들이 스며들게 한다. 온몸 구석구석 떨쳐버렸음에서 생긴 희열과 행복이 스며들지 않은 데가 없다.

비구들이여, 예를 들면 노련한 때밀이나 조수가 금속 대야에 목욕가루를 가득 담아놓고는 물을 알맞게 부어가며 계속 이기면 그 목욕

그와 마찬가지로 어떤 사람에게 여덟 가지 경우에 의심(vicikicchā)이 생긴다.(8가지 의심은 본서 제1권 「모든 번뇌 경」(M2) §11의 주해를 참조할 것.) 그가 '그는 깨달은 분인가? 혹은 깨닫지 못한 분인가?'라고 의심할 때 확신을 가지고(adhimuccitvā) 믿음(saddhā)을 가질 수 없다. 믿지 못하기 때문에 도나 과를 얻을 수 없다. 마치 사막 길에 '강도가 있을 것이다, 혹은 강도가 없을 것이다.'라고 계속해서 의심하고 염려하고 망연자실함은 안전한 곳에 이르는 데 장애가 되듯이, 의심도 '그가 깨달은 분인가? 혹은 깨닫지 못한 분인가?'라는 식으로 계속해서 의심하고 염려하고 망연자실함은 성스러운 지위를 얻은 데 장애가 되기 때문에 사막의 길과 같다고 보아야 한다." (MA.ii.319)

219) 세존께서는 제거되지 않은 감각적 욕망의 장애는 '빚(iṇa)'과 같고, 악의는 '병(roga)'과 같고, 해태와 혼침은 '감옥(bandhan-āgāra)'과 같고, 들뜸과 후회는 '노예(dāsabya)'와 같고, 의심은 '사막의 길(kantāraddhāna-magga)'과 같다고 말씀하신다.

가루덩이에 물기가 젖어들고 스며들어 물기가 안팎으로 흠뻑 스며들 뿐, 그 덩이가 물기를 흘려보내지 않을 것이다.220)

비구들이여, 이와 같이 비구는 떨쳐버렸음에서 생긴 희열과 행복으로 이 몸을 흠뻑 적시고 충만케 하고 가득 채우고 속속들이 스며들게 한다. 온몸 구석구석 떨쳐버렸음에서 생긴 희열과 행복이 스며들지 않은 데가 없다."

16. "비구들이여, 다시 비구는 일으킨 생각[尋]과 지속적 고찰[伺]을 가라앉혔기 때문에 [더 이상 존재하지 않고], 자기 내면의 것이고, 확신이 있으며, 마음의 단일한 상태이고, 일으킨 생각과 지속적 고찰은 없고, 삼매에서 생긴 희열과 행복이 있는 제2선(二禪)을 구족하여 머문다. 그는 삼매에서 생긴 희열과 행복으로 이 몸을 흠뻑 적시고 충만하게 하고 가득 채우고 속속들이 스며들게 한다. 온몸 구석구석 삼매에서 생긴 희열과 행복이 스며들지 않은 데가 없다.

비구들이여, 예를 들면 밑바닥에서 물이 샘솟는 호수가 있다 하자. 마침 [277] 그 호수에는 동쪽에서 흘러들어오는 물도 없고, 서쪽에서 흘러들어오는 물도 없고, 북쪽에서 흘러들어오는 물도 없고, 남쪽에서 흘러들어오는 물도 없으며, 또 하늘에서 때때로 비가 내리지 않더라도 그 호수의 밑바닥에서 차가운 물줄기가 솟아올라 그 호수를 차가운 물로 흠뻑 적시고 충만케 하고 가득 채우고 속속들이 스며들게 할 것이다. 그러면 온 호수의 어느 곳도 이 차가운 물이 스며들지 않은 곳이 없을 것이다.

---

220) 본경 §§15~18에 나타나는 네 가지 禪과 그 비유는 본서 제3권 「사꿀루다이 긴 경」(M77) §§25~28과 본서 제4권 「몸에 대한 마음챙김 경」(M119) §§18~21과 『디가 니까야』 제1권 「사문과경」(D2) §§75~82와 『앙굿따라 니까야』 제3권 「다섯 가지 구성요소 경」(A5:28) §§2~9에도 나타나고 있다.

비구들이여, 그와 같이 비구는 삼매에서 생긴 희열과 행복으로 이 몸을 흠뻑 적시고 충만하게 하고 가득 채우고 속속들이 스며들게 한다. 온몸 구석구석 삼매에서 생긴 희열과 행복이 스며들지 않은 데가 없다."

17. "비구들이여, 다시 비구는 희열이 빛바랬기 때문에 평온하게 머물고, 마음챙기고 알아차리며[正念·正知] 몸으로 행복을 경험한다. [이 禪 때문에] 성자들이 그를 두고 '평온하고 마음챙기며 행복하게 머문다.'고 묘사하는 제3선(三禪)을 구족하여 머문다. 그는 희열이 사라진 행복으로 이 몸을 흠뻑 적시고 충만하게 하고 가득 채우고 속속들이 스며들게 한다. 온몸 구석구석 희열이 사라진 행복이 스며들지 않은 데가 없다.

비구들이여, 예를 들면 청련이나 홍련이나 백련이 피어 있는 호수에 어떤 청련이나 홍련이나 백련들이 물속에서 생기고 자라서 물 밖으로 나오지 않고 물속에 잠긴 채 무성하게 어우러져 있는데, 차가운 물이 그 꽃들을 꼭대기에서 뿌리까지 흠뻑 적시고 충만하게 하고 가득 채우고 속속들이 스며든다면 그 청련이나 홍련이나 백련의 어떤 부분도 물이 스며들지 않은 곳이 없을 것이다.

비구들이여, 그와 같이 비구는 희열이 사라진 행복으로 이 몸을 흠뻑 적시고 충만하게 하고 가득 채우고 속속들이 스며들게 한다. 온몸 구석구석 희열이 사라진 행복이 스며들지 않은 데가 없다."

18. "비구들이여, 다시 비구는 행복도 버리고 괴로움도 버리고, 아울러 그 이전에 이미 기쁨과 슬픔을 소멸하였으므로 괴롭지도 즐겁지도 않으며, 평온으로 인해 마음챙김이 청정한[捨念淸淨] 제4선(四禪)을 구족하여 머문다. 그는 이 몸을 지극히 청정하고 지극히 깨끗

한 마음으로 속속들이 스며들게 하고서 앉아 있다. 온몸 구석구석 지극히 청정하고 지극히 깨끗한 마음이 스며들지 않은 데가 없다.

비구들이여, 예를 들면 사람이 머리까지 온몸에 하얀 천을 덮어쓰고 앉아 있다면 그의 몸 [278] 어느 부분도 하얀 천으로 덮이지 않은 곳이 없을 것이다.

비구들이여, 그와 같이 비구는 이 몸을 지극히 청정하고 지극히 깨끗한 마음으로 속속들이 스며들게 하고서 앉아 있다. 온몸 구석구석 지극히 청정하고 지극히 깨끗한 마음이 스며들지 않은 데가 없다."

19. "그는 이와 같이 마음이 집중되고, 청정하고, 깨끗하고, 흠이 없고, 오염원이 사라지고, 부드럽고, 활발발하고, 안정되고, 흔들림이 없는 상태에 이르렀을 때 전생을 기억하는 지혜[宿命通]로 마음을 향하게 한다.

그는 한량없는 전생의 갖가지 삶들을 기억한다. 즉 한 생, 두 생, 세 생, 네 생, 다섯 생, 열 생, 스무 생, 서른 생, 마흔 생, 쉰 생, 백 생, 천 생, 십만 생, 세계가 수축하는 여러 겁, 세계가 팽창하는 여러 겁, 세계가 수축하고 팽창하는 여러 겁을 기억한다. '어느 곳에서 이런 이름을 가졌고, 이런 종족이었고, 이런 용모를 가졌고, 이런 음식을 먹었고, 이런 행복과 고통을 경험했고, 이런 수명의 한계를 가졌고, 그곳에서 죽어 다른 어떤 곳에 다시 태어나 그곳에서는 이런 이름을 가졌고, 이런 종족이었고, 이런 용모를 가졌고, 이런 음식을 먹었고, 이런 행복과 고통을 경험했고, 이런 수명의 한계를 가졌고, 그곳에서 죽어 다시 여기 태어났다.'라고. 이처럼 한량없는 전생의 갖가지 모습들을 그 특색과 더불어 상세하게 기억해낸다.

비구들이여, 예를 들면 어떤 사람이 자기 마을에서 다른 마을로 갔다가, 그곳에서 또 다른 마을로 갔다가, 그곳에서 자기 마을로 되돌아온다고 하자. 그에게 이런 생각이 들 것이다. '나는 우리 마을에서 다른 마을로 갔다. 그곳에서 이와 같이 서 있었고 이와 같이 앉아있었고 이와 같이 말했고 이와 같이 침묵했다. 나는 그 마을에서 다시 다른 마을로 갔다. 그곳에서 이와 같이 서 있었고 이와 같이 앉아있었고 이와 같이 말했고 이와 같이 침묵했다. 그리고 그 마을에서 다시 우리 마을로 되돌아왔다.'라고.221)

비구들이여, 그와 같이 비구는 한량없는 전생의 갖가지 삶들을 기억한다. 즉 한 생, 두 생, … 이처럼 한량없는 전생의 갖가지 모습들을 그 특색과 더불어 상세하게 기억해낸다."

20. "그는 이와 같이 마음이 집중되고, 청정하고, 깨끗하고, 흠이 없고, 오염원이 사라지고, 부드럽고, 활발발하고, 안정되고, 흔들림이 없는 상태에 이르렀을 때 중생들의 죽음과 다시 태어남을 [아는] 지혜[天眼通]로 마음을 향하게 한다.

그는 청정하고 인간을 넘어선 신성한 눈[天眼]으로 중생들이 죽고 태어나고, 천박하고 고상하고, 잘생기고 못생기고, 좋은 곳[善處]에 가고 나쁜 곳[惡處]에 가는 것을 보고, 중생들이 지은 바 그 업에 따라 가는 것을 꿰뚫어 안다. '이들은 [279] 몸으로 못된 짓을 골고루 하고 말로 못된 짓을 골고루 하고 또 마음으로 못된 짓을 골고루 하고, 성자들을 비방하고, 삿된 견해를 지니어 사견업(邪見業)을 지었다. 이들은 몸이 무너져 죽은 뒤 처참한 곳[苦界], 불행한 곳[惡處], 파멸처,

---

221) "이 전생을 기억하는 지혜[宿命通, pubbenivāsa-ñāṇa]의 비유에서 이처럼 그날 행한 행위가 분명한 것(pākaṭā)은 그날 갔던 마을 세 곳(gata-gāma-ttaya)을 두고 한 말로 이해해야 한다. 숙명통을 얻음은 마치 마을 세 곳을 간 사람과 같고, 세 가지 존재(tayo bhavā)는 마을 세 곳과 같고, 비구가 전생을 기억하는 지혜로 마음을 기울이고 앉아있을 때 세 가지 존재에서 행한 행위들이 분명히 드러나는 것은 마치 그 사람이 마을 세 곳에서 그날 행한 행위가 분명히 드러나는 것과 같다고 보아야 한다."(MA.ii.323)

지옥에 태어났다. 그러나 이들은 몸으로 좋은 일을 골고루 하고 말로 좋은 일을 골고루 하고 마음으로 좋은 일을 골고루 하고 성자들을 비방하지 않고 바른 견해를 지니고 정견업(正見業)을 지었다. 이들은 몸이 무너져 죽은 뒤 좋은 곳[善處], 천상세계에 태어났다.'라고. 이와 같이 그는 청정하고 인간을 넘어선 신성한 눈으로 중생들이 죽고 태어나고, 천박하고 고상하고, 잘생기고 못생기고, 좋은 곳[善處]에 가고 나쁜 곳[惡處]에 가는 것을 보고, 중생들이 지은 바 그 업에 따라 가는 것을 꿰뚫어 안다.

비구들이여, 예를 들면 대문이 있는 두 집이 있는데, 눈 있는 어떤 사람이 그 가운데 서서 사람들이 문으로 들어오고 나가고 계속적으로 움직이고 이 집 저 집을 들락거리는 것을 보는 것과 같다.222)

비구들이여, 그와 같이 비구는 청정하고 인간을 넘어선 신성한 눈으로 중생들이 죽고 태어나고, 천박하고 고상하고, 잘생기고 못생기고, 좋은 곳에 가고 나쁜 곳에 가는 것을 보고, 중생들이 지은 바 그 업에 따라 가는 것을 꿰뚫어 안다. … 이와 같이 그는 청정하고 인간을 넘어선 신성한 눈으로 중생들이 죽고 태어나고, 천박하고 고상하고, 잘생기고 못생기고, 좋은 곳[善處]에 가고 나쁜 곳[惡處]에 가는 것을 보고, 중생들이 지은 바 그 업에 따라 가는 것을 꿰뚫어 안다."

21. "그는 이와 같이 마음이 집중되고, 청정하고, 깨끗하고, 흠이 없고, 오염원이 사라지고, 부드럽고, 활발발하고, 안정되고, 흔들림이

---

222) "이 비유에 의하면, 죽음과 재생연결(cuti-paṭisandhi)은 마치 대문이 있는 두 집과 같고, 신성한 눈[天眼]의 지혜[天眼通]를 얻음은 마치 눈 있는 사람과 같고, 신성한 눈[天眼]을 얻은 사람이 빛을 확장하여(ālokaṁ vaḍḍhetvā) 살펴볼 때 죽고 태어나는 중생들을 분명하게 아는 것은 마치 눈 있는 사람이 두 집 사이에 서서 볼 때 중생들이 두 집을 들락거리는 것을 분명하게 아는 것과 같다."(MA.ii.324)

없는 상태에 이르렀을 때 모든 번뇌를 소멸하는 지혜[漏盡通]로 마음을 향하게 한다.

그는 '이것이 괴로움이다.'라고 있는 그대로 꿰뚫어 안다. '이것이 괴로움의 일어남이다.'라고 있는 그대로 꿰뚫어 안다. '이것이 괴로움의 소멸이다.'라고 있는 그대로 꿰뚫어 안다. '이것이 괴로움의 소멸로 인도하는 도닦음이다.'라고 있는 그대로 꿰뚫어 안다. '이것이 번뇌다.'라고 있는 그대로 꿰뚫어 안다. '이것이 번뇌의 일어남이다.'라고 있는 그대로 꿰뚫어 안다. '이것이 번뇌의 소멸이다.'라고 있는 그대로 꿰뚫어 안다. '이것이 번뇌의 소멸로 인도하는 도닦음이다.'라고 있는 그대로 꿰뚫어 안다.

그가 이와 같이 알고 이와 같이 볼 때 그는 감각적 욕망에 기인한 번뇌에서 마음이 해탈한다. 존재에 기인한 번뇌에서도 마음이 해탈한다. 무명에 기인한 번뇌에서도 마음이 해탈한다. 해탈했을 때 해탈했다는 지혜가 생긴다. '태어남은 다했다. 청정범행은 성취되었다. 할 일을 다 해 마쳤다. 다시는 어떤 존재로도 돌아오지 않을 것이다.'라고 꿰뚫어 안다.

비구들이여, 마치 산속 깊은 곳에 맑고 투명하고 깨끗한 호수가 있는데, 눈 있는 어떤 사람이 그곳 둑에 서서 조개껍데기, 자갈, 조약돌, 움직이거나 가만히 서 있는 물고기 떼를 보는 것과 같다. 그에게 이런 생각이 들 것이다. '이 호수는 참 맑고 투명하고 깨끗하구나. 여기 이런 [280] 조개껍데기도 있고, 자갈도 있고, 조약돌도 있고, 물고기 떼도 있어 움직이기도 하고 가만히 서 있기도 하는구나.'라고.[223)]

---

223) "눈 있는 자가 둑에 서서 쳐다볼 때 조개껍데기, 자갈(sippi-sambuka) 등이 명확히 드러나는 것은 번뇌를 소멸하기 위해 마음을 기울이면서 앉아있는 비구에게 네 가지 진리[四諦]가 선명하게 드러나는 것과 같다."(MA.ii.324)

비구들이여, 그와 같이 비구는 '이것이 괴로움이다.'라고 있는 그대로 꿰뚫어 안다. '이것이 괴로움의 일어남이다.'라고 있는 그대로 꿰뚫어 안다. '이것이 괴로움의 소멸이다.'라고 있는 그대로 꿰뚫어 안다. '이것이 괴로움의 소멸로 인도하는 도닦음이다.'라고 있는 그대로 꿰뚫어 안다. '이것이 번뇌다.'라고 있는 그대로 꿰뚫어 안다. '이것이 번뇌의 일어남이다.'라고 있는 그대로 꿰뚫어 안다. '이것이 번뇌의 소멸이다.'라고 있는 그대로 꿰뚫어 안다. '이것이 번뇌의 소멸로 인도하는 도닦음이다.'라고 있는 그대로 꿰뚫어 안다.

그가 이와 같이 알고 이와 같이 볼 때 그는 감각적 욕망에 기인한 번뇌에서 마음이 해탈한다. 존재에 기인한 번뇌에서도 마음이 해탈한다. 무명에 기인한 번뇌에서도 마음이 해탈한다. 해탈했을 때 해탈했다는 지혜가 생긴다. '태어남은 다했다. 청정범행은 성취되었다. 할 일을 다 해 마쳤다. 다시는 어떤 존재로도 돌아오지 않을 것이다.'라고 꿰뚫어 안다."224)

22. "비구들이여, 이런 비구를 두고 사문이라고도 하고, 바라문이라고도 하고, 목욕을 마친 자225)라고도 하고, 베다에 통달한 자라

---

224) 이처럼 본경도 4선-3명의 구조로 깨달음의 과정을 묘사하고 있다. 여기에 대해서는 본서 제1권 「코끼리 발자국 비유의 짧은 경」(M27) §26의 주해를 참조할 것.

225) '목욕을 마친 자'로 옮긴 원어는 nahātaka(Sk. snātaka)인데 √snā(*to bathe*)에서 파생된 명사이다. 바라문들은 보통 8살에 스승을 정해서 그 문하에 들어가서 20살까지 12년 동안 자기 문파의 베다(본집, 제의서, 삼림서, 우빠니샤드)와 여러 가지 지식들을 배운다. 이런 과정을 다 마치면 졸업식을 하는데 요즘처럼 졸업장을 주는 것이 아니라 인도인들이 신성시 여기는 강에 들어가서 목욕하는 것으로 공부를 마친 것을 표시하였다. 그래서 '목욕을 마친 자'는 바로 바라문이 배워야 할 공부를 마친 자를 뜻한다. 그래서 이런 표현이 생긴 것이다.
그래서 『디가 니까야』 제2권 「마하고윈다 경」(D19) 37에서는 '기본과정

고도 하고, 슈루띠에 정통한 자(깨끗한 자)[226]라고도 하고, 성스러운 자라고도 하고, 아라한이라고도 한다."

23. "비구들이여, 어떻게[227] 비구가 사문인가? 그는 정신적 오염원이고 다시 태어남을 가져오고 두렵고 괴로운 과보를 가져오고

을 마친 자'로, 『앙굿따라 니까야』 제4권 「사문 등의 경」(A7:82) §1에서는 '공부를 마친 자'로 의역을 하였다. 이처럼 바라문 전통에서는 강에 목욕하는 의식은 중요하다. 그래서 『상윳따 니까야』 제1권 「잘못 된 길 경」(S1:58) {198}과 「순다리까 경」(S7:9) {646}과 「상가라와 경」(S7:21) {705} 등에서는 '물 없는 목욕(sinãna anodaka)'이란 표현이 나타나며 「잘못된 길 경」(S1:58)에서는 고행과 청정범행이 바로 물 없는 목욕이라고 설명하기도 한다.

참다운 목욕의 의미에 대해서는 본서 제1권 「옷감의 비유 경」(M7) §§18 ~20도 참조할 것.

226) '슈루띠에 정통한 자(깨끗한 자)'는 sottiya(Sk. śrotriya)를 옮긴 것이다. 주석서는 "오염원들을 흘려보냈기 때문에 슈루띠에 정통한 자(깨끗한 자)라 한다. 말끔하게 씻었기 때문에, 제거했기 때문에라는 뜻이다(kilesānaṁ sutattā sottiyo. hoti, nissutattā apahatattāti attho)."(MA.ii.324)라고 설명하고 있다.

한편 산스끄리뜨 슈로뜨리야(śrotriya)는 슈루띠(śruti) 즉 베다에 통달한 자를 일컫는 말인데 이 단어는 √śru(*to flow*)에서 파생된 명사이다. 그래서 본 주석서에서도 sutatta(Sk. śrutatva, 흘려보냄)로 설명하고 있다. 역자는 산스끄리뜨의 의미를 살려 '슈루띠에 정통한 자'로 옮기고 ()안에 '깨끗한 자'라는 뜻을 넣어서 옮겼다.

227) 이 이하는 어떻게 비구가 사문이라고도 불리고, 바라문 등이라고도 불리는지 어원적으로 설명한다. 주석서는 다음과 같이 설명하고 있다.

"정신적 오염원이고 다시 태어남을 가져오는 해로운 법들을 가라앉혔기 때문에(samitāssa honti) '사문(samaṇa)'이라고 하고, 그러한 해로운 법들을 내쫓았기 때문에(bāhitāssa honti) '바라문(brāhmaṇa)'이라고 하고, 그러한 해로운 법들을 목욕하여 씻어냈기 때문에(nhātāssa honti) '목욕한 자(nhātaka)'라고 하고, 그러한 해로운 법들을 통달했기 때문에(viditāssa honti) '베다에 통달한 자(vedagū)'라고 하고, 그러한 해로운 법들을 들었고, 흘려보냈기 때문에(nissutāssa honti) '깨끗한 자(sottiya)'라고 하고, 그러한 해로운 법들을 멀리했기 때문에(ārakāssa honti) '성스러운 자(ari-ya)'라고 하고, 그러한 해로운 법들을 멀리했기 때문에(ārakāssa honti) '아라한(arahan)'이라고 한다."(MA.ii.324)

미래의 태어남과 늙음과 죽음을 초래하는 나쁘고 해로운 법들을 가라앉혔다. 비구들이여, 그러므로 비구는 사문이다."

24. "비구들이여, 어떻게 비구가 바라문인가? 그는 정신적 오염원이고 다시 태어남을 가져오고 두렵고 괴로운 과보를 가져오고 미래의 태어남과 늙음과 죽음을 초래하는 나쁘고 해로운 법들을 내쫓았다. 비구들이여, 그러므로 비구는 바라문이다."

25. "비구들이여, 어떻게 비구가 목욕을 마친 자인가? 그는 정신적 오염원이고 다시 태어남을 가져오고 두렵고 괴로운 과보를 가져오고 미래의 태어남과 늙음과 죽음을 초래하는 나쁘고 해로운 법들을 씻었다. 비구들이여, 그러므로 비구는 목욕을 마친 자이다."

26. "비구들이여, 어떻게 비구가 베다에 통달한 자인가? 그는 정신적 오염원이고 다시 태어남을 가져오고 두렵고 괴로운 과보를 가져오고 미래의 태어남과 늙음과 죽음을 초래하는 나쁘고 해로운 법들을 통달했다. 비구들이여, 그러므로 비구는 베다에 통달한 자이다."

27. "비구들이여, 어떻게 비구가 슈루띠에 정통한 자(깨끗한 자)인가? 그는 정신적 오염원이고 다시 태어남을 가져오고 두렵고 괴로운 과보를 가져오고 미래의 태어남과 늙음과 죽음을 초래하는 나쁘고 해로운 법들을 흘려보냈다. 비구들이여, 그러므로 비구는 슈루띠에 정통한 자(깨끗한 자)이다."

28. "비구들이여, 어떻게 비구가 성스러운 자인가? 그는 정신적 오염원이고 다시 태어남을 가져오고 두렵고 괴로운 과보를 가져오고 미래의 태어남과 늙음과 죽음을 초래하는 나쁘고 해로운 법들을 멀리했다. 비구들이여, 그러므로 비구는 성스러운 자이다."

29. "비구들이여, 어떻게 비구가 아라한인가? 그는 정신적 오염원이고 다시 태어남을 가져오고 두렵고 괴로운 과보를 가져오고 미래의 태어남과 늙음과 죽음을 초래하는 나쁘고 해로운 법들을 멀리했다. 비구들이여, 그러므로 비구는 아라한이다."

세존께서는 이와 같이 설하셨다. 그 비구들은 흡족한 마음으로 세존의 말씀을 크게 기뻐했다.

앗사뿌라 긴 경(M39)이 끝났다.

앗사뿌라 짧은 경

Cūḷa-assapura Sutta(M40)

1. 이와 같이 나는 들었다. [281] 한때 세존께서는 앙가의 앗사뿌라라는 앙가 족의 성읍에 머무셨다. 거기서 세존께서는 "비구들이여."라고 비구들을 부르셨다. "세존이시여."라고 비구들은 세존께 응답했다. 세존께서는 이렇게 말씀하셨다.

2. "비구들이여, 사람들은 그대들을 '사문들, 사문들'이라고 인지한다. 그대들도 역시 '당신들은 누구십니까?'라고 물으면 '우리는 사문입니다.'라고 자칭한다. 비구들이여, 그대들이 이와 같이 불리고 이와 같이 자칭하므로 그대들은 참으로 이와 같이 공부지어야 한다.

'우리는 사문에게 어울리는 그런 도닦음을 실천 수행하리라. 그래서 우리의 호칭이 진실이 되고 우리가 자칭한 것이 사실이 될 것이며, 우리가 사용하는 의복, 음식, 거처, 병구완을 위한 약품을 보시해 준 분들에게 큰 결실과 큰 공덕이 생길 것이며, 우리의 이 출가가 헛되지 않아 결실을 맺고 향상될 것이다.'라고."

3. "비구들이여, 어떻게 비구가 사문에게 어울리는 도닦음을 실

천수행하지 않는가? 비구들이여, 어떠한 비구든지 욕심을 부리면서 욕심을 버리지 않고, 악의를 품고 있으면서 악의를 버리지 않고, 분노를 가지고 있으면서 분노를 버리지 않고, 적의를 가지고 있으면서 적의를 버리지 않고, 모욕하면서 모욕을 버리지 않고, 얕보면서 얕봄을 버리지 않고, 질투하면서 질투를 버리지 않고, 인색하면서 인색함을 버리지 않고, 속임수를 쓰면서 속임수를 버리지 않고, 사기를 치면서 사기를 버리지 않고, 나쁜 바람을 가지고 있으면서 나쁜 바람을 버리지 않고, 삿된 견해를 가지고 있으면서 삿된 견해를 버리지 않아서,[228] 지옥에 태어나고 악도의 고통을 경험하게 될 이런 사문의 더러움,[229] 사문의 오점, 사문의 흠을 버리지 않은 것을 '비구가 사문에게 어울리는 도닦음을 실천수행하지 않는다.'라고 나는 말한다."

4. "비구들이여, 마치 양날이 시퍼렇게 선 마따자라는 무기[230]가 덮개에 싸여있는 것과 같다. 비구들이여, 이런 비구의 출가는 이 비유와 같다고 나는 말한다."

---

228) 여기서 언급되는 12가지 '사문의 오점(samaṇa-dosa)' 가운데 처음의 열 가지는 본서 제1권 「옷감의 비유 경」(M7) §3에서 언급되고 있는 16가지 '마음의 오염원(cittassa upakkilesa)'에 포함되어 나타난다.

229) "욕심(abhijjhālu), 악의(byāpāda) 등 이러한 법들은 일어나면서 사문들을 더럽히기 때문에 '사문의 더러움(samaṇa-mala)'이라 하고, 이러한 법들에 의해서 사문들이 나쁜 구렁에 빠지고, 타락하기(dussanti, padussanti) 때문에 '사문의 오점(samaṇa-dosa)'이라 한다."(MA.ii.325)

230) "'마따자라는 무기(mataja nāma āvudha-jāta)'라고 하셨다. 사람들은 뾰족한 쇠(tikhiṇa aya)를 쇠로 잘 갈아서 그 쇳가루를 고기 덩이에 섞어 왜가리(koñca-sakuṇa)들에게 먹인다. 그러면 그들은 대소변(uccāra)을 보지 못해 죽는다. 만약 죽지 않으면 사람들이 잡아 죽인다. 그때 사람들은 그들의 내장을 갈라 물에 씻은 다음 쇳가루를 건져 고기 덩이에 섞어 다시 그들에게 먹인다. 이렇게 일곱 번을 먹인 다음 얻은 쇳가루로 무기를 만든다. 이 무기가 죽은 새(mata-sakuṇa)에서 생겼기 때문에(jātattā) 마따자(mataja)라고 부른다."(MA.ii.325)

5 "비구들이여, 단지 꿰맨 옷을 입었다는 이유로 꿰맨 옷을 입은 자를 사문이 되었다고 나는 말하지 않는다. 비구들이여, 단지 나체로 유행한다는 이유로 나체 수행자를 사문이 되었다고 나는 말하지 않는다. 비구들이여, 단지 먼지와 진흙을 몸에 바른다는 이유로 먼지와 진흙을 몸에 바르는 자를 사문이 되었다고 나는 말하지 않는다. 비구들이여, 단지 물에서 목욕한다[231]는 이유로 물에서 목욕하는 자를 사문이 되었다고 나는 말하지 않는다. 비구들이여, 단지 나무 아래 머문다는 이유로 [282] 나무 아래 머무는 자를 사문이 되었다고 나는 말하지 않는다. 비구들이여, 단지 노지에 머문다는 이유로 노지에 머무는 자를 사문이 되었다고 나는 말하지 않는다. 비구들이여, 단지 계속해서 서 있다는 이유로 계속해서 서 있는 수행을 하는 자를 사문이 되었다고 나는 말하지 않는다. 비구들이여, 단지 일정한 간격을 두고 음식을 먹는다[232]는 이유로 일정한 간격을 두고 음식을 먹는 자를 사문이 되었다고 나는 말하지 않는다. 비구들이여, 단지 만뜨라를 읊는다는 이유로 만뜨라를 읊는 자를 사문이 되었다고 나는 말하지 않는다. 비구들이여, 단지 머리를 헝클어지게 땋았다는 이유로 머리를 헝클어지게 땋은 자를 사문이 되었다고 나는 말하지 않는다."

---

231) "규칙적으로 하루에 세 번 목욕하는 것을 말한다."(MA.ii.325)

232) "한 달에 한 번이나 혹은 보름에 한 번 먹는 것을 말한다. 여기 언급되는 자들은 모두 외도들의 경우(bāhira-samaya)를 두고 한 말이다. 왜냐하면 가사를 입은 비구(cīvara-dhara bhikkhu)를 꿰맨 옷을 입은 자(saṅghāṭika)라고 말하지 않기 때문이다. 그리고 먼지와 진흙을 몸에 바르는 등의 서계(rajo-jalla-dhāraṇ-ādi-vata)는 이 교법(sāsana)에는 없고, 부처님의 말씀은 그냥 부처님의 말씀(buddha-vacana)이라 부르지 만뜨라라고 하지 않기 때문이다. 나무 아래 머무는 것(rukkhamūlika)과 노지에 머무는(abbho-kāsika) 수행은 있긴 하지만 이것도 여기서는 외도들의 경우를 두고 한 말이다."(MA.ii.325)

6. "비구들이여, 꿰맨 옷을 입은, 욕심을 부리던 자가 단지 꿰맨 옷을 입었다는 이유로 그의 욕심이 제거되고, 마음에 악의를 품었지만 그의 악의가 제거되고, 분노를 가졌지만 그의 분노가 제거되고, 적의를 가졌지만 그의 적의가 제거되고, 모욕했지만 그의 모욕이 제거되고, 얕보았지만 그의 얕봄이 제거되고, 질투했지만 그의 질투가 제거되고, 인색했지만 그의 인색함이 제거되고, 속임수를 썼지만 그의 속임이 제거되고, 사기를 쳤지만 그의 사기가 제거되고, 나쁜 바람을 가졌지만 그의 나쁜 바람이 제거되고, 삿된 견해를 가졌지만 그의 삿된 견해가 제거된다면, 그의 친구와 동료들과 일가친척들은 그가 태어나자마자 그에게 꿰맨 옷을 입힐 것이고, 다음과 같이 말하면서 꿰맨 옷을 지니게 할 것이다.

'사랑스러운 아이야, 너는 이제 꿰맨 옷을 입어라. 네가 꿰맨 옷을 입으면 단지 꿰맨 옷을 입었다는 이유로 욕심을 부릴 때 너의 욕심이 제거될 것이고, 마음에 악의를 품을 때 너의 악의가 제거될 것이고, 분노를 가질 때 너의 분노가 제거될 것이고, 적의를 가질 때 너의 적의가 제거될 것이고, 모욕할 때 너의 모욕이 제거될 것이고, 얕볼 때 너의 얕봄이 제거될 것이고, 질투할 때 너의 질투가 제거될 것이고, 인색할 때 너의 인색함이 제거될 것이고, 속임수를 쓸 때 너의 속임이 제거될 것이고, 사기를 칠 때 너의 사기가 제거될 것이고, 나쁜 바람을 가질 때 너의 나쁜 바람이 제거될 것이고, 삿된 견해를 가질 때 너의 삿된 견해가 제거될 것이다.'

비구들이여, 그러나 꿰맨 옷을 입었지만 여기 어떤 자는 욕심을 부리고, 마음에 악의를 품고, 분노하고, 적의를 가졌고, 모욕하고, 얕보고, 질투하고, 인색하고, 속임수를 쓰고, 사기 치고, 나쁜 바람을 가졌고, 삿된 견해를 가졌음을 본다. 그러므로 단지 꿰맨 옷을 입었다는 이유로 꿰맨 옷 입은 자를 사문이 되었다고 나는 말하지 않는다.

비구들이여, 나체 수행자가 … 먼지와 진흙을 몸에 바르는 자가 … 물에서 목욕하는 자가 … 나무 아래 머무는 자가 … 노지에 머무는 자가 … 계속해서 서 있는 수행을 하는 자가 … 일정한 간격을 두고 음식을 먹는 자가 … 만뜨라를 읊는 자가 … 머리를 헝클어지게 땋은, 욕심을 부리던 자가 단지 머리를 헝클어지게 땋았다는 이유로 그의 욕심이 제거되고, 마음에 악의를 품었지만 [283] 그의 악의가 제거되고, 분노를 가졌지만 그의 분노가 제거되고, 적의를 가졌지만 그의 적의가 제거되고, 모욕했지만 그의 모욕이 제거되고, 얕보았지만 그의 얕봄이 제거되고, 질투했지만 그의 질투가 제거되고, 인색했지만 그의 인색함이 제거되고, 속임수를 썼지만 그의 속임이 제거되고, 사기를 쳤지만 그의 사기가 제거되고, 나쁜 바람을 가졌지만 그의 나쁜 바람이 제거되고, 삿된 견해를 가졌지만 그의 삿된 견해가 제거된다면, 그의 친구와 동료들과 일가친척들은 그가 태어나자마자 그에게 머리를 헝클어지게 땋게 할 것이고, 다음과 같이 말하면서 헝클어지게 땋은 머리를 지니게 할 것이다.

'사랑스러운 아이야, 너는 이제 머리를 헝클어지게 땋아라. 네가 머리를 헝클어지게 땋으면 단지 머리를 헝클어지게 땋았다는 이유로 욕심을 부릴 때 너의 욕심이 제거될 것이고, 마음에 악의를 품을 때 너의 악의가 제거될 것이고, 분노를 가질 때 너의 분노가 제거될 것이고, 적의를 가질 때 너의 적의가 제거될 것이고, 모욕할 때 너의 모욕이 제거될 것이고, 얕볼 때 너의 얕봄이 제거될 것이고, 질투할 때 너의 질투가 제거될 것이고, 인색할 때 너의 인색함이 제거될 것이고, 속임수를 쓸 때 너의 속임이 제거될 것이고, 사기를 칠 때 너의 사기가 제거될 것이고, 나쁜 바람을 가질 때 너의 나쁜 바람이 제거될 것

이고, 삿된 견해를 가질 때 너의 삿된 견해가 제거될 것이다.'

비구들이여, 그러나 머리를 헝클어지게 땋았지만 여기 어떤 자는 욕심을 부리고, 마음에 악의를 품고, 분노하고, 적의를 가졌고, 모욕하고, 얕보고, 질투하고, 인색하고, 속임수를 쓰고, 사기 치고, 나쁜 바람을 가졌고, 삿된 견해를 가졌음을 본다. 그러므로 단지 머리를 헝클어지게 땋았다는 이유로 머리를 헝클어지게 땋은 자를 사문이 되었다고 나는 말하지 않는다."

7. "비구들이여, 그러면 어떻게 비구가 사문에게 어울리는 도닦음을 실천 수행하는가? 비구들이여, 어떠한 비구든지 욕심을 부렸지만 욕심을 버렸고, 악의를 품었지만 악의를 버렸고, 분노를 가졌지만 분노를 버렸고, 적의를 가졌지만 적의를 버렸고, 모욕했지만 모욕을 버렸고, 얕보았지만 얕봄을 버렸고, 질투했지만 질투를 버렸고, 인색했지만 인색함을 버렸고, 속임수를 썼지만 속임수를 버렸고, 사기를 쳤지만 사기를 버렸고, 나쁜 바람을 가졌지만 나쁜 바람을 버렸고, 삿된 견해를 가졌지만 삿된 견해를 버려, 지옥에 태어나고 악도의 고통을 경험하게 될 이런 사문의 더러움, 사문의 오점, 사문의 흠을 버린 것을 '비구가 사문에게 어울리는 도닦음을 실천 수행한다.'라고 나는 말한다."

8. "그는 나쁘고 해로운 이 모든 법들에서 자신이 청정함을 본다. 그가 나쁘고 해로운 이 모든 법들에서 청정해진 자신을 볼 때 환희가 생긴다. 환희하는 자에게 희열이 생기고, 희열이 있는 자에게 몸이 편안하고, 몸이 편안한 자는 행복을 느끼고, 행복한 자의 마음은 삼매에 든다."

9. "그는 자애가 함께한 마음으로 한 방향을 가득 채우면서 머문다. 그처럼 두 번째 방향을, 그처럼 세 번째 방향을, 그처럼 네 번째 방향을 가득 채우면서 머문다. 이와 같이 위로, 아래로, 옆으로, 모든 곳에서 모두를 자신처럼 여기고, 모든 세상을 풍만하고, 광대하고, 무량하고, 원한 없고, 악의 없는, 자애가 함께한 마음으로 가득 채우고 머문다."

10. ~ *12.* "그는 연민이 함께한 마음으로 … 더불어 기뻐함이 함께한 마음으로 … 평온이 함께한 마음으로 한 방향을 가득 채우면서 머문다. 그처럼 두 번째 방향을, 그처럼 세 번째 방향을, 그처럼 네 번째 방향을 가득 채우면서 머문다. 이와 같이 위로, 아래로, 옆으로, 모든 곳에서 모두를 자신처럼 여기고, 모든 세상을 풍만하고, 광대하고, 무량하고, 원한 없고, 악의 없는, 평온이 함께한 마음으로 가득 채우고 머문다."

13. 비구들이여, 예를 들면 물이 맑고 상쾌하고 차고 투명하고 아름다운 제방이 있고 쾌적한 호수가 있다 하자. [284] 열기에 타고 열기에 지쳐 맥이 빠지고 목이 타고 갈급증을 느끼는 어떤 사람이 동쪽에서 그 호수로 오더라도 그는 그 호수에서 갈증을 풀고 열병을 없앨 것이다. … 서쪽에서 … 북쪽에서 … 남쪽에서 …어디에서 그 호수로 오더라도 그는 그 호수에서 갈증을 풀고 열병을 없앨 것이다.

비구들이여, 그와 같이 끄샤뜨리야 가문에서 어떤 자가 집을 나와 출가하더라도 여래가 선언한 법과 율을 만나 이와 같이 자애와 연민과 더불어 기뻐함과 평온을 닦아 안으로 고요함을 얻는다. 안으로 고요하기 때문에 '사문에게 어울리는 도닦음을 실천 수행한다.'라고 나는 말한다. … 바라문 가문에서 … 와이샤 가문에서 … 수드라 가문에서 … 어떠한 가문에서 집을 나와 출가하더라도 여래가 선언한 법과 율을 만나 이와 같이 자애와 연민과 더불어 기뻐함과 평온을 닦아 안으로 고요함을 얻는다. 안으로 고요하기 때문에 '사문에게 어울리는 도닦음을 실천 수행한다.'라고 나는 말한다."

14. "비구들이여, 만일 어떤 자가 끄샤뜨리야 가문에서 집을 나와 출가하더라도 그는 모든 번뇌가 다하여 아무 번뇌가 없는 마음의 해탈[心解脫]과 통찰지를 통한 해탈[慧解脫]을 바로 지금 · 여기에서 스스로 최상의 지혜로 알고 실현하고 구족하여 머문다. 모든 번뇌를 소멸했기 때문에 그가 바로 [참다운] 사문이다.

비구들이여, 만일 어떤 자가 바라문 가문에서 … 와이샤 가문에서 … 수드라 가문에서 … 어떠한 가문에서 집을 나와 출가하더라도 그는 모든 번뇌가 다하여 아무 번뇌가 없는 마음의 해탈[心解脫]과 통찰지를 통한 해탈[慧解脫]을 바로 지금 · 여기에서 스스로 최상의 지혜로 알고 실현하고 구족하여 머문다. 모든 번뇌를 소멸했기 때문에 그가 바로 [참다운] 사문이다."

세존께서는 이와 같이 설하셨다. 그 비구들은 흡족한 마음으로 세존의 말씀을 크게 기뻐하였다.

앗사뿌라 짧은 경(M40)이 끝났다.

제4장 긴 쌍 품이 끝났다.

제5장

짧은 쌍 품

Cūḷa-yamaka-vagga

(M41~50)

살라의 바라문들 경

Sāleyyaka Sutta(M41)

1. 이와 같이 나는 들었다. [285] 한때 세존께서는 많은 비구 승가와 함께 꼬살라[233]에서 유행하시다가 살라라는 꼬살라의 바라문 마을에 도착하셨다.

2. 살라에 사는 바라문 장자들은 이렇게 들었다.

"사까의 후예이고, 사까 가문에서 출가한 사문 고따마라는 분이 많은 비구 승가와 함께 꼬살라에서 유행하다가 살라에 도착했다. 그분 고따마 존자께는 이러한 좋은 명성이 따른다. '이런 [이유로] 그분 세존께서는 아라한[應供]이시며, 바르게 완전히 깨달은 분[正等覺]이시며, 명지와 실천을 구족한 분[明行足]이시며, 피안으로 잘 가신 분[善逝]이시며, 세간을 잘 알고 계신 분[世間解]이시며, 가장 높은 분[無

233) 꼬살라(Kosala)는 부처님 재세 시에 인도에 있었던 16개국 가운데 하나이다. 16국은 점점 서로 병합되어 나중에는 동쪽의 마가다(Magadha)와 서쪽의 꼬살라 두 나라로 통일이 된다. 부처님 재세 시에는 빠세나디(Pasenadi)왕이 꼬살라를 통치하였고, 그의 아들 위두다바(Viḍūḍabha)가 계승하였으며, 수도는 사왓티(Savatthi)였다. 부처님께서 말년에 24년간을 이곳 사왓티에서 제따 숲 아나타삔디까 원림(급고독원)에 머무시는 등 부처님과 아주 인연이 많은 곳이다.

上士]이시며, 사람을 잘 길들이는 분[調御丈夫]이시며, 하늘과 인간의 스승[天人師]이시며, 부처님[佛]이시며, 세존(世尊)이시다.' 그는 신을 포함하고 마라를 포함하고 범천을 포함한 세상과 사문·바라문들을 포함하고 신과 사람을 포함한 무리들을 스스로 최상의 지혜로 알고 실현하여 드러낸다. 그는 시작도 훌륭하고 중간도 훌륭하고 끝도 훌륭하며 의미와 표현을 구족했고 더할 나위 없이 완벽하고 지극히 청정한 법을 설하고, 범행(梵行)을 드러낸다.'라고. 참으로 그러한 아라한을 뵙는 것은 축복이다."

3. 그러자 살라에 사는 바라문 장자들은 세존을 뵈러 갔다. 세존을 뵙고는 어떤 자들은 세존께 절을 올리고 한 곁에 앉았고, 어떤 자들은 세존과 함께 환담을 나누고 유쾌하고 기억할만한 이야기로 서로 담소를 나누고 한 곁에 앉았고, 어떤 자들은 세존께 합장하여 인사드리고 한 곁에 앉았고, 어떤 자들은 세존의 앞에서 이름과 성을 말한 뒤 한 곁에 앉았고, 어떤 자들은 말없이 한 곁에 앉았다.

4. 한 곁에 앉아서 살라에 사는 바라문 장자들은 세존께 이렇게 여쭈었다.

"고따마 존자시여, 어떤 원인과 어떤 조건 때문에 여기 [이 세상에서] 어떤 중생들은 몸이 무너져 죽은 뒤 처참한 곳[苦界], 불행한 곳[惡處], 파멸처, 지옥에 태어납니까? 고따마 존자시여, 어떤 원인과 어떤 조건 때문에 여기 [이 세상에서] 어떤 중생들은 몸이 무너져 죽은 뒤 행복한 곳[善趣], 천상의 세계에 태어납니까?"

5. "장자들이여, 법에 따르지 않은 그릇된 행실234)을 원인으로

---

234) "여기서 '그릇된 행실(visama-cariyā)'이란 그릇된 업(kamma)의 행실을 뜻한다."(MA.ii.329)

이와 같이 여기 [이 세상에서] 어떤 중생들은 몸이 무너져 죽은 뒤 처참한 곳[苦界], 불행한 곳[惡處], 파멸처, 지옥에 태어난다. 장자들이여, 법에 따른 올바른 행실을 원인으로 이와 같이 여기 [이 세상에서] 어떤 중생들은 몸이 무너져 죽은 뒤 행복한 곳[善趣], 천상의 세계에 태어난다."

6. "고따마 존자께서 [280] 간략하게 설하시고 상세하게 뜻을 설명해주시지 않으시니, 저희들은 그 뜻을 상세하게 알지 못합니다. 고따마 존자께서 간략하게 설하시고 상세하게 설명해주시지 않은 그 뜻을 이제 저희들이 상세히 알 수 있도록 법을 설해주시면 감사하겠습니다."

"장자들이여, 그렇다면 들어라. 듣고 잘 마음에 잡도리하라. 나는 이제 설하리라."

"그러겠습니다, 존자시여."라고 살라에 사는 바라문 장자들은 세존께 응답했다.

세존께서는 이렇게 말씀하셨다.

7. "장자들이여, 몸으로 짓는 세 가지, 법에 따르지 않은 그릇된 행실235)이 있고, 말로 짓는 네 가지, 법에 따르지 않은 그릇된 행실이 있고, 마음으로 짓는 세 가지, 법에 따르지 않은 그릇된 행실이 있다."

8. "장자들이여, 어떤 것이 몸으로 짓는 세 가지, 법에 따르지 않은 그릇된 행실인가?

---

235) "'법에 따르지 않은 그릇된 행실(adhammacariyā-visamacariyā)'이란 법에 따르지 않은 행실이라 불리는 그릇된 행실(adhamma-cariya-saṅkhātā visama-cariyā)이라는 말이다. 문자적인 뜻(pad-attha)으로는 법이 아닌 것을 실천하는 자, 법이 아닌 것을 행하는 자(adhamma-karaṇa)라는 말이고, 그릇된 행실 혹은 그릇된(visama) 업(kamma)을 행하는 자라는 말이다." (MA.ii329)

장자들이여, 여기 어떤 자는 생명을 죽인다. 그는 잔인하고 손에 피를 묻히고 죽이고 폭력을 휘두르는 데에 몰두하며 모든 생명들에게 동정심이 없다.

그는 주지 않은 것을 가진다. 그는 마을에서나 숲 속에서 자기에게 주지 않은, 남의 재산과 재물을 도적질로써 취한다.

그는 삿된 음행을 한다. 어머니가 보호하고, 아버지가 보호하고, 형제가 보호하고, 자매가 보호하고, 친지들이 보호하고, 법으로 보호하고, 남편이 있고, 몽둥이로 보호하고,[236] 심지어 [혼약의 정표로] 화환을 두른 그러한 여인들과 성행위를 한다.

장자들이여, 이것이 몸으로 짓는 세 가지, 법에 따르지 않은 그릇된 행실이다."

9. "장자들이여, 어떤 것이 말로 짓는 네 가지, 법에 따르지 않은 그릇된 행실인가?

장자들이여, 여기 어떤 자는 거짓말을 한다. 그는 법정에서나 회의에서나 친척들 사이에서나 조합원들 사이에서나 왕실 앞에서 증인으로 출두하여, '오시오, 선남자여. 그대가 아는 것을 말해주시오.'라고 질문을 받는다. 그러면 그는 알지 못하면서 '나는 압니다.'라고 말하고, 알면서 '나는 알지 못합니다.'라고 말한다. 보지 못하면서 '나는 봅니다.'라고 말하고, 보면서 '나는 보지 못합니다.'라고 말한다. 이와 같이 자기의 목적을 위해서나 남의 목적을 위해서나 어떤 세속적인 이득을 위해 고의로 거짓말을 한다.

그는 중상모략을 한다. 그는 여기서 듣고 이들을 이간시키려고 저

---

236) "'이런 이름의 여인을 범할 때에는 이런 처벌을 받게 된다.'라고 마을이나 집이나 거리에 표시하여 처벌이 정해진 것(ṭhapita-daṇḍā)을 '몽둥이의 보호를 받는 자(saparidaṇḍā)'라고 한다."(MA.ii.330)

기서 말한다. 저기서 듣고 저들을 이간시키려고 여기서 말한다. 이처럼 화합하는 자들을 이간시키고 이간을 조장한다. 그는 불화를 좋아하고 불화를 기뻐하고 불화를 즐기며 불화를 일으키는 말을 한다.

그는 욕설을 한다. 그는 거칠고, 험하고, 남을 언짢게 하고, 남을 모욕하고, 분노에 휩싸이고, 삼매로 이끌지 못하는, 그런 말을 한다.

그는 [287] 잡담을 한다. 그는 부적절한 시기에 말하고, 사실이 아닌 것을 말하고, 무익한 것을 말하고, 법에 어긋나는 것을 말하고, 율에 저촉되는 말을 하고, 가슴에 새겨둘 필요가 없는 말을 한다. 그는 이치에 맞지 않고, 무절제하며, 유익하지 못한 말을 부적절한 시기에 말한다.

장자들이여, 이것이 말로 짓는 네 가지, 법에 따르지 않은 그릇된 행실이다."

10. "장자들이여, 어떤 것이 마음으로 짓는 세 가지, 법에 따르지 않은 그릇된 행실인가?

장자들이여, 여기 어떤 자는 간탐한다. 그는 '오, 저 사람 것이 내 것이라면.'하고 남의 재산과 재물을 탐한다.

그의 마음은 악의로 차있다. 그는 '이 중생들이 죽어버리기를, 파멸되기를, 파괴되기를, 멸망해버리기를, 없어져버리기를.'하고 타락한 생각을 품는다.

그는 삿된 견해를 가진다. '보시도 없고 공물도 없고 제사(헌공)도 없다. 선행과 악행의 업들에 대한 결실도 없고 과보도 없다. 이 세상도 없고 저 세상도 없다. 어머니도 없고 아버지도 없다. 화생하는 중생도 없고 이 세상과 저 세상을 스스로 최상의 지혜로 알고 실현하여 선언하는, 덕스럽고 바른 도를 구족한 사문·바라문들도 이 세상에는 없다.'[237]라는 전도된 소견을 가진다.

장자들이여, 이것이 마음으로 짓는 세 가지, 법에 따르지 않은 그릇된 행실이다.

장자들이여, 이와 같이 법에 따르지 않은 그릇된 행실을 원인으로 여기 [이 세상에서] 어떤 중생들은 몸이 무너져 죽은 뒤 처참한 곳[苦界], 불행한 곳[惡處], 파멸처, 지옥에 태어난다."

11. "장자들이여, 몸으로 짓는 세 가지, 법에 따른 올바른 행실이 있고, 말로 짓는 네 가지, 법에 따른 올바른 행실이 있고, 마음으로 짓는 세 가지, 법에 따른 올바른 행실이 있다."

12. "장자들이여, 어떤 것이 몸으로 짓는 세 가지, 법에 따른 올바른 행실인가?

여기 어떤 자는 생명을 죽이는 것을 버리고, 생명을 죽이는 것을 멀리 여읜다. 몽둥이를 내려놓고 칼을 내려놓는다. 양심적이고 동정심이 있으며 모든 생명의 이익을 위하여 연민하며 머문다.

그는 주지 않은 것을 가지는 것을 버리고, 주지 않은 것을 가지는 것을 멀리 여읜다. 그는 마을에서나 숲 속에서 남의 재산과 재물을 도적질로써 취하지 않는다.

그는 삿된 음행을 버리고 삿된 음행을 멀리 여읜다. 그는 어머니가 보호하고, 아버지가 보호하고, 형제가 보호하고, 자매가 보호하고, 친지들이 보호하고, 남편이 있고, 몽둥이로 보호하고, [혼약의 정표로] 화환을 두른 그러한 여인들과 성행위를 하지 않는다.

장자들이여, 이것이 몸으로 짓는 세 가지, 법에 따른 올바른 행실이다."

---

237) 이 정형구에 대해서는 본서 「확실한 가르침 경」(M60) §5의 주해를 참조할 것.

13. "장자들이여, [288] 어떤 것이 말로 짓는 네 가지, 법에 따른 올바른 행실인가?

장자들이여, 여기 어떤 자는 거짓말을 버리고, 거짓말을 멀리 여읜다. 그는 법정에서나 회의에서나 친척들 사이에서나 조합원들 사이에서나 왕실 앞에서 증인으로 출두하여, '오시오, 선남자여. 그대가 아는 것을 말해주시오.'라고 질문을 받는다. 그러면 그는 알지 못하면 '나는 알지 못합니다.'라고 말하고, 알면 '나는 압니다.'라고 말한다. 보지 못하면 '나는 보지 못합니다.'라고 말하고, 보면 '나는 봅니다.'라고 말한다. 이와 같이 자기의 목적을 위해서나 남의 목적을 위해서나 세속적인 어떤 이득을 위해 고의로 거짓말을 하지 않는다.

그는 중상모략을 버리고, 중상모략을 멀리 여읜다. 그는 여기서 듣고 이들을 이간하려고 저기서 말하지 않는다. 저기서 듣고 저들을 이간하려고 여기서 말하지 않는다. 오히려 그는 이처럼 분열된 자들을 합치고 우정을 장려한다. 그는 화합을 좋아하고 화합을 기뻐하고 화합을 즐기며 화합하게 하는 말을 한다.

그는 욕설을 버리고, 욕설을 멀리 여읜다. 그는 유순하고 귀에 즐겁고 사랑스럽고 가슴에 와 닿고 점잖고 많은 사람들이 좋아하고 많은 사람들의 마음에 드는, 그런 말을 한다.

그는 잡담을 버리고, 잡담을 멀리 여읜다. 그는 적절한 시기에 말하고, 사실을 말하고, 유익한 말을 하고, 법을 말하고, 율을 말하며, 가슴에 담아둘 만한 말을 한다. 그는 이치에 맞고, 절제가 있으며, 유익한 말을 적절한 시기에 말한다.

장자들이여, 이것이 말로 짓는 네 가지, 법에 따른 올바른 행실이다."

14. "장자들이여, 어떤 것이 마음으로 짓는 세 가지, 법에 따른

올바른 행실인가?

장자들이여, 여기 어떤 자는 간탐하지 않는다. 그는 '오, 저 사람 것이 내 것이라면.' 하고 남의 재산과 재물을 탐하지 않는다.

그의 마음은 악의가 없다. 그는 '이 중생들이 적의에서 벗어나기를, 고통에서 벗어나기를, 해악에서 벗어나기를, 그들 스스로 행복하게 지내기를!'하고 타락하지 않은 생각을 품는다.

그는 바른 견해를 가진다. '보시도 있고 공물도 있고 제사(헌공)도 있다. 선행과 악행의 업들에 대한 결실도 있고 과보도 있다. 이 세상도 있고 저 세상도 있다. 어머니도 있고 아버지도 있다. 화생하는 중생도 있고 이 세상과 저 세상을 스스로 최상의 지혜로 알고 실현하여 선언하는, 덕스럽고 바른 도를 구족한 사문·바라문들도 이 세상에는 있다.'라고 전도되지 않은 소견을 가진다.

장자들이여, 이것이 마음으로 짓는 세 가지, 법에 따른 올바른 행실이다.

장자들이여, 이와 같이 법에 따른 올바른 행실을 원인으로 여기 [이 세상에서] 어떤 중생들은 몸이 무너져 죽은 뒤 행복한 곳[善趣], 천상의 세계에 태어난다."

15. "장자들이여, [289] 만일 법에 따른 올바른 행실을 가진 자가 '오, 참으로 내가 몸이 무너져 죽은 다음 부유한 끄샤뜨리야 가문의 일원으로 태어나기를.'하고 원하면, 그가 몸이 무너져 죽은 다음 부유한 끄샤뜨리야 가문의 일원으로 태어나는 것이 가능하다. 그것은 무슨 까닭인가? 그는 법에 따른 올바른 행실을 하기 때문이다."

16. ~ *17.* "장자들이여, 만일 법에 따른 올바른 행실을 가진 자가 '오, 참으로 내가 몸이 무너져 죽은 다음 부유한 바라문 가문의 일

원으로 … 부유한 장자 가문의 일원으로 태어나기를.'하고 원하면, 그가 몸이 무너져 죽은 다음 부유한 장자 가문의 일원으로 태어나는 것이 가능하다. 그것은 무슨 까닭인가? 그는 법에 따른 올바른 행실을 하기 때문이다."

18. ~ *42.* "장자들이여, 만일 법에 따른 올바른 행실을 가진 자가 '오, 참으로 내가 몸이 무너져 죽은 다음 사대왕천[238]의 신들의 일원으로[239] … 삼십삼천의 신들의 일원으로 … 야마천의 신들의 일원으로 … 도솔천의 신들의 일원으로 … 화락천의 신들의 일원으로 … 타화자재천의 신들의 일원으로 … 범신천[240]의 신들의 일원으로 … 광천[241]의 신들의 일원으로 … 소광천의 신들의 일원으로 … 무량광천

238) '사대왕천(Cātumahārājika)'부터 '타화자재천(Paranimmitavasavatti)'까지는 욕계 천상 즉 육욕천(六欲天)이다. 여기에 대한 설명은 『아비담마 길라잡이』 제5장 §5의 [해설]을 참조할 것.

239) 여기에 나타나는 광천부터 비상비비상처천까지를 빠알리어와 병기하면 다음과 같다.
사대왕천(Cātumahārājika), 삼십삼천(Tāvatiṁsa), 야마천(Yāma), 도솔천(Tusita), 화락천(Nimmānarati), 타화자재천(Para-nimmitavasavatti), 범신천(Brahmakāyika), 광천(Abha), 소광천(Parittābha), 무량광천(Appamāṇābha), 광음천(Ābhassara), 정천(Subha), 소정천(Paritta-subha), 무량정천(Appamāṇasubha), 변정천(Subha-kiṇṇa), 광과천(Vehapphala), 무번천(Aviha), 무열천(Atappa), 선현천(Sudassa), 선견천(Sudassī), 색구경천(Akaniṭṭha), 공무변처천에 태어난(Ākāsānañcā-yatanūpaga), 식무변처천에 태어난(Viññāṇañcāyatanūpaga), 무소유처천에 태어난(Ākiñcaññāyatanūpaga), 비상비비상처천에 태어난(Neva-saññānāsaññāyatanūpaga)

240) "'범신천(梵身天, Brahmakāyika)'은 초선천의 세 가지 천상인 범중천(Brahmapārisajjā), 범보천(Brahmapurohitā), 대범천(Mahābrahmā)을 말한다."(MA.ii.333)
범신천부터 색구경천까지는 색계 천상이다. 이 천상들에 대해서는 『아비담마 길라잡이』 제5장 §6의 [해설]을 참조할 것.

241) "'광천(ābha)'이라는 독립된 [천상이] 있는 것이 아니라(visuṁ natthi) [다

의 신들의 일원으로 … 광음천의 신들의 일원으로 … 정천[242]의 신들의 일원으로 … 소정천의 신들의 일원으로 … 무량정천의 신들의 일원으로 … 변정천의 신들의 일원으로 … 광과천[243]의 신들의 일원으로 … 무번천의 신들의 일원으로 … 무열천의 신들의 일원으로 … 선현천의 신들의 일원으로 … 선견천의 신들의 일원으로 … 색구경천의 신들의 일원으로 … 공무변처천[244]의 신들의 일원으로 … 식무변처천의 신들의 일원으로 … 무소유처천의 신들의 일원으로 … 비상비비상처천의 신들의 일원으로 태어나기를.'하고 원하면, 그가 몸이 무너져 죽은 다음 비상비비상처천의 신들의 일원으로 태어나는 것이 가능하다. 그것은 무슨 까닭인가? 그는 법에 따른 올바른 행실을 하기 때문이다."[245]

음에 언급되는] 소광천(parittābha)과 무량광천(appamāṇābha)과 광음천(ābhassara)의 [제2선천을] 말한다."(MA.ii.333)

242) "'정천(subha)'에 대해서도 같은 방법이 적용된다."(MA.ii.333)
즉 다음의 소정천(parittasubha)과 무량정천(appamāṇasubha)과 변정천(subhakiṇṇa)의 제3선천이 여기에 해당된다.

243) 광과천(Vehapphala)부터 색구경천(Akaniṭṭha)까지는 제4선의 신들을 나타낸다.

244) 공무변처천부터 비상비비상처천까지는 무색계 천상이다. 이 천상들에 대해서는 『아비담마 길라잡이』 제5장 §7의 [해설]을 참조할 것. 그리고 공무변처 등의 의미에 대해서는 본서 제1권 「지워 없앰 경」(M8) §8이하의 주해들을 참조할 것.

245) "여기서 천상의 세계를 계산해 보자. 세 가지 禪의 경지에 따라 아홉 개의 범천의 세상(brahma-lokā)이 있고, 다섯 가지 정거천(Suddhāvāsā)과 네 가지 무색계 천상(ārūpā)과 광과천(Vehapphalā)을 더하면 열아홉이 되고, 무상유정천(Asaññasatta)을 더하여 스무 가지 범천의 세상(brahmalokā)이 된다. 여기에 여섯 가지 욕계 천상(kāmāvacarā)을 더하여 모두 스물여섯 개의 천상(deva-lokā)이 있다. 열 가지 유익한 업의 길[十善業道, dasa-kusala-kamma-pathā]에 의해 이 모든 곳에 태어나게(nibbatti) 된다고 세존께서 말씀하셨다.

43. "장자들이여, 만일 법에 따른 올바른 행실을 가진 자가 '오, 참으로 나는 모든 번뇌를 부수어 아무 번뇌가 없는 마음의 해탈[心解脫]과 통찰지를 통한 해탈[慧解脫]을 바로 지금·여기에서 스스로 최상의 지혜로 알고 실현하고 구족하여 머물기를.'하고 원하면, 그는 모든 번뇌를 부수어 아무 번뇌가 없는 마음의 해탈[心解脫]과 통찰지를 통한 해탈[慧解脫]을 바로 지금·여기에서 스스로 최상의 지혜로 알고 실현하고 구족하여 머무는 것이 가능하다. 그것은 무슨 까닭인가? 그는 법에 따른 올바른 행실을 하기 때문이다."

44. 세존께서 [290] 이렇게 말씀하시자 살라에 사는 바라문 장자들은 세존께 이렇게 말씀드렸다.

"경이롭습니다, 고따마 존자시여. 경이롭습니다, 고따마 존자시여. 마치 넘어진 자를 일으켜 세우시듯, 덮여있는 것을 걷어내 보이시듯, [방향을] 잃어버린 자에게 길을 가리켜주시듯, 눈 있는 자 형상을 보라고 어둠 속에서 등불을 비춰주시듯, 고따마 존자께서는 여러 가지 방편으로 법을 설해주셨습니다. 저희들은 이제 고따마 존자께 귀의

이 가운데 여섯 가지 욕계 천상에는 [몸과 말과 마음의] 세 가지 좋은 행위의 과보(sucaritānaṁ vipāka)로 태어나고, 그보다 높은 천상에는 이들 업의 길(kamma-pathā)을 토대로 설하셨다. 여기서 열 가지 유익한 업의 길[十善業道]은 계행(sīla)이다. 계행을 지닌 자는 까시나의 준비(kasiṇa-pari-kamma)를 성취한다. 계에 굳건히 머물러 까시나의 준비를 지어 초선을 일으킨 뒤 초선의 경지(paṭhama-jjhāna-bhūmi, 즉 초선천)에 태어난다. 제2선 등을 닦아 제2선의 경지 등에 태어난다. 색계선(rūpa-avacara-jjhāna)을 토대(pādaka)로 위빳사나를 증장하여 불환과에 확고한 자는 다섯 가지 정거천(Suddhāvāsā)에 태어난다. 색계선을 토대로 하여 무색계 증득(a-rūpa-avacara-samāpatti)을 일으켜 네 가지 무색계(arūpā)에 태어난다. 색계와 무색계선(rūpa-arūpa-jjhāna)을 토대로 위빳사나를 증장하여 아라한과를 얻는다. 무상유정의 경지(asañña-bhava)는 외도(bāhirakā)의 고행을 하는 유행승들(tāpasa-paribbājakā)이 닦기 때문에 여기서는 언급하지 않는다."(MA.ii.333)

하옵고 법과 비구 승가에 귀의합니다. 고따마 존자께서는 저희들을 재가신자로 받아주소서. 오늘부터 목숨이 붙어 있는 그날까지 귀의하옵니다."

살라의 바라문들 경(M41)이 끝났다.

웨란자의 바라문들 경

Verañjaka Sutta(M42)

1. 이와 같이 나는 들었다. 한때 세존께서는 사왓티에서 제따 숲의 아나타삔디까 원림(급고독원)에 머무셨다.

2. 그때 웨란자[246)]에 사는 바라문 장자들은 어떤 일이 있어 사

---

246) 웨란자(Verañjā)는 사왓티(Sāvatthi)와 마두라(Madhura) 사이에 있는 도시(nagara)였다. 세존께서는 12번째 안거를 이곳 웨란자에서 보내셨다고 한다.(AA.ii.124)

『앙굿따라 니까야』 제5권「웨란자 경」(A8:11)이 이곳에서 설해졌고「함께 삶 경」1(A4:53)은 마두라와 웨란자 사이에 난 대로 옆의 어떤 나무 아래서 설해졌다.

한편 이곳 웨란자(Verañjā)는『율장』의 시작이라 할 수 있는『율장』『빠라지까 품』(pārājika)의 첫 번째 편인「웨란자 편」(Verañja-kaṇḍa)이 전개되는 곳이기도 하다.(Vin.iii.1~11) 부처님께서는 12번째 안거(AA.ii.124)를 500명의 비구들과 함께 이곳 웨란자까에서 보내시게 된다. 그곳에서 하신 설법이『앙굿따라 니까야』 제5권「웨란자 경」(A8:11)으로 전승되어 온다. 거기서 웨란자 바라문이 부처님께 안거 3달을 웨란자에서 지내시라고 청을 하였고 부처님께서는 그것을 허락하셨다.

그러나 석 달 동안 승가 대중에게 공양을 올려야 할 웨란자 바라문은 업무에 바빠서 그 사실을 까마득하게 잊고 만다. 마침 그때 그곳에는 기근이 들어서 일반 사람들도 연명하기가 어려운 상황이라서 500명의 승가 대중이 연명하기가 무척 힘들었다. 그래서 마하목갈라나 존자는 신통이 있는 여러 비구들이 신통으로 웃따라꾸루(Uttārakuru)로 가서 공양물을 보시 받아 오도록

왓티에 왔다. 웨란자에 사는 바라문 장자들은 이렇게 들었다. [291]

3. ~ *44.* <이하 본경의 내용은 바로 앞의 「살라의 바라문들 경」(M41) §§3~44와 같음.>247)

웨란자의 바라문들 경(M42)이 끝났다.

하자고 세존께 말씀드렸지만 세존께서는 거절하셨다.
이렇게 하여 500명의 대중은 겨우 귀리죽 혹은 보리죽(yava-taṇḍula 혹은 yava-kummāsa)으로 연명하면서 석 달 안거를 보내게 되었다. 안거를 마치고 대중들이 웨란자 바라문에게 하직을 알리러 가자 그때서야 웨란자 바라문은 자신의 잘못을 알아차렸다고 한다. 주석서는 웨란자 바라문이 마라에게 홀려서 잊어버렸다고 덧붙이고 있다.(VinA.i.178f; ApA.125 등; cf. J. iii.494)
이렇게 석 달을 힘들게 보내어 지친 비구들과 함께 세존께서는 해제 때 까삘라왓투(Kapilavatthu)를 방문했으며 세존의 사촌 동생인 마하나마(Mahā-nāma) 청신사가 그들을 성심껏 잘 시봉하였다고 한다. 그래서 마하나마는 『앙굿따라 니까야』「하나의 모음」(A1:14:6-5)에서 "뛰어난 보시를 하는 자들(panītadāyakā) 가운데서 사꺄족의 마하나마가 으뜸이다."라고 나타난다고 주석서는 설명하고 있다.(AA.i.393~394)

247) 그러나 이 두 경은 조금 차이가 있는데, 앞의 「살라의 바라문들 경」(M41) §5이하에는 '법에 따르지 않은 그릇된 행실(adhammacariyā-visamacariyā)'과 '법에 따른 올바른 행실(dhammacariyā-samacariyā)'의 합성어로 법을 나타내지만, 본경에서는 이 합성어가 '법이 아닌 것을 따르고 그릇된 것을 행하는 자(adhammacarī visamacarī)'와 '법을 따르고 올바른 것은 행하는 자(dhammacarī samacarī)'로 분석되어 사람을 나타내는 것만 다르다.
주석서도 본경은 adhammacarī visamacarī라고 이처럼 사람에 초점을 두고(puggala-adhiṭṭhāna) 가르침을 설하셨고, 앞 경은 법에 초점을 두고(dhamma-adhiṭṭhāna) 가르침을 설하신 것만 다르다고 밝히고 있다.(MA.ii.334)

교리문답[248]의 긴 경

Mahā-vedalla Sutta(M43)

1. 이와 같이 나는 들었다. [292] 한때 세존께서는 사왓티에서 제따 숲의 아나타삔디까 원림(급고독원)에 머무셨다. 그때 마하꼿티따 존자[249]는 해거름에 [낮 동안의] 홀로 앉음에서 일어나 사리뿟따 존

248) 여기서 '교리문답'으로 옮긴 단어는 vedalla(웨달라)이다. 이 웨달라는 구분교(九分教) 즉 아홉 가지 구성요소를 가진 스승의 교법[九分教, navaṅga-satthu-sāsana]으로 불리는 경(經), 응송(應頌), 상세한 설명[記別, 授記], 게송(偈頌), 감흥어(感興語), 여시어(如是語), 본생담(本生譚), 미증유법(未曾有法), 교리문답[方等]의 아홉 가지 가운데서 맨 마지막에 나타나는 것이다.(이 구분교에 대해서는 본서 제1권 「뱀의 비유 경」(M22) §10과 주해를 참조할 것.) 주석서는 이렇게 설명한다.
"여기서 「교리문답의 짧은 경」(M44), 「교리문답의 긴 경」(M43), 「바른 견해 경」(M9), 「제석문경」(D21), 「상카라 분석경」, 「보름밤의 긴 경」(M109) 등 모든 신성한 지혜(veda)와 만족(tuṭṭhi)과 여러 가지 이익됨(laddhā laddhā)이 질문된 경들(pucchita-suttantā)이 바로 교리문답[方等, vedalla]이라고 알아야 한다."(DA.i.24)
이런 정의를 바탕으로 '교리문답'으로 옮겼다. 이 단어의 문자적인 의미는 불분명하며(PED) 중국에서는 방등(方等)으로 옮겼다.

249) 마하꼿티따 존자(āyasmā Mahākoṭṭhita)는 『앙굿따라 니까야』 제1권 「하나의 모음」(A1:14:3-10)에서 무애해(paṭisambhidā)를 얻은 비구들 가운데 최상이라고 언급되었던 분이다. 그는 사왓티의 부유한 바라문 가문에서 태어났으며 삼베다에 통달했다고 하며 부처님의 설법을 듣고 출가하여 곧

자를 만나러 갔다. 가서는 사리뿟따 존자와 함께 환담을 나누었다. 유쾌하고 기억할만한 이야기로 서로 담소를 하고서 한 곁에 앉았다. 한 곁에서 마하꼿티따 존자는 사리뿟따 존자에게 이렇게 물었다.

2. "도반이시여, '통찰지가 없는 자, 통찰지가 없는 자'라고 하는데, 무슨 이유로 '통찰지가 없는 자'라고 합니까?"

"도반이시여, '그는 꿰뚫어 알지 못한다, 꿰뚫어 알지 못한다.'고 해서 통찰지가 없는 자라 합니다. 그가 무엇을 꿰뚫어 알지 못할까요? '이것은 괴로움이다.'라고 그는 꿰뚫어 알지 못하고, '이것은 괴로움의 일어남이다.'라고 꿰뚫어 알지 못하고, '이것은 괴로움의 소멸이다.'라고 꿰뚫어 알지 못하고, '이것은 괴로움의 소멸로 인도하는 도닦음이다.'라고 꿰뚫어 알지 못합니다.[250] 도반이시여, '그는 꿰뚫

아라한이 되었다고 한다.(AA.i.286)
그는 본경 외에도 여러 경에서 특히 사리뿟따 존자와 담론을 나누는데(예를 들면 『상윳따 니까야』 제3권 「계 경」(S22:122) 등 여러 경들) 『장로게』(Thag)에서 사리뿟따 존자가 마하꼿티따 존자를 칭송하는 게송이 나타날 정도로 두 분은 교분이 깊었던 듯하다.

250) "꿰뚫어 알지 못하기 때문에(nappajānāti) '통찰지가 없는 자(duppañña)'라고 한다. 이 방법은 모든 곳에 적용된다.
'이것은 괴로움이다(idaṁ dukkhaṁ).'라고 꿰뚫어 알지 못한다는 것은 '이것은 괴로움이고, 이만큼이 괴로움이고, 이 이상은 아니다.'라고 괴로움의 진리(dukkha-sacca)를 역할과 특징을 있는 그대로(yāthāva-sarasa-lak-khaṇato) 꿰뚫어 알지 못하는 것이다.
'이것은 괴로움의 일어남이다(ayaṁ dukkha-samudayo).'라고 꿰뚫어 알지 못한다는 것은 '이것에서 괴로움이 일어난다.'라고 현재의 괴로움을 일어나게 하는 갈애(taṇhā)가 일어남의 진리라고 그 역할과 특징을 있는 그대로 꿰뚫어 알지 못하는 것이다.
'이것은 괴로움의 소멸이다(ayaṁ dukkha-nirodho).'라고 꿰뚫어 알지 못한다는 것은 '이 괴로움과 이 괴로움의 일어남은 이곳에 이르러 소멸한다. 그러므로 이 둘이 다시는 일어나지 않는 열반(nibbāna)이 괴로움의 소멸이다.'라고 그 역할과 특징을 있는 그대로 꿰뚫어 알지 못하는 것이다.
'이것이 괴로움의 소멸로 인도하는 도닦음이다(ayaṁ dukkha-nirodha-

어 알지 못한다, 꿰뚫어 알지 못한다.'고 해서 통찰지가 없는 자라 합니다."

"장하십니다, 도반이시여."라고 마하꼿티따 존자는 사리뿟따 존자의 설명을 환희하고 기뻐하면서 사리뿟따 존자에게 또 다시 질문을 했다.

3. "도반이시여, '통찰지를 가진 자, 통찰지를 가진 자'[251)]라고 하는데, 무슨 이유로 '통찰지를 가진 자'라고 합니까?"

"도반이시여, '그는 꿰뚫어 안다, 꿰뚫어 안다.'고 해서 통찰지를 가진 자라 합니다. 그가 무엇을 꿰뚫어 알까요? '이것은 괴로움이다.'라고 그는 꿰뚫어 알고, '이것은 괴로움의 일어남이다.'라고 꿰뚫어 알고, '이것은 괴로움의 소멸이다.'라고 꿰뚫어 알고, '이것은 괴로움의 소멸로 인도하는 도닦음이다.'라고 꿰뚫어 압니다. 도반이시여, '그는 꿰뚫어 안다, 꿰뚫어 안다.'고 해서 통찰지를 가진 자라 합니다."

4. "도반이시여, '알음알이, 알음알이'라고 하는데, 무슨 이유로 알음알이라고 합니까?"

"도반이시여, '분별해서 안다, 분별해서 안다.'고 해서 알음알이라 합니다. 무엇을 분별해서 알까요? '즐거움'이라고도 분별해서 알고,[252)] '괴로움'이라고도 분별해서 알고, '괴롭지도 않고 즐겁지도 않

---

gāminī paṭipadā).'라고 꿰뚫어 알지 못한다는 것은 '이 도닦음은 괴로움의 소멸로 인도한다.'라고 도의 진리(magga-sacca)를 역할과 특징에 따라 있는 그대로 꿰뚫어 알지 못하는 것이다."(MA.ii.337)

251) "아래로는 예류자부터 위로는 번뇌 다한 아라한까지를 '통찰지를 가진 자(paññavā)'라 한다."(MA.ii.339)

252) "'즐거움이라고도 분별해서 안다(sukhantipi vijānāti).'는 등은 즐거운 느낌이라고도(sukha-vedanampi) 분별해서 알고(vijānāti), 괴로운 느낌이라고도 분별해서 알고, 괴롭지도 않고 즐겁지도 않은 느낌이라고도 분별해

음'이라고도 분별해서 압니다. 도반이시여, '분별해서 안다, 분별해서 안다.'고 해서 알음알이라 합니다."253)

5. "도반이시여, 그러면 통찰지와 알음알이라고 하는 이 법들은 결합되어 있습니까, 혹은 분리되어 있습니까?254) 이 법들을 잘 분리

서 안다는 말이다."(MA.ii.339)

253) "여기서는 무엇을 질문하는가? [성자(ariya-puggala — MAṬ]는 알음알이를 통해서 형성된 것들(saṅkhārā)을 명상한 뒤에(sammasitvā) 통찰지를 가진 자(paññavā)가 되는데 바로 그런 알음알이에 대해서 질문한 것이다. 즉 [성자가] 도달하게 되는 위빳사나(āgamana-vipassanā)의 알음알이와 [수행(bhāvanā)이라는 — MAṬ] 본업을 행하는 마음(kamma-kāraka-citta)에 대해서 물은 것이다.
이러한 질문에 대해서 [사리뿟따] 장로는 "즐거운 느낌을 느끼면서 '즐거운 느낌을 느낀다.'고 꿰뚫어 안다."(M10, §32)는 등의 방법으로 전승되어오는 느낌을 통해서 정신의 명상주제를 들고 있다. 이것은 본서 제1권 「마음챙김의 확립 경」(M10, §32)에서 설한 방법대로 알아야 한다."(MA.ii.339)
알음알이 혹은 마음은 '대상을 아는 것(ārammaṇaṁ cinteti ti cittaṁ — DhsA.63 등)'으로 정의된다. 그러나 주석서의 설명에서 보듯이 여기서 질문한 알음알이는 아무 대상이나 아는 그러한 일반적인 알음알이가 아니라 수행(bhāvanā)을 할 때 생겨나는 알음알이이다. 그래서 사리뿟따 존자는 초기불교를 대표하는 수행방법을 담고 있는 「마음챙김의 확립 경」(M10)에서 마음챙김의 대상으로 정리된 몸・느낌・마음・법[身・受・心・法]의 네 가지 가운데서 특별히 '느낌(vedanā)'을 알아차리는 그런 알음알이를 가지고 대답을 하는 것이다.

254) "'결합되어 있는(saṁsaṭṭhā)'이란 것은 함께 일어남(ekuppāda) 등의 특징에 의해 결속되어 있다는 뜻(saṁyog-aṭṭha)에서 결합되어 있는지 혹은 '분리되어 있는지(visaṁsaṭṭhā)'를 묻는 것이다.
여기서 마하꼿티따 장로가 도의 통찰지(magga-paññā)와 위빳사나의 알음알이(vipassanā-viññāṇa)인 이 두 가지의 세간적인 법과 출세간적인 법을 혼합하여 경지(bhūmantara)를 각각 나누어 교리(samaya)를 알지 못하는 듯이 그렇게 질문하는 것이 아니다. 도의 통찰지가 도의 알음알이와 함께 결합되어 있는지, 또 위빳사나의 통찰지가 위빳사나의 알음알이와 함께 결합되어 있는지를 질문하는 것이다.
사리뿟따 존자도 그 뜻을 설명하면서 이 법들은 결합되어 있다는 등으로 대답을 하셨다. '분리하여 차이점을 드러내는 것은 가능하지 않다(na vinibbhujitvā vinibbhujitvā nānākaraṇaṁ paññāpetuṁ).'는 것은 이 법들

하여 차이점을 드러내는 것이 가능합니까?"

"도반이여, 그런데 통찰지와 알음알이라고 하는 이 법들은 결합되어 있지, 분리되어 있지 않습니다. 그리고 이 법들을 잘 분리하여 차이점을 드러내는 것은 가능하지 않습니다. 도반이여, 꿰뚫어 아는 그것을 분별해서 알고,[255] 분별해서 아는 그것을 꿰뚫어 압니다.[256] 그러

은 세간적인 도의 순간이건 출세간적인 도의 순간이건 함께 일어난다(ekato uppannā). 그러므로 따로 따로 분리해서(visuṁ visuṁ katvā) 대상(ārammaṇa)으로서나 토대(vatthu)로서나 일어남(uppāda)으로서나 소멸함(nirodha)으로서나 그들의 다른 점(nānākaraṇa)을 드러내는 것은 가능하지 않다는 말이다. 그렇더라도 그 법들에는 차이점(visaya)이 있다. 세간적인 법에 관한 한, 마음(citta)이 지도자(jeṭṭhaka)이고 선행하지만(pubbaṅgama) 출세간적인 법에 관한 한 통찰지(paññā)가 지도자이고 선행한다.

정등각자께서도 세간적인 법에 대해 질문하실 때 '비구들이여, 그대들은 어떤 통찰지를 얻었는가? 첫 번째 도의 통찰지인가? 혹은 두 번째, 세 번째, 네 번째 도의 통찰지인가?'라고 질문하지 않으신다. '비구들이여, 그대는 어떤 감각접촉, 어떤 느낌, 어떤 인식, 어떤 의도를 가졌는가?'라고도 묻지 않으신다. '비구들이여, 그대는 어떤 마음을 가졌는가?'라고 오직 마음을 가지고 질문하신다. 유익함[善]과 해로움[不善]을 드러내실 때에도 '마음이 모든 법들을 선행하고, 맨 먼저이다'라고 하셨고, '어떤 것이 유익한 법들인가? 욕계 유익한 마음이 일어날 때에'라고 이렇게 마음을 가지고 드러내신다.
그러나 출세간적인 법에 대해 질문하실 때에는 '비구들이여, 그대는 어떤 감각접촉, 어떤 느낌, 어떤 인식, 어떤 의도를 가졌는가?'라고 묻지 않으시고, '비구들이여, 그대는 어떤 통찰지를 얻었는가? 첫 번째 도의 통찰지인가? 혹은 두 번째, 세 번째, 네 번째 도의 통찰지인가?'라고 이와 같이 통찰지를 가지고 질문하신다."(MA.ii.339~340)

255) "'꿰뚫어 아는(yaṁ pajānāti)'에서 꿰뚫어 안다는 것은 네 가지 성스러운 진리를 '이것은 괴로움이다.'라는 등으로 도의 통찰지(magga-viññāṇa)로 꿰뚫어 아는 것을 말한다. '그것을 분별해서 알고(taṁ vijānāti)'에서 분별해서 안다는 것은 도의 알음알이(magga-viññāṇa)도 그렇게 그것을 분별해서 안다는 말이다."(MA.ii.341~342)

256) "'분별해서 아는(yaṁ vijānāti)'이란 것은 '형성된 것들은 무상하다.'라는 식으로 위빳사나의 알음알이가 분별해서 안다는 것이고, '그것을 꿰뚫어 안다(taṁ pajānāti).'는 것은 위빳사나의 통찰지도 그렇게 그것을 꿰뚫어 안다는 말이다. 그런 이유로 이 법들은 '결합되어 있다(saṁsaṭṭhā).' 즉 함께

므로 [293] 이 법들은 결합되어 있지, 분리되어 있지 않습니다. 그리고 이 법들을 잘 분리하여 차이점을 드러내는 것은 가능하지 않습니다."

6. "도반이시여, 통찰지와 알음알이라고 하는 이 법들이 결합되어 있고 분리되어 있지 않다면 그 차이점은 무엇입니까?"

"도반이여, 통찰지와 알음알이라고 하는 이 법들은 결합되어 있고 분리되어 있지 않지만, 통찰지는 닦아야 하고 알음알이는 철저히 알아야 합니다.257) 이것이 그 차이점입니다."

7. "도반이시여, '느낌, 느낌'이라고 말하는데, 무슨 이유로 느낌이라 합니까?"258)

일어나고, 함께 소멸하고, 동일한 토대를 가지고, 동일한 대상을 가지기 때문에(ekuppāda-ekanirodha-ekavatthuka-ekārammaṇatā) 결합되어 있다는 것이다."(MA.ii.342)

한편 남북방 아비담마·아비달마와 유식에서는 여기서처럼 마음과 통찰지뿐만 아니라 마음과 모든 심리현상들 혹은 모든 마음부수법[心所法]들은 이처럼 함께 일어나고 함께 소멸하고 동일한 토대를 가지고 동일한 대상을 가진다고 말한다. 이것은 아비담마의 기본전제이기도 하다. 그래서 함께 일어나고 등의 이 네 가지 정의는 아비담마에서 마음과 마음부수법(심소법)들의 관계를 정의하는 기본 문구로 나타나고 있다. 여기에 대해서는 『아비담마 길라잡이』 제2장 §1과 [해설]을 참조할 것.

257) "'통찰지는 닦아야 한다(paññā bhāvetabba).'는 것은 도의 통찰지(magga-paññā)와 관련하여 말한 것이다. 그러나 그것과 함께한 알음알이도 함께 반드시 닦아야 한다. '알음알이는 철저히 알아야 한다(viññāṇaṁ pariññeyyaṁ).'는 것은 위빳사나의 알음알이(vipassanā-paññā)와 관련하여 말한 것이다. 그러나 그것과 함께한 통찰지도 함께 반드시 철저히 알아야 한다." (MA.ii.342)

여기서 [도의] 통찰지는 팔정도의 바른 견해[正見]와 바른 사유[正思惟]를 말하는 것이므로 팔정도는 닦아야 하는 것으로 정리되기 때문에(『상윳따 니까야』 제6권 「철저히 알아야 함 경」(S56:29) §5 참조) '통찰지는 닦아야 한다.'라고 말씀하셨다. [위빳사나의] 알음알이는 오온에 포함되기 때문에 괴로움의 진리에 속한다[五陰盛苦(오음성고), 五取蘊苦(오취온고)]. 그러므로 이것은 철저히 알아야 하는 것으로 경에 나타나기 때문에(*Ibid*) '알음알이는 철저히 알아야 한다.'라고 말씀하신 것으로 이해할 수 있다.

"도반이여, '느낀다, 느낀다.'고 해서 느낌이라고 합니다. 무엇을 느낄까요? '즐거움'이라고도 느끼고, '괴로움'이라고도 느끼고, '괴롭지도 즐겁지도 않음'이라고도 느낍니다.[259] 도반이여, 그러므로 '그것이 느낀다, 느낀다.'고 해서 느낌이라고 합니다."

---

258) "'느낌, 느낌(vedanā vedanā)'이라고 시작하는 이 질문은 마하꼿티따 존자가 사리뿟따 존자에게 느낌의 특징(vedanā-lakkhaṇa)을 질문하는 것이지만 여기서는 오로지 명상의 범주에 속하는 삼계의 느낌(tebhūmika-sammasana-cāra-vedanā)만을 말한다고 알아야 한다."(MA.ii.342)

259) "'즐거움이라고도 느낀다(sukhampi vedeti).'는 것은 즐거운 대상(sukha ārammaṇa)이라고 느낀다, 체험한다(anubhavati)는 말이다. 나머지 두 가지 경우에도 같은 방법이 적용된다.
『상윳따 니까야』 제3권 「마할리 경」(S22:60/iii.69)에서 부처님께서는 말씀하신다.
"마할리여, 만일 물질에 전적으로 괴로움만이 있고 물질이 괴로움에 떨어지고 괴로움에 빠져들고 즐거움에는 빠져들지 않는다면 중생들은 물질에 집착하지 않을 것이다. 마할리여, 그러나 물질에는 즐거움이 있고 물질은 즐거움에 떨어지고 즐거움에 빠져들고 괴로움에[만] 빠져들지는 않는다. 그래서 중생들은 물질에 집착한다. 집착하기 때문에 속박되고 속박되기 때문에 오염된다. 마할리여, 중생들이 오염되는 것에는 이러한 원인과 이러한 조건이 있다. 이러한 원인과 이러한 조건 때문에 중생들은 오염된다.
마할리여, 만일 느낌에 … 인식에 … 심리현상들에 … 알음알이에 전적으로 괴로움만이 있고 알음알이가 괴로움에 떨어지고 괴로움에 빠져들고 즐거움에는 빠져들지 않는다면 중생들은 알음알이에 집착하지 않을 것이다. 마할리여, 그러나 알음알이에는 즐거움이 있고 알음알이는 즐거움에 떨어지고 즐거움에 빠져들고 괴로움에[만] 빠져들지는 않는다. 그래서 중생들은 알음알이에 집착한다. 집착하기 때문에 속박되고 속박되기 때문에 오염된다. 마할리여, 중생들이 오염되는 것에는 이러한 원인과 이러한 조건이 있다. 이러한 원인과 이러한 조건 때문에 중생들은 오염된다."(S22:60 §5)
이 「마할리 경」의 가르침을 통해서 세존께서는 대상을 가지고 즐거움, 괴로움, 괴롭지도 즐겁지도 않음으로 설하셨다.
나아가서 이전의 즐거운 느낌을 대상으로 그 다음에 즐거운 느낌이 느끼고, 이전의 괴로운 느낌을 대상으로 그 다음에 괴로운 느낌이 느끼고, 이전의 괴롭지도 즐겁지도 않은 느낌을 대상으로 그 다음에 괴롭지도 즐겁지도 않은 느낌이 느낀다고 이렇게 그 뜻을 알아야 한다. 이것은 오로지 느낌이 느끼지(vedanāyeva hi vedeti) 다른 어떤 것이 느끼는 것이 아니라는 것을 설하신 것이다."(MA.ii.342)

8. "도반이시여, '인식, 인식'이라고 말하는데, 무슨 이유로 인식이라 합니까?"[260]

"도반이여, '인식한다, 인식한다.'고 해서 인식이라고 합니다. 무엇을 인식할까요? '푸른색'이라고도 인식하고,[261] '노란색'이라고도 인식하고, '붉은색'이라고도 인식하고, '흰색'이라고도 인식합니다. 도반이여, 그러므로 '인식한다, 인식한다.'고 해서 인식이라고 합니다."

9. "도반이시여, 그러면 느낌과 인식과 알음알이라고 하는 이 법들은 결합되어 있습니까?[262] 혹은 분리되어 있습니까? 이 법들을 잘 분리하여 차이점을 드러내는 것이 가능합니까?"

"도반이여, 그런데 느낌과 인식과 알음알이라고 하는 이 법들은 결합되어 있지, 분리되어 있지 않습니다. 그리고 이 법들을 잘 분리하여 차이점을 드러내는 것은 가능하지 않습니다. 도반이여, 느끼는 그것을 인식하고, 인식하는 그것을 분별해서 압니다.[263] 그러므로

---

260) "이 질문도 인식의 특징을 묻는 것이지만 여기서 의도하는 것은 오로지 명상의 범주에 속하는 삼계의 인식을 말한다."(MA.ii.342~343)

261) "'푸른색이라고도 인식한다(nīlakampi sañjānāti).'는 것은 푸른 꽃이나 푸른 천에 [까시나 명상의] 준비(parikamma)를 지어 근접삼매(upacāra)나 본삼매(appana)를 얻도록 인식한다. 이런 뜻에서 준비의 인식이나 근접삼매의 인식이나 본삼매의 인식이 모두 해당된다. 푸른색에 대해 푸른색이라고 일으키는 인식(uppajjanaka-saññā)도 해당된다. 노란색 등에도 같은 방법이 적용된다."(MA.ii.343)

262) "왜 느낌, 인식, 알음알이인 이 세 가지 법만을 언급하고, 통찰지는 제외되었는가? 통찰지는 모든 알음알이와 결합되어 있는 것이 아니기 때문(asabba-saṅgāhikattā)이다."(MA.ii.343)
아비담마와 유식에 의하면 느낌과 인식은 모든 마음과 반드시 함께 일어나는 반드시들 혹은 변행심소법(遍行心所法)에 속한다. 그러나 통찰지는 그렇지 않다. 여기에 대해서는 『아비담마 길라잡이』 제2장 <도표 2.1>과 §2 이하를 참조할 것.

이 법들은 결합되어 있지 분리되어 있지 않습니다. 그리고 이 법들을 잘 분리하여 차이점을 드러내는 것은 가능하지 않습니다."

10. "도반이시여, 다섯 가지 감각기능에서 벗어난, 청정한 마노의 알음알이[意識][264]로 무엇을 알 수 있습니까?"

---

263) "느낌이 어떤 대상을 느끼면 인식도 바로 그 대상을 인식한다는 말이고, 인식이 어떤 대상을 인식하면 알음알이도 바로 그 대상을 분별하여 안다는 말이다. 여기서 '인식하다(sañjānāti)'와 '분별해서 알다(vijānāti)'와 '꿰뚫어 알다(pajānāti)'의 이 세 단어는 차이점이 없다. 접두어만(upasaggamatta) 다를 뿐(visesa)이다. '안다'는 것에는 다름이 없고(avisesa), 아는 형태가 다르다.
'인식[想, saññā]'은 '푸르다, 누르다'라고 단지 대상을 인식하는 정도이며, 무상 · 고 · 무아라는 특징을 통찰(paṭivedha)하지는 못한다. 알음알이[識, viññāṇa]는 '푸르다, 누르다'라고 대상을 알뿐만 아니라 특징을 통찰(lakkhaṇa-paṭivedha)한다. 그러나 아무리 노력해도 도의 현전(magga-pātu-bhāva)에 이르지는 못한다. 통찰지[慧, paññā]는 이미 설한대로 대상도 알고 특징을 통찰할 뿐만 아니라 노력하여 도의 현전에도 이르게 한다.
예를 들면 어느 천진한 어린아이와 시골 농부와 금속 세공인 세 사람이 금속 세공인의 모루 위에 놓인 동전 더미를 보았다 하자. 천진한 어린아이는 동전이 아름답고 장식이 되어 있으며 길고 네모지고 둥글다는 정도로만 안다. 그러나 사람들이 일용품이나 향락을 얻으려고 이것을 보배처럼 여긴다는 사실은 모른다. 시골 농부는 이것이 아름답고 장식이 되어있다는 것 등도 알고, 사람들이 일용품과 향락을 얻으려고 이것을 보배처럼 여긴다는 것도 안다. 그러나 이것은 '진짜이고, 이것은 가짜이며, 이것은 반쯤 섞인 혼합물이다.'라고 이들의 차이점은 알지 못한다. 금속 세공인은 이 모든 것을 다 안다. 그는 동전을 보기만 해도 알며 부딪히는 소리를 듣거나 냄새를 맡거나 혀를 대보거나 손으로 무게를 어림잡아보아도 안다. 그는 이것이 어느 특정한 마을이나 성읍이나 도시나 산이나 강가에서 만들어졌는지도 알고, 어느 장인에 의해서 만들어졌는지도 안다.
이와 같이 인식은 천진한 어린아이가 동전을 보는 것과 같다. 그것은 대상의 나타난 양상을 푸르다 등의 정도로만 알기 때문이다. 알음알이는 시골 농부가 동전을 보는 것과 같다. 그것은 대상의 양상을 푸르다 등으로도 알고 나아가 무상 · 고 · 무아라는 특징을 통찰함에 이르기 때문이다. 통찰지는 금속 세공인이 동전을 보는 것과 같다. 그것은 대상의 양상을 푸르다 등으로 알뿐만 아니라 그것의 특징을 통찰함에 이르고 여기서 더 나아가 도의 현전에 도달하기 때문이다."(MA.ii.343~344)
같은 설명이 『청정도론』 XIV.3~5에도 나타나므로 참조할 것.

"도반이여, 다섯 가지 감각기능에서 벗어난, 청정한 마노의 알음알이로 '무한한 허공'이라고 하면서 공무변처를 알 수 있고, '무한한 알음알이'라고 하면서 식무변처를 알 수 있고, '아무것도 없다.'라고 하면서 무소유처를 알 수 있습니다."265)

11. "도반이시여, 그러면 무엇으로 알아야 하는 법을 꿰뚫어 압니까?"

"도반이여, 통찰지의 눈[慧眼]으로 알아야 하는 법을 꿰뚫어 압니다."266)

12. "도반이시여, 그러면 통찰지는 무엇을 목적으로 합니까?"

"도반이여, 통찰지는 최상의 지혜를 목적으로 하고 통달지를 목적으로 하고 버림을 목적으로 합니다."267)

---

264) "여기서 '청정한 마노의 알음알이(parisuddha mano-viññāṇa)'란 [눈·귀·코·혀·몸의] 다섯 가지 감각기능[五根]에서 벗어나 마노의 문에서 진행되는, 오염원이 없는(nirupakkilesa) 마노의 알음알이[意識], 즉 색계 제4선의 마음(rūpa-avacara-catuttha-jjhāna-citta)을 말한다."(MA.ii.345)

265) "어떻게 색계 제4선의 마음으로 무색계의 증득(arūpa-avacara-samāpatti)을 알 수 있는가? 색계 제4선에 머무는 자는 무색계의 증득에 들 수 있기 때문이다. 거기에 머무는 자는 무색계 증득을 성취하기 때문에 공무변처를 알 수 있다고 말했다. 그런데 왜 비상비비상처는 언급하지 않았는가? 이것은 [지극히 미세하여] 개별적으로(pāṭiyekka) 이것만을 천착할 수 없기 때문(abhinivesa-abhāvato)이다."(MA.ii.345)

266) "'통찰지의 눈[慧眼]으로 꿰뚫어 안다(paññā-cakkhunā pajānāti).'라고 했다. 여기서 통찰지의 눈이란 바로 통찰지를 말한다. 보는 것은 안내자를 뜻하는데(dassana-pariṇāyak-aṭṭha) 이러한 뜻을 가진 눈이라는 통찰지로 꿰뚫어 안다는 말이다. 통찰지는 삼매의 통찰지와 위빳사나의 통찰지의 두 가지가 있다. 삼매의 통찰지에 의해서는 역할(kicca)과 미혹하지 않음(asammoha)을 통해서 꿰뚫어 알고, 위빳사나의 통찰지에 의해서는 [무상·고·무아의] 특징을 통찰하여(lakkhaṇa-paṭivedhena) 대상을 통해서 아는 것을 설했다."(MA.ii.345)

13. "도반이시여, [294] 바른 견해[正見]268)를 일으키기 위해서는 얼마나 많은 조건이 있습니까?"

"도반이여, 바른 견해가 생기는 데에 두 가지 조건이 있습니다. 다른 이로부터 듣는 것과 지혜롭게 마음에 잡도리함입니다.269) 도반이여, 이 두 가지 조건이 바른 견해를 생기게 합니다."

---

267) "완전히 알아야 할 법들을 완전히 안다(abhijānāti)고 해서 '최상의 지혜(초월지, abhiññā)'이다. 철저히 알아야 할 법들을 철저히 안다(parijānāti)고 해서 '통달지(pariññā)'이다. 버려야 할 법들을 버린다(pajahati)고 해서 '버림(pahāna)'이다."(MA.ii.346)
[세 가지] 통달지에 대해서는 본서 제1권 「뿌리에 대한 법문 경」(M1) §3의 주해와 「법의 상속자 경」(M3) §8의 주해를 참조할 것.
그런데 본서 제1권의 첫 번째 경인 「뿌리에 대한 법문 경」(Mūlapariyāya Sutta, M1) §§27~50은 유학(sekha)은 땅부터 열반까지의 24가지 토대를 최상의 지혜로 안다(abhiññāya)고 표현하고 있고, 이것을 철저하게 알기 위해서(pariññeyyaṁ tassa) 유학은 더 공부지어야 하며, §§51~74에서는 아라한이 되어야 이것을 철저하게 알았다(pariññātaṁ tassa, 통달지)고 일컬어진다고 설하고 있다. 이런 가르침 등을 통해서 보면, 최상의 지혜는 유학과 무학(아라한) 둘 다에 속하는 지혜이고 통달지는 무학인 아라한에게만 있는 지혜이다. 냐나몰리 스님도 이렇게 설명한다.(냐나몰리 스님/보디 스님, 1167쪽 23번 주해 참조)

268) "여기서 '바른 견해(sammā-diṭṭhi)'란 위빳사나의 바른 견해와 도의 바른 견해를 다 포함한다."(MA.ii.346)

269) "'다른 이로부터 듣는 것(parato ghoso)'이란 유익한 가르침을 [다른 이로부터] 듣는 것(sappāya-dhamma-ssavana)이고 '지혜롭게 마음에 잡도리함(yoniso manasikāro)'이라는 것은 스스로 수단을 마음에 잡도리함(attano upāya-manasikāro)인데, 이 두 가지가 바른 견해를 생기게 하는 조건(paccaya)이다.
그러나 벽지불들(paccekabuddhā)이나 일체지를 얻은 부처님들(sabbaññu-buddhā)의 경우는 다른 이에게 가르침을 듣는 것은 필요 없고 오로지 지혜롭게 마음에 잡도리함만 있어도 된다. 그 외에 법의 총사령관(dhamma-senāpati)인 사리뿟따 존자의 경우에도 두 가지 조건이 다 필요하다."(MA.ii.346)

14. "도반이시여, 어떤 구성요소들의 도움으로 바른 견해[270]는 마음의 해탈[心解脫]의 결실[果]과 마음의 해탈의 결실의 이익을 가져오며, 통찰지를 통한 해탈[慧解脫]의 결실과 통찰지를 통한 해탈의 결실의 이익을 가져옵니까?"

"도반이여, 다섯 가지 구성요소들의 도움으로 바른 견해는 마음의 해탈의 결실과 마음의 해탈의 결실의 이익을 가져오며, 통찰지를 통한 해탈의 결실과 통찰지를 통한 해탈의 결실의 이익을 가져옵니다.

도반이여, 여기 바른 견해는 계의 도움을 받고, 배움의 도움을 받고, 담론의 도움을 받고, 사마타[止]의 도움을 받고, 위빳사나[觀]의 도움을 받습니다.[271] 도반이여, 이들 다섯 가지 구성요소들의 도움으로 바른 견해는 마음의 해탈의 결실과 마음의 해탈의 결실의 이익을 가져오며, 통찰지의 해탈의 결실과 통찰지의 해탈의 결실의 이익을 가져옵니다."

---

270) "여기서 '바른 견해(sammā-diṭṭhi)'는 아라한도의 바른 견해를 말한다." (MA.ii.346)

271) "'계(sīla)'는 네 가지 청정한 계(catu-pārisuddhisīla)를 말하고, '배움(suta)'은 유익한 가르침을 듣는 것(sappāya-dhamma-ssavana)을, '담론(sākaccha)'은 명상주제에 확고하지 못하고 비틀거리는 것을 끊는 대화(khalana-pakkhalana-cchedana-kathā)를, '사마타(samatha)'는 위빳사나의 토대가 되는 여덟 가지 증득(aṭṭha samāpatti)을, '위빳사나(vipassanā)'는 일곱 가지 수관(sattavidhā anupassanā)을 말한다.
네 가지 청정한 계를 원만히 하고(pūrenta), 유익한 가르침을 듣고(suṇanta), 명상주제에 확고하지 못하고 비틀거리는 것을 끊고(chindan-ta), 위빳사나의 기초가 되는 여덟 가지 증득에 대해 공부를 짓고(kammaṁ karonta), 일곱 가지 수관을 닦는 자(bhāventa)의 경우 아라한도가 일어나고 과를 얻는다."(MA.ii.346)
일곱 가지 수관은 본서 제1권 「원한다면 경」(M6) §3의 주해와 『아비담마 길라잡이』 제9장 §24의 [해설]을 참조할 것.

15. "도반이시여, 얼마나 많은 존재[有]가 있습니까?"

"도반이여, 세 가지 존재, 즉 욕계 존재와 색계 존재와 무색계 존재가 있습니다."272)

16. "도반이시여, 어떻게 미래에 다시 태어남이 있습니까?"273)

"도반이여, 중생들이 무명에 덮이고 갈애에 속박되어 여기저기서 즐기기 때문에274) 이와 같이 미래에 다시 태어남이 있습니다."

17. "도반이시여, 어떻게 미래에 다시 태어남이 없습니까?"

"도반이여, 무명이 빛바래고 명지(明知)가 생기고275) 갈애가 소멸

---

272) "'욕계 존재(kāma-bhava)'란 욕계 존재에 태어날 업(kamma)과 이미 업에서 태어난 무더기들(kamma-abhinibbattā upādinna-kkhandhā), 이 둘을 한 데 묶어서 욕계 존재라고 말했다. 색계 존재 등에도 같은 방법이 적용된다."(MA.ii.347)

273) "'미래에 다시 태어남(āyatiṁ punabbhava-abhinibbatti)'이라고 했다. 이것을 통해서 윤회(vaṭṭa)를 질문한 것이다."(MA.ii.347)
이 질문과 §17의 질문과 사리뿟따 존자의 대답은 12연기의 유전문과 환멸문의 핵심을 개관한다고 할 수 있다. 여기서는 12연기 가운데 괴로움의 원인인 무명행애취유 가운데 가장 근본이 되는 무명과 갈애를 들고 있다. 12연기의 유전문 즉 발생구조의 정형구는 본서 「갈애 멸진의 긴 경」(M38) §17을, 환멸문 즉 소멸구조의 정형구는 §20을 참조할 것. 12연기에 대한 체계적인 설명은 『초기불교 이해』 제15장과 제16장(225~272쪽)을 참조할 것.

274) "'여기저기서 즐기기 때문에(tatra-atatra-abhinandanā)'라는 것은 형색을 즐기고, 소리를 즐기면서 이와 같이 여기저기서 즐긴다는 뜻이다. 이 문구는 윤회를 한다(vaṭṭaṁ vattati)는 것에 대한 그 근원(matthaka)을 나타내는 말이다. 반면에 바로 앞의 두 문구인 '무명에 덮이고 갈애에 속박되어(avijjā-nīvaraṇānaṁ taṇhā-saṁyojanānaṁ)'는 중생들을 수식하는 말이다."(MA.ii.347)

275) "'무명이 빛바래고(avijjā-virāgā)'라는 것은 무명을 부수어 소멸함(khaya-nirodha)에 의해서이고, '명지(明知)가 생기고(vijj-uppādā)'라는 것은 아라한도의 명지(arahatta-magga-vijjā)가 일어남으로써 윤회가 끝난다(vivaṭṭa)는 말이다. 그러면 여기서 만약 '무명이 먼저 소멸하는가(nirud-

하기 때문에 이와 같이 미래에 다시 태어남이 없습니다."

18. "도반이시여, 무엇이 초선(初禪)입니까?"

"도반이여, 여기 비구는 감각적 욕망을 완전히 떨쳐버리고 해로운 법[不善法]들을 떨쳐버린 뒤 일으킨 생각[尋]과 지속적 고찰[伺]이 있고, 떨쳐버렸음에서 생긴 희열[喜]과 행복[樂]이 있는 초선을 구족하여 머뭅니다. 도반이여, 이를 일러 초선이라 합니다."

19. "도반이시여, 초선은 얼마나 많은 구성요소를 가졌습니까?"

"도반이여, 초선은 다섯 가지 구성요소를 가졌습니다. 도반이여, 여기 초선을 증득한 비구에게는 일으킨 생각[尋]과 지속적 고찰[伺]과 희열[喜]과 행복[樂]과 마음이 한 끝에 집중됨[心一境性]이 있습니다. 도반이여, 초선은 이와 같이 다섯 가지 구성요소를 가졌습니다."[276]

20. "도반이시여, 초선에서 얼마나 많은 구성요소들이 버려지고 얼마나 많은 구성요소들을 가지게 됩니까?"

"도반이여, 초선에서 다섯 가지 구성요소들이 버려지고 다섯 가지 구성요소들을 가지게 됩니다. 도반이여, 여기 초선을 증득한 비구에게 감각적 욕망이 버려지고, 악의가 버려지고, 해태와 혼침이 버려지

---

dhā), 혹은 명지가 먼저 일어나는가?(uppannā)'라고 묻는다면 이것은 둘 다 잘못된 질문이다. 마치 등불을 켬(padīp-ujjalana)으로써 어둠이 사라지는 것(andhakāra-vigama)처럼 명지가 일어나면 무명도 이미 소멸하기 때문이다."(MA.ii.347~348)

276) 이것을 '다섯 가지 선의 구성요소(pañca jhānaṅgāni)'라 한다. 이 다섯은 일으킨 생각[尋, vitakka], 지속적 고찰[伺, vicāra], 희열[喜, pīti], 행복[樂, sukha], 심일경성(心一境性, 마음이 한 끝에 집중됨, cittassa ekaggatā = 집중)이고, 한문으로 요약하면 심·사·희·락·정(尋·伺·喜·樂·定)이다. 다섯 가지 선의 구성요소에 대한 자세한 설명은 『아비담마 길라잡이』 1장 §18의 [해설], 특히 151쪽의 도표를 참조할 것.

고, 들뜸과 후회가 [295] 버려지고, 의심이 버려집니다. 일으킨 생각과 지속적 고찰과 희열과 행복과 마음이 한 끝에 집중됨이 있게 됩니다. 도반이여, 초선에서 이와 같이 다섯 가지 구성요소들이 버려지고 다섯 가지 구성요소들을 가지게 됩니다."

21. "도반이시여,[277] 다섯 가지 감각기능인 이들 눈의 기능과 귀의 기능과 코의 기능과 혀의 기능과 몸의 기능은 서로 다른 대상과 다른 영역을 갖고 있어 서로 다른 영역과 대상을 경험하지 않습니다. 도반이시여, 이들 다섯 가지 감각기능이 서로 다른 대상과 다른 영역을 갖고 있어, 서로 다른 영역과 대상을 경험하지 않는다면 무엇이 그들 각자의 의지처이고, 무엇이 그들 각자의 영역과 대상을 경험합니까?"

"도반이여, 다섯 가지 감각기능인 눈의 기능과 귀의 기능과 코의 기능과 혀의 기능과 몸의 기능은 서로 다른 대상과 다른 영역을 갖고 있어 서로 다른 영역과 대상을 경험하지 않습니다. 도반이시여, 이들 다섯 가지 감각기능이 서로 다른 대상과 다른 영역을 갖고 있어, 서로 다른 영역과 대상을 경험하지 않지만 마음[意]이 그들 각자의 의지처이고, 마음이 그들 각자의 영역과 대상을 경험합니다."[278]

---

277) 본경 §21에 나타나는 마하꼿티따 존자와 사리뿟따 존자의 이 대화는 『상윳따 니까야』 제5권 「운나바 바라문 경」(S48:42) §3에서는 운나바 바라문과 세존의 대화로도 나타난다. 그리고 본경에서는 오근(§21)-마노[意, §21]-수명(§22)-온기(§22)-느낌(§23)으로 대화가 진전되지만 거기서는 오근(§3)-마노(§4)-마음챙김(§5)-해탈(§6)-열반(§7)의 순서로 진행이 되고 있다.

278) "'마음이 그들 각자의 의지처이다(mano paṭisaraṇaṁ).'라는 것은 속행의 마음(javana-mano)이 그들 각자의 의지처가 됨을 말하고, '마음이 그들 각자의 영역과 대상을 경험한다(mano ca nesaṁ gocara-visayaṁ paccanu-bhoti).'라는 것은 마음의 문[意門]을 통한 속행의 마음(mano-dvārika-javana-mano)이나 다섯 가지 문[五門]을 통한 속행의 마음(pañca-dvārika-javana-mano)이 그들 각자의 영역과 대상(gocara-visaya)을

22. "도반이시여, 다섯 가지 감각기능인 이들 눈의 기능과 귀의 기능과 코의 기능과 혀의 기능과 몸의 기능은 무엇을 조건으로 존재합니까?"

"도반이여, 다섯 가지 감각기능인 이들 눈의 기능과 귀의 기능과 코의 기능과 혀의 기능과 몸의 기능은 수명을 조건하여 존재합니다."

"도반이시여, 수명은 무엇을 조건으로 존재합니까?"

"수명은 온기를 조건하여 존재합니다."

"도반이시여, 온기는 무엇을 조건으로 존재합니까?"

"온기는 수명을 조건하여 존재합니다."[279)]

"도반이시여, 이제 우리는 사리뿟따 존자의 말씀을 이렇게 이해합니다. '수명은 온기를 조건하여 존재하고, 온기는 수명을 조건하여 존재한다.'라고. 도반이시여, 그러면 이 말씀의 뜻을 어떻게 봐야 합니까?"

"도반이여, 그렇다면 비유를 들겠습니다. 비유를 통해서 여기 어떤 지자들은 이 말의 뜻을 이해할 것입니다. 도반이여, 예를 들면 기름등불이 타고 있을 때 불꽃에 의지하여 빛이 드러나고 빛을 의지하여 불꽃이 드러나는 것과 같습니다. 도반이여, 이와 같이 수명은 온기를

애착하거나(rajjana) 싫어하거나(dussana) 미혹함(muyhana)을 경험한다(anubhoti)는 말이다. 눈의 알음알이는 형색을 볼 뿐 애착하거나 싫어하거나 미혹함이 없기 때문이다. 귀의 알음알이 등에도 이 방법이 적용된다."(MA.ii.349)

279) "'온기는 수명을 조건하여(usmā āyuṁ paṭicca)'라는 것은 생명 기능[命根, jīvit-indriya]을 조건하여 존재한다는 말이고, '수명은 온기를 조건하여(āyu usmaṁ paṭicca)'라는 것은 생명기능이 업에서 생긴 불의 요소(kammaja-teja)를 조건하여 존재한다는 말이다. 업에서 생긴 이 불의 요소도 생명 기능 없이는 존재할 수 없으므로 온기는 수명을 조건하여 존재한다고 말한 것이다."(MA.ii.349~350)

조건하여 존재하고, 온기는 수명을 조건하여 존재합니다."

23. "도반이시여, 수명280)이라는 것은 느낌과 동일합니까, 아니면 수명과 느낌은 서로 다른 것입니까?"

"도반이여, [296] 그 수명은 느낌과 동일하지 않습니다. 도반이여, 수명이 느낌과 같은 것이라면 비구가 상수멸을 증득했을 때 그것에서 출정하는 것이 분명하지가 않습니다. 도반이여, 수명과 느낌은 서로 다르기 때문에 비구가 상수멸을 증득했을 때 그것에서 출정하는 것이 분명합니다."281)

24. "도반이시여, 얼마나 많은 법들이 이 몸을 떠날 때 이 몸은 마치 무정물인 통나무처럼 내던져지고 내팽개쳐져서 누워있게 됩니까?"

"도반이여, 수명과 온기와 알음알이282)의 세 가지 법들이 이 몸을

---

280) 본경에서 '수명'은 āyu-saṅkhārā를 옮긴 것이다. 이것은 āyu(수명) + saṅ-khārā(형성된 것들)로 분해된다. 이것은 '수명의 상카라들'이나 '수명의 형성들'로 직역할 수 있겠지만 주석서에서 "그 뜻은 그냥 수명이다(āyum eva)."(MA.ii.350)라고 설명하고 있어서 '수명'으로 옮겼다.

281) '상수멸(想受滅, saññā-vedayita-nirodha, 인식과 느낌의 소멸)'은 불환자나 아라한만이 들 수 있는 증득으로 여기서는 모든 심소법들이 다 가라앉는다. 그러나 온기(usma)가 남아있기 때문에 죽은 자와 다르다. 그러므로 만약 수명(āyu)이 느낌과 동일한 것이라면 상수멸에서 수명도 가라앉아버려 다시 그 증득에서 출정할 수가 없게 되고 만다. 그러므로 수명과 느낌은 서로 다르다고 말한다.
상수멸은 멸진정(滅盡定, nirodha-samāpatti)과 동의어로 쓰인다. 특히 주석서에서는 더욱 그러하다. 이미 니까야에서 "비구여, 상수멸의 요소라는 이러한 요소는 소멸의 증득[滅盡定]으로 얻어진다."(S14:11 §5)라고 나타난다. 상수멸과 멸진정에 대해서는 『상윳따 니까야』 제2권 「일곱 요소 경」(S14:11) §5의 주해를 참조할 것.
그리고 상수멸 혹은 멸진정에 대한 여러 논의는 『청정도론』 제23장 §9 이하에 상세하게 설명되어 있으니 참조할 것.
상수멸은 본서 「교리문답의 짧은 경」(M44) §16이하에도 잘 논의되고 있으므로 참조할 것.

떠날 때 이 몸은 마치 무정물인 통나무처럼 내던져지고 내팽개쳐져서 누워있게 됩니다."[283]

25. "도반이시여, 죽어 생을 마친 자와 상수멸을 증득한 비구의 차이점은 무엇입니까?"[284]

"도반이여, 죽어 생을 마친 자는 몸의 작용들[身行]이 소멸하여 가라앉고, 말의 작용들[口行]이 소멸하여 가라앉고, 마음의 작용들[心行][285]이 소멸하여 가라앉고, 수명이 다하고, 온기가 식어버리고, 감

---

282) "'수명(āyu)'이란 물질의 생명 기능(rūpa-jīvit-indriya)을, '온기(usma)'란 업에서 생긴 불의 요소(kammaja-tejo-dhātu)를, '알음알이(viññāṇa)'는 마음(citta)을 말한다. 이 세 가지가 이 물질의 몸을 떠날 때 이 몸은 마치 무정물(acetana)인 통나무(kaṭṭha)처럼 땅 위에 내던져져 누워있게 된다는 말이다."(MA.ii.351)
참고로 생명기능은 물질의 생명 기능과 정신의 생명 기능 두 가지가 있다. 정신의 생명기능에 대해서는 『아비담마 길라잡이』 제2장 §2의 [해설] 6을, 물질의 생명기능은 제6장 §3의 [해설] 6을 참조할 것.

283) 사리뿟따 존자의 이 설명은 『상윳따 니까야』 제3권 「포말 경」(S22:95) §3의 네 번째 게송에 나타나는,

> "생명과 온기와 알음알이가 이 몸을 떠나면
> 그것은 던져져서 의도 없이 누워 있고
> 남들의 음식이 될 뿐이로다."{4}

라는 말씀과 비슷하다. 그리고,

> "오래지 않아 이 몸도 땅 위에 누워 있으리니
> 알음알이가 떠나 내팽개쳐져 쓸모없는 나무토막처럼."(Dhp {41})
> (aciraṁ vatayaṁ kāyo, pathaviṁ adhisessati
> chuddho apetaviññāṇo, niratthaṁva kaliṅgaraṁ)

이라는 『법구경』(Dhp.6) {41}도 참조할 것.

284) 본경 §25는 『상윳따 니까야』 제4권 「까마부 경」 2(S41:6) §8과 같다.

285) 여기서 '몸의 작용들[身行]'과 '말의 작용들[口行]'과 '마음의 작용들[心行]'은 각각 kāya-saṅkhāra와 vacī-saṅkhāra, citta-saṅkhāra를 옮긴 것이다. 여기서 saṅkhāra를 '의도적 행위'로 옮기지 않고 '작용'으로 옮긴 이유에 대해서는 본서 「교리문답의 짧은 경」(M44) §§13~15와 주해들을 참

각기능들이 완전히 파괴됩니다. 그러나 상수멸을 증득한 비구는 몸의 작용들이 소멸하여 가라앉고, 말의 작용들이 소멸하여 가라앉고, 마음의 작용들이 소멸하여 가라앉지만, 수명은 다하지 않고 온기가 식지 않고 감각기능들은 아주 분명합니다. 도반이여, 이것이 죽어 생을 마친 자와 상수멸을 증득한 비구의 차이점입니다."

26. "도반이시여, 괴롭지도 즐겁지도 않은 마음의 해탈을 증득하기 위해서는 얼마나 많은 조건이 있습니까?"286)

"도반이여, 괴롭지도 즐겁지도 않은 마음의 해탈을 증득하기 위해서는 네 가지 조건이 있습니다. 도반이여, 여기 비구는 행복도 버리고 괴로움도 버리고, 아울러 그 이전에 이미 기쁨과 슬픔을 소멸하였으므로 괴롭지도 즐겁지도 않으며, 평온으로 인해 마음챙김이 청정한[捨念淸淨] 제4선(四禪)을 구족하여 머뭅니다. 도반이여, 괴롭지도 즐겁지도 않은 마음의 해탈을 증득하기 위해서는 이들 네 가지 조건들이 있습니다."

27. "도반이시여, 표상 없는[無相]287) 마음의 해탈288)을 증득하

조할 것.

286) "'괴롭지도 즐겁지도 않은 마음의 해탈을 증득함(adukkhamasukhāya cetovimuttiyā samāpatti)'이라고 하였다. 여기서는 무엇을 질문한 것인가? 상수멸(nirodha)에 대해서 틈 없이 뒤따르는 조건[無間緣, anantara-paccaya]이 되는 비상비비상처를 질문한 것이다. 그러나 [사리뿟따 존자의] 대답은 '즐거움도 버리고' 등의 [제4선을 통한] 네 가지(즐거움, 괴로움, 기쁨, 슬픔) 버림이라는 조건들(apagamana-paccayā)을 말하고 있다."(MA.ii.352)

287) "'표상 없는[無相, animittā]'이라고 한 것은 상수멸에서 출정하는 과의 증득(nirodhato vuṭṭhānaka-phala-samāpatti)에 대해 묻는 것이다. 나머지 다른 증득에서 출정할 때에는 잠재의식을 통해 하지만 상수멸에서 출정할 때에는 과의 증득을 통해 하기 때문에 그것을 질문하는 것이다."(MA.ii.352) 표상 없음[無相]에 대한 설명은 『상윳따 니까야』 제4권 「표상 없음 경」

기 위해서는 얼마나 많은 조건이 있습니까?"

"도반이여, 표상 없는 마음의 해탈을 증득하기 위해서는 두 가지 조건이 있습니다. 즉 모든 표상들을 마음에 잡도리하지 않음과 표상이 없는 요소[界]를 마음에 잡도리함입니다.[289] 도반이여, 표상 없는 마음의 해탈을 증득하기 위해서는 이 두 가지 조건이 있습니다."

28. "도반이시여, 표상 없는 마음의 해탈을 지속시키기 위해서는 얼마나 많은 조건이 있습니까?"

"도반이여, 표상 없는 마음의 해탈을 지속시키기 위해서는 세 가지 조건이 있습니다. 모든 [297]표상들을 마음에 잡도리하지 않음과 표상이 없는 요소를 마음에 잡도리함과 이 증득에 들기 전의 결심입니다. 도반이여, 표상 없는 마음의 해탈을 지속시키기 위해서는 이 세 가지 조건이 있습니다."

29. "도반이시여, 표상 없는 마음의 해탈에서 출정하기 위해서는 얼마나 많은 조건이 있습니까?"

"도반이여, 표상 없는 마음의 해탈에서 출정하기 위해서는 두 가지 조건이 있습니다. 모든 표상들을 마음에 잡도리함과 표상이 없는

(S40:9)의 주해들도 참조할 것. 그리고 '표상(nimitta)'의 의미에 대해서는 본서 제3권 「보름밤의 긴 경」(M109) §13의 주해를 참조할 것.

288) '표상 없는 마음의 해탈(animittā cetovimutti)'에 대해서는 본경 §34의 주해를 참조할 것.

289) "'모든 표상(sabba-nimittā)'이란 형색 등 모든 대상을 말하고, '표상이 없는 요소를 마음에 잡도리함(animittāya dhātuyā manasikāra)'이란 모든 표상에서 벗어난 열반의 요소(nibbāna-dhātu)를 마음에 잡도리하는 것을 말한다. 이것은 과의 증득과 함께 생긴 마음에 잡도리함을 두고 말한 것이다. 이와 같이 앞에서 상수멸의 토대(pādaka)가 되는 초선을 설명했고, 상수멸에게 틈 없이 뒤따르는 조건(anantara-paccaya)이 된 비상비비상처를 설명했고, 여기서는 상수멸에서 출정하는 과의 증득을 다루었다."(MA.ii.352)

요소를 마음에 잡도리하지 않음입니다. 도반이여, 표상 없는 마음의 해탈에서 출정하기 위해서는 이들 두 가지 조건이 있습니다."

30. "도반이시여,290) 무량한 마음의 해탈과 무소유의 마음의 해탈과 공한 마음의 해탈과 표상 없는 마음의 해탈이라고 하는 이 법들은 뜻도 다르고 표현도 다른 것입니까, 아니면 뜻은 같고 표현만 다른 것입니까?"291)

"도반이여, 방편이 있는데, 그 방편에 따라 이 법들은 그 뜻도 다르고 표현도 다르며, 방편에 따라서는 뜻은 같고 표현만 다릅니다."

31. "도반이시여, 어떤 방편이 있어, 그 방편에 따라서는 이 법들은 뜻도 다르고 표현도 다릅니까?"

"도반이여, 여기 비구는 자애가 함께한 마음으로 한 방향을 가득

---

290) 이하 본경의 §§30~37은 『상윳따 니까야』 제4권 「고닷따 경」(S41:7) §§3~13과 같은 내용을 담고 있다. 거기서는 고닷따 존자와 찟따 장자가 본경과 같은 내용으로 대화를 나누고 있다.

291) "여기서 문자가 서로 다른 것은 분명하다. 뜻으로 보면, '무량한 마음의 해탈(appamāṇā cetovimutti)'은 경지(bhūmantara)로는 고귀한(mahaggatā) 색계에 속하고(rūpāvacarā) 대상(ārammaṇa)으로는 중생과 개념(satta-paṇṇatti)을 대상으로 가진다.
'무소유(ākiñcaññā)의 마음의 해탈'은 경지로는 고귀한 무색계에 속하고(arūpāvacarā) 대상으로는 말할 수 없는 것(navattabba)을 대상으로 가진다.
복주서에서는 "말할 수 없는 것이란 욕계의 것 등이나 과거의 것 등이나 안의 것 등으로 그 대상을 말할 수 없다. 열반을 대상으로 하는 과의 증득(nibbāna-ārammaṇa-phalasamāpatti)이기 때문이다."(MAṬ.ii.277)라고 설명하고 있다.
'공한(suññatā) 마음의 해탈'은 경지로는 욕계에 속하고(kāmāvacarā) 대상으로는 형성된 것들(saṅkhārā)을 대상으로 가진다. 여기서 공함은 위빳사나와 동의어이다.
'표상 없는(animittā) 마음의 해탈'은 경지로는 출세간에 속하고(lokuttarā) 대상으로는 열반(nibbāna)을 대상으로 가진다."(SA.iii.98)

채우면서 머뭅니다. 그처럼 두 번째 방향을, 그처럼 세 번째 방향을, 그처럼 네 번째 방향을 자애가 함께한 마음으로 가득 채우면서 머뭅니다. 이와 같이 위로, 아래로, 옆으로, 모든 곳에서 모두를 자신처럼 여기고, 모든 세상을 풍만하고, 광대하고, 무량하고, 원한 없고, 악의 없는, 자애가 함께한 마음으로 가득 채우면서 머뭅니다.

연민이 함께한 마음으로 … 더불어 기뻐함이 함께한 마음으로 … 평온이 함께한 마음으로 한 방향을 가득 채우면서 머뭅니다. 그처럼 두 번째 방향을, 그처럼 세 번째 방향을, 그처럼 네 번째 방향을 평온이 함께한 마음으로 가득 채우면서 머뭅니다. 이와 같이 위로, 아래로, 옆으로, 모든 곳에서 모두를 자신처럼 여기고, 모든 세상을 풍만하고, 광대하고, 무량하고, 원한 없고, 악의 없는, 평온이 함께한 마음으로 가득 채우면서 머뭅니다. 도반이여, 이를 일러 무량한 마음의 해탈이라 합니다."

32. "도반이시여, 어떤 것이 무소유의 마음의 해탈입니까?"

"도반이여, 여기 비구는 일체 식무변처를 완전히 초월하여 '아무것도 없다.'라고 하면서 무소유처를 구족하여 머뭅니다. 도반이여, 이를 일러 무소유의 마음의 해탈이라 합니다."

33. "도반이시여, 어떤 것이 공한 마음의 해탈입니까?"

"도반이여, 여기 비구는 숲 속에 가거나 나무 아래에 가거나 빈방에 가서 '이것은 자아나 자아에 속한 것[292]이 공하다.'[293]라고 숙고합니다. 도반이여, [298] 이를 일러 공한 마음의 해탈이라 합니다."[294]

---

292) "여기서 '자아에 속한 것(attaniya)'이란 옷 등의 필수품이라 불리는 것(cīvarādi-parikkhāra-saṅkhāta)을 말한다."(MA.ii.353)

293) 이 문장은 본서 제3권 「흔들림 없음에 적합한 길 경」(M106) §7에서 '무소유처에 적합한 두 번째 도닦음'을 설명하는 곳에 나타나고 있다.

34. "도반이시여, 어떤 것이 표상 없는 마음의 해탈입니까?"

"도반이여, 여기 비구는 모든 표상을 마음에 잡도리하지 않고 표상 없는 마음의 삼매를 증득하여 머뭅니다. 도반이여, 이를 일러 표상 없는 마음의 해탈이라 합니다.

도반이여, 이런 방편이 있어, 이 방편에 따라서는 이 법들은 뜻도 다르고 표현도 다릅니다."

35. "도반이시여, 어떤 방편이 있어, 그 방편에 따라서는 이 법들은 뜻은 같고 표현만 다릅니까?"

"도반이여, 탐욕은 한계를 만들고, 성냄은 한계를 만들고, 어리석음은 한계를 만듭니다.[295] 번뇌 다한 비구는 이들을 제거하고, 그 뿌리를 자르고, 줄기만 남은 야자수처럼 만들고, 멸절시켜, 미래에 다시는 일어나지 않게끔 합니다. 도반이여, 모든 무량한 마음의 해탈[296] 가운데서 확고부동한 마음의 해탈[297]을 최상이라고 합니다.

---

294) 주석서는 '공한 마음의 해탈(suññatā cetovimutti)'에 대해서는 설명을 달지 않고 있다. 그러나 앞의 주해들을 참조해서 설명하자면 공한 마음의 해탈은 제법무아를 통찰하는 위빳사나에 기반을 한 삼매와 네 가지 도와 네 가지 과의 9가지가 여기에 속한다고 할 수 있다.

295) "'한계를 만든다(rāga pamāṇa-karaṇa).'라고 말했다. 예를 들면 산기슭에 썩은 나뭇잎들이 쌓여 있는 물이 있는데 검은색으로 변해 있어서 쳐다보면 100길이나 되는 깊은 곳(byāma-sata-gambhīra)으로 보인다. 그러나 실제로 나무 막대기나 밧줄로 재어보면(minanta) 등짝 정도에도 채 미치지 못하듯이, 탐욕 등이 일어나지 않으면 그 사람을 인식할 수가 없다. 그는 마치 예류자, 일래자, 불환자처럼 보인다. 그러나 일단 그에게 탐욕 등이 일어나면 그가 탐하는 자(ratta)인지, 성내는 자(duṭṭha)인지, 어리석은 자(mūḷha)인지를 알 수 있다. 이와 같이 이 법들은 '이 사람은 이런 사람이다.'라고 사람에게 한계(pamāṇa)를 보여주는 것처럼 일어나기 때문에 한계를 만든다고 했다."(MA.ii.354)

296) "'모든 무량한 마음의 해탈(yāvatā appamāṇā cetovimuttiyo)'이란 열두 가지 마음의 해탈을 말한다. 즉 네 가지 거룩한 마음[四梵住, brahma-

이 확고부동한 마음의 해탈이야말로 탐욕이 공하고 성냄이 공하고 어리석음이 공합니다."

36. "도반이여, 탐욕은 그 무엇이 있는 것이고, 성냄은 그 무엇이 있는 것이고, 어리석음은 그 무엇이 있는 것입니다.[298] 번뇌 다한 비구는 이들을 제거하고, 그 뿌리를 자르고, 줄기만 남은 야자수처럼 만들고, 멸절시켜, 미래에 다시는 일어나지 않게끔 합니다. 도반이여, 무소유의 마음의 해탈 가운데서[299] 확고부동한 마음의 해탈을 최상이라고 합니다. 이 확고부동한 마음의 해탈이야말로 탐욕이 공하고 성냄이 공하고 어리석음이 공합니다."[300]

---

vihārā], 네 가지 도, 네 가지 과를 말한다. 이 중에서 네 가지 거룩한 마음은 확장하는 범위가 무량하기 때문(pharaṇa-appamāṇatā)이고, 나머지는 한계를 짓는(pamāṇa-karaṇa) 오염원들이 없기(abhāva) 때문에 무량하다.." (MA.ii.354)

297) "'확고부동한 마음의 해탈(akuppā ceto-vimutti)'이란 아라한과의 마음의 해탈을 말한다. 이것이 그들 가운데 가장 높기 때문에(sabba-jeṭṭhikā) '최상'이라 한다(aggam akkhāyati)."(MA.ii.354)

298) "'탐욕은 그 무엇이 있는 것이다(rāgo kho kiñcano).'에서 탐욕은 일어나면 사람을 방해하고(kiñcati) 밟아 뭉개고(maddati) 훼손한다(palibundhati). 그래서 그 무엇(kiñcana)이라고 한다."(MA.ii.354)
이처럼 주석서는 그 무엇이 있는 것(kiñcana)이란 방해하고 장애하는 것이라고 설명한다.

299) "'무소유의 마음의 해탈(ākiñcaññā cetovimutti)'에는 9가지가 있으니, 그것은 무소유처(ākiñcaññ-āyatana)와 네 가지도와 네 가지 과이다. 이 가운데 무소유처는 어떤 것(kiñcana)도 대상으로 가지지 않기 때문에 무소유라 불린다. 도와 과는 어떠한 괴롭히고 방해하는 오염원(maddana-palibundhana-kilesa)들도 존재하지 않기 때문에 무소유이며, 열반도 무소유이다."(MA.ii.354)

300) 초기불전에서 공(空, suññata)에 대한 논의는 본서 제4권 「공(空)에 대한 짧은 경」(M121)에 잘 나타나고 있으므로 참조할 것. 특히 이 경 §3의 주해를 참조할 것.

37. "도반이여, 탐욕은 표상을 만들고 성냄은 표상을 만들고 어리석음은 표상을 만듭니다.301) 번뇌 다한 비구는 이들을 제거하고, 그 뿌리를 자르고, 줄기만 남은 야자수처럼 만들고, 멸절시켜, 미래에 다시는 일어나지 않게끔 합니다. 도반이여, 표상 없는 마음의 해탈302) 가운데서 확고부동한 마음의 해탈을 최상이라고 합니다. 이 확고부동한 마음의 해탈이야말로 탐욕이 공하고 성냄이 공하고 어리석음이 공합니다.

도반이여, 이런 방편이 있어, 이 방편에 따라서는 이 법들은 뜻은 같고 표현만 다릅니다."303)

---

301) "'탐욕은 표상을 만들고(rāgo nimitta-karaṇo)' 등이라 했다. 예를 들면 두 가문에 비슷한 두 마리 소가 있다 하자. 그들에게 특징(lakkhaṇa)을 표해놓지 않으면 '이것은 어떤 집안의 소이고, 이것은 어떤 집안의 소다.'라고 알 수가 없을 것이다. 그러나 그들의 말뚝 등에다 어떤 표시를 해두면 알 수가 있다. 그와 마찬가지로 사람에게 탐욕이 일어나지 않을 때는 이 사람이 성인인지, 범부인지 알 수가 없다. 그러나 탐욕은 일어나는 순간 '이 사람은 탐욕을 가졌다.'라고 인식하는 표상(sañjānana-nimitta)을 만들듯이 일어나기 때문에 표상을 만든다고 한 것이다. 성냄과 어리석음에도 같은 방법이 적용된다."(MA.ii.354~355)

302) "'표상 없는 마음의 해탈(animittā cetovimutti)'이란 위빳사나, 네 가지 무색계, 네 가지 도, 네 가지 과의 열세 가지 법을 말한다. 이 중에서 위빳사나는 영원하다는[常, nicca] 표상, 행복이라는[樂, sukha] 표상, 자아라는[我, attā] 표상을 부수기 때문에 표상이 없는 것(animittā)이라고 하고, 네 가지 무색계는 색계의 표상(rūpa-nimitta)이 없기 때문에 표상이 없는 것이라고 하고, 도와 과는 표상을 짓는 오염원들(kilesā)이 없기 때문에 표상이 없는 것이라 한다."(MA.ii.355)

303) "'뜻이 같다(ekatthā).'는 것은 대상(ārammaṇa)을 통해서 그렇게 말했다. 무량(appamāṇa)과 무소유(ākiñcañña)와 공함(suññatā)과 표상 없음(animitta)의 이 모든 법들은 열반의 다른 이름이다. 이와 같이 이러한 방편(pariyāya)에 따라서는 뜻이 같다.
'표현이 다르다(nānābyañjanā).'라는 것은 이처럼 어떤 곳에서는 무량하다고 했고, 다른 곳에서는 무소유라고 했고, 또 다른 곳에서는 공하다고 했고,

사리뿟따 존자는 이와 같이 설했다. 마하꼿티따 존자는 흡족한 마음으로 사리뿟따 존자의 설법을 크게 기뻐했다.

교리문답의 긴 경(M43)이 끝났다.

또 다른 곳에서는 표상이 없다고 한 것을 말한다. 이와 같이 이러한 방편에 따라서는 표현이 다른 것이다."(MA.ii.355)

교리문답의 짧은 경

Cūḷa-vedalla Sutta(M44)

1. 이와 같이 나는 들었다. [299] 한때 세존께서는 라자가하 대나무 숲의 다람쥐 보호구역에 머무셨다. 그때 위사카 청신사[304]는 담마딘나 비구니[305]를 만나러 갔다. 가서 담마딘나 비구니에게 절을

---

304) 위사카 청신사(Visākha upāsaka)는 담마딘나(Dhammadinnā)의 남편이었다.(사왓티에 사는 녹자모의 남편 위사카가 아님.) 그는 라자가하(Rājagaha)의 부유한 상인이었는데 세존께서 깨달음을 성취하신 뒤 첫 번째로 라자가하에 와서 빔비사라(Bimbisāra) 왕을 만날 때 함께 배석해 있었다. 그때 그는 설법을 듣고 예류자가 되었으며 나중에 불환자까지 되었다. 그는 불환자가 되고 나서부터 아내에 대한 태도가 완전히 바뀌었으며 아내에게 그의 모든 재산을 물려주고 원하는 대로 하라고 자유를 주었다. 그녀는 출가하기를 원했고, 위사카는 빔비사라 왕에게 이 말을 전했으며, 왕은 그녀의 출가를 기념하기 위해서 온 도시를 장식하도록 하고 황금 가마(sovaṇṇasivikā)에 태워서 그녀를 출가하게 했다고 한다.(MA.ii.355f)

305) 담마딘나 비구니(Dhammadinnā bhikkhunī)는 라자가하의 거부 위사카(Visākha) 장자의 아내였다. 그녀는 부처님의 설법을 듣고 불환자가 된 남편의 동의를 받아 출가하였다. 남편은 그녀를 황금 가마에 태워서 출가시켰다고 한다. 출가하여 숲 속에서 홀로 거주하며 수행을 하여 무애해를 갖춘 아라한이 되었다. 아라한이 되어 라자가하로 세존을 뵈러 갔다가 남편을 만나서 나눈 대화가 바로 본경(M44)이다.(MA.ii.355~358)
비구니의 설법이 경으로 남은 경우는 드문데 본 「교리문답의 짧은 경」은 담마딘나 장로니의 깊은 통찰지를 유감없이 보여주는 경이다. 이 경을 통해

올리고 한 곁에 앉았다. 한 곁에 앉아서 위사카 청신사는 담마딘나 비구니에게 이렇게 물었다.

2. "스님, '존재 더미[有身],306) 존재 더미'라고 합니다. 스님, 세존께서는 무엇을 존재 더미라고 하셨습니까?"

"도반 위사카여, 세존께서는 취착의 [대상인] 이들 다섯 가지 무더기[五取蘊]들을 존재 더미라고 하셨습니다. 그것은 취착의 [대상인] 물질의 무더기[色取蘊], 취착의 [대상인] 느낌의 무더기[受取蘊], 취착의 [대상인] 인식의 무더기[想取蘊], 취착의 [대상인] 심리현상들의 무더기[行取蘊], 취착의 [대상인] 알음알이의 무더기[識取蘊]입니다. 도반 위사카여, 세존께서는 취착의 [대상인] 이들 다섯 가지 무더기들을 존재 더미라고 하셨습니다."307)

서 왜 세존께서는 『앙굿따라 니까야』 「하나의 모음」(A1:14:6-5)에서 담마딘나 장로니를 두고 "법을 설하는 [비구니들] 가운데서 담마딘나가 으뜸이다."라고 칭찬하셨는지 충분히 알 수 있다.

그리고 니까야에 전해오는 대표적인 비구니 스님들의 설법으로는 케마 비구니 스님(Khemā bhikkhunī)이 설하신 『상윳따 니까야』 제4권의 「케마 경」(S44:1)과 『앙굿따라 니까야』 제6권에 전해오는 까장갈라 비구니 스님(Kajaṅgalā bhikkhuni)의 「큰 질문 경」 2(A10:28)와 본경을 들 수 있다.

306) '존재 더미[有身]'는 sakkāya(Sk. satkāya)를 옮긴 것이다. 『상윳따 니까야』와 『앙굿따라 니까야』 등에서는 주로 '자기 존재'로 옮겼는데 sakkāya를 '존재하는 법의 적집(dhamma-samūha)'으로 설명하고 있는 복주서(MAṬ.ii.227)를 존중하여 본서 전체에서는 '존재 더미'로 통일하고 있다. 여기에 대해서는 본서 제3권 「다섯과 셋 경」(M102) §12의 주해도 참조할 것.

307) 본경 §§2~5에서는 존재 더미[有身, sakkāya]를 통해서 사성제에 대해서 문답을 나누고 있다. 일반적으로 사성제의 고성제는 여덟 가지 괴로움[八苦]로 정의되는데(본서 제4권 「진리의 분석 경」(M141) §10과 제1권 「바른 견해 경」(M9) §15 참조) 본경에서는 존재 더미[有身]로 설명하고 있는 것이 특이하다. 그러나 팔고(八苦)의 핵심이 "요컨대 취착의 [대상인] 다섯 가지 무더기[五取蘊]가 괴로움이다."라고 표현되는 여덟 번째 오취온고인데 여기서도 존재 더미를 취착의 [대상인] 다섯 가지 무더기[五取蘊]로 설명하고 있기 때문에 이것은 오취온고와 같은 입장이 된다.

"장하십니다, 스님."이라고 위사카 청신사는 담마딘나 비구니의 설명을 환희하고 기뻐하면서 담마딘나 비구니에게 다음 질문을 했다.

3. "스님, '존재 더미의 일어남, 존재 더미의 일어남'이라고 합니다. 스님, 세존께서는 무엇을 존재 더미의 일어남이라 하셨습니까?"

"도반 위사카여, 그것은 다시 태어남을 가져오고 향락과 탐욕이 함께하며 여기저기서 즐기는 갈애이니, 즉 감각적 욕망에 대한 갈애[欲愛], 존재에 대한 갈애[有愛], 존재하지 않는 것에 대한 갈애[無有愛]입니다. 도반 위사카여, 세존께서는 이를 일러 존재 더미의 일어남이라 하셨습니다."

4. "스님, '존재 더미의 소멸, 존재 더미의 소멸'이라고 합니다. 스님, 세존께서는 무엇을 존재 더미의 소멸이라 하셨습니까?"

"도반 위사카여, 그 갈애가 남김없이 빛바래어 소멸함, 버림, 놓아 버림, 벗어남, 집착 없음입니다. 도반 위사카여, 세존께서는 이를 일러 존재 더미의 소멸이라 하셨습니다."

5. "스님, '존재 더미의 소멸로 인도하는 도닦음, 존재 더미의 소멸로 인도하는 도닦음'이라고 합니다. 스님, 세존께서는 무엇을 존재 더미의 소멸로 인도하는 도닦음이라 하셨습니까?"

"도반 위사카여, 그것은 성스러운 팔정도[八支聖道]이니, 즉 바른 견해[正見], 바른 사유[正思惟], 바른 말[正語], 바른 행위[正業], 바른 생계[正命], 바른 정진[正精進], 바른 마음챙김[正念], 바른 삼매[正定]입니다. 도반 위사카여, 세존께서는 이를 일러 존재 더미의 소멸로 인도하는 도닦음이라 하셨습니다."

6. "스님, 그러면 취착과 취착의 [대상인] 다섯 가지 무더기는

같습니까, 아니면 취착과 취착의 [대상인] 다섯 가지 무더기는 다른 것입니까?"

"도반 위사카여, 이 취착은 취착의 [대상인] 다섯 가지 무더기와 같은 것도 아니고, [300] 취착의 [대상인] 다섯 가지 무더기와 다른 것도 아닙니다. 도반 위사카여, 취착의 [대상인] 다섯 가지 무더기에 대한 열망과 탐욕이 취착입니다."308)

7. "스님, 그러면 어떻게 해서 [불변하는] 존재 더미가 있다는 견해[有身見]가 생깁니까?"309)

"도반 위사카여, 여기 배우지 못한 범부는 성자들을 친견하지 못하고 성스러운 법에 능숙하지 못하고 성스러운 법에 인도되지 못하고, 바른 사람들을 친견하지 못하고 바른 사람들의 법에 능숙하지 못하고 바른 사람들의 법에 인도되지 않아서,310) 물질을 자아라고 관찰하고, 물질을 가진 것이 자아라고 관찰하고, 자아 안에 물질이 있다고 관찰하고, 물질 안에 자아가 있다고 관찰합니다. 느낌을 자아라고 관찰하고, 느낌을 가진 것이 자아라고 관찰하고, 자아 안에 느낌이 있다고 관찰하고, 느낌 안에 자아가 있다고 관찰합니다. 인식을 자아라고 관찰하고, 인식을 가진 것이 자아라고 관찰하고, 자아 안에 인식이 있다고 관찰하고, 인식 안에 자아가 있다고 관찰합니다. 심리현상들을 자아라고 관찰하고, 심리현상들을 가진 것이 자아라고 관찰하고, 자아 안에 심리현상들이 있다고 관찰하고, 심리현상들 안에 자아가 있다고 관찰합니다. 알음알이를 자아라고 관찰하고, 알음알

---

308) 본경 §6은 본서 제3권 「보름밤의 긴 경」(M109) §6과 같다.

309) 본경 §§7~8은 본서 제3권 「보름밤의 긴 경」(M109) §§10~11과 같다.

310) 이 '배우지 못한 범부(assutavā puthujjana)'에 대한 정형구의 설명은 본서 제1권 「뿌리에 대한 법문 경」(M1) §3의 주해들을 참조할 것.

이를 가진 것이 자아라고 관찰하고, 자아 안에 알음알이가 있다고 관찰하고, 알음알이 안에 자아가 있다고 관찰합니다.[311] 도반 위사카여, 이렇게 해서 [불변하는] 존재 더미가 있다는 견해[有身見]가 생깁니다."

8. "스님, 그러면 어떻게 해서 [불변하는] 존재 더미가 있다는 견해[有身見]가 생기지 않습니까?"

"도반, 위사카여, 잘 배운 성스러운 제자는 성자들을 친견하고 성스러운 법에 능숙하고 성스러운 법에 인도되고, 바른 사람들을 친견하고 바른 사람들의 법에 능숙하고 바른 사람들의 법에 인도되어서, 물질을 자아라고 관찰하지 않고, 물질을 가진 것이 자아라고 관찰하지 않고, 자아 안에 물질이 있다고 관찰하지 않고, 물질 안에 자아가 있다고 관찰하지 않습니다. 느낌을 자아라고 관찰하지 않고, 느낌을 가진 것이 자아라고 관찰하지 않고, 자아 안에 느낌이 있다고 관찰하지 않고, 느낌 안에 자아가 있다고 관찰하지 않습니다. 인식을 자아라고 관찰하지 않고, 인식을 가진 것이 자아라고 관찰하지 않고, 자

---

311) 주석서는 이 가운데 '오온을 자아라고 관찰하는 것'은 단견(斷見, uccheda-diṭṭhi)과 비존재에 대한 견해[無有見, vibhava-diṭṭhi]에 속하고, 나머지 셋은 상견(常見, sassata-diṭṭhi)과 존재에 대한 견해[有見, bhava-diṭṭhi]에 속한다고 설명한다. 그러므로 20가지 유신견 가운데 5가지는 단견에, 15가지는 상견에 속하게 된다.

주석서는 또한 이 20가지 [불변하는] 존재 더미가 있다는 견해[有身見]는 모두 도에 장애가 되고(magg-āvaraṇā), 천상에 장애가 되며(sagg-āvaraṇā), 첫 번째 도(예류도)에 의해서 모두 제거된다(paṭhama-magga-vajjhā)고 덧붙이고 있다.(SA.ii.254~255)

20가지 유신견의 각각에 대한 주석서적인 설명은 『상윳따 니까야』 제2권 「나꿀라삐따 경」(S22:1) §10의 주해를 참조할 것.

자아의 문제는 정확한 분석과 해체(vibhaṅga, vibhajja)에 의해서 모두 척파된다. 자아의 문제에 대해서는 『디가 니까야』 제2권 「대인연경」(D15) §§25~32에 잘 분석되어 있으므로 참조할 것.

아 안에 인식이 있다고 관찰하지 않고, 인식 안에 자아가 있다고 관찰하지 않습니다. 심리현상들을 자아라고 관찰하지 않고, 심리현상들을 가진 것이 자아라고 관찰하지 않고, 자아 안에 심리현상들이 있다고 관찰하지 않고, 심리현상들 안에 자아가 있다고 관찰하지 않습니다. 알음알이를 자아라고 관찰하지 않고, 알음알이를 가진 것이 자아라고 관찰하지 않고, 자아 안에 알음알이가 있다고 관찰하지 않고, 알음알이 안에 자아가 있다고 관찰하지 않습니다. 도반 위사카여, 이렇게 해서 [불변하는] 존재 더미가 있다는 견해[有身見]는 생기지 않습니다."

9. "스님, 무엇이 성스러운 팔정도[八支聖道]입니까?"

"도반 위사카여, 이것이 성스러운 팔정도이니, 즉 바른 견해[正見], 바른 사유[正思惟], 바른 말[正語], 바른 행위[正業], 바른 생계[正命], 바른 정진[正精進], 바른 마음챙김[正念], 바른 삼매[正定]입니다."

10. "스님, 그러면 성스러운 팔정도는 형성된 것[312]입니까, 아니면 형성된 것이 아닙니까?"

"도반 위사카여, 성스러운 팔정도는 [301] 형성된 것입니다."

11. "스님, 성스러운 팔정도에 삼학(三學)[313]이 포함됩니까, 아니

312) "'형성된(saṅkhata)'이란 의도된(cetita), 사유된(kappita), 상정된(pakappita), 적집된(āyūhita), 만들어진(kata), 생긴(nibbattita), [자신의 삶의 흐름(santāna)에서 — MAṬ] 증득되어야 하는(samāpajjitabba)의 뜻이다."(MA.ii.363)
"이러한 7가지 단어들로 이 성스러운 도(ariya-magga)는 조건에 의해서 생긴 것임(paccaya-nibbattita)을 보여주고 있다."(MAṬ.ii.260)

313) '삼학(三學)'으로 옮긴 원문은 tayo khandhā[三蘊, 세 가지 무더기]인데 계, 정, 혜를 뜻하는 삼학(ti sikkhā)으로 우리에게 익숙해져 있어 이렇게 옮겼다.

면 삼학에 성스러운 팔정도가 포함됩니까?"

"도반 위사카여, 성스러운 팔정도에 삼학이 포함되는 것이 아니고, 삼학에 성스러운 팔정도가 포함됩니다. 도반 위사카여, 바른 말, 바른 행위, 바른 생계의 이 세 가지 법은 계의 무더기[戒蘊]에 포함됩니다. 바른 정진, 바른 마음챙김, 바른 삼매의 이 [세 가지] 법314)은 삼매의 무더기[定蘊]에 포함됩니다. 바른 견해, 바른 사유의 이 [두 가지] 법은315) 통찰지의 무더기[慧蘊]에 포함됩니다."

---

314) "'바른 정진(sammā-vāyāma)' 등 세 가지 법 중에서 삼매(samādhi)는 자기의 성질로는 대상에 하나 된 상태(ekagga-bhāva)로서 집중할 수 없다. 그러나 정진(vīriya)이 노력하는 역할(paggaha-kicca)을 성취하고 마음챙김(sati)이 대상에 깊이 들어가는 역할(apilāpana-kicca)을 성취할 때 그것의 도움으로 가능하다.
예를 들면 '축제를 벌이자.'라고 하면서 세 친구가 정원에 들어갔을 때 한 친구가 꽃이 활짝 핀 짬빠까 나무를 보고 손을 뻗어서 꺾으려 해도 꺾을 수 없자 두 번째 친구가 등을 구부려준다. 그가 그의 등에 올라섰지만 불안정하여 꽃을 꺾을 수 없자 세 번째 친구가 어깨를 대준다. 그는 한 친구의 등에 올라서서 다른 친구의 어깨를 잡고 마음껏 꽃을 꺾어 치장을 하고 축제를 벌이는 것과 같다.
이 비유의 적용은 다음과 같다. 바른 정진 등 함께 생긴 세 가지 법들은 함께 정원으로 들어간 친구와 같다. 대상은 활짝 핀 짬빠까 나무와 같다. 자기의 성질만으로는 대상에 하나 된 상태로 집중할 수 없는 삼매는 손을 뻗어보지만 꽃을 꺾을 수 없는 사람과 같다. 정진은 [자기 등에 올라서도록] 등을 구부려준 친구와 같다. 마음챙김은 어깨를 주면서 옆에 서 있는 친구와 같다. 마치 한 사람의 등에 올라서서 다른 사람의 어깨를 잡고 또 다른 사람이 원하는 만큼 꽃을 꺾을 수 있듯이 정진이 노력하는 역할을 하고 마음챙김이 대상에 깊이 들어가는 역할을 할 때 그 도움을 받아 삼매는 대상에 하나 된 상태로 집중할 수 있다. 그러므로 삼매는 여기서 같은 종류(sajāti)로 삼매의 무더기[定蘊]에 포함되었고, 정진과 마음챙김은 역할(kiriya)로 포함되었다."(MA.ii.362)
『맛지마 니까야 주석서』에 나타나는 이 설명은 『청정도론』 XVI.96~98에도 그대로 나타나고 있다.

315) "'바른 견해(sammā-diṭṭhi)'와 '바른 사유(sammā-saṅkappa)'에서도 통찰지는 자기의 성질로는 무상하고 괴로움이고 무아라고 대상을 꿰뚫을 수 없다. 일으킨 생각[尋, vitakka]이 대상을 계속해서 떠올려줄 때 가능하다.

12. "스님, 무엇이 삼매[定]이고, 어떤 법들이 삼매의 표상이고, 어떤 법들이 삼매의 필수품이고, 어떤 것이 삼매를 닦는 것입니까?"

"도반 위사카여, 마음이 한 끝에 집중됨[心一境性]이 삼매입니다.[316] 네 가지 마음챙김의 확립[四念處]이 삼매의 표상입니다. 네 가지 바른 노력[四正勤]이[317] 삼매의 필수품입니다. 여기서 이런 법을

마치 금속세공인이 동전을 손바닥에 놓고 이모저모 살펴보길 원하지만 눈동자의 표면으로는 그것을 뒤집을 수 없으며 손가락으로 이리 뒤집고 저리 뒤집어야만 이모저모를 살필 수 있는 것과 같다. 이와 같이 통찰지는 자기의 성질로는 대상을 무상 등으로 꿰뚫을 수 없다. 일으킨 생각은 마음을 대상에 기울이는 특징을 가지고 치고 때리는 역할을 한다. 이런 일으킨 생각의 도움으로 치고 뒤집는 것처럼 주어진 대상을 계속해서 받아서 [무상 등으로] 꿰뚫을 수 있다. 그러므로 여기서도 바른 견해는 같은 종류(sajāti)로 통찰지의 무더기[慧蘊]에 포함되었고 바른 사유는 역할(kiriya)로 포함되었다."(MA.ii.362) 이 설명은 『청정도론』 XVI.99~100에도 그대로 나타나고 있다.
"바른 사유의 역할(kicca)이 바른 견해의 역할과 비슷하기 때문에 포함되었다. 앞 문단의 정진과 마음챙김이 역할로 포함되었다는 것은 삼매를 돕는 역할이라는 것이 차이점이다."(Pm.568)

316) "마음이 한 끝에 집중됨이 삼매다(cittassa ekaggatā ayaṁ samādhi)."라는 본경의 이 가르침은 삼매에 대한 불교의 정의로 널리 알려진 것이다. 여기서 ekaggatā는 eka(하나)+agga(끝, 정점, 으뜸)+tā(추상명사형 어미)로 분석된다. 그래서 중국에서는 心一境性(심일경성) 혹은 心一境(심일경)으로 직역되어 정착되었다. 이것은 구사론과 반야부 경전들과 유가사지론과 화엄경 등 대부분의 한역경전들에 나타나고 있다. 아래 『무애해도 주석서』의 설명에 나타나듯이 여기서 끝(agga)은 대상(ārammaṇa)을 뜻한다.
"'마음이 한 끝에 집중됨(cittassa ekaggatā)'이란 여러 대상으로 흩어짐이 존재하지 않기(nānārammaṇa-vikkhepa-abhāva) 때문에 하나의 대상(eka ārammaṇa)이라는 궁극적인 끝(agga uttama)에 [집중되어] 있다고 해서 하나의 끝(ekagga)이라 한다. 하나의 끝인 상태(ekaggassa bhāva)를 한 끝에 집중됨(ekaggatā)이라 한다. 그런데 이것은 마음이 한 끝에 집중됨이지 중생(satta)이 한 끝에 집중됨이 아니기 때문에 마음이 한 끝에 집중됨이라고 설한 것이다."(PsA.230)
이런 주석서의 설명을 참조하여 초기불전연구원에서는 cittassa ekaggatā를 '마음이 한 끝에 집중됨'으로 옮기고 있다.

317) 네 가지 바른 노력[四正勤, cattāro sammappadhāna]의 정형구는 본서 제

받들어 행하고 닦고 많이 짓는 것이 삼매를 닦는 것입니다."[318)]

13. "스님,[319)] 얼마나 많은 작용들[行]이 있습니까?"[320)]

"도반 위사카여, 세 가지 작용들이 있습니다. 그것은 몸의 작용[身行], 말의 작용[口行], 마음의 작용[心行]입니다."[321)]

3권 「사꿀루다이 긴 경」(M77) §16에 나타나므로 참조할 것.

318) "여기서는 한 마음순간 머무는 도의 삼매(magga-samādhi)를 '표상(nimi-tta)'과 '필수품(parikkhāra)'과 함께 질문한 것이다.
여기서 '네 가지 마음챙김의 확립(cattāro satipaṭṭhānā)'은 도의 순간에 네 가지 역할을 수행하면서(catu-kicca-sādhana-vasena) 일어난 마음챙김(sati)을 말한다.
그 마음챙김이 도의 삼매의 조건(paccaya)이라는 뜻에서 '표상(nimitta)'이라 한다.
'네 가지 바른 노력(cattāro sammappadhānā)'은 네 가지 역할을 수행하면서 일어난 정진(vīriya)을 말한다. 그 정진은 수행원(parivāra)이라는 뜻에서 '필수품(parikkhāra)'이라 한다.
'이런 법들을 받들어 행한다.'는 등에서 '이런 법들(tesaṁyeva dhammā-naṁ)'이란 도와 함께한 그 법들(magga-sampayutta-dhammā)을 말한다."(MA.ii.363)

319) 본경의 내용은 『상윳따 니까야』 제4권 「까마부 경」 2(S41:6)에도 나타난다. 몸과 말과 마음의 작용에 관한 본경 §§13~15는 「까마부 경」 2(S41:6) §§4~5와 같고, 상수멸에 관계된 본경 §§16~21은 그곳의 §§6~7과 §§ 9~12와 같다. 임종한 사람과 상수멸에 든 비구의 차이에 관한 그 경의 §8은 본서 「교리문답의 긴 경」(M43) §25와 같다.

320) "'얼마나 많은 작용들이 있는가(kati panāyye saṅkhārā)?'라는 것은 어떤 작용들을 소멸시켜서 소멸(nirodha)을 증득하는 그런 작용들을 질문한 것이다. 장로는 그 의도(adhippāya)를 알아 비록 공덕이 되는 행위(puñña-abhisaṅkhārā) 등 많은 작용(의도적 행위)들이 있지만 몸의 작용[身行, kāya-saṅkhāra] 등 세 가지만을 설명한 것이다."(MA.ii.363)
공덕이 되는 행위(puñña-abhisaṅkhārā) 등에 대해서는 『청정도론』 XVII.60~64 등을 참조할 것.

321) '몸의 작용[身行]', '말의 작용[口行]', '마음의 작용[心行]'은 각각 kāya-saṅkhāra, vacī-saṅkhāra, citta-saṅkhāra를 옮긴 것인데, 이것은 연기의 정형구의 두 번째인 의도적 행위[行, saṅkhāra]의 내용이기도 하다.

14. "스님, 무엇이 몸의 작용이고,[322] 무엇이 말의 작용이고, 무엇이 마음의 작용입니까?"

"도반 위사카여, 들숨과 날숨이 몸의 작용이고, 일으킨 생각[尋]과 지속적 고찰[伺]이 말의 작용이고, 인식[想]과 느낌[受]이 마음의 작용입니다."[323]

(『상윳따 니까야』 제2권 「분석 경」(S12:2) §14와 주해 참조)
「분석 경」(S12:2) §14 등 연기의 가르침과 관계된 곳에서는 saṅkhāra를 '의도적 행위'로 옮겼고 본경처럼 몸(신)과 말(구)과 마음(심, 의)의 삼행(三行)의 문맥 등에서는 '작용'으로 옮기고 있다. 그 이유는 아래 §§14~15에서 "들숨과 날숨(assāsa-passāsā)이 몸의 상카라이고, 일으킨 생각[尋, vitakka]과 지속적 고찰[伺, vicāra]이 말의 상카라이고, 인식[想]과 느낌[受]이 마음의 상카라이다."라고 나타나고 있기 때문이다. 들숨날숨이나 생각과 고찰이나 느낌과 인식은 결코 의도적 행위가 될 수 없다. 그러므로 이러한 상카라는 '작용' 정도로 옮겨야지 '의도적 행위'로 옮길 수는 없다.
여기에 대해서는 『상윳따 니까야』 제3권 「앗사지 경」(S22:88) §7의 주해도 참조할 것.

322) "'무엇이 몸의 작용인가(katamo kāyasaṅkhāro)?'라는 것은 무엇을 질문한 것인가? 이들 상카라들(saṅkhārā)은 서로 혼합되어 있고(missā) 섞여 있고(āluḷitā) 명확하지 않고(avibhūtā) 설명하기 쉽지 않다(duddīpanā).
왜냐하면 몸의 문에서 취착과 놓아버림을 동요하면서 일어난 여덟 가지 욕계 유익한 의도와 열두 가지 해로운 의도인 스무 가지 의도도 몸의 상카라라고 하고, 들숨날숨도 몸의 상카라라고 한다. 말의 문에서 턱을 움직이는 특정한 말을 생기게 하면서 일어난, 방금 말한 스무 가지 의도도 말의 상카라라고 하고, 일으킨 생각과 지속적 고찰도 말의 상카라라고 한다. 몸의 문과 말의 문에서 동요하지 않고 혼자 조용히 앉아있는 자가 생각할 때 일어난 유익하고 해로운 스물아홉 가지 의도도 마음의 상카라라고 하고, 인식과 느낌도 마음의 상카라라고 한다.
이와 같이 이들 상카라들은 [의도적 행위들과 작용들이] 서로 혼합되어 있고 섞여 있고 명확하지 않고 설명하기 쉽지 않다. 그들을 분명하고 명확하게 해서 이해하리라는 의도로 질문한 것이다."(MA.ii.364~365)

323) '인식[想]과 느낌[受]이 마음의 작용입니다.'는 saññā ca vedanā ca citta-saṅkhāro를 옮긴 것인데 이것은 『상윳따 니까야』 제4권 「까마부 경」 2(S41:6) §4에도 나타나고 있다. 그런데 여기서 '마음의 작용'으로 옮기고 있는 citta-saṅkhāra와 『상윳따 니까야』 제2권 「분석 경」(S12:2) §14와

15. "스님, 무슨 이유로 들숨과 날숨이 몸의 작용이고, 일으킨 생각과 지속적 고찰이 말의 작용이고, 인식과 느낌이 마음의 작용입니까?"

"도반 위사카여, 들숨과 날숨은 몸에 속하며 이 법들은 몸에 계박되어 있습니다.[324] 그래서 들숨과 날숨은 몸의 작용입니다. 도반 위사카여, 먼저 생각을 일으키고 지속적으로 고찰하고 나서 말을 합니다. 그래서 일으킨 생각과 지속적 고찰이 말의 작용입니다. 인식과 느낌은 마음부수[心所][325]입니다. 이 법들은 마음에 계박되어 있습니다. 그러므로 인식과 느낌은 마음의 작용입니다."

16. "스님, 어떻게 상수멸(想受滅)을 증득합니까?"

"도반 위사카여, 비구가 상수멸을 증득할 때에 '나는 상수멸을 증득할 것이다.'라거나 '나는 상수멸을 증득한다.'라거나 '나는 상수멸을 증득했다.'라는 [생각이] 들지 않습니다. 그러나 [상수멸에 들기] 전에 그의 마음을 닦은 그대로 그것이 그를 인도합니다."[326]

「부미자 경」(S12:25) §10에 언급되고 있는 '마노의 의도적 행위(mano-saṅkhāra)'의 saṅkhāra는 문맥에 따라서 각각 작용과 의도적 행위로 다르게 옮겼다.

324) "'몸에 계박되어 있다(kāya-paṭibaddha).'고 했다. 몸에 계박되어 있기 때문에 몸에 의해 행해지고 만들어지고 생긴다. 그러므로 '몸의 작용(kāya-saṅkhāra)'이라고 한다. 말을 만들고 하고 일으키기 때문에 '말의 작용(vaci-saṅkhāra)'이고, 마음에 계박되어 있기 때문에 마음에 의해 행해지고 만들어지고 생긴다. 그러므로 '마음의 작용(citta-saṅkhāra)'이라고 한다."(MA.ii.364)

325) '마음부수[心所]'는 cetasikā를 옮긴 것인데 이것은 아비담마에서 마음부수[心所]로 옮기고 있는 cetasikā와 꼭 같은 술어이다. 이처럼 마음부수[心所]라는 표현은 이미 니까야의 몇 군데에 나타나고 있다. 마음부수의 정의에 대해서는 『아비담마 길라잡이』 제2장 §1과 [해설]을 참조할 것.

326) '상수멸(想受滅, saññā-vedayita-nirodha)'에 대해서는 본서 「교리문답

17. "스님, 상수멸을 증득한 [302] 비구에게 어떤 법들이 먼저 소멸합니까? 몸의 작용입니까, 아니면 말의 작용입니까, 아니면 마음의 작용입니까?"

"도반 위사카여, 상수멸을 증득한 비구에게 먼저 말의 작용이 소멸하고, 그 다음에 몸의 작용이 소멸하고, 그 다음에 마음의 작용이 소멸합니다."

18. "스님, 어떻게 상수멸의 증득에서 출정합니까?"

"도반 위사카여, 비구가 상수멸의 증득에서 출정할 때에 '나는 상수멸의 증득에서 출정할 것이다.'라거나 '나는 상수멸의 증득에서 출정한다.'라거나 '나는 상수멸의 증득에서 출정했다.'라는 생각이 들지 않습니다. 그러나 [상수멸에 들기] 전에 그의 마음을 닦은 그대로 그것이 그를 인도합니다."

19. "스님, 그러면 상수멸의 증득에서 출정하는 비구에게 어떤 법들이 먼저 일어납니까? 몸의 작용입니까, 아니면 말의 작용입니까, 아니면 마음의 작용입니까?"

"도반 위사카여, 상수멸의 증득에서 출정한 비구에게 먼저 마음의 작용이 일어나고, 그 다음에 몸의 작용이 일어나고, 그 다음에 말의 작용이 일어납니다."327)

의 긴 경」(M43) §23의 주해를 참조할 것.
그리고 상수멸 혹은 '상수멸의 증득(saññā-vedayita-nirodha-samāpatti)' 혹은 멸진정(滅盡定, nirodha-samāpatti)에 대한 여러 논의는 『청정도론』 제23장 §9 이하에 상세하게 설명되어 있으니 참조할 것.

327) "'먼저 마음의 작용이 일어난다(paṭhamaṁ uppajjati citta-saṅkhāro).'는 것은 상수멸에서 출정할 때(nirodhā vuṭṭhahanta) 과의 증득의 마음(phala-samāpatti-citta)이 먼저 일어나는데, 그와 함께한 인식과 느낌을 두고 한 말이다.

20. "스님, 상수멸의 증득에서 출정한 비구에게 몇 가지 감각접촉[觸]이 닿습니까?"

"도반 위사카여, 상수멸의 증득에서 출정한 비구에게 세 가지 감각접촉이 닿습니다. 그것은 공한 감각접촉, 표상 없는 감각접촉, 원함 없는 감각접촉입니다."328)

21. "스님, 상수멸의 증득에서 출정한 비구의 마음은 무엇을 향하고, 무엇으로 기울고, 무엇을 기댑니까?"

"도반 위사카여, 상수멸에서 출정한 비구의 마음은 멀리 여읨329)을 향하고, 멀리 여읨으로 기울고, 멀리 여읨을 기댑니다."

22. "스님, 몇 가지 느낌이 있습니까?"

'그 다음에 몸의 작용이 일어난다(tato kāya-saṅkhāro).'는 것은 그 다음 바왕가의 순간에 몸의 작용이 일어난다는 말이다. 그렇다면 과의 증득에서는 들숨날숨이 생기지 않는가? 생긴다. 그러나 여기서는 제4선의 과의 증득을 말하기 때문에 들숨날숨이 없는 것이다.(『상윳따 니까야』 제4권 「한적한 곳에 감 경」(S36:11) §5참조)

'그 다음에 말의 작용이 일어난다(tato vacī-saṅkhāro).'는 것은 작용만 하는 마음이 일어나 참여할 때에(kiriyamaya-pavatta-vaḷañjana-kāle) 말의 작용이 일어난다는 말이다. 그렇다면 바왕가에서는 일으킨 생각[尋]과 지속적 고찰[伺]이 생기지 않는가? 생긴다. 그러나 바왕가에서 생긴 일으킨 생각과 지속적 고찰은 말을 할 수가 없다. 그러므로 작용만 하는 마음이 일어나 참여할 때만을 말한 것이다."(MA.ii.366~367)

328) "'공한 감각접촉(suññata phassa)' 등은 본질적인 특성(saguṇa)과 대상(ārammaṇa)에 의한 것이다. 본질적인 특성에 의하면, 공함(suññatā)이라는 것은 과의 증득(phala-samāpatti)을 말하고, 그 과의 증득과 함께 생긴 감각접촉을 두고 공한 감각접촉이라 한다. 대상에 의하면, 열반은 탐욕 등이 비어있기 때문에 '공(suñña)'이라 하고, 탐욕의 표상 등이 없기 때문에 '표상 없음(animitta)'이라 하고, 탐욕과 성냄과 어리석음을 원하는 것이 없기 때문에 '원함 없음(appaṇihita)'이라 한다. 그 공한 열반을 대상으로 일어난 과의 증득에서 감각접촉은 공이라 한다."(MA.ii.367)

329) "여기서 '멀리 여읨(viveka)'은 열반을 말한다."(MA.ii.367)

“도반 위사카여, 세 가지 느낌이 있습니다. 그것은 즐거운 느낌, 괴로운 느낌, 괴롭지도 즐겁지도 않은 느낌입니다.”

23. “스님, 어떤 것이 즐거운 느낌이고, 어떤 것이 괴로운 느낌이고, 어떤 것이 괴롭지도 않은 즐겁지도 느낌입니까?”

“도반 위사카여, 육체적이거나 정신적인 즐거운 느낌, 유쾌한 느낌이 즐거운 느낌입니다. 도반 위사카여, 육체적이거나 정신적인 괴로운 느낌, 불쾌한 느낌이 괴로운 느낌입니다. 도반 위사카여, 육체적이거나 정신적인 불쾌하지도 않고 유쾌하지도 않은 느낌이 [303] 괴롭지도 즐겁지도 않은 느낌입니다.”

24. “스님, 그러면 즐거운 느낌은 무엇이 즐거움이고 무엇이 괴로움이며, 괴로운 느낌은 무엇이 즐거움이고 무엇이 괴로움이며, 괴롭지도 즐겁지도 않은 느낌은 무엇이 즐거움이고 무엇이 괴로움입니까?”

“도반 위사카여, 즐거운 느낌은 현존하면 즐거움이고 없으면 괴로움입니다. 괴로운 느낌은 현존하면 괴로움이고 없으면 즐거움입니다. 괴롭지도 즐겁지도 않은 느낌은 [그 느낌을] 알면 즐거움이고 알지 못하면 괴로움입니다.”

25. “스님, 그러면 즐거운 느낌에는 어떤 잠재성향이 잠재해있고, 괴로운 느낌에는 어떤 잠재성향이 잠재해있고, 괴롭지도 즐겁지도 않은 느낌에는 어떤 잠재성향이 잠재해있습니까?”

“도반 위사카여, 즐거운 느낌에는 탐욕의 잠재성향이 잠재해있고, 괴로운 느낌에는 적의의 잠재성향이 잠재해있고, 괴롭지도 즐겁지도 않은 느낌에는 무명의 잠재성향이 잠재해있습니다.”

26. “스님, 모든 즐거운 느낌에 탐욕의 잠재성향이 잠재해있고,

모든 괴로운 느낌에 적의의 잠재성향이 잠재해있고, 모든 괴롭지도 즐겁지도 않은 느낌에 무명의 잠재성향이 잠재해있습니까?"

"도반 위사카여, 모든 즐거운 느낌에 탐욕의 잠재성향이 잠재해있는 것은 아니고, 모든 괴로운 느낌에 적의의 잠재성향이 잠재해있는 것은 아니고, 모든 괴롭지도 즐겁지도 않은 느낌에 무명의 잠재성향이 잠재해있는 것은 아닙니다."

27. "스님, 그러면 즐거운 느낌에 대해서는 무엇을 버려야 하고, 괴로운 느낌에 대해서는 무엇을 버려야 하고, 괴롭지도 즐겁지도 않은 느낌에 대해서는 무엇을 버려야 합니까?"

"도반 위사카여, 즐거운 느낌에 대해서는 탐욕의 잠재성향을 버려야 하고, 괴로운 느낌에 대해서는 적의의 잠재성향을 버려야 하고, 괴롭지도 즐겁지도 않은 느낌에 대해서는 무명의 잠재성향을 버려야 합니다."[330]

28. "스님, 모든 즐거운 느낌에 대해 탐욕의 잠재성향을 버려야 하고, 모든 괴로운 느낌에 대해 적의의 잠재성향을 버려야 하고, 모든 괴롭지도 즐겁지도 않은 느낌에 대해 무명의 잠재성향을 버려야 합니까?"

"도반 위사카여, 모든 즐거운 느낌에 대해 탐욕의 잠재성향을 버려야 하는 것은 아니고, 모든 괴로운 느낌에 대해 적의의 잠재성향을 버려야 하는 것은 아니고, 모든 괴롭지도 즐겁지도 않은 느낌에 대해

---

330) 『상윳따 니까야』 제4권 「버림 경」(S36:3) §4와 같다. 그리고 같은 내용이 본서 제4권 「진리의 분석 경」(M141) §28에도 나타난다. 이처럼 세 가지 느낌을 '탐욕의 잠재성향(rāga-anusaya)'과 '적의의 잠재성향(paṭigha-anusaya)'과 '무명의 잠재성향(avijjānusaya)'과 배대해서 설명하는 것은 『상윳따 니까야』 제4권 「버림 경」(S36:3)과 「화살 경」(S36:6)과 「간병실 경」 1/2(S36:7~8) 등에도 나타나고 있다.

무명의 잠재성향을 버려야 하는 것은 아닙니다.

도반 위사카여, 여기 비구는 감각적 욕망들을 완전히 떨쳐버리고 해로운 법들을 떨쳐버린 뒤, 일으킨 생각과 지속적 고찰이 있고, 떨쳐버렸음에서 생긴 희열과 행복이 있는 초선(初禪)을 구족하여 머뭅니다. 그는 이것으로 탐욕을 제거합니다. 거기에는 탐욕의 잠재성향이 잠재하지 않습니다.331)

도반 위사카여, 여기 비구는 이렇게 반조합니다. '성자들이 증득하여 머무는 그런 경지를 언제 나는 증득하여 머물게 될 것인가?'라고. 이처럼 위없는 해탈332)들에 대한 염원을 일으키기 때문에 그에게 [304] 그 염원으로 인해 정신적 고통이 생깁니다.333) 이것으로 그는 적의를 제거합니다. 거기에는 적의의 잠재성향이 잠재하지 않습니다.334)

---

331) "'이것으로 탐욕을 제거한다(rāgaṁ tena pajahati).'는 것은 여기 비구가 탐욕의 잠재성향(rāga-anusaya)을 억압한 뒤(vikkhambhetvā) 초선에 든다. 탐욕의 잠재성향을 그렇게 禪에 의해 억압한 뒤 위빳사나를 증장시켜 불환도로써 근절한다. 비록 그것이 불환도에 의해 버려졌지만 禪에 의해 그렇게 억압되었기 때문에 초선에는 '탐욕의 잠재성향이 잠재하지 않는다(na tattha rāga-anusayo anuseti).'고 말한다."(MA.ii.368)

332) "'위없는 해탈(anuttara vimokkha)'이라고 이름을 얻은 아라한과를 말한다."(MA.ii.368)

333) "'염원을 조건으로 정신적 고통이 생긴다(uppajjati pihā-paccayā domanassaṁ).'는 것은 염원(patthana)을 일으키지만 얻지 못한 자에게 얻지 못한 것에 바탕을 둔 정신적 고통이 일어난다는 말이다. 비록 정신적 고통은 전적으로(ekantena) 해로운 것(akusala)이지만 여기서는 닦아야 할(sevitabba) 정신적 고통이라고 말하고 있다."(MA.ii.368)
본문단의 "'성자들이 증득하여 머무는 그런 경지를 … 정신적 고통이 생깁니다."까지는 본서 제4권 「여섯 감각장소의 분석 경」(M137) §13에도 나타나므로 참조할 것. 그곳에서는 domanassa를 '정신적 고통' 대신에 문맥에 따라 '슬픔'이라 옮겼다.

334) "'이것으로 적의를 제거한다(paṭighaṁ tena pajahati).'는 것은 정신적 고통(domanassa)으로 적의를 제거한다는 말이다. 참으로 적의로써는 적의를 버릴 수 없고 정신적 고통으로써는 정신적 고통을 버릴 수 없다. 그러나 이

도반 위사카여, 여기 비구는 행복도 버리고 괴로움도 버리고, 아울러 그 이전에 이미 기쁨과 슬픔을 소멸하였으므로 괴롭지도 즐겁지도 않으며, 평온으로 인해 마음챙김이 청정한[捨念淸淨] 제4선(四禪)을 구족하여 머뭅니다. 이것으로 그는 무명을 제거합니다. 거기에는 더 이상 무명의 잠재성향이 잠재하지 않습니다."335)

29. "스님, 즐거운 느낌의 이면(裏面, 裡面)336)은 무엇입니까?"

"도반 위사카여, 즐거운 느낌의 이면은 괴로운 느낌입니다."

"스님, 괴로운 느낌의 이면은 무엇입니까?"

"도반 위사카여, 괴로운 느낌의 이면은 즐거운 느낌입니다."

비구는 석 달 혹은 여섯 달 혹은 아홉 달의 도닦음(paṭipada)을 취하여 다음과 같이 반조해본다. '나는 계행도 저열(hīna-ṭṭhāna)하고 정진도 약하고 통찰지도 약하다. 그러니 참으로 계행을 청정히 하고 가행정진을 하고(vīri-yaṁ supaggahita) 통찰지를 증장시키리라.'라고. 그리하여 그는 정진을 굳건히(daḷha) 하여 석 달 혹은 여섯 달 혹은 아홉 달 이내에 불환도를 얻어 적의의 잠재성향을 근절한다. 이런 방법으로 적의로써 적의를 버리고, 정신적 고통으로써 정신적 고통을 버린다고 한다."(MA.ii.369)

335) "'이것으로 무명을 제거한다(avijjaṁ tena pajahati).'는 것은 여기 비구가 무명의 잠재성향(avijjānusaya)을 억압한 뒤 제4선에 든다. 무명의 잠재성향을 그렇게 禪에 의해 억압하고(jhāna-vikkhambhita) 위빳사나를 증장시켜 아라한도로써 근절한다(samugghāteti). 비록 그것이 아라한도에 의해 버려졌지만 禪에 의해 그렇게 억압되었기 때문에 제4선에 '무명의 잠재성향이 잠재하지 않는다(na tattha avijjānusayo anuseti).'고 말한 것이다."(MA.ii.369~370)

336) '이면(裏面, 裡面)'은 paṭibhāga를 옮긴 것인데 prati(*against, toward*) + √bhaj(*to divide*)에서 파생된 명사로 '뒷면, 다른 면, 짝, 닮은 것' 등을 뜻한다. '닮은 표상'으로 옮기는 paṭibhāga-nimitta가 우리에게 익숙한 술어이다. 영어로는 *counterpart*로 옮긴다.
주석서는 본경에 나타나는 이면(paṭibhāga)을 동질적인 이면(sabhāga-paṭibhāga)과 이질적인 이면(visabhāga-paṭibhāga)으로 나누어서 설명을 하고 있다. 예를 들면 즐거운 느낌과 괴로운 느낌은 이질적인 이면이고, 괴롭지도 즐겁지도 않은 느낌과 무명은 동질적인 이면이며, 무명과 명지는 이질적인 이면이다.(MA.ii.370)

"스님, 괴롭지도 즐겁지도 않은 느낌의 이면은 무엇입니까?"

"도반 위사카여, 괴롭지도 즐겁지도 않은 느낌의 이면은 무명입니다."

"스님, 무명의 이면은 무엇입니까?"

"도반 위사카여, 무명의 이면은 명지(明知)입니다."

"스님, 명지의 이면은 무엇입니까?"

"도반 위사카여, 명지의 이면은 해탈입니다."

"스님, 해탈의 이면은 무엇입니까?"

"도반 위사카여, 해탈의 이면은 열반입니다."

"스님, 열반의 이면은 무엇입니까?"

"도반 위사카여, 그대는 질문의 범위를 넘어서 버렸습니다. 그런 질문들은 한계를 정할 수가 없습니다.[337] 도반 위사카여, 왜냐하면 청정범행은 열반으로 귀결되고[338] 열반을 궁극으로 하고 열반을 목적으로 하기 때문입니다.[339] 도반 위사카여, 그대가 원한다면 세존을 뵙고 세존께 이 뜻을 여쭈어보십시오. 그래서 세존께서 설명해주시는 대로 호지하십시오."

30. 그러자 위사카 청신사는 담마딘나 비구니의 말을 크게 기뻐

---

337) "'그런 질문들은 한계를 정할 수가 없다(nāsakkhi pañhānaṁ pariyantaṁ gahetuṁ).'고 하였다. 그런데 이것은 이면(裏面, 裡面, 뒷면)이 없는 법(appaṭibhāga-dhamma)의 이면(paṭibhāga)을 질문한 것이다. 열반은 이면이 없는 법이어서 푸른 이나 노란색이라고 어떤 법과 함께 그 이면을 보여줄 수가 없다."(MA.ii.370)

338) "'열반으로 귀결되고(nibbān-ogadho)'란 열반에 확립됨(patiṭṭhita)을 말한다."(SA.ii.335)

339) '그대는 질문의 범위를 넘어서 버렸습니다.'부터 여기까지는 『상윳따 니까야』 제3권 「마라 경」(S23:1) §6과 제5권 「운나바 바라문 경」(S48:42) §8에도 나타나고 있다.

하고 감사드리면서 자리에서 일어나 담마딘나 비구니에게 절을 올리고 오른쪽으로 돌아 [경의를 표한] 뒤 세존을 뵈러 갔다. 가서는 세존께 절을 올리고 한 곁에 앉았다. 한 곁에 앉아서 위사카 청신사는 담마딘나 비구니와 나누었던 대화를 모두 세존께 말씀드렸다. 이렇게 말씀드리자 세존께서는 위사카 청신사에게 이렇게 말씀하셨다.

31. "위사카여, 담마딘나 비구니는 현자이다. 위사카여, 담마딘나 비구니는 큰 통찰지를 가졌다.340) 위사카여, 그대가 만일 내게 이 뜻을 물었더라도 나 역시 [305] 담마딘나 비구니가 설명한 대로 설명했을 것이다. 그러니 그대는 그대로 호지하라."

세존께서는 이와 같이 설하셨다. 위사카 청신사는 흡족한 마음으로 세존의 말씀을 크게 기뻐하였다.

교리문답의 짧은 경(M44)이 끝났다.

---

340) "'현자(paṇḍitā)'라는 것은 현명함(paṇḍicca)을 지녔다, 요소(계)에 능숙하고 감각장소(처)에 능숙하고 연기에 능숙하고 가능한 것과 불가능한 것에 능숙하다(ṭhāna-aṭṭhāna-kusalā)는 말이다.(본서 제4권 「여러 종류의 요소 경」 M115) §3 참조) '큰 통찰지를 가졌다(mahā-paññā).'는 것은 큰 결과(뜻, attha)와 큰 원인(법, dhamma)과 큰 언어(nirutti)와 큰 영감(paṭibhāna)의 [4무애해를] 이해할 수 있는 통찰지(pari-ggaṇhana-sama-tthā paññā)를 가졌다는 말이다."(MA.ii.370~371)

법 실천의 짧은 경

Cūḷa-dhammasamādāna Sutta(M45)

1. 이와 같이 나는 들었다. 한때 세존께서는 사왓티에서 제따 숲의 아나타삔디까 원림(급고독원)에 머무셨다. 거기서 세존께서는 "비구들이여."라고 비구들을 부르셨다. "세존이시여."라고 비구들은 세존께 응답했다. 세존께서는 이렇게 말씀하셨다.

2. "비구들이여, 네 가지 법의 실천[341]이 있다. 무엇이 넷인가? 비구들이여, 지금은 즐겁지만 미래에 괴로운 과보를 가져오는[342] 법의 실천이 있다. 비구들이여, 지금도 괴롭고 미래에도 괴로운 과보를 가져 오는 법의 실천이 있다. 비구들이여, 지금은 괴롭지만 미래에 즐거운 과보를 가져오는 법의 실천이 있다. 비구들이여, 지금도 즐겁

---

341) 여기서 '실천'은 samādāna를 옮긴 것인데 받아 지님으로 직역할 수 있다. 아래 복주서의 설명을 참조해서 실천으로 옮겼다.
"여기서 '법의 실천(dhamma-samādānāni)'이란 법을 이해하고 섭수하는 것(gahita-gahaṇāni)이다."(MA.ii.371)
"법을 이해하고 섭수하는 것으로 실천(cariyā)을 뜻한다."(MAṬ.ii.269)

342) "즉 업을 쌓는 순간에는 즐거워서(āyūhana-kkhaṇe sukha) 하기가 쉽고 즐겁게 완성할 수 있지만 미래에 과보를 받을 때에는(vipāka-kāle) 괴로운 과보(dukkha-vipāka)를 받는다는 말이다."(MA.ii.371)

고 미래에도 즐거운 과보를 가져오는 법의 실천이 있다."

3. "비구들이여, 그러면 어떤 것이 지금은 즐겁지만 미래에 괴로운 과보를 가져오는 법의 실천인가?

비구들이여, 어떤 사문·바라문들은 '감각적 욕망에 아무런 잘못이 없다.'라는 주장과 견해를 가졌다. 그들은 감각적 욕망에 흠뻑 취해버린다. 그들은 상투를 튼 여자 유행승들과 함께 다닌다. 그들은 이렇게 말한다. '그들 훌륭한 사문·바라문들은 감각적 욕망에서 어떠한 미래의 두려움을 보기에 감각적 욕망을 버리라고 하고, 감각적 욕망을 철저히 안다고 선언하는가? 이 여자 유행승들의 연약하고 부드럽고 포근한 팔의 감촉은 정말 좋구나.'라고.

그들은 감각적 욕망에 흠뻑 취해버린다. 그들은 감각적 욕망에 흠뻑 취해 [살다가] 몸이 무너져 죽은 뒤 처참한 곳[苦界], 불행한 곳[惡處], 파멸처, 지옥에 태어난다. 그들은 그곳에서 고통스럽고 극심하고 사무치고 혹독한 느낌을 느낀다. 그들은 이렇게 말할 것이다.

'이것이 감각적 욕망을 버리라고 하고, 감각적 욕망을 철저히 안다고 선언하는, 그들 훌륭한 사문·바라문들이 감각적 욕망에서 본 미래의 두려움이구나. 우리는 감각적 욕망을 원인으로 하고 감각적 욕망을 [306] 근원으로 한 이런 고통스럽고 극심하고 사무치고 혹독한 느낌을 느낀다.'라고."

4. "비구들이여, 예를 들면 여름의 마지막 달에 말루와 넝쿨의 꼬투리가 터져 그 말루와 넝쿨의 씨앗이 어떤 살라 나무 아래 떨어진다고 하자. 비구들이여, 그때 그 살라 나무에 사는 신이 두려워하고 떨고 놀랄 것이다. 비구들이여, 그러면 그 살라 나무에 사는 신의 친구와 동료와 친지와 친척, 정원의 신들, 숲의 신들, 나무의 신들, 약

초와 잔디와 교목에 사는 신들이 함께 모여 와서 이와 같이 그를 안심시킬 것이다.

'존자여, 두려워 마시오. 두려워 마시오. 아마도 이 말루와 넝쿨의 씨앗을 공작이 삼키거나 동물이 먹거나 산불이 태우거나 나무꾼이 가져가거나 개미가 갉아먹거나 혹은 싹을 틔우지 못할지도 모릅니다.'

비구들이여, 그러나 그 말루와 넝쿨의 씨앗을 공작이 삼키지도 않고 동물이 먹지도 않고 산불이 태우지도 않고 나무꾼이 가져가지도 않고 개미가 갉아먹지도 않고 싹을 틔울 것이다. 그것은 비구름이 동반한 비를 맞아 잘 자라게 될 것이다. 연하고 부드럽고 포근하고 늘어진 그 말루와 넝쿨은 그 살라 나무를 잘 감아줄 것이다. 그러면 그 살라 나무에 사는 신은 이런 생각을 할 것이다.

'참으로 나의 친구와 동료와 친지와 친척, 정원의 신들, 숲의 신들, 나무의 신들, 약초와 잔디와 교목에 사는 신들은 말루와 씨앗에서 어떠한 미래의 두려움을 보았기에 함께 모여 와서 이와 같이 나를 안심시켰는가? '존자여, 두려워 마시오. 두려워 마시오. 아마도 이 말루와 넝쿨의 씨앗을 공작이 삼키거나 동물이 먹거나 산불이 태우거나 나무꾼이 가져가거나 개미가 갉아먹거나 혹은 싹을 틔우지 못할지도 모릅니다.'라고. 연하고 부드럽고 포근하고 늘어진 말루와 넝쿨의 감촉은 참으로 좋구나.'라고.'

이제 그 넝쿨은 그 살라 나무를 완전히 감싸버릴 것이다. 그 살라 나무를 완전히 감싸고는 위로 차양을 친 것처럼 덮고 다시 아래로 늘어뜨려 그 살라 나무의 크디큰 가지를 부수어버릴 것이다. 비구들이여, 그러면 그 살라 나무에 사는 신에게 이런 생각이 들 것이다.

'이것이 참으로 나의 친구와 동료와 친지와 친척, 정원의 신들, 숲의 신들, 나무의 신들, 약초와 잔디와 교목에 사는 신들이 말루와 씨앗에서 본 미래의 두려움이구나. 그들은 함께 모여 와서 이와 같이 나를 안심시켰다. '존자여, 두려워 마시오. 두려워 마시오. 아마도 이 말루와 넝쿨의 씨앗을 공작이 삼키거나 동물이 [307] 먹거나 산불이 태우거나 나무꾼이 가져가거나 개미가 갉아먹거나 혹은 싹을 틔우지 못할지도 모릅니다.'라고. 이제 나는 말루와 씨앗으로 인해 고통스럽고 극심하고 사무치고 혹독한 느낌을 느낀다.'

비구들이여, 그와 같이 어떤 사문·바라문들은 '감각적 욕망에 아무런 잘못이 없다.'라는 주장과 견해를 가졌다. 그들은 감각적 욕망에 흠뻑 취해버린다. 그들은 상투를 튼 여자 유행승들과 함께 다닌다. 그들은 이렇게 말한다. '그들 훌륭한 사문·바라문들은 감각적 욕망에서 어떠한 미래의 두려움을 보기에 감각적 욕망을 버리라고 하고, 감각적 욕망을 철저히 안다고 선언하는가? 이 여자 유행승들의 연약하고 부드럽고 포근한 팔의 감촉은 정말 좋구나.'라고.

그들은 감각적 욕망에 흠뻑 취해버린다. 그들은 감각적 욕망에 흠뻑 취해 [살다가] 몸이 무너져 죽은 뒤 처참한 곳, 불행한 곳, 파멸처, 지옥에 태어난다. 그들은 그곳에서 고통스럽고 극심하고 사무치고 혹독한 느낌을 느낀다. 그들은 이렇게 말할 것이다.

'이것이 감각적 욕망을 버리라고 하고, 감각적 욕망을 철저히 안다고 선언하는, 그들 훌륭한 사문·바라문들이 감각적 욕망에서 본 미래의 두려움이구나. 우리는 감각적 욕망을 원인으로 하고 감각적 욕망을 근원으로 한 이런 고통스럽고 극심하고 사무치고 혹독한 느낌을 느낀다.'라고.

비구들이여, 이를 일러 지금은 즐겁지만 미래에 괴로운 과보를 가져오는 법의 실천이라 한다."

5. "비구들이여, 그러면 어떤 것이 지금도 괴롭고 미래에도 괴로운 과보를 가져오는 법의 실천인가?

비구들이여, 여기 어떤 자는 나체수행자이고, 관습을 거부하며 살고, 손에 [받아] 핥아서 먹고, [음식을 주려고] 오라 하면 가지 않고, [음식을 주려고] 서라 하면 서지 않으며, 가져온 음식을 받지 않고, [내 몫으로] 지칭된 것을 받지 않으며, 초청에 응하지 않고, 그릇에서 떠주는 음식을 받지 않고, 항아리에서 퍼주는 것을 받지 않고, 문지방을 넘어와서 주는 것을 받지 않고, 막대기를 넘어와서 주는 것을 받지 않고, 절굿공이를 넘어와서 주는 것을 받지 않으며, 두 사람이 먹고 있을 때 받지 않고, 임신부에게 받지 않고, 젖먹이는 여자에게 받지 않고, 남자에게 안겨 있는 여자에게 받지 않으며, [보시한다고] 널리 알린 그 음식을 받지 않고, 개가 옆에서 보고 있을 때 받지 않고, 파리 떼가 날아다닐 때 받지 않고, 생선과 고기를 받지 않고, 곡차, 과일주, 발효주를 마시지 않는다.

그는 한 집만 가서 음식을 받고 한 입의 음식만 먹고, 두 집만 가서 음식을 받고 두 입의 음식만 먹고 … 일곱 집만 가서 음식을 받고 일곱 입의 음식만 먹고, 한 닷띠의 음식만 구걸하고, 두 닷띠의 음식만 구걸하고, … 일곱 닷띠의 음식만 구걸하며, 하루에 한 번만, 이틀에 한 번만 … 이런 식으로 보름에 한 번만 음식을 먹으며 산다.

그는 채소를 먹고, [308] 수수, 니바라 쌀, 가죽 부스러기, 수초, 왕겨, 뜨물, 깻가루, 풀, 소똥을 먹었으며, 나무뿌리와 열매를 음식으로 하여 살고, 떨어진 열매를 먹는다.

삼베로 만든 옷을 입고, 마포로 된 거친 옷을 입고, 시체를 싸맨 헝겊으로 만든 옷을 입고, 넝마로 만든 옷을 입고, 나무껍질로 만든 옷을 입고, 영양 가죽을 입고, 영양 가죽으로 만든 외투를 입고, 꾸사 풀로 만든 옷을 입고, 나무껍질로 만든 외투를 입고, 판자 조각으로 만든 옷을 입고, 인간의 머리털로 만든 담요를 두르고, 동물의 꼬리털로 만든 담요를 두르고, 올빼미 털로 만든 옷을 입는다.

머리털과 수염을 뽑는 수행에 몰두하여 머리털과 수염을 뽑아버리고, 자리에 앉지 않고 서 있으며, 쪼그리고 앉는 수행에 몰두하여 쪼그리고 앉고, 가시로 된 침상에 머물고, 가시로 된 침상에서 잠자며, 저녁까지 하루 세 번 물에 들어가는 수행에 몰두하며 지낸다.

이와 같이 여러 가지 형태로 몸을 괴롭히고 고통을 주는 데 몰두하며 지낸다.343) 그는 몸이 무너져 죽은 뒤 처참한 곳, 불행한 곳, 파멸처, 지옥에 태어난다.

비구들이여, 이를 일러 지금도 괴롭고 미래에도 괴로운 과보를 가져오는 법의 실천이라 한다."

6. "비구들이여, 그러면 어떤 것이 지금은 괴롭지만 미래에 즐거운 과보를 가져오는 법의 실천인가?

비구들이여, 여기 어떤 자는 선천적으로 탐욕이 강하여 탐욕에서 생긴 괴로움과 정신적 고통을 항상 경험한다.344) 선천적으로 성냄이 강하여 성냄에서 생긴 괴로움과 정신적 고통을 항상 경험한다. 선천적으로 어리석음이 강하여 어리석음에서 생긴 괴로움과 정신적 고통

343) 이것은 그때 당시 인도에서 널리 행해지던 고행으로, 본서 제1권 「사자후의 긴 경」(M12) §45에서는 부처님도 성도하시기 전에 이 고행을 하셨다고 기술하고 있다.

344) "'탐욕에서 생긴 괴로움과 정신적 고통을 항상 경험한다(rāgajaṁ dukkhaṁ domanassaṁ paṭisaṁvedeti).'는 것은 선천적으로 탐욕이 강하기 때문에(tibba-rāga-jātikattā) 대상이 보이는 족족 그 대상에서 표상(nimitta)을 취한다. 그리하여 스승이나 은사(ācariy-upajjhāyā)에게 벌(daṇḍa-kamma)을 받는다. 그가 항상 벌을 받을 때 괴로움과 정신적인 고통을 경험한다. 그러나 그것을 고치지 않는다."(MA.ii.373)

을 항상 경험한다.

그가 비록 괴롭고 정신적 고통이 있고 얼굴이 눈물로 범벅이 되어 울지만 완전하고 청정한 범행을 닦는다. 그는 몸이 무너져 죽은 뒤 좋은 곳, 천상 세계[天界]에 태어난다.

비구들이여, 이를 일러 지금은 괴롭지만 미래에 즐거운 과보를 가져오는 법의 실천이라 한다."

7. "비구들이여, 그러면 어떤 것이 지금도 즐겁고 미래에도 즐거운 과보를 가져오는 법의 실천인가?

비구들이여, 여기 어떤 자는 선천적으로 탐욕이 강하지 않아서 탐욕에서 생긴 괴로움과 정신적 고통을 항상 경험하지 않는다. 선천적으로 성냄이 강하지 않아서 성냄에서 생긴 괴로움과 정신적 고통을 항상 경험하지 않는다. 선천적으로 어리석음이 강하지 않아서 [309] 어리석음에서 생긴 괴로움과 정신적 고통을 항상 경험하지 않는다.

그는 감각적 욕망을 완전히 떨쳐버리고 해로운 법[不善法]들을 떨쳐버린 뒤 일으킨 생각[尋]과 지속적 고찰[伺]이 있고, 떨쳐버렸음에서 생긴 희열[喜]과 행복[樂]이 있는 초선(初禪)을 구족하여 머문다.

그는 일으킨 생각[尋]과 지속적 고찰[伺]을 가라앉혔기 때문에 [더 이상 존재하지 않고], 자기 내면의 것이고, 확신이 있으며, 마음의 단일한 상태이고, 일으킨 생각과 지속적 고찰은 없고, 삼매에서 생긴 희열과 행복이 있는 제2선(二禪)을 구족하여 머문다.

그는 희열이 빛바랬기 때문에 평온하게 머물고 마음챙기고 알아차리며[正念·正知] 몸으로 행복을 경험한다. 이 [禪 때문에] '평온하고 마음챙기며 행복하게 머문다.'고 성자들이 묘사하는 제3선(三禪)을 구족하여 머문다.

그는 행복도 버리고 괴로움도 버리고, 아울러 그 이전에 이미 기쁨과 슬픔을 소멸하였으므로 괴롭지도 즐겁지도 않으며, 평온으로 인해 마음챙김이 청정한 제4선(四禪)을 구족하여 머문다.

그는 몸이 무너져 죽은 뒤 좋은 곳, 천상 세계[天界]에 태어난다. 비구들이여, 이를 일러 지금도 즐겁고 미래에도 즐거운 과보를 가져오는 법의 실천이라 한다.

비구들이여, 이것이 네 가지 법의 실천이다."

세존께서는 이와 같이 설하셨다. 그 비구들은 흡족한 마음으로 세존의 말씀을 크게 기뻐하였다.

법 실천의 짧은 경(M45)이 끝났다.

법 실천의 긴 경

Mahā-dhammasamādāna Sutta(M46)

1. 이와 같이 나는 들었다. 한때 세존께서는 사왓티에서 제따 숲의 아나타삔디까 원림(급고독원)에 머무셨다. 거기서 세존께서는 "비구들이여."라고 비구들을 부르셨다. "세존이시여."라고 비구들은 세존께 응답했다. 세존께서는 이렇게 말씀하셨다.

2. "비구들이여, 대부분 중생들은 이런 욕망과 이런 욕구와 이런 신념을 가진다. '원하지 않고 사랑스럽지 않고 마음에 들지 않는 법들은 쇠퇴하고, 원하고 사랑스럽고 마음에 드는 법들은 증장되었으면.'이라고. 비구들이여, 이런 중생들이 이런 욕망과 이런 욕구와 이런 신념을 가지더라도 원하지 않고 사랑스럽지 않고 마음에 들지 않는 법들은 증장하고, 원하고 사랑스럽고 마음에 드는 법들은 쇠퇴한다. 비구들이여, 여기에 대해서 그대들은 원인이 무엇이라고 보는가?"

"세존이시여, 저희들의 법은 세존을 근원으로 하며, 세존을 [310] 길잡이로 하며, 세존을 귀의처로 합니다. 세존이시여, 세존께서 말씀하신 뜻을 친히 밝혀주신다면 참으로 감사하겠습니다. 비구들은 세존으로부터 잘 듣고 마음에 새겨 지닐 것입니다."

"비구들이여, 그렇다면 듣고 마음에 잘 잡도리하라. 나는 설하리라."

"그러겠습니다, 세존이시여."라고 그 비구들은 세존께 응답했다.

세존께서는 이렇게 말씀하셨다.

3. "비구들이여, 여기 배우지 못한 범부는 성자들을 친견하지 못하고 성스러운 법에 능숙하지 못하고 성스러운 법에 인도되지 못하고, 바른 사람들을 친견하지 못하고 바른 사람들의 법에 능숙하지 못하고 바른 사람들의 법에 인도되지 않아서, 받들어 행해야 할 법들을 알지 못하고, 받들어 행하지 말아야 할 법들을 알지 못한다. 가까이해야 할 법들을 알지 못하고 가까이하지 않아야 할 법들을 알지 못한다. 그는 받들어 행해야 할 법들을 알지 못하고, 받들어 행하지 말아야 할 법들을 알지 못하며, 가까이해야 할 법들을 알지 못하고, 가까이하지 않아야 할 법들을 알지 못하여, 받들어 행하지 말아야 할 법들을 받들어 행하고, 받들어 행해야 할 법들을 받들어 행하지 않으며, 가까이하지 않아야 할 법들을 가까이하고, 가까이해야 할 법들을 가까이하지 않는다.[345]

그가 받들어 행하지 말아야 할 법들을 받들어 행하고, 받들어 행해야 할 법들을 받들어 행하지 않으며, 가까이하지 않아야 할 법들을 가까이하고, 가까이해야 할 법들을 가까이하지 않을 때, 원하지 않고 사랑스럽지 않고 마음에 들지 않는 법들은 증장하고, 원하고 사랑스럽고 마음에 드는 법들은 쇠퇴한다. 그것은 무슨 까닭인가? 비구들이여, 어리석은 자에게 일어나듯이 이것이 일어나기 때문이다."[346]

---

345) '받들어 행해야 할 법들(sevitabbā dhammā)'과 '받들어 행하지 말아야 할 법들(asevitabbā dhammā)'은 본서 제4권 「행하고 행하지 말아야 함 경」(M114)에서 분석하여 설명하고 있으므로 참조하기 바란다.

4\. "비구들이여, 잘 배운 성스러운 제자는 성자들을 친견하고 성스러운 법에 능숙하고 성스러운 법에 인도되고, 바른 사람들을 친견하고 바른 사람들의 법에 능숙하고 바른 사람들의 법에 인도되어서, 받들어 행해야 할 법들을 알고, 받들어 행하지 말아야 할 법들을 안다. 가까이해야 할 법들을 알고, 가까이하지 않아야 할 법들을 안다. 그는 받들어 행해야 할 법들을 알고, 받들어 행하지 말아야 할 법들을 알며, 가까이해야 할 법들을 알고, 가까이하지 않아야 할 법들을 알아, 받들어 행하지 말아야 할 법들을 받들어 행하지 않고, 받들어 행해야 할 법들을 받들어 행하며, 가까이하지 않아야 할 법들을 가까이하지 않고, 가까이해야 할 법들을 가까이한다.

그가 받들어 행하지 말아야 할 법들을 받들어 행하지 않고, 받들어 행해야 할 법들을 받들어 행하며, 가까이하지 않아야 할 법들을 가까이하지 않고, 가까이해야 할 법들을 가까이할 때, 원하지 않고 사랑스럽지 않고 마음에 들지 않는 법들은 쇠퇴하고, 원하고 사랑스럽고 마음에 드는 법들은 증장한다. 그것은 무슨 까닭인가? 비구들이여, 지혜로운 자에게 일어나듯이 이것이 일어나기 때문이다."

5\. "비구들이여, 네 가지 법의 실천이 있다. 무엇이 넷인가? 비구들이여, ① 지금도 괴롭고 미래에도 괴로운 과보를 가져오는 법의

---

346) '비구들이여, 어리석은 자에게 일어나듯이 이것이 일어났기 때문이다.'는 evañhetaṁ, bhikkhave, hoti yathā taṁ aviddasuno를 옮긴 것이다. 주석서는 이렇게 설명한다.
"'어리석은 자에게'로 옮긴 aviddasuno는 알지 못하는 자에게(aviduno), 어리석은 자에게(bālassa), 눈이 먼 범부에게(andha-puthujjanassa)라는 뜻이다. 그리고 [아래 §4 등에서] '지혜로운 자에게'로 옮긴 viddasuno는 아는 자에게(viduno), 현명한 자에게(medhāvino) 지자에게(paṇḍitassa)라는 뜻이다."(MA.ii.375)

실천이 있다. 비구들이여, [311] ② 지금은 즐겁지만 미래에 괴로운 과보를 가져오는 법의 실천이 있다. 비구들이여, ③ 지금은 괴롭지만 미래에 즐거운 과보를 가져오는 법의 실천이 있다. 비구들이여, ④ 지금도 즐겁고 미래에도 즐거운 과보를 가져오는 법의 실천이 있다."

6. "비구들이여, ① 지금도 괴롭고 미래에도 괴로운 과보를 가져오는 법의 실천이 있는데, 그것을 알지 못하는 어리석은 자는 '이 법의 실천은 참으로 지금도 괴롭고 미래에도 괴로운 과보를 가져온다.'라고 있는 그대로 꿰뚫어 알지 못한다. 이것을 알지 못하는 어리석은 자는 있는 그대로 꿰뚫어 알지 못하여 그것을 받들어 행하고 그것을 버리지 못한다. 그가 그것을 받들어 행하고 버리지 못할 때, 원하지 않고 사랑스럽지 않고 마음에 들지 않는 법들은 증장하고, 원하고 사랑스럽고 마음에 드는 법들은 쇠퇴한다. 그것은 무슨 까닭인가? 비구들이여, 어리석은 자에게 일어나듯이 이것이 일어났기 때문이다."

7. "비구들이여, ② 지금은 즐겁지만 미래에 괴로운 과보를 가져오는 법의 실천이 있는데, 그것을 알지 못하는 어리석은 자는 '이 법의 실천은 참으로 지금은 즐겁지만 미래에 괴로운 과보를 가져온다.'라고 있는 그대로 꿰뚫어 알지 못한다. 이것을 알지 못하는 어리석은 자는 있는 그대로 꿰뚫어 알지 못하여 그것을 받들어 행하고 그것을 버리지 못한다. 그가 그것을 받들어 행하고 버리지 못할 때, 원하지 않고 사랑스럽지 않고 마음에 들지 않는 법들은 증장하고, 원하고 사랑스럽고 마음에 드는 법들은 쇠퇴한다. 그것은 무슨 까닭인가? 비구들이여, 어리석은 자에게 일어나듯이 이것이 일어났기 때문이다."

8. "비구들이여, ③ 지금은 괴롭지만 미래에 즐거운 과보를 가져오는 법의 실천이 있는데, 그것을 알지 못하는 어리석은 자는 '이

법의 실천은 참으로 지금은 괴롭지만 미래에 즐거운 과보를 가져온다.'라고 있는 그대로 꿰뚫어 알지 못한다. 이것을 알지 못하는 어리석은 자는 있는 그대로 꿰뚫어 알지 못하여 그것을 받들어 행하지 않고 그것을 버려버린다. 그가 그것을 받들어 행하지 않고 버릴 때, 원하지 않고 사랑스럽지 않고 마음에 들지 않는 법들은 증장하고, 원하고 사랑스럽고 마음에 드는 법들은 쇠퇴한다. 그것은 무슨 까닭인가? 비구들이여, 어리석은 자에게 일어나듯이 이것이 일어났기 때문이다."

9. "비구들이여, ④ 지금도 즐겁고 미래에도 즐거운 과보를 가져오는 법의 실천이 있는데, 그것을 알지 못하는 어리석은 자는 '이 법의 실천은 참으로 지금도 즐겁고 미래에도 즐거운 과보를 가져온다.'라고 있는 그대로 꿰뚫어 알지 못한다. 이것을 알지 못하는 어리석은 자는 있는 그대로 꿰뚫어 알지 못하여 그것을 받들어 행하지 않고 그것을 버려버린다. 그가 그것을 받들어 행하지 않고 버릴 때, 원하지 않고 [312] 사랑스럽지 않고 마음에 들지 않는 법들은 증장하고, 원하고 사랑스럽고 마음에 드는 법들은 쇠퇴한다. 그것은 무슨 까닭인가? 비구들이여, 어리석은 자에게 일어나듯이 이것이 일어났기 때문이다."

10. "비구들이여, ① 지금도 괴롭고 미래에도 괴로운 과보를 가져오는 법의 실천이 있는데, 그것을 아는 지혜로운 자는 '이 법의 실천은 참으로 지금도 괴롭고 미래에도 괴로운 과보를 가져온다.'라고 있는 그대로 꿰뚫어 안다. 이것을 아는 지혜로운 자는 있는 그대로 꿰뚫어 알아서 그것을 받들어 행하지 않고 그것을 버려버린다. 그가 그것을 받들어 행하지 않고 버릴 때, 원하지 않고 사랑스럽지 않고 마음에 들지 않는 법들은 쇠퇴하고, 원하고 사랑스럽고 마음에 드는

법들은 증장한다. 그것은 무슨 까닭인가? 비구들이여, 지혜로운 자에게 일어나듯이 이것이 일어났기 때문이다."

11. "비구들이여, ② 지금은 즐겁지만 미래에 괴로운 과보를 가져오는 법의 실천이 있는데, 그것을 아는 지혜로운 자는 '이 법의 실천은 참으로 지금은 즐겁지만 미래에 괴로운 과보를 가져온다.'라고 있는 그대로 꿰뚫어 안다. 이것을 아는 지혜로운 자는 있는 그대로 꿰뚫어 알아서 그것을 받들어 행하지 않고 그것을 버려버린다. 그가 그것을 받들어 행하지 않고 버릴 때, 원하지 않고 사랑스럽지 않고 마음에 들지 않는 법들은 쇠퇴하고, 원하고 사랑스럽고 마음에 드는 법들은 증장한다. 그것은 무슨 까닭인가? 비구들이여, 지혜로운 자에게 일어나듯이 이것이 일어났기 때문이다."

12. "비구들이여, ③ 지금은 괴롭지만 미래에 즐거운 과보를 가져오는 법의 실천이 있는데, 그것을 아는 지혜로운 자는 '이 법의 실천은 참으로 지금은 괴롭지만 미래에 즐거운 과보를 가져온다.'라고 있는 그대로 꿰뚫어 안다. 이것을 아는 지혜로운 자는 있는 그대로 꿰뚫어 알아서 그것을 받들어 행하고 그것을 버리지 않는다. 그가 그것을 받들어 행하고 버리지 않을 때, 원하지 않고 사랑스럽지 않고 마음에 들지 않는 법들은 쇠퇴하고, 원하고 사랑스럽고 마음에 드는 법들은 증장한다. 그것은 무슨 까닭인가? 비구들이여, 지혜로운 자에게 일어나듯이 이것이 일어났기 때문이다."

13. "비구들이여, ④ 지금도 즐겁고 미래에도 즐거운 과보를 가져오는 법의 실천이 있는데, 그것을 아는 지혜로운 자는 '이 법의 실천은 참으로 지금도 즐겁고 미래에도 즐거운 과보를 가져온다.'라고 있는 그대로 꿰뚫어 안다. 이것을 아는 지혜로운 자는 있는 그대로

꿰뚫어 알아서 그것을 받들어 행하고 그것을 버리지 않는다. 그가 그것을 받들어 행하고 버리지 않을 때, 원하지 않고 사랑스럽지 않고 마음에 들지 않는 법들은 쇠퇴하고, 원하고 사랑스럽고 마음에 드는 법들은 증장한다. 그것은 무슨 까닭인가? 비구들이여, 지혜로운 자에게 일어나듯이 이것이 일어났기 때문이다."

14. "비구들이여, [313] 어떤 것이 ① 지금도 괴롭고 미래에도 괴로운 과보를 가져오는 법의 실천인가?

비구들이여, 여기 어떤 자는 괴로워하고 슬퍼하면서 생명을 죽이고, 생명 죽인 것을 조건으로 괴로움과 슬픔을 경험한다. 여기 어떤 자는 괴로워하고 슬퍼하면서 주지 않은 것을 가지고, 주지 않은 것을 가지는 것을 조건으로 괴로움과 슬픔을 경험한다. 여기 어떤 자는 괴로워하고 슬퍼하면서 삿된 음행을 하고, 삿된 음행을 조건으로 괴로움과 슬픔을 경험한다.

여기 어떤 자는 괴로워하고 슬퍼하면서 거짓말을 하고, 거짓말을 조건으로 괴로움과 슬픔을 경험한다. 여기 어떤 자는 괴로워하고 슬퍼하면서 중상모략을 하고, 중상모략을 조건으로 괴로움과 슬픔을 경험한다. 여기 어떤 자는 괴로워하고 슬퍼하면서 욕설을 하고, 욕설을 조건으로 괴로움과 슬픔을 경험한다. 여기 어떤 자는 괴로워하고 슬퍼하면서 잡담을 하고, 잡담을 조건으로 괴로움과 슬픔을 경험한다.

여기 어떤 자는 괴로워하고 슬퍼하면서 욕심을 부리고, 욕심을 부리는 것을 조건으로 괴로움과 슬픔을 경험한다. 여기 어떤 자는 괴로워하고 슬퍼하면서 악의를 품고, 악의를 품는 것을 조건으로 괴로움과 슬픔을 경험한다. 여기 어떤 자는 괴로워하고 슬퍼하면서 삿된 견해를 가지고, 삿된 견해를 가진 것을 조건으로 괴로움과 슬픔을 경험한다.

그는 몸이 무너져 죽은 뒤 처참한 곳, 불행한 곳, 파멸처, 지옥에 태어난다. 비구들이여, 이를 일러 지금도 괴롭고 미래에도 괴로운 과보를 가져오는 법의 실천이라 한다."

15. "비구들이여, 어떤 것이 ② 지금은 즐겁지만 미래에 괴로운 과보를 가져오는 법의 실천인가?

비구들이여, 여기 어떤 자는 즐거워하고 기뻐하면서 생명을 죽이고, 생명 죽인 것을 조건으로 즐거움과 기쁨을 경험한다. 여기 어떤 자는 즐거워하고 기뻐하면서 주지 않은 것을 가지고, 주지 않은 것을 가지는 것을 조건으로 즐거움과 기쁨을 경험한다. 여기 어떤 자는 즐거워하고 기뻐하면서 삿된 음행을 하고, 삿된 음행을 조건으로 즐거움과 기쁨을 경험한다.

여기 어떤 자는 즐거워하고 기뻐하면서 거짓말을 하고, 거짓말을 조건으로 즐거움과 기쁨을 경험한다. 여기 어떤 자는 즐거워하고 기뻐하면서 중상모략을 하고, 중상모략을 조건으로 즐거움과 [341] 기쁨을 경험한다. 여기 어떤 자는 즐거워하고 기뻐하면서 욕설을 하고, 욕설을 조건으로 즐거움과 기쁨을 경험한다. 여기 어떤 자는 즐거워하고 기뻐하면서 잡담을 하고, 잡담을 조건으로 즐거움과 기쁨을 경험한다.

여기 어떤 자는 즐거워하고 기뻐하면서 욕심을 부리고, 욕심을 부리는 것을 조건으로 즐거움과 기쁨을 경험한다. 여기 어떤 자는 즐거워하고 기뻐하면서 악의를 품고, 악의를 품는 것을 조건으로 즐거움과 기쁨을 경험한다. 여기 어떤 자는 즐거워하고 기뻐하면서 삿된 견해를 가지고, 삿된 견해를 가진 것을 조건으로 즐거움과 기쁨을 경험한다.

그는 몸이 무너져 죽은 뒤 처참한 곳, 불행한 곳, 파멸처, 지옥에 태어난다. 비구들이여, 이를 일러 지금은 즐겁지만 미래에 괴로운 과보를 가져오는 법의 실천이라 한다."

16. "비구들이여, 어떤 것이 ③ 지금은 괴롭지만 미래에 즐거운 과보를 가져오는 법의 실천인가?

비구들이여, 여기 어떤 자는 괴로워하고 슬퍼하면서 생명을 죽이는 것을 삼가고, 생명을 죽이는 것을 삼감을 조건으로 고통과 슬픔을 경험한다. 여기 어떤 자는 괴로워하고 슬퍼하면서 주지 않은 것을 가지는 것을 삼가고, 주지 않은 것을 가지는 것을 삼감을 조건으로 괴로움과 슬픔을 경험한다. 여기 어떤 자는 괴로워하고 슬퍼하면서 삿된 음행을 삼가고, 삿된 음행을 삼감을 조건으로 괴로움과 슬픔을 경험한다.

여기 어떤 자는 괴로워하고 슬퍼하면서 거짓말하는 것을 삼가고, 거짓말을 삼감을 조건으로 괴로움과 슬픔을 경험한다. 여기 어떤 자는 괴로워하고 슬퍼하면서 중상모략을 삼가고, 중상모략을 삼감을 조건으로 괴로움과 슬픔을 경험한다. 여기 어떤 자는 괴로워하고 슬퍼하면서 욕설을 삼가고, 욕설을 삼감을 조건으로 괴로움과 슬픔을 경험한다. 여기 어떤 자는 괴로워하고 슬퍼하면서 잡담을 삼가고, 잡담을 삼감을 조건으로 괴로움과 슬픔을 경험한다.

여기 어떤 자는 괴로워하고 슬퍼하면서 욕심을 부리지 않고, 욕심 부리지 않음을 조건으로 괴로움과 슬픔을 경험한다. 여기 어떤 자는 괴로워하고 슬퍼하면서 악의를 품지 않고, 악의를 품지 않는 것을 조건으로 괴로움과 슬픔을 경험한다. 여기 어떤 자는 괴로워하고 [315]
슬퍼하면서 바른 견해를 가지고, 바른 견해를 조건으로 괴로움과 슬픔을 경험한다.

그는 몸이 무너져 죽은 뒤 좋은 곳, 천상 세계[天界]에 태어난다. 비구들이여, 이를 일러 지금은 괴롭지만 미래에 즐거운 과보를 가져오는 법의 실천이라 한다."

17. "비구들이여, 어떤 것이 ④ 지금도 즐겁고 미래에도 즐거운 과보를 가져오는 법의 실천인가?

비구들이여, 여기 어떤 자는 즐거워하고 기뻐하면서 생명을 죽이는 것을 삼가고, 생명 죽이는 것을 삼감을 조건으로 즐거움과 기쁨을 경험한다. 여기 어떤 자는 즐거워하고 기뻐하면서 주지 않은 것을 가지는 것을 삼가고, 주지 않은 것을 가지는 것을 삼감을 조건으로 즐거움과 기쁨을 경험한다. 여기 어떤 자는 즐거워하고 기뻐하면서 삿된 음행을 삼가고, 삿된 음행을 삼감을 조건으로 즐거움과 기쁨을 경험한다.

여기 어떤 자는 즐거워하고 기뻐하면서 거짓말을 삼가고, 거짓말을 삼감을 조건으로 즐거움과 기쁨을 경험한다. 여기 어떤 자는 즐거워하고 기뻐하면서 중상모략을 삼가고, 중상모략을 삼감을 조건으로 즐거움과 기쁨을 경험한다. 여기 어떤 자는 즐거워하고 기뻐하면서 욕설을 삼가고, 욕설을 삼감을 조건으로 즐거움과 기쁨을 경험한다. 여기 어떤 자는 즐거워하고 기뻐하면서 잡담을 삼가고, 잡담을 삼감을 조건으로 즐거움과 기쁨을 경험한다.

여기 어떤 자는 즐거워하고 기뻐하면서 욕심을 부리지 않고, 욕심 부리지 않음을 조건으로 즐거움과 기쁨을 경험한다. 여기 어떤 자는 즐거워하고 기뻐하면서 악의를 품지 않고, 악의를 품지 않는 것을 조건으로 즐거움과 기쁨을 경험한다. 여기 어떤 자는 즐거워하고 기뻐하면서 바른 견해를 가지고, 바른 견해를 조건으로 즐거움과 기쁨을 경험한다.

그는 몸이 무너져 죽은 뒤 좋은 곳, 천상 세계[天界]에 태어난다. 비구들이여, 이를 일러 지금도 즐겁고 미래에도 즐거운 과보를 가져오는 법의 실천이라 한다."

18. "비구들이여, 예를 들면 독이 섞인 쓴 박이 있는데, 그때 살기를 원하고 죽지 않기를 바라고 즐거움을 원하고 괴로움에 진저리치는 사람이 온다고 하자. 그에게 이렇게 말할 것이다. '여보게 이 사람아, 이 쓴 박에 독이 섞여 있다네. 마시고 싶으면 마시게. 그대가 그것을 마실 때 색깔이나 냄새나 맛이 좋지 않을 것이네. 그리고 마시고 나면 죽게 되거나 죽음에 버금가는 고통을 받게 될 것이네.'라고. 그러면 그는 숙고하지도 않고 그것을 마실 것이고 포기하지 않을 것이다. 그가 그것을 마실 때 색깔이나 냄새나 맛이 좋지 않을 것이다. 그리고 마시고 나서 죽게 되거나 죽음에 버금가는 고통을 받게 될 것이다.

비구들이여, 이 비유로 나는 ① 지금도 괴롭고 미래에도 괴로운 과보를 가져오는 법의 실천을 말한다."

19. "비구들이여, 예를 들면 색깔과 냄새와 맛이 좋은 마실 것이 청동 컵에 들어있는데 독이 섞여 있다고 하자. 그때 살기를 원하고 죽지 않기를 바라고 즐거움을 원하고 괴로움에 진저리치는 사람이 온다고 하자. 그에게 이렇게 말할 것이다. '여보게 이 사람아, 색깔과 냄새와 맛이 좋은 마실 것이 청동 컵에 들어있는데 독이 섞여 있다네. 마시고 싶으면 마시게. [316] 그대가 그것을 마실 때 색깔이나 냄새나 맛은 좋을 것이네. 그러나 마시고 나면 죽게 되거나 죽음에 버금가는 고통을 받게 될 것이네.'라고. 그러면 그는 숙고하지도 않고 그것을 마실 것이고 포기하지 않을 것이다. 그가 그것을 마실 때 색깔이나 냄새나 맛은 좋을 것이다. 그러나 마시고 나면 죽게 되거나

죽음에 버금가는 고통을 받게 될 것이다.[347]

비구들이여, 이 비유로 나는 ② 지금은 즐겁지만 미래에 괴로운 과보를 가져오는 법의 실천을 말한다."

20. "비구들이여, 예를 들면 여러 가지 양약과 섞인 오줌이 있는데, 그때 황달에 걸린 사람이 온다고 하자. 그에게 이렇게 말할 것이다. '여보게 이 사람아, 이 오줌은 여러 가지 양약과 섞여 있다네. 마시고 싶으면 마시게. 그대가 그것을 마실 때 색깔이나 냄새나 맛은 좋지 않을 것이네. 그러나 마시고 나면 편안해질 것이네.'라고. 그러면 그는 숙고한 뒤 그것을 마실 것이고 포기하지 않을 것이다. 그가 그것을 마실 때 색깔이나 냄새나 맛은 좋지 않을 것이다. 그러나 마시고 나면 편안해질 것이다.

비구들이여, 이 비유로 나는 ③ 지금은 괴롭지만 미래에 즐거운 과보를 가져오는 법의 실천을 말한다."

21. "비구들이여, 예를 들면 응유와 꿀과 버터기름과 당밀이 함께 섞여 있는데 그때 이질에 걸린 사람이 온다고 하자. 그에게 이렇게 말할 것이다. '여보게 이 사람아, [317] 이것은 응유와 꿀과 버터기름과 당밀이 함께 섞인 것이네. 마시고 싶으면 마시게. 그대가 그것을 마실 때 색깔이나 냄새나 맛이 좋을 것이네. 그리고 마시고 나면 편안해질 것이네.'라고. 그러면 그는 숙고한 뒤 그것을 마실 것이고 포기하지 않을 것이다. 그가 그것을 마실 때 색깔이나 냄새나 맛이 좋을 것이다. 그리고 마시고 나면 편안해질 것이다.

비구들이여, 이 비유로 나는 ④ 지금도 즐겁고 미래에도 즐거운 과

347) 단어는 조금 다르지만 같은 비유가 『상윳따 니까야』 제2권 「명상 경」(S12:66) §9에도 나타난다.

보를 가져오는 법의 실천을 말한다."

22. "비구들이여, 마치 우기철의 마지막 달인 가을에 하늘이 청명하여 구름 한 점 없을 때 태양이 창공에 떠올라 허공의 모든 암흑을 흩어버린 뒤 빛나고 찬란하고 광채를 발하듯이 그와 같이 지금도 즐겁고 미래에도 즐거운 과보를 가져오는 이 법의 실천은 다른 범속한 사문 · 바라문들의 이런저런 교리를 흩어버린 뒤 빛나고 찬란하고 광채를 발할 것이다."

세존께서는 이와 같이 설하셨다. 그 비구들은 흡족한 마음으로 세존의 말씀을 크게 기뻐하였다.

법 실천의 긴 경(M46)이 끝났다.

검증자 경

Vīmaṁsaka Sutta(M47)

1. 이와 같이 나는 들었다. 한때 세존께서는 사왓티에서 제따 숲의 아나타삔디까 원림(급고독원)에 머무셨다. 거기서 세존께서는 "비구들이여."라고 비구들을 부르셨다. "세존이시여."라고 비구들은 세존께 응답했다. 세존께서는 이렇게 말씀하셨다.

2. "비구들이여, 검증하는[348] 비구가 다른 사람의 마음 길을 알

348) "'검증하는 자(vīmaṁsaka)'라고 하셨다. 세 가지 유형의 검증하는 자가 있다. 뜻을 검증하는 자(attha-vīmaṁsaka), 형성된 것들을 검증하는 자(saṅkhāra-vīmaṁsaka), 스승을 검증하는 자(satthu-vīmaṁsaka)이다. "현자들은 검증을 하기 때문입니다."(『상윳따 니까야』 제3권 「데와다하 경」(S22:2) §7)는 뜻을 검증하는 자를 말씀하신 것이다. "아난다여, 비구가 요소[界]에 능숙하고 장소[處]에 능숙하고 연기(緣起)에 능숙하고 가능한 것(ṭhāna)과 가능하지 않은 것에 능숙하면 이렇게 해서 그 비구는 현자요 검증하는 자라고 부르기에 충분하다."(본서 제4권 「많은 요소 경」(M115) §3)에서는 형성된 것들을 검증하는 자를 설하셨다. 본경에서는 스승을 검증하는 자를 뜻한다."(MA.ii.378)
한편 '검증(vīmaṁsa)'은 네 가지 성취수단[四如意足, iddhi-pāda]인 열의(chanda), 정진(vīriya), 마음(citta), 검증(vīmaṁsa) 가운데 네 번째에 해당하며 『위방가』(Vbh.219)에서 통찰지(paññā)와 동의어로 나타난다. 네 가지 성취수단은 『상윳따 니까야』 「성취수단 상윳따」(S51)의 주제이다. 성취수단에 대한 설명은 『상윳따 니까야』 제6권 해제 §3의 설명을 참조

지 못할 때 여래가 정등각자인지 아닌지를 알기 위해 여래를 참구(參究)349)해야 한다."

3. "세존이시여, 저희들의 법은 세존을 근원으로 하며, 세존을 길잡이로 하며, 세존을 귀의처로 합니다. 세존이시여, 세존께서 말씀하신 뜻을 친히 밝혀주신다면 참으로 감사하겠습니다. 비구들은 세존으로부터 잘 듣고 마음에 새겨 지닐 것입니다."

"비구들이여, 그렇다면 듣고 마음에 잘 잡도리하라. [318] 나는 설하리라."

"그러겠습니다, 세존이시여."라고 그 비구들은 세존께 응답했다.

세존께서는 이렇게 말씀하셨다.

4. "비구들이여, 검증하는 비구가 다른 사람의 마음 길을 알지 못할 때 두 가지 법들의 측면에서, 즉 눈으로 알 수 있는 법들과 귀로 알 수 있는 법들의 측면에서 여래를 참구해야 한다. '눈으로 알 수 있고 귀로 알 수 있는 오염된 법들350)이 여래에게 있는가, 아니면 여래에게 없는가?'라고. 그가 그것을 참구할 때 '눈으로 알 수 있고 귀로 알 수 있는 오염된 법들이 여래에게 없다.'라고 안다."

하기 바란다.

349) "여기서 '참구(參究, samannesanā)'란 추구(esanā), 탐구(pariyesanā), 자세히 살핌(upaparikkhā)을 뜻한다."(MA.ii.378)

350) "'오염된 법들(saṅkiliṭṭhā dhammā)'이란 오염원이 함께한(kilesa-sampayuttā) 법들이다. 이 오염된 법들은 눈으로 알 수 있거나 귀로 알 수 있는 것이 아니다. 그러나 마치 물이 출렁이거나 거품이 일면 물속에 물고기가 있다고 알 수 있듯이, 그와 마찬가지로 살생 등을 하거나 거짓말 등을 하는 자의 몸과 말의 행위들(kāya-vacī-samācārā)을 보거나 듣고 그 행위들의 근원인 마음(taṁ-samuṭṭhāpaka-citta)이 오염되었다고 알 수 있다. 그러므로 이와 같이 말했다. '마음이 오염된 자의 경우 그의 몸과 말의 행위도 오염되었다.'라고."(MA.ii.380)

5. "그가 참구할 때 '눈으로 알 수 있고 귀로 알 수 있는 오염된 법들이 여래에게 없다.'라고 알기 때문에 다시 더 참구한다. '눈으로 알 수 있고 귀로 알 수 있는 섞인 법들[351]이 여래에게 있는가, 아니면 여래에게 없는가?'라고. 그가 그것을 참구할 때 '눈으로 알 수 있고 귀로 알 수 있는 섞인 법들이 여래에게 없다.'라고 안다."

6. "그가 참구할 때 '눈으로 알 수 있고 귀로 알 수 있는 섞인 법들이 여래에게 없다.'라고 알기 때문에 다시 더 참구한다. '눈으로 알 수 있고 귀로 알 수 있는 청정한 법들이 여래에게 있는가, 아니면 여래에게 없는가?'라고. 그가 그것을 참구할 때 '눈으로 알 수 있고 귀로 알 수 있는 청정한 법들이 여래에게 있다.'라고 안다."

7. "그가 참구할 때 '눈으로 알 수 있고 귀로 알 수 있는 청정한 법들이 여래에게 있다.'라고 알기 때문에 다시 더 참구한다. '이 존자는 이 유익한 법[352]을 오래 전에 증득했는가, 아니면 최근에 증득했는가?'라고. 그가 그것을 참구할 때 '이 존자는 이 유익한 법을 오래 전에 증득했고, 최근에 증득한 것이 아니다.'라고 안다."

8. "그가 참구할 때 '이 존자는 이 유익한 법을 오래 전에 증득

---

351) "'섞인 법들(vītimissā dhammā)'이란 때로는 어두운(kaṇhā) 법들이, 때로는 밝은(sukkā) 법들이 섞여 있는 것(vomissakā)을 말한다. 여래에게는 오직 밝은 법들만이 있을 뿐이다."(MA.ii.381)

352) "'이 유익한 법(ayaṁ kusala dhamma)'이란 비난받을 일이 없는(anavajja) 바른 생계가 여덟 번째인 계(ājīv-aṭṭhamaka-sīla)를 말한다. 우리의 스승이신 이 존자는 이 유익한 법을 아주 오래 전부터 구족해왔는지, 아니면 일시적으로 어제 혹은 그저께 얻었는지를 참구한다는 말이다."(MA.ii.382)
바른 생계가 여덟 번째인 계란 세 가지 몸의 업과 네 가지 말의 업과 바른 생계의 여덟 가지를 말한다.(DAṬ.ii.275; Pm.41. 『청정도론』 I.27도 참조할 것.)

했고 최근에 증득한 것이 아니다.'라고 알기 때문에 다시 더 참구한다. '이 비구 존자는 유명해지고 명성을 얻었는데 그로 인해 그에게 어떤 허물이 있는가?'라고. 비구들이여, 왜냐하면 비구가 유명해지지 않고 명성을 얻지 못하면 그로 인해 그에게 어떤 허물이 없지만, 비구가 유명해지고 명성을 얻으면 그로 인해 그에게 어떤 허물이 따르기 때문이다. 그가 그것을 참구할 때 '이 비구 존자는 유명해지고 명성을 얻었지만 그로 인해 그에게 어떤 허물이 없다.'라고 안다.

9. "그가 참구할 때 '이 비구 존자는 유명해지고 명성을 얻었지만 그로 인해 그에게 어떤 허물이 없다.'라고 알기 때문에 다시 [319] 더 참구한다. '이 존자는 두려움 없이 제어하고 두려움 때문에 제어하는 것은 아닌가?353) 그는 욕망을 부수어 욕망을 건넜기 때문에 감각적 욕망에 빠지지 않는가?'라고. 그가 그것을 참구할 때 '이 존자는 두려움 없이 억제하고 두려움 때문에 억제하는 것이 아니다. 그는 욕망을 부수어 욕망을 건넜기 때문에 감각적 욕망에 빠지지 않는다.'라고 안다."

10. "비구들이여, 만일 다른 사람들이 그 비구에게 '존자는 무슨 이유와 무슨 증거로 '이 존자는 두려움 없이 억제하고 두려움 때문에

---

353) "'두려움 없이 제어한다(abhayūparato).'는 것은 두려움을 여읜 자 되어 제어한다(abhayo hutvā uparato)는 뜻이다. 전적으로 제어하고 완전하게 제어한다는 뜻이다. 혹은 두려움 때문에 제어하는 것이 아니라는 뜻이다.
두려움에는 네 가지가 있다. 오염원에 대한 두려움(kilesa-bhaya), 윤회에 대한 두려움(vaṭṭa-bhaya), 악처에 대한 두려움(duggati-bhaya), 비난에 대한 두려움(upavāda-bhaya)이다. 범부는 네 가지 두려움 모두에 의해 두려워하고, 유학은 세 가지 두려움에 의해 두려워한다. 악처에 대한 두려움은 제거되었기 때문이다. 이처럼 일곱 부류의 유학들은 두려움 때문에 제어하고, 번뇌 다한 자는 두려움을 여읜 자로 제어한다. 그에게는 어떤 두려움도 없기 때문이다."(MA.ii.385)

억제하는 것이 아니다. 그는 욕망을 부수어 욕망을 건넜기 때문에 감각적 욕망에 빠지지 않는다.'라고 말합니까?'라고 묻는다면, 그 비구는 바르게 설명하면서 이렇게 설명해야 한다. '이 존자는 승가에 머무시거나 홀로 머무실 때 거기서 행동이 바른 사람들이 있거나, 행동이 바르지 못한 사람들이 있거나, 무리를 거느리는 사람들이 있거나, 물질을 쫓는 사람들이 있거나,354) 물질을 쫓지 않는 사람들이 있더라도, 이 존자는 그 때문에 그들을 경멸하지 않습니다.355) 저는 세존의 면전에서 들었고 면전에서 받아 지녔습니다. '나는 두려움 없이 억제하고 두려움 때문에 억제하는 것이 아니다. 나는 욕망을 부수어 욕망을 건넜기 때문에 감각적 욕망에 빠지지 않는다.'라고."

11. "비구들이여, 여래에게 이것을 더 질문해야 한다.356) '눈으로 알 수 있고 귀로 알 수 있는 오염된 법들이 여래에게 있습니까, 아니면 여래에게 없습니까?'라고. 비구들이여, 여래는 대답할 때 이렇게 대답할 것이다. '눈으로 알 수 있고 귀로 알 수 있는 오염된 법들이 여래에게 없다.'라고."

---

354) "'물질을 쫓는다(āmisesu sandissanti).'는 것은 네 가지 필수품(catu-paccaya-āmisattha)을 찾아(āhiṇḍamānā) 이리저리 돌아다니면서 물질이 있는 곳에 나타나는 비구를 말한다."(MA.ii.386)
'물질'로 옮긴 āmisa 는 원래 날고기를 뜻하며 그래서 비린내 나는 것, 속된 것, 물질적인 것을 말한다.

355) "여래는 어떤 부류의 중생들을 만나더라도 그들에 대해 한결같으시다. 이것은 여래의 그런 평등함(tādi-bhāva)을 설한 것이다. 『밀린다왕문경』(Mil. 410)에 이 평등한 성품을 드러내는 다음과 같은 시가 있다.

> "살인마 데와닷따, 도둑 앙굴리말라, 재물을 지켰던 라훌라
> 그들 모두에게 성자는 평등하셨네."(Milin.410)"(MA.ii.387)

356) 위의 §§4~6에서는 검증하는 비구가 자기 스스로 여래를 참구하여 §§4~6의 사실을 알았지만, 여기 §§11~13은 이 세 가지를 직접 세존께 질문 드려서 세존으로부터 대답을 직접 듣는 경우에 해당한다.

12. "'눈으로 알 수 있고 귀로 알 수 있는 섞인 법들이 여래에게 있습니까, 아니면 여래에게 없습니까?'라고. 비구들이여, 여래는 대답할 때 이렇게 대답할 것이다. '눈으로 알 수 있고 귀로 알 수 있는 섞인 법들이 여래에게 없다.'라고."

13. "'눈으로 알 수 있고 귀로 알 수 있는 청정한 법들이 여래에게 있습니까, 아니면 없습니까?'라고. 비구들이여, 여래는 대답할 때 이렇게 대답할 것이다. '눈으로 알 수 있고 귀로 알 수 있는 청정한 법들이 여래에게 있다. 이것은 나의 길이고 나의 영역이지만 나는 그것을 집착하지 않는다.'357)라고."

14. "비구들이여, 제자는 법을 듣기 위해 이렇게 말하는 스승에게 다가가야 한다. 스승은 그에게 어두운 법의 이면인 밝은 법과 밝은 법의 이면인 어두운 법358)과 함께 점점 더 높고 점점 더 수승한 법을 설한다. 비구들이여, 스승이 그 비구에게 이런 방법으로 어두운

---

357) "'나는 그것을 집착하지 않는다(no ca tena tammayo).'는 것은 [바른 생계가 여덟 번째인] 청정한 계를 가졌기 때문에(parisuddha-sīlattā) 나는 갈애가 없다(nittaṇha)는 뜻이다."(MA.ii.387)
tammaya는 '그것(tam)으로 이루어진(-maya)'으로 분석이 되는데 여기서는 주석서를 참조해서 이렇게 옮겼다. 그리고 이 단어에 부정접두어 a-가 붙은 atammaya의 추상명사인 atammayatā는 본서 제4권 「바른 사람 경」(M113) §21 이하와 「여섯 감각장소의 분석 경」(M137) §20에도 나타난다. 거기서는 문맥에 따라 '동일하지 않음'으로 원어의 의미를 살려 옮겼다. 해당 경의 주해들을 참조할 것.

358) '어두운 법의 이면인 밝은 법과 밝은 법의 이면인 어두운 법'은 dhamma kaṇha-sukka-sappaṭibhāga(어둡고 밝은 이면을 가진 법)을 주석서(MA.ii.388)를 참조해서 풀어서 옮긴 것이다.
여기서 어두운 법이라고 표현된 열 가지 해로운 업의 길(십불선업도)과 밝은 법이라고 표현된 열 가지 유익한 업의 길(십선업도)은 각각 그 이면을 가진다. 그러나 오직 열반만은 이면이 없는 법이다.

법의 이면인 밝은 법과 밝은 법의 이면인 어두운 법과 함께 점점 더 높고 점점 더 수승한 법을 설할 때, 그는 [320] 그 법들 가운데 어떤 법을 최상의 지혜로 알아 법들에 대해 결론에 도달하고[359] 스승에 대해 청정한 믿음을 가진다. '세존께서는 바르게 완전히 깨달으셨고, 가르침은 세존에 의해 잘 설해졌고, 승가는 잘 도를 닦는다.'라고."

15. "비구들이여, 만일 다른 사람들이 그 비구에게 '존자는 무슨 이유와 무슨 증거로 '세존께서는 바르게 완전히 깨달으셨고, 가르침은 세존에 의해 잘 설해졌고, 승가는 잘 도를 닦는다.'라고 말합니까?'라고 묻는다면, 그 비구는 이렇게 바르게 설명해야 한다.

'도반들이여, 여기서 나는 법을 듣기 위해 세존을 뵈러 갔습니다. 그런 내게 세존께서는 어두운 법의 이면인 밝은 법과 밝은 법의 이면인 어두운 법과 함께 점점 더 높고 점점 더 수승한 법을 설하셨습니다. 도반들이여, 스승께서 내게 이런 방법으로 어두운 법의 이면인 밝은 법과 밝은 법의 이면인 어두운 법과 함께 점점 더 높고 점점 더 수승한 법을 설하실 때, 나는 그 법들 가운데 어떤 법을 최상의 지혜로 알아 법들에 대해 결론에 도달했고 스승에 대해 청정한 믿음을 가졌습니다. '세존께서는 바르게 완전히 깨달으셨고, 가르침은 세존에

---

359) "'어떤 법을 최상의 지혜로 알아 법들에 대해 결론에 도달한다(abhiññāya idhekaccaṁ dhammaṁ dhammesu niṭṭhaṁ gacchati).'라고 하셨다. 여기서 어떤 법을 최상의 지혜로 안다는 것은 통찰하는 법(paṭivedha-dhamma)을 최상의 지혜로 안다는 말이다."(MA.ii.388)
복주서는 다음과 같은 설명을 덧붙이고 있다.
"스승께서 가르치신 세간적인 법과 출세간적인 법 가운데 도와 과와 열반이라 불리는 일부분(ekadesa-bhūta)의 법을 뛰어난 도의 지혜(magga-paññā)로 알아, 통찰하는 법인 도(paṭivedha-dhamma magga)를 통해 깨달음의 편에 있는 법들[菩提分法, bodhipakkhiya-dhammā]에 대해 '반드시 이 도닦음으로 늙음과 죽음에서 벗어나리라.'라고 확신(pasanna)을 가진다는 말이다."(MAṬ.ii.282)

의해 잘 설해졌고, 승가는 잘 도를 닦는다.'라고."

16. "비구들이여, 어떤 사람이든지 이런 이유들과 이런 용어들과 이런 표현들을 통해 여래에 믿음을 심고 뿌리내리고[360] 확고해지면 그런 믿음이야말로 합리적이고 견에 뿌리를 두고[361] 확고하다고 한다. 사문이건 바라문이건 신이건 마라건 범천이건 이 세상 그 어느 누구도 그것을 꺾을 수 없다. 비구들이여, 이와 같이 여래를 법답게 참구했고, 이와 같이 여래는 법답게 참구되었다."

세존께서는 이와 같이 설하셨다. 그 비구들은 흡족한 마음으로 세존의 말씀을 크게 기뻐하였다.

검증자 경(M47)이 끝났다.

---

360) "'뿌리내린다(mūla-jātā).'는 것은 예류도의 뿌리가 생기는 것을 말한다. 예류도는 신심의 뿌리(saddhāya mūla)이기 때문이다."(MA.ii.388)

361) "'견(見)에 뿌리를 둔다(dassana-mūlikā).'는 것은 예류도에 뿌리를 둔다는 말이다. 예류도를 견(dassana)이라 부르기 때문이다."(MA.ii.388)

꼬삼비 경

Kosambiya Sutta(M48)

1. 이와 같이 나는 들었다. 어느 때 세존께서는 꼬삼비[362]의 고시따 원림에 머무셨다.

2. 그때 꼬삼비에서는 비구들이 논쟁을 하고 말다툼을 하고 분

362) 꼬삼비(Kosambī)는 인도 중원의 16국 가운데 하나인 왐사(Vaṁsa, Sk. Vatsa)의 수도였다.(J.iv.28; vi.236) 부처님 재세 시에는 빠란따빠(Parantapa)가 왕이었으며 그의 아들 우데나(Udena)가 대를 이었다고 한다.(MA.iii.324) 주석서에 의하면 꾸숨바(Kusumba, Kusumbha) 선인이 머물던 아쉬람의 근처에 도시를 만들었다고 해서 꼬삼비(Kosambī)라고 한다.(UdA.248) 또 다른 설명에 의하면 큰 꼬삼바 나무(Kosamba-rukkha, 님 나무)들이 도시의 주위에 많이 있다고 해서 꼬삼비라고 한다.(MA.ii.389; PsA.iii.584)
주석서에 의하면 꼬삼비에는 세 개의 원림이 있었는데 본경에 나타나는 고시따 원림(Gositārāma)은 고시따 상인(seṭṭhi)이 만든 것이고 꾹꾸따 상인이 만든 꾹꾸따 원림(Kukkuṭārāma)과 빠와리까 상인이 기증한 빠와리까 망고 숲(Pāvārikambavana)이 있었다고 한다.(DA.i.319) 그 외에도 꼬삼비의 우데나 공원과 심사빠 숲(Siṁsapāvana)이 다른 경에 나타난다. 본경을 통해서 보듯이 꼬삼비 비구들 사이에 큰 분열이 생겨서 세존께서 꼬삼비를 떠나시는 것으로 대처하신 것도 초기불전에서는 잘 알려진 사건이다.(본경(M48); Vin.i.337~357; J.iii.486) 꼬삼비는 야무나 강변에 위치하며 현재 인도 웃따라쁘라데쉬 주의 알라하바드(Allahabad)에서 150km 정도 떨어진 Kosam이라는 두 마을이라고 학자들은 말한다.(DPPN)

쟁하면서 혀를 무기 삼아 서로를 찌르고 있었다. 그들은 서로를 이해시키지도 못하고, 이해하려고 하지도 않고, 또한 그들은 서로를 설득시키지도 못하고, 설득되기를 원하지도 않았다.363)

3. 그러자 [321] 어떤 비구가 세존을 뵈러 갔다. 가서는 세존께 절을 올리고 한 곁에 앉았다. 한 곁에 앉아서 그 비구는 세존께 이렇게 말씀드렸다.

"세존이시여, 지금 꼬삼비에서는 비구들이 논쟁을 하고 말다툼을 하고 분쟁하면서 혀를 무기 삼아 서로를 찌르고 있습니다. 그들은 서로를 이해시키지도 못하고, 이해하려고 하지도 않고, 또한 그들은 서

---

363) 본경은 꼬삼비의 두 비구 간에 일어난 논쟁에 근거한 것으로 『율장』 『대품』(Mahāvagga, Vin.i.337)에 나타나 있다. 본서 제4권 「오염원 경」(M128)도 이 사건을 배경으로 설해진 것이다.
이 사건은 사소한 계율에 관한 오해로 시작된 것인데 그것이 큰 논쟁으로 변해 급기야 큰 승단과 꼬삼비에 사는 재가신도들이 두 쪽으로 분리되고 말았다. 주석서에 의하면 그 발단은 이러하다.
"율을 호지하던[律師, vinaya-dhara] 비구와 경을 호지하던[經師, suttantika] 비구가 한 거처에 살았는데, 그때 경사(經師)가 세면대에서 사용했던 물을 버리지 않고 대야에 그대로 담아두고 나갔다. 율사(律師)가 나중에 들어가서 그 물을 보고 나와 그 비구에게 '그대가 그 물을 그대로 두었소?'라고 물었다. 그렇다고 대답하자 그것이 계를 범하는 것(āpatti-bhāva)인지를 알지 못하느냐고 묻는다. 그 사실을 알지 못했다고 대답하자 그것은 계를 범한 것이라고 일러주고, 그렇다면 참회하겠다(desessāmi)고 대답한다. 그런데 만약 고의로 그런 것이 아니라면 그것은 계를 범한 것이 아니라고 하자 그는 자신의 범계(āpatti)에 대해 범계가 아니라는 견해를 갖게 된다.
그런데 율사가 자신의 제자들에게 '저 경사는 계를 범하고도 알지 못한다.'라는 말을 했다. 그 제자들은 경사의 제자들을 만나 '그대들의 스승은 계를 범하고도 계를 범한 사실을 모른다.'라고 말했다. 그들은 가서 자신들의 스승에게 고했다. 그러자 그 스승은 이렇게 말했다. '이 율사는 전에는 계를 범한 것이 아니라고 말하더니 이제는 계를 범했다고 말을 하니 이 자는 거짓을 말하는 사람(musā-vādī)이다.'라고, 다시 그의 제자들은 가서 '그대들의 스승은 거짓을 말하는 사람이다.'라고 말하여 이와 같이 서로 말다툼(kalaha)이 생겼고, 그것과 관련하여 이렇게 말한 것이다."(MA.ii.393~394)

로를 설득시키지도 못하고, 설득되기를 원하지도 않습니다."

4. 그러자 세존께서는 다른 비구를 부르셨다.

"오라, 비구여. 그대는 내 말이라 전하고 그 비구들을 불러오라. '스승께서 그대들을 부르십니다.'라고."

"그러겠습니다, 세존이시여."라고 그 비구는 세존께 대답하고 그 비구들을 찾아갔다. 가서 그 비구들에게 이렇게 말했다.

"존자들이여, 스승께서 그대들을 부르십니다."

"도반이여, 잘 알겠습니다."라고 대답하고 세존을 뵈러 갔다. 가서 세존께 절을 올리고 한 곁에 앉았다. 한 곁에 앉은 그 비구들에게 세존께서는 이렇게 말씀하셨다.

"비구들이여, 그대들은 논쟁을 하고 말다툼을 하고 분쟁하면서 혀를 무기 삼아 서로를 찌르고, 서로를 이해시키지도 못하고, 이해하려고 하지도 않고, 또한 서로를 설득시키지도 못하고, 설득되기를 원하지도 않는다는 것이 사실인가?"

"그렇습니다, 세존이시여."

5. "비구들이여, 이를 어떻게 생각하는가? 그대들이 논쟁을 하고 말다툼을 하고 분쟁하면서 혀를 무기 삼아 서로를 찌르고 있을 때에 그대들은 동료 수행자들이 면전에 있건 없건 그들에 대해 몸의 업, 말의 업, 마음의 업으로 자애를 유지하는가?"

"아닙니다, 세존이시여."

"비구들이여, 참으로 그러하다. 그대들이 논쟁을 하고 말다툼을 하고 분쟁하면서 혀를 무기 삼아 서로를 찌르고 있을 때에 그대들은 동료 수행자들이 면전에 있건 없건 그들에 대해 몸의 업, 말의 업, 마음의 업으로 자애를 유지하지 못한다. 쓸모없는 자들이여, 그대들은 무엇을 알고 무엇을 보기에 논쟁을 하고 말다툼을 하고 분쟁하면서 [322] 혀를 무기 삼아 서로를 찌르고, 서로를 이해시키지도 못하고, 이해하려고 하지도 않고, 또한 서로를 설득시키지도 못하고, 설득되기를 원하지도 않는가? 쓸모없는 자들이여, 그것은 그대들을 긴 세월 불이익과 고통으로 인도할 것이다."

6. 그러자 세존께서는 비구들을 부르셨다.

"비구들이여, 여섯 가지 기억해야 할 법들이 있으니, 이것은 동료 수행자들에게 호감을 주고 공경을 불러오고 도움을 주고 분쟁을 없애고 화합하고 단결하게 한다. 무엇이 여섯 가지인가?[364]

비구들이여, 여기 비구는 동료 수행자들이 면전에 있건 없건 그들에 대해 ① 몸의 업으로 자애를 유지한다. 이것이 기억해야 할 법이니 동료 수행자들에게 호감을 주고 공경을 불러오고 도움을 주고 분쟁을 없애고 화합하고 단결하게 한다.

다시 비구들이여, 여기 비구는 동료 수행자들이 면전에 있건 없건 그들에 대해 ② 말의 업으로 자애를 유지한다. 이것도 기억해야 할 법이니 동료 수행자들에게 호감을 주고 공경을 불러오고 도움을 주고 분쟁을 없애고 화합하고 단결하게 한다.

다시 비구들이여, 여기 비구는 동료 수행자들이 면전에 있건 없건 그들에 대해 ③ 마음의 업으로 자애를 유지한다. 이것도 기억해야 할 법이니 동료 수행자들에게 호감을 주고 공경을 불러오고 도움을 주고 분쟁을 없애고 화합하고 단결하게 한다.

다시 비구들이여, 여기 비구는 ④ 법답게 얻은[365] 법다운 것들이

---

364) 이 여섯 가지는 본서 제3권 「사마가마 경」(M104) §21에도 나타난다.

365) "'법답게(dhammikā)'라는 것은 속임수(kuhana) 등으로 분류되는 그릇된 생계(micchājīva)를 버리고, 여법하게 공평하게 탁발의식(bhikkhācariya

있을 때, 그것이 비록 발우 안에 담긴 것일지라도 그렇게 얻은 것들을 공평하게 나누어서 수용하고,[366] 계를 잘 지키는 동료 수행자들과 함께 나누어서 사용한다. 이것도 기억해야 할 법이니 동료 수행자들에게 호감을 주고 공경을 불러오고 도움을 주고 분쟁을 없애고 화합하고 단결하게 한다.

다시 비구들이여, 여기 비구는 ⑤ 동료 수행자들이 면전에 있건 없건 훼손되지 않았고 뚫어지지 않았고 오점이 없고 얼룩이 없고 벗어나게 하고 지자들이 찬탄하고 들러붙지 않고 삼매에 도움이 되는 그런 계들을 그 동료수행자들과 함께 동등하게 구족하여 머문다.[367]

-vatta)으로 생긴 것을 말하고, '얻은 것(lābhā)'이란 옷 등의 필수품을 얻은 것(laddha-paccayā)을 말한다."(MA.ii.396)

366) "'공평하게 나누어서 수용하는 자(appaṭivibhatta-bhogī)'라고 하셨다. 여기 두 종류의 나눔(paṭivibhatta)이 있다. 물질을 나눔(āmisa-paṭivibhatta)과 사람을 나눔(puggala-paṭivibhatta)이다. 이 중에서 '이만큼만 주어야지, 이만큼은 주지 말아야지.'하고 마음으로 나누는 것은 '물질을 나눔'이다. '이 사람에게는 주어야지, 이 사람에게는 주지 말아야지.'하고 마음으로 나누는 것은 '사람을 나눔'이다. 이 둘 다 어느 것도 하지 않고 공평하게 나누어서 수용하는 사람을 공평하게 나누어서 수용하는 자라 한다."(MA.ii.396)

367) "일곱 가지 범계(āpatti)의 무더기들 가운데서 처음이나 마지막의 학습계율을 파한 자의 계는 '훼손되었다(khaṇḍa)'고 한다. 마치 가장자리가 끊어진 천 조각처럼.
중간에 파한 자의 계는 '뚫어졌다(chiddaṁ)'고 한다. 마치 중간에 구멍 난 천 조각처럼.
그들을 차례대로 둘 혹은 셋을 파한 자의 계는 '오점이 있다(sabala)'고 한다. 마치 등이나 혹은 배에 나타난 얼룩덜룩한 검고 붉은 색깔을 가진 소처럼.
그 사이사이의 학습계율을 파한 자의 계는 '얼룩졌다(kammāsa)'고 한다. 마치 여러 색깔의 반점으로 얼룩덜룩한 소처럼.
그러나 어떤 것도 범하지 않은 그의 계를 '훼손되지 않았고 뚫어지지 않았고 오점이 없고 얼룩이 없다.'고 한다.
이 계들은 갈애라는 노예 상태에서 풀려나 벗어나게 하므로 '벗어나게 한다(bhujissāni)'고 한다.
부처님 등 지자들이 찬탄하기 때문에 '지자들이 찬탄한다(viññuppasatthāni).'

이것도 기억해야 할 법이니 동료 수행자들에게 호감을 주고 공경을 불러오고 도움을 주고 분쟁을 없애고 화합하고 단결하게 한다.

다시 비구들이여, 성스럽고, 출리(出離)로 인도하고, 그것을 실천하는 자에게 괴로움의 소멸로 인도하는 [바른] 견해가 있으니, 여기 비구는 ⑥ 동료 수행자들이 면전에 있건 없건, 그 [바른] 견해를 그들과 함께 동등하게 구족하여 머문다. 이것도 기억해야 할 법이니 동료 수행자들에게 호감을 주고 공경을 불러오고 도움을 주고 분쟁을 없애고 화합하고 단결하게 한다."

7. "비구들이여, 이것이 여섯 가지 기억해야 할 법이니, 동료 수행자들에게 호감을 주고 공경을 불러오고 도움을 주고 분쟁을 없애고 화합하고 단결하게 한다. 비구들이여, 이들 여섯 가지 기억해야 할 법들 가운데 성스럽고, 출리(出離)로 인도하고, 그것을 실천하는 자를 바르게 괴로움의 소멸로 인도하는 [바른] 견해가 최상이고 포괄적이고 총체적인 것이다.

비구들이여, 마치 이층 누각 집에 이층 누각이 최상이고 포괄적이고 총체적인 것처럼 그와 같이 이들 [323] 여섯 가지 기억해야 할 법들 가운데 성스럽고, 출리(出離)로 인도하고, 그것을 실천하는 자를 바르게 괴로움의 소멸로 인도하는 [바른] 견해가 최상이고 포괄적이고 총체적인 것이다."

고 한다.
갈애와 사견이 들러붙지 않기 때문에 '들러붙지 않는다(aparāmaṭṭhāni).'고 한다.
혹은 '이것은 그대가 이전에 얻은 것이다.'라고 어느 누구에 의해서도 잘못 이해될 수 없기 때문에 '오해할 수 없다(aparāmaṭṭhāni).'고 한다.
근접삼매나 본삼매로 이끌기 때문에 '삼매에 도움 된다(samādhi-saṁvattanikānī).'고 한다."(MA.ii.400)

8. "비구들이여, 그러면 성스럽고, 출리(出離)로 인도하는 [바른] 견해는 그것을 실천하는 자를 어떻게 바르게 괴로움의 소멸로 인도하는가?[368]

비구들이여, 여기 비구가 숲 속에 가거나 나무 아래 가거나 빈집에 가서 이와 같이 숙고한다. '내 마음을 사로잡아, 있는 그대로 꿰뚫어 알지 못하게 하고 보지 못하게 하는, 그런 강박관념이 아직 제거되지 않은 채 내 안에 있는가?'라고. 비구들이여, 만일 비구가 감각적 욕망에 사로잡혀 있으면 그의 마음은 이미 사로잡힌 것이다. 비구들이여, 만일 비구가 악의에 사로잡혀 있으면 그의 마음은 이미 사로잡힌 것이다. 비구들이여, 만일 비구가 해태와 혼침에 사로잡혀 있으면 그의 마음은 이미 사로잡힌 것이다. 비구들이여, 만일 비구가 들뜸과 후회에 사로잡혀 있으면 그의 마음은 이미 사로잡힌 것이다. 비구들이여, 만일 비구가 의심에 사로잡혀 있으면 그의 마음은 이미 사로잡힌 것이다.[369]

비구들이여, 만일 비구가 이 세상에 대한 사색에 몰두해 있으면 그의 마음은 이미 사로잡힌 것이다. 비구들이여, 만일 비구가 저 세상에 대한 사색에 몰두해 있으면 그의 마음은 이미 사로잡힌 것이다. 비구들이여, 만일 비구가 논쟁을 하고 말다툼을 하고 분쟁하면서 혀를 무기 삼아 서로를 찌르면 그의 마음은 이미 사로잡힌 것이다. 이

---

368) "이 예류도의 견해(sotāpattimagga-diṭṭhi)는 성스럽고(ariyā), 출리로 인도하고(niyyānikā), 그것을 실천하는 자를 바르게 괴로움의 소멸로 인도한다(niyyāti)고 했는데, 그 예류도의 견해가 어떻게 어떤 방법으로 인도하는가라는 뜻이다."(MA.ii.401)

369) 이상과 같은 감각적 욕망, 악의, 해태·혼침, 들뜸·후회, 의심의 다섯은 다섯 가지 장애[五蓋, pañca nīvaraṇāni]로 불린다. 다섯 가지 장애에 대해서는 본서 「앗사뿌라 긴 경」(M39) §14의 본문과 주해들을 참조할 것.

제 그는 이와 같이 꿰뚫어 안다. '내 마음을 사로잡아, 있는 그대로 꿰뚫어 알지 못하게 하고 보지 못하게 하는, 그런 제거되지 않은 강박관념이 내 안에 없다. 나의 마음은 진리를 깨닫기 위해 잘 안정되어 있다.'라고. 이것이 성스럽고 출세간적이고 범부들과 함께하지 않는 그의 첫 번째 지혜이다."370)

9. "다시 비구들이여, 성스러운 제자는 이와 같이 숙고한다. '내가 이런 견해를 받들어 행하고 닦고 거듭하면 스스로 사마타[止]를 얻고371) 스스로 적멸을 얻게 되는가?'라고. 그는 이와 같이 꿰뚫어 안다. '내가 이런 견해를 받들어 행하고 닦고 거듭하면 스스로 사마타[止]를 얻고 스스로 적멸을 얻게 된다.'라고. 이것이 성스럽고 출세간적이고 범부들과 함께하지 않는 그의 두 번째 지혜이다."

10. "다시 비구들이여, 성스러운 제자는 이와 같이 숙고한다. '우리 교단 외부에372) 내 견해373)와 동일한 견해를 가진 다른 사문이나 바라문이 있는가?'라고. 그는 이와 같이 꿰뚫어 안다. '우리 교단 외

---

370) "이 지혜는 성인들에게만 있고 범부들에게는 없기 때문에 '성스럽다(ariya)'고 했고, 출세간법을 얻은 사람에게만 있고 다른 사람들에게는 없기 때문에 '출세간적(lokuttara)'이라고 했고, 범부들에게는 없기 때문에 '범부들과 함께하지 않는다(asādhāraṇa puthujjanehi).'고 했다."(MA.ii.401)

371) "'스스로 사마타[止]를 얻고(labhāmi paccattaṁ samathaṁ)' 등으로 말씀하셨다. 이것은 자신의 마음(attano citta)에 사마타를 얻는다는 뜻이다. '사마타(samatha)'는 마음이 한 끝에 집중됨[一境性, ekaggatā]을 말하고, '적멸(nibbuti)'은 오염원들이 가라앉은 것(kilesa-vūpasama)을 말한다." (MA.ii.401)

372) '우리 교단 외부에'는 ito bahiddhā(여기로부터 밖에)를 의역한 것이다. 이 표현은 『디가 니까야』 제1권 「수바 경」(D10/ii.151~152) §2.19와 『상윳따 니까야』 제5권 「유학 경」(S48:53) §6 등에도 나타난다.

373) "예류도의 바른 견해를 말한다."MA.ii.401)

부에 내 견해와 동일한 견해를 가진 다른 사문이나 바라문이 [324] 없다.'라고. 이것이 성스럽고 출세간적이고 범부들과 함께하지 않는 그의 세 번째 지혜이다."

11. "다시 비구들이여, 성스러운 제자는 이와 같이 숙고한다. '나도 바른 견해를 구족한 사람의 성품374)과 동일한 성품을 구족했는가?'라고. 비구들이여, 그러면 견해를 구족한 사람은 어떤 성품을 구족했는가? 비구들이여, 이것이 견해를 구족한 사람의 성품이다. '그는 복권(復權)이 제정된375) 그런 계를 범하더라도 즉시에 스승이나 지자들이나 동료 수행자들에게 고하고 드러내고 공개한다. 고하고 드러내고 공개하여 미래를 단속한다.'

비구들이여, 마치 어리고 아무것도 모르고 아직 뒤척이지도 못하고 반듯하게 누워만 있는 갓난아이의 손이나 발이 숯불에 닿으면 즉시에 끌어당기는 것과 같다. 비구들이여, 이것이 견해를 구족한 사람의 성품이다. '그는 복권이 제정된 그런 계를 범하더라도 즉시에 스승이나 지자들이나 동료 수행자들에게 고하고 드러내고 공개한다. 고하고 드러내고 공개하여 미래를 단속한다.' 그는 이렇게 꿰뚫어 안다. '나도 바른 견해를 구족한 사람의 성품과 동일한 성품을 구족했다.'라고. 이것이 성스럽고 출세간적이고 범부들과 함께하지 않는 그의 네 번째 지혜이다."

---

374) 여기서 '성품'으로 옮긴 원어는 dhammatā(法性)인데 주석서에서 sabhāva(고유성질, 성품)라고 설명하고 있어서(MA.ii.401) 이렇게 옮겼다.

375) "'복권이 제정된 것(vuṭṭhānaṁ paññāyati)'이란 대중공사(saṅgha-kamma)를 하거나 참회(desanā)를 하여 그 범계에서 회복되는 것을 말한다. 성스러운 제자가 계를 범하는 것은 무거운 범계(garuk-āpatti) 등에서는 토굴을 짓는 것(kuṭi-kāra) 등이고, 가벼운 계(lahuk-āpatti) 등에서는 함께 자는 것(saha-seyya) 등으로 무심결에 계를 범하는 것(acittak-āpatti)이다. 고의로 범한 것이 아닌 것(asañcicca)도 숨기지 않는다."(MA.ii.402)

12. "다시 비구들이여, 성스러운 제자는 이와 같이 숙고한다. '나도 바른 견해를 구족한 사람의 성품과 동일한 성품을 구족했는가?'라고. 비구들이여, 그러면 견해를 구족한 사람은 어떤 성품을 구족했는가? 비구들이여, 이것이 견해를 구족한 사람의 성품이다. '그는 동료 수행자들을 위해 해야 할 크고 작은 여러 가지 일들을 열심히 하면서도 높은 계와 높은 마음과 높은 통찰지를 공부짓기 위해 큰 뜻을 품는다.'

비구들이여, 마치 어린 송아지를 거느린 어미 소가 풀을 뜯어 먹으면서도 송아지를 돌보는 것과 같다.376) 비구들이여, 그와 같이 이것이 견해를 구족한 사람의 성품이다. 그는 동료 수행자들을 위해 해야 할 크고 작은 여러 가지 일들을 열심히 하면서도 높은 계와 높은 마음과 높은 통찰지를 공부짓기 위해 큰 뜻을 품는다. 그는 이렇게 꿰뚫어 안다. '나도 바른 견해를 구족한 사람의 성품과 동일한 성품을 구족했다.'라고. 이것이 성스럽고 출세간적이고 범부들과 함께하지 않는 그의 다섯 번째 지혜이다."

13. "다시 [325] 비구들이여, 성스러운 제자는 이와 같이 숙고한다. '나도 바른 견해를 구족한 사람의 힘과 동일한 힘을 구족했는가?'라고. 비구들이여, 그러면 견해를 구족한 사람은 어떤 힘을 구족했는가? 비구들이여, 이것이 견해를 구족한 사람의 힘이다. '그는 여래가 선언한 법과 율이 설해지면 그는 정신을 기울이고 마음에 잡도리하

---

376) "어린 송아지(taruṇavacchā)를 거느린 어미 소(gāvī)는 숲 속에서 어린 송아지를 한 곳에 앉혀두고 혼자 멀리 가지 않는다. 어미 소는 송아지 근처에서 돌아다니면서 풀을 뜯고는 목을 빼서 한쪽에 있는 송아지를 쳐다본다. 그와 같이 예류자는 크고 작은 여러 가지 일(karaṇīyāni)을 하면서 거기에 마음을 기울이고, 또 한편으로는 근면함을 앞세워 예리한 열정(tibba-ccha-nda)과 큰 뜻(bahala-patthana)을 품는다."(MA.ii.403)

고 온 마음을 쏟고 귀 기울여 법을 배운다.' 그는 이렇게 꿰뚫어 안다. '나도 바른 견해를 구족한 사람의 힘과 동일한 힘을 구족했다.'라고. 이것이 성스럽고 출세간적이고 범부들과 함께하지 않는 그의 여섯 번째 지혜이다."

14. "다시 비구들이여, 성스러운 제자는 이와 같이 숙고한다. '나도 바른 견해를 구족한 사람의 힘과 동일한 힘을 구족했는가?'라고. 비구들이여, 그러면 견해를 구족한 사람은 어떤 힘을 구족했는가? 비구들이여, 이것이 견해를 구족한 사람의 힘이다. '그는 여래가 선언한 법과 율이 설해지면 뜻에서 영감을 얻고 법에서 영감을 얻고 법과 관계된 환희를 얻는다.'[377] 그는 이렇게 꿰뚫어 안다. '나도 바른 견해를 구족한 사람의 힘과 동일한 힘을 구족했다.'라고. 이것이 성스럽고 출세간적이고 범부들과 함께하지 않는 그의 일곱 번째 지혜이다."

15. "비구들이여, 이와 같이 일곱 가지 요소를 갖춘 성스러운 제자의 성품은 예류과를 실현함으로써[378] 잘 검증된다. 비구들이여,

377) '그는 여래가 선언한 법과 율이 설해지면 뜻에서 영감을 얻고 법에서 영감을 얻고 법과 관계된 환희를 얻는다.'로 옮긴 원문은 labhati atthavedaṁ, labhati dhammavedaṁ, labhati dhammūpasaṁhitaṁ pāmojjaṁ이다. 『앙굿따라 니까야 주석서』는 '주석서(aṭṭhakatha)를 의지하여 생긴 희열과 환희(pīti-pāmojja)를 얻고, 성전(경전, pāḷi)을 의지하여 생긴 환희를 얻고, 법과 관계된 환희를 얻는다.'라고 설명한다.(AA.iii.337) 즉 여기서 '뜻(attha)'을 주석서로, '법(dhamma)'을 성전(경전)으로 해석하고 있다.
여기에 대해서는 본서 제1권 「옷감의 비유 경」(M7) §8의 주해도 참조할 것.

378) "'예류과를 실현함으로써'라고 옮긴 원문은 sotāpatti-phala-sacchikiri-yāya인데, 이것은 문법상 여격(*Dative*)이 아닌 도구격(*Instrumental*)으로 '예류과를 실현한 지혜에 의해(sotāpatti-phala-sacchikata-ñāṇena)'라는 뜻이다."(MA.ii.404)
그러므로 이 예류과를 실현한 지혜에 의해 성자의 성품이 잘 검증되었다는

이와 같이 일곱 가지 요소를 갖춘 성스러운 제자는 예류과를 갖춘 것이다."379)

세존께서는 이와 같이 설하셨다. 그 비구들은 흡족한 마음으로 세존의 말씀을 크게 기뻐하였다.

꼬삼비 경(M48)이 끝났다.

말이지, 예류과를 실현하기 위해 성자의 성품이 잘 검증되었다는 말이 아니다. 예류자는 자아가 있다는 견해인 유신견과 계행과 의례의식에 대한 집착과 의심의 세 가지 족쇄를 없앤 자이다. 이러한 일곱 가지 지혜(ñāṇa)를 갖춘 자는 예류과를 얻은 것과 같다는 말씀이라 하겠다.

379) 주석서는 이 일곱 가지 지혜를 큰 반조의 지혜(mahā-paccavekkhaṇa-ñāṇa)라 부르고 있다.(MA.ii.404)
반조의 지혜에는 19가지가 있다. 여기에 대해서는 『청정도론』 XII.19~21나 『아비담마 길라잡이』 9장 §34의 [해설]을 참조할 것.

범천의 초대 경

Brahmanimantanika Sutta(M49)

1. 이와 같이 나는 들었다. [326] 한때 세존께서는 사왓티에서 제따 숲의 아나타삔디까 원림(급고독원)에 머무셨다. 거기서 세존께서는 "비구들이여."라고 비구들을 부르셨다. "세존이시여."라고 비구들은 세존께 응답했다. 세존께서는 이렇게 말씀하셨다.

2. "비구들이여, 한때 나는 욱깟타에서 수바가 숲의 큰 살라 나무 아래 머물렀다.380) 비구들이여, 그때 바까 범천381)에게 이런 아주 나쁜 견해[惡見]382)가 생겼다. '이것은 항상하고, 이것은 견고하고, 이것은 영원하고, 이것은 유일하고,383) 이것은 불멸의 법이고, 이것

---

380) 본서의 첫 번째 경인 「뿌리에 대한 법문 경」(M1)도 이곳에서 설하신 것이다.

381) 바까 범천(Baka brahma)은 초기불전에서 언급되는 유력한 범천들 가운데 하나이다. 문자적으로 바까(baka)는 왜가리(*crane*)를 뜻한다. 인도에서 왜가리는 교활하고 속임수를 잘 부리는 새로 통한다.

382) "'아주 나쁜 견해[惡見, pāpaka diṭṭhigata]'란 저열한(lāmakā) 상견(常見, sassata-diṭṭhi)이 생긴 것이다."(MA.ii.405)

383) '유일한'으로 옮긴 원어는 kevala(*only, alone, whole*)이다. 우리의 독존(獨存)에 해당하는 단어이다. 중국에서는 一向, 不共, 但, 唯 등으로 옮겼다. 주석서는 '깨어지지 않는(akaṇḍa)'과 '전체적인(sakala)'으로 해석하고

은 참으로 생겨나지 않고 늙지 않고 죽지 않고 떨어지지 않고 태어나지 않는다. 이것을 넘어 다른 더 수승한 벗어남은 없다.'라고."

3. "비구들이여, 그러자 나는 마음으로 바까 범천의 마음을 알고 마치 힘센 사람이 구부린 팔을 펴고 편 팔을 구부리듯이 그렇게 재빨리 욱깟타의 수바가 숲의 큰 살라 나무 아래에서 사라져 그 범천의 세상에 나타났다. 비구들이여, 바까 범천은 멀리서 내가 오는 것을 보았다. 나를 보고 이렇게 말했다.

"어서 오십시오, 존자시여. 환영합니다. 참으로 오랜만에 여기 오실 기회를 만드셨습니다. 존자시여, 이것은 항상하고, 이것은 견고하고, 이것은 영원하고, 이것은 완전하고, 이것은 불멸의 법이고, 이것은 참으로 생겨나지 않고 늙지 않고 죽지 않고 떨어지지 않고 태어나지 않습니다. 이것을 넘어 다른 더 수승한 벗어남은 없습니다.""

4. "비구들이여, 바까 범천이 이렇게 말했을 때 나는 그에게 이렇게 대답했다.

"참으로 바까 범천은 무명에 싸여있다. 그는 무상한 것을 항상하

있다.(SA.i.208) kevala(독존)에 대해서는 『상윳따 니까야』 제1권 「불에 헌공하는 자 경」(S7:8) {637}의 주해를 참조할 것.

주석서는 바까 범천이 이런 견해를 가지게 된 배경을 이렇게 설명하고 있다. 옛날에 그가 인간이었을 때 그는 禪을 닦아서 죽어서 제4선천인 광과천(Vehapphala)에 태어났으며 수명은 5백 겁이었다. 거기서 죽어서는 제3선천인 변정천(Subhakiṇha)에 태어났으며 수명은 64겁이었다. 다시 거기서 죽어서 제2선천인 광음천(Abhassara)에 태어났는데 수명은 8겁이었다. 다시 거기서 죽어서 초선천인 [범천]에 태어났는데 수명은 1겁이었다. 그는 처음에는 자신의 이전의 업과 그 과보로 태어난 천상에 대해서 기억을 하였지만 세월이 흐르면서 그는 그것을 잊어버리고 이처럼 상견에 빠지게 되었다고 한다.(SA.i.208) 즉 그는 범천인 자신의 수명이 영원하고 유일한 것으로 생각하지만 그것은 아주 단편적인 것만을 보고 주장하는 잘못된 견해라는 것이다.

다고 말하고, 견고하지 않은 것을 견고하다고 말하고, 영원하지 않은 것을 영원하다고 말하고, 완전하지 않은 것을 완전하다 말하고, 멸하기 마련인 법을 불멸의 법이라 말하고, 참으로 생겨나고 늙고 죽고 떨어지고 태어나는 것을 두고 '생겨나지 않고 늙지 않고 죽지 않고 떨어지지 않고 태어나지 않는다.'라고 말하고, 다른 더 수승한 벗어남이 있는데도 '다른 더 수승한 벗어남이란 없다.'라고 말하다니 참으로 바까 범천은 무명에 싸여있다.""[384]

5. "그러자 사악한 마라[385]가 어떤 범중천의 [몸에] 들어가서[386] 나에게 이렇게 말했다.

"비구여, 비구여, 이 분을 비난하지 마십시오. 이 분을 비난하지 마십시오. 이 분은 범천이고 대범천이며 지배자이고 [327] 지배되지 않

384) 이상 §4까지는 『상윳따 니까야』 제1권 「바까 범천 경」(S6:4)의 산문부분인 §5까지와 같은 내용을 담고 있다.

385) 마라(Māra)에 대해서는 본서 「마라 견책 경」(M50) §2의 주해를 참조할 것.

386) "어떻게 마라가 세존을 보았는가? 그는 자기의 거처에 앉아서 때때로 스승을 예의주시하고는 했다. '오늘은 사문 고따마가 어느 마을이나 성읍에서 머물까?'라고. 그렇게 마음을 기울일 때에 '사문 고따마는 욱깟타의 수바가 숲에 머무는구나.'라고 알고 '그가 어디로 갔을까?'라고 둘러보다가 범천(brahma-loka)으로 가시는 것을 보았다. '사문 고따마가 범천으로 가고 있다. 그곳에서 법을 설하여 범천의 무리를 내 영역(visaya)에서 벗어나게 하기 전에 얼른 가서 법을 설하고자 하는 마음을 거두게 하리라.'라고 생각하면서 스승의 뒤를 쫓아가서 범천의 무리 가운데 보이지 않는 몸(adissamāna kāya)으로 참석했다. 그는 바까 범천이 스승에게 비난받는 것을 알고 범천을 의지하여 참석했고, 그리하여 마라가 말하게 된 것이다.
'어떤 범중천의 [몸에] 들어가서(aññataraṁ Brahmapārisajjaṁ anvāvisitvā)'라는 것은 한 명의 범중천의 몸(sarīra)에 들어갔다는 말이다. 그러나 대범천들(Mahā-brahmā)과 범보천들(Brahma-purohitā)의 몸에는 들어갈 수 없다."(MA.ii.405)
범중천, 범보천, 대범천은 초선천의 신들의 무리이다. 여기에 대해서는 『아비담마 길라잡이』 제5장 §6의 [해설]을 참조할 것.

는 자이며 모든 것을 보는 자이고 신이며 조물주이고 창조주[387]이며 최고자이고 주재자[388]이며 통치자이고 존재하는 것들과 존재할 것들의 아버지이십니다.

비구여, 그대 이전에 어떤 사문·바라문들이 있어 이 세상에서 땅을 혐오하여 땅을 비난했고,[389] 물을 혐오하여 물을 비난했고, 불을 혐오하여 불을 비난했고, 바람을 혐오하여 바람을 비난했고, 존재를 혐오하여 존재를 비난했고, 신을 혐오하여 신을 비난했고, 빠자빠띠를[390] 혐오하여 빠자빠띠를 비난했고, 범천을 혐오하여 범천을 비난했습니다. 그들은 몸이 무너져 목숨이 다한 뒤 저열한 몸을 받았습니다.[391]

비구여, 그러나 그대 이전에 사문·바라문들이 있어 이 세상에서 땅을 기뻐하여 땅을 찬탄했고,[392] 물을 기뻐하여 물을 찬탄했고, 불

---

387) "'조물주(kattā)'이고 '창조주(nimmātā)'라는 것은 땅, 히말라야, 수미산, 우주, 대해, 달, 태양이 이것에 의해 창조되었다(nimmita)고 말하는 것이다. (MA.ii.406)

388) "'최고자이고 주재자(seṭṭho sajitā)'라는 것은 '너는 끄샤뜨리야(무사 계급)가 되고, 너는 바라문(사제 계급)이 되고, 너는 와이샤(상인, 농민 계급)가 되고, 너는 수드라(천민 계급)가 되고, 너는 재가자가 되고, 너는 출가자가 되고, 너는 낙타가 되고, 너는 소가 돼라.'라고 이렇게 중생들을 통할하는 자(visajjetā)라고 말하는 것을 나타낸다."(MA.ii.406)

389) "'땅을 비난했고(pathavī-garahaka)'라는 것은 지금 당신이 '땅은 무상하고 괴로움이고 무아이다.'라고 생각하면서 땅을 혐오하여 비난하듯이(garahasi jigucchasi), 그들도 역시 땅을 비난했다. 그러니 당신뿐만이 아니라는 것을 나타낸다."(MA.ii.406)

390) 빠자빠띠(Pajāpati, Sk. Prajāpati, 쁘라자빠띠, 창조의 신)에 대해서는 본서 제1권 「뿌리에 대한 법문 경」(M1) §9의 주해를 참조할 것.

391) "'저열한 몸을 받았다(hīne kāye patiṭṭhitā ahesuṁ).'는 것은 네 가지 불행한 곳(apāya), [즉 지옥, 축생, 아귀, 아수라]에 태어났다는 말이다."(MA.ii.406)

을 기뻐하여 불을 찬탄했고, 바람을 기뻐하여 바람을 찬탄했고, 존재를 기뻐하여 존재를 찬탄했고, 신을 기뻐하여 신을 찬탄했고, 빠라자빠띠를 기뻐하여 빠라자빠띠를 찬탄했고, 범천을 기뻐하여 범천을 찬탄했습니다. 그들은 몸이 무너져 목숨이 다한 뒤 수승한 몸을 받았습니다.393)

비구여, 그러니 나는 이렇게 말합니다.

'존자여, 그대는 저 범천이 말씀하신 대로 행하십시오. 그대는 범천의 말씀을 넘어서지 마십시오. 비구여, 만일 그대가 범천의 말씀을 넘어서려 한다면, 그것은 마치 사람이 다가오는 행운을 막대기로 쳐서 쫓아내듯이, 혹은 마치 사람이 지옥 절벽에 떨어질 때 손과 발로 움켜쥐고 설 땅을 놓쳐버리듯이, 그런 일이 그대에게 닥칠 것입니다. 존자여, 그러니 참으로 그대는 저 범천이 말씀하신 대로 행하십시오. 그대는 범천의 말씀을 넘어서지 마십시오. 비구여, 참으로 그대는 여기 모여 있는 범천의 회중을 보지 못합니까?'"

비구들이여, 이렇게 하여 사악한 마라는 나를 범천의 회중으로 끌어들였다."394)

---

392) "'땅을 찬탄했고(pathavī-pasaṁsaka)'라는 것은 당신이 비난하는 것처럼 그들은 그렇게 비난하지 않고 오히려 '땅은 항상하고 견고하고 영원하고 끊어지지 않고 부서지지 않고 무너지지 않는다.'라고 이렇게 땅을 찬탄하고 땅을 칭송했다고 말한다. '땅을 기뻐한다(pathavābhinandina).'는 것은 갈애와 사견을 가지고 땅을 기뻐한다는 말이다."(MA.ii.406)

393) "'수승한 몸을 받았다(paṇīte kāye patiṭṭhitā).'는 것은 범천(brahma-loka)에 태어났다는 말이다."(MA.ii.406)

394) "'여기 모여 있는 범천의 회중(brahma-parisa)을 보지 못합니까?'라는 것은 그대는 이 범천의 회중이 찬란하게 빛나고(obhāsamāna) 광채를 발하고(virocamāna) 광휘로운(jotayamāna) 것을 보고 있다고 하면서 범천의 위력(iddhānubhāva)을 드러내는 것이다.
'나를 범천의 회중으로 끌어들였다.'는 것은 범천의 회중이 이렇듯 명성(yasa)과 영광(siri)으로 찬란하게 빛나고 광채를 발하고 광휘로운 것을 그

6. "비구들이여, 이렇게 말했을 때 나는 사악한 마라에게 이렇게 말했다.

"사악한 자여, 나는 그대를 아노라. 그대는 내가 그대를 알지 못한다고 생각하지 마라. 사악한 자여, 그대는 마라이다. 사악한 자여, 범천과 범천의 회중과 범천의 회중의 일원들은 모두 그대의 손아귀에 들어갔고 그대의 지배하에 놓였다. 사악한 자여, 그대에게 이런 생각이 들 것이다. '이 자도 나의 손아귀에 들어왔고, 나의 지배하에 놓였다.'라고. 사악한 자여, 그러나 나는 결코 그대의 손아귀에 들어가지 않았고 결코 그대의 지배하에 놓이지 않았다.""

7. "비구들이여, 이렇게 말하자 바까 범천이 내게 이렇게 말했다.

"존자여, 나는 참으로 항상한 것을 항상하다고 말하고, 견고한 것을 [328] 견고하다고 말하고, 영원한 것을 영원하다고 말하고, 완전한 것을 완전하다고 말하고, 불멸인 것을 불멸이라고 말하고, 생겨나지 않고 늙지 않고 죽지 않고 떨어지지 않고 태어나지 않는 것을 두고 '생겨나지 않고 늙지 않고 죽지 않고 떨어지지 않고 태어나지 않는다.'라고 말하고, 다른 더 수승한 벗어남이 없으므로 '이것을 넘어 다른 더 수승한 벗어남이란 없다.'라고 말합니다.

비구여, 그대 이전에 어떤 사문·바라문들이 이 세상에 있어 그대의 일생만큼이나 긴 세월 동안 고행을 했습니다. 그들은 참으로 다른 더 수승한 벗어남이 있으면 있다고 알았을 것이고, 다른 더 수승한 벗어남이 없으면 없다고 알았을 것입니다. 비구여, 그러니 나는 그대에게 이렇게 말합니다.

대가 직접 보듯이, 만일 그대도 대범천의 말을 넘어서지 않고 범천이 말하는 대로 행하면 그대도 그들과 같은 명성과 영광으로 빛날 것이라고 말하면서 나를 범천의 회중으로 데려갔다는 말이다."(MA.ii.407)

'그대는 결코 다른 더 수승한 벗어남을 보지 못할 것이고 마침내 지치고 실망하게 될 것입니다. 비구여, 만일 참으로 땅을 집착하면 내게 가까워질 것이고 내 영역에 안주하게 될 것입니다. 그러나 내가 원하는 대로 되어야 하고, 끌어내기도 할 것입니다.[395]

만일 참으로 물을 … 불을 … 바람을 … 존재를 … 신을 … 빠자빠띠를 … 범천을[396] 집착하면 내게 가까워질 것이고 내 영역에 안주하게 될 것입니다. 그러나 내가 원하는 대로 되어야 하고, 끌어내기도 할 것입니다.'""

8. "범천이여, 나도 그와 같이 알고 있다. '만일 내가 땅을 집착하면 그대에게 가까워질 것이고 그대 영역에 안주하게 될 것이고 그대가 원하는 대로 되어야 하고 끌려 나갈 것이다. 만일 참으로 물을 … 불을 … 바람을 … 존재를 … 신을 … 빠자빠띠를 … 범천을 집착하면 그대에게 가까워질 것이고 그대 영역에 안주하게 될 것이고

---

395) "'땅을 집착한다(pathaviṁ ajjhosissasi).'는 것은 갈애와 자만과 사견(taṇhā-māna-diṭṭhi)으로 땅을 거머쥔다는 말이고, '내게 가까워진다(opa-sāyiko me bhavissasi).'는 것은 내가 가면 따라 가고, 서면 가까이 서고, 앉으면 가까이 앉고, 누우면 가까이 눕는다는 말이고, 내 영역에 안주한다는 것은 나의 보호를 받는다는 말이다.
'내가 원하는 대로 되어야 하고, 끌어내기도 한다(yathākāma-karaṇīyo bāhiteyyo).'는 것은 내가 원하는 그것이 되어야 하고, 또한 끌려 나가 풀이나 덤불보다 더 저열한 난쟁이가 되어야 한다는 뜻이다. 이 문단은 바까 범천이 부처님을 회유하고(upalāpeti) 협박하는(apasādeti) 것으로, 이 중에서 처음 두 가지는 부처님을 회유하는 것이고, 나중 두 가지는 '그대가 만약 땅을 집착하면 내게 가까워지고, 내 영역에서 쉬게 되겠지만 나는 그대를 내가 원하는 대로 할 것이고, 끌어내어 난쟁이로 만들 것이다.'라고 협박하는 것이다. 그러나 부처님은 이런 협박과 회유에 굴하지 않으신다."(MA.ii.407~408)

396) 본경에서는 이처럼 땅 등의 8가지가 나타나지만 이것은 본서 제1권 「뿌리에 대한 법문 경」(M1)에 나타나는 24가지 대상(M1 §1의 주해 참조)을 축약해 놓은 것이라 연상된다.

그대가 원하는 대로 되어야 하고 끌려 나갈 것이다.'라고.

범천이여, 나아가서 나는 '바까 범천은 이와 같은 큰 신통을 가졌고, 바까 범천은 이와 같은 큰 위력을 가졌고, 바까 범천은 이와 같은 큰 영향력을 가졌다.'라고 그대의 성취를 꿰뚫어 알고 그대의 위대함도 꿰뚫어 안다."397)

"존자여, 그대는 얼마만큼 '바까 범천은 이런 큰 신통을 가졌고, 이런 큰 위력을 가졌고, 이런 큰 영향력을 가졌다.'라고 나의 성취를 꿰뚫어 알고 나의 위대함도 꿰뚫어 압니까?"

9. "달과 태양이 사방을 비추고 광채가 빛나는 곳이라면
일천의 세계에 이르기까지 그대의 힘이 미치노라.
그대는 높고 낮음을 알고, 탐욕과 이욕을 알며398)
이쪽 상태와 다른 상태 [알고], 중생들의 오고 감을 아노라.399)

범천이여, 이와 같이 나는 '바까 범천이 이와 같은 큰 신통을 가졌고, 이와 같은 큰 위력을 가졌고, [329] 이와 같은 큰 영향력을 가졌

---

397) '성취'와 '위대함'은 각각 gati와 juti를 옮긴 것인데, 일반적으로 gati는 태어날 곳, 운명, 거처 등의 뜻으로 사용되고, juti는 광휘, 밝음 광채 등의 뜻으로 사용되지만 여기서는 각각 성취(nipphatti)와 위대함(ānubhāva)을 뜻한다고 주석서는 밝히고 있어서(MA.ii.408) 이렇게 옮겼다.

398) "'높고 낮음을 안다(paroparañca jānāsi).'는 것은 여기 일천의 세상에 높고 낮은, 수승하고 저열한 중생을 안다는 것이고, '탐욕과 이욕을 안다(atho rāga-virāginaṁ).'는 것은 단지 '이 사람은 힘 있는 사람이고, 이 사람은 평범한 사람이다.'라고만 아는 것이 아니라, 중생이 탐욕을 가졌는지 아닌지도 안다는 말이다."(MA.ii.408)

399) "즉 이 세계와 다른 나머지 999개의 세계를 알고, 이 일천 세계에 재생연결을 통해 중생들이 오는 것(āgati)과 죽음으로써 가는 것(gati)도 바까 범천은 안다는 말이다. 그러나 이 범천은 스스로 무척 위대하다(atimahanto'ham asmi)고 생각하지만 일천 세계에만 영향력(pamāṇa)을 행사할 뿐, 그보다 더 넓은 이천 세계, 삼천 세계, 일만 세계, 십만 세계에는 영향력을 행사하지 못한다고 부처님께서 지적하고 계신다."(MA.ii.408)

다.'라고 그대의 성취를 꿰뚫어 알고 그대의 위대함도 꿰뚫어 안다."

10. "범천이여, 참으로 다른 세 부류의 몸이 있으니 그대는 알지 못하고 보지 못하지만 나는 그것을 알고 본다.

범천이여, 광음천의 신이라고 불리는 몸이 있으니 그대는 그곳에서 떨어져 이곳에[400] 태어났다. 그대가 여기 너무 오래 머물렀기 때문에 기억을 잊어버려 그것을 알지 못하고 보지 못한다. 그러나 나는 그것을 알고 본다. 범천이여, 이와 같이 신통지에 관한 한 나는 그대와 동등하지 않는데 어떻게 내가 그대보다 열등하겠는가? 오히려 내가 그대보다 더 수승하다.[401]

범천이여, 변정천의 신이라고 불리는 몸이 있으니 … 광과천의 신이라고 불리는 몸이 있으니 그대는 그것을 알지 못하고 보지 못하지만 나는 그것을 알고 본다. 범천이여, 이것으로도 신통지에 관한 한 나는 그대와 동등하지 않는데 어떻게 내가 그대보다 열등하겠는가? 오히려 내가 그대보다 더 수승하다."

11. "범천이여, 나는 땅을 땅이라고 최상의 지혜로 알고 땅에 내재된 땅의 특질로 체득할 수 없는 그것을 최상의 지혜로 알아[402]

---

400) 광음천(Abhassarā)은 제2선천의 영역에 속하지만 바까 범천이 태어난 이곳은 초선천의 세계이다. 제2선천과 광음천에 대해서는 본서 제1권 「뿌리에 대한 법문 경」(M1) §11의 주해와 『아비담마 길라잡이』 제5장 §6의 [해설]을 참조할 것.

401) 『디가 니까야』 제1권 「범망경」(D1) §§2.2~2.6에 비슷한 이야기가 나타난다. 어떤 신이 수명이 다하여 광음천의 무리에서 떨어져서 텅 빈 범천의 궁전에 태어난다. 그러자 다른 신들 역시 광음천의 무리에서 떨어져 그곳에 태어나 그 신의 동료가 된다. 그러자 먼저 태어난 신에게 자신의 염원 때문에 그들이 거기 태어났다는 착각이 일어난다. 뒤에 태어난 신들은 이 사실을 모르지만 세존께서는 이 사실을 꿰뚫어 보신다. 그래서 본경 여기서 "오히려 내가 그대보다 더 수승하다."라고 말씀하시는 것이다.

[자신을] 땅이라 생각하지 않았고,403) [자신을] 땅에서 생각하지 않았고, [자신을] 땅으로부터 생각하지 않았고, 땅을 내 것이라고 생각하지 않았고, 땅을 기뻐하지 않았다.404) 범천이여, 이것으로도 신통지에 관한 한 나는 그대와 동등하지 않는데 어떻게 내가 그대보다 열등하겠는가? 오히려 내가 그대보다 더 수승하다."

12. ~ *23.* "범천이여, 나는 물을 … 불을 … 바람을 … 존재들을 … 신들을 … 빠자빠띠를 … 브라흐마[梵天]를 … 광음천을 … 변정천을 … 광과천을 … 승자천을 … 일체를 일체라고 최상의 지혜로 알고 일체에 내재된 일체의 특질로 체득할 수 없는 그것을 최상의 지혜로 알아 [자신을] 일체라 생각하지 않았고, [자신을] 일체에서 생각하지 않았고, [자신을] 일체로부터 생각하지 않았고, 일체를 내 것이라고 생각하지 않았고, 일체를 기뻐하지 않았다. 범천이여, 이것으로도 신통지에 관한 한 나는 그대와 동등하지 않는데 어떻게 내가 그대보다 열등하겠는가? 오히려 내가 그대보다 더 수승하다."

---

402) 원문 pathaviyā pathavattena ananubhūtaṁ tadabhiññāya를 주석서(MA.ii.412)의 설명에 따라 '땅에 내재된 땅의 특질로 체득할 수 없는 그것(열반)을 최상의 지혜로 알아'라고 옮겼다. 주석서는 이렇게 설명하고 있다. "땅이 가지고 있는 땅의 특질로 경험할 수 없는, 얻을 수 없는(appattaṁ) 그것을 최상의 지혜로 알았다. 그렇다면 그것은 무엇인가? 열반이다. 열반은 모든 형성된 것[有爲]에서 벗어났기 때문에(sabbasmā saṅkhatā nissaṭa-ttā) 형성된 것에 속하는 땅의 특질(pathavi-sabhāva)로는 얻을 수 없다. 그런 열반을 실현했다는 말이다. 그리하여 부처님께서는 그 땅을 갈애와 사견과 자만으로 움켜쥐어 자신을 땅이라 생각하지 않았다고 말씀하시는 것이다. 물 등에서도 같은 방법이 적용된다."(MA.ii.412)

403) 이 이하의 내용은 본서 제1권 「뿌리에 대한 법문 경」(M1) §3의 주해에 상세히 설명되어 있으니 참고할 것.

404) '[자신을] 땅이라 생각하지 않았고, … 땅을 기뻐하지 않았다.'와 같은 구문이 본서 제1권 「뿌리에 대한 법문 경」(M1) §27 이하에 나타난다. 그곳의 주해들을 참조하기 바란다.

24. "존자여, 만일 그대가 일체에 내재된 일체의 특질405)로 체득할 수 없는 [그것을 최상의 지혜로 알았다고 한다면], 그대의 주장을 허망하게 만들지 말고 무의미하게 만들지 마십시오."406)

25. "열반407)은 볼 수 없고408)

---

405) '일체에 내재된 일체의 특질'은 sabbassa sabbatta를 옮긴 것이다. 이것은 '일체의 일체됨'으로 직역할 수 있는데 문맥을 참조해서 이렇게 의역을 하였다.

406) "'일체에 내재된 일체의 특질로(sabbassa sabbattena)'라는 문구에 이르자, 범천은 자신의 교리(vāditā)에 따라 '일체(sabbaṁ)'를 영원함(akkha-ra)이라고 내세우면서 부처님 말씀에 결점(dosa)을 찾아 반박하고 있다. 스승께서는 자신의 몸과 관련하여 '일체(sabbaṁ)'라고 표현했고, 범천은 영원함과 관련하여 '일체(sabbaṁ)'라고 말한다."(MA.ii.412)
계속해서 주석서는 다음과 같이 설명하고 있다.
"범천은 '그대는 일체에 내재된 일체의 특질로(sabbassa sabbattena) 체득할 수 없다고 말합니다. 만일 '일체(sabbaṁ)'에 체득할 수 없는 것(열반)이 없다고 한다면, 그렇다면 체득할 수 없는 것(ananubhūtaṁ, 열반)이란 것 [자체는] '있는 것'이란 [말이] 됩니다(yadi sabbaṁ ananubhūtaṁ natthi, athassa ananubhūtaṁ atthi). 그러니 그 열반은 일체에 내재된 일체의 특질로는 결코 체득할 수 없다고 한 그대의 주장을 허망하게 만들지 말고 무의미하게 만들지 마십시오(mā te rittakameva ahosi, tucchakam eva ahosi).'라고 하면서 부처님께서 거짓말(musā-vāda)을 했다면서 비난하고 있다."(MA.ii.412~413)

407) "그러나 스승께서는 이 범천보다 백 배, 천 배, 만 배 더 교리에 밝으시다. 그러므로 나는 '일체'를 말하고, '체득할 수 없음'도 말한다. 그것을 잘 들으라고 범천에게 말씀하시고, 그 이유를 보이시면서 '열반은(viññāṇa)'이라고 말씀을 시작하신다."(MA.ii.413)
여기서 '열반'으로 옮긴 원어는 nibbāna가 아니라 viññāṇa이다. 일반적으로 viññāṇa는 알음알이, 의식 등의 뜻으로 사용되지만 이 부분에서 주석서는 vijānitabbaṁ(잘 알아야 할 것), 즉 열반으로 설명하고 있어 이렇게 옮겼다.(MA.ii.413)
이것은 『디가 니까야』 제1권 「께왓다 경」(D11) §85에 나타나는 완결된 시구의 일부분인데, 그곳에서도 주석서는 viññāṇa[識, 알음알이]를 열반의 동의어라고 설명하고, 복주서는 "'알아져야 하는 것'이란 특별하게 알아져야 하는 것으로, 최상의 지혜인 성스러운 도의 지혜(ariya-magga-ñāṇa)로

무한하고 모든 곳에 빛나나니[409]

그것은 땅에 내재된 땅의 특질[410]로 체득할 수 없고, 물에 내재된 물의 특질로 체득할 수 없고, 불에 내재된 불의 특질로 체득할 수 없고, 바람에 내재된 바람의 특질로 체득할 수 없고, 존재에 내재된 존

바로 눈앞에서 알아져야 한다는 뜻이다. 그래서 이것은 열반의 동의어이다."(DAṬ.i.512)라고 더 분명하게 밝히고 있다.

그런데 이처럼 열반을 viññāṇa라고 표현한 곳은 경전 어디에도 찾아볼 수 없다. 그렇다면 어떻게 붓다고사 스님은 이 두 곳 모두에서 viññāṇa를 열반이라고 설명했을까? 그 「께왓다 경」(D11)의 흐름을 살펴보면 viññāṇa를 일반적인 의미의 알음알이나 마음으로는 결코 설명할 수가 없다. 왜냐하면 정신과 물질은 어디서 소멸하는가에 대한 대답으로 부처님께서 viññāṇa라고 말씀하시기 때문이다. 정신·물질로 표현되는 모든 형성된 것들의 가라앉음이 열반이라고 경전 곳곳에서 누누이 설명해오셨기 때문에(본서 제1권 「뱀의 비유 경」(M22) §20, 본서 「말룽꺄 긴 경」(M64) §9 등 참조) 붓다고사 스님이 viññāṇa를 열반이라고 설명할 수밖에 없었을 것으로 보인다. 역자도 이 설명을 존중하여 '알음알이'로 옮기지 않고 '열반'이라고 옮겼다.

408) "'볼 수 없다(anidassanaṁ).'는 것은 [열반은] 눈의 알음알이의 영역에 들어오지 않기 때문에 볼 수 없는 것이다."(MA.ii.413)

409) "'무한하다(anantaṁ).'는 것은 생멸에서 벗어났기 때문에 무한하다고 한다. '모든 곳에 빛난다(sabbato-pabhaṁ).'는 것은 세 가지로 설명된다. 첫째, 광명(pabhā)을 완전하게 구족했다는 말이다. 이 열반 이외에 더 빛나고 더 청정하고 더 순결한 다른 법은 없다. 둘째, 열반은 모든 곳에 존재해있다(pabhūta). 동방, 서방 등 가운데 어떤 곳에는 열반이 없다고 말할 수 없기 때문이다. 셋째, pabha은 여울(tittha)을 말한다. 즉 열반은 모든 곳으로부터 접근할 수 있는 여울을 가졌다. 마치 대해를 어떤 곳에서 건너고자 할 때 그것이 바로 여울이고, 여울이 아니라고 하지 않는다. 그와 마찬가지로 서른여덟 가지 명상주제 가운데 어떤 입구(mukha)를 통해 열반에 들려고 할 때 그것이 바로 여울이다. 열반으로 향하는 여울 아닌 명상주제는 없다. 그러므로 열반은 모든 곳으로부터 접근할 수 있는 여울을 가졌다고 한다. 이러한 열반은 땅에 내재된 땅의 특질로, 나아가서 물에 내재된 물의 특질로는 체득할 수 없다(ananubhūta)."(MA.ii.413)

410) 여기서도 '땅에 내재된 땅의 특질' 등은 pathaviyā pathavattena 등을 옮긴 것인데, sabbassa sabbatta를 '일체에 내재된 일체의 특질'로 옮긴 것과 같은 방법을 적용했다.

재의 특질로 체득할 수 없고, 신에 내재된 신의 특질로 체득할 수 없고, 빠라자빠띠에 내재된 빠라자빠띠의 특질로 체득할 수 없고, 브라흐마에 내재된 브라흐마의 특질로 체득할 수 없고, 광음천에 내재된 광음천의 특질로 체득할 수 없고, 변정천에 내재된 변정천의 특질로 체득할 수 없고, 광과천에 내재된 광과천의 특질로 체득할 수 없고, 승자천에 내재된 승자천의 특질로 체득할 수 없고, 일체에 내재된 [330] 일체의 특질로 체득할 수 없다."

26. "존자여, 그렇다면 내가 당신에게서 사라져보겠습니다."

"범천이여, 그대가 할 수 있다면 내게서 사라져보라."

"비구들이여, 바까 범천은 '사문 고따마에게서 사라질 것이다. 사문 고따마에게서 사라질 것이다.'라고 했으나 결코 나에게서 사라질 수 없었다. 비구들이여, 그래서 내가 바까 범천에게 이렇게 말했다. '내가 그대에게서 사라지겠다.'라고."

"존자여, 그대가 할 수 있다면 내게서 사라져보십시오."

"비구들이여, 그때 나는 범천과 범천의 회중과 범천 회중의 일원들이 나의 소리는 듣지만 볼 수는 없는 그런 신통을 나투었다. 그리고 내 모습을 숨기고 이 게송을 읊었다."

27. "나는 참으로 존재에서 두려움을 보고
존재하지 않음을 찾지만 존재들만을 보노라.
나는 어떤 존재도 집착하지 않고
[존재에] 기꺼워함을 취착하지 않노라."411)

---

411) "부처님은 존재(bhava)에서 태어남과 늙음 등 두려움을 혜안으로 여실히 보셨다. 욕계 등 삼계 중생들의 존재가 해탈(존재하지 않음)을 찾지만(vibha-vesi) 바른 방법을 얻지 못하여 결국 존재에 다시 태어남을 보시고, 어떤 존재에 대해서도 갈애와 사견으로 집착하지 않고, 존재에 대한 갈애를 움켜

28. "비구들이여, 그러자 범천과 범천의 회중과 범천 회중의 일원들에게 놀라움과 경이로움이 생겼다.

"존자들이여, 사문 고따마의 위대한 신통력과 위대한 위력은 참으로 놀랍고, 참으로 경이롭습니다. 우리는 사꺄의 후예로 사꺄 가문에서 출가한 이분 사문 고따마와 같은 이런 위대한 신통력과 이런 위대한 위력을 가진 다른 사문이나 바라문을 이전에 본 적도 없고 들은 적도 없습니다. 존자들이여, 그는 존재를 좋아하고 존재를 기뻐하고 존재를 즐기는 저 사람들의 존재를 뿌리째 뽑아버렸습니다.""

29. "비구들이여, 그러자 사악한 마라가 어떤 범중천의 [몸에] 들어가 나에게 이렇게 말했다.

"존자여, 만일 그대가 이렇게 꿰뚫어 알고, 이렇게 깨달았다 하더라도 재가의 제자들과 출가 제자들을 지도하지 마시오.[412] 재가자들과 출가자들에게 법을 설하지 마시오. 재가자들과 출자자들을 열망케 하지 마시오. 비구여, 그대 이전에 이 세상에 아라한이고 정등각자라고 선언한 사문·바라문들이 있었는데, 그들은 재가자들과 출가

쥐지 않으셨다는 말이다. 이렇게 부처님은 사성제를 분명히 밝히시면서 이 가르침을 설하셨다."(MA.ii.414)

"즉 존재(bhava)로 괴로움의 진리(고제)를, 존재에 기꺼워하는 것(nandi)으로 일어남의 진리(집제)를, 존재하지 않는 것(vibhava, 해탈)으로 소멸의 진리(멸제)를, 기꺼워함을 취착하지 않는 것(nandiṁ na upādiyinti)으로 도의 진리(도제)를 밝히셨다."(MAṬ.ii.319)

412) "그때 사악한 마라가 화가 많이 나있었다. '내 영역(vicaranta)에서 이 사문 고따마가 법을 설하여 일만의 범천들을 나의 지배(vasa)에서 벗어나게 한다.'라고 생각하면서 분노에 휩싸여 어떤 범중천의 몸에 붙어 숨어서 부처님께 경고하고 있다. '만일 그대가 이렇게 스스로 네 가지 성스러운 진리를 깨달았다면 재가 제자들이나 출가 제자들에게 법을 설하지 마시오.'라고."(MA.ii.415)

사실 부처님께서 처음 성도를 하셨을 때 부처님 마음에도 이런 생각이 들었다. 본서 제1권 「성스러운 구함 경」(M26) §19 이하를 참조할 것.

자들을 지도했고 재가자들과 출가자들에게 법을 설했고 재가자들과 출자자들을 열망하게 했소. 그러나 몸이 무너져 목숨이 다한 뒤 저열한 몸을 받았소. 비구여, 그대 이전에 이 세상에 아라한이고 정등각자라고 선언한 사문·바라문들이 있었는데, 그들은 [331] 재가자들과 출가자들을 지도하지 않았고 재가자들과 출가자들에게 법을 설하지 않았고 재가자들과 출자자들을 열망케 하지 않았소. 그래서 몸이 무너져 목숨이 다한 뒤 수승한 몸을 받았소.

비구여, 그러니 나는 이렇게 말하오. '존자여, 이제 관심 두지 마시고 지금·여기에서 행복하게 머무는 데에만 전념하시오. 다른 사람들에게 법을 설하지 않는 것이 좋소. 존자여, 다른 사람을 가르치려 들지 마시오.'라고.""413)

30. "비구들이여, 사악한 마라가 이렇게 말했을 때, 나는 그에게 이렇게 말했다.

"사악한 자여, 나는 그대를 아노라. 그대는 내가 그대를 알지 못한다고 생각하지 마라. 사악한 자여, 그대는 마라이다. 사악한 자여, 그대는 그들의 이익을 위하여 연민하는 마음으로 내게 그렇게 말하지 않았다. 그대는 그들의 이익을 위하여 연민하는 마음 없이 내게 그렇

---

413) "'다른 사람을 가르치려 하지 마시오(mā paraṁ ovadāhi).'는 것은 때로는 인간 세계에, 때로는 천상에, 때로는 범천에, 때로는 용의 세계에 다니면서 가르침을 설하는 것을 그만두고 한곳에 앉아서 禪과 도와 과의 즐거움(jhāna-magga-phala-sukha)으로 시간을 보내라(vītināmehi)는 것이다." (MA.ii.415)

법을 설하지 마시라는 마라의 이러한 말은 본서 제1권 본서 「성스러운 구함 경」(M26) §19에서 세존께서 깨달음을 실현하시고 스스로 설법에 대한 사유를 하신 뒤에 "내 마음은 법을 설하기보다는 무관심으로 기울었다."라고 하시는 대목과 비슷하다. 그리고 이것은 『디가 니까야』 제2권 「대반열반경」(D16) §3.34에서 부처님께서 깨달으신지 얼마 되지 않았을 때 마라가 다가가서 부처님께 즉시에 반열반에 드시라고 권유하는 것과도 비교가 된다.

게 말했다. 사악한 자여, 그대에게 이런 생각이 들 것이다. '사문 고따마에게서 법을 들은 자들은 나의 영역을 벗어날 것이다.'라고. 사악한 자여, 그들 사문·바라문들은 바르게 완전히 깨닫지 못한 상태에서 '우리는 바르게 완전히 깨달았다.'라고 선언했다.

사악한 자여, 그러나 나는 바르게 완전히 깨달은 상태에서 '나는 정등각자이다.'라고 선언한다. 사악한 자여, 여래는 제자들에게 법을 설하더라도 여여하고 여래는 제자들에게 법을 설하지 않더라도 여여하다. 사악한 자여, 여래는 제자들을 지도하더라도 여여하고 여래는 제자들을 지도하지 않더라도 여여하다. 그것은 무슨 까닭인가?

사악한 자여, 여래는 정신적 오염원이고 다시 태어남을 가져오고 두렵고 괴로운 과보를 가져오고 미래의 태어남과 늙음과 죽음을 초래하는 번뇌들을 모두 제거하고, 그 뿌리를 자르고, 줄기만 남은 야자수처럼 만들고, 멸절시켜, 미래에 다시는 일어나지 않게끔 했다. 사악한 자여, 예를 들면 야자수가 그 윗부분이 잘리면 다시 자랄 수 없는 것처럼, 여래는 정신적 오염원이고 다시 태어남을 가져오고 두렵고 괴로운 과보를 가져오고 미래의 태어남과 늙음과 죽음을 초래하는 번뇌들을 모두 제거하고, 그 뿌리를 자르고, 줄기만 남은 야자수처럼 만들고, 멸절시켜, 미래에 다시는 일어나지 않게끔 했다.""

31. "여기에 대해서 마라가 더 이상 대답할 수가 없었을 뿐만 아니라 이것은 범천의 초대로 시작되었기 때문에 이 가르침을 '범천의 초대'라고 한다."

범천의 초대 경(M49)이 끝났다.

마라 견책 경

Māratajjanīya Sutta(M50)

1. 이와 같이 나는 들었다. [332] 한때 마하목갈라나 존자는 박가414)에서 악어산 근처 베사깔라 숲의 녹야원415)에 머물렀다.

---

414) 박가(Bhagga)는 종족 이름이면서 나라 이름이기도 하다. 이 나라는 꼬삼비에 예속되어 있었던 듯하며 왓지(Vajji) 공화국의 일원이었을 것이라는 설도 있다.(DPPN) 그래서 당시 인도 중원의 16국에는 포함되지 않는다. 박가는 웨살리와 사왓티 사이에 놓여 있었고 수도는 숨수마라기리(Suṁsumāra-giri, 악어산)였으며 그곳에 있는 숲이 베사깔라 숲(Bhesa-kalāvana)이다. 세존께서는 이곳에서 8번째 안거를 보내셨다고 한다.

주석서에 의하면(AA.ii.124; BvA.3) 세존께서 45년 동안 안거를 보내신 곳은 다음과 같다. 첫 번째 안거는 바라나시(Bārāṇasi) 이시빠따나(Isipatana)의 녹야원(Migadāya)에서 하셨다. 두 번째부터 네 번째는 라자가하(Rājagaha)의 대나무 숲(Veḷuvana), 다섯 번째는 웨살리(Vesāli)의 큰 숲[大林, Mahāvana]에 있는 중각강당(Kūṭāgārasālā), 여섯 번째는 마꿀라 산(Makulapabbata), 일곱 번째는 삼십삼천의 거주처(Tāvatiṁsa-bhavana), 여덟 번째는 박가(Bhagga)의 숨수마라기리(Suṁsumāragiri)에 있는 베사깔라 숲(Bhesakaḷāvana), 아홉 번째는 꼬삼비(Kosambi), 열 번째는 빠릴레야까(Pālileyyaka)의 밀림, 열한 번째는 날라(Nālā)의 바라문 마을(Brāhmaṇagāma), 열두 번째는 웨란자(Verañjā), 열세 번째는 짤리까(Cālikā)의 짤리까 산(Cālikāpabbata), 열네 번째는 사왓티(Sāvatthi)의 제따 숲(Jetavana), 열다섯 번째는 까삘라왓투(Kapilavatthu), 열여섯 번째는 알라위(Aḷavi), 열일곱 번째는 라자가하(Rājagaha), 열여덟 번째와 열아홉 번째는 짤리까 산(Cālikāpabbata), 스무 번째는 라자가하(Rāja-

2. 그때 마하목갈라나 존자는 노지에서 포행을 하고 있었다. 바로 그때에 사악한 마라[416]가 목갈라나 존자의 배에 들어가서 창자에

---

gaha)이다.(AA.ii.124; BvA.3)
그 후 스물한 번째부터 마흔세 번째까지의 23안거는 사왓티의 제따 숲과(18안거) 동쪽 원림[東園林, Pubbārāma]에서(5안거) 하셨다.(BvA.3) 그리고 마흔네 번째인 마지막 안거는 웨살리의 벨루와가마(벨루와 마을, Beḷuvagāma)에서 하셨다.(『디가 니까야』「대반열반경」(D16) §2.22)
『디가 니까야 주석서』에 의하면 세존께서는 웨사카 달(우리의 음력 4월)의 보름날 새벽에 반열반에 드셨다. 그러므로 두 달 뒤 아살하(Asāḷha) 달 보름(음6월 보름)부터 시작되는 이 해의 안거는 하지 못하신 것이다. 여기에 대해서는『디가 니까야』제3권 부록『디가 니까야 주석서』「서문」§§17~18을 참조할 것.

415) '녹야원'으로 옮긴 원어는 Migadāya(미가다야)이다. 주석서는 "사슴(miga)들에게 두려움 없이 머무는 장소(abhayattha)로 주어졌기 때문에 미가다야라 한다."(MA.ii.188)고 설명하고 있다. 중국에서 녹야원(鹿野苑)으로 옮겼다.
한편 부처님께서 다섯 비구에게 처음 설법(S56:11)을 하신 동산의 이름도 녹야원(바라나시에서 이시빠따나의 녹야원)이다. 이처럼 초기불전에는 본경에 나타나는 박가의 악어산 베사깔라 숲에 있는 녹야원(「나꿀라삐따 경」(S35:131) §1과 본서 제1권「추론 경」(M15)도 참조할 것.), 라자가하의 맛다꿋치 녹야원(「돌조각 경」(S1:38) §1;「돌조각 경」(S4:13) §1; D16 §3.42), 사께따의 안자나 숲에 있는 녹야원(「까꾸다 경」(S2:18) §1), 우준냐의 깐나깟탈라 녹야원(본서 제3권「깐나깟탈라 경」(M90)) 등 여러 곳의 녹야원이 나타난다. 불교 수행자들뿐만 아니라 당시 여러 교단의 수행자들이 유행을 하다가 머물렀던 곳이기도 하다. 아마 각 지역에서 사슴을 보호하는 곳으로 지정한 곳인 듯하다.

416) 마라(Māra)는 초기불전의 아주 다양한 문맥에서 아주 많이 나타나며,『상윳따 니까야』에 마라를 주제로 하는 25개의 경들을 모아서「마라 상윳따」(Māra-saṁyutta, S4)로 결집을 하여 전승해오고 있기도 하다. 초기불전에 나타나는 마라를 연구하는 자체가 하나의 논문감에 해당한다 할 수 있다.
전통적으로 빠알리 주석서는 이런 다양한 마라의 언급을 다섯 가지로 정리한다. 그것은 ① 오염원(kilesa)으로서의 마라(ItA.197; ThagA.ii.70 등) ② 무더기(蘊, khandha)로서의 마라(S.iii.195 등) ③ 업형성력(abhisaṅkhāra)으로서의 마라 ④ 신(devaputta)으로서의 마라 ⑤ 죽음(maccu)으로서의 마라이다.(ThagA.ii.46; 46; Vism.VII.59 등)
『청정도론』에서는 부처님은 이러한 다섯 가지 마라를 부순 분(bhaggavā)

붙었다. 그러자 마하목갈라나 존자에게 이런 생각이 들었다.

"왜 내 배가 이렇게도 무거울까? 콩이 가득 들어있는 것 같구나."

그러자 마하목갈라나 존자는 포행을 그만두고 원림에 들어가서 준비된 자리에 앉았다.

3. 마하목갈라나 존자는 앉아서 스스로 지혜롭게 마음에 잡도

이기에 세존(bhagavā)이라 한다고 설명하고 있다.(VII.59) 그러므로 열반이나 출세간이 아닌 모든 경지는 마라의 영역에 속한다고 할 수 있다. 특히 신으로서의 마라는 자재천(Vasavatti)에 있는 다마리까 천신(Dāmarika-devaputta)이라고도 불리는데, 마라는 욕계의 최고 천상인 타화자재천(Paranimmitavasavatti)에 거주하면서 수행자들이 욕계를 벗어나 색계나 무색계나 출세간의 경지로 향상하는 것을 방해하는 자이기 때문이다.(SnA. i.44; MA.i.28) 그리고 그는 신들의 왕인 삭까(인드라)처럼 군대를 가지고 있으며 이를 마군(魔軍, Mārasena)이라고 한다. 이처럼 그는 아주 유력한 신이다.

주석서들에서는 Māra의 어원을 한결같이 √mṛ(*to kill, to die*)로 본다. 물론 산스끄리뜨 문헌들에서도 죽음을 뜻하는 √mṛ(*to die*)로도 보기도 하지만 역자는 기억을 뜻하는 √smṛ(*to remember*)로 보는 입장이다. 왜냐하면 Māra는 산스끄리뜨어로 쓰여진 인도 최고의 희곡인 『샤꾼딸라』 등에서 Smāra로 나타나기 때문이다. 스마라는 바로 기억을 뜻하는 √smṛ에서 파생된 명사이다. 힌두 신화에서 마라는 사랑의 신을 뜻하는 까마데와(Kāma-deva)이며 이 신의 많은 별명 가운데 하나가 스마라이다. 까마데와는 로마 신화의 사랑의 신인 큐피드(*Cupid*)에 해당한다. 사랑의 신 까마데와도 큐피드처럼 사랑의 화살을 가지고 다니면서 화살을 쏜다. 이 화살에 맞으면 사랑의 열병에 걸린다.

산스끄리뜨 문학 작품에 의하면 마라는 수련화(Aravinda), 아소까 꽃(Aśoka), 망고 꽃(Cūta), 재스민(Navamālikā), 청련화(Nīlotpala)의 다섯 가지 꽃 화살을 가지고 있다고 하며, 이러한 까마데와의 꽃 화살에 맞게 되면 사랑에 빠지게 된다고 한다. 불교 주석서들에서도 이러한 다섯 가지 마라의 꽃 화살은 언급되고 있다. 이처럼 마라는 유혹자이다. 이성을 서로 꼬드기게 한다. 이런 의미에서 마라는 *Tempter*(유혹자, 사탄)이다. 그래서 마라를 *Tempter*라고 옮기는 서양학자도 있다.

그리고 이 √smṛ에서 파생된 것이 빠알리의 sati(Sk. smṛti) 즉 마음챙김[念]이다. 마음챙김과 마라는 이렇게 대비가 된다. 이렇게 마라의 어원을 √smṛ(*to remember*)로 이해하면 마음챙김의 중요성을 새삼 절감케 하는 아주 의미심장한 해석이 된다.

리했다. 마하목갈라나 존자는 사악한 마라가 배에 들어와서 창자에 붙어있는 것을 보았다. 사악한 마라를 보고 이렇게 말하였다.

"나오라, 사악한 자417)여. 나오라, 사악한 자여. 여래를 성가시게 하지 말고, 여래의 제자를 성가시게 하지 마라. 그대는 오랜 세월 불이익과 고통을 받게 하지 마라."

4. 그러자 사악한 마라에게 이런 생각이 들었다.

"이 사문은 나를 알지 못하고 보지 못하면서 이렇게 말한다. '나오라, 사악한 자여. 나오라, 사악한 자여. 여래를 성가시게 하지 말고, 여래의 제자를 성가시게 하지 마라. 그대는 오랜 세월 불이익과 고통을 받게 하지 마라.'라고. 그의 스승도 나를 이렇게 빨리 알아보지 못할 것인데 하물며 어떻게 그의 제자가 나를 알겠는가?"

5. 그러자 마하목갈라나 존자는 사악한 마라에게 이렇게 말했다.

"사악한 자여, 이와 같이 나는 그대를 안다. 그대는 '그는 나를 알지 못한다.'라고 생각하지 마라. 사악한 자여, 그대는 마라이다. 사악한 자여, 그대는 이런 생각을 하고 있다. '이 사문은 나를 알지 못하고 보지 못하면서 이렇게 말한다. '나오라, 사악한 자여. 나오라, 사악한 자여. 여래를 성가시게 하지 말고, 여래의 제자를 성가시게 하지 마라. 그대는 오랜 세월 불이익과 고통을 받게 하지 마라.'라고. 그의 스승도 나를 이렇게 빨리 알아보지 못할 것인데 하물며 어떻게 그의 제자가 나를 알겠는가?'라고."

---

417) "[남들을] 사악함에 빠져들게 하고, 혹은 스스로 사악함에 빠져든다고 해서(pāpe niyojeti, sayaṁ vā pāpe niyutto) '사악한 자(pāpiman, 빠삐만)'라 한다. 그는 깐하(Kaṇha, 검은 자), 지배자(Adhipati), 자재천(Vasavatti), 끝장내는 자(안따까, Antaka), 나무찌(Namuci), 방일함의 친척(pamatta-bhandu)이라는 다른 많은 이름들도 가지고 있다. 그러나 여기서는 [마라와 빠삐만(사악한 자)라는] 단지 두 가지 이름만을 들고 있다."(SA.i.169)

6. 그러자 사악한 마라에게 이런 생각이 들었다.

"이 사문은 나를 알고 보면서 이렇게 말한다. '나오라, 사악한 자여. 나오라, 사악한 자여. 여래를 성가시게 하지 말고, 여래의 제자를 성가시게 하지 마라. 그대는 오랜 세월 불이익과 고통을 받게 하지 마라.'라고."

그러자 사악한 마라는 [333] 마하목갈라나 존자의 입으로부터 뛰쳐나와 문빗장 곁에 섰다.

7. 마하목갈라나 존자는 사악한 마라가 문빗장 곁에 서 있는 것을 보았다. 사악한 마라를 보고 이렇게 말했다.

"사악한 자여, 나는 거기 있는 그대를 본다. 그대는 '그는 나를 보지 못한다.'라고 생각하지 마라. 사악한 자여, 그대는 문빗장 곁에 서 있다."

8. "사악한 자여, 옛적에 나는 두시라는 마라였고, 내게 깔리라는 이름의 누이가 있었다. 그대는 그녀의 아들이었으므로 나의 조카였다."

9. "사악한 자여, 그때에 까꾸산다[418]라는 세존 · 아라한 · 정등각자께서 세상에 출현하셨다. 사악한 자여, 까꾸산다 세존 · 아라

---

418) 까꾸산다(Kakusandha) 부처님은 칠불 가운데 네 번째 부처님이다. 첫 번째 부처님이 위빳시(Vipassi) 부처님인데 위빳시 부처님을 비롯한 칠불의 일대기는 『디가 니까야』 「대전기경」(D14) §§1.4~1.12에 자세히 나타나므로 그곳을 참조하기 바란다.
「대전기경」에 의하면 위빳시 부처님은 91겁 이전에 세상에 출현하였고, 시키(Sikhi) 부처님과 웻사부(Vessabhu) 부처님은 31겁 이전에 출현하였으며, 까꾸산다, 꼬나가마나(Koṇāgamana), 깟사빠(Kassapa), 석가모니(Sakyamuni) 부처님은 행운의 겁(bhadda-kappa)이라 부르는 현겁에 출현하셨다고 한다.

한 · 정등각자께는 위두라와 산지와라고 하는 한 쌍의 복덕이 구족한 상수제자가 있었다. 사악한 자여, 까꾸산다라는 세존 · 아라한 · 정등각자의 제자들 중에서 설법에 관한 한 위두라 존자와 견줄 사람은 아무도 없었다. 사악한 자여, 이런 이유로 위두라 존자에게 위두라[419]라는 이름이 생긴 것이다. 사악한 자여, 한편 산지와 존자는 숲 속에 가거나 나무 아래에 가거나 빈집에 가서 어려움 없이 상수멸[420]에 들었다."

10. "사악한 자여, 옛적에 산지와 존자는 어떤 나무 아래서 상수멸에 들어 앉아있었다. 사악한 자여, 소치는 사람들과 양치는 사람들과 농부들이 길을 가다 산지와 존자가 어떤 나무 아래서 상수멸에 들어 있는 것을 보았다. 그를 보고서 그들은 이렇게 말했다.

"여보게들, 이 사문께서 앉은 채 입적하시다니 참으로 경이롭고, 참으로 놀랍습니다. 그를 화장합시다."

길 가던, 소치는 사람들과 양치는 사람들과 농부들은 풀과 장작과 소똥을 모아 산지와 존자의 몸에 덮고 불을 붙이고 떠났다."

11. "사악한 자여, 그러나 그 밤이 지나자 산지와 존자는 그 증득에서 일어나 가사를 털고 오전에 옷매무새를 가다듬고 발우와 가사를 수하고 마을로 탁발을 갔다.[421] 사악한 자여, 길 가던 소치는 사

---

419) "'위두라(vidhura)'라는 이름은 그 뜻에 걸맞은 것으로, 대적할 만한 이가 없다(vigata-dhura) 즉 남들과 같지 않다(asadisa)는 뜻이다."(MA.ii.417)

420) '상수멸(想受滅, saññā-vedayita-nirodha, 인식과 느낌의 소멸)'에 대해서는 본서 「교리문답의 긴 경」(M43) §23 이하와 특히 「교리문답의 짧은 경」(M44) §16 이하를 참조할 것.

421) 여기서 보듯이 상수멸 즉 멸진정을 증득한 사람은 증득에 머물러 있는 동안에는 죽거나 상해를 당하지 않으며, 멸진정은 그의 가사나 자리 등의 소유물이 손상되는 것까지도 보호한다고 한다. 본경의 이 일화는 『청정도론』

람들과 양치는 사람들과 농부들은 산지와 존자가 탁발하러 다니는 것을 보았다. 그를 보자 그들은 이렇게 말했다.

"여보게들, 참으로 경이롭고, 참으로 놀랍습니다. 이 사문께서는 앉아서 입적하셨는데 스스로 다시 살아나시다니요."

사악한 자여, [334] 그런 이유로 산지와 존자에게 산지와422)라는 이름이 생긴 것이다."

12. "사악한 자여, 그때 두시 마라에게 이런 생각이 들었다.

"나는 계를 구족하고 덕스러운 성품을 지닌 이들 비구들의 오고 감을 전혀 알지 못한다. 그러니 참으로 나는 [이렇게 말하여] 바라문 장자들을 사로잡아야겠다. '오라. 그대들은 계를 구족하고 덕스러운 성품을 지닌 비구들을 비난하고 욕하고 괴롭히고 모욕하라. 그대들로부터 비난받고 욕을 듣고 괴롭힘을 당하고 모욕을 당하면 마음에 변화가 생길 것이다. 그러면 두시 마라가 기회를 포착하게 될 것이다.'라고.""423)

13. "사악한 자여, 그때 두시 마라는 [이렇게 말하면서] 바라문 장자들을 사로잡았다.

'오라. 그대들은 계를 구족하고 덕스러운 성품을 지닌 비구들을 비난하고 욕하고 괴롭히고 모욕하라. 그대들로부터 비난받고 욕을 듣고 괴롭힘을 당하고 모욕을 당하면 마음에 변화가 생길 것이다. 그러

XII.32에서 인용되어 나타난다. 『청정도론』 XXIII.35~37도 참조할 것.

422) '산지와(Sañjīva, sam+√jīv, *to live*)'라는 이름은 죽었다가 다시 살아난 자라는 뜻이다.

423) 이 비구들은 계를 구족하고 덕스럽기 때문에 마라의 눈에 보이지 않았다. 그래서 마라는 갖은 노력으로 이들의 마음에 오염원들을 일으키게 해서(kiles-uppatti) 오직 윤회의 영역에 붙들어두려고 한다.(MA.ii.417~418)

면 두시 마라가 기회를 포착하게 될 것이다.'

그러자 두시 마라에게 사로잡힌 바라문 장자들은 계를 구족하고 덕스러운 성품을 지닌 비구들을 이렇게 비난하고 욕하고 괴롭히고 모욕했다.

'우리 조상의 발에서 태어난[424] 비천하고 가무잡잡한 이들 까까머리 사문들은 '우리는 禪을 닦는 자다, 우리는 禪을 닦는 자다.'라고 말하면서 어깨를 축 늘어뜨리고 고개를 숙이고 게을러빠진 채 생각하고 궁리하고 궁구하고 이리저리 궁구한다.[425]

---

424) '조상의 발에서 태어난'은 bandhupādāpaccā를 옮긴 것이다. 이 합성어는 bandhu(친척의)-pādāpaccā(발에서 [태어난] 후손들)로 분석할 수 있다. 주석서는 이렇게 설명한다.
"'bandhu(친척)'이란 범천(brahmā)을 두고 한 말이다. 바라문들은 그 범천을 조상(pitamaha, 할아버지)이라 부른다. 'pādāpaccā(발에서 [태어난] 후손들)'이란 범천의 발바닥에서 태어났다는 말이다. 그들은 이렇게 믿고 있었다. '사제계급인 바라문은 범천의 입에서 나왔고, 무사계급인 끄샤뜨리야는 가슴에서, 평민 계급인 와이샤는 배꼽에서, 천민 계급인 수드라는 다리에서, 사문들은 발바닥에서 태어났다.'라고."(MA.ii.418)
한편 인도에서 가장 오래된 문헌인 리그베다는 이 믿음을 뒷받침해주고 있다. 리그베다 열 번째 장(만달라)의 「뿌루샤 숙따」(Puruṣa Sūkta, 原人에 대한 찬미가)는 다음과 같이 노래하고 있다. "바라문은 그(뿌루샤)의 입(mu-kha)이고 그의 팔(bāhu)로부터 끄샤뜨리야가 만들어졌고 그의 넓적다리(ūru)로부터 와이샤가 발(pad)로부터 수드라가 태어났다."(Rv.x.90:12)
하지만 세존께서는 "가문의 전통이 있는 사람들 가운데서는 끄샤뜨리야가 단연 으뜸"(D3 §1.28)이라고 설하셨다. 여기에 대해서는 『디가 니까야』 제1권 「암밧타 경」(D3) §§1.24~1.28을 참조할 것.

425) '생각하고 궁리하고 궁구하고 이리저리 궁구한다.'는 jhāyanti pajjhāyanti nijjhāyanti apajjhāyanti를 옮긴 것이다. 주석서는 생각하다(cintayati)를 뜻하는 jhāyati(√dhyai, *to meditate*)라는 동사에 pa-(pra-)와 nis-와 apa-같은 각각 다른 접두어(upasagga)가 붙어서 그 강도를 더 높인 것(vaḍḍhita)이라고 설명하고 있다.(MA.ii.418)
이 구문은 본서 제3권 「고빠까 목갈라나 경」(M108) §26에도 나타나는데 거기서 이 네 가지 동사는 다섯 가지 장애에 지배된 채로 禪수행을 하는 것을 표현하는 말로 나타나고 있다.

마치 올빼미가 나뭇가지에서 생쥐가 나타나기를 기다리면서 생각하고 궁리하고 궁구하고 이리저리 궁구하듯이, 우리 조상의 발에서 태어난 비천하고 가무잡잡한 이들 까까머리 사문들은 '우리는 禪을 닦는 자다, 우리는 禪을 닦는 자다.'라고 말하면서 어깨를 축 늘어뜨리고 고개를 숙이고 게을러빠진 채 생각하고 궁리하고 궁구하고 이리저리 궁구한다.

마치 자칼이 강둑에서 물고기가 나오기를 기다리면서 생각하고 궁리하고 궁구하고 이리저리 궁구하듯이, …

마치 고양이가 문기둥이나 쓰레기통이나 하수구에서 쥐가 나타나기를 기다리면서 생각하고 궁리하고 궁구하고 이리저리 궁구하듯이, …

마치 당나귀가 짐을 내려놓고 문기둥이나 쓰레기통이나 하수구에서 생각하고 궁리하고 궁구하고 이리저리 궁구하듯이, 우리 조상의 발에서 태어난 비천하고 가무잡잡한 이들 까까머리 사문들은 '우리는 禪을 닦는 자다, 우리는 禪을 닦는 자다.'라고 말하면서 어깨를 축 늘어뜨리고 고개를 숙이고 게을러빠진 채 생각하고 궁리하고 궁구하고 이리저리 궁구한다.'

사악한 자여, 그때 그 사람들은 대부분 몸이 무너져 죽은 뒤 처참한 곳[苦界], 불행한 곳[惡處], 파멸처, 지옥에 태어났다."

14. "사악한 자여, [335] 그때 까꾸산다 세존・아라한・정등각자께서 비구들에게 이와 같이 말씀하셨다.

"비구들이여, 두시 마라가 '오라. 그대들은 계를 구족하고 덕스러운 성품을 지닌 비구들을 비난하고 욕하고 괴롭히고 모욕하라. 그대들로부터 비난받고 욕을 듣고 괴롭힘을 당하고 모욕을 당하면 마음에 변화가 생길 것이다. 그러면 두시 마라가 기회를 포착하게 될 것이다.'라고 하여 바라문 장자들을 사로잡았다.

비구들이여, 그러니 그대들은 자애가 함께한 마음으로 한 방향을 가득 채우면서 머물러라. 그처럼 두 번째 방향을, 그처럼 세 번째 방향을, 그처럼 네 번째 방향을 가득 채우면서 머물러라. 이와 같이 위로, 아래로, 옆으로, 모든 곳에서 모두를 자신처럼 여기고, 모든 세상을 풍만하고, 광대하고, 무량하고, 원한 없고, 악의 없는, 자애가 함께한 마음으로 가득 채우고 머물러라.

연민이 함께한 마음으로 … 더불어 기뻐함이 함께한 마음으로 … 평온이 함께한 마음으로 한 방향을 가득 채우면서 머물러라. 그처럼 두 번째 방향을, 그처럼 세 번째 방향을, 그처럼 네 번째 방향을 가득 채우면서 머물러라. 이와 같이 위로, 아래로, 옆으로, 모든 곳에서 모두를 자신처럼 여기고, 모든 세상을 풍만하고, 광대하고, 무량하고, 원한 없고, 악의 없는, 평온이 함께한 마음으로 가득 채우고 머물러라.""

15. "사악한 자여, 그러자 비구들은 까꾸산다 세존 · 아라한 · 정등각자의 이런 훈도와 이런 가르침을 받아 숲 속에 가거나 나무 아래에 가거나 빈집에 가거나 하여 자애가 함께한 마음으로 한 방향을 가득 채우면서 머물렀다. 그처럼 두 번째 방향을, 그처럼 세 번째 방향을, 그처럼 네 번째 방향을 가득 채우면서 머물렀다. 이와 같이 위로, 아래로, 옆으로, 모든 곳에서 모두를 자신처럼 여기고, 모든 세상을 풍만하고, 광대하고, 무량하고, 원한 없고, 악의 없는, 자애가 함께한 마음으로 가득 채우고 머물렀다.

연민이 함께한 마음으로 … 더불어 기뻐함이 함께한 마음으로 … 평온이 함께한 마음으로 한 방향을 가득 채우면서 머물렀다. 그처럼 두 번째 방향을, 그처럼 세 번째 방향을, 그처럼 네 번째 방향을 가득 채우면서 머물렀다. 이와 같이 위로, 아래로, 옆으로, 모든 곳에서 모두를 자신처럼 여기고, 모든 세상을 풍만하고, 광대하고, 무량하고, 원한 없고, 악의 없는, 평온이 함께한 마음으로 가득 채우고 머물렀다."

16. "사악한 자여, 그때 두시 마라에게 이런 생각이 들었다. '내가 이렇게 함에도 불구하고 여전히 나는 계를 구족하고 덕스러운 성품을 지닌 이들 비구들의 오고 감을 알지 못한다. 그러니 참으로 나는 [이렇게 말하여] 바라문 장자들을 사로잡아야겠다.

"오라. 그대들은 계를 구족하고 덕스러운 성품을 지닌 비구들을 존경하고 존중하고 공경하고 경의를 표하라. [336] 그대들로부터 존경받고 존중받고 공경받고 경의받으면 마음에 변화가 생길 것이다. 그러면 두시 마라가 기회를 포착하게 될 것이다."라고."

17. "사악한 자여, 그때 두시 마라는 [이렇게 말하면서] 바라문 장자들을 사로잡았다.

"오라. 그대들은 계를 구족하고 덕스러운 성품을 지닌 비구들을 존경하고 존중하고 공경하고 경의를 표하라. 그대들로부터 존경받고 존중받고 공경받고 경의받으면 마음에 변화가 생길 것이다. 그러면 두시 마라가 기회를 포착하게 될 것이다."

그러자 두시 마라에게 사로잡힌 바라문 장자들은 계를 구족하고 덕스러운 성품을 지닌 비구들을 존경하고 존중하고 공경하고 경의를 표했다.

사악한 자여, 그때 그 사람들은 대부분 몸이 무너져 죽은 뒤 좋은 곳, 천상 세계[天界]에 생겨났다."

18. "사악한 자여, 그때 까꾸산다 세존·아라한·정등각자께서 비구들에게 이와 같이 말씀하셨다.

"비구들이여, 두시 마라가 '오라. 그대들은 계를 구족하고 덕스러운 성품을 지닌 비구들을 존경하고 존중하고 공경하고 경의를 표하라. 그대들로부터 존경받고 존중받고 공경받고 경의받으면 마음에 변화가 생길 것이다. 그러면 두시 마라가 기회를 포착하게 될 것이다.'라고 하여 바라문 장자들을 사로잡았다. 비구들이여, 그러니 그대들은 몸에 대해 부정함을 관찰하면서 머물고, 음식에 혐오하는 인식을 가지고, 일체 세상에 기쁨이 없다는 인식을 가지고, 모든 형성된 것들[諸行]에서 무상을 관찰하라."426)

19. "사악한 자여, 그러자 비구들은 까꾸산다 세존・아라한・정등각자의 이런 훈도와 이런 가르침을 받아 숲 속에 가거나 나무 아래에 가거나 빈집에 가서 몸에 대해 부정함을 관찰하고, 음식에 혐오하는 인식을 가지고, 일체 세상에 기쁨이 없다는 인식을 가지고, 모든 형성된 것들[諸行]에서 무상을 관찰했다."

20. "사악한 자여, 까꾸산다 세존・아라한・정등각자께서는 오전에 옷매무새를 단정히 하고 발우와 가사를 수하고 위두라 존자를 시자로 삼아 마을로 탁발을 가셨다."

21. "사악한 자여, 두시 마라는 어떤 소년에게 들어가 돌을 집어 위두라 존자의 머리를 때려 존자의 머리가 깨졌다. 사악한 자여, 위두라 존자는 [337] 머리가 깨져 피를 흘리면서 까꾸산다 세존・아라한・정등각자의 뒤를 계속하여 따라갔다. 사악한 자여, 그때 까꾸산

426) 주석서는 『앙굿따라 니까야』 제4권 「인식 경」 2(A7:46) §4, §8, §10, §12에 나타나는 이 네 가지를 설명하는 구절을 인용하고 있다.(MA.ii.419~420) 그리고 이 네 가지는 『앙굿따라 니까야』 제2권 「부정(不淨) 경」(A4:163), 제3권 「역겨움 경」(A5:69) 등 특히 『앙굿따라 니까야』의 여러 경에서 닦아야 할 인식들에 포함되어 나타난다. 『앙굿따라 니까야』에 나타나는 다양한 인식에 대해서는 『초기불교 이해』 122~125쪽을 참조할 것.

다 세존 · 아라한 · 정등각자께서는 '이 두시 마라는 한도를 모르는구나.'라고 여기시면서 코끼리가 뒤를 돌아보듯이 뒤를 돌아보셨다.[427] 사악한 자여, 까꾸산다 세존께서 돌아보시자마자 두시 마라는 그곳에서 떨어져 대지옥에 태어났다."

22. "사악한 자여, 그 대지옥에는 세 가지 이름이 있다. 여섯 가지 [원하지 않는] 감각접촉을 겪는 감각장소의 지옥,[428] 창으로 찌르는 지옥, 스스로 겪는 지옥이다.[429] 사악한 자여, 그때 옥사쟁이가 나에게 와서 이렇게 말했다.

"여보시오, 창과 창이 그대의 심장에서 부딪칠 때 그대는 '나는 천 년 동안 지옥에서 고통을 받았다.'라고 알게 될 것이요."

23. "사악한 자여, 그런 나는[430] 수년, 수백 년, 수천 년을 그 대

---

427) "머리를 때리는 소리를 듣고 마치 코끼리가 여기저기를 보고자 할 때 목만 돌리지 않고 온몸을 돌려서 보듯이, 까꾸산다 세존께서도 온몸을 돌려 보셨다는 말이다."(MA.ii.420~421)

428) '여섯 가지 [원하지 않는] 감각접촉을 겪는 감각장소의 지옥'은 cha-phass-āyatanika를 풀어서 옮긴 것이다. 이것은 여섯 가지 대문을 통해 대상을 경험할 때 모든 것이 원하지 않고 마음에 들지 않는 것뿐인 대지옥으로 무간지옥을 말한다. 『상윳따 니까야』 제4권 「기회 경」(S35.135)이 이 지옥에 대해서 설명하고 있다. 『상윳따 니까야 주석서』는 이렇게 설명하고 있다.
"'여섯 가지 감각접촉의 장소라는 지옥(cha-phass-āyatanikā nāma nira-yā)'이 따로(visuṁ) 있는 것은 아니다. 이것은 21가지 대지옥(mahā-niraya)에 있는 여섯 가지 문을 가진 감각접촉의 장소에 대한 개념적 표현(cha-dvāra-phass-āyatana-paññatti)일 뿐이다. 여기서는 아위찌 대지옥(Avīci-mahāniraya, 無間地獄)을 두고 말씀하신 것이다."(SA.ii.400)
그리고 『상윳따 니까야』 제6권 「대열뇌(大熱惱) 경」(S56:43) §3에서는 이렇게 묘사되고 있는 지옥을 대열뇌 지옥(Mahāpariḷāha niraya)이라 부르고 있다.

429) '대지옥(mahāniraya)' 혹은 무간지옥(無間地獄, Avīci)의 묘사는 본서 제4권 「저승사자 경」(M130) §§16~19를 참조할 것.

지옥에서 고통을 받았다. 만 년을 그 대지옥의 보조 지옥에서 과보로 나타난 최종의 괴로운 느낌을 느끼면서 고통을 받았다. 사악한 자여, 그런 나의 몸은 마치 인간의 몸과 같았지만 머리는 마치 물고기의 머리와 같은 모습이었다."

24. "제자인 위두라와 까꾸산다 바라문431)을 공격하여
두시가 고통받은 그 지옥은 무엇과 같은가?
백 개나 되는 쇠못이 있고 모두 스스로 고통을 받네.
제자인 위두라와 까꾸산다 바라문을 공격하여
두시가 고통받은 그 지옥은 이와 같다네.
부처님 제자인 이 비구432)는 이것을 잘 기억하나니
검은 자여, 그런 자를 공격하여 그대는 고통받으리."

25. "바다 한가운데 겁을 지속하는 궁전들이 있어
청옥의 색깔을 가졌고 아름답고
섬광이 번쩍이고 광휘로워라.433)

---

430) '그런 나는(so kho ahaṁ)'이라는 어법으로 이 마하목갈라나 존자가 바로 두시 마라였음을 보여주고 있다.

431) 까꾸산다 부처님을 여기서는 까꾸산다 바라문(Kakusandha brāhmaṇa)이라고 표현했다. 이러한 표현은 본서 「앗사뿌라 긴 경」(M39) §24에서 나쁘고 해로운 법들인 정신적 오염원들을 모두 내쫓았기 때문에 비구는 바라문이라고 하신 말씀과 그 궤를 같이 하는 것이다.

432) '부처님의 제자인 이 비구(bhikkhu buddhassa sāvako)'는 바로 본인인 마하목갈라나 존자 자신이다. 그는 지금 자신을 해치려던 마라에게 자신이 옛적에 두시 마라가 되어 까꾸산다 부처님과 그의 시자 위두라에게 행한 일체의 행위와 그 과보를 다 기억하여 이야기해준 것이다. 그리고 만일 지금의 이 마라가 존자 자신을 괴롭히면 지금의 이 마라도 큰 고통을 받을 거라고 훈계하고 있다.

433) "대해 한가운데 물을 발판으로 삼아 궁전들이 생겼으니 그것은 겁을 지속했다. 그것의 색깔은 청옥(veḷuriya)과 같고, 산 정상에서 피어오르는 빛나는

그곳에는 여러 색의 요정들이 춤을 추네.
부처님 제자인 이 비구는 이것을 잘 기억하나니
검은 자여, 그런 자를 공격하여 그대는 고통받으리."

26\. "부처님의 권고로 비구 승가가 보는 앞에서
녹자모 강당을 발끝으로 흔들었다네.[434]
부처님 제자인 이 비구는 이것을 잘 기억하나니
검은 자여, 그런 자를 공격하여 그대는 고통받으리."

27\. "신통력을 크게 발휘하여
웨자얀따 궁전을 발끝으로 흔들어
신들에게 경종을 울렸었네.[435]
부처님 [338] 제자인 이 비구는 이것을 잘 기억하나니
검은 자여, 그런 자를 공격하여 그대는 고통받으리."

28\. "웨자얀따 궁전에서 삭까에게 물었네.
'와사와여,[436] 그대는 갈애가 소멸한 해탈을 아는가?'

한 줄기 불꽃처럼 섬광이 번쩍이고, 광휘로웠다. 그 궁전 속에 푸른색 등 여러 색의 요정들이 춤을 추었다는 말이다."(MA.ii.422)

434) 이것은 『상윳따 니까야』 제6권 「목갈라나 경」(S51.14) §3의 내용을 말한다. 「목갈라나 경」에서 세존께서는 비구 승가가 마음챙김을 놓아버리고 감각기관을 제어하지 않고 머무는 것을 보시고 목갈라나 존자에게 권유하여 미가라마따 강당을 흔들어 비구들에게 경각심을 일으키게 하라고 하셔서 이런 신통을 나툰 것이다.

435) 이것은 본서 「갈애 멸진의 짧은 경」(M37)의 §11에 그 내용이 담겨 있으니 참고할 것.

436) 와사와(Vāsava)는 인드라 혹은 삭까의 다른 이름이다. 『상윳따 니까야』 제1권 「삭까의 이름 경」(S11:12) §3에 의하면 그는 예전에 "인간이었을 때 그는 휴게소(āvasatha)를 보시하였다. 그래서 그는 와사와라 불린다."고 한다. 이 경에서는 삭까의 이름 와사와(Vāsava)를 '휴게소(āvasatha)'와 연

질문을 받자 삭까는 그에게 진실하게 대답했다네.[437]
부처님 제자인 이 비구는 이것을 잘 기억하나니
검은 자여, 그런 자를 공격하여 그대는 고통받으리."

29. "나는 수담마 [의회]에 모인 회중에서 범천에게 물었네.
'도반이여, 그대 전에 가졌던 삿된 견해를 지금도 가졌는가?
범천의 광명이란 지나가 버리는 것으로 보는가?'
그런 [내게] 범천은 차례대로 진실하게 대답했다네.
'존자여, 전에 가졌던 그런 삿된 견해는 더 이상 내게 없고
범천의 광명이란 지나가 버리는 것이라고 보거늘
어떻게 '나는 항상하고 영원하다.'라고 말하겠는가?'[438]
부처님 제자인 이 비구는 이것을 잘 기억하나니
검은 자여, 그런 자를 공격하여 그대는 고통받으리."

30. "대수미산의 정상을 해탈하여 만졌으며[439]
잠부디빠[440]와 뿝바위데하와 땅에 사는

결지어 설명하고 있다. 그리고 삭까와 휴게소에 얽힌 이야기는 『법구경 주석서』(DhpA.i.269~270; BL 1:317~318)에 나타난다.

437) 세존께서 인드라에게 갈애의 멸진을 통한 해탈의 법문을 설하셨는데, 목갈라나 존자가 세존께서 하신 그 가르침을 알고 싶어 인드라에게 질문하고, 인드라가 대답한 것으로 본서 「갈애 멸진의 짧은 경」(M37) §12에 그 내용이 나타난다.

438) 이 일화는 『상윳따 니까야』 제1권 어떤 「범천 경」(S6:5)에 나타난다. 특히 §9에서 "존자여, 이전에 가졌던 저의 견해는 지금은 그대로 가지고 있지 않습니다. 범천의 세상을 넘어서서 빛나는 찬란한 저 광명을 저는 지금 보나니 그런 제가 어찌 오늘 '나는 항상하고 영원하다.' 어떻게 이처럼 말할 수 있겠습니까."라고 본 게송과 같은 구절이 나타나고 있다.

439) "禪의 해탈(jhāna-vimokkha)을 통해 만졌다."(MA.ii.423)

440) '잠부디빠'라고 옮긴 원어는 vana(숲)인데 주석서에서 잠부디빠라고 설명하

여러 사람들을 [방문했네.]
부처님 제자인 이 비구는 이것을 잘 기억하나니
검은 자여, 그런 자를 공격하여 그대는 고통받으리."

31. "'어리석은 자를 내가 태워버려야지.'라고
불은 결코 의도하지 않지만
어리석은 자는 타오르는 불을 공격하여 스스로 불타네.
마라여, 이와 같이 그대는 그분 여래를 공격하여
스스로 자기 자신을 태우나니
어리석은 자가 불을 공격하여 그렇게 되듯.
마라여, 그대 그분 여래를 공격하여 큰 악업을 쌓았거늘
사악한 자여, 그대 죄악은 익지 않으리라고 생각하는가?
죽음을 만드는 자여, 그렇게 행할 때

고 있어서 이렇게 옮겼다.(MA.ii.423) 잠부 나무가 있는 숲이라고 해서 잠부디빠를 숲이라 부른 듯하다.
'잠부디빠(Jambudīpa)' 혹은 '잠부 섬'은 jambu(잠부)-dīpa(섬)로 이루어진 합성어인데 원래는 인도를 나타내는 말로 쓰였다. 주석서는 "잠부 나무가 있으며 유명한 섬"(AA.ii.34)이라고 설명한다. 주석서에서는 히말라야 산에 일 겁을 머무는 큰 잠부(Mahājambu) 나무가 있기 때문이라고 설명하기도 하고 이 섬에는 잠부 나무(jamburukkha)가 번성하기 때문이라고도 설명하고 있다.(*Ibid*) 그리고 인도의 지형이 마치 잠부 열매처럼 생겼기 때문에 붙여진 이름이라고도 한다. 잠부디빠는 중국에서 염부제(閻浮提)로 음역되었다. 『앙굿따라 니까야』 제1권 「아비부 경」(A3:80)과 같은 불교신화에서는 우리 인간이 사는 세계를 통칭하는 것으로 이해하고 있다.
주석서에 의하면 잠부디빠(Jambudīpa)와 아빠라고야나(Aparagoyāna)와 웃따라꾸루(Uttarakuru)와 뿝바위데하(Pubbavideha)는 수미산(須彌山, Sineru, Sk. Sumeru) 주위에 있는 네 대륙(dīpa)의 이름이다.(AA.ii.36) 잠부디빠는 남쪽에 있는 대륙이며 우리 같은 인간이 사는 곳이다. 아빠라고야나는 서쪽(apara)에, 웃따라꾸루는 북쪽(uttara)에, 뿝바위데하는 동쪽(pubba)에 있는 대륙이다. 그래서 중국에서는 이 넷을 각각 남섬부주(南贍部洲), 서우화주(西牛貨洲), 북구로주(北俱盧洲), 동승신주(東勝身洲)로 옮겼다.

그대 오랜 세월 악업을 쌓나니
마라여, 부처님을 떠나라.
비구들에게 희망을 갖지 마라."441)

이처럼 베사깔라 숲에서 비구가 마라를 견책했을 때
그 나쁜 마음을 먹은 야차는 거기서 바로 사라져버렸네.

마라 견책 경(M50)이 끝났다.

제5장 작은 쌍 품이 끝났다.

I. 처음 50개 경들의 묶음이 끝났다.

---

441) "'비구들에게 희망을 갖지 마라(āsaṁ mākāsi bhikkhusu).'는 것은 비구들을 내가 괴롭혀야지 하는 그런 희망을 갖지 말라는 말이다."(MA.ii.423)

II. 가운데 50개 경들의 묶음

Majjhima-paṇṇāsa

제6장

장자 품

Gahapati-vagga

(M51~60)

깐다라까 경

Kandaraka Sutta(M51)

1. 이와 같이 나는 들었다. [339] 한때 세존께서는 짬빠[442]의 각가라 호숫가[443]에서 많은 비구 승가와 함께 머무셨다. 그때 코끼리 조련사의 아들 뻿사와 깐다라까 유행승이 세존을 뵈러 갔다. 가서는 코끼리 조련사의 아들 뻿사는 세존께 절을 올리고 한 곁에 앉았다. 깐다라까 유행승은 세존과 함께 환담을 나누었다. 유쾌하고 기억할 만한 이야기로 서로 담소를 하고서 한 곁에 섰다.[444] 한 곁에 서서

442) 짬빠(Campā)는 옛 인도 중원의 16국(Mahājanapada) 가운데 하나인 앙가(Aṅga)의 수도였으며 현재 바갈뿌르(Bhagalpur) 부근에 있는 짬빠나가라(Campānagara)와 짬빠뿌라(Campāpura)일 것이라고 학자들은 말한다. 경에 언급되는 다른 앙가의 도시로는 밧디야(Bhaddiya, DA.i.279; DhA.i.384)와 앗사뿌라(Assapura, M.i.271)가 있다. 앙가는 이미 부처님 시대에 마가다로 편입되었다. 그래서 초기경에서는 앙가가 독립된 나라로 언급되기보다는 종족이나 지역으로 언급되고 있다고 봐야 한다.

443) 짬빠에 있는 각가라 호수(Gaggarā pokkharaṇī)는 각가라라는 왕비의 명령으로 만들었기 때문에 이렇게 명명된다고 한다. 이 호수의 언덕에 짬빠까 숲이 있었으며 부처님께서 오시면 이곳에서 머무셨다고 한다.(MA.iii.1; DA.i.279f) 각가라 호수는 제따 숲의 호수와 더불어 아름다운 호수로 주석서에 언급되고 있다.(SnA.i.17) 부처님께서 여러 번 머무신 곳으로 경들에 나타나며, 이곳에서 사리뿟따 존자는 『디가 니까야』 제3권의 마지막 경인 「십상경」(D34)을 비구들에게 설하였다.

깐다라까 유행승은 모두 침묵하고 있는[445] 비구 승가를 둘러보고 세존께 여쭈었다.

2. "고따마 존자시여, 비구 승가가 고따마 존자의 지도로 이렇게 바르게 도를 닦고 있다니 참으로 경이롭고 참으로 놀랍습니다. 고따마 존자시여, 지금 고따마 존자께서 비구 승가를 바르게 도닦음으로 인도하시는 것처럼, 과거세에 아라한이셨고 바르게 완전히 깨달으셨던 그분 세존들께서도 가장 최고로 바르게 비구 승가를 도닦음으로 인도하셨습니다. 고따마 존자시여, 지금 고따마 존자께서 비구 승가를 바르게 도닦음으로 인도하시는 것처럼, 미래세에 아라한이시고 바르게 완전히 깨달으실 그분 세존들께서도 가장 최고로 바르게 비구 승가를 도닦음으로 인도하실 것입니다."

3. "그러하다, 깐다라까여. 그러하다, 깐다라까여.[446] 깐다라까

---

444) 세존께 인사를 드리는 방법이 서로 다른 것으로 볼 때 코끼리 조련사의 아들 뻿사(Pessa hatthāroha-putta)는 분명 부처님을 따르는 재가자였고, 깐다라까 유행승(Kandaraka paribbājaka)은 비록 부처님을 존경하기는 하지만 외도 수행승이었던 것으로 보인다.

445) "'모두 침묵하고 있는(tuṇhībhūtaṁ tuṇhībhūtaṁ)'이라고 하였다. 모든 비구들이 세존을 향한 존경심(gārava)과 자신들의 수행(sikkhita-sikkhatā)으로 인해 서로에게 말을 걸지도 않고 기침 소리조차 내지 않았다. 마치 안전하게 서 있는 기둥처럼, 바람 없는 대해의 물처럼 몸도 움직임이 없었고(niccalā) 마음도 흔들림이 없었다(avikkhittā). 마치 수미산을 둘러싸고 있는 붉은 구름처럼 그들은 부처님을 둘러싸고 앉아있었다. 이렇게 앉아있는 많은 대중을 보고 유행승에게 환희와 기쁨(pīti-somanassa)이 일어났다. 그것을 가슴에 담아둘 수 없어 '참으로 경이롭고 참으로 놀랍습니다.'라는 이런 말을 했다."(MA.iii.2)
이러한 침묵은 본서 제3권 「산다까 경」(M76) §4 등에 나타나듯이 외도 유행승들이 27가지 쓸데없는 이야기(담론)로 떠들썩한 것과 비교된다. 그래서 거기서 산다까 유행승은 "저 존자들은 조용함을 좋아하고 조용함으로 길들여져 있고 조용함을 칭송합니다."라고 말한다.

여, 지금 내가 비구 승가를 바르게 도닦음으로 인도하는 것처럼, 과거세에 아라한이셨고 바르게 완전히 깨달으셨던 그분 세존들께서도 가장 최고로 바르게 비구 승가를 도닦음으로 인도하셨다. 깐다라까여, 지금 내가 비구 승가를 바르게 도닦음으로 인도하는 것처럼, 미래세에 아라한이시고 바르게 완전히 깨달으실 그분 세존들께서도 가장 최고로 바르게 비구 승가를 도닦음으로 인도하실 것이다.

깐다라까여, 이 비구 승가에는 번뇌가 다했고 삶을 완성했으며 할 바를 다 했고 짐을 내려놓았으며 참된 이상을 실현했고 삶의 족쇄를 끊었으며 바른 구경의 지혜로 해탈한 아라한들이 있다. 깐다라까여, 이 비구 승가에는 항상 계를 지니고 항상 수행하며 현명하고 슬기롭게 수행하는 유학(有學)들이 있다. 그들은 네 가지 마음챙김의 확립[四念處]에 마음을 잘 확립하여 머문다.447) 무엇이 넷인가?

깐다라까여, [340] 여기 비구는 몸에서 몸을 관찰하며[身隨觀] 머문

---

446) "세존께서 깐다라까 유행승이 한 말을 들으시고 '깐다라까여, 그대는 이 비구 승가가 고요하다고 말하지만 이 비구 승가가 고요한 그 이유를 모른다. 왜냐하면 그대는 바라밀(pārami)을 두루 완성하여 유익함의 뿌리를 성숙시켜 보리좌(bodhi-pallaṅka)에서 일체지를 통찰하지 못했기 때문이다. 그러나 나는 바라밀을 완성하여 친지들의 이로움을 도모하는 행위(ñātattha-cariya)와 세상의 이로움을 도모하는 행위(lokattha-cariya)와 부처의 이로움을 도모하는 행위(buddhattha-cariya)를 무수히 실천한 뒤에 보리좌에서 일체지(sabbaññuta-ññāṇa)를 통찰했다. 그래서 내게는 이들이 왜 고요한지 그 이유가 분명히 드러난다.'라는 이러한 것을 보여주시기 위해 이 가르침을 시작하셨다."(MA.iii.4)
즉 유행승에게는 과거와 미래의 부처님들이 가진 일체지가 없었기 때문에 단지 비구 승가가 잘 훈련되고 길들여진 것을 보고 이런 감탄사를 쏟아낸 것이다.

447) 주석서는 여기서 '네 가지 마음챙김의 확립'을 말씀하시는 것은 비구 승가가 고요한 이유(upasanta-kāraṇa)를 말씀하시기 위해서라고 설명하고 있다. (MA.iii.6) 네 가지 마음챙김의 확립[四念處, cattāro satipaṭṭhāna]은 본서 제1권 「마음챙김의 확립 경」(M10, 염처경)을 볼 것.

다. 세상에 대한 욕심과 싫어하는 마음을 버리고 근면하고 분명히 알아차리고 마음챙기면서 머문다. 느낌에서 느낌을 관찰하며[受隨觀] 머문다. 세상에 대한 욕심과 싫어하는 마음을 버리고 근면하고 분명히 알아차리고 마음챙기면서 머문다. 마음에서 마음을 관찰하며[心隨觀] 머문다. 세상에 대한 욕심과 싫어하는 마음을 버리고 근면하고 분명히 알아차리고 마음챙기면서 머문다. 법에서 법을 관찰하며[法隨觀] 머문다. 세상에 대한 욕심과 싫어하는 마음을 버리고 근면하고 분명히 알아차리고 마음챙기면서 머문다."

4. 이렇게 말씀하시자 코끼리 조련사의 아들 뻿사는 세존께 이렇게 말씀드렸다.

"경이롭습니다, 세존이시여. 놀랍습니다, 세존이시여. 세존께서는 중생들을 청정하게 하고, 근심과 탄식을 다 건너게 하고, 육체적 고통과 정신적 고통을 사라지게 하고, 옳은 방법을 얻게 하고, 열반을 실현하게 하기 위해 네 가지 마음챙김의 확립을 이렇게 잘 설해주셨습니다. 세존이시여, 흰옷을 입은 저희 재가자들도 때때로 이들 네 가지 마음챙김의 확립에 마음을 잘 확립하여 머뭅니다.448)

세존이시여, 여기 저희들도 몸에서 몸을 관찰하며 머뭅니다. 세상에 대한 욕심과 싫어하는 마음을 버리고 근면하고 분명히 알아차리고 마음챙기면서 머뭅니다. 느낌에서 느낌을 관찰하며 머뭅니다. 세상에 대한 욕심과 싫어하는 마음을 버리고 근면하고 분명히 알아차

448) "뻿사는 세존께 '비구 승가에게는 오직 이 네 가지 마음챙김의 확립이 경작(kasi)이고 씨앗(bīja)이고 쟁기(yuganaṅgala)이고 보습(phālapācana)이어서 항상 마음챙김의 확립을 최고의 이상으로 여기지만(satipaṭṭhāna-parāyaṇa), 저희들도 때때로 기회를 내어 이것을 마음에 잡도리합니다. 저희들도 수행자(kārakā)입니다. 무작정 명상주제를 게을리 하지는(vissaṭṭha-kammaṭṭhāna) 않습니다.'라고 말씀드리고 있다."(MA.iii.6)

리고 마음챙기면서 머뭅니다. 마음에서 마음을 관찰하며 머뭅니다. 세상에 대한 욕심과 싫어하는 마음을 버리고 근면하고 분명히 알아차리고 마음챙기면서 머뭅니다. 법에서 법을 관찰하며 머뭅니다. 세상에 대한 욕심과 싫어하는 마음을 버리고 근면하고 분명히 알아차리고 마음챙기면서 머뭅니다.

경이롭습니다, 세존이시여. 놀랍습니다, 세존이시여. 세존께서는 인간들이 이와 같이 뒤엉켜있고, 이와 같이 오염되고, 이와 같이 간교하지만[449] 그 중생들에게 유익한 것과 해로운 것[450]을 아십니다.

세존이시여, 이 인간들은 참으로 뒤엉켜있지만 동물들은 다 드러나 있습니다. 세존이시여, 저는 코끼리 훈련을 잘 기억할 수 있습니다. 짬빠로 오가는 도중에 그 [코끼리]는 모든 사기와 속임수와 비뚤어짐과 기만을 다 드러냅니다.[451] 세존이시여, 그렇지만 저희들의 하인들이나 심부름꾼이나 일꾼들은 몸의 행동과 말이 서로 다르고 그들의 마음은 또 다릅니다.

경이롭습니다, 세존이시여. 놀랍습니다, 세존이시여. 세존께서는 인간들이 이와 같이 뒤엉켜있고, 이와 같이 오염되고, 이와 같이 간교하지만 그 중생들에게 유익한 것과 해로운 것을 아십니다. 세존이시여, 이 인간들은 참으로 뒤엉켜있지만 동물들은 다 드러나 있습

---

449) "'인간들이 뒤엉켜있다(manussa-gahana).'는 것은 인간들은 욕심의 엉킴(ajjhāsaya-gahana)으로 뒤엉켜있고, 그 욕심도 그들의 오염원의 엉킴으로 엉켜있다는 말이고, 인간들이 '오염되어 있다(kasaṭatā).'는 것은 청정하지 못하다는 뜻(aparisuddhaṭṭha)이고, '간교하다(sāṭheyyatā).'는 것은 속인다는 뜻(kerāṭiyaṭṭha)이다."(MA.iii.7)

450) "'유익한 것과 해로운 것(hita-ahita)'이란 유익한 도닦음(paṭipada) [즉 그들을 위한 유익한 수행 방법과 해로운 수행 방법]을 말한다."(MA.iii.7)

451) "동물들은 그것을 다 드러내어 보여준다. 그들은 이만큼은 제외하고 이들을 조금만 보여줄 수 없다."(MAiii.7)

니다."

5. "참으로 그러하다, 뻿사여. 참으로 그러하다, [341] 뻿사여. 뻿사여, 이 인간들은 참으로 뒤엉켜있지만 동물들은 다 드러나 있다. 뻿사여, 이 세상에는 네 부류의 사람들이 존재한다.452) 무엇이 넷인가?

뻿사여, 여기 어떤 자는 자신을 학대하고 자신을 학대하는 데 몰두한다. 뻿사여, 여기 어떤 자는 다른 사람을 학대하고 다른 사람을 학대하는 데 몰두한다. 뻿사여, 여기 어떤 자는 자신을 학대하고 자신을 학대하는 데 몰두하며, 다른 사람을 학대하고 다른 사람을 학대하는 데 몰두한다. 뻿사여, 여기 어떤 자는 자신을 학대하지 않고 자신을 학대하는 데 몰두하지 않고, 다른 사람을 학대하지 않고 다른 사람을 학대하는 데 몰두하지 않는다. 그는 자신도 학대하지 않고 다른 사람도 학대하지 않으며, 지금 · 여기에서453) 갈애가 없고,454) [모든 오염원들이] 적멸하고, [안으로 열 받는 오염원들이 없어] 시원하고,

---

452) "이것은 뻿사가 부처님께 '세존께서는 이렇게 뒤엉켜있는 인간들을 위한 유익한 도닦음과 유익하지 않은 도닦음을 아신다.'라고 언급한 것에 대한 결론적인 말씀이다. 처음 세 부류의 사람은 유익하지 않은 도닦음(ahita-paṭipada)을 실천했고 맨 나중의 부류는 유익한 도닦음(hita-paṭipada)을 실천했다고 하시면서, 부처님은 이와 같이 중생들에게 유익한 수행 방법과 유익하지 않은 수행 방법을 안다는 것을 보여주신다.
또 이것은 앞서 까란다까가 '고따마 존자의 지도로 비구 승가가 이렇게 바르게 도를 닦는다.'라고 비구 승가를 찬탄한 것과도 관련된다. 세존께서는 그에게 자신이 승가를 훈련시키지 않는 처음 세 가지 수행 방법과, 또 자신과 과거의 부처님과 미래의 부처님이 승가를 훈련시키는 마지막 네 번째 수행 방법도 보여주신 것이다."(MA.ii.9)

453) "'지금 · 여기에서(diṭṭheva dhamme)'라는 것은 '바로 이 자신의 몸에서(ima-smiṁ yeva atta-bhāve)'라는 말이다."(MA.iii.10)

454) '갈애가 없다'는 것은 nicchāta를 옮긴 것이다. chāta는 주로 '배고픈, 굶주린'의 뜻으로 사용되나 여기서는 갈애(taṇhā)를 의미한다고 주석서에서 설명하고 있어서(MA.iii.10) 이렇게 옮겼다.

[禪과 도와 과와 열반의] 행복을 경험하면서 스스로 고결하게 되어 머문다.[455] 뻿사여, 이들 네 부류의 사람들 가운데서 어떤 사람이 그대의 마음에 드는가?"

"세존이시여, 자신을 학대하고 자신을 학대하는 데 몰두하는 사람은 제 마음에 들지 않습니다. 세존이시여, 다른 사람을 학대하고 다른 사람을 학대하는 데 몰두하는 사람도 제 마음에 들지 않습니다. 세존이시여, 자신을 학대하고 자신을 학대하는 데 몰두하며, 다른 사람을 학대하고 다른 사람을 학대하는 데 몰두하는 사람도 제 마음에 들지 않습니다. 세존이시여, 자신을 학대하지 않고 자신을 학대하는 데 몰두하지 않으며, 다른 사람을 학대 하지 않고 다른 사람을 학대하는 데 몰두하지 않는 사람은 자신을 학대하지 않고 다른 사람을 학대하지 않아서, 지금 · 여기에서 갈애가 없고, [모든 오염원들이] 적멸하고, [안으로 열 받는 오염원들이 없어] 시원하고, [禪과 도와 과와 열반의] 행복을 경험하면서 스스로 고결하게 되어 머뭅니다. 이 사람이 제 마음에 듭니다."

6. "뻿사여, 그러면 왜 이 세 부류의 사람은 그대의 마음에 들지 않는가?"

"세존이시여, 자신을 학대하고 자신을 학대하는 데 몰두하는 사람

---

455) "모든 오염원들(sabba-kilesā)이 적멸했기 때문에 '적멸하다(nibbuta).' 안으로 열 받는 오염원들(tāpana-kilesā)이 없기 때문에 청량함이 생겨서 '시원하다(sīti-bhūta).' 그는 禪과 도와 과와 열반의 '행복을 경험한다(sukha-paṭisaṁvedī).' '스스로 고결하게(brahmabhūtena attanā)'라는 것은 스스로 으뜸가는 존재로(seṭṭha-bhūtena attanā) 머문다는 말이다." (MA.iii.10)
이 문장은 본서 「확실한 가르침 경」(M60) §35이하와 제3권 「고따무카 경」(M94) §5에도 나타나고 『디가 니까야』 제3권 「합송경」(D33) §1.11 (47)과 『앙굿따라 니까야』 제2권 「자기학대 경」(A4:198)에도 나타나고 있다.

은 스스로 행복을 원하고 괴로움을 싫어하면서도 자신을 괴롭히고 학대합니다. 그러므로 제 마음에 들지 않습니다.

세존이시여, 다른 사람을 학대하고 다른 사람을 학대하는 데 몰두하는 사람은 다른 사람이 행복을 원하고 괴로움을 싫어하는데도 다른 사람을 괴롭히고 학대합니다. 그러므로 제 마음에 들지 않습니다.

세존이시여, 자신을 학대하고 자신을 학대하는 데 몰두하며, 다른 사람을 학대하고 다른 사람을 학대하는 데 몰두하는 사람은 자신과 다른 사람이 행복을 원하고 괴로움을 싫어하는데도 자신과 다른 사람을 괴롭히고 학대합니다. 그러므로 제 마음에 들지 않습니다.

세존이시여, [342] 자신을 학대하지 않고 자신을 학대하는 데 몰두하지 않으며, 다른 사람을 학대하지 않고 다른 사람을 학대하는 데 몰두하지 않는 사람은 자신을 학대하지 않고 다른 사람을 학대하지 않아서 지금·여기에서 갈애가 없고, [모든 오염원들이] 적멸하고, [안으로 열 받는 오염원들이 없어] 시원하고, [禪과 도와 과와 열반의] 행복을 경험하면서 스스로 고결하게 되어 머뭅니다. 이 사람이 제 마음에 듭니다.

세존이시여, 저는 이제 물러가겠습니다. 저는 바쁘고 해야 할 일이 많습니다.”

“뻿사여, 지금이 적당한 시간이라면 그렇게 하라.”

그러자 코끼리 조련사의 후예인 뻿사는 세존의 설법을 기뻐하고 감사드리며 자리에서 일어나 세존께 절을 올리고 오른쪽으로 돌아 [경의를 표한] 뒤 물러갔다.

7. 그러자 세존께서는 코끼리 조련사의 아들 뻿사가 떠난 지 얼마 지나지 않아 비구들을 부르셨다.

“비구들이여, 코끼리 조련사의 아들 뻿사는 현명한 사람이다. 비구들이여, 코끼리 조련사의 아들 뻿사는 큰 통찰지를 가졌다. 비구들이여, 만일 내가 코끼리 조련사의 아들 뻿사에게 이 네 가지 사람들을 상세하게 설명할 때까지 그가 잠시만 더 앉아있었더라면 그에게 크나큰 이익이 있었을 것이다.456) 그러나 코끼리 조련사의 아들 뻿사는 그 정도로도 크나큰 이익을 얻었다."

"세존이시여, 지금이 바로 그때입니다. 선서시여, 지금이 세존께서 네 부류의 사람에 대해서 상세하게 설명해주실 바로 그때입니다. 비구들은 세존으로부터 듣고 잘 호지할 것입니다."

"비구들이여, 그렇다면 듣고 잘 마음에 잡도리하라. 나는 설하리라."

"그러겠습니다, 세존이시여."라고 그 비구들은 세존께 응답했다.

세존께서는 이렇게 말씀하셨다.

8. "비구들이여,457) 그러면 어떤 사람이 ① 자신을 학대하고 자

---

456) "'크나큰 이익이 있었을 것이다(mahatā atthena saṁyutto agamissa).'라는 것은 예류과를 얻었을 것이라는 뜻이다. 그렇다면 도와 과를 얻을 강하게 의지하는 조건(upanissaya)이 있고, 부처님 면전에 있음에도 불구하고 그들에게 [도와 과를 얻지 못할] 장애가 있을 수 있는가? 있을 수 있다. 그러나 그것은 부처님 때문이 아니라 ① 그것을 생기게 할 적절한 노력을 하지 않거나(kiriya-parihāniyā) ② 나쁜 친구 때문(pāpa-mittatā)이다.
① 그것을 생기게 할 적절한 노력을 하지 않기 때문이라고 했다. 법의 대장군(사리뿟따 존자)이 다난자니 바라문의 성향을 잘 알아 법을 설했더라면 다난자니 바라문은 예류자가 되었을 것이다. 이것을 두고 한 말이다.(본서 제3권 「다난자니 경」(M97) §38과 주해 참조)
② 나쁜 친구 때문이라고 했다. 만일 아자따사뚜가 데와닷따의 말로 인해 아버지를 살해하지 않았더라면 「사문과경」(D2)의 법문이 있던 날 그는 예류자가 되었을 것이다. 그러나 데와닷따의 말을 듣고 아버지를 시해하였기 때문에 얻지 못했다. 이것을 두고 한 말이다.(D2 §102 참조)
[본경의] 이 청신사(뻿사)도 그것을 생기게 할 적절한 노력을 하지 않았다. 법문이 끝나기 전에 자리를 떠나버렸기 때문이다."(MA.iii.10~11)

457) 본경의 §§8~28은 『앙굿따라 니까야』 제2권 「자기학대 경」(A4:198) 전체와 같은 내용을 담고 있다.

신을 학대하는 데 몰두하는 사람인가?[458)]

비구들이여, 여기 어떤 자는 나체수행자이고, 관습을 거부하며 살고, 손에 [받아] 핥아서 먹고, [음식을 주려고] 오라 하면 가지 않고, [음식을 주려고] 서라 하면 서지 않으며, 가져온 음식을 받지 않고, [내 몫으로] 지칭된 것을 받지 않으며, 초청에 응하지 않고, 그릇에서 떠주는 음식을 받지 않고, 항아리에서 퍼주는 것을 받지 않고, 문지방을 넘어와서 주는 것을 받지 않고, 막대기를 넘어와서 주는 것을 받지 않고, 절굿공이를 넘어와서 주는 것을 받지 않으며, 두 사람이 먹고 있을 때 받지 않고, 임신부에게 받지 않고, 젖먹이는 여자에게 받지 않고, 남자에게 안겨 있는 여자에게 받지 않으며, [보시한다고] 널리 알린 그 음식을 받지 않고, 개가 옆에서 보고 있을 때 받지 않고, 파리 떼가 날아다닐 때 받지 않고, 생선과 고기를 받지 않고, 곡차, 과일주, 발효주를 마시지 않는다.

그는 한 집만 가서 음식을 받고 한 입의 음식만 먹고, 두 집만 가서 음식을 받고 두 입의 음식만 먹고 … 일곱 집만 가서 음식을 받고 일곱 입의 음식만 먹고, 한 닷띠의 음식만 구걸하고, 두 닷띠의 음식만 구걸하고, … 일곱 닷띠의 음식만 구걸하며, 하루에 한 번만, [343] 이틀에 한 번만 … 이런 식으로 보름에 한 번만 음식을 먹으며 산다.

그는 채소를 먹고, 수수, 니바라 쌀, 가죽 부스러기, 수초, 왕겨, 뜨물, 깻가루, 풀, 소똥을 먹었으며, 나무뿌리와 열매를 음식으로 살고, 떨어진 열매를 먹는다.

삼베로 만든 옷을 입고, 마포로 된 거친 옷을 입고, 시체를 싸맨 헝겊으로 만든 옷을 입고, 넝마로 만든 옷을 입고, 나무껍질로 만든 옷

---

458) 이 고행(tapa)의 정형구는 니까야의 여러 곳에 나타난다. 본서에는 M12 §45, M36 §5, M45 §5, M51 §8, M60 §36, M94 §10 등을 들 수 있다.

을 입고, 영양 가죽을 입고, 영양 가죽으로 만든 외투를 입고, 꾸사 풀로 만든 옷을 입고, 나무껍질로 만든 외투를 입고, 판자 조각으로 만든 옷을 입고, 인간의 머리털로 만든 담요를 두르고, 동물의 꼬리털로 만든 담요를 두르고, 올빼미 털로 만든 옷을 입는다.

머리털과 수염을 뽑는 수행에 몰두하여 머리털과 수염을 뽑아버리고, 자리에 앉지 않고 서 있으며, 쪼그리고 앉는 수행에 몰두하여 쪼그리고 앉고, 가시로 된 침상에 머물고, 가시로 된 침상에서 잠자며, 저녁까지 하루 세 번 물에 들어가는 수행에 몰두하며 지낸다. 이와 같이 여러 가지 형태로 몸을 괴롭히고 고통을 주는 데 몰두하며 지낸다.

비구들이여, 이를 일러 자신을 학대하고 자신을 학대하는 데 몰두하는 사람이라고 한다."459)

9. "비구들이여, 그러면 어떤 사람이 ② 다른 사람을 학대하고 다른 사람을 학대하는 데 몰두하는 사람인가?

비구들이여, 여기 어떤 사람은 양을 도살하거나, 돼지를 도살하거나, 새를 잡거나, 사슴을 잡거나, 사냥꾼, 어부, 도둑, 사형 집행인, 옥사쟁이이거나 혹은 다른 잔인한 일을 하는 자들이다.

비구들이여, 이를 일러 다른 사람을 학대하고 다른 사람을 학대하는 데 몰두하는 사람이라고 한다."

10. "비구들이여, 그러면 어떤 사람이 ③ 자신을 학대하고 자신을 학대하는 데 몰두하며, 다른 사람을 학대하고 다른 사람을 학대하는 데 몰두하는 사람인가?

---

459) 이 여러 가지 고행에 대해서는 본서 제1권 「사자후의 긴 경」(M12) §§45~56에 상세하게 설명되어 있으니 참조할 것.

비구들이여, 여기 어떤 사람은 관정(灌頂)의 대관식을 거행한 끄샤뜨리야 왕이거나 큰 재력을 가진 바라문이다. 그는 도시의 동쪽에 새로운 사당을 짓게 하고 머리와 수염을 깎고 거친 사슴 가죽을 입고 버터와 기름을 몸에 바르고 사슴뿔로 등을 긁고 그의 왕비와 왕실의 바라문 제관과 함께 사당으로 들어간다.

그는 거기서 맨땅에 짚을 깔고 앉는다. 같은 색깔의 송아지를 가진 한 마리 어미 소가 있어 그의 첫 번째 젖꼭지에서 생긴 젖을 왕이 먹는다. 두 번째 [344] 젖꼭지에서 생긴 젖을 왕비가 먹고, 세 번째 젖꼭지에서 생긴 젖을 왕실의 바라문 제관이 먹고, 네 번째 젖꼭지에서 생긴 젖은 불에 헌식한다. 나머지는 송아지가 먹는다.460)

그는 이렇게 말한다. '제사를 지내기 위해 이만큼의 황소들을 잡아라. 제사를 지내기 위해 이만큼의 소들을 잡아라. 제사를 지내기 위해 이만큼의 새끼 낳지 않은 암소들을 잡아라. 제사를 지내기 위해 이만큼의 염소들을 잡아라. 제사를 지내기 위해 이만큼의 양들을 잡아라. 제사 기둥을 만들기 위해 이만큼의 나무를 베어라.461) 제사 풀로 쓰기 위해 이만큼의 다르바 풀462)을 베어라.'라고. 그러면 그의

460) 이것은 제사를 지내는 하나의 절차이다.

461) 인도의 공공제사(Sk. śrauta-yajñā)는 동물희생이 기본이다. 한 제사에는 보통 8마리나 12마리 이상의 동물희생을 한다. 바라문교의 제의서들에 의하면 수백 마리의 동물을 희생하는 제사도 많다고 한다. 이 동물들을 그냥 희생하는 것이 아니라 모두 각각 다른 제사 기둥(yūpa)에 묶어서 거행한다. 그래서 백 마리의 동물을 희생한다면 백 개의 제사 기둥이 필요하다. 제사 기둥에 사용될 나무는 엄격한 절차를 거쳐서 그 산에서 제일 좋은 나무들로 만든다. 그러므로 제사는 동물만 죽이는 것이 아니라 많은 나무를 자르게 된다. 그래서 불교와 자이나교에서는 "동물을 죽이고 나무를 잘라 천상에 간다면 지옥에 갈 자 누가 있겠는가?"라고 강한 비판을 한다.
제사에 대해서는 『디가 니까야』 제1권 「꾸따단따 경」(D5) §1의 주해를 참조할 것.

462) '다르바 풀'로 옮긴 원어는 dabbhā이며 산스끄리뜨 darbha이다. 이 풀은 꾸

하인들이나 심부름꾼들이나 일꾼들은 형벌에 떨고 두려움에 떨고 눈물을 흘리면서 [제사를 지내기 위해 이러한 여러] 준비를 한다.

비구들이여, 이를 일러 자신을 학대하고 자신을 학대하는 데 몰두하며, 다른 사람을 학대하고 다른 사람을 학대하는 데 몰두하는 사람이라고 한다."

11. "비구들이여, 그러면 어떤 사람이 ④ 자신을 학대하지 않고 자신을 학대하는 데 몰두하지 않으며, 다른 사람을 학대하지 않고 다른 사람을 학대하는 데 몰두하지 않는 사람으로, 자신도 학대하지 않고 다른 사람도 학대하지 않아서 지금·여기에서 갈애가 없고, [모든 오염원들이] 적멸하고, [안으로 열 받는 오염원들이 없어] 시원하고, [禪과 도와 과와 열반의] 행복을 경험하면서 스스로 고결하게 되어 머무는 사람인가?"

12. "비구들이여, 여기 여래가 이 세상에 출현한다.[463] 그는 아라한[應供]이며, 완전히 깨달은 분[正等覺]이며, 명지와 실천을 구족한 분[明行足]이며, 피안으로 잘 가신 분[善逝]이며, 세간을 잘 알고 계신 분[世間解]이며, 가장 높은 분[無上士]이며, 사람을 잘 길들이는 분[調御丈夫]이며, 하늘과 인간의 스승[天人師]이며, 부처님[佛]이며, 세존(世尊)이시다. 그는 신을 포함하고 마라를 포함하고 범천을 포함한 이 세상을 스스로 최상의 지혜로 알고 실현하여 드러낸다. 그는 시작도

사(kusa) 풀이라고도 불리는데 제사에서 없어서는 안 될 중요한 풀이다. 꾸사 풀에 대해서는 본서 제1권 「사자후의 긴 경」(M12) §45의 주해를 참조할 것.

463) 이하 본경의 §§12~27은 본서 제1권 「코끼리 발자국 비유의 짧은 경」(M27) §§11~26과 같은 내용을 담고 있다. 그리고 §23의 4선의 구족까지는 본서 「갈애 멸진의 긴 경」(M38) §§31~40과 같은 내용을 담고 있다.

훌륭하고 중간도 훌륭하고 끝도 훌륭하며 의미와 표현을 구족했고 더할 나위 없이 완벽하고 지극히 청정한 법을 설하고, 범행(梵行)을 드러낸다."

13. "이런 법을 장자나 장자의 아들이나 다른 가문에 태어난 자가 듣는다. 그는 이 법을 듣고 여래에게 믿음을 가진다. 그는 이런 믿음을 구족하여 이렇게 숙고한다. '재가의 삶이란 번잡하고 때가 낀 길이지만 출가의 삶은 열린 허공과 같다. 재가에 살면서 더할 나위 없이 완벽하고 지극히 청정한 소라고둥처럼 빛나는 청정범행을 실천하기란 쉽지 않다. 그러니 나는 이제 머리와 수염을 깎고 물들인 옷을 입고 집을 떠나 출가하리라.'라고. 그는 나중에 재산이 적건 많건 간에 모두 다 버리고, 일가친척도 [345] 적건 많건 간에 다 버리고, 머리와 수염을 깎고, 물들인 옷을 입고 집을 떠나 출가한다."

14. "그는 이와 같이 출가하여 비구들의 학습계목을 받아 지녀 그것과 더불어 생활한다.

그는 생명을 죽이는 것을 버리고 생명을 죽이는 것을 멀리 여의고, 몽둥이를 내려놓고 칼을 내려놓고, 양심적이고 동정심이 있으며 모든 생명의 이익을 위하여 연민하며 머문다. 그는 주지 않은 것을 가지는 것을 버리고 주지 않은 것을 가지는 것을 멀리 여의고, 준 것만을 받고 준 것만을 받으려고 하며 스스로 훔치지 않아 자신을 깨끗하게 하여 머문다. 그는 금욕적이지 못한 삶을 버리고 청정범행을 닦으며, 도덕적이고 성행위의 저속함을 멀리 여읜다.

그는 거짓말을 버리고 거짓말을 멀리 여의고, 진실을 말하며 진실에 부합하고 굳건하고 믿음직하여 세상을 속이지 않는다. 그는 중상모략하는 말을 버리고 중상모략하는 말을 멀리 여의고, 여기서 듣고 이들을 이간하려고 저기서 말하지 않고 저기서 듣고 저들을 이간하려고 여기서 말하지 않는다. 오히려 그는 이와 같이 이간된 자들을 합치고 우정을 장려하며 화합을 좋아하고 화합을 기뻐하고 화합을 즐기며 화합하게 하는 말을 한다. 그는 욕설을 버리고 욕설을 멀리 여의고, 유순하고 귀에 즐겁고 사랑스럽고 가슴에 와 닿고 예의바르고 많은 사람들이 좋아하고 많은 사람들의 마음에 드는 그런 말을 한다. 그는 잡담을 버리고 잡담을 멀리 여의고, 적절한 시기에 말하고, 사실을 말하고, 유익한 말을 하고, 법을 말하고, 율을 말하며, 가슴에 담아둘 만한 말을 하고, 이치에 맞고, 절제가 있으며, 유익한 말을 적절한 시기에 한다.

그는 씨앗류와 초목류를 손상시키는 것을 멀리 여윈다. 하루 한 끼만 먹는다. 그는 밤에 [먹는 것을] 여의고 때 아닌 때에 먹는 것을 멀리 여윈다. 춤, 노래, 연주, 연극을 관람하는 것을 멀리 여윈다. 화환을 두르고 향과 화장품을 바르고 장신구로 꾸미는 것을 멀리 여윈다. 높고 큰 침상을 멀리 여윈다.

금과 은을 받는 것을 멀리 여윈다. [요리하지 않은] 날곡식을 받는 것을 멀리 여윈다. 생고기를 받는 것을 멀리 여윈다. 여자나 동녀를 받는 것을 멀리 여윈다. 하인과 하녀를 받는 것을 멀리 여윈다. 염소와 양을 받는 것을 멀리 여윈다. 닭과 돼지를 받는 것을 멀리 여윈다. 코끼리, 소, 말, 암말을 받는 것을 멀리 여윈다. 농토나 토지를 받는 것을 멀리 여윈다.

심부름꾼이나 전령으로 가는 것을 멀리 여윈다. 사고파는 것을 멀리 여윈다. 저울을 속이고 금속을 속이고 치수를 속이는 것을 멀리 여윈다. [346] 악용하고 속이고 횡령하고 사기하는 것을 멀리 여윈다. 상해, 살해, 포박, 약탈, 노략질, 폭력을 멀리 여윈다."

15. "그는 몸을 보호할 정도의 옷과 위장을 지탱할 정도의 음식으로 만족한다. 그는 어디를 가더라도 그의 자구(資具)를 몸에 지니고 간다. 예를 들면 새가 어디를 날아가더라도 자기 양 날개를 짐으로 하여 날아가는 것과 같다. 그와 같이 비구는 몸을 보호할 정도의 옷과 위장을 지탱할 정도의 음식으로 만족한다. 어디를 가더라도 그의 자구를 몸에 지니고 간다. 그는 이러한 성스러운 계의 조목[戒蘊]을 구족하여 안으로 비난받을 일이 없는 행복을 경험한다."

16. "그는 눈으로 형색을 봄에 그 표상[全體相]을 취하지 않으며, 또 그 세세한 부분상[細相]을 취하지도 않는다. 만약 그의 눈의 기능[眼根]이 제어되어 있지 않으면, 욕심과 싫어하는 마음이라는 나쁘고 해로운 법[不善法]들이 그에게 [물밀듯이] 흘러들어 올 것이다. 따라서 그는 눈의 감각기능을 잘 단속하기 위해 수행하며, 눈의 감각기능을 잘 방호하고, 눈의 감각기능을 잘 단속한다.

귀로 소리를 들음에 … 코로 냄새를 맡음에 … 혀로 맛을 봄에 … 몸으로 감촉을 느낌에 … 마노[意]로 법을 지각함에 그 표상을 취하지 않으며, 그 세세한 부분상을 취하지도 않는다. 만약 그의 마노의 기능[意根]이 제어되어 있지 않으면, 욕심과 싫어하는 마음이라는 나쁘고 해로운 법[不善法]들이 그에게 [물밀듯이] 흘러들어 올 것이다. 따라서 그는 마노의 감각기능을 잘 단속하기 위해 수행하며, 마노의 감각기능을 잘 방호하고, 마노의 감각기능을 잘 단속한다. 그는 이러한 성스러운 감각기능의 단속을 구족하여 안으로 더럽혀지지 않는 행복을 경험한다."

17. "그는 나아갈 때도 돌아올 때도 [자신의 거동을] 분명히 알아차리면서[正知] 행한다. 앞을 볼 때도 돌아볼 때도 분명히 알아차리

면서 행한다. 구부릴 때도 펼 때도 분명히 알아차리면서 행한다. 법의(法衣)·발우·의복을 지닐 때도 분명히 알아차리면서 행한다. 먹을 때도 마실 때도 씹을 때도 맛볼 때도 분명히 알아차리면서 행한다. 대소변을 볼 때도 분명히 알아차리면서 행한다. 갈 때도 서 있을 때도 앉아 있을 때도 잠잘 때도 깨어있을 때도 말할 때도 침묵할 때도 분명히 알아차리면서 행한다."

18. "그는 이러한 성스러운 계의 조목을 잘 갖추고 이러한 성스러운 감각기능의 단속을 잘 갖추고 이러한 마음챙김과 알아차림[正念·正知]을 잘 갖추어 숲 속이나 나무 아래나 산이나 골짜기나 산속 동굴이나 묘지나 밀림이나 노지나 짚더미와 같은 외딴 처소를 의지한다."

19. "그는 탁발하여 공양을 마치고 탁발에서 돌아와 가부좌를 틀고 상체를 곧추세우고 전면에 마음챙김을 확립하여 앉는다. 그는 [347] 세상에 대한 욕심을 제거하여 욕심을 버린 마음으로 머물고, 욕심으로부터 마음을 청정하게 한다. 악의의 오점을 제거하여 악의가 없는 마음으로 머물고, 모든 생명의 이익을 위하여 연민하며, 악의의 오점으로부터 마음을 청정하게 한다. 해태와 혼침을 제거하여 해태와 혼침 없이 머물고, 광명상(光明想)을 가져 마음챙기고 알아차리며[正念·正知] 해태와 혼침으로부터 마음을 청정하게 한다. 들뜸과 후회를 제거하여 들뜨지 않고 머물고, 안으로 고요히 가라앉은 마음으로 들뜸과 후회로부터 마음을 청정하게 한다. 의심을 제거하여 의심을 극복하여 머물고, 유익한 법들에 아무런 의심이 없어서 의심으로부터 마음을 청정하게 한다."

20. "그는 마음의 오염원이고 통찰지를 무력하게 만드는 이들 다섯 가지 장애를 제거하여 감각적 욕망들을 완전히 떨쳐버리고 해로운 법[不善法]들을 떨쳐버린 뒤, 일으킨 생각[尋]과 지속적 고찰[伺]이 있고, 떨쳐버렸음에서 생긴 희열[喜]과 행복[樂]이 있는 초선(初禪)을 구족하여 머문다."

21. "비구들이여, 다시 비구는 일으킨 생각[尋]과 지속적 고찰[伺]을 가라앉혔기 때문에 [더 이상 존재하지 않고], 자기 내면의 것이고, 확신이 있으며, 마음의 단일한 상태이고, 일으킨 생각과 지속적 고찰은 없고, 삼매에서 생긴 희열과 행복이 있는 제2선(二禪)을 구족하여 머문다."

22. "비구들이여, 다시 비구는 희열이 빛바랬기 때문에 평온하게 머물고, 마음챙기고 알아차리며[正念·正知] 몸으로 행복을 경험한다. [이 禪 때문에] 성자들이 그를 두고 '평온하고 마음챙기며 행복하게 머문다.'고 묘사하는 제3선(三禪)을 구족하여 머문다."

23. "비구들이여, 다시 비구는 행복도 버리고 괴로움도 버리고, 아울러 그 이전에 이미 기쁨과 슬픔을 소멸하였으므로 괴롭지도 즐겁지도 않으며, 평온으로 인해 마음챙김이 청정한[捨念淸淨] 제4선(四禪)을 구족하여 머문다."

24. "그는 이와 같이 마음이 집중되고, 청정하고, 깨끗하고, 흠이 없고, 오염원이 사라지고, 부드럽고, 활발발하고, 안정되고, 흔들림이 없는 상태에 이르렀을 때 전생을 기억하는 지혜로 마음을 향하게 한다.

그는 한량없는 전생의 갖가지 삶들을 기억해낸다. 즉 한 생, 두 생, 세 생, 네 생, 다섯 생, 열 생, 스무 생, 서른 생, 마흔 생, 쉰 생, 백 생,

천 생, 십만 생, 세계가 수축하는 여러 겁, 세계가 팽창하는 여러 겁, 세계가 수축하고 팽창하는 여러 겁을 기억한다. '어느 곳에서 이런 이름을 가졌고, 이런 종족이었고, 이런 용모를 가졌고, 이런 음식을 먹었고, 이런 행복과 고통을 경험했고, 이런 수명의 한계를 가졌고, 그곳에서 죽어 다른 어떤 곳에 다시 태어나 그곳에서는 이런 이름을 가졌고, 이런 종족이었고, 이런 용모를 가졌고, 이런 음식을 먹었고, 이런 행복과 고통을 경험했고, [348] 이런 수명의 한계를 가졌고, 그곳에서 죽어 다시 여기 태어났다.'라고. 이처럼 한량없는 전생의 갖가지 모습들을 그 특색과 더불어 상세하게 기억해낸다[宿命通]."

25. "그는 이와 같이 마음이 집중되고, 청정하고, 깨끗하고, 흠이 없고, 오염원이 사라지고, 부드럽고, 활발발하고, 안정되고, 흔들림이 없는 상태에 이르렀을 때 중생들의 죽음과 다시 태어남을 아는 지혜로 마음을 향하게 한다.

그는 청정하고 인간을 넘어선 신성한 눈[天眼]으로 중생들이 죽고 태어나고, 천박하고 고상하고, 잘생기고 못생기고, 좋은 곳[善處]에 가고 나쁜 곳[惡處]에 가는 것을 보고, 중생들이 지은 바 그 업에 따라 가는 것을 꿰뚫어 안다. '이들은 몸으로 못된 짓을 골고루 하고 말로 못된 짓을 골고루 하고 또 마음으로 못된 짓을 골고루 하고, 성자들을 비방하고, 삿된 견해를 지니어 사견업(邪見業)을 지었다. 이들은 몸이 무너져 죽은 뒤 처참한 곳[苦界], 불행한 곳[惡處], 파멸처, 지옥에 태어났다. 그러나 이들은 몸으로 좋은 일을 골고루 하고 말로 좋은 일을 골고루 하고 마음으로 좋은 일을 골고루 하고 성자들을 비방하지 않고 바른 견해를 지니고 정견업(正見業)을 지었다. 이들은 몸이 무너져 죽은 뒤 좋은 곳[善處], 천상세계에 태어났다.'라고. 이와 같이 그는 청정하고 인간을 넘어선 신성한 눈으로 중생들이 죽고 태어나고, 천박하고 고상하고, 잘생기고 못생기고, 좋은 곳[善處]에 가고 나쁜 곳[惡處]에 가는 것을 보고, 중생들이 지은 바 그 업에 따라 가는 것을 꿰뚫어 안다[天眼通]."

26. "그는 이와 같이 마음이 집중되고, 청정하고, 깨끗하고, 흠이 없고, 오염원이 사라지고, 부드럽고, 활발발하고, 안정되고, 흔들림이 없는 상태에 이르렀을 때 모든 번뇌를 소멸하는 지혜[漏盡通]로 마음을 향하게 한다.

그는 '이것이 괴로움이다.'라고 있는 그대로 꿰뚫어 안다. '이것이 괴로움의 일어남이다.'라고 있는 그대로 꿰뚫어 안다. '이것이 괴로움의 소멸이다.'라고 있는 그대로 꿰뚫어 안다. '이것이 괴로움의 소멸로 인도하는 도닦음이다.'라고 있는 그대로 꿰뚫어 안다. '이것이 번뇌다.'라고 있는 그대로 꿰뚫어 안다. '이것이 번뇌의 일어남이다.'라고 있는 그대로 꿰뚫어 안다. '이것이 번뇌의 소멸이다.'라고 있는 그대로 꿰뚫어 안다. '이것이 번뇌의 소멸로 인도하는 도닦음이다.'라고 있는 그대로 꿰뚫어 안다[漏盡通]."

27. "그가 이와 같이 알고 이와 같이 볼 때 그는 감각적 욕망에 기인한 번뇌에서 마음이 해탈한다. 존재에 기인한 번뇌에서도 마음이 해탈한다. 무명에 기인한 번뇌에서도 마음이 해탈한다. 해탈했을 때 해탈했다는 지혜가 생긴다. '태어남은 다했다. 청정범행은 성취되었다. 할 일을 다 해 마쳤다. 다시는 어떤 존재로도 돌아오지 않을 것이다.'라고 꿰뚫어 안다."

28. "비구들이여, 이를 일러 자신을 학대하지 않고 자신을 학대하는 데 몰두하지 않으며, 다른 사람을 학대하지 않고 다른 사람을 학대하는 데 몰두하지 않는 사람으로, 자신도 [349] 학대하지 않고 다

른 사람도 학대하지 않아서 지금・여기에서 갈애가 없고, [모든 오염원들이] 적멸하고, [안으로 열 받는 오염원들이 없어] 시원하고, [禪과 도와 과와 열반의] 행복을 경험하면서 스스로 고결하게 되어 머무는 사람이라고 한다."

세존께서는 이와 같이 설하셨다. 그 비구들은 흡족한 마음으로 세존의 말씀을 크게 기뻐하였다.

깐다라까 경(M51)이 끝났다.

앗타까나가라 경464)

Aṭṭhakanāgara Sutta(M52)

1. 이와 같이 나는 들었다. 한때 아난다 존자는 웨살리의 벨루와가마까465)에 머물렀다.

2. 그 무렵 앗타까나가라466)의 다사마 장자467)가 어떤 볼일이 있어 빠딸리뿟따468)에 도착했다. 그러자 앗타까나가라의 다사마 장

---

464) 본경은 『앙굿따라 니까야』 제6권 「다사마 경」(A11:17)과 경의 제목만 다를 뿐 그 내용은 동일하다. 그곳에서도 6차 결집본의 제목은 본경과 동일하다. 본경에 실린 주해는 대부분 역자가 옮긴 『앙굿따라 니까야』의 「다사마 경」(A11:17)에서 가져온 것임을 밝힌다.

465) 벨루와가마까(Beluvagāmaka) 혹은 벨루와가마(Beluvagāma, 벨루와 마을)는 웨살리의 남쪽 면(dakkhiṇa-passa)에서 멀지 않은 곳에 있는 마을이다.(MA.iii.12) 벨루와 마을은 『디가 니까야』 제2권 「대반열반경」(D16) §§2.21~26에서 부처님께서 반열반하시기 석 달 전에 혹독한 병에 걸리신 곳으로 나타나는 바로 그곳이다. 부처님께서는 그 병을 다스리신 후에 '자신과 법을 섬으로 삼고 귀의처로 삼아라.'는 유명한 설법을 하셨다.

466) 앗타까나가라(Aṭṭhakanāgara)가 어느 곳에 있는지 주석서에는 설명이 없다.

467) 다사마 장자(Dasama gahapati)가 누군지 불분명하다. 주석서는 단지 그는 태생과 족성(jāti-gotta)으로나 가문의 서열(sāra-patta-kula-gaṇana)상으로나 열 번째(dasama)가는 사람이었기 때문에 붙여진 이름이라고만 설명하고 있을 뿐이다.(AA.v.84; MA.iii.13)

자는 꾹꾸따 원림[鷄林]469)의 어떤 비구에게 다가갔다. 가서는 그 비구에게 절을 올리고 한 곁에 앉았다. 한 곁에 앉아서 앗타까나가라의 다사마 장자는 그 비구에게 이렇게 말했다.

"존자여, 요즈음 아난다 존자는 어디에 머물고 계십니까? 저는 아난다 존자를 친견하고 싶습니다."

"장자여, 아난다 존자는 웨살리의 벨루와가마까에 머물고 계십니다."

3. 그러자 앗타까나가라의 다사마 장자는 그 볼일을 본 뒤 웨살리의 벨루와가마까로 아난다 존자를 뵈러 갔다. 가서는 아난다 존자에게 절을 올리고 한 곁에 앉았다. 한 곁에 앉아서 앗타까나가라의 다사마 장자는 아난다 존자에게 이렇게 물었다.

"아난다 존자시여, 아시는 분, 보시는 분, 아라한, 정등각자이신 그 분 세존께서 설하신 한 가지 법이 있습니까?470) 비구가 그 법과 함

---

468) 빠딸리뿟따(Pāṭaliputta)는 지금 인도 비하르 주의 주도인 빠뜨나(Patna)이다. 『디가 니까야』 제2권 「대반열반경」(D16) §1.19이하와 §1.26에는 빠딸리 마을(Pāṭaligāma)을 확장하여 빠딸리뿟따 도시가 건설되는 것이 언급되고 있으며, 세존께서는 이 도시는 번창한 최고의 도시가 될 것이라고 예언하셨다.(D16 §1.28) 세존의 예언대로 그 후 빠딸리 마을은 빠딸리뿌뜨라(Sk. Paṭaliputra)로 불리게 되며, 마우리야(Maurya) 왕조, 굽따(Gupta) 왕조 등 역대 인도 통일 국가의 수도로 그 이름을 떨쳤다.

469) 꾹꾸따 원림(Kukkuṭārāma)은 꾹꾸따 상인이 지은 승원이라고 한다.(AA.v.84; MA.iii.13) 『앙굿따라 니까야』 제3권 「나라다 경」(A5:50) 등 몇몇 경들이 여기서 설해진 것으로 나타나고 있다. 꾹꾸따 원림은 아소까 대왕이 불교로 개종한 뒤에 처음으로 지었거나 중건하여 아소까 원림(Asokārāma)으로도 불리었던 것 같다.(DPPN) 빠뜨나에는 지금도 꾹꾸따 원림의 유적지가 남아있다.

470) "간략한 뜻은 다음과 같다. '세존께서는 30가지 바라밀을 모두 완성했고, 오염원을 부수고 무상정등각을 깨달으셨다. 즉 세존께서는 모든 중생들의 성향과 의향을 아시는 분이고, 손바닥에 놓인 아말라끼 열매처럼 알아야 할 모든 법들을 보시는 분이며, 더욱이 숙명통 등으로 아시는 분이고, 천안으로 보시는 분이며, 3명 혹은 6통으로 아시는 분이고, 모든 곳에 걸림 없는 완전

께 방일하지 않고 열심히 스스로 독려하며 머물 때, 해탈하지 못한 그의 마음이 해탈하고 아직 소멸하지 못한 번뇌가 소멸하고 아직 성취하지 못한 위없는 유가안은을 성취하게 되는, 그러한 한 가지 법을 설하셨습니까?"

"장자여, 아시는 분, 보시는 분, 아라한, 정등각자이신 그분 세존께서 설하신 한 가지 법이 있습니다. [350] 비구가 그 법과 함께 방일하지 않고 열심히 스스로 독려하며 머물 때, 해탈하지 못한 그의 마음이 해탈하고 아직 소멸하지 못한 번뇌가 소멸하고 아직 성취하지 못한 위없는 유가안은을 성취하게 되는, 그러한 한 가지 법을 설하셨습니다."

"아난다 존자시여, 그러면 무엇이 아시는 분, 보시는 분, 아라한, 정등각자이신 그분 세존께서 설하신 그 한 가지 법으로, 비구가 그 법과 함께 방일하지 않고 열심히 스스로 독려하며 머물 때, 해탈하지 못한 그의 마음이 해탈하고 아직 소멸하지 못한 번뇌가 소멸하고 아직 성취하지 못한 위없는 유가안은을 성취합니까?"

4. "장자여, 여기 비구는 감각적 욕망을 완전히 떨쳐버리고 해로운 법[不善法]들을 떨쳐버린 뒤 일으킨 생각[尋]과 지속적 고찰[伺]

한 눈으로 보시는 분이며, 모든 법들을 알 수 있는 통찰지로 아시는 분이고, 모든 중생들의 시야를 스쳐갔거나 벽 뒤에 있는 형색들조차도 청정한 육안으로 보시는 분이며, 자신의 이익을 성취하는 삼매를 가까운 원인으로 하는 꿰뚫음의 통찰지(성스러운 도의 지혜)로 아시는 분이고, 타인의 이익을 성취하는 연민을 가까운 원인으로 하는 가르침의 통찰지로 보시는 분이며, 장애가 되는 법을 아시는 분이고, 해탈로 인도하는 법을 보시는 분이며, [오염원들의] 적을 쳐부수었기 때문에 아라한이시고, 바르게 온전하게 모든 법들을 깨달았기 때문에 정등각자이시다. 이와 같이 네 가지 담대함이라는 네 가지 이유로 찬탄을 받은 그가 설한 한 가지 법이 있는가?'라는 말이다."(AA.v.84)
3명(三明)은 숙명통, 천안통, 누진통이고 6통(六通)은 육신통으로 신족통, 천이통, 타심통, 숙명통, 천안통, 누진통을 말한다.

이 있고, 떨쳐버렸음에서 생긴 희열[喜]과 행복[樂]이 있는 초선(初禪)을 구족하여 머뭅니다.

그는 이와 같이 숙고합니다. '이 초선은 형성되었고 의도되었다.' 라고.[471] 그리고 그는 '형성되고 의도된 것은 그 무엇이건, 무상하고 소멸하기 마련인 법이다.'라고 꿰뚫어 압니다. 그는 여기에 확고하여[472] 번뇌의 소멸을 얻습니다[阿羅漢].[473] 만일 번뇌의 소멸을 얻지 못하더라도 이 법을 좋아하고 이 법을 즐기기 때문에[474] 다섯 가지

---

471) "'형성되었다(abhisaṅkhata)'는 것은 만들어졌고(kata) 생겨난 것(uppādi-ta)이고, '의도되었다(abhisañcetayita)'는 것은 의도한 것(cetayita)이고, 상상한 것(pakappita)이라는 말이다."(MA.iii.13)

472) "'여기에 확고하다(tattha ṭhito).'는 것은 그 사마타와 위빳사나의 법(sama-tha-vipassanā-dhamma)에 확고하다는 말이다."(MA.iii.13)
이 초선은 형성되었고, 형성된 것은 그 무엇이건 무상하고 소멸하기 마련인 법이라고 꿰뚫어 안다는 것은 위빳사나를 하는 것이기 때문에 사마타와 위빳사나의 법에 확고하다는 말이다.

473) 이런 방법의 수행을 『앙굿따라 니까야』 제2권 「쌍 경」(A4:170) §2에서는 '사마타를 먼저 닦고 위빳사나를 닦는다(samatha-pubbaṅgamaṁ vipa-ssanaṁ bhāveti).'라고 표현하고 있다.
사마타를 먼저 닦아야 하는가, 아니면 위빳사나를 먼저 닦아야 하는가, 아니면 둘 다를 동시에 닦아야 하는가? 이것도 사마타와 위빳사나에 관심을 가진 모든 사람들의 토론거리가 되고 있다. 여기에 관심이 있는 분들에게는 「쌍 경」(A4:170)을 권한다. 이 경은 여기에 대한 명확한 지침을 준다. 결론적으로 말하면 사마타를 먼저 닦을 수도 있고, 위빳사나를 먼저 닦을 수도 있고, 사마타와 위빳사나를 함께 닦을 수도 있다는 것이다. 그것은 각 개인의 문제이지 어느 것을 먼저 닦아야 하는가는 정해진 것이 아니라는 것이다.
네 가지 선을 바탕으로 하여 오온의 무상 · 고 · 무아를 통찰해서 깨달음을 실현하는 가르침은 본서 「말룽꺄 긴 경」(M64) §§9~15에도 나타나고 있으므로 참조하기 바란다.

474) "'법을 좋아하고 법을 즐긴다(dhammarāgena dhammanandiyā).'는 것은 사마타와 위빳사나의 둘 다에 대한 열정(chanda-rāga)을 말한다. 사마타와 위빳사나에 대해 모든 열정을 완전히 끝낼 수 있으면 아라한이 되고, 그렇지 못하면 불환자가 된다. 그는 사마타와 위빳사나의 법에 대해 열정을 다 버리지 못했기 때문에 제4선의 의도에 의해 정거천(Suddhāvāsa)에 태어난다."

낮은 단계의 족쇄를 완전히 없애고 [정거천에] 화생하여 그곳에서 완전한 열반에 들어 그 세계에서 다시 돌아오지 않는 법을 얻습니다[不還者].475)

장자여, 이것이 아시는 분, 보시는 분, 아라한, 정등각자이신 그분 세존께서 설하신 그 한 가지 법으로, 비구가 그 법과 함께 방일하지 않고 열심히 스스로 독려하며 머물 때, 해탈하지 못한 그의 마음이 해탈하고 아직 소멸하지 못한 번뇌가 소멸하고 아직 성취하지 못한 위없는 유가안은을 성취합니다."

5. "장자여, 다시 비구는 일으킨 생각[尋]과 지속적 고찰[伺]을 가라앉혔기 때문에 [더 이상 존재하지 않고], 자기 내면의 것이고, 확

(MA.iii.13~14)

475) 본경의 이 가르침은 실참 수행, 특히 위빳사나 수행의 입장에서 보자면 중요하다. 본경 §§4~14에서 보듯이 깨달음 혹은 아라한과는 반드시 4선-4처로 대표되는 색계선과 무색계선 등을 다 증득한 뒤에 성취되는 것이 아니다. 오히려 이러한 4선-4처로는 일시적인 해탈 밖에 성취하지 못한다.(여기에 대해서는 본서 제3권 「공(空)에 대한 긴 경」(M122) §4, 제1권 「심재 비유의 긴 경」(M29) §6의 주해, 『상윳따 니까야』 제1권 「고디까 경」(S4:23) §2와 이에 대한 주해를 참조할 것.) 초선을 증득한 뒤에도 무상 등을 통찰해야만 아라한과를 성취할 수 있고 나머지 색계선과 무색계선의 경우도 마찬가지이다. 이런 입장은 본서 「말룽꺄 긴 경」(M64) §§9~15와 『앙굿따라 니까야』 제2권 「쌍 경」(A4:170)과 특히 『상윳따 니까야』 제2권 「수시마 경」(S12:70) 등에도 나타난다.
그래서 혜해탈은 초선부터 제4선까지의 네 가지 禪으로부터 출정하여 아라한이 된 네 가지 경우에다 이러한 네 가지 禪의 체험 없이 해탈한 마른 위빳사나를 닦은 자를 더한 것으로 설명된다.(DA.ii.512; MA.iii.188 등) 여기에 대해서는 「수시마 경」(S12:70) §14의 주해를 참조할 것. 경의 도처에 나타나는 선의 체험 없이 해체-무상・고・무아-염오-이욕-해탈-구경해탈지를 통한 깨달음의 정형구는(예를 들면 본서 제1권 M22 §§26~29, 제4권 M147 §§3~10 등) 마른 위빳사나의 경우에 해당한다고 할 수 있다.
마른 위빳사나를 닦은 자(sukkha-vipassaka)는 본서 「끼따기리 경(M70) §16의 주해와 『아비담마 길라잡이』 9장 §29의 해설과 『청정도론』 XXI. 112의 주해 등을 참조할 것.

신이 있으며, 마음의 단일한 상태이고, 일으킨 생각과 지속적 고찰은 없고, 삼매에서 생긴 희열과 행복이 있는 제2선(二禪)을 구족하여 머뭅니다.

그는 이와 같이 숙고합니다. '이 제2선은 형성되었고 의도되었다.'라고. … 그 세계에서 다시 돌아오지 않는 법을 얻습니다.

장자여, 이것이 아시는 분, 보시는 분, 아라한, 정등각자이신 그분 [351] 세존께서 설하신 그 한 가지 법으로, 비구가 그 법과 함께 방일하지 않고 열심히 스스로 독려하며 머물 때, 해탈하지 못한 그의 마음이 해탈하고 아직 소멸하지 못한 번뇌가 소멸하고 아직 성취하지 못한 위없는 유가안은을 성취합니다."

6. "장자여, 다시 비구는 희열이 빛바랬기 때문에 평온하게 머물고, 마음챙기고 알아차리며[正念·正知] 몸으로 행복을 경험한다. [이 禪 때문에] 성자들이 그를 두고 '평온하고 마음챙기며 행복하게 머문다.'고 묘사하는 제3선(三禪)을 구족하여 머뭅니다.

그는 이와 같이 숙고합니다. '이 제3선은 형성되었고 의도되었다.'라고. … 그 세계에서 다시 돌아오지 않는 법을 얻습니다.

장자여, 이것이 아시는 분, 보시는 분, 아라한, 정등각자이신 그분 세존께서 설하신 그 한 가지 법으로, 비구가 그 법과 함께 방일하지 않고 열심히 스스로 독려하며 머물 때, 해탈하지 못한 그의 마음이 해탈하고 아직 소멸하지 못한 번뇌가 소멸하고 아직 성취하지 못한 위없는 유가안은을 성취합니다."

7. "장자여, 다시 비구는 행복도 버리고 괴로움도 버리고, 아울러 그 이전에 이미 기쁨과 슬픔을 소멸하였으므로 괴롭지도 즐겁지도 않으며, 평온으로 인해 마음챙김이 청정한[捨念淸淨] 제4선(四禪)

을 구족하여 머뭅니다.

그는 이와 같이 숙고합니다. '이 제4선은 형성되었고 의도되었다.' 라고. … 그 세계에서 다시 돌아오지 않는 법을 얻습니다.

장자여, 이것이 아시는 분, 보시는 분, 아라한, 정등각자이신 그분 세존께서 설하신 그 한 가지 법으로, 비구가 그 법과 함께 방일하지 않고 열심히 스스로 독려하며 머물 때, 해탈하지 못한 그의 마음이 해탈하고 아직 소멸하지 못한 번뇌가 소멸하고 아직 성취하지 못한 위없는 유가안은을 성취합니다."

8. "장자여, 다시 비구는 자애가 함께한 마음으로 한 방향을 가득 채우면서 머뭅니다. 그처럼 두 번째 방향을, 그처럼 세 번째 방향을, 그처럼 네 번째 방향을 가득 채우면서 머뭅니다. 이와 같이 위로, 아래로, 옆으로, 모든 곳에서 모두를 자신처럼 여기고, 모든 세상을 풍만하고, 광대하고, 무량하고, 원한 없고, 악의 없는, 자애가 함께한 마음으로 가득 채우고 머뭅니다.

그는 이와 같이 숙고합니다. '이 자애를 통한 마음의 해탈[慈心解脫]은 형성되었고 의도되었다.'라고. … 그 세계에서 다시 돌아오지 않는 법을 얻습니다.

장자여, 이것이 아시는 분, 보시는 분, 아라한, 정등각자이신 그분 세존께서 설하신 그 한 가지 법으로, 비구가 그 법과 함께 방일하지 않고 열심히 스스로 독려하며 머물 때, 해탈하지 못한 그의 마음이 해탈하고 아직 소멸하지 못한 번뇌가 소멸하고 아직 성취하지 못한 위없는 유가안은을 성취합니다."

9. ~ *11.* "장자여, 다시 비구는 연민이 함께한 마음으로 … 더불어 기뻐함이 함께한 마음으로 … 평온이 함께한 마음으로 한 방향

을 가득 채우면서 머뭅니다. 그처럼 두 번째 방향을, 그처럼 세 번째 방향을, 그처럼 네 번째 방향을 가득 채우면서 머뭅니다. 이와 같이 위로, 아래로, 옆으로, 모든 곳에서 모두를 자신처럼 여기고, 모든 세상을 풍만하고, 광대하고, 무량하고, 원한 없고, 악의 없는, 평온이 함께한 마음으로 가득 채우고 머뭅니다.

그는 이와 같이 숙고합니다. '이 평온을 통한 마음의 해탈[捨心解脫]은 형성되었고 의도되었다.'라고. … [352] … 그 세계에서 다시 돌아오지 않는 법을 얻습니다.

장자여, 이것이 아시는 분, 보시는 분, 아라한, 정등각자이신 그분 세존께서 설하신 그 한 가지 법으로, 비구가 그 법과 함께 방일하지 않고 열심히 스스로 독려하며 머물 때, 해탈하지 못한 그의 마음이 해탈하고 아직 소멸하지 못한 번뇌가 소멸하고 아직 성취하지 못한 위없는 유가안은을 성취합니다."476)

---

476) 초기불전 전체에서 보자면 네 가지 거룩한 마음가짐[四梵住, 사무량, brahma-vihāra]이 본경 여기 §§8~11에서처럼 수행법의 영역에 나타나는 것은 특이하다 할 수 있다. 네 가지 거룩한 마음가짐을 닦으면 열반을 실현하기보다는 범천의 세상(brahma-loka)에 태어난다는 것이 일반적이기 때문이다.(예를 들면 D17 §2.13; M83 §6; A5: 192 §3 등을 참조할 것.)
그렇지만 네 가지 거룩한 마음가짐이 수행의 영역에 들어오게 되면 이는 깨달음을 실현하는 위빳사나의 기초가 되는 강한 힘을 낳는 토대가 된다. 이런 측면에서 본경 §§8~11은 중요한 의미를 가진다. 네 가지 禪(§§4~7)과 공무변처(§12), 식무변처(§13), 무소유처(§14)뿐만 아니라 본경 §§8~11에서 비구들은 네 가지 거룩한 마음가짐 가운데 하나를 토대로 해서 번뇌를 모두 멸진하여 아라한이 되거나 불환자가 되고 위없는 유가안은을 얻게 된다고 본경에서 아난다 존자는 설명하고 있기 때문이다.
이런 측면에서 칠각지와 네 가지 거룩한 마음가짐[四梵住, 사무량]을 연결해서 설명하는 『상윳따 니까야』 제5권 「자애가 함께 함 경」(S46:54) §9 이하의 가르침도 각별하다 할 수 있다. 특히 이 경은 자애를 통한 마음의 해탈[慈心解脫]은 깨끗함이, 연민을 통한 마음의 해탈은 공무변처가, 더불어 기뻐함을 통한 마음의 해탈은 식무변처가, 평온을 통한 마음의 해탈은 무소유처가 정점(parama)이라고 설하고 있는데 이것은 『청정도론』(IX.119)에

12. "장자여, 다시 비구는 물질[色]에 대한 인식을 완전히 초월하고 부딪힘의 인식을 소멸하고 갖가지 인식을 마음에 잡도리하지 않기 때문에 '무한한 허공'이라고 하면서 공무변처(空無邊處)를 구족하여 머뭅니다.

그는 이와 같이 숙고합니다. '이 공무변처의 증득은 형성되었고 의도되었다.'라고. … 그 세계에서 다시 돌아오지 않는 법을 얻습니다.

장자여, 이것이 아시는 분, 보시는 분, 아라한, 정등각자이신 그분 세존께서 설하신 그 한 가지 법으로, 비구가 그 법과 함께 방일하지 않고 열심히 스스로 독려하며 머물 때, 해탈하지 못한 그의 마음이 해탈하고 아직 소멸하지 못한 번뇌가 소멸하고 아직 성취하지 못한 위없는 유가안은을 성취합니다."

13. "장자여, 다시 비구는 공무변처를 완전히 초월하여 '무한한 알음알이[識]'라고 하면서 식무변처(識無邊處)를 구족하여 머뭅니다.

그는 이와 같이 숙고합니다. '이 식무변처의 증득은 형성되었고 의도되었다.'라고. … 그 세계에서 다시 돌아오지 않는 법을 얻습니다.

장자여, 이것이 아시는 분, 보시는 분, 아라한, 정등각자이신 그분 세존께서 설하신 그 한 가지 법으로, 비구가 그 법과 함께 방일하지 않고 열심히 스스로 독려하며 머물 때, 해탈하지 못한 그의 마음이 해탈하고 아직 소멸하지 못한 번뇌가 소멸하고 아직 성취하지 못한 위없는 유가안은을 성취합니다."

14. "장자여, 다시 비구는 식무변처를 완전히 초월하여 '아무것도 없다.'라고 하면서 무소유처(無所有處)를 구족하여 머뭅니다.

인용되어 설명되고 있다.

그는 이와 같이 숙고합니다. '이 무소유처의 증득은 형성되었고 의도되었다.'라고. 그리고 그는 '형성되고 의도된 것은 그 무엇이건, 무상하고 소멸하기 마련인 법이다.'라고 꿰뚫어 압니다. 그는 여기에 확고하여 번뇌의 소멸을 얻습니다. 만일 번뇌의 소멸을 얻지 못하더라도 이 법을 좋아하고 이 법을 즐기기 때문에 다섯 가지 낮은 단계의 족쇄를 완전히 없애고 [정거천에] 화생하여 그곳에서 완전한 열반에 들어 그 세계에서 다시 돌아오지 않는 법을 얻습니다.

장자여, 이것도 아시는 분, 보시는 분, 아라한, 정등각자이신 그분 세존께서 설하신 그 한 가지 법으로, 비구가 그 법과 함께 방일하지 않고 열심히 스스로 독려하며 머물 때, 해탈하지 못한 그의 마음이 해탈하고 아직 소멸하지 못한 번뇌가 소멸하고 아직 성취하지 못한 위없는 유가안은을 성취합니다."477)

15. 이런 설법을 듣고 앗타까나가라의 닷사마 장자는 아난다 존자에게 이렇게 말했다.

"아난다 존자시여, 마치 사람이 하나의 보물창고의 입구를 찾다가 한꺼번에 열한 개의 [353] 보물창고의 입구를 발견하는 것과 같이,478) 저는 하나의 불사(不死)의 문을 찾다가 한꺼번에 열한 개의 불사의 문을 얻게 되었습니다.

아난다 존자시여, 마치 어떤 사람의 집에 열한 개의 문이 나 있으면 그 집에 불이 날 때 그 중 어떤 문으로도 그의 피난처를 만들 수

---

477) 이상으로 네 가지 색계선(ruppa-jhāna)과 네 가지 거룩한 마음가짐[四梵住]과 세 가지 무색계선(āruppa-jhāna)인 열한 가지를 말씀하셨고, 나머지 무색계선인 비상비비상처는 제외시켰다. 그것은 비상비비상처의 경지가 너무 미세하여 위빳사나의 대상이 되지 못하기 때문이다. 여기에 대해서는 본서 「교리문답의 긴 경」(M43) §10의 주해를 참조할 것.

478) 본서 제4권 「오염원 경」(M128) §20에도 같은 비유가 나타난다.

있는 것과 같이, 저도 이 열한 개의 불사의 문들 가운데서 어떤 문으로도 저의 피난처를 만들 수 있게 되었습니다. 존자시여, 외도들은 스승[의 가르침]에 대해 스승께 올릴 보시를 구합니다.[479] 그런데 제가 어찌 아난다 존자께 공양을 올리지 않을 수 있겠습니까?"

16. 그때 앗타까나가라에 사는 다사마 장자는 빠딸리뿟따와 웨살리에 머무는 비구 승가를 초대하여 딱딱한 음식과 부드러운 음식 등 맛있는 음식을 손수 충분히 대접하고 만족시켜드렸다. 그리고 각각의 비구에게 옷 한 벌씩을 공양하였다. 아난다 존자께는 삼의(三衣)를 드렸고, 아난다 존자께 오백[480]의 가치가 되는 원림을 지어드렸다.

앗타까나가라 경(M52)이 끝났다.

---

479) "'스승께 올릴 보시를 구한다(ācariyadhanaṁ pariyesissanti).'는 것은 외도들은 스승의 곁에서 학문(sippa)을 전수받으면, 그에게 학문을 전수받기 전이나 후나 혹은 중간에 집에서 가져와서 보시(dhana)를 올린다. 만약 집에서 가져올 것이 없으면 친척 집에서 구한다. 거기서도 없으면 그들은 공동의 것(sabhāga)에서 구하고, 그곳에서도 얻지 못하면 탁발(bhikkha)을 해서라도 보시를 올린다. 그것과 관련하여 말한 것이다."(AA.v.86)

480) 이것은 오백 까하빠나를 뜻하는 듯하다. 까하빠나(kahāpaṇa)는 그 시대의 화폐 단위였다. 본서 제3권 「고따무카 경」(M94) §33과 주해를 참조할 것.

유학(有學) 경[481]

Sekha Sutta(M53)

1. 이와 같이 나는 들었다. 한때 세존께서는 삭까에서 까삘라왓투의 니그로다 원림에 머무셨다.[482]

2. 그 무렵 까삘라왓투에 있는 사꺄족들이 최근에 새 공회당을 지었는데 어떤 사문도 어떤 바라문도 어떤 다른 사람도 아직 머문 적이 없었다. 그래서 까삘라왓투의 사꺄[483]들은 세존을 뵈러 갔다. 가

---

481) '유학(有學, sekha)'이란 그 수행자에게 아직 수행할 것[學]이 더 남아있다[有]는 뜻으로 네 가지 도와 네 가지 과 가운데 마지막 과인 아라한과를 아직 성취하지 못했다는 뜻이다. 그러므로 예류도부터 아라한도까지의 처음 일곱 부류의 성인을 유학이라 부른다. 그래서 주석서(SA.ii.60; AA.ii.98 등)에서는 '일곱 [단계의] 유학'이라는 표현을 쓰기도 한다. 아라한과를 얻은 성인은 무학(無學, asekha)이라 하는데, 더 이상 수행할 것이 없다는 말이다. 이미 모든 오염원들을 버렸기 때문이다.

482) 삭까(Sakkā)와 까삘라왓투(Kapilavatthu)와 니그로다 원림(Nigrodhārā-ma)에 대해서는 본서 제1권 「괴로움의 무더기의 짧은 경」(M14) §1의 주해들을 참조할 것.

483) 삭까(Sakka)와 사꺄(Sakya) 등에 대한 논의는 본서 제1권 「괴로움의 무더기의 짧은 경」(M14) §1의 주해와 특히 『상윳따 니까야』 제3권 「걸식 경」(S22:80) §1의 주해를 참조할 것.

서는 세존께 절을 올리고 한 곁에 앉았다. 한 곁에 앉아서 까삘라왓투의 사꺄들은 세존께 이렇게 말씀드렸다.

"세존이시여, 까삘라왓투에 있는 사꺄족들이 새 공회당을 지은 지 얼마 되지 않았습니다. 그것은 어떤 사문도 어떤 바라문도 어떤 사람도 아직 사용하지 않았습니다. 세존이시여, 부디 세존께서 가장 먼저 사용해주십시오. 세존께서 가장 먼저 사용하시고 난 후에 까삘라왓투의 사꺄들이 사용하려 합니다. 그러면 그것은 까삘라왓투의 사꺄들에게 오랜 세월 이익이 되고 행복이 될 것입니다."484)

3. 세존께서는 [354] 침묵으로 동의하셨다. 그러자 까삘라왓투의 사꺄들은 세존께서 동의하신 것을 알고서 자리에서 일어나서 세존께 절을 올리고 오른쪽으로 돌아 [경의를 표한] 뒤 공회당으로 갔다. 가서는 공회당을 덮개로 완전하게 덮고 자리를 준비하고 물 항아리를 마련하고 기름 등불을 밝힌 뒤 세존을 뵈러 갔다. 가서는 세존께 절을 올리고 한 곁에 섰다. 한 곁에 서서 까삘라왓투의 사꺄들은 세존께 이렇게 말씀드렸다.

"세존이시여, 공회당을 덮개로 완전하게 덮었고 자리를 준비하고 물 항아리를 마련하고 기름 등불을 밝혔습니다. 세존이시여, 세존께서 지금이 적당한 시간이라면 행하시옵소서."

4. 그러자 세존께서는 옷매무새를 가다듬고 발우와 가사를 수하고 비구 승가와 함께 공회당으로 가셨다. 가서는 발을 씻고 공회당으로 들어가 중앙의 기둥 곁에서 동쪽을 향하여 앉으셨다. 비구들도

---

484) 같은 의식이 『상윳따 니까야』 제4권 「오염원들이 흐름에 대한 법문 경」(S35:243) §4 와 『디가 니까야』 제3권 「합송경」(D33/iii.207) §1.2에도 나타나고 있다. 『디가 니까야』 제2권 「대반열반경」(D16/ii.84~85) §1.21도 참조할 것.

역시 발을 씻고서 공회당에 들어가 서쪽 벽 근처에서 동쪽을 향하여 세존을 앞에 모시고 앉았다. 까삘라왓투의 사꺄들도 역시 발을 씻고 공회당에 들어가 동쪽 벽 근처에서 서쪽을 보고 세존을 앞에 모시고 앉았다.

5. 그때 세존께서는 까삘라왓투의 사꺄들에게 밤늦게까지 법을 설하여 가르치시고 격려하시고 분발하게 하시고 기쁘게 하시고 아난다 존자를 불러 말씀하셨다.

"아난다여, 까삘라왓투의 사꺄들에게 도를 닦고 있는 유학(有學)의 경지485)를 설하여라. 나는 등이 아파 좀 쉬어야겠다."

---

485) "'도를 닦고 있는 유학(有學)의 경지(sekha pāṭipada)'란 도를 닦고 있는 유학인 사문을 말한다. 여기서 '도를 닦고 있는 유학의 사문에 대해서 설하고, 그의 도닦음을 보여주라.'라고 도닦음으로써 사람(puggala)을 결정하여(puggalaṁ niyametvā) 말씀하신다. 그렇다면 무슨 이유로 세존께서는 이 유학의 도닦음을 결정하셨는가?
여러 가지 이유가 있다. 이 사꺄들은 축복의 살라 나무(maṅgala-sālā)에서 축복을 바라고, 번영을 원한다. 이 유학의 도닦음도 우리 교단에 축복의 도닦음(maṅgala-paṭipadā)이고 번영하게 하는 도닦음(vaḍḍhamānaka-paṭipadā)이라고 생각하면서 이 도닦음을 결정하셨다. 또한 그 회중에 유학들이 많이 앉아있었다. 그들은 스스로 얻은 경지를 이야기할 때 지칠 줄 모르고 대화를 나누기 때문에 이 도닦음을 결정하셨다. 또한 아난다 존자는 유학으로서 이미 무애해를 얻었기 때문에 스스로 통찰하고 체험한 경지에 대해 이야기할 때 피로한 줄 모르고 드러낼 수 있기 때문에 이 도닦음을 결정하셨다.
그리고 유학의 도닦음에 세 가지 공부지음(tisso sikkhā)이 포함되어 있다. 그중에서 높은 계에 대한 공부지음[增上戒學, adhisīla-sikkhā]을 이야기할 때 모든 『율장』(Vinaya-piṭaka)을 말한 것이 되고, 높은 마음에 대한 공부지음[增上心學, adhicitta-sikkhā]을 이야기할 때 모든 『경장』(Suttanta-piṭaka)을 말한 것이 되고, 높은 통찰지에 대한 공부지음[增上慧學, adhipaññā-sikkhā]을 이야기할 때 모든 『논장』(Abhidhamma-piṭaka)을 말한 것이 된다. 아난다는 많이 배웠고 삼장 법사(tipiṭaka-dhara)이다. 그러므로 그는 『삼장』(Ti-piṭaka)을 통해 세 가지 공부지음을 설할 수 있다. 이렇게 설할 때 사꺄들의 축복(maṅgala)과 번영(vaḍḍhi)이 있을 것이라고 생각하면서 이 도닦음을 결정하셨다."(MA.iii.27~28)

"그렇게 하겠습니다, 세존이시여."라고 아난다 존자는 세존께 대답했다.

그러자 세존께서는 가사를 네 겹으로 접어 자리를 만들고 한 발을 다른 발에 포개어 오른쪽 옆구리로 사자처럼 누워서 마음챙기고 알아차리면서[正念·正知] 일어날 시간을 마음에 잡도리하셨다.

6. 그러자 아난다 존자는 사꺄 사람 마하나마486)를 불러서 말했다.

"마하나마여, 여기 성스러운 제자는 계를 구족하고, 감각기능들의 문을 잘 지키고, 음식에 적당한 양을 알고, 깨어있음에 전념하며, 일곱 가지 바른 법을 갖추고, 바로 지금·여기에서 행복하게 머물게 하는, 높은 마음인 네 가지 선[四禪]을 원하는 대로 얻고 힘들이지 않고 얻고 어렵지 않게 얻습니다."

7. "마하나마여, [355] 그러면 어떻게 성스러운 제자는 계를 구족합니까? 마하나마여, 여기 성스러운 제자는 계를 잘 지킵니다. 그는 빠띠목카(계목)487)의 단속으로 단속하면서 머뭅니다. 바른 행실과 행동의 영역을 갖추고, 작은 허물에 대해서도 두려움을 보며, 학습계목을 받아 지녀 공부짓습니다. 마하나마여, 이와 같이 성스러운 제자는 계를 구족합니다."

8. "마하나마여, 어떻게 성스러운 제자는 감각기능들의 문을 잘

'유학(有學, sekha)'에 대한 설명은 본서 제1권 「뿌리에 대한 법문 경」(M1) §27의 주해를 참조할 것.

486) 마하나마(Mahānāma)에 대해서는 본서 제1권 「괴로움의 무더기의 짧은 경」(M14) §2의 주해를 참조할 것.

487) '빠띠목카(pātimokkha, 戒目, 계목)에 대해서는 본서 제1권 「원한다면 경」(M6) §2의 주해를 참조할 것.

지킵니까? 마하나마여, 여기 성스러운 제자는 눈으로 형색을 봄에 그 표상[全體相]을 취하지 않으며, 또 그 세세한 부분상[細相]을 취하지도 않습니다. 만약 그의 눈의 기능[眼根]이 제어되어 있지 않으면, 욕심과 싫어하는 마음이라는 나쁘고 해로운 법[不善法]들이 그에게 [물밀듯이] 흘러들어 올 것입니다. 따라서 그는 눈의 감각기능을 잘 단속하기 위해 수행하며, 눈의 감각기능을 잘 방호하고, 눈의 감각기능을 잘 단속합니다.

귀로 소리를 들음에 … 코로 냄새를 맡음에 … 혀로 맛을 봄에 … 몸으로 감촉을 느낌에 … 마노[意]로 법을 지각함에 그 표상을 취하지 않으며, 그 세세한 부분상을 취하지도 않습니다. 만약 그의 마노의 기능[意根]이 제어되어 있지 않으면, 욕심과 싫어하는 마음이라는 나쁘고 해로운 법[不善法]들이 그에게 [물밀듯이] 흘러들어 올 것입니다. 따라서 그는 마노의 감각기능을 잘 단속하기 위해 수행하며, 마노의 감각기능을 잘 방호하고, 마노의 감각기능을 잘 단속합니다. 마하나마여, 이와 같이 성스러운 제자는 감각기능들의 문을 잘 지킵니다."

9. "마하나마여, 어떻게 성스러운 제자는 음식에 적당한 양을 압니까? 마하나마여, 여기 성스러운 제자는 다음과 같이 지혜롭게 숙고하면서 음식을 수용합니다. 그것은 즐기기 위해서도 아니고, 취하기 위해서도 아니며, 치장을 하기 위해서도 아니고, 장식을 하기 위해서도 아니며, 단지 이 몸을 지탱하고 존속하고 잔인함을 쉬고 청정범행을 잘 지키기 위해서입니다. '그래서 우리는 오래된 느낌을 물리치고 새로운 느낌을 일어나게 하지 않을 것이다. 우리는 잘 부양될 것이고 비난받을 일이 없이 편안하게 머물 것이다.'라고 생각하면서 수용합니다. 마하나마여, 이와 같이 성스러운 제자는 음식에 적당한

양을 압니다."

10. "마하나마여, 어떻게 성스러운 제자는 깨어있음에 전념합니까? 마하나마여, 여기 성스러운 제자는 낮 동안에는 경행하거나 앉아서 장애가 되는 법들로부터 마음을 청정하게 합니다. 밤의 초경에도 경행하거나 앉아서 장애가 되는 법들로부터 마음을 청정하게 합니다. 한밤중에는 발에다 발을 포개어 오른쪽 옆구리로 사자처럼 누워서 마음챙기고 알아차리면서[正念·正知] 일어날 시간을 마음에 잡도리합니다. 밤의 삼경에는 일어나서 경행하거나 앉아서 장애가 되는 법들로부터 마음을 청정하게 합니다. 마하나마여, 이와 같이 성스러운 제자는 깨어있음에 전념합니다."

11. "마하나마여, [356] 어떻게 성스러운 제자는 일곱 가지 바른 법을 갖춥니까? 마하나마여, 여기 성스러운 제자는 여래의 깨달음에 청정한 믿음이 있고 신뢰가 있습니다. '이런 [이유로] 그분 세존께서는 아라한[應供]이시며, 바르게 완전히 깨달은 분[正等覺]이시며, 명지와 실천을 구족한 분[明行足]이시며, 피안으로 잘 가신 분[善逝]이시며, 세간을 잘 알고 계신 분[世間解]이시며, 가장 높은 분[無上士]이시며, 사람을 잘 길들이는 분[調御丈夫]이시며, 하늘과 인간의 스승[天人師]이시며, 부처님[佛]이시며, 세존(世尊)이시다.'라고."

12. "그는 양심을 가집니다. 몸의 나쁜 행실과 말의 나쁜 행실과 마음의 나쁜 행실을 부끄러워합니다. 나쁘고 해로운 법들에 빠져있음을 부끄러워합니다."

13. "그는 수치심을 가집니다. 몸의 나쁜 행실과 말의 나쁜 행실과 마음의 나쁜 행실을 수치스럽게 여깁니다. 나쁘고 해로운 법들에

빠져있음을 수치스럽게 여깁니다."[488]

14. "그는 많이 배우고[多聞] 배운 것을 바르게 호지하고 배운 것을 잘 정리합니다. 시작도 훌륭하고 중간도 훌륭하고 끝도 훌륭하며 의미와 표현을 구족했고 더할 나위 없이 완벽하고 지극히 청정한 법을 설하고 범행(梵行)을 드러내는 가르침들이 있으니, 그는 그러한 가르침들을 많이 배우고 호지하고 말로써 친숙해지고 마음으로 숙고하고 견해로써 잘 꿰뚫습니다."

15. "그는 해로운 법들을 제거하고 유익한 법들을 두루 갖추기 위해서 불굴의 정진으로 머뭅니다. 그는 굳세고 분투하고 유익한 법들에 대한 임무를 내팽개치지 않습니다."

16. "그는 마음챙기는 자입니다. 그는 최상의 마음챙김과 슬기로움[489]을 구족하여 오래 전에 행하고 오래 전에 말한 것일지라도 모두 기억하고 생각해냅니다."

17. "그는 통찰지를 가졌습니다. 그는 일어나고 사라짐을 꿰뚫고, 성스럽고, 통찰력이 있고, 바르게 괴로움의 소멸로 인도하는 통찰지를 구족했습니다. 마하나마여, 이와 같이 성스러운 제자는 일곱 가지 바른 법[490]을 갖추고 있습니다."

---

488) '양심(hirī)'과 '수치심(ottappa)'에 대해서는 본서 「앗사뿌라 긴 경」(39) §3과 주해를 참조할 것.

489) "'마음챙김과 슬기로움(sati-nepakka)'을 구족했다고 했는데, 무슨 이유로 마음챙김의 해당란(sati-bhājaniya)에 [슬기로움이라는] 통찰지가 언급되었는가? 마음챙김의 강한 상태를 보여주기 위함(balava-bhāva-dīpanattha)이다. 통찰지가 함께하지 않은(paññā-vippayuttā) 마음챙김은 힘이 약하고(dubbalā), 함께 할 때는 강하기(balavati) 때문이다."(MA.iii.30)

490) 이처럼 본경 §§11~17에 나타나는 믿음(saddha), 양심 있음(hirimā), 수치

18. "마하나마여, 어떻게 성스러운 제자는 바로 지금·여기에서 행복하게 머물게 하는, 높은 마음인 네 가지 선을 원하는 대로 얻고 힘들이지 않고 얻고 어렵지 않게 얻습니까?

마하나마여, 여기 비구는 감각적 욕망을 완전히 떨쳐버리고 해로운 법[不善法]들을 떨쳐버린 뒤 일으킨 생각[尋]과 지속적 고찰[伺]이 있고, 떨쳐버렸음에서 생긴 희열[喜]과 행복[樂]이 있는 초선을 구족하여 머뭅니다.

일으킨 생각[尋]과 지속적 고찰[伺]을 가라앉혔기 때문에 [더 이상 존재하지 않고], 자기 내면의 것이고, 확신이 있으며, 마음의 단일한 상태이고, 일으킨 생각과 지속적 고찰은 없고, 삼매에서 생긴 희열과 행복이 있는 제2선(二禪)을 구족하여 머뭅니다.

희열이 빛바랬기 때문에 평온하게 머물고 마음챙기고 알아차리며[正念·正知] 몸으로 행복을 경험한다. 이 [禪 때문에] '평온하고 마음챙기며 행복하게 머문다.'고 성자들이 묘사하는 제3선(三禪)을 구족하여 머뭅니다.

행복도 버리고 괴로움도 버리고, 아울러 그 이전에 이미 기쁨과 슬픔을 소멸하였으므로 괴롭지도 즐겁지도 않으며, 평온으로 인해 마음챙김이 청정한 제4선(四禪)을 구족하여 머뭅니다.

마하나마여, 이와 같이 성스러운 제자는 지금·여기에서 행복하게 머물게 하는, 높은 마음인 네 가지 禪을 원하는 대로 얻고 힘들이지

심 있음(ottappī), 많이 배움(bahussuta), 활발하게 정진함(āraddha-viriya), 마음챙김을 확립함(upaṭṭhita-sati), 통찰지를 가짐(paññavā)의 일곱 가지를 '일곱 가지 바른 법(satta-sad-dhamma)'이라 부르고 있다. 이것은 『디가 니까야』 「합송경」(D33) §2.3 (5)에도 나타나는데, '일곱 가지 바른 법'이라는 용어는 『상윳따 니까야』 제3권 「아라한 경」 1(S22:76) §6의 게송 {3}에도 언급되고 있다.

않고 얻고 어렵지 않게 얻습니다."

19. "마하나마여, 성스러운 제자가 이와 같이 계를 구족하고, 이와 같이 감각기능들의 문을 잘 지키고, 이와 같이 음식에 적당한 양을 알고, 이와 같이 깨어있음에 전념하고, 이와 같이 일곱 가지 바른 법을 갖추고, 이와 같이 [357] 지금·여기에서 행복하게 머물게 하는, 높은 마음인 네 가지 禪을 원하는 대로 얻고 힘들이지 않고 얻고 어렵지 않게 얻을 때, 그를 일러 도에 든 유학이라 합니다. 그의 계란은 상하지 않아서 껍질을 부수고 나올 수 있고, 깨달을 수 있고, 위없는 유가안은을 성취할 수 있습니다.491)

마하나마여, 예를 들면 닭이 여덟 개나 열 개나 열두 개의 계란을 바르게 품고 바르게 온기를 주고 바르게 냄새를 느끼게 하면492) 그 닭에게 '이 병아리들이 발톱 끝이나 부리로 계란 껍질을 잘 부순 뒤 안전하게 뚫고 나오기를.'하는 바람이 일어나지 않더라도 병아리들이 발톱 끝이나 부리로 계란 껍질을 잘 부순 뒤 안전하게 뚫고 나올 수 있듯이, 성스러운 제자가 이와 같이 계를 구족하고, 이와 같이 감각기능들의 문을 잘 지키고, 이와 같이 음식에 적당한 양을 알고, 이와 같이 깨어있음에 전념하고, 이와 같이 일곱 가지 바른 법을 갖추고, 이와 같이 지금·여기에서 행복하게 머물게 하는, 높은 마음인 네 가지 禪을 원하는 대로 얻고 힘들이지 않고 얻고 어렵지 않게 얻

491) "'껍질을 부수고 나올 수 있다(bhabbo abhinibbhidāya).'는 것은 위빳사나의 지혜를 얻을 수 있다는 말이다. '깨달을 수 있다(sambodhāya).'는 것은 성스러운 도를 깨달을 수 있다는 뜻이고, '위없는 유가안은을 얻을 수 있다(anuttarassa yogakkhemassa adhigamāya).'는 것은 아라한과를 얻을 수 있다는 말이다."(MA.iii.32)

492) 이 비유는 본서 제1권 「마음의 삭막함 경」(M16) §27에도 나타난다. 『상윳따 니까야』 제3권 「까뀌 자루 경」(S22:101) §5에도 나타나는데 다르게 적용이 되고 있다. 『율장』(Vin.iii.3~5)도 참조할 것.

을 때, 그를 일러 도에 든 유학이라 합니다. 그의 계란은 상하지 않아서 껍질을 부수고 나올 수 있고, 깨달을 수 있고, 위없는 유가안은을 성취할 수 있습니다."

20. "마하나마여, 이러한 성스러운 제자는 평온으로 인해 청정해진 최상의 마음챙김에 도달하여 한량없는 전생의 갖가지 삶들을 기억할 수 있습니다. 즉 한 생, 두 생 … 이와 같이 한량없는 전생의 갖가지 모습들을 그 특색과 더불어 상세하게 기억해 낼 수 있습니다[宿命通].

이것이 그의 첫 번째 부숨이니 병아리가 계란 껍질을 깨고 나오는 것과 같습니다."

21. "마하나마여, 이러한 성스러운 제자는 평온으로 인해 청정해진 최상의 마음챙김에 도달하여 인간을 넘어선 신성한 눈[天眼]으로 중생들이 죽고 태어나고, 천박하고 고상하고, 잘생기고 못생기고, 좋은 곳[善處]에 가고 나쁜 곳[惡處]에 가는 것을 봅니다. … 중생들이 지은 바 그 업에 따라가는 것을 꿰뚫어 압니다[天眼通].

이것이 그의 두 번째 부숨이니 병아리가 계란 껍질을 깨고 나오는 것과 같습니다."

22. "마하나마여, 이러한 성스러운 제자는 평온으로 인해 청정해진 최상의 마음챙김에 도달하여 모든 번뇌가 다하여 아무 번뇌가 없는 마음의 해탈[心解脫]과 통찰지의 해탈[慧解脫]을 바로 지금・여기에서 스스로 최상의 지혜로 알고 실현하고 구족하여 머뭅니다[漏盡通].

이것이 [358] 그의 세 번째 부숨이니 병아리가 계란 껍질을 깨고 나오는 것과 같습니다."

23. "마하나마여, 성스러운 제자가 계를 구족하면 이것이 그의

실천입니다. 마하나마여, 성스러운 제자가 감각기능들의 문을 잘 지키면 이것도 그의 실천입니다. 마하나마여, 성스러운 제자가 음식에 적당한 양을 알면 이것도 그의 실천입니다. 마하나마여, 성스러운 제자가 깨어있음에 전념하면 이것도 그의 실천입니다. 마하나마여, 성스러운 제자가 일곱 가지 바른 법을 갖추면 이것도 그의 실천입니다. 마하나마여, 성스러운 제자가 지금·여기에서 행복하게 머물게 하는, 높은 마음인 네 가지 禪을 원하는 대로 얻고 힘들이지 않고 얻고 어렵지 않게 얻으면 이것도 그의 실천입니다."493)

24. "마하나마여, 성스러운 제자는 한량없는 전생의 갖가지 삶들을 기억할 수 있습니다. 즉 한 생, 두 생 … 이와 같이 한량없는 전생의 갖가지 모습들을 그 특색과 더불어 상세하게 기억해 낼 수 있습니다[宿命通]. 이것이 그의 명지(明知)입니다.

마하나마여, 성스러운 제자는 인간을 넘어선 신성한 눈[天眼]으로 중생들이 죽고 태어나고, 천박하고 고상하고, 잘생기고 못생기고, 좋

---

493) "'이것도 그의 실천입니다(idampissa hoti caraṇasmiṁ).'라는 것은 성스러운 제자가 계를 구족(sīla-sampanna)하면 그 계가 그 비구의 실천(caraṇa)이라는 말이다. 실천은 [본경에 나타나는] 계 등 열다섯 가지 법을 말하는데, 이것도 하나의 실천이다. 그러나 문자적인 뜻으로는 이 [열다섯 가지 법]에 의해 실천하고(carati), 이전에 가보지 못한 [불사의] 경지(disa)로 가기 때문에 실천(caraṇa)이라 한다."(MA.iii.33)
『청정도론』에서는 이렇게 설명한다.
"실천[行]이란 계[戒]로 절제함, 감각기능[根]들의 문을 단속함, 음식에서 적당량을 앎, 깨어있으려는 노력, 일곱 가지 바른 법, 네 가지 색계선이라는 이 열다섯 가지 법들이라고 알아야 한다. 이 열다섯 가지 법들에 의해 성스러운 제자들은 스스로 실천하고 불사의 경지로 가기 때문에 실천이라 한다. 그래서 말씀하셨다. "마하나마여, 여기 성스러운 제자들은 계를 가진 자다."(M.i.355 = 본경 §6)라고. 모든 것은 『맛지마 니까야』「가운데 50개 경들의 묶음」에서 설한 방법대로 알아야 한다. 세존은 이런 영지와 실천을 갖추셨기 때문에 영지와 실천을 구족하신 분[明行足]이라 불린다."(Vis.VII.31)

은 곳[善處]에 가고 나쁜 곳[惡處]에 가는 것을 봅니다. … 중생들이 지은 바 그 업에 따라가는 것을 꿰뚫어 압니다[天眼通]. 이것도 그의 명지입니다.

마하나마여, 성스러운 제자가 모든 번뇌가 다하여 아무 번뇌가 없는 마음의 해탈[心解脫]과 통찰지의 해탈[慧解脫]을 바로 지금·여기에서 스스로 최상의 지혜로 알고 실현하고 구족하여 머뭅니다[漏盡通]. 이것도 그의 명지입니다."494)

25. "마하나마여, 이를 일러 성스러운 제자는 '명지를 구족했다. 실천을 구족했다. 명지와 실천을 구족했다.'라고 합니다. 마하나마여, 사낭꾸마라 범천495)도 역시 게송으로 이렇게 읊었습니다.

---

494) "'이것도 그의 명지입니다(idampissa hoti vijjāya).'라고 했다. 성스러운 제자가 성취한 이 숙명통(pubbenivāsa-ñāṇa)이 그의 명지이다. 명지는 위빳사나의 지혜(vipassana-ñāṇa) 등 여덟 가지 지혜(aṭṭha ñāṇāni)이다. 그중에서 이 지혜도 하나의 명지라는 말이다. 그러나 문자적인 뜻으로는 [전생의 갖가지 삶들을 가로막는 오염원들을] 꿰뚫어 부수고(vinivijjhitvā) 이 지혜로 알기(jānāti) 때문에 명지(vijjā)이다."(MA.iii.33)
여덟 가지 지혜란 천안통(dibbacakkhu-ñāṇa), 신족통(iddhividha-ñāṇa), 타심통(cetopariya-ñāṇa), 업에 따라 가는 것을 아는 지혜(yathākammupaga-ñāṇa), 미래를 아는 지혜(anāgataṁsa-ñāṇa), 현재를 아는 지혜(paccuppannaṁsa-ñāṇa), 과거를 아는 지혜(atītaṁsa-ñāṇa), 숙명통(pubbenivāsa-ñāṇa)이다.(AA.iv.143)
한편 『청정도론』 XXI.1 이하에는 ① 일어나고 사라짐을 관찰하는 지혜(udayabbayānupassanā-ñāṇa) ② 무너짐을 관찰하는 지혜(bhaṅgānupassanā-ñāṇa) 등의 다른 여덟 가지 지혜를 들고 있다.
여러 가지 초월지(abhiññā) 혹은 신통지에 대해서는 『청정도론』 제13장 전체에 나타나는 설명을 참고할 것.

495) "'사낭꾸마라(Sanaṅkumāra)'는 [문자적으로 항상(sanaṁ) 소년(kumāra)이란 뜻] 오래된 소년(porāṇaka-kumāra)이라는 뜻인데, 오래전부터 꾸마라(소년)라고 불렀다. 그는 전생에 머리를 다섯 가닥으로 묶은 아직은 어린 시절에 禪을 닦아 禪에 든 채(aparihīna-jjhāna) 범천(brahma-loka)에 태어났다. 그의 몸은 귀엽고 사랑스러웠다. 그리하여 그는 그런 소년의 모습으로 다녔고, 그리하여 사낭꾸마라(영원한 소년)라는 이름이 생겼다."(MA.

'가문을 중시여기는 사람들 가운데 끄샤뜨리야가 최상이고
신과 인간들 가운데 명지와 실천 갖춘 자[明行足]가 최상이다.'496)

마하나마여, 사낭꾸마라 범천의 게송은 잘 읊은 것이지 잘못 읊은 것이 아니며, 좋은 말이지 나쁜 말이 아니며, 의미가 있는 것이지 의미가 없는 것이 아닙니다. 세존께서도 그렇게 인정하셨습니다."

26. 그러자 세존께서 일어나셔서 아난다 존자를 불러 말씀하셨다.
"아난다여, 장하구나. 아난다여, 장하구나. 그대는 까삘라왓투의 사꺄들에게 도를 닦고 있는 유학(有學)의 경지를 아주 잘 설했다."

아난다 존자는 [359] 이렇게 설했고 스승께서는 인정하셨다. 그 까삘라왓투의 사꺄들은 흡족한 마음으로 아난다 존자의 설법을 크게 기뻐하였다.

유학 경(M53)이 끝났다.

---

iii.33)
사낭꾸마라에 대한 묘사는 『디가 니까야』 제2권 「자나와사바 경」(D18) §§17~29을 참조할 것.

496) 본 게송은 『디가 니까야』 제1권 「암밧타 경」(D3) §1.28과 제3권 「세기경」(D27) §32에도 사낭꾸마라가 읊은 것으로 나타나고 있다. 그리고 『상윳따 니까야』 제1권 「사낭꾸마라 경」(S6:11) {596}과 제2권 「마하깝삐나 경」(S21:11) §4에도 나타나고 있으며, 『앙굿따라 니까야』 제6권 「공작 보호구역 경」(A11:11) §10에도 등장한다.

뽀딸리야 경

Potaliya Sutta(M54)

1. 이와 같이 나는 들었다. 한때 세존께서는 앙굿따라빠497)에서 아빠나498)라는 앙굿따라빠들의 성읍에 머무셨다.

---

497) "앙굿따라빠(Aṅguttarāpa)는 앙가에 있는 지역이다. 이것은 앙가+웃따라+아빠(Aṅga+uttara+āpa)로 분해할 수 있는데, 마히 강의 북쪽에(uttara) 있는 물(āpa)이 그곳에서 멀지 않았기 때문에 북쪽 물(uttarāpo, 웃따라빠)이라고 불렸다. 그래서 앙굿따라빠가 된 것이다."(MA.iii.35)
여기서 보듯이 문자적으로 앙굿따라빠(Aṅguttarāpa)는 앙가(Aṅga)의 북쪽(uttara)에 있는 물(āpa=강)의 [주변(avidūra)의 장소]라는 뜻이다.(SnA.ii.437) 그리고 앙가(Aṅga)는 옛 인도 중원의 16국(Mahājanapada) 가운데 하나였다. 앙가는 마가다의 동쪽에 있었으며 짬빠(Campā)가 수도였다. 짬빠는 현재 바갈뿌르 부근에 있는 Campānagara와 Campāpura일 것이라고 학자들은 말한다. 경에 언급되는 다른 앙가의 도시로는 밧디야(Bhaddiya, 「욱가하 경」(A5:33) 등)와 앗사뿌라(Assapura, 본서 「앗사뿌라 긴 경」(M39)과 「앗사뿌라 짧은 경」(M40) 참조)이 있다.
본서 「메추라기 비유 경」(M66)과 본서 제3권 「셀라 경」(M92)도 모두 앙굿따라빠(Aṅg-uttarāpa)의 아빠나(Apaṇa)로 나타나고 있다. 이러한 세 개의 경이 모두 아빠나에서 설해진 것으로 미루어 볼 때 아빠나는 앙가의 북쪽 지방 혹은 앙굿따라빠에서 가장 번창했던 곳이 분명하다.
그런데 『상윳따 니까야』 제5권 「아빠나 경」(S48:50)에서는 같은 아빠나가 앙가들의 성읍으로 언급되고 있는데 앙굿따라빠가 앙가의 땅이기 때문일 것이다.

498) "아빠나(Apaṇa)는 본래 시장, 저잣거리, 잡화전을 뜻하는데, 이 성읍이 이

2. 그때 세존께서는 아침에 옷매무새를 가다듬고 발우와 가사를 수하시고 아빠나로 탁발을 가셨다. 아빠나에서 탁발하여 공양을 마치시고 탁발에서 돌아와 낮 동안의 머무심을 위해 어떤 숲으로 가셨다. 그 숲에 도착해 어떤 나무 아래 앉으셨다.

3. 그때 뽀딸리야 장자[499]가 정장을 갖추고 일산을 들고 신발을 착용하고 산책을 나와 이리저리 포행하다가 그 숲으로 들어갔다. 그 숲에 들어가서 세존께 다가갔다. 가서는 세존과 함께 환담을 나누었다. 유쾌하고 기억할만한 이야기로 서로 담소를 하고서 한 곁에 섰다. 한 곁에 선 뽀딸리야 장자에게 세존께서는 이렇게 말씀하셨다.

"장자여, 자리가 있으니 그대가 원한다면 앉으시오."

이렇게 말씀하셨을 때 뽀딸리야 장자는 '사문 고따마는 나를 장자라고 부르는구나.'라고 화가 나고 심기가 불편해서 침묵하고 있었다.

두 번째에도 세존께서는 뽀딸리야 장자에게 이렇게 말씀하셨다.

"장자여, 자리가 있으니 그대가 원한다면 앉으시오."

두 번째에도 뽀딸리야 장자는 '사문 고따마는 나를 장자라고 부르는구나.'라고 화가 나고 심기가 불편해서 침묵하고 있었다.

세 번째에도 세존께서는 뽀딸리야 장자에게 이렇게 말씀하셨다.

렇게 불린 것은 이곳에 이천 개의 상점들이 있었기 때문이다. 이곳은 이러한 상점들로 유명했기 때문에 이런 이름을 가지게 되었다고 한다. 이 마을 부근의 마히 강의 강변에 아름다운 삼림이 있었고, 세존께서는 그곳에 머무셨다." (MA.iii.37)

499) 뽀딸리야 장자(Potaliya gahapati)가 누구인지 주석서에는 설명이 나타나지 않는다. 『앙굿따라 니까야』 제2권에도 「뽀딸리야 경」(A4:100)이 나타나는데 그곳에서는 뽀딸리야 유행승(paribbājaka)이고, 여기에 나타나는 뽀딸리야는 모든 재산을 아들에게 상속해버린 장자이다. 양쪽 주석서 모두 별다른 설명이 없다.

"장자여, 자리가 있으니 그대가 원한다면 앉으시오."

이 말을 듣자 뽀딸리야 장자는 '사문 고따마는 나를 장자라고 부르는구나.'라고 화가 나고 심기가 불편해서 세존께 이렇게 대답했다.

"고따마 존자시여, [360] 당신이 나를 장자라고 부르는 것은 어울리지도 않고 적당하지도 않습니다."

"장자여, 그대는 장자의 모습과 특징과 인상을 가졌소."

"고따마 존자시여, 그럴지도 모르나 나는 모든 생업을 중단했고 모든 세간의 일을 놓아버렸습니다."

"장자여, 어떻게 그대는 모든 생업을 중단했고 모든 세간의 일을 놓아버렸소?"

"고따마 존자시여, 여기 저는 모든 재산, 곡물, 은과 금을 모두 자식들에게 유산으로 물려주었습니다. 저는 그들에게 훈계나 충고를 하지 않고[500] 최소한의 음식과 옷으로 살고 있습니다. 이와 같이 저는 모든 생업을 중단했고 모든 세간의 일을 놓아버렸습니다."

"장자여, 그런데 그대가 말한 모든 세간의 일을 놓아버림과 성자의 율에서 세간의 일을 놓아버림은 다르오."

"세존이시여, 그러면 성자의 율에서는 어떻게 세간의 일을 놓아버립니까? 세존이시여, 성자의 율에서는 어떻게 세간의 일을 놓아버리는지, 그것에 관해 세존께서 법을 설해주시면 감사하겠습니다."

"장자여, 그렇다면 듣고 마음에 잘 잡도리하라. 나는 설하리라."

"그러겠습니다, 세존이시여."라고 뽀딸리야 장자는 세존께 대답했다.

---

500) "'훈계나 충고를 하지 않고(anovādī anupavādī)'라고 했다. '아들아, 밭을 갈아라, 씨앗을 뿌려라, 상거래를 하라.'와 같은 훈계(ovādī)를 하지 않고, '너희들은 밭을 갈지도 않고, 씨앗을 뿌리지도 않고, 상거래를 하지도 않으니 어떻게 살아갈 것인가, 처자식은 어떻게 부양할 것인가?'라고 충고(upavādī)를 하지도 않는다는 말이다."(MA.iii.38)

세존께서는 이렇게 말씀하셨다.

4. "장자여, 이러한 여덟 가지 법은 성자의 율에서 세간의 일을 놓아버림으로 인도한다. 무엇이 여덟인가?

생명을 죽이지 않는 것을 의지하여 생명을 죽이는 것을 버려야 한다. 주는 것만을 가지는 것을 의지하여 주지 않은 것을 가지는 것을 버려야 한다. 진실한 말을 의지하여 거짓말을 버려야 한다. 중상모략하지 않는 말을 의지하여 중상모략하는 말을 버려야 한다. 탐욕과 욕심을 부리지 않는 것을 의지하여 탐욕과 욕심을 버려야 한다. 비난하지 않고 성내지 않는 것을 의지하여 비난하고 성냄을 버려야 한다.[501] 분노하지 않고 절망하지 않는 것을 의지하여 분노하고 절망함을 버려야 한다. 교만하지 않는 것을 의지하여 교만을 버려야 한다.

장자여, 상세한 설명 없이 간략히 설한 이 여덟 가지 법이 성자의 율에서 세간의 일을 놓아버림으로 인도한다."

5. "세존이시여, 세존께서는 성자의 율에서 세간의 일을 놓아버림으로 인도하는 여덟 가지 법을 상세한 설명 없이 간략히 말씀해주셨습니다. 세존이시여, 세존께서는 연민의 마음을 내시어 제게 이 여덟 가지 법을 상세하게 설명해주시면 감사하겠습니다."

"장자여, 그렇다면 들어라. 듣고 잘 마음에 잡도리하라. 나는 설하리라."

"그러겠습니다, 세존이시여."라고 뽀딸리야 장자는 세존께 대답했다.

세존께서는 이렇게 말씀하셨다.

---

501) "여기서 '탐욕과 욕심을 부리지 않는 것(agiddhi-lobha)'과 '비난하지 않고 성내지 않는 것(anindā-rosa)'은 각각 서로 다른 뜻이 아니고, 탐욕이 바로 욕심(gedha-bhūta lobha)이고, 비난하지 않음이 바로 성내지 않음(anindā-bhūta aghaṭṭana)이다."(MA.iii.39)

6. "'생명을 죽이지 않는 것을 [361] 의지하여 생명을 죽이는 것을 버려야 한다.'라고 말했다. 이것은 무엇을 반연하여 말한 것인가? 장자여, 여기 성스러운 제자는 이렇게 숙고해야 한다.

'[생명을 죽이는] 족쇄들로 인해 내가 생명을 죽일 수 있으므로 나는 그 족쇄들을 버리고 끊기 위해 도를 닦는다.502) 내가 만약 생명을 죽이면 생명을 죽인 이유로 나 자신을 책망하게 될 것이며, 현자들이 조사하여 생명을 죽인 이유로 나를 비난할 것이다. 이 몸이 무너져 죽은 다음 생명을 죽인 이유로 악도에 떨어질 것이다. 생명을 죽이는 것은 족쇄이고 장애이다. 생명을 죽이는 것을 조건으로 속상함과 열병을 초래하는 번뇌들이 일어나고, 생명을 죽이는 것을 삼가는 자에게 그런 속상함과 열병을 초래하는 번뇌들이 없다.'

'생명을 죽이지 않는 것을 의지해서 생명을 죽이는 것을 버려야 한다.'라고 말한 것은 이것을 반연하여 말한 것이다."

7. "'주는 것만을 가지는 것을 의지하여 주지 않은 것을 가지는 것을 버려야 한다.'라고 말했다. 이것은 무엇을 반연하여 말한 것인가? 장자여, 여기 성스러운 제자는 이렇게 숙고해야 한다.

'[주지 않은 것을 가지는] 족쇄들로 인해 내가 주지 않은 것을 가질 수 있으므로 나는 그 족쇄들을 버리고 끊기 위해 도를 닦는다. 내가 만약 주지 않은 것을 가지면 주지 않은 것을 가진 이유로 나 자신을 책망하게 될 것이며, 현자들이 조사하여 주지 않은 것을 가진 이

---

502) "생명을 죽이는 것 등이 '족쇄(saṁyojana)'이고, 그 족쇄를 원인(hetu)으로 하고 그 족쇄를 조건(paccaya)으로 내가 생명을 죽일 수도 있다. 그러므로 생명을 죽이는 속박들(pāṇātipāta-bandhanā)을, 생명을 죽이지 않음이라 불리는 몸으로 짓는 계행의 단속(kāyika-sīla-saṁvara)을 통해 버리고(pahāna) 끊기(samucchedana) 위해 도를 닦는다는 말이다."(MA.iii.39~40)

유로 나를 비난할 것이다. 이 몸이 무너져 죽은 다음 주지 않은 것을 가진 이유로 악도에 떨어질 것이다. 주지 않은 것을 가지는 것은 족쇄이고 장애이다. 주지 않은 것을 가지는 것을 조건으로 속상함과 열병을 초래하는 번뇌들이 일어나고, 주지 않은 것을 가지는 것을 삼가는 자에게 그런 속상함과 열병을 초래하는 번뇌들이 없다.'

'주는 것만을 가지는 것을 의지하여 주지 않은 것을 가지는 것을 버려야 한다.'라고 말한 것은 이것을 반연하여 말한 것이다."

8. "'진실한 말을 의지하여 거짓말을 버려야 한다.'라고 말했다. 이것은 무엇을 반연하여 말한 것인가? 장자여, 여기 성스러운 제자는 이렇게 숙고해야 한다.

'[거짓말을 하는] 족쇄들로 인해 내가 거짓말을 할 수 있으므로 나는 그 족쇄들을 버리고 끊기 위해 도를 닦는다. 내가 만약 거짓말을 하면 거짓말을 한 이유로 나 자신을 책망하게 될 것이며, 현자들이 조사하여 거짓말을 한 이유로 나를 비난할 것이다. 이 몸이 무너져 죽은 다음 거짓말을 한 이유로 악도에 떨어질 것이다. 거짓말을 하는 것은 족쇄이고 장애이다. [362] 거짓말하는 것을 조건으로 속상함과 열병을 초래하는 번뇌들이 일어나고, 거짓말하는 것을 삼가는 자에게 그런 속상함과 열병을 초래하는 번뇌들이 없다.'

'진실한 말을 의지하여 거짓말을 버려야 한다.'라고 말한 것은 이것을 반연하여 말한 것이다."

9. "'중상모략하지 않는 말을 의지하여 중상모략하는 말을 버려야 한다.'라고 말했다. 이것은 무엇을 반연하여 말한 것인가? 장자여, 여기 성스러운 제자는 이렇게 숙고해야 한다.

'[중상모략하는 말을 하는] 족쇄들로 인해 내가 중상모략하는 말을 할 수 있으므로 나는 그 족쇄들을 버리고 끊기 위해 도를 닦는다. 내가 만약 중상모략하는 말을 하면 중상모략하는 말을 한 이유로 나 자신을 책망하게 될 것이며, 현자들이 조사하여 중상모략하는 말을 한 이유로 나를 비난할 것이다. 이 몸이 무너져 죽은 다음 중상모략하는 말을 한 이유로 악도에 떨어질 것이다. 중상모략하는 말을 하는 것은 족쇄이고 장애이다. 중상모략하는 말을 하는 것을 조건으로 속상함과 열병을 초래하는 번뇌들이 일어나고, 중상모략하는 말을 하는 것을 삼가는 자에게 그런 속상함과 열병을 초래하는 번뇌들이 없다.'

'중상모략하지 않는 말을 의지하여 중상모략하는 말을 버려야 한다.'라고 말한 것은 이것을 반연하여 말한 것이다."

10. "'탐욕과 욕심을 부리지 않는 것을 의지하여 탐욕과 욕심을 버려야 한다.'라고 말했다. 이것은 무엇을 반연하여 말한 것인가? 장자여, 여기 성스러운 제자는 이렇게 숙고해야 한다.

'[탐욕과 욕심을 부리는] 족쇄들로 인해 내가 탐욕과 욕심을 부릴 수 있으므로 나는 그 족쇄들을 버리고 끊기 위해 도를 닦는다. 내가 만약 탐욕과 욕심을 부리면 탐욕과 욕심을 부린 이유로 나 자신을 책망하게 될 것이며, 현자들이 조사하여 탐욕과 욕심을 부린 이유로 나를 비난할 것이다. 이 몸이 무너져 죽은 다음 탐욕과 욕심을 부린 이유로 악도에 떨어질 것이다. 탐욕과 욕심을 부리는 것은 족쇄이고 장애이다. 탐욕과 욕심을 부리는 것을 조건으로 속상함과 열병을 초래하는 번뇌들이 일어나고, 탐욕과 욕심을 부리는 것을 삼가는 자에게 그런 속상함과 열병을 초래하는 번뇌들이 없다.'

'탐욕과 욕심을 부리지 않는 것을 의지하여 탐욕과 욕심을 버려야 한다.'라고 말한 것은 이것을 반연하여 말한 것이다."

11. "'비난하지 않고 성내지 않는 것을 의지하여 비난하고 성냄을 버려야 한다.'라고 말했다. 이것은 무엇을 반연하여 말한 것인가? 장자여, 여기 성스러운 제자는 이렇게 숙고해야 한다.

'[비난하고 성내는] 족쇄들로 인해 내가 비난하고 성을 낼 수 있으므로 나는 그 족쇄들을 버리고 [363] 끊기 위해 도를 닦는다. 내가 만약 비난하고 성을 내면 비난하고 성을 낸 이유로 나 자신을 책망하게 될 것이며, 현자들이 조사하여 비난하고 성을 낸 이유로 나를 비난할 것이다. 이 몸이 무너져 죽은 다음 비난하고 성을 낸 이유로 악도에 떨어질 것이다. 비난하고 성을 내는 것은 족쇄이고 장애이다. 비난하고 성을 내는 것을 조건으로 속상함과 열병을 초래하는 번뇌들이 일어나고, 비난하고 성을 내는 것을 삼가는 자에게 그런 속상함과 열병을 초래하는 번뇌들이 없다.'

'비난하지 않고 성내지 않는 것을 의지하여 비난하고 성냄을 버려야 한다.'라고 말한 것은 이것을 반연하여 말한 것이다."

12. "'분노하지 않고 절망하지 않는 것을 의지하며 분노하고 절망함을 버려야 한다.'라고 말했다. 이것은 무엇을 반연하여 말한 것인가? 장자여, 여기 성스러운 제자는 이렇게 숙고해야 한다.

'[분노하고 절망하는] 족쇄들로 인해 내가 분노하고 절망할 수 있으므로 나는 그 족쇄들을 버리고 끊기 위해 도를 닦는다. 내가 만약 분노하고 절망하면 분노하고 절망한 이유로 나 자신을 책망하게 될 것이며, 현자들이 조사하여 분노하고 절망한 이유로 나를 비난할 것이다. 이 몸이 무너져 죽은 다음 분노하고 절망한 이유로 악도에 떨어질 것이다. 분노하고 절망하는 것은 족쇄이고 장애이다. 분노하고 절망하는 것을 조건으로 속상함과 열병을 초래하는 번뇌들이 일어나

고, 분노하고 절망하는 것을 삼가는 자에게 그런 속상함과 열병을 초래하는 번뇌들이 없다.'

'분노하지 않고 절망하지 않는 것을 의지하며 분노하고 절망함을 버려야 한다.'라고 말한 것은 이것을 반연하여 말한 것이다."

13. "'교만하지 않는 것을 의지하여 교만을 버려야 한다.'라고 말했다. 이것은 무엇을 반연하여 말한 것인가? 장자여, 여기 성스러운 제자는 이렇게 숙고해야 한다.

'[교만의] 족쇄들로 인해 내가 교만해질 수 있으므로 나는 그 족쇄들을 버리고 끊기 위해 도를 닦는다. 내가 만약 교만하면 교만을 떤 이유로 나 자신을 책망하게 될 것이며, 현자들이 조사하여 교만을 떤 이유로 나를 비난할 것이다. 이 몸이 무너져 죽은 다음 교만을 떤 이유로 악도에 떨어질 것이다. 교만은 족쇄이고 장애이다. 교만을 조건으로 속상함과 열병을 초래하는 번뇌들이 일어나고, 교만을 삼가는 자에게 그런 속상함과 열병을 초래하는 번뇌들이 없다.'

'교만하지 않는 것을 의지하여 교만을 버려야 한다.'라고 말한 것은 이것을 반연하여 말한 것이다."

14. "장자여, [364] 성자의 율에서 세간의 일을 놓아버림으로 인도하는, 앞서 간략하게 설했던 이러한 여덟 가지 법을 이처럼 상세하게 설명했다. 그러나 이것으로 성자의 율에서 완벽하게 모든 방면에서 모든 세간의 일을 놓아버렸다고 하지 않는다."

"세존이시여, 그러면 어떻게 성자의 율에서 완벽하게 모든 방면에서 모든 세간의 일을 놓아버렸다고 합니까? 세존이시여, 성자의 율에서는 어떻게 완벽하게 모든 방면에서 모든 세간의 일을 놓아버리는지, 그것에 관해 세존께서 법을 설해주시면 감사하겠습니다."

"장자여, 그렇다면 듣고 마음에 잘 잡도리하라. 나는 설하리라."
"그러겠습니다, 세존이시여."라고 뽀딸리야 장자는 세존께 대답했다.
세존께서는 이렇게 말씀하셨다."

15. "장자여, 예를 들면 배가 고파 지친 개가 푸줏간 앞에 나타났다고 하자.[503] 숙련된 백정이나 백정의 도제가 그 개에게 살점이라고는 한 점도 남김없이 완전히 발라졌고 피만 조금 묻은 뼈다귀를 잘라서 던져줄 것이다. 장자여, 이를 어떻게 생각하는가? 그 개가 살점이라고는 한 점도 남김없이 완전히 발라졌고 피만 조금 묻은 이 뼈다귀를 핥아서 배고픔과 지침을 달랠 수 있겠는가?"

"아닙니다, 세존이시여. 왜냐하면 그 뼈다귀는 살점이라고는 한 점도 남김없이 완전히 발라졌고 피만 조금 묻어 있기 때문입니다. 도리어 그 개는 지치고 낙담하게 될 것입니다."

"장자여, 그와 같이 성스러운 제자는 이렇게 숙고한다. '세존께서는 감각적 욕망을 뼈다귀에 비유하여 말씀하셨다.[504] 그것은 많은 괴로움과 많은 절망을 주고[505] 거기에는 재난이 더 많다.'라고. 이와

---

503) 이하 본경의 §§15~21에 나타나는 일곱 가지 비유는 본서 제1권 「뱀의 비유 경」(M22) §3 등에 비유의 제목만 언급하고 있는 열 가지 비유 가운데 처음의 일곱 가지에 해당한다.

504) 본서 제1권 「뱀의 비유 경」(M22) §2에서 아릿타 비구는 장애가 되는 법들을 수용해도 장애가 되지 않는다고 주장한다. 이런 그에게 세존께서는 그 장애의 법들 즉 감각적 욕망 등이 얼마나 많은 괴로움과 절망을 주고, 거기에 얼마나 큰 재난이 도사리고 있는지에 대해 여러 가지 비유로 말씀하시면서 고깃덩이 등을 말씀하셨다.(M22 §3과 §6) 여기서는 그것에 대한 상세한 내용이 나타나고 있다.

505) "'많은 괴로움과 많은 절망을 주고(bahu-dukkhā bah-upāyāsā)'라고 하셨다. 감각적 욕망(kāmā)은 현생과 내생(diṭṭhadhammika-samparāyika)의 괴로움들을 주기 때문에 괴로움이 많고, 절망과 오염원들(upāyāsa-saṅ-kilesā)을 주기 때문에 절망이 많다고 했다."(MA.iii.43)

같이 이것을 있는 그대로 바른 통찰지로 보아, 다양함을 지니고 다양함을 의지한 평온을 버리고,[506] 세속적인 물질에 대한 취착이 남김없이 소멸된, 단일함을 지니고 단일함을 의지한 평온을 닦는다."[507]

16. "장자여, 예를 들면 독수리나 까마귀나 혹은 매가 고깃덩이를 물고 날아간다고 하자. 다른 독수리들이나 까마귀들이나 매들이 뒤쫓아 날아가서 부리로 쫄 것이고 할퀼 것이다. 장자여, 이를 어떻게 생각하는가? 만약 그 독수리나 까마귀나 혹은 매가 그 살점을 얼른 놓아버리지 않는다면 그 때문에 그것은 죽음에 이르기도 하고 죽음에 버금가는 고통을 당하지 않겠는가?"

"그렇습니다, 세존이시여."

"장자여, 그와 같이 성스러운 제자는 이렇게 숙고한다. '세존께서는 감각적 욕망을 고깃덩이에 비유하여 말씀하셨다. 그것은 많은 괴로움과 많은 절망을 주고 거기에는 재난이 더 많다.'라고. 이와 같이 [365] 이것을 있는 그대로 바른 통찰지로 보아, 다양함을 지니고 다양함을 의지한 평온을 버리고, 세속적인 물질에 대한 취착이 남김없이

---

506) "'다양함을 지니고 다양함을 의지한 평온(upekkhā nānattā nānattasitā)'이란 다섯 가닥의 얽어매는 감각적 욕망의 대상이 다양하기 때문에 그 평온은 본성이 다양하고(nānā-sabhāvā), 그 다양한 대상을 의지하기 때문에 다양함을 의지한 평온이라 한다. 다섯 가닥의 얽어매는 감각적 욕망의 평온(pañca-kāmaguṇ-ūpekkhā)을 버리라는 말씀이다."(MA.iii.43)

507) "'단일함을 지니고 단일함을 의지한 평온(upekkhā ekattā ekattasitā)'이란 제4선의 평온이다. 이것은 온종일 하나의 대상에 집중하기 때문에 본성이 하나이다(eka-sabhāvā). 바로 그 하나의 대상을 의지하기 때문에 하나를 의지한 평온이라 한다.
'세속적인 물질에 대한 취착이 남김없이 소멸된(yattha sabbaso lokāmis-ūpādānā aparisesā nirujjhanti)'이란 것은 그 제4선의 평온에는 그 평온을 닿아, 그 평온을 조건으로 모든 세속적인 물질이라 불리는 모든 다섯 가닥의 얽어매는 감각적 욕망의 미끼들(pañcakāmaguṇ-āmisā)이 남김없이 소멸되었기 때문이다. 이러한 제4선의 평온을 닦으라는 말씀이다."(MA.iii.43)

소멸된, 단일함을 지니고 단일함을 의지한 평온을 닦는다."

17. "장자여, 예를 들면 어떤 사람이 건초 횃불을 들고 바람을 향해서 간다고 하자. 장자여, 이를 어떻게 생각하는가? 만일 그 사람이 얼른 그 건초 횃불을 놓아버리지 않는다면 그 불은 그의 손을 태우거나 팔을 태우거나 혹은 다른 사지를 태워 그 때문에 그는 죽음에 이르기도 하고 죽음에 버금가는 고통을 당하지 않겠는가?"

"그렇습니다, 세존이시여."

"장자여, 그와 같이 성스러운 제자는 이렇게 숙고한다. '세존께서는 감각적 욕망을 건초 횃불에 비유하여 말씀하셨다. 그것은 많은 괴로움과 많은 절망을 주고 거기에는 재난이 더 많다.'라고. 이와 같이 이것을 있는 그대로 바른 통찰지로 보아, 다양함을 지니고 다양함을 의지한 평온을 버리고, 세속적인 물질에 대한 취착이 남김없이 소멸된, 단일함을 지니고 단일함을 의지한 평온을 닦는다."

18. "장자여, 예를 들면 불꽃이나 연기도 없이 새빨갛게 달구어진, 한 길이 넘는 숯불 구덩이가 있다고 하자. 이제 살기를 원하고 죽지 않기를 바라고 즐거움을 원하고 괴로움에 진저리치는 사람이 거기로 오는데, 건장한 두 남자가 그의 두 팔을 붙잡고 그 숯불 구덩이로 끌어넣으려 한다고 하자. 장자여, 이를 어떻게 생각하는가? 그 사람은 자기 몸을 이리저리 비틀며 발버둥치지 않겠는가?"

"그렇습니다, 세존이시여. 왜냐하면 그 사람은 '나는 이 숯불 구덩이에 떨어질 것이고 그 때문에 나는 죽음에 이르기도 하고 죽음에 버금가는 고통을 당할 것이다.'라고 알기 때문입니다."

"장자여, 그와 같이 성스러운 제자는 이렇게 숙고한다. '세존께서는 감각적 욕망을 숯불 구덩이에 비유하여 말씀하셨다. 그것은 많은 괴로움과 많은 절망을 주고 거기에는 재난이 더 많다.'라고. 이와 같이 이것을 있는 그대로 바른 통찰지로 보아, 다양함을 지니고 다양함을 의지한 평온을 버리고, 세속적인 물질에 대한 취착이 남김없이 소멸된, 단일함을 지니고 단일함을 의지한 평온을 닦는다."

19. "장자여, 예를 들면 어떤 사람이 아름다운 공원과 아름다운 숲과 아름다운 초원과 아름다운 호수에 대한 꿈을 꾸었지만 막상 꿈에서 깨어나서는 아무것도 볼 수 없을 것이다.

장자여, 그와 같이 성스러운 제자는 이렇게 숙고한다. '세존께서는 감각적 욕망을 꿈에 비유하여 말씀하셨다. 그것은 많은 괴로움과 많은 절망을 주고 거기에는 재난이 더 많다.'라고. 이와 같이 이것을 있는 그대로 바른 통찰지로 보아, 다양함을 지니고 다양함을 의지한 평온을 버리고, 세속적인 물질에 대한 취착이 남김없이 소멸된, 단일함을 지니고 단일함을 의지한 평온을 닦는다."

20. "장자여, 예를 들면 어떤 사람이 화려한 수레와 진귀한 보석이 박힌 귀걸이 등 대여해주는 물건을 빌려서 [366] 그 빌린 물품들로 치장하고 둘러싸여 장터로 간다고 하자. 사람들은 이런 그를 보고 이렇게 말할 것이다. '존자들이여, 이 사람은 부자입니다. 실로 부자들은 이렇게 그들의 재물을 즐깁니다.'라고. 주인이 이런 그를 보게 되면 언제든지 자기의 재물을 가져가버릴 것이다. 장자여, 이를 어떻게 생각하는가? 그 사람은 실망하고도 남음이 있지 않겠는가?"

"그렇습니다, 세존이시여. 왜냐하면 주인이 자기의 것을 가져가 버리기 때문입니다."

"장자여, 그와 같이 성스러운 제자는 이렇게 숙고한다. '세존께서는 감각적 욕망을 빌린 물품에 비유하여 말씀하셨다. 그것은 많은 괴로움과 많은 절망을 주고 거기에는 재난이 더 많다.'라고. 이와 같이 이것을 있는 그대로 바른 통찰지로 보아, 다양함을 지니고 다양함을 의지한 평온을 버리고, 세속적인 물질에 대한 취착이 남김없이 소멸된, 단일함을 지니고 단일함을 의지한 평온을 닦는다."

21. "장자여, 예를 들면 마을이나 성읍에서 멀지 않은 곳에 울창한 숲이 있어 그곳에 과일이 주렁주렁 열린 나무가 있는데 어떤 과일들도 땅에 떨어지지 않았다. 그때 어떤 자가 과일을 원하고 과일을 구하고 과일을 찾아 그곳에 온다고 하자. 그는 그 숲 깊숙이 들어와 과일이 주렁주렁 열린 그 나무를 볼 것이다. 그에게 이런 생각이 들 것이다. '이 나무는 과일이 주렁주렁 열렸는데 아직 땅에 떨어진 과일은 하나 없다. 내가 나무에 올라갈 줄 아니까 나무에 올라가서 원하는 만큼 배불리 먹고 호주머니에 가득 채워서 내려와야지.'라고. 그는 나무에 올라가서 배불리 먹고 호주머니를 채울 것이다.

그때 두 번째 사람이 과일을 원하고 과일을 구하고 과일을 찾아 돌아다니면서 잘 드는 도끼를 들고 그곳에 온다고 하자. 그는 그 숲 깊숙이 들어와 과일이 주렁주렁 열린 그 나무를 볼 것이다. 그에게 이런 생각이 들 것이다. '이 나무는 과일이 주렁주렁 열렸는데 아직 땅에 떨어진 과일은 하나 없다. 나는 나무에 올라갈 줄 모르니 이 나무의 밑동을 잘라서 먹고 싶은 만큼 배불리 먹고 호주머니를 채워야지.'라고. 그는 나무의 밑동을 자를 것이다.

장자여, 이를 어떻게 생각하는가? 먼저 나무에 올라갔던 사람이 만일 빨리 내려오지 않는다면 그 나무가 넘어질 때 그의 손이 부러지거나 발이 부러지거나 몸의 다른 부분들이 부러져서 그 때문에 [367] 그는 죽음에 이르기도 하고 죽음에 버금가는 고통을 당하지 않겠는가?"

"그렇습니다, 세존이시여."

"장자여, 그와 같이 성스러운 제자는 이렇게 숙고한다. '세존께서는 감각적 욕망을 과일이 열린 나무에 비유하여 말씀하셨다. 그것은 많은 괴로움과 많은 절망을 주고 거기에는 재난이 더 많다.'라고. 이와 같이 이것을 있는 그대로 바른 통찰지로 보아, 다양함을 지니고 다양함을 의지한 평온을 버리고, 세속적인 물질에 대한 취착이 남김없이 소멸된, 단일함을 지니고 단일함을 의지한 평온을 닦는다."

22. "장자여, 이러한 성스러운 제자는 평온으로 인해 청정해진 최상의 마음챙김[508]에 도달하여 한량없는 전생의 갖가지 삶들을 기억할 수 있다. 즉 한 생, 두 생 … 이와 같이 한량없는 전생의 갖가지 모습들을 그 특색과 더불어 상세하게 기억해 낼 수 있다[宿命通]."

23. "장자여, 이러한 성스러운 제자는 평온으로 인해 청정해진 최상의 마음챙김에 도달하여 인간을 넘어선 신성한 눈[天眼]으로 중생들이 죽고 태어나고, 천박하고 고상하고, 잘생기고 못생기고, 좋은 곳[善處]에 가고 나쁜 곳[惡處]에 가는 것을 본다. … 중생들이 지은 바 그 업에 따라가는 것을 꿰뚫어 안다[天眼通]."

24. "장자여, 이러한 성스러운 제자는 평온으로 인해 청정해진 최상의 마음챙김에 도달하여 모든 번뇌가 다하여 아무 번뇌가 없는 마음의 해탈[心解脫]과 통찰지의 해탈[慧解脫]을 바로 지금・여기에서 스스로 최상의 지혜로 알고 실현하고 구족하여 머문다[漏盡通]."

---

508) '평온으로 인해 청정해진 최상의 마음챙김'은 anuttara upekhā-sati-pārisuddhi를 옮긴 것인데 이것은 제4선의 핵심 술어인 upekhā-sati-pārisuddhi 앞에 최상을 뜻하는 auttara가 붙여진 것이다. '평온으로 인해 마음챙김이 청정함(upekhā-sati-pārisuddhi)'에 대해서는 본서 제1권 「두려움과 공포 경」(M4) §26의 주해를 참조할 것.

25. "장자여, 성자의 율에서는 이렇게 하여 완벽하게 모든 방면에서 모든 세간의 일을 놓아버린다. 장자여, 이를 어떻게 생각하는가? 성자의 율에서 완벽하게 모든 방면에서 모든 세간의 일을 놓아버리듯이 그대도 이렇게 완벽하게 모든 방면에서 모든 세간의 일을 놓아버림을 자신 안에서 발견하는가?"

"세존이시여, 제가 누구라고 어떻게 성자의 율에서 완벽하게 모든 방면에서 모든 세간의 일을 놓아버림이 있겠습니까? 저는 참으로 성자의 율에서 완벽하게 모든 방면에서 모든 세간의 일을 놓아버림과는 거리가 멉니다.

세존이시여, 저희는 전에 외도 유행승들이 고귀하지도 않은데도 고귀하다고[509] 생각했고, 고귀하지도 않은데도 고귀한 자의 공양을 대접했고, 고귀하지도 않은데도 고귀한 자의 자리에 모셨습니다. 세존이시여, 그러나 저희는 비구들이 고귀한데도 고귀하지 않다고 생각했고, 고귀한데도 고귀하지 않은 자의 공양을 대접했고, 고귀한데

509) '고귀한'으로 옮긴 ājānīya는 ā+√jan(*to be born*)에서 파생된 형용사인데 혈통 좋은, 지체 높은, 교양 있는, 우아한 등의 뜻을 가지고 있다.(『앙굿따라 니까야』 제1권 「혈통 좋은 말 경」(A3:139) 등 참조) 그런데 주석서에서는 이것을 ā+√jñā(*to know*)로 해석하여 이 세간의 일을 완벽하게 모두 놓아버리는 것에 대한 원인을 아는 자, 혹은 모르는 자로 설명하고, 또한 '고귀한 자의 공양(ājānīya-bhojana)'이란 이 세간의 일을 완벽하게 모두 놓아버리는 것의 원인을 아는 자가 먹어도 될 만한 공양이라고 설명하고 있다.(MA.iii.44) 그러나 역자는 본 어원을 따라서 '고귀한'으로 옮겼다.
그리고 본서 「밧달리 경」(M65) §32에서는 ājānīya를 '준마'로 옮겼고 제3권 「가나까 목갈라나 경」(107) §3과 제4권 「어리석은 자와 현명한 자 경」(M129) §3에서는 '혈통 좋은 [말]'로 옮겼다.
한편 『앙굿따라 니까야』의 몇몇 경에는 purisājāniya(주로 가문 좋은 멋진 사람으로 옮겼음)이라는 술어가 나타나는데 제1권 「혈통 좋은 말 경」(A3:139) §2와 제5권 「망아지 경」(A9:22) §12 등에서는 아라한이야말로 진정한 가문이요 좋은 사람이요 멋진 사람이라 말하고 있다.

도 고귀하지 않은 자의 자리에 모셨습니다. 세존이시여, [368] 저희는 이제 외도 유행승들은 고귀하지 않으므로 고귀하지 않다고 생각할 것이고, 고귀하지 않으므로 고귀하지 않은 자의 공양을 대접할 것이고, 고귀하지 않으므로 고귀하지 않은 자의 자리에 모실 것입니다.

세존이시여, 그러나 저희는 비구들은 고귀하므로 고귀하다고 생각할 것이고, 고귀하므로 고귀한 자의 공양을 대접할 것이고, 고귀하므로 고귀한 자의 자리에 모시겠습니다. 세존이시여, 세존께서는 제게 사문들에 대한 사랑과 사문들에 대한 믿음과 사문들에 대한 존경심을 갖게 하셨습니다."

26. "경이롭습니다, 고따마 존자시여. 경이롭습니다, 고따마 존자시여. 마치 넘어진 자를 일으켜 세우시듯, 덮여있는 것을 걷어내 보이시듯, [방향을] 잃어버린 자에게 길을 가리켜주시듯, 눈 있는 자 형상을 보라고 어둠 속에서 등불을 비춰주시듯, 고따마 존자께서는 여러 가지 방편으로 법을 설해주셨습니다. 저는 이제 고따마 존자께 귀의하옵고 법과 비구 승가에 귀의합니다. 고따마 존자께서는 저를 재가신자로 받아주소서. 오늘부터 목숨이 붙어 있는 그날까지 귀의하옵니다."

뽀딸리야 경(M54)이 끝났다.

지와까 경

Jīvaka Sutta(M55)

1. 이와 같이 나는 들었다. 한때 세존께서는 라자가하에서 지와까 꼬마라밧짜[510]의 망고 숲에 머무셨다.

---

510) 지와까 꼬마라밧짜(Jīvaka Komārabhacca)는 부처님의 주치의로 잘 알려진 부처님 당시의 명의(名醫)이다. 중국에서는 지와까를 기구(耆舊)로 음역하기도 하였고 꼬마라밧짜를 수명(壽命)이나 수명동자(壽命童子)로 의역하기도 하였다. 『앙굿따라 니까야 주석서』에 의하면 그는 라자가하의 기녀였던 살라와띠(Sālavati)의 아들로 태어났으며 나자마자 광주리에 담겨서 쓰레기 더미 위에 버려졌다고 한다. 빔비사라(Bimbisāra) 왕의 아들이며 아자따삿뚜와는 이복형제인 아바야(Abhaya) 왕자가 이를 발견하고 사람들에게 살아 있는가 묻자, '그는 아직 살아 있습니다(jīvati).'라고 대답해서 그의 이름이 지와까가 되었으며, '왕자(kumāra)에 의해서 양육되었다(posāpi-ta).'고 해서 꼬마라밧짜라 불리게 되었다고 한다.(AA.i.399)
다른 설명에 의하면 그는 소아과 전문의(Kaumārabhṛtya)였다고도 한다.(VT.ii.174) 그는 자라서 그의 출신에 대해서 알게 되자 아바야 왕자 몰래 딱까실라(Takkasilā)로 가서 칠 년 동안 의술을 배웠다고 한다. 공부를 마치고 라자가하로 돌아와서는 빔비사라왕의 고질병을 치료하여 유명해졌다고 한다. 그래서 왕과 궁중의 주치의로 임명이 되었고 부처님과 승가의 주치의 역할도 하였다. 아버지 빔비사라왕을 시해하고 왕위를 찬탈한 아자따삿뚜도 지와까를 주치의로 삼아서 가까이에 두었다.(AA.i.399) 그래서 『디가 니까야』 제1권 「사문과경」(D2)에서도 아버지를 시해한 괴로움에 시달리던 아자따삿뚜 왕은 지와까를 통해서 부처님을 뵙고 참회하기를 바라고 있는 것이다.

2. 그때 지와까 꼬마라밧짜는 세존을 뵈러 갔다. 가서는 세존께 절을 올리고 한 곁에 앉았다. 한 곁에 앉아서 지와까 꼬마라밧짜는 세존께 이렇게 말씀드렸다.

3. "세존이시여, 제게 이런 말이 들립니다. '사람들은 사문 고따마를 위해 산목숨을 죽이는데, 사문 고따마는 자신을 위해 동물을 죽인 것임을 알면서도 그 고기를 먹는다.'라고. 세존이시여, '사람들은 사문 고따마를 위해 산목숨을 죽이는데, 사문 고따마는 자신을 위해 동물을 죽인 것임을 알면서도 그 고기를 먹는다.'라고 말하는 그들은 세존께서 말씀하신 대로 말했고, 혹시 거짓으로 세존을 헐뜯는 것은 아닙니까? 어떤 이유로도[511] 그들의 주장은 비난받지 않겠습니까?"[512]

지와까가 부처님을 치료한 일화는 『율장』과 주석서 등에서 나타나고 있다. 『앙굿따라 니까야』 「하나의 모음」(A1:14:6-9)에서 세존께서는 지와까를 "사람들을 신뢰하는 자(puggala-ppasanna)들 가운데서 으뜸"이라고 칭찬하셨다. 지와까는 예류과를 증득한 뒤 항상 하루에 두 번씩 세존께 인사드리러 갔으며 세존께서 머무시는 왕사성의 죽림정사(Veḷuvana)가 너무 멀어서 그가 소유하고 있던 망고 숲을 승가에 기증하여 부처님과 승가가 머물게 하였다고 한다. 그곳이 바로 여기에 나타나는 지와까의 망고 숲이다. 『디가 니까야』 제1권 「사문과경」(D2)도 이곳에서 설해졌다.

511) '어떤 이유로도'는 koci saha-dhammiko를 옮긴 것이다. saha-dhammika는 문맥에 따라서 '같은 가르침을 따르는 자'라는 명사로도 옮길 수 있고(특히 본서 제1권 「사자후의 짧은 경」(M11/i.64) §3 이하) '합법적으로, 합리적으로, 정당하게'라는 형용사로도 옮길 수 있다.(특히 『상윳따 니까야』 제4권 「니간타 나따뿟따 경」(S41:8)) 그리고 여러 곳에서는 '동료수행자'로 옮기기도 하였다. 그런데 본경에 해당하는 주석서는 이것을 "어떤 이유로도(sabb-ākārena pi) 그의 주장에 비난을 살만한 이유가 없는 것인지를 묻는 것이다."(MA.iii.47)라고 설명하고 있어서 여기서는 '어떤 이유로도'로 옮겼다.

512) '그들은 세존께서 말씀하신 대로 말했고, 혹시 거짓으로 세존을 헐뜯는 것은 아닙니까? 어떤 이유로도 그들의 주장은 비난받지 않겠습니까?'는 kacci te bhante bhagavato vuttavādino. na ca bhagavantaṁ abhūtena abbh-

4. "지와까여, [369] '사람들은 사문 고따마를 위해 산목숨을 죽이는데, 사문 고따마는 자신을 위해 동물을 죽인 것임을 알면서도 그 고기를 먹는다.'라고 말하는 자들은 내가 말한 대로 말한 것이 아니라 그들은 사실이 아닌 거짓으로 나를 헐뜯는 것이다."

5. "지와까여, 나는 세 가지 경우에는 고기를 먹어서는 안된다고 설하나니 본 것과 들은 것과 의심스러운 것이다.513) 지와까여, 이

ācikkhanti dhammassa cānudhammaṁ byākaronti. na ca koci saha-dhammiko vādānuvādo gārayhaṁ ṭhānaṁ āgacchati를 옮긴 것이다. 이 정형구는 니까야의 여러 곳에 나타나는데 본서에서는 본경과 M71 §5이하, M90 §5, M101 §22, M103 §17, M117 §37, M126 §7이하 등에 나타나고 있다.

513) "'본 것(diṭṭha)'이란 비구들에게 공양 올리기 위해 동물을 잡아서 요리하여 가져오는 것을 본 것이고, '들은 것(suta)'이란 비구들에게 공양 올리기 위해 동물을 잡아서 요리하여 가져왔다고 들은 것이고, '의심스러운 것(parisaṅkita)'이란 ① 보았기 때문에 의심스러운 것(diṭṭha-parisaṅkita)과 ② 들었기 때문에 의심스러운 것(suta-parisaṅkita)과 ③ 그 둘과 상관없이 의심스러운 것(tad-ubhaya-vimutta-parisaṅkita)의 세 가지이다.

[이 가운데서 ① '보았기 때문에 의심스러운 것(diṭṭha-parisaṅkita)'은] 비구들이 지금 사람들이 올가미를 들고 마을을 빠져나가 숲으로 들어가 돌아다니는 것을 본다. 그리고 그 다음날 그들의 마을에 탁발(piṇḍapāta)을 갈 때 그들이 신선한 고기를 탁발의 공양물로 올린다. 어제 그 상황을 목격했기 때문에 의심하기 시작한다. '이것은 비구들을 위해 만든 것이 아닐까?'라고. 이것이 보았기 때문에 의심스러운 것이다. 이것은 받으면 안 된다. 이러한 의심이 들지 않는 것은 받아도 된다. 만약 사람들이 받지 않는 이유를 묻고, 그것이 비구들을 위한 것이 아니라, 자기들을 위해 요리한 것이라고 말을 하면 받아도 된다.

[② 들었기 때문에 의심스러운 것(suta-parisaṅkita)은] 비구들이 이렇게 직접 목격한 것은 아니지만 '사람들이 올가미를 들고 마을을 빠져나가 숲으로 들어가 돌아다닌다.'라고 듣는다. 그리고 그 다음날 그들의 마을에 탁발을 갈 때 그들이 신선한 고기를 탁발의 공양물로 올린다. 어제 그 상황을 들었기 때문에 의심하기 시작한다. '이것은 비구들을 위해 만든 것이 아닐까?'라고. 이것이 들었기 때문에 의심스러운 것이다. 이것은 받으면 안 된다. 이러한 의심이 들지 않는 것은 받아도 된다. 만약 사람들이 받지 않는 이유를 묻

세 가지 경우에는 고기를 먹어서는 안된다고 설한다. 지와까여, 세 가지 경우에는 고기를 먹어도 된다고 설하나니 보지 않았고 듣지 않았고 의심스럽지 않은 것이다. 지와까여, 이 세 가지 경우에는 고기를 먹어도 된다고 설한다."514)

6. "지와까여, 여기 비구는 어떤 마을이나 성읍 근처에 머문다. 그는 자애가 함께한 마음으로 한 방향을 가득 채우면서 머문다. 그처

고, 그것이 비구들을 위한 것이 아니라, 자기들을 위해 요리한 것이라고 말을 하면 받아도 된다.

[③ 그 둘과 상관없이 의심스러운 것(tad-ubhaya-vimutta-parisaṅkita)은] 비구들은 본 것도 들은 것도 없이 그들의 마을에 탁발을 가면 발우를 받아 신선한 고기를 탁발음식으로 올린다. 그들은 의심하기 시작한다. '이것은 비구들을 위해 만든 것이 아닐까?'라고. 이것이 그 둘과 상관없이 의심스러운 것이다. 이것은 받으면 안 된다. 이러한 의심이 들지 않는 것은 받아도 된다. 만약 사람들이 받지 않는 이유를 묻고, 그것이 비구들을 위한 것이 아니라, 자기들을 위해 요리한 것이라고 말을 하면 받아도 된다."(MA.iii.47~48)

이 문맥은 부처님께서 비구 승가에게 육식에 대한 규칙을 분명하게 설하신 것이다. 부처님께서는 육식을 완전히 금기시하지는 않으셨다. 그 대신 특별히 그들에게 공양 올리기 위해 죽인 것이 아닌 고기는 허락하셨다. 이런 음식을 주석서에서는 삼합이 청정한(tikoṭi-parisuddha) 음식이라 한다. 즉 죽이는 것을 보지 않았고, 듣지 않았고, 특별히 비구들을 위해 잡은 고기가 아닌지 하는 의심스러움이 없는, 이 세 가지 측면에서 청정하다는 말이다. 재가자들도 생명을 죽여서는 안되는 계율이 있기 때문에 음식을 준비하기 위해 죽여서는 안된다. 다만 이미 죽은 고기를 사오는 것은 금지하지 않으셨다. 더 자세한 내용은 『율장』 『대품』의 제6품(Vin.i.237~238)과 I.B. Horner, Early Buddhism and the Taking of Life, 20~26쪽을 참조할 것.

514) "'세 가지 경우에는 고기를 먹어도 된다고 설한다(tīhi ṭhānehi paribhogan ti vadāmi).'라고 하셨다. 이러한 세 가지 이유 때문에 이것들은 청정한 것 parisuddha이니 이것을 '삼합이 청정한 것(tikoṭi-parisuddha)'이라 한다. 이러한 것을 먹는 것은 카레의 재료가 되는, 숲에서 생긴 야채로 된 음식(araññe jāta-sūpeyya-sāka-paribhoga)과 같은 것이다. 이러한 음식을 먹고 자애롭게 머무는(mettā-vihāri) 비구에게는 결점(dosa)이나 비난받을 일(vajja)이 없다. 그래서 이런 것은 먹어도 된다고 말씀하시는 것이다." (MA.iii.48)

럼 두 번째 방향을, 그처럼 세 번째 방향을, 그처럼 네 번째 방향을 자애가 함께한 마음으로 가득 채우면서 머문다. 이와 같이 위로, 아래로, 옆으로, 모든 곳에서 모두를 자신처럼 여기고, 모든 세상을 풍만하고, 광대하고, 무량하고, 원한 없고, 악의 없는, 자애가 함께한 마음으로 가득 채우면서 머문다.

그에게 장자나 장자의 아들이 찾아와 다음날의 공양청을 한다. 지와까여, 만일 비구가 원한다면 그에 동의한다. 밤이 지나고 아침에 옷매무새를 가다듬고 발우와 가사를 수하고 그 장자나 장자의 아들의 집으로 간다. 가서는 마련된 자리에 앉는다. 그때 장자나 장자의 아들은 맛있는 음식을 대접한다.

그러나 그는 이와 같이 생각하지 않는다. '이 장자나 장자의 아들이 이렇게 맛있는 음식을 대접하니 참으로 장하구나. 앞으로도 이 장자나 장자의 아들이 이런 맛있는 음식을 대접하면 좋겠다.'라고. 그에게 그런 생각은 결코 들지 않는다. 그는 음식에 묶이지 않고 홀리지 않고 집착하지 않고 재난을 보고 벗어남을 통찰하면서 먹는다.

지와까여, 이를 어떻게 생각하는가? 그때에 비구가 자신을 해칠 생각을 하거나 다른 사람을 해칠 생각을 하거나 둘 다를 해칠 생각을 하겠는가?"

"아닙니다. 세존이시여."

"지와까여, 그렇다면 그때에 비구는 참으로 비난받을 일이 없는 음식을 먹는 것이 아니겠는가?"

7. "그렇습니다, 세존이시여. 세존이시여, 저는 '범천은 자애를 가져 머문다.'라고 들었습니다. 세존이시여, 세존께서는 제게 있어 바로 이 말에 대한 산 증인이십니다. 세존이시여, 세존께서는 참으로 자애를 가져 머무는 분이시기 때문입니다."

"지와까여, 탐욕과 성냄과 [370] 어리석음 때문에 악의를 일으킬 수 있으므로 그 탐욕과 성냄과 어리석음을 여래는 제거했고 뿌리를 잘랐고 야자수 줄기처럼 만들고 멸절시켜 미래에 다시는 일어나지 않게끔 했다. 지와까여, 만일 그대가 이것을 두고 말한 것이라면 그대의 말을 인정하겠다."515)

"세존이시여, 저는 바로 이것을 두고 말씀드렸습니다."

8. ~ 10. "지와까여, 여기 비구는 어떤 마을이나 성읍 근처에 머문다. 그는 연민이 함께한 마음으로 … 더불어 기뻐함이 함께한 마음으로 … 평온이 함께한 마음으로 한 방향을 가득 채우면서 머문다. 그처럼 두 번째 방향을, 그처럼 세 번째 방향을, 그처럼 네 번째 방향을 평온이 함께한 마음으로 가득 채우면서 머문다. 이와 같이 위로, 아래로, 옆으로, 모든 곳에서 모두를 자신처럼 여기고, 모든 세상을 풍만하고, 광대하고, 무량하고, 원한 없고, 악의 없는, 평온이 함께한 마음으로 가득 채우면서 머문다.

그에게 장자나 장자의 아들이 찾아와 다음날의 공양청을 한다. 지와까여, 만일 비구가 원한다면 그에 동의한다. 밤이 지나고 아침에 옷매무새를 가다듬고 발우와 가사를 수하고 그 장자나 장자의 아들의 집으로 간다. 가서는 마련된 자리에 앉는다. 그때 장자나 장자의 아들은 맛있는 음식을 대접한다.

그러나 그는 이와 같이 생각하지 않는다. '이 장자나 장자의 아들

---

515) "대범천(Mahābrahma)은 억압에 의한 버림(vikkhambhana-ppahāna)으로써 악의(byāpāda) 등을 버렸고, 그리하여 그는 자애를 가지고 머물렀다(mettā-vihāri). 그러나 부처님은 아라한과를 얻어 근절(根絶)에 의한 버림(samuccheda-ppahāna)으로써 악의 등을 버렸고, 그리하여 자애를 가져 머무신다. 여기서 세존께서는 지와까에게 만약 그대가 이것과 관련하여 말한 것이라면 그대의 말에 동의하고 받아들이겠다고 하시는 것이다." (MA.iii.50)

이 이렇게 맛있는 음식을 대접하니 참으로 장하구나. 앞으로도 이 장자나 장자의 아들이 이런 맛있는 음식을 대접하면 좋겠다.'라고. 그에게 이런 생각은 결코 들지 않는다. 그는 음식에 묶이지 않고 홀리지 않고 집착하지 않고 재난을 보고 벗어남을 통찰하면서 먹는다.

지와까여 이를 어떻게 생각하는가? 그때에 비구가 자신을 해칠 생각을 하거나 다른 사람을 해칠 생각을 하거나 둘 다를 해칠 생각을 하겠는가?"

"아닙니다. 세존이시여."

"지와까여, 그렇다면 그때에 비구는 참으로 비난받을 일이 없는 음식을 먹는 것이 아니겠는가?"

11. "그렇습니다, 세존이시여. 세존이시여, 저는 '범천은 자애를 가져 머문다.'라고 들었습니다. 세존이시여, 세존께서는 제게 있어 바로 이 말에 대한 산 증인이십니다. 세존이시여, 세존께서는 참으로 자애를 가져 머무는 분이시기 때문입니다."

"지와까여, 탐욕과 성냄과 어리석음 때문에 악의를 일으킬 수 있으므로 그 탐욕과 성냄과 어리석음을 여래는 제거했고 뿌리를 잘랐고 야자수 줄기처럼 만들고 멸절시켜 미래에 다시는 일어나지 않게끔 했다. 지와까여, 만일 그대가 이것을 두고 말한 것이라면 그대의 말을 인정하겠다."

"세존이시여, [371] 저는 바로 이것을 두고 말씀드렸습니다."

12. "지와까여, 여래나 여래의 제자를 위해 생명을 죽이는 자는 다섯 가지 이유로 많은 악덕을 쌓는다. 그가 '가서 그 생명을 데려오라.'라고 말할 때, 그가 많은 악덕을 쌓는 첫 번째 이유다. 그 생명의 목이 고삐에 채여 끌려갈 때 괴로움과 정신적 고통을 경험한다. 이것

이 그가 많은 악덕을 쌓는 두 번째 이유다. 그가 '가서 이 생명을 죽이라.'라고 말할 때, 그가 많은 악덕을 쌓는 세 번째 이유다. 그 생명이 도살될 때 괴로움과 정신적 고통을 경험한다. 이것이 그가 많은 악덕을 쌓는 네 번째 이유다. 그가 여래나 여래의 제자에게 허용되지 않은 것을 제공할 때,[516] 이것이 그가 많은 악덕을 쌓는 다섯 번째 이유다.

지와까여, 여래나 여래의 제자를 위해 생명을 죽이는 자는 이런 다섯 가지 이유로 많은 악덕을 쌓는다."

13. 이렇게 말씀하셨을 때 지와까 꼬마라밧짜는 세존께 이렇게 말씀드렸다.

"경이롭습니다, 세존이시여. 놀랍습니다, 세존이시여. 세존이시여, 비구들은 허용된 음식을 먹습니다. 세존이시여, 비구들은 비난받을 일이 없는 음식을 먹습니다. 경이롭습니다, 세존이시여. 경이롭습니다, 세존이시여. 마치 넘어진 자를 일으켜 세우시듯, 덮여있는 것을 걷어내 보이시듯, [방향을] 잃어버린 자에게 길을 가리켜주시듯, 눈 있는 자 형상을 보라고 어둠 속에서 등불을 비춰주시듯, 세존께서는 여러 가지 방편으로 법을 설해주셨습니다. 저는 이제 세존께 귀의하

---

516) "'허용되지 않은 것을 제공한다(akappiyena āsādeti).'는 것은 곰고기(accha-maṁsa)를 돼지고기(sūkara-maṁsa)라고 하고, 표범고기(dīpi-maṁsa)를 양고기(miga-maṁsa)라고 하면서 먹게 한 뒤에 '당신은 사문이면서 어떻게 허용되지 않은 고기(akappiya-maṁsa)를 먹습니까?'라고 모욕을 주는 것이다(ghaṭṭeti).
그러나 기근(dubbhikkha) 등이 들거나 혹은 병을 낫게 하기(byādhi-niggahaṇa) 위해 '곰고기와 돼지고기는 비슷하고, 표범고기와 양고기는 비슷하다.'라고 아는 사람이 '이것은 돼지고기이고, 이것은 양고기이다.'라고 하면서 유익한 의향(hit-ajjhāsaya)으로 먹게 하는 사람이 있는데, 여기서 말하는 것은 이런 사람을 두고 한 말은 아니다. 이 경우에는 많은 공덕을 쌓는 것(bahu-puñña)이 되기 때문이다."(MA.iii.51)

옵고 법과 비구 승가에 귀의합니다. 세존께서는 저를 재가신자로 받아주소서. 오늘부터 목숨이 붙어 있는 그날까지 귀의하옵니다."517)

지와까 경(M55)이 끝났다.

517) "지와까는 여기서 다시 한 번 삼보에 귀의한다고 말한다. 그는 이미 [예류] 과를 얻었고(āgata-phala), 교법을 알았고(viññāta-sāsana), 진리를 본(diṭṭha-sacca) 성스러운 제자(ariya-sāvaka)였다. 그러나 이 법의 가르침에 깊이 들어갈 때 청정한 믿음(pasāda)을 일으켜 법문(dhamma-kathā)에 대해 만족(thuti)하면서 한 말이다."(MA.iii.51)

우빨리 경

Upāli Sutta(M56)

1. 이와 같이 나는 들었다. 한때 세존께서는 날란다[518]에서 빠와리까 망고 숲[519]에 머무셨다.

2. 그 무렵 니간타 나따뿟따[520]는 많은 니간타 회중과 함께 날

518) 날란다(Nālanda)는 마가다의 수도 라자가하(Rājagaha, 왕사성)에서 불과 20여 km 떨어진 곳에 있으며 사리뿟따 존자가 태어난 곳이기도 하고, 후에 유명한 불교 유적지인 날란다 대학이 생긴 곳이기도 하다.

519) 우선 분명히 해야 할 점은 여기서 언급되는 빠와리까 망고 숲의 주인은 빠와리까(Pāvārika) 장자인데, 그는 꼬삼비에서 불교 정사를 지은 세 명의 장자 가운데 한 명인 빠와리까 장자와 다른 사람이라는 것이다. 이 두 사람을 구분하기 위해서 본경이 설해진 날란다의 빠와리까 망고 숲의 주인인 이 빠와리까를 둣사빠와리까(Dussa-pāvārika)라고 부르기도 한다.(DA.iii.873; MA.ii.594; SA.iii.169.) 그는 망고 숲에 정사를 지었기 때문에 그가 지은 정사를 본경에서처럼 빠와리까 망고 숲(Pāvārikambavana)이라 부른다. 한편 빠와라(pāvāra)는 외투를 뜻하며 빠와리까는 외투를 파는 사람을 뜻한다. 그의 직업이었을 것이다. 본경 이외에도 이곳에서 「께왓다 경」(D11), 「확신경」(D28), 「날란다 경」(S35:126), 「아시반다까뿟따 경」(S42:6) 등이 설해졌다.

520) 니간따 나따뿟따에 대해서는 본서 「삿짜까 긴 경」(M36) §48의 주해를 참고할 것.

란다에 머물고 있었다. 그때 니간타 디가따빳시[521]가 날란다에서 탁발하여 공양을 마치고 탁발에서 돌아오다가 빠와리까 망고 숲으로 세존을 뵈러 갔다. 가서는 [372] 세존과 함께 환담을 나누었다. 유쾌하고 기억할만한 이야기로 서로 담소를 하고서 한 곁에 섰다. 한 곁에 선 니간타 디가따빳시에게 세존께서는 이렇게 말씀하셨다.

"따빳시여, 여기 자리가 있으니 그대가 원한다면 앉으시오."

3. 이렇게 말씀하시자 니간타 디가따빳시는 낮은 자리를 택해서 한 곁에 앉았다. 한 곁에 앉은 니간타 디가따빳시에게 세존께서는 이렇게 말씀하셨다.

"따빳시여, 그런데 니간타 나따뿟따는 악업을 짓고 악업을 행하는 것에 대해 몇 가지 업[522]을 설하는가?"

"도반 고따마시여, 니간타 나따뿟따께서는 '업, 업'이라는 표현에 익숙하지 않으십니다. 니간타 나따뿟따께서는 '몽둥이, 몽둥이'[523]라

---

521) "디가따빳시(Dīgha-tapassi)란 키가 커서(dīgh-attā) 그렇게 불린 이름이다."(MA.iii.52)
즉 키 큰(dīgha) 고행자(tapassi)라는 뜻이다.

522) '업(業, kamma, Sk. karma)'은 √kṛ(*to do*)에서 파생된 명사이다. 그러므로 기본적으로는 행위를 뜻한다. 그러나 불교에는 무슨 행위든 다 업이라고 하지 않는다. 행위 중에서도 의도(cetanā)가 개입된 행위를 업이라 한다. 그래서 『앙굿따라 니까야』 제4권 「꿰뚫음 경」(A6:63) §11에서 세존께서는 "비구들이여, 의도가 업이라고 나는 말하노니 의도한 뒤 몸과 말과 마음으로 업을 짓는다(cetanāhaṁ bhikkhave kammaṁ vadāmi cetayitvā kammaṁ karoti kāyena vācāya manasā)"라고 정의하신다.
상좌부에서는 전통적으로 업을 12가지 측면에서 고찰하고 있는데 불교의 업설을 이해하는 중요한 자료이다. 이것은 『아비담마 길라잡이』 제5장 §§17~33에서 자세하게 설명하고 있으므로 참조하기 바란다.

523) 원어는 daṇḍa로, 몽둥이, 막대기, 지팡이 등의 뜻인데, 자이나교에서는 처벌하는 도구인 몽둥이라는 뜻으로 나중에는 응징, 처벌의 뜻으로도 사용된다. 여러 자이나 문헌 특히 최초기 자이나 문헌인 『아야랑가 숫따』(Ayaraṅga-

는 표현에 익숙하십니다."

"따빳시여, 그러면 니간타 나따뿟따는 악업을 짓고 악업을 행하는 것에 대해 몇 가지 몽둥이를 설하는가?"

"도반 고따마시여, 니간타 나따뿟따께서는 악업을 짓고 악업을 행하는 것에 대해 세 가지 몽둥이를 설하십니다. 그것은 몸의 몽둥이와 말의 몽둥이와 마음[意]의 몽둥이524) 입니다."

"따빳시여, 그러면 몸의 몽둥이와 말의 몽둥이와 마음의 몽둥이는 서로 다른 것인가?"

"도반 고따마시여, 몸의 몽둥이와 말의 몽둥이와 마음의 몽둥이는 서로 다릅니다."

"따빳시여, 이렇게 분류하고 이렇게 구별한 세 가지 몽둥이 가운데 니간타 나따뿟따는 어떤 몽둥이가 악업을 짓고 악업을 행함에 있어 가장 비난받아야 할 것이라고 설하는가? 몸의 몽둥이인가? 말의 몽둥이인가? 마음의 몽둥이인가?"

"도반 고따마시여, 이렇게 분류하고 이렇게 구별한 세 가지 몽둥이 가운데 몸의 몽둥이가 악업을 짓고 악업을 행함에 있어 가장 비난

---

sutta, Ayaro, Sk. Acaryaṅga-sutta)에 몽둥이(daṇḍa)를 금하는 구절이 많이 나타난다.

524) '몸의 몽둥이와 말의 몽둥이와 마음[意]의 몽둥이'는 각각 kāya-daṇḍa. vacī-daṇḍa, mano-daṇḍa를 직역한 것이다. 주석서는 다음과 같이 설명한다.
"그들은 처음 두 가지는 마음이 없는 것(acittaka)이라고 주장한다. 마치 바람이 불면 가지가 흔들리고 물결이 일듯이 몸의 몽둥이에는 마음(citta)이 없다. 또한 바람이 불면 야자수 잎이 소리를 내고 파도 소리가 나듯이 말의 몽둥이에도 마음이 없다. 그러므로 처음 두 가지는 마음이 없다고 설한다. 그러나 마음(citta)을 마음의 몽둥이(mano-daṇḍa)라고 설한다. 이제 세존께서는 이러한 그들의 주장(vacana)을 분명하게 하시고자 하여(patiṭṭhapetu-kāma) '따빳시여, 그러면 …'이라고 다음 문단의 말씀을 시작하셨다." (MA.iii.52~53)

받아야 할 것이라고 설하십니다. 말의 몽둥이도 그 정도는 아니고, 마음의 몽둥이도 그 정도는 아닙니다."

"따빳시여, 그대는 몸의 몽둥이라 말했는가?"

"도반 고따마시여, 저는 몸의 몽둥이라고 말했습니다."

"따빳시여, 그대는 몸의 몽둥이라 말했는가?"

"도반 고따마시여, 저는 몸의 몽둥이라고 말했습니다."

"따빳시여, 그대는 몸의 몽둥이라 말했는가?"

"도반 고따마시여, 저는 몸의 몽둥이라고 말했습니다."

이렇게 세존께서는 니간타 디가따빳시에게 대화의 논지를 세 번이나 확립시키셨다.

4. 이렇게 [373] 말씀하시자 니간타 디가따빳시는 세존께 이렇게 여쭈었다.

"도반 고따마시여, 그런데 당신은 악업을 짓고 악업을 행하는 것에 대해 몇 가지 몽둥이를 설하십니까?"

"따빳시여, 여래는 '몽둥이, 몽둥이'이라는 표현에 익숙하지 않다. 여래는 '업, 업'이라는 표현에 익숙하다."

"도반 고따마시여, 그러면 당신은 악업을 짓고 악업을 행하는 것에 대해 몇 가지 업을 설하십니까?"

"따빳시여, 나는 악업을 짓고 악업을 행하는 것에 대해 세 가지 업을 설하는데 몸의 업과 말의 업과 마음[意]의 업이다."

"도반 고따마시여, 그러면 몸의 업과 말의 업과 마음의 업은 서로 다른 것입니까?"

"따빳시여, 몸의 업과 말의 업과 마음의 업은 서로 다르다."

"도반 고따마시여, 이렇게 분류하고 이렇게 구별한 세 가지 업 가운데 당신은 어떤 업이 악업을 짓고 악업을 행함에 있어 가장 비난받아야 할 것이라고 설하십니까? 몸의 업입니까? 말의 업입니까? 마음의 업입니까?"

"따빳시여, 이렇게 분류하고 이렇게 구별한 세 가지 업 가운데서 마음의 업이 악업을 짓고 악업을 행함에 있어 가장 비난받아야 할 것이라고 나는 설한다. 몸의 업도 그 정도는 아니고, 말의 업도 그 정도는 아니다."525)

"도반 고따마시여, 당신은 마음의 업이라 말씀하셨습니까?"

---

525) 세존께서 이렇게 말씀하신 것은 세존의 가르침에서는 의도(cetanā)가 업의 핵심적인 요소이기 때문이다. 그래서 업에 대한 정의로는 『앙굿따라 니까야』 「꿰뚫음 경」(A6:63) §11의 "비구들이여, 의도가 업이라고 나는 말하노니 의도한 뒤 몸과 말과 마음으로 업을 짓는다(cetanāhaṁ bhikkhave kammaṁ vadāmi cetayitvā kammaṁ karoti kāyena vācāya manasā)."가 잘 알려져 있다. 그러므로 의도가 개입되지 않는 단순한 몸이나 말의 행위는 업이 되지 않는다.
그러나 주석서는 다른 입장을 보이고 있다. 즉 이 말씀은 확정된 삿된 견해(niyata-miccha-diṭṭhi, 고질적인 삿된 견해)를 두고 하신 말씀이라는 것이다. 그리고 주석서는 "비구들이여, 이것과 다른 어떤 단 하나의 법도 이렇듯 크게 비난받는 것을 나는 보지 못하나니, 그것은 바로 삿된 견해이다. 비구들이여, 삿된 견해는 가장 크게 비난받는 것이다."(A1:18:3)를 인용하고 있다.(MA.iii.54)
확정된 삿된 견해를 『디가 니까야 주석서』는 "삿된 것으로 확정된 것(micchatta-niyata)이란 그릇된 고유성질로 확정된 것이다. 이것은 확정된 삿된 견해와 함께하는 무간업(無間業, ānantariya-kamma)의 이름이다."(DA.iii.992 = D33 §1.10 (28)에 대한 주해)라고 설명하고 있다.
즉 이처럼 마음의 업에 해당하는 고질적인 삿된 견해가 몸이나 말로 짓는 나쁜 업보다 더 비난받아야 한다는 것이 세존의 말씀이라고 주석서는 설명하고 있는 것이다.
이러한 삿된 견해로는 본서 「확실한 가르침 경」(M60) §5에 아지따 께사깜발리(Ajita Kesakambalī)의 [사후] 단멸론(uccheda-vāda)이, §13에 뿌라나 깟사빠(Pūraṇa Kassapa)의 도덕부정론(akiriya-vāda)이, §21에 막칼리 고살라(Makkhaligosāla)의 무인론(ahetuka-vāda)이 나타난다. 그리고 주석서는 이 셋을 역시 "확정된 삿된 견해(niyata-miccha-diṭṭhi)"(MA.iii.122)라고 밝히고 있다.
그리고 계속해서 경은 이런 견해를 가진 자는 "처참한 곳[苦界], 불행한 곳[惡處], 파멸처, 지옥에 태어날 것이다."라고 언급하고 있다.

"따빳시여, 나는 마음의 업이라고 말했다."
"도반 고따마시여, 당신은 마음의 업이라 말씀하셨습니까?"
"따빳시여, 나는 마음의 업이라고 말했다."
"도반 고따마시여, 당신은 마음의 업이라 말씀하셨습니까?"
"따빳시여, 나는 마음의 업이라고 말했다."
이렇게 니간타 디가따빳시는 세존께 대화의 논지를 세 번이나 확립시킨 뒤 자리에서 일어나 니간타 나따뿟따에게 갔다.

5. 그때 니간타 나따뿟따는 발라까에서 온[526] 아주 많은 재가 회중과 함께 앉아 있었는데, 그중에서 우빨리가 상수 제자였다. 니간타 나따뿟따는 니간타 디가따빳시가 멀리서 오는 것을 보았다. 그를 보고 니간타 디가따빳시에게 이렇게 물었다.
"따빳시여, 이 한낮에 그대는 어디서 오는 길인가?"
"존자시여, 저는 사문 고따마에게 다녀오는 길입니다."
"따빳시여, 그대는 사문 고따마와 어떤 대화를 나누기라도 했는가?"
"존자시여, [374] 저는 사문 고따마와 어떤 대화를 나누었습니다."
"따빳시여, 그러면 그대는 사문 고따마와 어떤 대화를 나누었는가?"
그러자 니간타 디가따빳시는 세존과 나누었던 대화를 모두 니간타 나따뿟따에게 알렸다.

6. 그와 같이 말했을 때, 니간타 나따뿟따는 니간타 디가따빳시

---

526) '발라까에서 온'은 Bālakiniyā를 옮긴 것이다. 주석서에서 다음과 같이 설명하고 있어서 이렇게 옮겼다.
"우빨리에게는 발라까의 소금장수의 마을(Bālaka-loṇa-kāra-gāma)이 있었다. 그는 거기서 세금(āya)을 받아서 '우리의 스승이신 마하 니간타를 뵈올 것이다.'라고 하면서 회중에 에워싸여 여기에 온 것이다. 그래서 '발라까에서 온'이란 발라까 마을에 사는 자들(Bālaka-gāma-vāsini)을 뜻한다." (MA.iii.55)

에게 이렇게 말했다. "장하구나 따빳시여. 장하구나, 따빳시여. 마치 스승의 교법을 바르게 이해하는 잘 배운 제자처럼 니간타 디가따빳시는 사문 고따마에게 설명하였구나. 어찌 하잘것없는 마음의 몽둥이가 이와 같이 거친 몸의 몽둥이에 비해 더 중요하단 말인가? 사실은 몸의 몽둥이가 악업을 짓고 악업을 행함에 있어 가장 비난받아야 할 것이다. 말의 몽둥이도 그 정도는 아니고, 마음의 몽둥이도 그 정도는 아니다."

7. 이와 같이 말했을 때 우빨리 장자는 니간타 나따뿟따에게 이렇게 말했다.

"존자시여, 따빳시 존자는 장하고 장합니다, 마치 스승의 교법을 바르게 이해하는 잘 배운 제자처럼 따빳시 존자는 사문 고따마에게 설명하셨습니다. 어찌 하잘것없는 마음의 몽둥이가 이와 같이 거친 몸의 몽둥이에 비해 더 중요하단 말입니까? 오히려 몸의 몽둥이가 악업을 짓고 악업을 행함에 있어 가장 비난받아야 할 것입니다. 말의 몽둥이도 그 정도는 아니고, 마음의 몽둥이도 그 정도는 아닙니다. 존자시여, 이제 저도 이 말의 논지에 대해 사문 고따마를 논파하겠습니다.

만일 사문 고따마가 따빳시 존자께 주장한 것처럼 제게도 그렇게 주장한다면, 마치[527] 힘센 사람이 긴 머리털의 숫양을, 그의 머리채를 잡고 앞으로 끌고 뒤로도 끌고 때로는 앞으로 때로는 뒤로 끌듯이,[528] 그와 같이 나도 논쟁에서 사문 고따마를 앞으로 끌고 뒤로 끌

---

527) 여기 본경 §7에 나타나는 네 가지 비유는 본서 「삿짜까 짧은 경」(M35) §5에도 나타나고 있다.

528) '때로는 앞으로 때로는 뒤로 끌겠다.'는 samparikaḍḍhissāmi(sam+pari+√kṛṣ(*to draw*)의 미래형 동사)를 옮긴 것인데 주석서에서 "때로는 앞으로

고 때로는 앞으로 때로는 뒤로 끌겠습니다.

마치 힘센 양조업자가 술 거르는 체를 깊은 물탱크에다 던져 넣고는 그 가장자리를 잡고 앞으로 끌고 뒤로 끌고 때로는 앞으로 때로는 뒤로 끌듯이, 그와 같이 나도 논쟁에서 사문 고따마를 앞으로 끌고 뒤로 끌고 때로는 앞으로 때로는 뒤로 끌겠습니다.

마치 힘센 양조 혼합사가 체의 가장자리를 잡고 위로 흔들고 아래로 흔들고 탁탁 치듯이, 그와 같이 나도 논쟁에서 사문 고따마를 위로 흔들고 [375] 아래로 흔들고 탁탁 치겠습니다.

마치 60년 된 코끼리가 깊은 호수에 들어가서 대마 씻는 놀이[529]를 즐기듯이, 그와 같이 나도 사문 고따마와 함께 대마 씻는 놀이를 즐기겠습니다. 존자시여, 이제 저는 이 말의 논지에 대해 사문 고따마를 논파하겠습니다."

"장자여, 가라. 그대가 가서 이 말의 논지에 대해 사문 고따마를 논파하라. 장자여, 내가 사문 고따마를 논파할 수 있듯이 니간타 디가따빳시나 그대도 논파할 수 있다."

8. 이와 같이 말하자 니간타 디가따빳시는 니간타 나따뿟따에게 이렇게 말했다.

"존자시여, 저는 우빨리 장자가 사문 고따마를 논파할 수 있다고 생각하지 않습니다. 존자시여, 사문 고따마는 요술쟁이입니다. 그는 개종시키는 요술[530]을 알아 다른 외도들을 제자로 개종시킵니다."

때로는 뒤로 끌겠다(kālena ākaḍḍheyya kālena parikaḍḍheyya)."의 뜻이라고 설명하고 있어 이렇게 옮겼다.(MA.ii.271)

529) '대마 씻는 놀이'는 sāṇadhovika nāma kīḷitajāta(대마를 씻음이라 불리는 놀이)을 옮긴 것이다. '대마 씻는 놀이'에 대해서는 본서 「삿짜까 짧은 경」(M35) §5의 주해를 참조할 것.

"따빳시여, 우빨리 장자가 사문 고따마의 제자가 되는 것은 있을 수 없다. 오히려 사문 고따마가 우빨리 장자의 제자가 되는 것은 가능한 일이다. 장자여, 가라. 그대가 가서 이 말의 논지에 대해 사문 고따마를 논파하라. 장자여, 내가 사문 고따마를 논파할 수 있듯이 니간타 디가따빳시나 그대도 논파할 수 있다."

---

530) '개종시키는 요술'은 āvaṭṭani māyā를 옮긴 것이다. 초기불전의 몇 곳에서 외도들은 세존을 요술쟁이(māyāvi)라고 비난하고 있다.

『앙굿따라 니까야』 제2권 「밧디야 경」(A4:193)에서 밧디야는 세존께 "사문 고따마는 요술쟁이다. 그는 개종시키는 요술을 알아서 다른 외도들을 제자로 개종시킨다."는 말이 사실인가를 여쭙는다. 이 경에서 세존께서는 저 유명한 『앙굿따라 니까야』 제1권 「깔라마 경」(A3:65)과 같은 내용으로, 어떤 가르침을 듣고 그대로 행해서 나의 탐욕이나 성냄이나 어리석음이 증장한다면 그 가르침은 따르지 마라고 하시고 반대로 해소가 된다면 그런 가르침은 따르라는 내용의 가르침을 설하신다. 세존의 가르침을 들은 밧디야는 "세존의 개종시키는 요술은 축복입니다."라고 하면서 감격하고 있다.

『상윳따 니까야』 제4권 「빠딸리야 경」(S42:13)에서 빠딸리야 촌장은 "사문 고따마는 요술에 대해서 안다."는 항간의 말을 세존께 전하고 이것이 사실인가를 질문 드리자 세존께서는 진정한 요술의 의미에 대해서 길게 설하고 계신다.

본경에서도 니간타들은 "사문 고따마는 요술쟁이입니다. 그는 개종시키는 요술(āvaṭṭani māyā)을 알아서 다른 외도들을 제자로 개종시킵니다."라고 말하고 있다.

그리고 『앙굿따라 니까야』 제1권 「사라바 경」(A3:64)에 해당하는 주석서에 의하면 사라바(Sarabha)는 부처님의 명성이 온 마가다에 크게 퍼지자 이를 시샘한 유행승들이 그를 일부러 비구 승가로 출가하도록 하여 잠시 불교 교단으로 출가한 유행승이었다고 한다. 유행승들은 부처님의 삶에 대해서 허물을 잡지 못하자 부처님의 위력은 필시 매번 보름마다 문을 닫고 비구들끼리 외우는 '개종시키는 요술(āvaṭṭani-māyā)' 때문일 것이라고 생각하였다고 하며 그래서 사라바를 보내서 그것을 배워오도록 하게 하였다고 한다.

사라바는 승가에 와서 비구들에게 거만하게 대했지만 어떤 장로가 그를 연민하여 출가를 허락했으며 그는 마침내 보름마다 외우는 『비구계목』 즉 그들이 말한 '개종시키는 요술'을 배우고 바로 환속하여 유행승들에게 가서 그것을 알려주었으며 그래서 그는 사꺄의 아들의 법을 알았노라고 떠들고 다녔다고 한다.(AA.ii.295~298)

두 번째에도 … 세 번째에도 니간타 디가따빳시는 니간타 나따뿟따에게 이렇게 말했다.

"존자시여, 저는 우빨리 장자가 사문 고따마를 논파할 수 있다고 생각하지 않습니다. 존자시여, 사문 고따마는 요술쟁이입니다. 그는 개종시키는 요술을 알아 다른 외도들을 제자로 개종시킵니다."

"따빳시여, 우빨리 장자가 사문 고따마의 제자가 되는 것은 있을 수 없다. 오히려 사문 고따마가 우빨리 장자의 제자가 되는 것은 가능한 일이다. 장자여, 가라. 그대가 가서 이 말의 논지에 대해 사문 고따마를 논파하라. 장자여, 내가 사문 고따마를 논파할 수 있듯이 니간타 디가따빳시나 그대도 논파할 수 있다."

9. "그러겠습니다, 존자시여."라고 우빨리 장자는 니간타 나따뿟따에게 대답하고 자리에서 일어나 니간타 나따뿟따에게 절을 올리고 오른쪽으로 돌아 [경의를 표한] 뒤 빠와리까 망고 숲으로 세존을 뵈러 갔다. 가서는 [376] 세존께 절을 올리고 한 곁에 앉았다. 한 곁에 앉아서 우빨리 장자는 세존께 이렇게 말씀드렸다.

"세존이시여, 니간타 디가따빳시께서 여기 다녀간 적이 있습니까?"

"장자여, 니간타 디가따빳시가 다녀간 적이 있다."

"세존이시여, 니간타 디가따빳시와 어떤 대화라도 나눈 것이 있습니까?"

"장자여, 니간타 디가따빳시와 어떤 대화를 나누었다."

"세존이시여, 그러면 니간타 디가따빳시와 어떠한 대화를 나누셨습니까?"

그러자 세존께서는 니간타 디가따빳시와 나눈 대화를 모두 우빨리 장자에게 들려주셨다.

10. 이와 같이 말씀하셨을 때 우빨리 장자는 세존께 이렇게 말씀 드렸다.

"세존이시여, 따빳시 존자는 장하고 장합니다. 마치 스승의 교법을 바르게 이해하는 잘 배운 제자처럼 따빳시 존자는 세존께 설명했습니다. 어찌 하잘것없는 마음의 몽둥이가 이와 같이 거친 몸의 몽둥이에 비해 더 중요하단 말입니까? 오히려 몸의 몽둥이가 악업을 짓고 악업을 행함에 있어 가장 비난받아야 할 것입니다. 말의 몽둥이도 그 정도는 아니고, 마음의 몽둥이도 그 정도는 아닙니다."

"장자여, 만일 그대가 진리에 입각하여 토론하고자 한다면 여기에 대해 우리는 대화를 나누어보자."

"세존이시여, 저는 진리에 입각하여 토론에 임할 것입니다. 이 점에 대해 우리는 대화를 나누어봅시다."

11. "장자여, 이를 어떻게 생각하는가? 이 세상에 니간타가 있어 중병에 걸려 극심한 고통에 시달리고 있지만 찬물을 거부하고 끓인 물만을 마신다고 하자. 그는 찬물을 섭취하지 못하면 임종하게 될 것이다. 장자여, 그러면 니간타 나따뿟따는 이 자가 어디에 태어난다고 천명하는가?"

"세존이시여, 마음이 묶인 신들이 있는데, 그는 거기에 태어납니다. 세존이시여, 왜냐하면 그는 마음이 [찬물에] 묶여 임종했기 때문입니다."531)

---

531) "'찬물을 거부한다(sītodaka-paṭikkhitto).'는 것은 이 사람의 병은 찬물(sīt-odaka)를 마셔야 고칠 수 있지만 니간타들은 찬물에는 생명이 살아있다는 인식(satta-saññā) 때문에 찬물을 금한다. 그래서 거부하는 것이다.
'마음이 묶인 신들(manosattā nāma devā)'이란 마음에 의해 묶여있고, 들러붙어 있고, 집착해 있다(sattā laggā lagitā)는 말이다.

"장자여, 장자여, 마음에 잘 잡도리하여 설명하라. 그대는 앞의 말과 뒤의 말이 일치하지 않고 뒤의 것은 앞의 것과 일치하지 않는다.[532] 장자여, 그러나 그대는 '세존이시여, 저는 진리에 입각하여 토론에 임할 것입니다. 이 점에 대해 우리는 대화를 나누어봅시다.'라고 말했다."

"세존이시여, 세존께서 비록 그렇게 말씀하시더라도 몸의 몽둥이가 악업을 짓고 악업을 행함에 있어 가장 비난받아야 할 것입니다. 말의 몽둥이도 그 정도는 아니고, 마음의 몽둥이도 그 정도는 아닙니다."[533]

'그의 마음이 [찬물에] 묶였다(mano-paṭibaddho).'는 것은 그의 마음이 [찬물을 마시고 싶은 것에] 묶여서 임종했기 때문에 마음이 묶인 신들 가운데 태어난다고 설명한다.

그는 담즙에 이상이 생긴 병(pitta-jara-roga)에 걸렸다고 한다. 그리하여 끓인 물을 마시거나 손발을 씻기 위해 가져오는 것은 적절치 않다. 병이 심해지기 때문이다. 찬물은 이 병을 가라앉히기 때문에 적절하다. 그러나 이 사람은 오직 끓인 물만 마시고 혹시 구하지 못하면 묽은 죽을 먹는다. 마음 속으로는 찬물을 마시고 싶고 사용하고 싶기 때문에 마음의 몽둥이(mano-daṇḍa)는 바로 깨진다. 그러나 몸의 몽둥이(kāya-daṇḍa)와 말의 몽둥이(vacī-daṇḍa)를 지키고 싶은 생각에 찬물을 마시고 싶으니 달라는 말을 할 수가 없다. 그가 이렇게 지킨 몸의 몽둥이와 말의 몽둥이는 죽음[의 마음](cūti)과 재생연결[식](paṭisandhi)을 끌어당길 수 없지만 마음의 몽둥이는 이미 깨졌지만 그것을 할 수 있다. 이와 같이 세존께서는 그에게 몸의 몽둥이와 말의 몽둥이는 힘없고(dubbalā) 하잘것없고(chavā) 저열하지만(lāmakā) 마음의 몽둥이는 강하고(balavā) 크다(mahanta)고 말을 하도록 하신다."(MA.iii.57)

532) "우빨리 장자가 앞에서는 몸의 몽둥이가 크다고 했는데 지금은 마음의 몽둥이가 크다고 하니 그의 말은 앞뒤가 일치하지 않는다고 하신다."(MA.iii.58)

533) 아래 §15에서 우빨리는 부처님의 이 말씀을 듣고 이미 세존께 믿음이 생겼다고 말하고 있다. 그러나 그는 세존의 여러 가지 답변을 더 듣고 싶어서 반대 입장을 취해야겠다고 생각했다고 한다.

12. "장자여, 이를 어떻게 생각하는가? [377] 이 세상에 니간타는 네 가지 단속으로 단속한다.[534] 그는 모든 찬물을 거부하고, 모든 [악을] 금하는 것에 전념하고, 모든 [악을] 금하여 [악을] 털어버리고, 모든 [악을] 금하는 것이 몸에 배어있다.[535] 그러나 그가 나아가고 물러갈 때 작은 생명들을 많이 해친다. 장자여, 그런데 이것에 대

---

534) "'네 가지 단속으로 단속함(cātu-yāma-saṁvara-saṁvuta)'이란 첫째, 생명을 죽이지 않고(na pāṇam atipāteti), 죽이도록 하지 않고(na atipāta-yati), 죽이는 것에 동의하지 않는 것(na atipātayato samanuñño hoti), 둘째 주지 않은 것을 가지지 않고(na adinnaṁ ādiyati), 주지 않은 것을 가지게 하지 않고, 주지 않은 것을 가지는 것에 동의하지 않는 것, 셋째 거짓말 하지 않고(na musā bhaṇati), 거짓말 하게 하지 않고, 거짓말 하는 것에 동의하지 않는 것, 넷째 좋은 것을 원하지 않고(na bhāvitam āsīsati), 원하게 하지 않고, 원하는 것에 동의하지 않는 것이다. 여기서 좋은 것(bhāvita)이란 다섯 가닥의 얽어매는 감각적 욕망(pañca-kāmaguṇā)을 말한다." (MA.iii.58)

535) '그는 모든 찬물을 거부하고, 모든 [악을] 금하는 것에 전념하고, 모든 [악을] 금하여 [악을] 털어버리고, 모든 [악을] 금하는 것이 몸에 배어있다.'로 옮긴 원어는 sabbavārivārito sabbavāriyutto sabbavāridhuto sabbavāri-phuṭo이다. 이것은 『디가 니까야』 제2권 「사문과경」(D2) §29에서도 니간타 나따뿟따가 직접 한 말로 나타나고 있다.
여기서 이 네 가지 술어에 핵심단어로 나타나는 것이 vāri이다. 이것은 여기서 '물'이라는 뜻과 '[악을] 금함(√vṛ, *to enclose*)'이라는 두 가지 뜻을 포함한 동음이의어 표현이다. 자이나 교도들은 찬물에는 생명이 있다고 생각하여 끓인 물만 마시는 계율을 엄하게 여기기 때문에 이 '물'과 그들의 고행인 '악을 금함'을 함께 표현한 것이다. 역자는 여기서 vāri를 악을 금함이라는 의미로 옮겼다. 이 문맥을 이렇게 풀어서 옮긴 이유는 주석서에서 다음과 같이 설명하기 때문이다.
"'모든 찬물을 거부한다(sabba-vāri-vārita).'는 것은 모든 찬물(sabba-vāri, sabba-sītodaka)을 거부하는(vārita, parikhitta) 것이고, '모든 [악을] 금하는 것에 전념하고(sabba-vāri-yutta)'는 모든 악을 금하는 것(sabba pāpa-vāraṇa)에 전념하는(yutta) 것이고, '모든 악을 금하여 악을 털어버리고(sabba-vāri-dhuta)'는 모든 악을 금하여(sabba pāpa-vāraṇa) 악을 털어버리는(dhuta-pāpa) 것이고, '모든 악을 금하는 것이 몸에 배어있다(sabba-vāri-phuṭa).'는 것은 모든 악을 금하는 것(sabba pāpa-vāraṇa)이 몸에 배어있다(phuṭa)는 뜻이다."(MA.iii.58~59)

해서 니간타 나따뿟따는 어떤 과보를 설하는가?"

"세존이시여, 니간타 나따뿟따는 의도하지 않는 것은 크게 비난받을 일이 아니라고 설합니다."

"장자여, 그런데 만일 의도한 것이면 어떠한가?"

"세존이시여, 크게 비난받을 일입니다."

"장자여, 장자여, 마음에 잘 잡도리하여 설명하라. 그대는 앞의 말과 뒤의 말이 일치하지 않고 뒤의 것은 앞의 것과 일치하지 않는다. 장자여, 그러나 그대는 '세존이시여, 저는 진리에 입각하여 토론에 임할 것입니다. 이 점에 대해 우리는 대화를 나누어봅시다.'라고 말했다."

"세존이시여, 세존께서 비록 그렇게 말씀하시더라도 몸의 몽둥이가 악업을 짓고 악업을 행함에 있어 가장 비난받아야 할 것입니다. 말의 몽둥이도 그 정도는 아니고, 마음의 몽둥이도 그 정도는 아닙니다."

13. "장자여, 이를 어떻게 생각하는가? 이 날란다 도시는 번창하고 풍요로워 인구가 많고 사람들로 붐비는가?"

"세존이시여, 그러하옵니다. 이 날란다는 번창하고 풍요로워 인구가 많고 사람들로 붐빕니다."

"장자여, 이를 어떻게 생각하는가? 어떤 한 사람이 칼을 뽑아들고 와서 말하기를 '나는 이 날란다의 모든 생명을 한 찰나에, 한 순간에536) 하나의 고깃덩이, 하나의 고기뭉치로 만들어버리겠다.'라고 한다고 하자. 장자여, 이를 어떻게 생각하는가? 참으로 그 사람은 이 날란다의 모든 생명을 한 찰나에, 한 순간에 하나의 고깃덩이, 하나

---

536) '한 찰나'와 '한 순간'은 각각 eka khaṇa와 eka muhutta를 직역한 것이다.

의 고기뭉치로 만들 수 있는가?"

"세존이시여, 열 사람, 스무 사람, 서른 사람, 마흔 사람, 쉰 사람일지라도 이 날란다의 모든 생명을 한 찰나에, 한 순간에 하나의 고깃덩이 하나의 고기뭉치로 만드는 것은 불가능할 것인데 어찌 하잘것없는 한 사람이 그것을 할 수 있겠습니까?"

"장자여, 이를 어떻게 생각하는가? 신통력을 가지고 있고 마음의 자유자재를 성취한 사문이나 바라문이 여기 와서 말하기를 '나는 단 한 번의 마음의 저주로 이 날란다를 온통 재로 만들 것이다.'라고 한다고 하자. 장자여, 이를 어떻게 생각하는가? 신통력을 가지고 있고 마음의 자유자재를 성취한 사문이나 바라문이 단 한 번의 마음의 저주로 이 날란다를 온통 재로 만들 수 있겠는가?"

"세존이시여, [378] 그런 신통력을 가지고 있고 마음의 자유자재를 성취한 사문이나 바라문이라면, 날란다 도시가 열 개, 스무 개, 서른 개, 마흔 개, 쉰 개라도 단 한 번의 마음의 저주로 온통 재로 만들어 버릴 수 있거늘, 하물며 하잘것없는 이 한 개의 날란다에 대해서야 말해 무엇하겠습니까?"

"장자여, 장자여, 마음에 잘 잡도리하여 설명하라. 그대는 앞의 말과 뒤의 말이 일치하지 않고 뒤의 것은 앞의 것과 일치하지 않는다. 장자여, 그러나 그대는 '세존이시여, 저는 진리에 입각하여 토론에 임할 것입니다. 이 점에 대해 우리는 대화를 나누어봅시다.'라고 말했다."

"세존이시여, 세존께서 비록 그렇게 말씀하시더라도 몸의 몽둥이가 악업을 짓고 악업을 행함에 있어 가장 비난받아야 할 것입니다. 말의 몽둥이도 그 정도는 아니고, 마음의 몽둥이도 그 정도는 아닙니다."

14. "장자여, 이를 어떻게 생각하는가? 그대는 단다까 밀림과 깔링가 밀림과 멧자 밀림과 마땅가 밀림이 어떻게 해서 밀림이 되었는

지, 그것에 대해서 들은 적이 있는가?"537)

"그렇습니다, 세존이시여. 저는 단다까 밀림과 깔링가 밀림과 멧자 밀림과 마땅가 밀림이 어떻게 해서 밀림이 되었는지, 그것에 대해서 들은 적이 있습니다."

"장자여, 이를 어떻게 생각하는가? 그대는 어떻게 들었는가? 무엇에 의해서 그 단다까 밀림과 깔링가 밀림과 멧자 밀림과 마땅가 밀림은 밀림이 되었는가?"

"세존이시여, 저는 '선인(仙人)들이 단 한 번 마음에 저주538)를 일으켜 그 단다까 밀림과 깔링가 밀림과 멧자 밀림과 마땅가 밀림은 밀

---

537) 이 넷은 각각 『자따까』의 J.iii.463, v.133ff, 267과 J.v.144와 J.vi.389, v.267과 J.v.114, 267와 『밀린다빤하』(Mil.130)를 참조할 것.

538) '선인(仙人)들의 마음의 저주'는 isīnaṁ mano-padosa를 옮긴 것이다.
인도 바라문 수행자들 하면 빼놓을 수 없는 것이 그들의 '저주(sapana, abhi-sapana, dhik, *curse*)'이다. 초기불전 가운데 가장 오래된 것으로 누구나가 다 인정하는 『숫따니빠따』 제5장 「도피안 품」도 바로 이 저주로부터 시작된다.(Sn.191 {983} 참조) 『상윳따 니까야』 제1권 「바다의 선인 경」(S11:10)에도 선인(仙人)들의 저주(abhisapita, abhisapana, abhi+√sap)가 나타난다.
인도에서 제일가는 희곡인 『샤꾼딸라』에서도 바라문의 저주가 희곡의 가장 중요한 전환점으로 나타나고 있다. 그 외 『라마야나』나 『마하바라따』 등 인도를 대표하는 문헌에서도 바라문의 위엄과 권위를 표시하는 것으로 반드시 등장하는 것이 바라문들의 저주이다. 바라문이나 수행자의 저주로 숲이나 마을이 잿더미가 되었다는 설화는 바라문 제의서나 자이나교 문헌에도 자주 등장한다.
그러나 비구에게는 바라문들의 주특기인 '저주(dhik, sapa, *curse*)'(「바다의 선인 경」(S11:10) §7 참조)란 허락되지 않으며, 허락될 수도 없다. 이러한 저주에 대해서 내리신 세존의 처방은 초기불전의 도처에 나타나는 '네 가지 거룩한 마음가짐[四梵住, brahma-vihāra]'이다. 바라문들의 제일의 염원인 범천에 태어나려면 악의를 품고 저주를 할 게 아니라 자애[慈, mettā], 연민[悲, karuṇā], 더불어 기뻐함[喜, muditā], 평온[捨, upekkhā]을 닦아야 한다는 말씀이다. 여기에 대해서는 본서 제3권 「수바 경」(M99/ ii.207) §§23~27과 『디가 니까야』 제1권 「삼명경」(D13/i.250~251) §§76 ~79 등을 참조할 것.

림이 되었다.'고 들었습니다."

"장자여, 장자여, 마음에 잘 잡도리하여 설명하라. 그대는 앞의 말과 뒤의 말이 일치하지 않고 뒤의 것은 앞의 것과 일치하지 않는다. 장자여, 그러나 그대는 '세존이시여, 저는 진리에 입각하여 토론에 임할 것입니다. 이 점에 대해 우리는 대화를 나누어봅시다.'라고 말했다."

15. "세존이시여, 저는 세존께서 해주신 첫 번째 비유만으로도 마음이 흡족하고 크게 기뻤습니다. 그래도 여러 가지 질문에 대한 세존의 이런 답변을 듣고 싶어서 세존과는 반대 입장을 취해야겠다고 생각했습니다.

경이롭습니다, 고따마 존자시여. 놀랍습니다, 고따마 존자시여. 마치 넘어진 자를 일으켜 세우시듯, 덮여있는 것을 걷어내 보이시듯, [방향을] 잃어버린 자에게 길을 가리켜주시듯, 눈 있는 자 형상을 보라고 어둠 속에서 등불을 비춰주시듯, 세존께서는 여러 가지 방편으로 법을 설해주셨습니다. 저는 이제 세존께 귀의하옵고 [379] 법과 비구 승가에 귀의합니다. 세존께서는 저를 재가신자로 받아주소서. 오늘부터 목숨이 붙어 있는 그날까지 귀의하옵니다."

16. "장자여, 심사숙고한 연후에 행하라. 그대와 같은 유명한 사람은 심사숙고하는 것이 좋다."

"세존이시여, 세존께서 이처럼 '장자여, 심사숙고한 연후에 행하라. 그대와 같은 유명한 사람은 심사숙고하는 것이 좋다.'라고 말씀하시니 저는 더욱더 마음이 흡족하고 기쁩니다. 세존이시여, 다른 외도들은 저를 제자로 얻으면 '우빨리 장자는 우리의 제자가 되었다.'라고 온 날란다에 깃발을 드날릴 것입니다. 그런데도 세존께서는 제게 이렇게 말씀하셨습니다. '장자여, 심사숙고한 연후에 행하라. 그대와 같은 유명한 사람은 심사숙고하는 것이 좋다.'라고.

세존이시여, 이런 저는 두 번째에도 세존께 귀의하옵고 법과 비구 승가에 귀의합니다. 세존께서는 저를 재가신자로 받아주소서. 오늘부터 목숨이 붙어 있는 그날까지 귀의하옵니다."

17. "장자여, 그대의 가문은 오랜 세월 니간타들을 후원해왔다.539) 그러니 그들이 오면 음식을 공양해야 한다고 생각해야 한다."

"세존이시여, 세존께서 이처럼 '장자여, 그대의 가문은 오랜 세월을 니간타들을 후원해왔다. 그러니 그들이 오면 음식을 공양해야 한다고 생각해야 한다.'라고 말씀하시니 저는 더욱더 마음이 흡족하고 기쁩니다. 세존이시여, 저는 이처럼 '사문 고따마는 '나에게만 보시해야 하고, 다른 사람들에게 보시하면 안된다. 나의 제자들에게만 보시해야 하고, 다른 사람의 제자들에게 보시하면 안된다. 나에게 보시한 것은 큰 과보가 있다. 다른 사람들에게 보시한 것은 큰 과보가 없다. 나의 제자들에게 보시한 것은 큰 과보가 있다. 다른 사람의 제자들에게 보시한 것은 큰 과보가 없다.'라고 말한다.'라고 들었습니다. 그러나 세존께서는 제게 니간타들에게도 보시할 것을 격려했습니다.

세존이시여, 이런 저는 세 번째에도 세존께 귀의하옵고 법과 비구 승가에 귀의합니다. 세존께서는 저를 재가신자로 받아주소서. 오늘부터 목숨이 붙어 있는 그날까지 귀의하옵니다."

18. 그러자 세존께서는 우빨리 장자에게 순차적인 가르침540)을

---

539) "'후원해왔다(opāna-bhūta).'라는 것은 마치 니간타 교도들을 위해 준비되어 있는 우물처럼 존재해 있었다(paṭiyatta-uda-pāno viya ṭhitaṁ)는 말이다."(MA.iii.89)

540) 여기에 "세존께서는 '순차적인 가르침(ānupubbi-kathā)'을 설하셨다."고 나타난다. 한국불교에는 돈오돈수와 돈오점수에 대한 논쟁이 있어 왔다. 초

설하셨다. 보시의 가르침, 계의 가르침, 천상의 가르침, 감각적 욕망들의 재난과 타락과 오염원, 출리의 공덕을 밝혀주셨다.541) 세존께

기불교는 어떠한가? 여기에 대해서는 본서 「끼따기리 경」(M70) §22의 주해를 참조할 것.

본서 「끼따기리 경」(M70) §22에서 세존께서는 "나는 구경의 지혜가 단박에 성취된다고 말하지 않는다(nāhaṁ ādikeneva aññārādhanaṁ vadāmi)."고 하셨다. 그리고 "순차적인 공부지음(anupubba-sikkhā)"과 "순차적인 행(anupubba-kiriyā)"과 "순차적인 도닦음(anupubba-paṭipadā)"으로 구경의 지혜는 이루어지는 것이라고 하셨으며, 그 방법으로 "여기 스승에 대해 믿음이 생긴 자는 스승을 친견한다."(§23)로 시작하는 12단계로 말씀하신다. 그리고 특히 본서 제4권 「가나까 목갈라나 경」(M107) §3이하에서도 세존께서는 이 순차적인 공부지음과 순차적인 실천과 순차적인 도닦음을 계를 지님부터 네 가지 禪까지의 8가지 단계로 설명하신다.

'순차적인 공부지음(anupubba-sikkhā)'과 '순차적인 가르침(ānupubbi-kathā)'에 대해서는 본서 제1권 역자 서문 §8-(8)을 참조할 것.

541) "'순차적인 가르침(ānupubbi-kathā)'이란 보시에 대해 설하신 다음 계에 대해, 계의 가르침 다음에 천상에 대해, 천상의 가르침 다음에 도에 대해 이렇게 순차적으로 가르침을 설하신 것(anupaṭipāṭi-kathā)을 말한다.

'보시(dāna)'란 행복의 원인(nidāna)이고, 증득(sampatti)의 뿌리(mūla)이고, 부(富, bhoga)의 기반(patiṭṭhā)이고, 위험에 처한 자에게 기댈 곳(tāṇa)이 되고, 금생과 내생에서 보시와 같은 그런 의지처가 없다는 등으로 보시의 공덕에 대해 설하셨다. … 그 다음에 보시를 행할 때 계를 성취할 수 있으므로 계의 가르침에 대해 설하셨다.

'계(sīla)'는 의지처(avassaya)이고, 기반(patiṭṭhā)이고, 대상(ārammaṇa)이고, 기댈 곳(tāṇa)이고, 귀의처(leṇa)고 행처(gati)고 피안(parāyaṇa)이라는 등으로 계의 공덕에 대해 설하셨다. … 그 다음에 이 계를 의지하여 천상에 태어날 수 있다는 것을 보여주시기 위해 천상의 가르침을 설하셨다.

'천상(sagga)'이란 원하는 것이고, 사랑스러운 것이고, 마음에 드는 것이고, 항상 유희를 즐길 수 있고, 항상 행운이 가득하다는 등으로 천상의 공덕과 관련된 말씀을 하셨다. …

그리고 나서 이 천상도 무상한 것이니 거기에 탐욕을 갖지 말 것을 가르치시기 위해 "감각적 욕망이란 달콤함은 적고 많은 괴로움과 많은 절망을 주는 것이어서 거기에는 재난이 더 많다."(본서 제1권 「괴로움의 무더기의 짧은 경」(M14) §4)라는 방법으로 '감각적 욕망의 재난과 타락과 오염원(kāmānaṁ ādīnavaṁ okāraṁ saṅkilesaṁ)'을 설하셨다. …

이와 같이 감각적 욕망의 재난으로 두려움을 일으키게 하신 뒤 '출리의 공덕(nekkhamme ānisaṁsa)'을 드러내셨다."(MA.iii.89~92)

서는 우빨리 장자의 마음이 준비되고 [380] 마음이 부드러워지고 마음의 장애가 없어지고 마음이 고무되고 마음에 깨끗한 믿음이 생겼음을 아시게 되었을 때 부처님들께서 직접 얻으신 괴로움[苦]과 일어남[集]과 소멸[滅]과 도[道]라는 법의 가르침을 드러내셨다. 마치 얼룩이 없는 깨끗한 천이 바르게 잘 염색되는 것처럼 그 자리에서 '생긴 것은 무엇이건 모두 멸하기 마련이다[集法卽滅法].'라는 티끌 없고 때 없는 법의 눈[法眼]이 우빨리 장자에게 생겼다. 그때 우빨리 장자는 법을 보았고,542) 법을 얻었고, 법을 체득했고, 법을 간파했고, 의심을 건넜고, 혼란을 제거했고, 무외를 얻었고, 스승의 교법에서 다른 사람에게 의지하지 않게 되었다.

그러자 그는 세존께 이렇게 말씀드렸다.

"세존이시여, 저희는 이제 물러가겠습니다. 저희는 바쁘고 해야 할 일이 많습니다."

"장자여, 지금이 적당한 시간이라면 그렇게 하라."

19. 그러자 우빨리 장자는 세존의 설법을 기뻐하고 감사드리면서 자리에서 일어나 세존께 절을 올리고 오른쪽으로 돌아 [경의를 표한] 뒤 자신의 집으로 돌아갔다. 가서는 문지기를 불러서 말했다.

"착한 문지기여, 오늘부터 니간타의 남자 신도들과 니간타의 여자 신도들에게는 문을 닫고 세존의 비구들과 비구니들과 청신사들과 청신녀들에게는 문을 연다. 만일 니간타가 오면 그대는 그에게 이와 같이 말해야 한다. '존자시여, 멈추십시오. 들어가지 마십시오. 오늘부터 우빨리 장자는 사문 고따마의 제자가 되었습니다. 그래서 니간타

---

542) "'법을 보았고(diṭṭha-dhamma)'란 성스러운 진리의 법(사성제, ariya-sacca-dhamma)을 보았다는 말이다. 이 방법은 나머지 구절에도 다 적용된다." (MA.iii.92)

의 남자 신도들과 니간타의 여자 신도들에게는 문을 닫고 세존의 비구들과 비구니들과 청신사들과 청신녀들에게는 문을 열었습니다. 존자시여, 만일 탁발을 위해서 오셨으면 여기 서 계십시오. 이곳으로 가져오겠습니다.'라고."

"알겠습니다, 주인님."이라고 문지기는 우빨리 장자에게 대답했다.

20. 니간타 디가따빳시는 우빨리 장자가 사문 고따마의 제자가 되었다고 들었다. 그러자 니간타 디가따빳시는 니간타 나따뿟따를 찾아갔다. 가서는 니간타 나따뿟따에게 이렇게 말했다.

"존자시여, 저는 '우빨리 장자가 사문 고따마의 제자가 되었다.'고 들었습니다."

"따빳시여, 우빨리 장자가 사문 고따마의 제자가 된다는 것은 있을 수 없다. 그러나 사문 고따마가 우빨리 장자의 제자가 되는 것은 가능한 일이다."

두 번째에도 [381] … 세 번째에도 니간타 디가따빳시는 니간타 나따뿟따에게 이렇게 말했다.

"존자시여, 저는 '우빨리 장자가 사문 고따마의 제자가 되었다.'고 들었습니다."

"따빳시여, 우빨리 장자가 사문 고따마의 제자가 된다는 것은 있을 수 없다. 그러나 사문 고따마가 우빨리 장자의 제자가 되는 것은 가능한 일이다."

"존자시여, 그렇다면 제가 가서 우빨리 장자가 사문 고따마의 제자가 되었는지 아닌지 알아보겠습니다."

"따빳시여, 그대가 가서 우빨리 장자가 사문 고따마의 제자가 되었는지 아닌지 알아보아라."

21. 그러자 니간타 디가따빳시는 우빨리 장자의 집으로 갔다. 문지기는 니간타 디가따빳시가 멀리서 오는 것을 보았다. 보고 나서 니간타 디가따빳시에게 이렇게 말했다.

"존자시여, 멈추십시오. 들어가지 마십시오. 오늘부터 우빨리 장자는 사문 고따마의 제자가 되었습니다. 그래서 니간타의 남자 신도들과 여자 신도들에게는 문을 닫고 세존의 비구들과 비구니들과 청신사들과 청신녀들에게는 문을 열었습니다. 존자시여, 만일 탁발을 위해 오셨다면 여기 서 계십시오. 가져오겠습니다."

"도반이여, 나는 탁발을 위해 온 것이 아닐세."라고 말한 뒤 되돌아서서 니간타 나따뿟따에게로 갔다. 가서는 니간타 나따뿟따에게 이렇게 말했다.

"존자시여, 우빨리 장자가 사문 고따마의 제자가 된 것은 사실입니다. 존자시여, 제가 '존자시여, 저는 우빨리 장자가 사문 고따마를 논파할 수 있다고 생각하지 않습니다. 존자시여, 사문 고따마는 요술쟁이입니다. 그는 개종시키는 요술을 알아서 다른 외도들을 제자로 개종시킵니다.'라고 말씀드렸지만 존자의 동의를 얻지 못했습니다. 존자시여, 존자의 우빨리 장자가 사문 고따마의 개종시키는 요술에 홀려 개종을 했습니다."

"따빳시여, 우빨리 장자가 사문 고따마의 제자가 된다는 것은 있을 수 없다. 그러나 사문 고따마가 우빨리 장자의 제자가 되는 것은 가능하다."

두 번째에도 … 세 번째에도 니간타 디가따빳시는 니간타 나따뿟따에게 이렇게 말했다.

"존자시여, 우빨리 장자가 사문 고따마의 제자가 된 것은 사실입니다. 존자시여, 제가 '존자시여, 저는 우빨리 장자가 사문 고따마를 논파할 수 있다고 생각하지 않습니다. 존자시여, 사문 고따마는 요술쟁이입니다. 그는 개종시키는 요술을 알아서 다른 외도들을 제자로 개종시킵니다.'라고 말씀드렸지만 존자의 동의를 얻지 못했습니다. 존자시여, 존자의 우빨리 장자가 사문 고따마의 개종시키는 요술에 홀려 [382] 개종을 했습니다."

"따빳시여, 우빨리 장자가 사문 고따마의 제자가 된다는 것은 있을 수 없다. 그러나 사문 고따마가 우빨리 장자의 제자가 되는 것은 가능하다. 따빳시여, 그렇다면 내가 가서 우빨리 장자가 사문 고따마의 제자가 되었는지 아닌지 알아보리라."

22. 그러자 니간타 나따뿟따는 많은 니간타 회중과 함께 우빨리 장자의 집으로 갔다. 문지기가 멀리서 니간타 나따뿟따가 오는 것을 보았다. 보고는 니간타 나따뿟따에게 이렇게 말하였다.

"존자시여, 멈추십시오. 들어가지 마십시오. 오늘부터 우빨리 장자는 사문 고따마의 제자가 되었습니다. 그래서 니간타의 남자 신도들과 여자 신도들에게는 문이 닫혔고 세존의 비구들과 비구니들과 청신사들과 청신녀들에게는 문이 열렸습니다. 존자시여, 만일 탁발을 위해 오셨다면 여기 서 계십시오. 가져오겠습니다."

"착한 문지기여, 그렇다면 우빨리 장자에게 가서 이렇게 말하라. '주인님, 니간타 나따뿟따께서 많은 니간타 회중과 함께 문밖에 서 계십니다. 그분은 주인님을 만나고자 하십니다.'라고."

"그러겠습니다, 존자시여."라고 문지기는 니간타 나따뿟따에게 대답하고서 우빨리 장자를 뵈러 갔다. 가서 우빨리 장자에게 이렇게 말하였다.

"주인님, 니간타 나따뿟따께서 많은 니간타 회중과 함께 문밖에

서계십니다. 그분은 주인님을 만나고자 하십니다."

"착한 문지기여, 그렇다면 중앙 문의 큰 방에다 자리들을 마련하라."

"그러겠습니다, 주인님."이라고 문지기는 우빨리 장자에게 대답하고 중앙 문의 큰 방에다 자리들을 마련하고서 우빨리 장자에게 갔다. 가서는 우빨리 장자에게 이렇게 말했다.

"주인님, 중앙 문의 큰 방에 자리들을 마련하였습니다. 지금이 적당한 시간이라면 그렇게 하십시오."

23. 그러자 우빨리 장자는 [383] 중앙 문의 큰 방으로 갔다. 가서는 거기서 가장 높고, 가장 뛰어나고, 가장 훌륭하고, 가장 좋은 자리에 앉아서 문지기를 불러 말했다.

"착한 문지기여, 니간타 나따뿟따께 가거라. 가서 니간타 나따뿟따께 이렇게 말씀드려라. '존자시여, 우빨리 장자가 '존자시여, 원하신다면 들어오십시오.'라고 말씀하십니다.'라고."

"그러겠습니다, 주인님."이라고 문지기는 우빨리 장자에게 대답하고서 니간타 나따뿟따에게 갔다. 가서 니간타 나따뿟따에게 이렇게 말하였다.

"존자시여, 우빨리 장자가 '존자시여, 원하신다면 들어오십시오.'라고 말씀하십니다."

그러자 니간타 나따뿟따는 많은 니간타 회중과 함께 중앙 문의 큰 방으로 들어갔다.

24. 우빨리 장자는 전에는 니간타 나따뿟따가 멀리서 오는 것을 보고 마중을 나갔으며 가장 높고, 가장 뛰어나고, 가장 훌륭하고, 가장 좋은 자리를 윗옷으로 털어서 잘 살펴보고 앉게 했다. 그러나 이제는 거기서 가장 높고, 가장 뛰어나고, 가장 훌륭하고, 가장 좋은 자

리를 자신이 앉아서 니간타 나따뿟따에게 이렇게 말했다.

"존자시여, 자리들이 마련되어 있습니다. 원하신다면 앉으십시오."

25. 이와 같이 말했을 때 니간타 나따뿟따는 우빨리 장자에게 이렇게 말했다.

"장자여, 그대는 미쳤구나. 장자여, 그대는 바보로구나. 그대는 '존자시여, 이제 저는 이 말의 논지에 대해 사문 고따마를 논파하고 오겠습니다.'라고 가서는 큰 논쟁의 그물에 걸려들었구나.

장자여, 마치 어떤 사람이 다른 사람의 고환을 제거하러 갔다가 자기의 두 고환이 거세되어 돌아온 것과 같다. 장자여, 마치 어떤 사람이 다른 사람의 눈알을 빼러 갔다가 자기의 두 눈알이 다 빠져서 돌아온 것과 같다.

그와 같이 장자여, 그대는 '존자시여, 이제 저는 이 말의 논지에 대해 사문 고따마를 논파하고 오겠습니다.'라고 가서는 큰 논쟁의 그물에 걸려들었구나. 장자여, 그대는 사문 고따마의 개종시키는 요술에 홀려 개종을 했구나."

26. "존자시여, 그 개종시키는 요술[543]은 축복입니다. 존자시여, 그 개종시키는 요술은 훌륭합니다. 존자시여, 사랑하는 나의 친지들이나 혈족들이 이러한 개종으로 개종한다면 사랑하는 나의 친지들과 혈족들에게 오랜 세월 이익과 행복이 있을 것입니다.

존자시여, 만일 모든 끄샤뜨리야들이 이런 개종으로 개종한다면 모든 끄샤뜨리야들에게 오랜 세월 이익과 행복이 있을 것입니다. 존자시여, [384] 만일 모든 바라문들이 … 와이샤들이 … 수드라들이 이

543) "여기서 '개종시키는 요술(āvaṭṭanī māyā)'은 우빨리 장자 자신이 통찰한(paṭividdha) 예류도(sotāpatti-magga)를 말한다."(MA.iii.94)

러한 개종으로 개종한다면 모든 수드라들에게 오랜 세월 이익과 행복이 있을 것입니다. 존자시여, 만일 신을 포함하고 마라를 포함하고 범천을 포함한 세상과 사문·바라문들을 포함하고 신과 사람을 포함한 무리들이 이러한 개종으로 개종한다면 신을 포함하고 마라를 포함하고 범천을 포함한 세상과 사문·바라문들을 포함하고 신과 사람을 포함한 무리들에게 이익과 행복이 있을 것입니다.

존자시여, 여기에 대해서 당신께 비유를 들겠습니다. 여기서 어떤 지자들은 비유를 통해 이 말의 뜻을 완전하게 알기 때문입니다."

27. "존자시여, 옛날에 어떤 늙고 나이 들고 노쇠한 바라문에게 젊은 바라문 아내가 있었는데 임신하여 출산 예정일이 코앞에 다가왔습니다. 존자시여, 그러자 젊은 아내는 그 바라문에게 이렇게 말했습니다. '바라문이여, 시장에 가서 원숭이 새끼를 한 마리 사오십시오. 그러면 내 아이의 놀이친구가 될 것입니다.' 존자시여, 이와 같이 말하자 그 바라문은 젊은 아내에게 이렇게 말했습니다. '여보, 당신이 분만할 때까지 기다리세요. 여보, 만일 당신이 사내아이를 낳으면 나는 시장에서 수원숭이 새끼를 사오겠소. 그러면 그 사내아이의 좋은 놀이친구가 될 것이오. 여보, 만일 당신이 여자아이를 낳으면 나는 시장에서 암원숭이 새끼를 사오겠소. 그러면 그 여자아이의 좋은 놀이친구가 될 것이오.'

존자시여, 두 번째에도 … 세 번째에도 그 젊은 아내는 그 바라문에게 이렇게 말했습니다. '바라문이여, 시장에 가서 원숭이 새끼를 한 마리 사오십시오. 그러면 내 아이의 놀이친구가 될 것입니다.' 존자시여, 이와 같이 말하자 그 바라문은 그 젊은 아내를 향한 사랑에 마음이 묶여 시장에 가서 원숭이 새끼를 한 마리 사가지고 와서 젊은 아내에게 이렇게 말했습니다. '여보, 시장에 가서 원숭이 새끼를 한 마리 사왔소. 이제 [385] 당신 아이의 놀이친구가 될 것이오.' 존자시여, 이와 같이 말했을 때 그 젊은 아내는 그 바라문에게 이렇게 말했습니다.

바라문이여, 그대는 이 원숭이 새끼를 데리고 염색공의 아들 랏따빠니에게 가서 염색공의 아들 랏따빠니에게 이렇게 말하세요. '착한 랏따빠니여, 나는 이 원숭이 새끼를 진한 노란 물감으로 염색하고 또 두들기고 뒤집어놓고 두들겨 양쪽 모두 윤이 나도록 만들어 주기를 원하오.'라고.

존자시여, 그러자 그 바라문은 원숭이 새끼를 데리고 염색공의 아들 랏따빠니에게 가서 그에게 이렇게 말했습니다. '착한 랏따빠니여, 나는 이 원숭이 새끼를 진한 노란 물감으로 염색하고 또 두들기고 뒤집어놓고 두들겨 양쪽 모두 윤이 나도록 만들어 주기를 원하오.'라고. 존자시여, 이와 같이 말했을 때 그 염색공의 아들 랏따빠니는 그 바라문에게 이렇게 말했습니다. '존자시여, 당신의 원숭이 새끼는 염색할 수는 있지만 두들길 수도 없고 윤을 낼 수도 없습니다.'라고.[544]

존자시여, 그와 같이 유치한 니간타들의 교설은 유치한 자들이 좋아하지만 현자들은 좋아하지 않습니다. 그것은 조사하는 것을 감당하지 못하고 윤을 내는 것도 감당하지 못합니다.[545]

---

544) "장난감이든 살아 있는 것이든 원숭이 새끼(makkaṭa-cchāpaka)는 염색을 할 수는 있다(raṅga-kkhama) 그러나 '두들김을 감당할 수 없다(no ākoṭana-kkhama).'는 것은 살아 있는 것을 널빤지에다 놓고 배를 두들기면 위장이 터져 배설물이 튀어나올 것이고, 머리를 두들기면 머리가 터져 뇌수가 밖으로 나오고, 장난감일 경우 조각조각 흩어지기 때문이다. '윤을 내는 것도 감당하지 못한다(no vimajjana-kkhama).'는 것은 살아 있는 것을 돌로 문지르면 털이 벗겨져 피부가 없이 될 것이고, 장난감이라도 뭉개질 것이기 때문이다."(MA.iii.95)

545) "'조사하는 것을 감당하지 못하고 윤을 내는 것도 감당하지 못한다(no anuyoga-kkhamo, no vimajjana-kkhamo).'는 것은 니간타들의 교설은 조

존자시여, 그 바라문이 다른 때에 새 옷 한 벌을 가지고 염색공의 아들 랏따빠니에게 가서 염색공의 아들 랏따빠니에게 이렇게 말했습니다. '착한 랏따빠니여, 나는 이 새 옷 한 벌을 진한 노란 물감으로 염색하고 또 두들기고 뒤집어놓고 두들겨 양쪽 모두 윤이 나도록 만들어 주기를 원하오.'라고. 존자시여, 이와 같이 말했을 때 그 염색공의 아들 랏따빠니는 그 바라문에게 이렇게 말했습니다. '존자시여, 당신의 이 새 옷 한 벌은 염색도 할 수 있고 두들길 수도 있고 윤을 낼 수도 있습니다.'라고.

존자시여, 그와 같이 세존·아라한·정등각자의 교설은 현자들은 좋아하지만 유치한 자들은 좋아하지 않습니다. 그것은 조사하는 것도 감당해내고, 윤을 내도 것도 감당해냅니다."

28. "장자여, 왕을 포함한 회중들은 이렇게 알고 있다. '우빨리 장자는 니간타 나따뿟따의 제자이다.'라고. 장자여, 우리는 그대를 누구의 제자라고 여겨야 하는가?"

이 말을 듣고 우빨리 장자는 한쪽 어깨가 드러나게 윗옷을 입고 [386] 세존을 향해 합장하고서 니간타 나따뿟따에게 이렇게 말했다.

29. "존자여, 그렇다면 제가 누구의 제자인지를 들어보십시오.

현명하시고 미혹을 여의었고
[마음의] 삭막함546)을 잘라버렸고

사하는 것(anuyoga)과 연구하는 것(vīmaṁsa)을 감당하지 못한다. 껍질을 두들겨 쌀을 찾는 것과 같고, 야자나무에서 고갱이(sāra)를 찾는 것과 같아서 그들의 교리는 공허하고(rittaka) 비어 있을(tucchaka) 뿐이다."(MA. iii.95)

546) '삭막함(khila)' 혹은 '마음의 삭막함(ceto-khila)'에 대해서는 본서 제1권 「마음의 삭막함 경」(M16) §§2~7를 참조할 것.

승리했고 괴로움이 없고[547]
평등하게 대하고
계가 원숙하고 수승한 통찰지를 가졌고
탐욕 등 해로움을 건넜고
더러움이 없는 세존께서 계시니,
저는 바로 그분의 제자입니다.

그분은 의혹이 없고 만족을 알고
세속의 비린내를 토했고 기뻐하고[548]
한 인간으로 사문의 할 바를 다 했고,
마지막 몸을 가졌고
때가 없고 비견할 데 없는 세존이시니,
저는 바로 그분의 제자입니다.

그분은 의심이 없고 능숙하고
중생들의 지도자이고 최고의 조어장부이고

---

547) "'승리했다(vijitavijaya)'는 것은 모든 범부들을 이겼고 이기고 이길 것이기 때문이다. 즉 죽음으로서의 마라, 오염원으로서의 마라, 신으로서의 마라(maccumāra-kilesamāra-devaputtamāra)를 세존께서는 모두 이기셨다. 그래서 승리자이다. '괴로움이 없다(anīgha).'는 것은 오염원의 괴로움도 과보의 괴로움도 세존께는 없기 때문이다."(MA.iii.96)
죽음으로서의 마라 등에 대해서는 본서 「마라 견책 경」(M50) §2의 주해를 참조할 것.

548) "'세속의 비린내를 토했다(vanta-lokāmisa).'는 것은 다섯 가닥의 얽어매는 감각적 욕망(kāma-guṇa)을 다 버렸다는 말이다.
'기뻐한다(mudita)'는 것은 더불어 기뻐함의 거룩한 마음가짐[喜梵住, muditā-vihāra]으로 머무시기 때문에 기뻐한다는 뜻이다.
'평등하게 대한다(susama-citta).'는 것은 [부처님의 외사촌으로 부처님을 해하려했던] 데와닷따에게도, 앙굴리말라에게도, [아들이었던] 라훌라에게도 그리고 신들과 인간들(deva-manussā)에게도 모두 한결 같은 마음으로 대하셨기 때문이다."(MA.iii.96)

위없고 청정한 성품을 지녔고[549]
확신에 차있고 빛을 비추며
자만을 잘랐고 영웅이신 세존이시니,
저는 바로 그분의 제자입니다.

그분은 무리의 지도자이고 측량할 수 없고
덕이 깊고 지혜를 얻었고
안온을 주고 명지를 지녔고
법에 주하고 자신을 단속했고
집착을 건너 해탈하신 세존이시니,
저는 바로 그분의 제자입니다.

그분은 용[550]이고 멀리 떨어진 곳에 머물고
족쇄를 부수었고 해탈했고
대화에 능숙하고 지혜롭고
[자만의] 깃발을 내리고[551] 탐욕을 건넜으며
자신을 제어하고 사량 분별을 여의신[552] 세존이시니,

549) 원어를 직역하면 '빛나는 성품을 지녔고(rucira-dhamma)'라고 옮길 수 있지만, 주석서의 설명에 따라 '청정한 성품을 지녔다(suci-dhamma).'로 옮겼다.(MA.iii.97)

550) "부처님은 네 가지 이유로 '용(nāga)'이라 한다. 즉 열의(chanda) 등 때문에 행하지 말아야 할 것을 행하지 않고(agacchanata), 버린 오염원들(pahīna-kilesā)을 다시 불러오지 않고(anāgacchanata), 죄(āgu)를 범하지 않고(akaraṇata), 강하다는 뜻에서(balavant-aṭṭha) 용(나가)이라고 불린다."(AA.iii.78)

551) 본서 「역마차 교대 경」(M24) §35에 의하면 '깃발dhaja'은 '자만(māna)'의 깃발이다.

552) '사량 분별을 여읜'은 nippapañca를 옮긴 것이다. 이것은 '사량 분별'을 뜻하는 papañca에 부정 접두어 nis-를 붙여서 만들어진 술어이다.

저는 바로 그분의 제자입니다.

그분은 선인(仙人)들 중 최상이고553) 속이지 않고
삼명을 갖추고 거룩함을 증득했고

여기서 빠빤짜(papañca, Sk. prapañca)는 대부분 불교에서만 쓰이는 용어로 pra(앞으로)+√pañc에서 파생된 남성명사이다. 인도 최고의 문법학자인 빠니니(Pāṇini)의 산스끄리뜨 어근 사전인 『다뚜빠타』(Dhātupatha)에 '√pañc는 퍼짐의 뜻으로 쓰인다(paci vistāravacane).'라고 나타난다. 아마 '빵(pañc)' 하고 터지면서 퍼져나가는 것을 나타내는 의성어에서 유래된 것이 아닌가 생각된다. 희론(戱論)이라고 한역되었으며 여러 가지 사량 분별이 확장되고 전이되어 가는 것을 나타내는 불교술어이다. 그래서 초기불전연구원에서는 대부분 사량 분별로 옮기고 있다.

본서 제4권 「경이롭고 놀라운 일 경」(M123) §2에 해당하는 주석서는 "'사량 분별(papañcā)'이란 갈애(taṇhā), 자만(māna), 사견(diṭṭhi)의 세 가지 오염원(kilesa)을 말한다."(MA.iv.167)라고 설명한다.

한편 '사량 분별 없음(nippapañca)'은 열반의 여러 동의어들 가운데 하나로 나타나는데 『상윳따 니까야』 제5권 「무위 상윳따」(S43)에서 무위 혹은 열반의 33가지 동의어들 가운데 하나로 나타난다. 주석서는 "'사량 분별 없는 경지(nippapañca-pada)'란 열반의 경지(nibbāna-pada)를 말한다."(AA.iii.348)라거나, "'사량 분별 없음(nippapañca)'이란 자만(māna)과 갈애(taṇhā)와 사견(diṭṭhi)의 사량 분별이 없음이다."(MA.iii.112; DA.iii.1062)라고 설명한다.

'사량 분별(papañca)'과 '사량 분별이 함께한 인식의 더미(papañca-saññā-saṅkhā)'에 대해서는 본서 제1권 「꿀 덩어리 경」(M18) §8과 §16이하와, 「뿌리에 대한 법문 경」(M1) §3의 '땅을 땅이라 인식하고서는(pathaviṁ pathavito saññatvā)'에 대한 주해를 참조할 것.

553) '선인(仙人)들 중 최상이고'는 isi-sattamassa를 옮긴 것이다. 이 합성어는 『숫따니빠타』 {356}번 게송에도 나타나는데 『숫따니빠따 주석서』(SnA.i.351)는 이것을 두 가지로 설명하고 있는데 그것은 'isi ca sattamo ca uttamaṭṭhena'이다. 첫 번째는 사문 고따마는 위빳시 선인(isi, 부처님) 등 여섯 부처님의 뒤를 이은 일곱 번째 부처님(D14 §1.4 참조)이라는 뜻이라고 설명하고 있고, 두 번째는 선인들 중에 최상(uttama)이란 뜻이다. 이럴 경우 합성어인 isi+sattama의 sattama가 sat(*being*, 중생, 존재)의 최상급이 되어 최상의 선인이라는 뜻이 된다. 『숫따니빠따 주석서』는 이처럼 두 가지로 설명하고 있지만 본경에 해당하는 주석서(MA.iii.98)에는 첫 번째 설명만 나타난다. 그러나 역자는 두 번째 설명을 따라서 옮겼다.

오염원을 씻었고 문장에 뛰어나고
고요하고 지혜를 갖추었고
법보시의 시조이고 유능하신 세존이시니,
저는 바로 그분의 제자입니다.

그분은 성자이고 마음을 닦았고
얻어야 할 것을 얻었고[554] 상세하게 설하시고
마음챙김과 통찰지를 구족했고
기울지 않고 타락하지 않았고[555]
동요함이 없고 자유자재를 증득하신 세존이시니,
저는 바로 그분의 제자입니다.

그분은 바르게 갔고 禪에 머무시고
안으로 오염원이 없고 청정하고
얽매이지 않고 두려움이 없고[556]
홀로 머물고 구경을 증득했고
몸소 윤회를 건넜고 건너게 하시는 세존이시니,
저는 바로 그분의 제자입니다.

---

554) "'얻어야 할 것을 얻었고(pattipattassa)'라는 것은 얻어야 할 공덕들(guṇā)을 다 얻었다는 말이다."(MA.iii.98)

555) '타락하지 않았고'는 no apanatassā(뒤로 굽지 않은)를 옮긴 것인데 주석서에서 adutṭhassa(망가지지 않은)라고 설명하고 있기 때문이다.(MA.iii.98)

556) '두려움이 없고'는 appabhītassa를 옮긴 것이다. 그런데 Ee, Se에는 appahīnassa(비열함이 없다)로 나타나고 Be에는 hitassa로 난다. 그러나 이것은 이 문맥과는 어울리지 않는다. 그래서 Te에서 이본으로 제시하고 있는 BBS본에 appabhītassa(두려움이 없다.)가 나타난다고 밝히고 있는 냐나몰리 스님의 견해를 따라서(냐나몰리 스님/보디 스님, 1257쪽 598번 주해 참조) 옮긴 것이다.

그분은 고요하고 넓은 통찰지를 가졌고
큰 통찰지를 가졌으며 탐욕을 건넜고
여래이고 선서이며
필적할 사람 없고 동등한 자 없고
용맹하고 달인이신 세존이시니,
저는 바로 그분의 제자입니다.

그분은 갈애를 잘랐고 깨달았고
연기를 밝혔고 더러움이 없으며557)
공양받을 만하고 약카이고558)
인간 중에 최상이고 저울질할 수 없으며
위대하고 최고의 명성을 얻으신 세존이시니,
저는 바로 그분의 제자입니다."

30. "장자여, 그런데 그대는 사문 고따마를 칭송하는 이 [게송을] 언제 이렇게 조합했는가?"

"존자시여, 예를 들면 여러 가지 꽃이 어우러진 큰 꽃무더기가 있다 합시다. [387] 그것으로 숙련된 꽃꽂이 선생이나 꽃꽂이 선생의 제자가 여러 색깔의 화환을 엮을 것입니다. 존자시여, 그와 같이 그분 세존께는 수많은 칭송이 있고 수백의 칭송이 있습니다. 존자시여, 누가 칭송할 만한 분을 칭송하지 않겠습니까?"

---

557) "'더러움이 없으며(anupalittassa)'라는 것은 갈애와 사견에 의해서 더럽혀지지 않았다는(alitta) 말이다."(MA.iii.98)

558) "위력을 보여준다는 뜻(ānubhāva-dassan-aṭṭha)에서 세존께서는 '약카(yakkha)'라 불리신다."(MA.iii.98)
'약카(yakkha)'에 대해서는 본서 「고싱가살라 짧은 경」(M31) §21의 주해를 참조할 것.

31. 그러자 니간타 나따뿟따는 세존께 바치는 이 경의를 견딜 수 없어 바로 거기서 입에서 뜨거운 피를 토했다.

우빨리 경(M56)이 끝났다.

견서계경(犬誓戒經)

Kukkuravatika Sutta(M57)

1. 이와 같이 나는 들었다. 한때 세존께서는 꼴리야[559]에서 할

559) 꼴리야(Koḷiya/Koliya)는 로히니(Rohiṇi) 강을 사이에 두고 사꺄(Sākya, 석가족)와 인접한 공화국 체제를 유지한 나라였다. 꼴리야의 선조가 사꺄의 여인과 결혼해서 꼴리야 나라를 만들었다고 할 정도로 사꺄와는 형제국이나 다름없는 사이였다고 한다. 라마가마(Rāmagāma)와 데와다하(Devadaha)가 주요 도시였으며 그 외에도 꼴리야의 여러 곳이 초기불전에 언급될 정도로 부처님과 제자들과도 인연이 많은 나라였다.(DPPN)
『디가 니까야』 제2권 「대반열반경」(D16) §6.24와 §6.27에 의하면 라마가마의 꼴리야들도 부처님의 사리를 가져가서 사리탑(thūpa)을 세웠다고 한다. 이처럼 라마가마(Rāmagāma, D16 §6.24와 §6.27)와 할릿다와사나(Haliddavasana, 본경, S46:54도 참조) 외에도 웃따라(Uttara, S42:13), 삿자넬라(Sajjanela, A4:57), 사뿌가(Sāpūga, A4:194), 깍까라빳따(Kakkara-patta, A8:54) 등의 꼴리야의 지명이 초기불전에 나타나고 있다.
한편 초기불전에서 데와다하(Devadaha)는 사꺄의 도시로 언급되고 있다. (『상윳따 니까야』 제3권 「데와다하 경」(S22:2) §1 참조) 데와다하는 부처님의 어머니인 마하마야 왕비와 이모이자 계모인 마하빠자빠띠 고따미가 태어난 곳이다. 그런데 이들이 꼴리야 족 출신이라고 하는 것을 볼 때 데와다하는 꼴리야의 도시였지만 후에 사꺄로 편입된 것이 아닌가 추측된다.
한편 『앙굿따라 니까야』 제2권 「사뿌기야 경」(A4:194) 등에서는 꼴리야 사람들을 '호랑이가 다니던 길에 사는 자들'이라 부르고 있다. 이것은 Vyagghapajjā(웨약가빳자)를 풀어서 옮긴 말이다. 여기서 vyaggha는 호랑이를 뜻하고 pajja는 pada(길)에서 파생된 단어이다. 이 웨약가빳자(Vyaggha-pajjā)는 꼴리야(Koliya)의 수도인 꼴라나가라(Kolanagara)의 다른 이

릿다와사나라는 꼴리야의 성읍에 머무셨다.

2. 그때 소처럼 사는 서계(誓戒)를 닦는 꼴리야의 후손인 뿐나와 개처럼 사는 서계를 닦는[560] 나체 수행자 세니야가 세존을 뵈러왔다. 세존을 뵙고 소처럼 사는 서계를 닦는 꼴리야의 후손인 뿐나는 세존께 절을 올리고 한 곁에 앉았다. 개처럼 사는 서계를 닦는 나체 수행자 세니야는 세존과 함께 환담을 나누었다. 유쾌하고 기억할만한 이야기로 서로 담소를 하고서 개처럼 자신을 구부리고 한 곁에 앉았다. 한 곁에 앉아서 소처럼 사는 서계를 닦는 꼴리야의 후손인 뿐나는 세존께 이렇게 여쭈었다.

"세존이시여, 개처럼 사는 서계를 닦는 이 나체 수행자 세니야는 참으로 행하기 어려운 것을 행합니다. 땅바닥에 던져진 것만 먹습니

름이면서 동시에 웨약가빳자 즉 꼴라나가라에 사는 사람들을 뜻하기도 한다. 그리고 이것은 꼴리야 족들을 부르는 이름이기도 하다.(AA.iii.173) 꼴리야는 사꺄(석가족)와는 형제국이나 다름이 없었기 때문에 석가족 출신인 아난다 존자가 이런 친근한 호칭을 사용하는 것이라 여겨진다.

560) "'소처럼 사는 서계를 닦는 자(go-vatika)'란 소처럼 사는 서계(誓戒)를 받아 지녀서(samādinna-go-vata) 머리에는 두 뿔(siṅgāni)을 달고 뒤에는 꼬리(naṅguṭṭha)를 달고 소들과 함께 풀(tiṇāni)을 먹는 것처럼 다니는 자를 말한다.
'개처럼 사는 서계를 닦는 자(kukkura-vatika)'란 개처럼 사는 서계를 받아 지녀서 개의 행동(sunakha-kiriya)을 모두 행하는 자를 말하는데 이 두 사람은 [어릴 때] 흙장난을 하고 놀던 동무(saha-paṁsu-kīḷikā)와도 같은 [절친한] 친구(sahāyakā)였다."(MA.iii.100)
여기서 '서계를 닦는 자'는 vatika를 옮긴 것인데 vata를 가진 자라는 뜻이다. vata(Sk. vrata)는 바라문들이나 인도 사문들이 받아 지키는 서원이나 금계 등을 말하는데 중국에서는 沒栗多(몰률다)로 음역하기도 하고, 修, 修行, 善行, 執, 威儀行, 律儀, 戒, 正受, 禁, 禁戒, 苦行, 行, 願 등으로 다양하게 옮겼다. 초기불전연구원에서는 vata를 서계(誓戒)로 옮기고 있다..
한편 개처럼 사는 서계를 닦는 꼬락캇띠야(korakkhattiya)에 대한 흥미로운 일화가 『디가 니까야』 제3권 『빠띠까 경』(D24) §§1.7~1.10에 나타나므로 참조할 것.

다. 그는 개처럼 사는 고행을 오랜 세월 완벽하게 실천했습니다. 그가 태어날 곳[行處]은 어디이고, 그는 내세에 어떻게 되겠습니까?"

"그만 하라, 뿐나여. 그것을 멈추어라. 내게 그것을 묻지 마라."

두 번째에도 역시 … 세 번째에도 역시 소처럼 사는 서계를 닦는 꼴리야의 후손인 뿐나는 세존께 이처럼 여쭈었다.

"세존이시여, 개처럼 사는 서계를 닦는 이 나체 수행자 세니야는 참으로 행하기 어려운 것을 행합니다. 땅바닥에 던져진 것만 먹습니다. 그는 개처럼 사는 고행을 오랜 세월 완벽하게 실천했습니다. 그가 태어날 곳은 어디이고, 그는 내세에 어떻게 되겠습니까?"

"뿐나여, 참으로 내가 '그만 하라, 뿐나여. 그것을 멈추어라. 내게 그것을 묻지 마라.'라는 말로 그대를 설득할 수가 없으니, 그대에게 설명하리라."

3. "뿐나여, 여기 어떤 자는 완벽하게 끊임없이 개처럼 사는 서계를 닦고, 완벽하게 끊임없이 개의 습관을 닦고, 완벽하게 끊임없이 개의 마음을 닦고, [388] 완벽하게 끊임없이 개의 행동거지를 닦는다. 그는 완벽하게 끊임없이 개처럼 사는 서계를 닦고, 완벽하게 끊임없이 개의 습관을 닦고, 완벽하게 끊임없이 개의 마음을 닦고, 완벽하게 끊임없이 개의 행동거지를 닦고 나서 몸이 무너져 죽은 후에 개들의 일원으로 태어난다.

만일 그가 '이런 습관과 서계와 고행과 청정범행으로 신이 되거나 다른 [낮은] 신이 될 것이다.'라는 견해를 가진다면 이것은 그의 그릇된 견해일 뿐이다. 뿐나여, 그릇된 견해를 가진 자는 두 가지 태어날 곳, 즉 지옥 아니면 축생으로 향한다고 나는 말한다.561) 뿐나여, 이

561) "그릇된 견해를 가진 자는 두 가지 태어날 곳, 즉 지옥 아니면 축생으로 향한다고 나는 말한다."는 이 말씀은 『상윳따 니까야』 제4권 「딸라뿌따 경」(S42:

처럼 개처럼사는 서계가 성취되면 그는 개들의 일원으로 태어날 것이고 성취되지 못하면 지옥에 떨어질 것이다."

4. 이와 같이 말씀하시자 개처럼 사는 서계를 닦는 나체 수행자 세니야는 울부짖으며 눈물을 흘렸다. 그러자 세존께서는 소처럼 사는 서계를 닦는 꼴리야의 후손인 뿐나에게 이렇게 말씀하셨다.

"뿐나여, 나는 그대에게 '그만 하라, 뿐나여. 그것을 멈추어라. 내게 그것을 묻지 마라.'라고 말하지 않았더냐."

[그러자 개처럼 사는 서계를 닦는 나체 수행자 세니야는 말했다.]

"세존이시여, 저는 세존께서 그렇게 말씀하셔서 우는 것이 아닙니다. 세존이시여, 단지 제가 개처럼 사는 고행을 오랜 세월 완벽하게 실천했기 때문입니다.

세존이시여, 소처럼 사는 서계를 닦는 이 꼴리야의 후손인 뿐나는 참으로 행하기 어려운 것을 행합니다. 그는 소처럼 사는 고행을 오랜 세월 완벽하게 실천했습니다. 그가 태어날 곳은 어디이고, 그는 내세에 어떻게 되겠습니까?"

"그만하라, 세니야여. 그것을 멈추어라. 내게 그것을 묻지 마라."

두 번째에도 역시 … 세 번째에도 역시 개처럼 사는 서계를 닦는 나체 수행자 세니야는 세존께 이렇게 여쭈었다.

"세존이시여, 소처럼 사는 서계를 닦는 이 꼴리야의 후손인 뿐나는 참으로 행하기 어려운 것을 행합니다. 그는 소처럼 사는 고행을 오랜 세월 완벽하게 실천했습니다. 그가 태어날 곳은 어디이고, 그는 내세에 어떻게 되겠습니까?"

"세니야여, 참으로 내가 '그만 하라, 세니야여. 그것을 멈추어라.

---

2) §7에도 나타난다. 그곳 §8에서도 연극단장 딸라뿌따는 눈물을 흘리고 세존께서는 안쓰러워하신다. 딸라뿌따는 출가하여 아라한이 된다.

내게 그것을 묻지 마라.'라는 말로 그대를 설득할 수가 없으니 그대에게 설명하리라."

5. "세니야여, 여기 어떤 자는 완벽하게 끊임없이 소처럼 사는 서계를 닦고, 완벽하게 끊임없이 소의 버릇을 닦고, 완벽하게 끊임없이 소의 마음을 닦고, 완벽하게 끊임없이 소의 행동거지를 닦는다. 그는 완벽하게 끊임없이 소처럼 사는 서계를 닦고, 완벽하게 끊임없이 소의 버릇을 닦고, 완벽하게 끊임없이 소의 마음을 닦고, 완벽하게 끊임없이 소의 행동거지를 닦고 나서 몸이 무너져 죽은 후에 소들의 일원으로 태어난다.

만일 [389] 그가 '이런 습관과 서계와 고행과 청정범행으로 신이 되거나 다른 [낮은] 신이 될 것이다.'라는 견해를 가진다면 이것은 그의 그릇된 견해일 뿐이다. 뿐나여, 그릇된 견해를 가진 자는 두 가지 태어날 곳, 즉 지옥 아니면 축생으로 향한다고 나는 말한다. 뿐나여, 이처럼 소처럼 사는 서계가 성취되면 그는 소들의 일원으로 태어날 것이고 성취되지 못하면 지옥에 떨어질 것이다."

6. 이와 같이 말씀하시자 소처럼 사는 서계를 닦는 꼴리야의 후손인 뿐나는 울부짖으며 눈물을 흘렸다. 그러자 세존께서는 개처럼 사는 서계를 닦는 나체 수행자 세니야에게 이렇게 말씀하셨다.

"세니야여, 나는 그대에게 '그만 하라, 세니야여. 그것을 멈추어라. 내게 그것을 묻지 마라.'라고 말하지 않았더냐."

[그러자 소처럼 사는 서계를 닦는 꼴리야의 후손인 뿐나는 말했다.]

"세존이시여, 저는 세존께서 그렇게 말씀하셔서 우는 것이 아닙니다. 세존이시여, 단지 제가 소처럼 사는 고행을 오랜 세월 완벽하게 실천했기 때문입니다.

세존이시여, 저는 이와 같이 세존께 청정한 믿음이 있습니다. 세존께서는 제가 소처럼 사는 이 고행을 버리고, 개처럼 사는 서계를 닦는 나체 수행자 세니야가 개처럼 사는 고행을 버릴 수 있도록 그러한 법을 설해주소서."

"뿐나여, 그렇다면 잘 듣고 마음에 잡도리하라. 나는 설하리라."

"그러겠습니다, 세존이시여."라고 소처럼 사는 서계를 닦는 꼴리야의 후손인 뿐나는 세존께 대답했다.

세존께서는 이렇게 말씀하셨다.

7. "뿐나여, 나는 이들 네 가지 업들을 스스로 최상의 지혜로 알고 실현하여 드러낸다.562) 무엇이 넷인가?

뿐나여, 어두운 과보를 가져오는 어두운 업이 있다. 뿐나여, 밝은 과보를 가져오는 밝은 업이 있다. 뿐나여, 어둡고 밝은 과보를 가져오는 어둡고 밝은 업이 있다. 뿐나여, 어두운 과보도 밝은 과보도 가져오지 않고 업의 소멸로 인도하는 어둡지도 밝지도 않은 업이 있다."563)

---

562) "왜 이 가르침을 시작하셨는가? 이 가르침은 확실하게 업이 되는 행위(ekacca-kamma-kiriya)를 설한 것이다. 이 네 가지 업(kamma-catu-kka)을 설할 때 이들의 업이 분명하게 드러날 것이기 때문이다. 그리고 이 네 가지 업을 설하면 그들이 알아들은 뒤, 한 사람은 [삼보에] 귀의(saraṇa)할 것이고, 한 사람은 출가하여 아라한이 될 것이라는 것을 아시고 이 가르침을 설하셨다."(MA.iii.103)

563) "여기서 '어두운 업(kamma kaṇha)'은 열 가지 불선업도의 업(dasākusala-kamma-patha-kamma)으로 검은(kāḷaka) 업을 말하고, '어두운 과보(kaṇha-vipāka)'는 악도(apāya)에 태어나기 때문에 검은 과보라 한다.
'밝은 업(kamma sukka)'은 열 가지 선업도의 업(dasa-kusala-kamma-patha-kamma)으로 흰(paṇḍara) 업을 말하고, '밝은 과보(sukka-vipāka)'는 천상(sagga)에 태어나기 때문에 흰 과보라 한다.
'어둡고 밝은 업(kamma kaṇha-sukka)'은 섞인 업(vomissaka-kamma)을 말하고, '어둡고 밝은 과보(kaṇha-sukka-vipāka)'는 행복하고 괴로운

8. "뿐나여, 그러면 무엇이 ① 어두운 과보를 가져오는 어두운 업인가?

뿐나여, 여기 어떤 자는 악의가 있는 몸의 의도적 행위[身行]를 짓고, 악의가 있는 말의 의도적 행위[口行]를 짓고, 악의가 있는 마음의 의도적 행위[意行]를 짓는다.564) 그는 악의가 있는 몸의 의도적 행위를 짓고, 악의가 있는 말의 의도적 행위를 짓고, 악의가 있는 마음의 의도적 행위를 짓고 나서 고통스러운 세상에 태어난다. 그가 이런 고통스러운 세상에 태어나면 고통스러운 감각접촉이 그를 접촉한다. 고통스러운 감각접촉이 그를 접촉할 때 마치 지옥 중생들처럼 전적으로 괴로움뿐인565) 고통스러운 느낌을 느낀다. [390]

과보(sukha-dukkha-vipāka)를 말한다. 섞인 업(missaka-kamma)을 지은 뒤 불선업에 의해 축생계 가운데 좋은 말 등으로 태어난 자도 선업에 의해 삶의 과정에서는 행복을 느낀다. 선업에 의해 왕의 가문에 태어난 자도 불선업에 의해 삶의 과정에서는 고통을 느낀다.

'어둡지도 밝지도 않은 업(kamma akaṇha asukka)'이란 업을 소멸하는(kamma-kkhaya-kara) 네 가지 도의 지혜(catu-magga-cetanā-kamma)를 뜻한다. 만약 그 업이 어두운 것이라면 어두운 과보를 가져올 것이고 밝은 것이라면 밝은 과보를 가져올 것이지만, 두 가지 과보 모두 가져오지 않기 때문에 어둡지도 밝지도 않은 것이라고 알아야 한다."(MA.iii.103)

564) "'몸의 의도적 행위(kāya-saṅkhāra)' 등에서, 몸의 문(kāya-dvāra)에서 취하여 움직임에 이른 열두 가지 해로운 의도(akusala-cetanā)를 '악의가 있는 몸의 의도적 행위(sabyābajjha kāya-saṅkhāra)'라고 한다.

말의 문에서 [위아래의] 턱이 닿아(hanu-sañcopana) 여러 가지 말을 내는 열두 가지 해로운 의도를 '악의가 있는 말의 의도적 행위(sabyābajjham vacī-saṅkhāra)'라고 한다.

두 종류의 움직임에 이르지 않고 조용히 생각하는 자의 마음의 문에서 생기는 열두 가지 해로운 의도를 '악의가 있는 마음의 의도적 행위(sabyābajjha mano-saṅkhāra)'라고 한다.

이와 같이 세 가지 문(dvāra)에서 몸으로 짓는 그릇된 행위 등으로 분류되는 해로운 의도(akusala-cetana)를 '의도적 행위(saṅkhārā)'라고 알아야 한다."(MA.iii.103~104)

뿐나여, 이처럼 존재로 인해 존재의 태어남이 있다.566) 행한 업 때문에 태어난다. 태어나면 감각접촉이 그를 접촉하게 된다. 뿐나여, 그러므로 중생들은 업의 상속자라고 나는 말한다.

뿐나여, 이를 일러 어두운 과보를 가져오는 어두운 업이라 한다."

9. "뿐나여, 그러면 무엇이 ② 밝은 과보를 가져오는 밝은 업인가?

뿐나여, 여기 어떤 자는 악의 없는 몸의 의도적 행위를 짓고, 악의 없는 말의 의도적 행위를 짓고, 악의 없는 마음의 의도적 행위를 짓는다.567) 그는 악의 없는 몸의 의도적 행위를 짓고, 악의 없는 말의 의도적 행위를 짓고, 악의 없는 마음의 의도적 행위를 짓고 나서 고통 없는 세상에 태어난다. 그는 이런 고통 없는 세상에 태어나서 고통 없는 감각접촉을 접촉한다. 고통 없는 감각접촉을 접촉할 때 마치 변정천의 신들처럼 전적으로 즐거움뿐인 고통 없는 느낌을 느낀다.

---

565) "'전적으로 괴로움뿐인(ekanta-dukkhaṁ)'이라는 것은 간단없이 고통만 따른다는 말이다."(MA.iii.104)

566) "'존재로 인해 존재의 태어남이 있다(bhūtā bhūtassa upapatti hoti).'는 것은 평소에 행한 업(bhūta-kamma)에 기인하여 중생의 태어남(upapatti)이 있다, 즉 중생이 행한 그 업에 의해서 그 업의 동질성(kamma-sabhāga)에 따라 그들의 태어남이 있다는 말이다. 그리고 여기서 [존재로 옮긴] bhūtā는 원인(hetu)의 뜻으로 사용된 탈격(nissakka-vacana)이다."(MA.iii.104)
업(kamma)과 중생의 태어남(upapatti)에 대해서는 본서 제4권 「업 분석의 짧은 경」(M135)과 「업 분석의 긴 경」(M136)에서 자세히 논의되고 있으므로 참조하기 바란다.

567) "몸의 문에서 일어난 여덟 가지 욕계 유익한 의도를 '몸의 의도적 행위(kāya-saṅkhāra)'라고 하고, 그들이 말의 문에서 일어나면 '말의 의도적 행위(vacī-saṅkhāra)'라고 하고, 마음의 문에서 일어난 그들 여덟 가지 욕계 유익한 의도와 처음 세 가지 禪의 의도(jhāna-cetanā)를 '악의 없는 마음의 의도적 행위(abyābajjha-mano-saṅkhāra)'라고 한다. 이와 같이 세 가지 문에서 몸으로 짓는 좋은 행위 등으로 분류되는 유익한 의도(kusala-cetana)를 '의도적 행위(saṅkhārā)'라고 알아야 한다."(MA.iii.105)

뿐나여, 이처럼 존재로 인해 존재의 태어남이 있다. 행한 업 때문에 태어난다. 태어나면 감각접촉이 그를 접촉하게 된다. 뿐나여, 그러므로 중생들은 업의 상속자라고 나는 말한다.

뿐나여, 이를 일러 밝은 과보를 가져오는 밝은 업이라 한다."

10. "뿐나여, 그러면 무엇이 ③ 어둡고 밝은 과보를 가져오는 어둡고 밝은 업인가?

뿐나여, 여기 어떤 자는 악의가 있기도 하고 없기도 한 몸의 의도적 행위를 짓고, 악의가 있기도 하고 없기도 한 말의 의도적 행위를 짓고, 악의가 있기도 하고 없기도 한 마음의 의도적 행위를 짓는다. 그는 악의가 있기도 하고 없기도 한 몸의 의도적 행위를 짓고, 악의가 있기도 하고 없기도 한 말의 의도적 행위를 짓고, 악의가 있기도 하고 없기도 한 마음의 의도적 행위를 짓고 나서 고통스럽기도 하고 고통이 없기도 한 세상에 태어난다. 그는 이런 고통스럽기도 하고 고통이 없기도 한 세상에 태어나서 고통스럽기도 하고 고통이 없기도 한 감각접촉을 접촉한다. 고통스럽기도 하고 고통이 없기도 한 감각접촉을 접촉할 때 마치 인간들과 일부의 신들과[568] 일부의 악도에 떨어진 자들[569]처럼 괴로움과 즐거움이 섞인, 고통스럽기도 하고 고통이 없기도 한 느낌을 느낀다.

뿐나여, 이처럼 존재로 인해 존재의 태어남이 있다. 행한 업 때문

568) "여기서 '일부의 신들'이란 욕계의 신들을 말한다. 그들은 위력이 더 강한 신들을 보면 앉은 자리에서 일어나고 윗옷을 길게 늘어뜨리고 합장하여 손을 들어 올리는 등의 행동을 하기 때문에 때로는 괴로움이 생기기도 하며 천상의 복락(dibba-sampatti)을 누리기 때문에 때로는 행복하기도 하다."(AA.iii.213)

569) "여기서 '일부의 악처에 떨어진 자들'이란 천궁의 아귀들(vemānika-petā)을 말한다. 그들은 쉼 없이(nirantaraṁ) 어떤 때는 즐거움을 느끼고, 어떤 때는 괴로움을 느낀다. 용과 가루다(supaṇṇa)와 코끼리와 말 등은 인간들처럼 즐거움과 괴로움이 섞여(vokiṇṇa) 있다."(AA.iii.213)

에 태어난다. 태어나면 감각접촉이 그를 접촉하게 된다. 뿐나여, 그러므로 중생들은 업의 상속자라고 나는 말한다.

뿐나여, 이를 일러 어둡고 밝은 과보를 가져오는 어둡고 밝은 업이라 한다."

11. "뿐나여, [391] 그러면 무엇이 ④ 어두운 과보도 밝은 과보도 가져오지 않고 업의 소멸로 인도하는 어둡지도 밝지도 않은 업570) 인가?

뿐나여, 여기서 어두운 과보를 가져오는 어두운 업을 제거하려는 의도와, 밝은 과보를 가져오는 밝은 업을 제거하려는 의도와, 어둡고 밝은 과보를 가져오는 어둡고 밝은 업을 제거하려는 의도를 일러 어두운 과보도 밝은 과보도 가져오지 않고 업의 소멸로 인도하는 어둡지도 밝지도 않은 업이라고 한다.

뿐나여, 나는 이들 네 가지 업들을 스스로 최상의 지혜로 알고 실현하여 드러낸다."

12. 이와 같이 말씀하시자 소처럼 사는 서계를 닦는 꼴리야의 후손인 뿐나는 세존께 이렇게 말씀드렸다.

"경이롭습니다, 세존이시여. 경이롭습니다, 세존이시여. 마치 … 세존께서는 저를 재가신자로 받아주소서. 오늘부터 목숨이 붙어 있는 그날까지 귀의하옵니다."

13. 그러나 개처럼 사는 서계를 닦는 나체 수행자 세니야는 세존

---

570) "이것은 네 가지 도의 의도인 업(catu-magga-cetanā-kamma)를 말한다. 만약 그것이 어두운 업이면 어두운 과보를 가져올 것이고, 밝은 업이면 밝은 과보를 가져올 것이다. 그러나 어떤 과보도 가져오지 않아서 어두운 과보도 밝은 과보도 가져오지 않기 때문에 '어둡지도 밝지도 않은(akaṇhaṁ asuk-kaṁ)'이라고 했다."(MA.iii.102)

께 이렇게 말씀드렸다.

"경이롭습니다, 세존이시여. 경이롭습니다, 세존이시여. 마치 넘어진 자를 일으켜 세우시듯, 덮여있는 것을 걷어내 보이시듯, [방향을] 잃어버린 자에게 길을 가리켜주시듯, 눈 있는 자 형상을 보라고 어둠 속에서 등불을 비춰주시듯, 세존께서는 여러 가지 방편으로 법을 설해주셨습니다. 저는 이제 세존께 귀의하옵고 법과 비구 승가에 귀의합니다. 세존이시여, 저는 세존의 곁으로 출가하기를 원하고 구족계를 받기를 원합니다."

14. "세니야여, 전에 이교도였던 자가 이 법과 율에 출가하기를 원하고 구족계를 받기를 원하면 그는 넉 달의 수습 기간을 가져야 한다. 넉 달이 지나 비구들이 동의하면 출가를 허락하고 비구가 되는 구족계를 준다. 물론 여기에 개인마다 차이가 있음을 나는 인정한다."

"세존이시여, 만일 전에 이교도였던 자가 이 법과 율에 출가하기를 원하고 구족계를 받기를 원할 때 넉 달의 수습 기간을 가져야 하고, 넉 달이 지나 비구들이 동의하면 출가를 허락하고 비구가 되는 구족계를 주신다면 저는 4년의 수습 기간을 가지겠습니다. 4년이 지나고 비구들이 동의하면 출가를 허락해주시고 비구가 되는 구족계를 주십시오."

15. 개처럼 사는 서계를 닦는 나체 수행자 세니야는 세존의 곁으로 출가했고 구족계를 받았다. 구족계를 받은 지 얼마 되지 않아 세니야 존자는 혼자 은둔하여 방일하지 않고 [392] 열심히, 스스로 독려하며 지냈다. 오래지 않아 좋은 가문의 아들들이 바르게 집을 떠나 출가하는 목적인 그 위없는 청정범행의 완성을 지금·여기에서 최상의 지혜로 알고 실현하고 구족하여 지냈다. '태어남은 다했다. 청정

범행은 성취되었다. 할 일을 다 해 마쳤다. 다시는 어떤 존재로도 돌아오지 않을 것이다.'라고 꿰뚫어 알았다.

세니야 존자는 아라한들 중의 한 분이 되었다.

견서계경(犬誓戒經)이 끝났다.

아바야 왕자 경

Abhayarājakumāra Sutta(M58)

1. 이와 같이 나는 들었다. 한때 세존께서는 라자가하에서 대나무 숲의 다람쥐 보호구역에 머무셨다.

2. 그때 아바야 왕자571)가 니간타 나따뿟따를 만나러 갔다. 가서는 니간타 나따뿟따에게 절을 올리고 한 곁에 앉았다. 한 곁에 앉은 아바야 왕자에게 니간타 나따뿟따는 이렇게 말했다.

---

571) 아바야 왕자(Abhaya rājakumāra)는 라자가하의 빔비사라 왕과 웃제니(Ujjeni)의 미인이었던 빠두마와띠(Padumavatī) 사이에서 난 아들이었으며, 그가 일곱 살 때 왕궁으로 보내졌다고 한다.(ThigA.39) 뒤에 아버지를 시해하고 왕이 된 아자따삿뚜와는 이복형제였다. 『율장』(Vin.i.269)에 의하면 그는 부처님의 주치의로 우리에게 잘 알려진 지와까 꼬마라밧짜(Jīva-ka Komārabhacca)가 갓난아기로 버려진 것을 주워서 기른 사람이기도 하다. 그런데 『앙굿따라 니까야 주석서』는 아바야 왕자의 친아들이라는 식으로 언급하고 있다.(AA.i.399)
본경에서 보듯이 그는 니간타 나따뿟따의 신도였는데 사문 고따마를 논파하라는 니간타 나따뿟따의 말에 따라 세존을 논파하러 갔지만 오히려 세존의 말씀을 듣고 부처님의 재가신도가 되었다. 그는 훗날 아버지가 시해되자 마음이 심란하여 출가하였으며 아라한이 되었다. 그의 어머니 빠두마와띠도 출가한 아들의 설법을 듣고 출가하여 무애해를 갖춘 아라한이 되었다고 한다.(ThigA.39, Ap.ii.502～4)

3\. "오라, 왕자여. 사문 고따마를 논파하라. 그러면 그대에게는 '아바야 왕자가 이와 같은 큰 신통력과 이와 같은 큰 위력을 가진 사문 고따마를 논파했다.'라는 좋은 명성이 따를 것이다."

"존자시여, 그런데 어떻게 제가 이와 같은 큰 신통력과 이와 같은 큰 위력을 가진 사문 고따마를 논파하겠습니까?"

"오라, 왕자여. 그대는 사문 고따마를 만나러 가라. 가서는 사문 고따마에게 이렇게 말하라. '존자시여, 여래도 다른 사람들에게 사랑스럽지 않고 마음에 들지 않는 말을 하십니까?'라고.

만일 사문 고따마가 이런 질문을 받고 '왕자여, 여래도 다른 사람들에게 사랑스럽지 않고 마음에 들지 않는 말을 합니다.'라고 대답하면 그대는 그에게 이렇게 말해야 한다. '존자시여, 그러면 당신과 범부는 무슨 차이가 있습니까? 범부도 역시 다른 사람들에게 사랑스럽지 않고 마음에 들지 않는 말을 하기 때문입니다.'라고.

만일 사문 고따마가 이런 질문을 받고 '왕자여, 여래는 다른 사람들에게 사랑스럽지 않고 마음에 들지 않는 말을 [393] 하지 않습니다.' 라고 대답하면 그대는 그에게 이렇게 말해야 한다. '존자시여, 그러면 왜 당신은 데와닷따572)에 대해 설명하시기를 '데와닷따는 악처에

---

572) 데와닷따(Devadatta)의 일화는 『율장』 『소품』(Vin.ii.180~203)과 『법구경 주석서』(DhpA.i.133~149)에 상세하게 언급되어 있다. 이 둘을 참조하여 요약하면 다음과 같다. 데와닷따는 부처님의 외삼촌이었던 숩빠붓다의 아들이다. 데와닷따는 부처님께서 성도 후에 까삘라왓투를 방문하셨을 때 밧디야(Bhaddiya), 아누룻다(Anuruddha), 아난다(Ananda), 바구(Bhagu), 낌빌라(Kimbila)와 이발사였던 우빨리(Upāli) 등과 함께 출가하였다. 이들은 아누삐야(Anupiyā, 까삘라왓투 동쪽에 있던 성읍)에서 출가하였다고 한다.(Vin.ii.180; AA.i.108; DhpA.i.133; iv.127) 데와닷따는 출가한 다음 해에 신통을 얻었다고 하며 부처님께서 언급하신 12명의 뛰어난 장로들 가운데 그가 포함된 곳이 나타날 정도로 출중했던 것이 분명하다.(Ud.i.5; DhpA.i.64f.) 본서의 주석서에 의하면 그는 다섯 가지 신통지를 갖추었다고 한

떨어질 것이다. 데와닷따는 지옥에 떨어질 것이다. 데와닷따는 겁이 다 하도록 [지옥에] 머물 것이다. 데와닷따는 선도될 수가 없다.'라고 하십니까? 당신의 말씀 때문에 데와닷따는 화를 내고 불쾌하게 여깁니다.'라고.

다.(MA.ii.231) 『율장』(Vin.ii.189)에는 사리뿟따 존자가 데와닷따를 칭송하면서 라자가하를 다녔다는 언급도 있다.
그러나 뛰어난 그도 야심에 사로잡히자 삿된 길로 들어서게 된다. 『율장』에 의하면 그는 부처님이 연로해지시자 부처님께 가서 교단의 지도자의 위치를 그에게 물려줄 것을 요청하고 부처님께서는 그를 꾸짖으신다.(Vin.ii.188; M.i.393) 화가 난 데와닷따는 보복하겠다고 맹세한다. 그때쯤 그는 아자따삿뚜를 선동하여 그의 아버지 빔비사라 왕을 시해하게 하고, 자신은 부처님을 시해할 계획을 세우게 된다. 그는 독수리봉 산의 비탈길에서 바위를 떨어뜨려 부처님 발에 피가 흐르게 하였으며, 술 취한 코끼리를 내몰아 부처님을 시해하려했으나 코끼리가 부처님의 자애의 힘 때문에 유순해져서 실패로 돌아가고 만다. 이러한 소식을 들은 신도들은 그를 배척하였으며 그의 악명은 아주 높아졌다. 그러자 그는 꼬깔리까(Kokālika) 등 그를 추종하는 비구들과 함께 승가를 분열시키고자 다섯 가지를 승가에 제안한다.
그것은 "① 모든 비구는 살아있는 동안 숲 속에 거주해야 한다. ② [공양청에 응하면 안되고] 반드시 탁발로 생계를 유지해야 한다. ③ 분소의만 입어야 하고 [신도들이 주는 옷은 받으면 안된다.] ④ 나무 아래에만 거주해야 하고 [지붕 아래에 머물면 안된다.] ⑤ 모든 육류와 생선을 먹으면 안된다. (yāvajīvaṁ āraññakā assu, piṇḍa-pātikā, paṁsu-kūlikā, rukkha-mūlikā, maccha-maṁsaṁ na khādeyyuṁ)"(DhpA.i.141)는 것이다.
그러나 부처님께서는 우기철에 나무 아래서 자는 것만 제외하고 이렇게 살고자 하는 비구는 그렇게 살아도 된다고 하셨지만, 이것을 승가의 규칙으로 삼는 것은 승낙하지 않으셨다. 간교한 데와닷따는 이것을 빌미로 그를 추종하는 비구들과 왓지족 출신(Vajjiputtaka) 신참 비구 오백 명을 데리고 승단을 떠나서 가야시사(Gayāsīsa)로 가버렸다.
부처님께서는 사리뿟따와 목갈라나 존자를 보내서 비구들을 다시 승가에 들어오게 하셨으며, 그 소식을 들은 데와닷따는 입에서 피를 토했으며 9개월 동안 심한 병에 걸렸다고 한다. 죽음이 가까워진 것을 안 그는 세존을 만나기 위해서 들것에 실려 사왓티의 제따 숲으로 떠났다. 제따 숲에 도착하여 연못에서 몸을 씻으려 하는 순간에 땅이 두 쪽으로 갈라져서 그를 무간지옥(Avīcī)으로 빨아들이고 말았다. 그는 십만 겁을 무간지옥에서 고통을 받은 뒤에 인간으로 태어나서 앗팃사라(Aṭṭhissara)라는 벽지불이 될 것이라고 한다.(DhpA.i.148)

왕자여, 사문 고따마가 이런 양극단을 가진 질문을 받으면 그것을 뱉을 수도 없고 삼킬 수도 없을 것이다. 예를 들면 목에 쇠꼬챙이가 걸리면 그 사람은 그것을 뱉을 수도 없고 삼킬 수도 없는 것과 같다. 왕자여, 그와 같이 사문 고따마가 이런 양극단을 가진 질문을 받으면 그것을 뱉을 수도 없고 삼킬 수도 없을 것이다."

4. "잘 알겠습니다, 존자시여."라고 아바야 왕자는 니간타 나따뿟따에게 대답하고 자리에서 일어나 니간타 나따뿟따에게 절을 올리고 오른쪽으로 돌아 [경의를 표한] 뒤 나와서 세존을 뵈러 갔다. 가서는 세존께 절을 올리고 한 곁에 앉았다. 한 곁에 앉아서 태양을 쳐다보고는 이런 생각이 들었다.

"오늘은 세존을 논파할 적당한때가 아니다. 내일 우리 집에서 세존을 논파해야겠다."

그는 세존께 이렇게 말씀드렸다.

"세존이시여, 세존께서는 내일 다른 세 분과 함께[573] 저의 공양을 허락하여 주십시오."

세존께서는 침묵으로 허락하셨다.

5. 그러자 아바야 왕자는 세존께서 침묵으로 허락하신 것을 알

---

573) '다른 세 분과 함께'는 원어는 atta-catuttho인데 '자신(atta)을 네 번째(catuttha)로 하는'으로 직역된다. 여기서의 뜻은 '세존께서 네 번째가 되는'이다.

"그러면 아바야 왕자는 왜 세존을 포함한 네 사람만 초청했는가? 여러 사람을 초청해 놓고 대접을 소홀히 할 경우, 각기 다른 근거를 들이대면서 싸움이나 말다툼이 일어날 수 있고, 만일 부처님 한 분만 초청하면 '세존께서는 항상 수백의 비구 승가나 수천의 비구 승가와 함께 다니시는 것을 보고서도 아바야 왕자는 부처님 한 분만을 초청하다니 참으로 인색하다.'라는 비난을 살 수가 있기 때문에 그것을 피하기 위해 세존과 함께 세 사람을 더 초청한 것이다."(MA.iii.109)

고 자리에서 일어나 세존께 절을 올리고 오른쪽으로 돌아 [경의를 표한] 뒤 물러갔다. 세존께서는 그 밤이 지나자 오전에 옷매무새를 가다듬고 발우와 가사를 수하시고 아바야 왕자의 집으로 가셨다. 가셔서는 마련된 자리에 앉으셨다. 그러자 아바야 왕자는 세존께 딱딱한 음식과 부드러운 음식 등 맛있는 음식을 손수 충분히 대접하고 만족시켜드렸다. 그때 아바야 왕자는 세존께서 공양을 마치시고 발우에서 손을 떼시자 어떤 낮은 자리를 잡아 한 곁에 앉았다. 한 곁에 앉아서 아바야 왕자는 세존께 이렇게 말씀드렸다.

6. "세존이시여, 여래도 다른 사람들에게 사랑스럽지 않고 마음에 들지 않는 말을 하십니까?"

"왕자여, 거기에 대해서는 한 가지로 대답할 수 없다."

"세존이시여, 그렇다면 여기에 대해 니간타들이 졌습니다."

"왕자여, 그런데 그대가 말한 [394] '세존이시여, 그렇다면 여기에 대해 니간타들이 졌습니다.'라는 것은 무슨 뜻인가?"

"세존이시여, 저는 니간타 나따뿟따를 만나러 갔습니다. 가서는 니간타 나따뿟따에게 절을 올리고 한 곁에 앉았습니다. 한 곁에 앉은 제게 니간타 나따뿟따는 이렇게 말했습니다."

"오라, 왕자여. 사문 고따마를 논파하라. 그러면 그대에게는 좋은 명성이 따를 것이다. '아바야 왕자가 이와 같은 큰 신통력과 이와 같은 큰 위력을 가진 사문 고따마를 논파했다.'라고."

"존자시여, 그런데 어떻게 제가 이와 같은 큰 신통력과 이와 같은 큰 위력을 가진 사문 고따마를 논파하겠습니까?"

"오라, 왕자여. 그대는 사문 고따마를 만나러 가라. 가서는 사문 고따마에게 이렇게 말하라. '존자시여, 여래도 다른 사람들에게 사랑스럽지 않고 마음에 들지 않는 말을 하십니까?'라고.

만일 사문 고따마가 이런 질문을 받고 '왕자여, 여래도 다른 사람들에게 사랑스럽지 않고 마음에 들지 않는 말을 합니다.'라고 대답하면 그대는 그에게 이렇게 말해야 한다. '존자시여, 그러면 당신과 범부는 무슨 차이가 있습니까? 범부도 역시 다른 사람들에게 사랑스럽지 않고 마음에 들지 않는 말을 하기 때문입니다.'라고.

만일 사문 고따마가 이런 질문을 받고 '왕자여, 여래는 다른 사람들에게 사랑스럽지 않고 마음에 들지 않는 말을 하지 않는다.'라고 대답하면 그대는 그에게 이렇게 말해야 한다. '존자시여, 그러면 왜 당신은 데와닷따에 대해 설명하시기를 '데와닷따는 악처에 떨어질 것이다. 데와닷따는 지옥에 떨어질 것이다. 데와닷따는 겁이 다 하도록 [지옥에] 머물 것이다. 데와닷따는 선도될 수가 없다.'라고 하십니까? 당신의 말씀 때문에 데와닷따는 화를 내고 불쾌하게 여깁니다.'라고.

왕자여, 사문 고따마가 이런 양극단을 가진 질문을 받으면 그것을 뱉을 수도 없고 삼킬 수도 없을 것이다. 예를 들면 목에 쇠꼬챙이가 걸리면 그 사람은 그것을 뱉을 수도 없고 삼킬 수도 없는 것과 같다. 왕자여, 그와 같이 사문 고따마가 이런 양극단을 가진 질문을 받으면 그것을 뱉을 수도 없고 삼킬 수도 없을 것이다."

7. 그때에 어리고 아무것도 모르고 아직 뒤척이지도 못하고 반듯하게 누워만 있는 갓난아이가 아바야 왕자의 무릎에 누워있었다. 그러자 세존께서는 아바야 왕자에게 이렇게 말씀하셨다.

"왕자여, [395] 이를 어떻게 생각하는가? 만일 그대가 소홀히 하거나 유모가 소홀히 한 틈을 타서 이 아이가 어떤 나뭇조각이나 조약돌을 입에 삼킨다면 그를 어떻게 하겠는가?"

"세존이시여, 저는 그것을 끄집어낼 것입니다. 세존이시여, 만일 제가 처음에 끄집어내지 못한다면 왼손으로 머리를 잡고서 오른손으로 손가락을 구부려 피가 나더라도 그것을 끄집어낼 것입니다. 왜냐하면 제게는 아이에 대한 연민이 있기 때문입니다."

8. "왕자여, 그와 같다. ① 여래는 그 말이 사실이 아니고 진실이 아니고 이익을 줄 수 없다고 알고, 또 그 말이 다른 사람들에게 사랑스럽지도 않고 마음에 들지도 않는 것이면 여래는 그 말을 하지 않는다.

② 여래는 그 말이 사실이고 진실이지만 이익을 줄 수 없다고 알고, 또 그 말이 다른 사람들에게 사랑스럽지도 않고 마음에 들지도 않는 것이면 여래는 그 말도 하지 않는다.

③ 여래는 그 말이 사실이고 진실이고 이익을 줄 수 있다고 알지만 그 말이 다른 사람들에게 사랑스럽지 않고 마음에 들지 않는 것이면 여래는 그 말을 해줄 바른 시기를 안다.

④ 여래는 그 말이 사실이 아니고 진실이 아니고 이익을 줄 수 없다고 알면, 비록 그 말이 다른 사람들에게 사랑스럽고 마음에 드는 것이라도 여래는 그 말을 하지 않는다.

⑤ 여래는 그 말이 사실이고 진실이지만 이익을 줄 수 없다고 알면, 비록 그 말이 다른 사람들에게 사랑스럽고 마음에 드는 것이라도 여래는 그 말을 하지 않는다.

⑥ 여래는 그 말이 사실이고 진실이고 이익을 줄 수 있다고 알고, 또 그 말이 다른 사람들에게 사랑스럽고 마음에 드는 것이면 여래는 그 말을 해줄 바른 시기를 안다.

그것은 무슨 이유인가? 왕자여, 여래는 중생들에게 연민이 있기 때문이다."

9. "세존이시여, 학식 있는 끄샤뜨리야들과 학식 있는 바라문들과 학식 있는 장자들과 학식 있는 사문들이 질문을 준비해서 여래를 찾아와 질문을 합니다. 세존이시여, 세존께서는 '그들이 내게 와서 이와 같이 질문을 하면 나는 그들에게 이와 같이 설명하리라.'라고 먼저 마음속으로 생각을 해둡니까, 아니면 즉시에[574] 그 대답이 여래께 떠오릅니까?"

10. "왕자여, 그렇다면 이 경우에 대해 내가 도리어 그대에게 물어보겠다. 그대가 옳다고 여기는 대로 설명을 하라. 왕자여, 이를 어떻게 생각하는가? 그대는 마차의 여러 부분들에 대해 잘 알고 있는가?"

"그렇습니다, 세존이시여. 저는 마차의 여러 부분들에 대해 잘 알고 있습니다."

"왕자여, 이를 어떻게 생각하는가? 사람들이 그대에게 와서 묻기를 '마차의 이 부분들은 이름이 무엇입니까?'라고 한다면 그대는 [396] '그들이 나를 찾아와 이와 같이 질문하면 나는 그들에게 이와 같이 설명하리라.'라고 먼저 마음속으로 생각을 해두는가, 아니면 즉시에 그 대답이 그대에게 떠오르는가?"

"세존이시여, 저는 마차의 각 부분들을 잘 알고 있는 마차 몰이로 잘 알려져 있습니다. 저는 마차의 모든 부분들을 잘 알고 있기 때문에 즉시에 그 대답이 제게 떠오릅니다."

11. "왕자여, 그와 같이 학식 있는 끄샤뜨리야들과 학식 있는 바

---

574) "'즉시에(ṭhānaso)'라는 것은 '즉각적으로 일어난 지혜(ṭhān-uppattika-ñāṇa)로써 바로 그 순간에(taṅkhaṇaṁ yeva) 그 대답이 여래께 떠오릅니까?'라고 질문 드리는 것이다."(MA.iii.113)

라문들과 학식 있는 장자들과 학식 있는 사문들이 질문을 준비해서 여래를 찾아와 질문을 하면 즉시에 그 대답이 여래에게 떠오른다. 그것은 무슨 이유인가? 왕자여, 여래는 법의 요소[法界]를 잘 꿰뚫었기 때문이다.[575] 법의 요소를 잘 꿰뚫을 때 즉시에 그 대답이 여래에게 떠오르기 때문이다."

12. 이렇게 말씀하셨을 때 아바야 왕자는 세존께 이렇게 말씀드렸다.

"경이롭습니다, 세존이시여. 경이롭습니다, 세존이시여. 마치 넘어진 자를 일으켜 세우시듯, 덮여있는 것을 걷어내 보이시듯, [방향을] 잃어버린 자에게 길을 가리켜주시듯, 눈 있는 자 형상을 보라고 어둠 속에서 등불을 비춰주시듯, 세존께서는 여러 가지 방편으로 법을 설해주셨습니다. 저는 이제 세존께 귀의하옵고 법과 비구 승가에 귀의합니다. 세존께서는 저를 재가신자로 받아주소서. 오늘부터 목숨이 붙어 있는 그날까지 귀의하옵니다."

아바야 왕자 경(M58)이 끝났다.

---

575) "'법의 요소[法界, dhamma-dhātu]'란 법의 본성(dhamma-sabhāva)으로 이것은 부처님의 일체지(一切知智, sabbaññuta-ñāṇa)를 두고 한 말이다. 세존께서는 그것을 잘 꿰뚫으셨기 때문에 원하시는 것이 그 어떤 것이건, 그 모든 것이 즉시에(ṭhānaso) 세존께 떠올랐다."(MA.iii.113)

많은 느낌 경576)

Bahuvedaniya Sutta(M59)

1. 이와 같이 나는 들었다. 한때 세존께서는 사왓티에서 제따 숲의 아나타삔디까 원림(급고독원)에 머무셨다.

2. 어느 때 빤짜깡가 목수577)가 우다이 존자578)를 뵈러 갔다.

---

576) 본경은 『상윳따 니까야』 제4권 「빤짜깡가 경」(S36:19)과 동일하다.

577) 빤짜깡가 목수(Pañcakaṅga thapati)는 사왓티의 도목수(vaḍḍhakī-jeṭṭhaka)였다고 한다.(SA.iii.79) 주석서에 의하면 그는 까뀌(vāsīpharasu)와 끌(nikhādana)과 자(daṇḍa)와 망치(muggara)와 먹줄(kāḷa-sutta)의 다섯 가지 연장을 사용하는데 능했기 때문에 다섯(pañcaka, 빤짜까) 연장(aṅga, 앙가)을 가진 자라 불리게 되었다고 한다.(*Ibid*)
빤짜깡가 목수는 본서 제3권 「사마나만디까 경」(M78) §2이하와 제4권 「아누룻다 경」(M127) §2이하에도 나타나고 있다.

578) "우다이(Udāyī)라 이름하는 세 분의 장로가 있는데 랄루다이(Lāḷudāyī), 깔루다이(Kāḷudāyī), 마하우다이(Mahāudāyī)이다. 여기서는 마하우다이 존자를 두고 한 말이다."(DA.iii.903)
이 마하우다이 존자는 빤디따 우다이(Paṇḍita-udāyī) 존자라고도 주석서에 나타나는데 그만큼 그는 지혜롭고 현명한 분(paṇḍita)이었다고 한다. 본경에 해당하는 주석서는 본경의 우다이 존자는 빤디따 우다이 장로(Paṇḍita-udāyi-tthera)라고 밝히고 있으며(SA.iii.79; MA.iii.114), 복주서는 랄루다이 존자가 아니라고 강조하고 있다.
그는 부처님 고향인 까삘라왓투의 바라문 가문 출신이었다고 하며 부처님께

가서는 우다이 존자에게 절을 올리고 한곁에 앉았다. 한곁에 앉아서 빤짜깡가 목수는 우다이 존자에게 이렇게 여쭈었다.

3. "우다이 존자시여, 세존께서는 몇 가지 느낌을 설하셨습니까?"

목수여, 세존께서는 세 가지 느낌을 설하셨으니 즐거운 느낌, 괴로운 느낌, 괴롭지도 즐겁지도 않은 느낌입니다. 목수여, [397] 세존께서는 이러한 세 가지 느낌을 설하셨습니다."

이 말을 듣고 빤짜깡가 목수는 우다이 존자에게 이렇게 말했다.

"우다이 존자시여, 참으로 세존께서는 세 가지가 아니라 두 가지 느낌을 설하셨습니다. 즉 즐거운 느낌과 괴로운 느낌입니다. 존자시여, 괴롭지도 즐겁지도 않은 느낌은 고요하고 수승한 즐거움이라고 세존께서는 설하셨습니다."

다시 우다이 존자는 빤짜깡가 목수에게 이렇게 말했다.

"목수여, 세존께서 설하신 느낌은 두 가지가 아닙니다. 목수여, 세존께서는 세 가지 느낌을 설하셨으니, 즐거운 느낌, 괴로운 느낌, 괴롭지도 즐겁지도 않은 느낌입니다."

두 번째에도 빤짜깡가 목수는 우다이 존자에게 이렇게 말했다.

"우다이 존자시여, 참으로 세존께서는 세 가지가 아니라 두 가지 느낌을 설하셨습니다. 즉 즐거운 느낌과 괴로운 느낌입니다. 존자시여, 괴롭지도 즐겁지도 않은 느낌은 고요하고 수승한 즐거움이라고 세존께서는 설하셨습니다."

세 번째에도 우다이 존자는 빤짜깡가 목수에게 이렇게 말했다.

"목수여, 세존께서 설하신 느낌은 두 가지가 아닙니다. 목수여, 세존께서는 세 가지 느낌을 설하셨으니, 즐거운 느낌, 괴로운 느낌, 괴

서 고향을 방문하셨을 때 그분 부처님의 덕성을 흠모하여 출가하였다고 한다. 그는 뒤에 아라한이 되었다.(ThigA.iii.7)

롭지도 즐겁지도 않은 느낌입니다.”

세 번째에도 빤짜깡가 목수는 우다이 장로에게 이렇게 말했다.

“우다이 존자시여, 참으로 세존께서는 세 가지가 아니라 두 가지 느낌을 설하셨습니다. 즉 즐거운 느낌과 괴로운 느낌입니다. 존자시여, 괴롭지도 즐겁지도 않은 느낌은 고요하고 수승한 즐거움이라고 세존께서는 설하셨습니다.”

그러나 우다이 장로는 빤짜깡가 목수를 설득시킬 수 없었고, 빤짜깡가 목수도 우다이 장로를 설득시킬 수가 없었다.

4. 아난다 존자가 우다이 장로와 빤짜깡가 목수 사이에 있었던 이 논쟁을 듣게 되었다. 그러자 아난다 존자는 세존을 뵈러 갔다. 가서는 세존께 절을 올리고 한 곁에 앉았다. 한 곁에 앉아서 아난다 존자는 우다이 존자와 빤짜깡가 목수 사이에 있었던 논쟁의 전말을 세존께 말씀드렸다. 세존께서는 이렇게 말씀하셨다.

5. “아난다여, 빤짜깡가 목수가 우다이에게 동의하지 않은 것은 이유가 있다. 마찬가지로 우다이가 빤짜깡가 목수에게 동의하지 않은 것도 이유가 있다. 나는 방편에 따라 느낌들을 두 가지로 설했고, 느낌들을 [398] 세 가지로 설했으며, 다섯 가지로, 여섯 가지로, 열여덟 가지로, 서른여섯 가지로, 때로는 백여덟 가지로 설하기도 했다.579) 아난다여, 이와 같이 나는 방편에 따라 여러 가지로 법을 설

---

579) “여기서 ‘두 가지’ 느낌은 육체적인 느낌과 정신적인 느낌이다. ‘세 가지’ 느낌은 즐거운 느낌, 괴로운 느낌, 괴롭지도 즐겁지도 않은 느낌이다. ‘다섯 가지’ 느낌은 기능[根, indriya]에 따라 육체적 즐거움의 기능, 육체적 괴로움의 기능, 정신적 즐거움의 기능, 정신적 괴로움의 기능, 평온의 기능이다. ‘여섯 가지’ 느낌은 [감각의] 문(dvāra)에 따라 눈의 접촉에서 생긴 느낌 등이다.
‘열여덟 가지’ 느낌은 고찰(upavicāra)에 따라 ‘눈으로 형색을 보고 기분 좋

했다.580)

참으로 아난다여, 이처럼 나는 법을 방편에 따라 다르게 설했는데, 그렇게 잘 설해지고 잘 말해진 법에 서로 동의하지 않고 수긍하지 않고 인정하지 않는 사람들이 있다면, 그들에게는 논쟁이 생기고 말다툼이 생기고 분쟁이 생기며 혀를 무기 삼아 서로를 찌르면서 지낼 것이 예상된다. 아난다여, 이처럼 나는 방편에 따라 법을 설했는데, 그렇게 잘 설해지고 잘 말해진 법에 서로 동의하고 수긍하고 인정하는 사람들이 있다면, 그들은 사이좋게 화합하고 정중하고 다투지 않고 물과 우유가 잘 섞이듯이 서로를 우정 어린 눈으로 보면서 지낼 것이 예상된다."

6. "아난다여, 여기 다섯 가닥의 얽어매는 감각적 욕망이 있다. 무엇이 다섯인가?

원하고 좋아하고 마음에 들고 사랑스럽고 감각적 욕망을 짝하고 매혹적인, 눈으로 인식되는 형색들이 있다. … 귀로 인식되는 소리들이 있다. … 코로 인식되는 냄새들이 있다. … 혀로 인식되는 맛들이 있다. 원하고 좋아하고 마음에 들고 사랑스럽고 감각적 욕망을 짝하고 매혹적인, 몸으로 인식되는 감촉들이 있다.

아난다여, 이것이 다섯 가닥의 얽어매는 감각적 욕망이다.

아난다여, 이 다섯 가닥의 얽어매는 감각적 욕망을 조건으로 즐거

은 형색을 조사한다.'는 등이다. 즉 여섯 가지 감각의 문에 의한 여섯 가지 정신적인 즐거운 느낌과 여섯 가지 정신적인 괴로운 느낌과 여섯 가지 평온한 느낌이다. '서른여섯 가지' 느낌은 앞의 열여덟 가지 느낌이 각각 세속에 바탕을 둔 것(geha-ssitā)과 출리에 바탕을 둔 것(nekkhamma-sitā)이다. '백여덟 가지' 느낌은 앞의 서른여섯 가지 느낌이 각각 과거의 것과 현재의 것과 미래의 것이다."(MA.iii.114)

580) 여기에 대해서는 본서 제4권 「여섯 감각장소의 분석 경」(M137) §§8~15과 『상윳따 니까야』 제4권 「백팔 방편 경」(S36:22)을 참조할 것.

움과 기쁨이 생기나니, 그것을 관능적 쾌락이라 부른다."

7. "그런데 아난다여, 만일 어떤 자들이 이것이 중생들이 경험할 수 있는 최상의 즐거움이요 기쁨이라 말한다면, 나는 그에 동의하지 않는다. 그것은 무슨 까닭인가? 아난다여, 이 즐거움보다 훨씬 고상하고 수승한 또 다른 즐거움이 있기 때문이다. 그러면 아난다여, 무엇이 이 즐거움보다 훨씬 고상하고 수승한 또 다른 즐거움인가?

아난다여, 여기 비구는 감각적 욕망을 완전히 떨쳐버리고 해로운 법[不善法]들을 떨쳐버린 뒤 일으킨 생각[尋]과 지속적 고찰[伺]이 있고, 떨쳐버렸음에서 생긴 희열[喜]과 행복[樂]이 있는 초선(初禪)을 구족하여 머문다. 아난다여, 이것이 참으로 그 즐거움보다 훨씬 고상하고 수승한 또 다른 즐거움이다."

8. "아난다여, 만일 어떤 자들이 말하기를 이것이 중생들이 경험할 수 있는 최상의 즐거움이요 기쁨이라 한다면, 나는 그에 동의하지 않는다. 그것은 [399] 무슨 까닭인가? 아난다여, 이 즐거움보다 훨씬 고상하고 수승한 또 다른 즐거움이 있기 때문이다. 그러면 아난다여, 무엇이 그 즐거움보다 훨씬 고상하고 수승한 또 다른 즐거움인가?

아난다여, 여기 비구는 일으킨 생각과 지속적 고찰을 가라앉혔기 때문에 자기 내면의 것이고, 확신이 있으며, 마음의 단일한 상태이고, 일으킨 생각과 지속적 고찰은 없고, 삼매에서 생긴 희열과 행복이 있는 제2선(二禪)을 구족하여 머문다. 아난다여, 이것이 참으로 그 즐거움보다 훨씬 고상하고 수승한 또 다른 즐거움이다."

9. "아난다여, … 무엇이 이 즐거움보다 훨씬 고상하고 수승한 또 다른 즐거움인가?

아난다여, 여기 비구는 희열이 빛바랬기 때문에 평온하게 머물고 마음챙기고 알아차리며[正念 · 正知] 몸으로 행복을 경험한다. 이 [禪 때문에] '평온하고 마음챙기며 행복하게 머문다.'고 성자들이 묘사하는 제3선(三禪)을 구족하여 머문다. 아난다여, 이것이 참으로 그 즐거움보다 훨씬 고상하고 수승한 또 다른 즐거움이다."

10. "아난다여, … 무엇이 그 즐거움보다 훨씬 고상하고 수승한 또 다른 즐거움인가?

아난다여, 여기 비구는 행복도 버리고 괴로움도 버리고, 아울러 그 이전에 이미 기쁨과 슬픔을 소멸하였으므로 괴롭지도 즐겁지도 않으며, 평온으로 인해 마음챙김이 청정한 제4선(四禪)을 구족하여 머문다. 아난다여, 이것이 참으로 그 즐거움보다 훨씬 고상하고 수승한 또 다른 즐거움이다."581)

11. "아난다여, … 무엇이 그 즐거움보다 훨씬 고상하고 수승한 또다른 즐거움인가?

아난다여, 여기 비구는 물질[色]에 대한 인식을 완전히 초월하고 부딪힘의 인식을 소멸하고 갖가지 인식을 마음에 잡도리하지 않기 때문에 '무한한 허공'이라고 하면서 공무변처(空無邊處)를 구족하여 머문다. 아난다여, 이것이 참으로 그 즐거움보다 훨씬 고상하고 수승한 또 다른 즐거움이다."

12. "아난다여, … 무엇이 그 즐거움보다 훨씬 고상하고 수승한 또 다른 즐거움인가?

아난다여, 여기 비구가 있어 공무변처를 완전히 초월하여 '무한한

---

581) "여기서 제4선부터가 괴롭지도 즐겁지도 않은 느낌이다. 그러나 이것은 고요하다는 뜻(sant-aṭṭha)과 수승하다는 뜻(paṇīt-aṭṭha)에서 즐거움(sukha, 행복)이라 불린다."(SA.iii.80)

알음알이[識]'라고 하면서 식무변처(識無邊處)를 구족하여 머문다. 아난다여, 이것이 참으로 그 즐거움보다 훨씬 고상하고 수승한 또다른 즐거움이다."

13. "아난다여, … 무엇이 그 즐거움보다 훨씬 고상하고 수승한 또 다른 즐거움인가?

아난다여, 여기 비구가 있어 식무변처를 완전히 초월하여 '아무것도 없다.'라고 하면서 무소유처(無所有處)를 구족하여 머문다. 이것이 참으로 아난다여, 그 즐거움보다 훨씬 고상하고 수승한 또 다른 즐거움이다."

14. "아난다여, [400] … 무엇이 그 즐거움보다 훨씬 고상하고 수승한 또 다른 즐거움인가?

아난다여, 여기 비구는 무소유처를 완전히 초월하여 비상비비상처(非想非非想處)를 구족하여 머문다. 아난다여, 이것이 참으로 그 즐거움보다 훨씬 고상하고 수승한 또 다른 즐거움이다."

15. "아난다여, 만일 어떤 자들이 말하기를 이것이 중생들이 경험할 수 있는 최상의 즐거움이요 기쁨이라 한다면, 나는 그에 동의하지 않나니, 그것은 무슨 까닭인가? 아난다여, 이 즐거움보다 훨씬 고상하고 수승한 또 다른 즐거움이 있기 때문이다. 무엇이 그 즐거움보다 훨씬 고상하고 수승한 또 다른 즐거움인가?

아난다여, 여기 비구가 있어 일체 비상비비상처를 완전히 초월하여 상수멸(想受滅)을 구족하여 머문다. 아난다여, 이것이 참으로 그 즐거움보다 훨씬 고상하고 수승한 또 다른 즐거움이다."

16. "아난다여, 그런데 다른 외도 유행승들이 이렇게 말하는 경

우가 있을 것이다.

'사문 고따마는 인식과 느낌의 소멸[想受滅]을 설하고서는 그것을 다시 즐거움이라고 천명한다. 그런 것이 도대체 어디에 있으며, 어떻게 그것이 가능하단 말인가?'[582]라고.

아난다여, 이와 같이 말하는 다른 외도 유행승들에게 이렇게 말해줘야 한다.

'도반들이여, 세존께서는 즐거운 느낌만을 즐거움이라고 말씀하신 것이 아닙니다. 도반들이여, 오히려 여래는 언제 어디서 얻어진 어떤 종류의 즐거움이든지 간에, 그것을 모두 즐거움이라고 합니다.' 라고."[583]

---

582) "여기서 다섯 가닥의 얽어매는 감각적 욕망(pañca-kāma-guṇa)으로 인한 즐거움과 여덟 가지 증득[八等至, aṭṭha-samāpatti]으로 인한 즐거움은 느껴진 즐거움(vedayita-sukha)이고, '소멸(nirodha)'은 느껴지지 않은 즐거움(avedayita-sukha)이다."(MA.iii.115)
"'소멸(norodha)'은 느껴지지 않은 즐거움(avedayita-sukha)이기 때문에 즐거움이 된다. 다섯 가닥의 얽어매는 감각적 욕망(pañca-kāma-guṇa)과 여덟 가지 증득(aṭṭha-samāpatti)을 통해서 생긴 즐거움은 느껴진 즐거움(vedayita-sukha)이지만 소멸은 느껴지지 않은 즐거움이기 때문이다. 느껴진 즐거움이든 느껴지지 않은 즐거움이든 괴로움이 없는 상태(niddukkha-bhāva)라 불리는 즐거움이라는 뜻에서 전적인 즐거움(ekanta-sukha)이 되는 것이다."(SA.iii.80)
sukha는 즐거움으로도 옮길 수 있지만 행복이라고도 옮길 수 있다. 초기불전연구원에서는 sukha를 즐거움으로도 옮기고 행복으로도 옮긴다.(여기에 대해서는 본서 「삿짜까 긴 경」(M36) §32의 주해를 참조할 것.) 그런데 본 경의 본 문맥에서의 소멸(nirodha)은 즐거움이라기보다는 행복이라 옮기는 것이 더 적당할 것이다. 그러나 본경에서 sukha가 나타나는 문맥이 느낌에서 비롯된 것이기 때문에 본경 전체의 문맥을 맞추기 위해서 여기서도 sukha를 즐거움으로 옮기고 있음을 밝힌다.
그러나 그것이 즐거움이든 행복이든 상수멸이나 열반이나 아라한과와 같은 이러한 경지는 전적인 행복(ekanta-sukha)이고 지극한 행복(adhika-sukha, SA.ii.381)이고 열반의 행복(nibbāna-sukha, SA.i.328)이며, 『상윳따 니까야』 제1권 「믿음 경」(S1:36) {120} 등에서는 궁극적인 행복[至福, parama-sukha]이라 부르고 있다.

세존께서는 이와 같이 설하셨다. 아난다 존자는 흡족한 마음으로 세존의 말씀을 크게 기뻐했다.

많은 느낌 경(M59)이 끝났다.

583) "외도들은 '소멸(nirodha)'이 어떻게 즐거움인가?'라고 물음을 제기할 수 있기 때문에 세존께서 여기에 대한 궁금증을 풀어주신다. 느껴진 즐거움(vedayita-sukha)이건 느껴지지 않은 즐거움(avedayita-sukha)이건, 이 둘 다를 여래는 즐거움이라고 천명하신다. 왜냐하면 이 둘 모두 괴로움이 없는 상태(niddukkha-bhāva)이기에 여래는 즐거움이라고 천명하시기 때문이다."(MA.iii.115)

즉 인식과 느낌의 소멸(상수멸)은 느껴지지 않은 즐거움인 까닭에 이 또한 즐거움인 것이다.

"느껴진 즐거움이든 느껴지지 않은 즐거움이든 간에 그것이 괴로움이 없는 상태(niddukkha-bhāva)이면 여래께서는 그것을 모두 즐거움(행복)에 포함시켜서 말씀하셨다는 뜻이다. 본경에서 세존께서는 멸진정(nirodha-samāpatti)을 으뜸(sīsa)으로 삼으셔서 아라한됨을 정점으로 하여 제도되어야 할 사람(neyya-puggala)에게 [법을] 설하셨다."(SA.iii.80)

확실한 가르침 경

Apaṇṇaka Sutta(M60)

1. 이와 같이 나는 들었다. 한때 세존께서는 많은 비구 승가와 함께 꼬살라를 유행하시다가 살라라는 꼬살라의 바라문 마을에 도착하셨다.

2. 살라에 사는 바라문 장자들은 이렇게 들었다.

"사꺄의 후예이고, 사꺄 가문에서 출가한 사문 고따마가 [401] 많은 비구 승가와 함께 꼬살라에서 유행하다가 살라에 도착했다. 그분 고따마 존자께는 이러한 좋은 명성이 따른다. '이런 [이유로] 그분 세존께서는 아라한[應供]이며, 완전히 깨달은 분[正等覺]이며, 명지와 실천을 구족한 분[明行足]이며, 피안으로 잘 가신 분[善逝]이며, 세간을 잘 알고 계신 분[世間解]이며, 가장 높은 분[無上士]이며, 사람을 잘 길들이는 분[調御丈夫]이며, 하늘과 인간의 스승[天人師]이며, 부처님[佛]이며, 세존(世尊)이다.'라고. 그는 신을 포함하고 마라를 포함하고 범천을 포함한 세상과 사문·바라문들을 포함하고 신과 사람을 포함한 무리들을 스스로 최상의 지혜로 알고 실현하여 드러낸다. 그는 시작도 훌륭하고 중간도 훌륭하고 끝도 훌륭하며 의미와 표현을 구족했고 더할 나위 없이 완벽하고 지극히 청정한 법을 설하고, 범행(梵行)을 드러낸다. 참으로 그러한 아라한을 뵙는 것은 축복이다."라고.

3. 그러자 살라에 사는 바라문 장자들은 세존을 뵈러 갔다. 세존을 뵙고는 어떤 자들은 세존께 절을 올리고 한 곁에 앉았고, 어떤 자들은 세존과 함께 환담을 나누고 유쾌하고 기억할만한 이야기로 서로 담소를 나누고 한 곁에 앉았고, 어떤 자들은 세존께 합장하여 절을 올리고 한 곁에 앉았고, 어떤 자들은 세존의 앞에서 이름과 성을 말한 뒤 한 곁에 앉았고, 어떤 자들은 말없이 한 곁에 앉았다.

4. 한 곁에 앉은 살라에 사는 바라문 장자들에게 세존께서는 이렇게 말씀하셨다.

"장자들이여, 그런데 그대들에게는 적절한 이유로 믿음이 가는 그런 마음에 드는 어떤 스승이 있는가?"

"세존이시여, 저희들에게는 적절한 이유로 믿음이 가는 그런 마음에 드는 스승이 한 분도 없습니다."

"장자들이여, 그대들에게 마음에 드는 스승이 한 분도 없다면 이 확실한 가르침[584]을 받아 지녀 실천해야 한다. 장자들이여, 확실한 가르침을 받아 지녀 실천하면 그것은 그대들에게 오랜 세월 이익과 행복이 될 것이기 때문이다.

장자들이여, 그러면 무엇이 확실한 가르침인가?"

5. (A) "장자들이여, 어떤 사문 · 바라문들은 이런 주장과 이런

---

584) '확실한 가르침'은 apaṇṇaka-dhamma를 옮긴 것이다. 주석서는 apaṇṇaka를 "모순되지 않음(aviruddha), 애매모호하지 않음(advejjhagāmi), 확정적임(ekaṁsa-gāhika)"(MA.iii.116)으로 설명하고 있다. 『상윳따 니까야』 제4권에 해당하는 주석서는 "잘못이 없는 경지(anaparādhakatā)"(SA.iii.110)로 설명하고 있다.

견해를 가졌다.585)

'보시도 없고 공물도 없고 제사(헌공)도 없다. 선행과 악행의 업들에 대한 결실도 없고 과보도 없다. 이 세상도 없고 저 세상도 없다. 어머니도 없고 아버지도 없다. 화생하는 중생도 없고 이 세상과 저 세상을 스스로 최상의 지혜로 알고 실현하여 선언하는, 덕스럽고 바른 도를 구족한 사문・바라문들도 이 세상에는 없다.'"586)

---

585) 여기서부터 본경 §5에는 ① 아지따 께사깜발리(Ajita Kesakambalī)의 [사후] 단멸론(uccheda-vāda)이, 그리고 §13에는 ② 뿌라나 깟사빠(Pūraṇa Kassapa)의 도덕부정론(akiriya-vāda)이, 그리고 §21에는 ③ 막칼리 고살라(Makkhaligosāla)의 무인론(ahetuka-vāda)이 나타난다. 주석서는 이 셋을 "확정된 삿된 견해(niyata-miccha-diṭṭhi)"(MA.iii.122)라고 밝히고 있다. 확정된 삿된 견해에 대해서는 본서 「우빨리 경」(M56) §4의 주해를 참조할 것.
그리고 계속해서 §9 등에서는 이런 견해를 가진 자는 "처참한 곳[苦界], 불행한 곳[惡處], 파멸처, 지옥에 태어날 것이다."라고 언급되고 있다.
세존께서는 본경 §§5~28에서 이 세 가지 견해를 각각 모두 8가지 방법으로 드러내시어 모두 24가지로 설명하고 계신다. 역자는 각 문단에서 이 8가지를 각각 (A), (A1), (A2), (A3)와 (B), (B1), (B2), (B3)로 표기 하였다. 그 방법은 냐나몰리 스님/보디 스님, 1260~61쪽 621번 주해를 참조하기 바란다.

586) 이 정형구는 『디가 니까야』 제1권 「사문과경」(D2/i.55) §§23에 나타나는 아지따 께사깜발리(Ajita Kesakambalī)의 [사후] 단멸론(uccheda-vāda)의 앞부분이다. 그리고 『상윳따 니까야』 제3권 「없음 경」(S24:5) §3에도 나타난다. 주석서의 설명은 보디 스님, Discourse on the Fruits of Recluseship, pp. 77~83을 참조할 것. 이 정형구가 '보시도 없고' 등의 열 가지 그릇된 견해를 포함하고 있기 때문에 『청정도론』 XVII.243에서는 이 것을 '열 가지 그릇된 견해(dasa-vatthukā micchā-diṭṭhi)'라 부르고 있다.
니까야에서 이 정형구가 나타나는 곳은 「사문과경」(D2) §2.23, 본서 제2권 「살라의 바라문들 경」(M41) §10, 「확실한 가르침 경」(M60) §5, 제3권 「산다까 경」(M76)」§7, 「보름밤의 짧은 경」(M110) §11, 제4권 「행하고 행하지 말아야 함 경」(M114) §10, 「위대한 마흔 가지 경」(M117) §5 『상윳따 니까야』 제3권 「없음 경」(S24:5) §3, 제4권 「빠딸리야 경」(S42:13)」§12; 『앙굿따라 니까야』 제6권 「쭌다 경」(A10:176) §5 등이다. 본서 제3권 「산다까 경」(M76) §7과 『디가 니까야』 제1권 「사문과경」 §23의 후반부와 『상윳따 니까야』 제3권 「없음 경」(S24:5) §3의 후반부에

6. (B) "장자들이여, [402] 어떤 사문 · 바라문들은 그들 사문 · 바라문들과 상반된 주장을 내세운다.

'보시도 있고 공물도 있고 제사(헌공)도 있다. 선행과 악행의 업들에 대한 결실도 있고 과보도 있다. 이 세상도 있고 저 세상도 있다. 어머니도 있고 아버지도 있다. 화생하는 중생도 있고 이 세상과 저 세상을 스스로 최상의 지혜로 알고 실현하여 선언하는, 덕스럽고 바른 도를 구족한 사문 · 바라문들도 이 세상에는 있다.'

장자들이여, 이를 어떻게 생각하는가? 이들 사문 · 바라문들은 서로에게 상반된 주장을 내세우고 있지 않은가?"

"그렇습니다, 세존이시여."

7. (A1) "장자들이여, 여기서 '보시도 없고 공물도 없고 제사(헌공)도 없다. 선행과 악행의 업들에 대한 결실도 없고 과보도 없다. 이 세상도 없고 저 세상도 없다. 어머니도 없고 아버지도 없다. 화생하는 중생도 없고 이 세상과 저 세상을 스스로 최상의 지혜로 알고 실현하여 선언하는, 덕스럽고 바른 도를 구족한 사문 · 바라문들도 이 세상에는 없다.'라는 이런 주장과 이런 견해를 가진 사문 · 바라문들에게는 이런 것이 예상된다.

는 다음 부분이 더 나타나고 있다.
"이 인간이란 것은 사대(四大)로 이루어진 것이어서 [207] 임종하면 땅은 땅의 몸으로 들어가고 돌아가고, 물은 물의 몸으로 들어가고 돌아가고, 불은 불의 몸으로 들어가고 돌아가고, 바람은 바람의 몸으로 들어가고 돌아가고, 감각기능들은 허공으로 건너간다. 관을 다섯 번째로 한 [네] 사람이 시체를 메고 간다. 송덕문(頌德文)은 화장터까지만 읊어질 뿐이다. 뼈다귀는 잿빛으로 변하고 헌공은 재로 끝날 뿐이다. 보시란 어리석은 자의 교설일 뿐이니 누구든 [보시 등의 과보가] 있다고 설하는 자들의 교설은 공허하고 거짓되고 쓸데없는 말에 지나지 않는다. 어리석은 자도 현자도 몸이 무너지면 단멸하고 멸절할 뿐이라서 죽고 난 다음이라는 것은 없다."

즉 그들은 몸으로 짓는 선행과 말로 짓는 선행과 마음으로 짓는 선행의 세 가지 유익한 법[善法]들을 피하고 몸으로 짓는 악행과 말로 짓는 악행과 마음으로 짓는 악행의 세 가지 해로운 법[不善法]들을 받아 지녀 실천하게 될 것이다. 그것은 무슨 까닭인가? 그 사문 · 바라문 존자들은 해로운 법들에서 재난과 비열함과 오염원을 보지 못하고, 유익한 법들에서 출리의 공덕과 깨끗함을 보지 못하기 때문이다."

8. (A2) "저 세상이 실제로 있기 때문에 '저 세상은 없다.'라는 견해를 가지면, 그는 그릇된 견해를 가진 것이다. 저 세상이 실제로 있기 때문에 '저 세상은 없다.'라고 사유하면, 그는 그릇된 사유를 하는 것이다. 저 세상이 실제로 있기 때문에 '저 세상은 없다.'라고 말을 하면, 그는 그릇된 말을 하는 것이다. 저 세상이 실제로 있기 때문에 '저 세상은 없다.'라고 하면 그는 저 세상을 아는 아라한들에게 대항하는 것이다. 저 세상이 실제로 있기 때문에 '저 세상은 없다.'라고 다른 사람에게 알린다면 그는 그에게 정법이 아닌 것을 받아들이도록 설득하는 것이다. 정법이 아닌 것을 받아들이도록 설득하면서 자신을 칭찬하고 다른 사람을 비방한다.[587] 이처럼 그가 이전에 행한 좋은 행실은 제거되고 나쁜 행실이 자리 잡게 된다.[588]

---

587) "'정법이 아닌 것을 받아들이도록 설득하면서(asaddhamma-saññatti)'라는 것은 사실이 아닌 법(abhūta-dhamma)을 받아들이도록 설득하면서라는 뜻이다. '자신을 칭찬하고(atta-anukkaṁseti)'라는 것은 '나를 제외하면 어느 누가 자신의 견(見, dassana)을 다른 사람들로 하여금 받아들이도록 할 수 있겠는가?'라고 자신을 칭찬하는 것이고, '다른 사람을 비방한다(paraṁ vambheti).'는 것은 '이런 사람들 중에서 단 한 사람도 자신의 견을 다른 사람들로 하여금 받아들이도록 할 수 없다.'라고 다른 사람들을 비방하는 것이다."(MA.iii.116~117)

588) '이처럼 그가 이전에 행한 좋은 행실은 제거되고 나쁜 행실이 자리 잡게 된

이러한 그릇된 견해와 그릇된 사유와 그릇된 말과 성자들에 대한 대항과 정법이 아닌 것을 받아들이도록 설득함과 자신을 칭찬하고 다른 사람을 비방하는 이런 여러 가지 나쁘고 해로운 법들이 그릇된 견해를 조건으로 생겨난다."

9. (A3) "장자들이여, [403] 여기서 지자는 이처럼 숙고한다.

'만일 저 세상이 없다면 이 사람은 몸이 무너지면 그 자신은 안전할 것이다. 그러나 만일 저 세상이 있다면 이 사람은 몸이 무너져 죽은 뒤 처참한 곳[苦界], 불행한 곳[惡處], 파멸처, 지옥에 태어날 것이다.

이제 저들 사문・바라문들의 말이 옳건 그르건 간에 저 세상은 없다고 하자. 그렇더라도 이 사람은 바로 지금・여기에서 '이 사람은 나쁜 행실을 가졌고 그릇된 견해를 가졌고 허무주의를 말한다.'라고 지자들의 비난을 받는다.

그러나 만일 저 세상이 있다면 이 사람은 양쪽 모두에서 최악의 패를 가진 것[589]이 된다. 즉 바로 지금・여기에서 지자들의 비난을

다.'는 iti pubbe va kho panassa susīlyaṁ pahīnaṁ hoti dussīlyaṁ paccupaṭṭhitaṁ을 직역하여 옮긴 것이다. 그런데 주석서는 "일찍 그릇된 견(micchā-dassana)을 받아들인 자에게 반드시 좋은 행실(susīlya)은 제거되고 나쁜 행실(dussīla-bhāva)이 자리 잡게 된다."(MA.iii.117)로 설명하고 있다.

589) '최악의 패를 가진 것'은 kali-ggaha를 옮긴 것이다. 주석서는 "'최악의 패를 가진 것'이란 남에게 지는 [패를] 가진 것(parājaya-ggāha)"(MA.iii.117)이라고 설명하고 있다.
여기서 kali는 노름에서 다른 사람에게 패할 수밖에 없는 가장 나쁜 패를 말한다. 인도의 전통적인 노름은 주사위(akkha, *die*)를 던져서 나오는 패를 가지고 승부를 겨룬다고 한다. 패에는 네 가지가 있다. 가장 좋은 패는 끄르따(kṛta)라고 하며, 그다음은 뜨레따(tretā), 그다음은 드와빠라(dvāpara)라고 하고, 가장 나쁜 패는 깔리(kali)라고 한다. 그래서 인도 문헌 전반에서 깔리(kali)는 '사악함, 불운, 죄악' 등의 의미로도 쓰인다.
한편 인도에서는 일찍부터 이런 네 가지 패를 시대(yuga) 구분에도 적용시

받고, 몸이 무너져 죽은 뒤 처참한 곳[苦界], 불행한 곳[惡處], 파멸처, 지옥에 태어날 것이다.

이와 같이 그는 이 확실한 가르침을 잘못 받아 지녀 실천하여 유익한 경우를 배제하고 한 면만을 충족시킨다.'"590)

10. (B1) "장자들이여, 여기서 '보시도 있고 공물도 있고 제사(헌공)도 있다. 선행과 악행의 업들에 대한 결실도 있고 과보도 있다. 이 세상도 있고 저 세상도 있다. 어머니도 있고 아버지도 있다. 화생하는 중생도 있고 이 세상과 저 세상을 스스로 최상의 지혜로 알고 실현하여 선언하는, 덕스럽고 바른 도를 구족한 사문·바라문들도 이 세상에는 있다.'라는 이런 주장과 이런 견해를 가진 사문·바라문들에게는 이런 것이 예상된다.

즉 몸으로 짓는 악행과 말로 짓는 악행과 마음으로 짓는 악행의 세 가지 해로운 법들을 피하고 몸으로 짓는 선행과 말로 짓는 선행과 마음으로 짓는 선행의 세 가지 유익한 법[善法]들을 받아 지녀 실천하게 될 것이다. 그것은 무슨 까닭인가? 그 사문·바라문 존자들은

켜 부르는데 끄르따 유가(kṛta-yuga)는 참된 시대(satya-yuga)라고도 불리듯이 가장 좋은 시대를 뜻하고 이런 시대는 점점 타락하여 차례대로 뜨레따 유가, 드와빠라 유가가 되고 마침내 가장 나쁜 말세인 깔리 유가(kali-yuga)가 된다고 한다. 힌두 신화에서는 지금 시대를 깔리 유가(말세)라고 설명한다.

590) "'한 면만을 충족시킨다(ekaṁsaṁ pharitvā tiṭṭhati).'는 것은 한쪽 부분(ek-antaṁ eka-koṭṭhāsaṁ)인 자기의 주장(saka-vāda)만을 펴고 확신하면서(adhimuccitvā) 지낸다는 뜻이다. 즉 '저 세상이 없다.'는 자기의 주장하에서만 내생에 관한 한 그는 안전하다(sotthi-bhāv-āvaha)."(MA.iii.117)
그러나 저 세상이 없다고 하더라도 그의 나쁜 행실은 지자들로부터 비난을 사게 되고, 또 만약 저 세상이 있다면 그의 나쁜 행실은 그를 지옥으로 내몰기 때문에 두 가지 측면 모두에서 안전을 보장할 수 없게 된다.

해로운 법들에서 재난과 비열함과 오염원을 보고, 유익한 법들에서 출리의 공덕과 깨끗함을 보기 때문이다."

11. (B2) "저 세상이 실제로 있기 때문에 '저 세상은 있다.'라는 견해를 가지면, 그는 바른 견해를 가진 것이다. 저 세상이 실제로 있기 때문에 '저 세상은 있다.'라고 사유하면, 그는 바른 사유를 하는 것이다. 저 세상이 실제로 있기 때문에 '저 세상은 있다.'라고 말을 하면, 그는 바른 말을 하는 것이다. 저 세상이 실제로 있기 때문에 '저 세상은 있다.'라고 하면 그는 저 세상을 아는 아라한들에게 대항하는 것이 아니다. 저 세상이 실제로 있기 때문에 '저 세상은 있다.'라고 다른 사람에게 알린다면 그는 [404] 그에게 정법을 받아들이도록 설득하는 것이다. 정법을 받아들이도록 설득하면서 자신을 칭찬하지 않고 다른 사람을 비방하지 않는다. 이처럼 그가 이전에 행한 나쁜 행실은 제거되고 좋은 행실이 자리 잡게 된다.

이러한 바른 견해와 바른 사유와 바른 말과 성자들에게 대항하지 않음과 정법을 받아들이도록 설득함과 자신을 칭찬하지 않고 다른 사람을 비방하지 않는 이런 여러 가지 유익한 법들이 바른 견해를 조건으로 생겨난다."

12. (B3) "장자들이여, 여기서 지자는 이처럼 숙고한다.

'만일 저 세상이 있다면 이 사람은 몸이 무너져 죽은 다음에는 좋은 곳, 천상 세계[天界]에 태어날 것이다.

이제 저들 사문·바라문들의 말이 옳건 그르건 간에 저 세상은 없다고 하자. 그렇더라도 이 사람은 바로 지금·여기에서 '이 사람은 좋은 행실을 가졌고 바른 견해를 가졌고 내생이 있다고 주장한다.'라고 지자들의 칭송을 받는다.

그러나 만일 저 세상이 있다면 이 사람은 양쪽 모두에서 최고의 패를 가진 것[591]이 된다. 즉 바로 지금·여기에서 지자들의 칭송을 받고 몸이 무너져 죽은 뒤 좋은 곳, 천상 세계에 태어날 것이다.

이와 같이 그는 이 확실한 가르침을 잘 받아 지녀 실천하여 해로운[不善] 경우를 배제하고 양면을 모두 충족시킨다."[592]

13. (A) "장자들이여, 어떤 사문·바라문들은 이런 주장과 이런 견해를 가졌다.

'행하거나 다른 사람에게 행하도록 시키고, 절단하거나 다른 사람에게 절단하도록 시키고, 고문하거나 고문하도록 시키고, 슬픔을 주거나[593] 다른 사람에게 슬픔을 주도록 시키고, 괴롭히거나[594] 괴롭히도록 시키고, 생명을 죽이고, 주지 않는 것을 가지고, 집을 부수고, 다른 사람의 재산을 약탈하고, 주거침입을 하고, 노상강도질을 하고, 남의 아내를 강간하고, 거짓말을 하고 하더라도 죄악을 범하는 것이 아니다.[595]

---

591) "'최고의 패를 가진 것(kaṭa-ggaha)'이란 반드시 이기는 패를 가진 것(jaya-ggāha)을 말한다."(MA.iii.117)
여기서 kaṭa는 가장 좋은 패인 끄르따(kṛta)의 빠알리어이다. 네 가지 패에 대해서는 본경 §9의 주해를 참조할 것.

592) "'양면을 모두 충족시킨다(ubhayaṁsaṁ pharitvā tiṭṭhati).'는 것은 양쪽 부분인 자기의 주장(saka-vāda)과 다른 사람의 주장(para-vāda)을 모두 펴고 확신하면서 지낸다는 말이다. '저 세상이 있다.'라고 해도 안전하고, '저 세상은 없다.'라고 해도 안전하다."(MA.iii.118)

593) "'슬픔을 준다(socayato).'는 것은 다른 사람의 재물을 빼앗는 등의 행위로 자기 스스로 슬픔을 주기도 하고 다른 사람들에게 그렇게 하도록 시키기도 하는 것이다."(MA.iii.118)

594) "'괴롭힌다(kilamayato).'는 것은 음식을 빼앗거나, 묶어놓거나, 주거침입 등으로 자기 스스로 괴롭히기도 하고, 다른 사람들에게 그렇게 하도록 시키기도 하는 것이다."(MA.iii.118)

만일 어떤 이가 예리한 칼이 가장자리에 달린 바퀴로 이 땅의 모든 생명을 갈아서 하나의 고깃덩이 하나의 고기뭉치로 만들어버리더라도 그로 인한 어떤 죄악도 없고, 죄악의 과보도 없다. 강가 강의 남쪽 기슭596)에 가서 죽이거나 죽이도록 시키고, 절단하거나 절단하도록 시키고, 고문하거나 고문하도록 시켜도 그로 인한 어떤 죄악도 없고, 죄악의 과보도 없다. 강가 강의 북쪽 기슭에 가서 보시하거나 보시하도록 시키고, 제사를 지내거나 제사를 지내도록 시키더라도 그로 인한 어떤 공덕도 없고, 공덕이 생기지도 않는다. 보시를 하고 자신을 길들이고 제어하고 진실을 말하더라도 공덕이 없고, 공덕이 생기지도 않는다.'"597)

14. (B) "장자들이여, 어떤 사문·바라문들은 [405] 그들 사문·바라문들과 상반된 주장을 내세운다.

'행하거나 다른 사람에게 행하도록 시키고, 절단하거나 다른 사람

595) "'하더라도 죄악을 범하는 것이 아니다(karoto na karīyati pāpaṁ).'라는 것은 내가 어떤 죄악을 범하리라.'라는 생각을 가지고 행하더라도 죄악(pāpa)을 범하는 것이 아니다. 거기에는 어떤 죄악도 없다는 말이다."(MA.iii.119)

596) "'남쪽 기슭(dakkhiṇa-tīra)'에 사는 사람들은 무자비하고(kakkhaḷā) 거칠었기(dāruṇā) 때문에 그들에 관해서는 '죽인다(hananta)'는 등의 표현을 사용했다. 반면, '북쪽 기슭(uttara-tīra)'에 사는 사람들은 신심이 돈독(pasannā)하여 부처님과 법과 승가에 청정한 신뢰(māmakā)를 보였으므로 그들에 관해서는 '보시를 한다(dadanta)'는 등의 표현을 사용했다."(MA.iii.119)

597) 이 구문은 『디가 니까야』 제1권 「사문과경」 (D2/i.52~53) §§16~18에서 뿌라나 깟사빠(Pūraṇa Kassapa)의 도덕부정론(akiriya-vāda)으로 정리되어 나타나고 있다. 그리고 『상윳따 니까야』 제3권 「행위 경」 (S24:6) §3에도 나타난다.
주석서의 설명은 보디 스님, Discourse on the Fruits of Recluseship, 69~70쪽을 참조할 것.

에게 절단하도록 시키고, 고문하거나 고문하도록 시키고, 슬픔을 주거나 다른 사람에게 슬픔을 주도록 시키고, 괴롭히거나 괴롭히도록 시키고, 생명을 죽이고, 주지 않는 것을 가지고, 집을 부수고, 다른 사람의 재산을 약탈하고, 주거침입을 하고, 노상강도질을 하고, 남의 아내를 강간하고, 거짓말을 하면 죄악을 범하는 것이다.

만일 어떤 이가 예리한 칼이 가장자리에 달린 바퀴로 이 땅의 모든 생명을 갈아서 하나의 고깃덩이 하나의 고기뭉치로 만들어버리면 그로 인한 죄악도 있고, 죄악의 과보도 있다. 강가 강의 남쪽 기슭에 가서 죽이거나 죽이도록 시키고, 절단하거나 절단하도록 시키고, 고문하거나 고문하도록 시키면 그로 인한 죄악도 있고, 죄악의 과보도 있다. 강가 강의 북쪽 기슭에 가서 보시하거나 보시하도록 시키고, 제사를 지내거나 제사를 지내도록 시키면 그로 인한 공덕도 있고, 공덕의 과보도 있다. 보시를 하고 자신을 길들이고 제어하고[598] 진실한 말을 하면 공덕이 있고, 공덕이 생긴다.'

장자들이여, 이를 어떻게 생각하는가? 이들 사문 · 바라문들은 서로에게 상반된 주장을 내세우고 있지 않은가?"

"그렇습니다, 세존이시여."

15. (A1) "장자들이여, 여기서 '행하거나 행하게 하고, … 공덕이 없고, 공덕이 생기지도 않는다.'라는 이런 주장과 이런 견해를 가진 사문 · 바라문들에게는 이런 것이 예상된다. 즉 그들은 몸으로 짓는 선행과 말로 짓는 선행과 마음으로 짓는 선행의 세 가지 유익한 법[善法]들을 피하고 몸으로 짓는 악행과 말로 짓는 악행과 마음으로

598) "'길들이는(dama)'이란 감각기능[根, indriya]을 길들이고, 포살을 실행하여 길들이는 것이고, '제어하는(saṁyama)'이란 계행(sīla)으로 제어한다는 뜻이다."(MA.iii.118)

짓는 악행의 세 가지 해로운 법[不善法]들을 받아 지녀 실천하게 될 것이다.

그것은 무슨 까닭인가? 그 사문・바라문 존자들은 해로운 법들에서 재난과 비열함과 오염원을 보지 못하고, 유익한 법들에서 출리의 공덕과 깨끗함을 보지 못하기 때문이다."

16. (A2) "실제로 업을 짓는 것이 있기 때문에 '업 지음이 없다.'라는 견해를 가지면, 그는 그릇된 견해를 가진 것이다. 실제로 업을 짓는 것이 있기 때문에 '업 지음이 없다.'라고 사유하면, 그는 그릇된 사유를 하는 것이다. 실제로 업을 짓는 것이 있기 때문에 '업 지음이 없다.'라고 말을 하면, 그는 그릇된 말을 하는 것이다. 실제로 업을 짓는 것이 있기 때문에 '업 지음이 없다.'라고 하면 그는 저 세상을 아는 아라한들에게 대항하는 것이다. 실제로 업을 짓는 것이 있기 때문에 '업 지음이 없다.'라고 다른 사람에게 알린다면 그는 그에게 정법이 아닌 것을 받아들이도록 설득하는 것이다. 정법이 아닌 것을 받아들이도록 설득하면서 자신을 칭찬하고 다른 사람을 비방한다. 이처럼 그가 이전에 행한 좋은 행실은 제거되고 나쁜 행실이 자리 잡게 된다.

이러한 [406] 그릇된 견해와 그릇된 사유와 그릇된 말과 성자들에 대한 대항과 정법이 아닌 것을 받아들이도록 설득함과 자신을 칭찬하고 다른 사람을 비방하는 이런 여러 가지 나쁘고 해로운 법들이 그릇된 견해를 조건으로 생겨난다."

17. (A3) "장자들이여, 여기서 지자는 이처럼 숙고한다.

'만일 업 지음이 없다면 이 사람은 몸이 무너지면 그 자신은 안전할 것이다. 그러나 만일 업 지음이 있다면 이 사람은 몸이 무너져 죽은 뒤 처참한 곳[苦界], 불행한 곳[惡處], 파멸처, 지옥에 태어날 것이다.

이제 저들 사문·바라문들의 말이 옳건 그르건 간에 업 지음이 없다고 하자. 그렇더라도 이 사람은 바로 지금·여기에서 '이 사람은 나쁜 행실을 가졌고 그릇된 견해를 가졌고 업 지음이 없음을 말한다.'라고 지자들의 비난을 받는다.

그러나 만일 업 지음이 있다면 이 사람은 양쪽 모두에서 최악의 패를 가진 것이 된다. 즉 바로 지금·여기에서 지자들의 비난을 받고, 몸이 무너져 죽은 뒤 처참한 곳[苦界], 불행한 곳[惡處], 파멸처, 지옥에 태어날 것이다.

이와 같이 그는 이 확실한 가르침을 잘못 받아 지녀 실천하여 유익한 경우를 배제하고 한 면만을 충족시킨다."

18. (B1) "장자들이여, 여기서 '행하거나 행하게 하고, … 공덕이 있고, 공덕이 생긴다.'라는 이런 주장과 이런 견해를 가진 사문·바라문들에게는 이런 것이 예상된다. 즉 몸으로 짓는 악행과 말로 짓는 악행과 마음으로 짓는 악행의 세 가지 해로운 법[不善法]들을 피하고 몸으로 짓는 선행과 말로 짓는 선행과 마음으로 짓는 선행의 세 가지 유익한 법[善法]들을 받아 지녀 실천하게 될 것이다.

그것은 무슨 까닭인가? 그 사문·바라문 존자들은 해로운 법들에서 재난과 비열함과 오염원을 보고 유익한 법들에서 출리의 공덕과 깨끗함을 보기 때문이다."

19. (B2) "실제로 업을 짓는 것이 있기 때문에 '업 지음이 있다.'라는 견해를 가지면, 그는 바른 견해를 가진 것이다. 실제로 업을 짓는 것이 있기 때문에 '업 지음이 있다.'라고 사유하면, 그는 바른 사유를 하는 것이다. 실제로 업을 짓는 것이 있기 때문에 '업 지음이 있

다.'라고 말을 하면, 그는 바른 말을 하는 것이다. 실제로 업을 짓는 것이 있기 때문에 '업 지음이 있다.'라고 하면 그는 저 세상을 아는 아라한들에게 대항하는 것이 아니다. 실제로 업을 짓는 것이 있기 때문에 '업 지음이 있다.'라고 다른 사람에게 알린다면 그는 그에게 정법을 받아들이도록 설득하는 것이다. [407] 정법을 받아들이도록 설득하면서 자신을 칭찬하지 않고 다른 사람을 비방하지 않는다. 이처럼 그가 이전에 행한 나쁜 행실은 제거되고 좋은 행실이 자리 잡게 된다.

이러한 바른 견해와 바른 사유와 바른 말과 성자들에게 대항하지 않음과 정법을 받아들이도록 설득함과 자신을 칭찬하지 않고 다른 사람을 비방하지 않는 이런 여러 가지 유익한 법들이 바른 견해를 조건으로 생겨난다."

20. (B3) "장자들이여, 여기서 지자는 이처럼 숙고한다.

'만일 업 지음이 있다면 이 사람은 몸이 무너져 죽은 뒤 좋은 곳, 천상 세계[天界]에 태어날 것이다.

이제 저들 사문·바라문들의 말이 옳건 그르건 간에 업 지음이 없다고 하자. 그렇더라도 이 사람은 바로 지금·여기에서 '이 사람은 좋은 행실을 가졌고 바른 견해를 가졌고 업 지음이 있다고 주장한다.' 라고 지자들의 칭송을 받는다.

그러나 만일 업 지음이 있다면 이 사람은 양쪽 모두에서 최고의 패를 가진 것이 된다. 즉 바로 지금·여기에서 지자들의 칭송을 받고 몸이 무너져 죽은 뒤 좋은 곳, 천상 세계에 태어날 것이다.

이와 같이 그는 이 확실한 가르침을 잘 받아 지녀 실천하여 해로운[不善] 경우를 배제하고 양면을 모두 충족시킨다."

21. (A) "장자들이여, 어떤 사문·바라문들은 이런 주장과 이런 견해를 가졌다.

'중생들이 오염되는 데에는 어떤 원인도 없고 어떤 조건도 없다. 원인도 없고 조건도 없이 중생들은 오염된다. 중생들이 청정해지는 데에도 어떤 원인도 없고 어떤 조건도 없다. 원인도 없고 조건도 없이 중생들은 청정해진다. 힘도 없고 노력도 없고 남자의 용기도 없고 남자의 분발도 없다.[599] 모든 중생들과 모든 생명들과 모든 존재들과 모든 영혼들은 지배력도 없고 힘도 없고 정진력도 없이 운명과 우연의 일치와 천성의 틀에 짜여서 여섯 부류의 태생[600]에서 즐거움과 괴로움을 경험한다.'"[601]

---

599) "즉 중생들을 오염시키고, 청정하게 하는 어떤 힘(bala)이나 노력(vīriya)이나 용기(thāma)나 분발(parakkama)이 없다는 말이다."(MA.iii.120)

600) '여섯 부류의 태생'은 cha abhijāti를 옮긴 것이다. 『앙굿따라 니까야』 제4권 「여섯 태생 경」(A6:57) §2와 『디가 니까야 주석서』(DA.i.162)에 의하면 '여섯 부류의 태생(chaḷābhijāti)'은 흑인의 태생(kaṇha-abhijāti), 청인의 태생, 적인의 태생, 황인의 태생, 백인의 태생, 순백인의 태생이다. 동물들과 도적 등은 흑인의 태생에, [불교의] 비구들은 청인의 태생에, 니간타들(자이나 수행자)은 적인의 태생에, 나체수행자(acelaka)들의 제자인 흰 옷을 입는 재가자들은 황인의 태생에, 아지와까(Ājīvaka)의 남녀 수행자들은 백인의 태생에, 난다, 왓차, 끼사, 상낏차, 막칼리 고살라는 순백인의 태생에 속한다고 한다. 『앙굿따라 니까야』 제4권 「여섯 태생 경」(A6:57) §2에 상세하게 나타나므로 참조할 것. 그런데 「여섯 태생 경」(A6:57) §2에서 이 이론은 막칼리 고살라가 아닌 뿌라나 깟사빠가 주장하였다고 나타난다.

601) 본 문단의 이 정형구는 『디가 니까야』 제1권 「사문과경」(D2) §§19~21에서 막칼리 고살라(Makkhaligosāla)의 윤회를 통한 청정(saṁsāra-suddhi) 혹은 무인론(ahetuka-vāda)으로 정리되어 나타나고 있으며, 『상윳따 니까야』 제3권 「원인 경」(S24:7)에도 나타나고 있다. 그런데 이 주장의 일부분이 『상윳따 니까야』 제3권 「마할리 경」(S22:60) §3에서는 뿌라나 깟사빠의 주장으로 언급되어 있다. 이곳의 주해를 참조할 것.

22. (B) "장자들이여, 어떤 사문 · 바라문들은 그들 사문 · 바라문들과 상반된 주장을 내세운다.

'중생들이 오염되는 데에는 어떤 원인도 있고 어떤 조건도 있다. 원인에 의해 조건에 의해 중생들은 오염된다. 중생들이 청정해지는 데에도 어떤 원인도 있고 어떤 조건도 있다. 원인에 의해 조건에 의해 중생들은 청정해진다. 힘도 있고 노력도 있고 남자다운 용기도 있고 남자다운 분발도 있다. 모든 중생들과 모든 생명들과 모든 존재들과 모든 영혼들은 지배력도 없고 힘도 없고 정진력도 없이 운명과 우연의 일치와 천성의 틀에 짜여서 여섯 부류의 태생에서 즐거움과 괴로움을 경험하는 것이 아니다.'

장자들이여, 이를 어떻게 생각하는가? [408] 이들 사문 · 바라문들은 서로에게 상반된 주장을 내세우고 있지 않은가?"

"그렇습니다, 세존이시여."

23. (A1) "장자들이여, 여기서 '중생들이 오염되는 데에는 어떤 원인도 어떤 조건도 없다. … 즐거움과 괴로움을 경험한다.'라는 이런 주장과 이런 견해를 가진 사문 · 바라문들에게는 이런 것이 예상된다. 즉 그들은 몸으로 짓는 선행과 말로 짓는 선행과 마음으로 짓는 선행의 세 가지 유익한 법[善法]들을 피하고 몸으로 짓는 악행과 말로 짓는 악행과 마음으로 짓는 악행의 세 가지 해로운 법[不善法]들을 받아지녀 실천하게 될 것이다.

그것은 무슨 까닭인가? 그 사문 · 바라문 존자들은 해로운 법들에서 재난과 비열함과 오염원을 보지 못하고, 유익한 법들에서 출리의 공덕과 깨끗함을 보지 못하기 때문이다."

24. (A2) "실제로 원인이 있기 때문에 '원인이 없다.'라는 견해를 가지면, 그는 그릇된 견해를 가진 것이다. 실제로 원인이 있기 때문에 '원인이 없다.'라고 사유하면, 그는 그릇된 사유를 하는 것이다. 실제로 원인이 있기 때문에 '원인이 없다.'라고 말을 하면, 그는 그릇된 말을 하는 것이다. 실제로 원인이 있기 때문에 '원인이 없다.'라고 하면 그는 저 세상을 아는 아라한들에게 대항하는 것이다. 실제로 원인이 있기 때문에 '원인이 없다.'라고 다른 사람에게 알린다면 그는 그에게 정법이 아닌 것을 받아들이도록 설득하는 것이다. 정법이 아닌 것을 받아들이도록 설득하면서 자신을 칭찬하고 다른 사람을 비방한다. 이처럼 그가 이전에 행한 좋은 행실은 제거되고 나쁜 행실이 자리 잡게 된다.

이러한 그릇된 견해와 그릇된 사유와 그릇된 말과 성자들에 대한 대항과 정법이 아닌 것을 받아들이도록 설득함과 자신을 칭찬하고 다른 사람을 비방하는 이런 여러 가지 나쁘고 해로운 법들이 그릇된 견해를 조건으로 생겨난다."

25. (A3) "장자들이여, 여기서 지자는 이처럼 숙고한다.

'만일 원인이 없다면 이 사람은 몸이 무너지면 그 자신은 안전할 것이다. 그러나 만일 원인이 있다면 이 사람은 몸이 무너져 죽은 뒤 처참한 곳[苦界], 불행한 곳[惡處], 파멸처, 지옥에 태어날 것이다.

이제 저들 사문 · 바라문들의 말이 옳건 그르건 간에 원인이 없다고 하자. 그렇더라도 이 사람은 바로 지금 · 여기에서 '이 사람은 나쁜 행실을 가졌고 그릇된 견해를 가졌고 원인이 없음을 말한다.'라고 지자들의 비난을 받는다.

그러나 만일 원인이 있다면 이 사람은 양쪽 모두에서 최악의 패를 가진 것이 된다. [409] 즉 바로 지금·여기에서 지자들의 비난을 받고, 몸이 무너져 죽은 뒤 처참한 곳[苦界], 불행한 곳[惡處], 파멸처, 지옥에 태어날 것이다.

이와 같이 그는 이 확실한 가르침을 잘못 받아 지녀 실천하여 유익한 경우를 배제하고 한 면만을 충족시킨다."

26. (B1) "장자들이여, 여기서 '중생들이 오염되는 데에는 어떤 원인도 있고 어떤 조건도 있다. … 즐거움과 괴로움을 경험하는 것이 아니다.'라는 이런 주장과 이런 견해를 가진 사문·바라문들에게는 이런 것이 예상된다. 즉 그들은 몸으로 짓는 악행과 말로 짓는 악행과 마음으로 짓는 악행의 세 가지 해로운 법[不善法]들을 피하고 몸으로 짓는 선행과 말로 짓는 선행과 마음으로 짓는 선행의 세 가지 유익한 법[善法]들을 받아 지녀 실천하게 될 것이다.

그것은 무슨 까닭인가? 그 사문·바라문 존자들은 해로운 법들에서 재난과 비열함과 오염원을 보고, 유익한 법들에서 출리의 공덕과 깨끗함을 보기 때문이다."

27. (B2) "실제로 원인이 있기 때문에 '원인이 있다.'라는 견해를 가지면, 그는 바른 견해를 가진 것이다. 실제로 원인이 있기 때문에 '원인이 있다.'라고 사유하면, 그는 바른 사유를 하는 것이다. 실제로 원인이 있기 때문에 '원인이 있다.'라고 말을 하면, 그는 바른 말을 하는 것이다. 실제로 원인이 있기 때문에 '원인이 있다.'라고 하면 그는 저 세상을 아는 아라한들에게 대항하는 것이 아니다. 실제로 원인이 있기 때문에 '원인이 있다.'라고 다른 사람에게 알린다면 그는 그에게 정법을 받아들이도록 설득하는 것이다. 정법을 받아들이도록 설득하면서 자신을 칭찬하지 않고 다른 사람을 비방하지 않는다. 이

처럼 그가 이전에 행한 나쁜 행실은 제거되고 좋은 행실이 자리 잡게 된다.

이러한 바른 견해와 바른 사유와 바른 말과 성자들에게 대항하지 않음과 정법을 받아들이도록 설득함과 자신을 칭찬하지 않고 다른 사람을 비방하지 않는 이런 여러 가지 유익한 법들이 바른 견해를 조건으로 생겨난다."

28. (B3) "장자들이여, 여기서 지자는 이처럼 숙고한다.

'만일 원인이 있다면 이 사람은 몸이 무너져 죽은 뒤 좋은 곳, 천상 세계[天界]에 태어날 것이다.

이제 저들 사문·바라문들의 말이 옳건 그르건 간에 원인이 없다고 하자. 그렇더라도 이 사람은 바로 지금·여기에서 '이 사람은 좋은 행실을 가졌고 바른 견해를 가졌고 원인이 있다고 주장한다.'라고 지자들의 칭송을 받는다.

그러나 만일 원인이 있다면 [410] 이 사람은 양쪽 모두에서 최고의 패를 가진 것이 된다. 즉 바로 지금·여기에서 지자들의 칭송을 받고 몸이 무너져 죽은 뒤 좋은 곳, 천상 세계에 태어날 것이다.

이와 같이 그는 이 확실한 가르침을 잘 받아 지녀 실천하여 해로운[不善] 경우를 배제하고 양면을 모두 충족시킨다."

29. "장자들이여, 어떤 사문·바라문들은 이런 주장과 이런 견해를 가졌다. '절대로 무색계는 없다.'라고."602)

30. "장자들이여, 어떤 사문·바라문들은 그 사문·바라문들과 상반된 주장을 내세운다. '반드시 무색계는 있다.'라고.

---

602) "즉 무색계 범천(arūpa-brahma-loka)이란 것은 어떤 측면(sabb-ākāra)에서도 없다는 주장이다."(MA.iii.122)

장자들이여, 이를 어떻게 생각하는가? 이들 사문 · 바라문들은 서로에게 상반된 주장을 내세우고 있지 않은가?"

"그렇습니다, 세존이시여."

31. "장자들이여, 여기서 지자는 이처럼 숙고한다.

'이들 사문 · 바라문 존자들은 '절대로 무색계는 없다.'라는 그런 주장과 그런 견해를 가지고 있지만 나는 아직 그것을 본 적이 없다. 이들 사문 · 바라문 존자들은 '반드시 무색계는 있다.'라는 그런 주장과 그런 견해를 가지고 있지만 나는 아직 그것을 알지 못한다. 내가 알지도 못하고 본 적도 없는 것에 대해 한 면만 취하여 '이것만이 진실이고, 다른 것은 거짓이다.'라고 한다면 그것은 나에게 적절하지 않다.

만일 '절대로 무색계는 없다.'라는 그런 주장과 그런 견해를 가진 사문 · 바라문 존자들의 말이 진실이라면, '마음으로 이루어진[603] 색계 신들이 있는 그곳에 틀림없이 내가 태어나게 될 것이다.'라고 하는 것은 가능하다. 만일 '반드시 무색계는 있다.'라는 그런 주장과 그런 견해를 가진 사문 · 바라문 존자들의 말이 진실이라면, '인식으로 이루어진[604] 무색계의 신들이 있는 그곳에 틀림없이 내가 태어나게 될 것이다.'라고 하는 것은 가능하다.

물질에 근거하여 몽둥이를 들고, 무기를 들고, 싸우고, 투쟁하고, 분쟁하고, 논쟁하고, 중상모략하고, 거짓말하는 것이 생기지만, 무색계에서는 이들이 전혀 없다.'

---

603) "'마음으로 이루어졌다(mano-mayā).'는 것은 [색계]禪의 마음(jhāna-citta)으로 이루어진 것이다."(MA.iii.122)

604) "'인식으로 이루어졌다(saññā-mayā).'는 것은 무색계禪의 인식(arūpa-jjhāna-saññā)으로 이루어진 것이다."(MA.iii.122)

그는 이와 같이 숙고하면서 물질들을 염오하고 그것에 대해 욕망을 빛바래고 소멸하기 위해 도를 닦는다."605)

32. "장자들이여, 어떤 사문 · 바라문들은 이런 주장과 이런 견해를 가졌다. '존재[有]의 소멸606)은 절대로 없다.'라고."

33. "장자들이여, 어떤 사문 · 바라문들은 그 사문 · 바라문들과 상반된 주장을 내세운다. '존재의 소멸은 반드시 [411] 있다.'라고.

장자들이여, 이를 어떻게 생각하는가? 이들 사문 · 바라문들은 서로에게 상반된 주장을 내세우고 있지 않은가?"

"그렇습니다, 세존이시여."

---

605) "'물질들을 염오하고 그것에 대해 욕망을 빛바래고 소멸하기 위해 도를 닦는다(rūpānaṁ yeva nibbidāya virāgāya nirodhāya paṭipanno hoti).'는 것은 ① [禪을] 얻은 사람(lābhī)이거나 ② 그것을 사유하는 사람(takkī)이 도를 닦는 것을 말한다.
① [禪을] 얻은 사람이란 색계禪을 얻은 사람(rūpāvacara-jjhāna-lābhi)이다. 그는 색계에 관한 한 의심이 없지만 무색계에 관한 한 그렇지 않다. 그는 '나는 무색계가 있다고 말하는 것도 듣고 무색계가 없다고 말하는 것도 듣지만 실제로 그것이 있는지, 없는지 모른다. 색계 제4선을 기초(pada-ṭṭhāna)로 삼아 무색계선을 증득하리라. 만약 무색계가 있다면 내가 그곳에 태어날 것이고, 만약 없다면 색계 범천의 세상(rūpāvacara-brahma-loka)에 태어날 것이다. 이와 같이 확실한 가르침(apaṇṇaka dhamma)은 틀림없이 내게 확실해질 것이다.'라고 생각하면서 도를 닦는다.
② 사유하는 사람이란 아직 禪을 얻지 못한 사람(appaṭiladdha-jjhāna)이다. 그 사람도 색계에 관한 한 의심(kaṅkhā)이 없지만 무색계에 관한 한 그렇지 않다. 그는 '나는 무색계가 있다고 말하는 것도 듣고 무색계가 없다고 말하는 것도 듣지만 실제로 그것이 있는지 없는지 모른다. 까시나의 준비(kasiṇa-parikamma)를 지어 색계 제4선을 증득하여, 그것을 기초로 삼아 무색계선을 증득하리라. 만약 무색계가 있다면 내가 그곳에 태어날 것이고, 만약 없다면 색계 범천의 세상에 태어날 것이다. 이와 같이 확실한 가르침은 틀림없이 내게 확실해질 것이다.'라고 생각하면서 도를 닦는다."(MA.iii.122~123)

606) "'존재의 소멸(bhava-nirodha)'이란 열반을 말한다."(MA.iii.123)

34. "장자들이여, 여기서 지자는 이처럼 숙고한다.

'이들 사문 · 바라문 존자들은 '존재[有]의 소멸은 절대로 없다.'라는 그런 주장과 그런 견해를 가지고 있지만 나는 아직 그것을 본 적이 없다. 이들 사문 · 바라문 존자들은 '존재의 소멸은 반드시 있다.'라는 그런 주장과 그런 견해를 가지고 있지만 나는 아직 그것을 알지 못한다. 내가 알지도 못하고 본 적도 없는 것에 대해 한 면만 취하여 '이것만이 진실이고, 다른 것은 거짓이다.'라고 한다면 그것은 나에게 적절하지 않다.

만일 '존재의 소멸은 절대로 없다.'라는 그런 주장과 그런 견해를 가진 사문 · 바라문 존자들의 말이 진실이라면, '인식으로 이루어진 무색계의 신들이 있는 그곳에 틀림없이 내가 태어나게 될 것이다.'라고 하는 것은 가능하다. 만일 '존재의 소멸은 반드시 있다.'라는 그런 주장과 그런 견해를 가진 사문 · 바라문 존자들의 말이 진실이라면, '나는 바로 지금 · 여기에서 완전한 열반을 실현하게 될 것이다.'라고 하는 것은 가능하다.

'존재의 소멸은 절대로 없다.'라는 그런 주장과 그런 견해를 가진 사문 · 바라문 존자들의 견해는 욕망에 가깝고 족쇄에 가깝고 환락에 가깝고 집착에 가깝고 취착에 가깝다. '존재의 소멸은 반드시 있다.'라는 그런 주장과 그런 견해를 가진 사문 · 바라문 존자들의 견해는 욕망 없음에 가깝고 족쇄 없음에 가깝고 환락 없음에 가깝고 집착 없음에 가깝고 취착 없음에 가깝다.

그는 이와 같이 숙고하면서 존재들을 염오하고 그것에 대해 욕망을 빛바래고 소멸하기 위해 도를 닦는다."607)

---

607) "'도를 닦는다(paṭipanno hoti).'는 것은 ① [여덟 가지 증득을] 얻은 사람(lābhī)이거나 ② 그것을 사유하는 사람(takkī)이 도를 닦는 것을 말한다.

35. "장자들이여, 이 세상에는 네 부류의 사람들이 존재한다.608) 무엇이 넷인가?

장자들이여, 여기 어떤 사람은 ① 자신을 학대하고 자신을 학대하는 데 몰두한다. 장자들이여, 여기 어떤 사람은 ② 다른 사람을 학대하고 다른 사람을 학대하는 데 몰두한다. 장자들이여, 여기 어떤 사람은 ③ 자신을 학대하고 자신을 학대하는 데 몰두하며, 또 다른 사람을 학대하고 다른 사람을 학대하는 데 몰두한다. 장자들이여, 여기 어떤 사람은 ④ 자신을 학대하지 않고 자신을 학대하는 데 몰두하지 않으며, 또 다른 사람을 학대하지 않고 다른 사람을 학대하는 데 몰

---

① 여덟 가지 증득을 얻은 사람(aṭṭha-samāpatti-lābhī)은 무색계(āruppa)에 관한 한 의심이 없지만 열반에 관한 한 그렇지 않다. 그는 '나는 열반이 있다고 말하는 것도 듣고, 없다고 말하는 것도 듣지만 실제로 그것이 있는지 없는지 모른다. 증득을 기초(pādaka)로 삼아 위빳사나를 증장시키리라. 만약 열반이 있다면 내가 아라한과를 얻어 열반에 들 것이고, 만약 없다면 무색계(āruppa)에 태어날 것이다. 이와 같이 확실한 가르침은 틀림없이 내게 확실해질 것이다.'라고 생각하면서 도를 닦는다.
② 사유하는 사람이란 아직 하나의 증득(eka-samāpatti)도 얻지 못한 사람이다. 그 사람도 무색계에 관한 한 의심이 없지만 열반에 관한 한 그렇지 않다. 그는 '나는 열반이 있다고 말하는 것도 듣고, 없다고 말하는 것도 듣지만 실제로 그것이 있는지 없는지 모른다. 까시나의 준비를 지어 여덟 가지 증득을 얻어서, 그 증득을 가장 가까운 원인으로 하는(samāpatti-padaṭṭhāna) 위빳사나를 증장시키리라. 만약 열반이 있다면 아라한과를 얻어 열반에 들 것이고, 만약 없다면 무색계에 태어날 것이다. 이와 같이 확실한 가르침은 틀림없이 내게 확실해질 것이다.'라고 생각하면서 도를 닦는다." (MA.iii.123~124)

608) "허무주의를 설하는 자(natthika-vāda), 원인이 없다고 설하는 자(ahetuka-vāda), 업 지음이 없다고 설하는 자(akiriya-vāda), 무색계가 없다(āruppā natthi)고 설하는 자, 열반이 없다고(nirodho natthi) 설하는 자의 다섯 부류의 사람은 여기서 설하는 네 부류의 사람 중에서 보다 낮은 앞의 세 부류에 속하고, 내생이 있다고 설하고, 원인이 있다고 설하는 자 등의 다섯 부류의 사람은 여기서 설하는 네 번째 부류의 사람에 속한다. 세존께서는 이 뜻을 드러내시기 위해 이 가르침을 설하셨다."(MA.iii.124)

두하지 않는다. 그는 [412] 자신도 학대하지 않고 다른 사람도 학대하지 않아서 지금 · 여기에서 갈애가 없고, [모든 오염원들이] 적멸하고, [안으로 열 받는 오염원들이 없어] 시원하고, [禪과 도와 과와 열반의] 행복을 경험하면서 스스로 고결하게 되어 머문다."

36. "장자들이여, 그러면 어떤 사람이 ① 자신을 학대하고 자신을 학대하는 데 몰두하는 사람인가?

장자들이여, 여기 어떤 자는 나체수행자이고, 관습을 거부하며 살고, 손에 [받아] 핥아서 먹고,[609] … 이와 같이 여러 가지 형태로 몸을 괴롭히고 고통을 주는 데 몰두하며 지낸다.

장자들이여, 이를 일러 자신을 학대하고 자신을 학대하는 데 몰두하는 사람이라고 한다."

37. "장자들이여, 그러면 어떤 사람이 ② 다른 사람을 학대하고 다른 사람을 학대하는 데 몰두하는 사람인가?

장자들이여, 여기 어떤 사람은 양을 도살하거나, 돼지를 도살하거나, 새를 잡거나, 사슴을 잡거나, 사냥꾼, 어부, 도둑, 사형 집행인, 옥사쟁이이거나 혹은 다른 잔인한 일을 하는 자들이다.

장자들이여, 이를 일러 다른 사람을 학대하고 다른 사람을 학대하는 데 몰두하는 사람이라고 한다."

38. "장자들이여, 그러면 어떤 사람이 ③ 자신을 학대하고 자신을 학대하는 데 몰두하며, 또 다른 사람을 학대하고 다른 사람을 학대하는 데 몰두하는 사람인가?

장자들이여, 여기 어떤 사람은 관정(灌頂)의 대관식을 거행한 끄샤

---

609) 이하 본경의 §§36~39는 본서 「깐다라까 경」(M51) §§8~11과 동일하다.

뜨리야 왕이거나 큰 재력을 가진 바라문이다. … 그러면 그의 하인들이나 심부름꾼들이나 일꾼들은 형벌에 떨고 두려움에 떨고 눈물을 흘리면서 [제사를 지내기 위해 이러한 여러] 준비를 한다.

비구들이여, 이를 일러 자신을 학대하고 자신을 학대하는 데 몰두하며, 또 다른 사람을 학대하고 다른 사람을 학대하는 데 몰두하는 사람이라고 한다."

39. "장자들이여, 그러면 어떤 사람이 ④ 자신을 학대하지 않고 자신을 학대하는 데 몰두하지 않으며, 또 다른 사람을 학대하지 않고 다른 사람을 학대하는 데 몰두하지 않는 사람으로, 자신도 학대하지 않고 다른 사람도 학대하지 않아서 지금 · 여기에서 갈애가 없고, [모든 오염원들이] 적멸하고, [안으로 열 받는 오염원들이 없어] 시원하고, [禪과 도와 과와 열반의] 행복을 경험하면서 스스로 고결하게 되어 머무는 사람인가?"

40. ~ *55.* "장자들이여, 여기 이 세상에 여래가 출현한다. 그는 아라한[應供]이고, 완전히 깨달은 자[正等覺]이고,610) … [413] … '태어남은 다했다. 청정범행은 성취되었다. 할 일을 다 해 마쳤다. 다시는 어떤 존재로도 돌아오지 않을 것이다.'라고 꿰뚫어 안다."

56. "장자들이여, 이를 일러 자신을 학대하지 않고 자신을 학대하는 데 몰두하지 않으며, 또 다른 사람을 학대하지 않고 다른 사람을 학대하는 데 몰두하지 않는 사람으로, 자신도 학대하지 않고 다른 사람도 학대하지 않아서 지금 · 여기에서 갈애가 없고, [모든 오염원들이] 적멸하고, [안으로 열 받는 오염원들이 없어] 시원하고, [禪과

---

610) 이하 본경의 §§40~55는 본서 「깐다라까 경」(M51) §§12~27과 동일하다.

도와 과와 열반의] 행복을 경험하면서 스스로 고결하게 되어 머무는 사람이라고 한다."

57. 이렇게 말씀하시자 살라에 사는 바라문 장자들은 세존께 이렇게 말씀드렸다.

"경이롭습니다, 고따마 존자시여. 경이롭습니다, 고따마 존자시여. 마치 넘어진 자를 일으켜 세우시듯, 덮여있는 것을 걷어내 보이시듯, [방향을] 잃어버린 자에게 길을 가리켜주시듯, 눈 있는 자 형상을 보라고 어둠 속에서 등불을 비춰주시듯, 고따마 존자께서는 여러 가지 방편으로 법을 설해주셨습니다. 저는 이제 고따마 존자께 귀의하옵고 법과 비구 승가에 귀의합니다. 고따마 존자께서는 저를 재가신자로 받아주소서. 오늘부터 목숨이 붙어 있는 그날까지 귀의하옵니다."

확실한 가르침 경(M60)이 끝났다.

제6장 장자 품이 끝났다.

제7장

비구 품

Bhikkhu-vagga

(M61~70)

암발랏티까에서 라훌라를 교계한 경

Ambalaṭṭhikā-Rāhulovāda Sutta(M61)

1. 이와 같이 나는 들었다.611) [414] 한때 세존께서는 라자가하의 대나무 숲 다람쥐 보호구역에 머무셨다.

2. 그즈음에 라훌라 존자612)는 암발랏티까613)에 머물고 있었

611) 주석서에 의하면 본경은 라훌라 존자가 일곱 살 때에 설하셨다고 한다(MA.iii.126)

612) "라훌라 존자(āyasmā Rāhula)는 부처님의 외아들로 부처님이 출가하시던 날 태어났다. 부처님께서는 라훌라 존자에게 많은 가르침을 설하셨다. 즉 「사미의 질문」(Sāmaṇera-pañha, Khp.2)을 설하셨고, 「라훌라 상윳따」(S18), 「라훌라를 교계한 긴 경」(M62), 「라훌라를 교계한 짧은 경」(M147)과 본 「암발랏티까에서 라훌라를 교계한 경」(M61) 등이다.
부처님께서 성도하신 뒤 처음 까빌라왓투를 방문했을 때 일곱 살이었던 이 라훌라 존자가 부처님의 가사 자락을 잡고 유산의 상속(dāyajja)을 요청하자 세존께서 법의 총사령관인 사리뿟따 존자에게 라훌라의 은사가 되어줄 것을 부탁하셨으니, 라훌라 존자는 그를 스승으로 출가했다.
그때 세존께서는 '어린 동자들이란 적절한 얘기도 하고 적절치 않은 얘기도 하기 때문에 그에게 가르침을 설하리라.'라고 생각하시면서 라훌라 동자를 불러 '라훌라여, 사미는 동물에 관한 이야기를 하는 것은 적절치 않다. 너는 이야기할 때 이와 같은 이야기를 해야 한다.'라고 하시면서 모든 부처님들이 버리지 않으신(avijahita) 열 가지 질문(puccha)과 쉰다섯 가지 설명(vissajjana)으로 구성된 「사미의 질문」(Khp.2)을 설하셨다.

다. 그때 세존께서는 해거름에 [낮 동안의] 홀로 앉음에서 일어나셔

세존께서 다시 생각하시기를, '어린 동자들이란 거짓말하는 것을 좋아한다. 보지 않은 것도 보았다고 하고, 본 것도 보지 않았다고 하니 그에게 가르침을 설하리라.'라고, 눈으로 보게 하면서 쉽게 설명하기 위해 맨 처음 물그릇에 물을 조금 남기신 것(§3)과 쏟아버린 것(§4)과 뒤집어엎으신 것(§5)과 다시 바로 세우신 것(§6)의 이 네 가지 비유와 그 다음에 코끼리의 두 가지 비유(§7), 그 다음에 거울의 한 가지 비유(§8)를 보이시면서 본 경을 설하셨다. 네 가지 필수품(paccaya)에 대해 갈애를 거둘 것(taṇhā-vivaṭṭana)과 다섯 가닥의 얽어매는 감각적 욕망에 대해 열정과 욕망(chanda-rāga-ppahāna)을 버릴 것과 선우를 가까이 의지함(kalyāṇa-mitt-upanissaya)에 큰 요체를 보이시면서 「라훌라 경」(Sn.58)을 설하셨다. 존재에 대해 열정과 욕망을 버릴 것을 설하시면서 『상윳따 니까야』 제2권 「라훌라 상윳따」(S18)를 설하셨고, '나는 아름답다, 나의 피부는 광채가 난다.'라고 자기 몸에 관하여 세속적인 열정과 욕망을 버릴 것을 설하시면서 「라훌라를 교계한 긴 경」(M62)을 설하셨다.
이 중에서 「라훌라 경」(Sn.58~59)은 이 무렵에 설하신 것이 아니라 출가생활 전반에 걸쳐 끊임없이 경책하기 위해 반복적으로 설하셨고, 「라훌라 상윳따」(S18)는 일곱 살부터 처음 구족계를 받을 때까지 안으로 위빳사나를 수행하게 하기 위해 설하셨다. 「라훌라를 교계한 긴 경」(M62)은 열여덟 살의 사미 시절에 세속에 바탕을 둔 열정과 욕망을 버리게 하기 위해 설하셨다.
본서 제4권 「라훌라를 교계한 짧은 경」(M147)은 처음 구족계를 받았을 때 해탈을 성숙하게 하는 열다섯 가지 법이 무르익자 그로 하여금 아라한과를 얻게 하기 위해 설하셨다. 「사미의 질문」(Khp.2)과 본 「암발랏티까에서 라훌라를 교계한 경」(M61)은 일곱 살 때에 설하셨다."(MA.iii.125~126)

613) 주석서는 "암발랏티까(Ambalaṭṭhikā)는 대나무 숲(죽림정사, Veḷuvana)에 거주하는 자가 근처에서 정진을 할 수 있도록 지은 여러 집들 가운데(padhāna-ghara-saṅkhepe) 한거(paviveka)를 원하는 자들이 머물게 하기 위해서 만들어진 건물(pāsāda)이라고 설명하고 있다.(MA.iii.124)
복주서는 "여기서 암발랏티까는 멋진(sujāta) 어린 망고 나무(taruṇ-amba-rukkha)를 말하는데 이 근처에 건물을 지어서 암발랏티까라 하였다." (MAṬ.ii.59)라고 덧붙이고 있다.
한편 『디가 니까야 주석서』에 의하면 암발랏티까는 왕의 정원(rañño uyyāna)이었으며 이 정원의 정문 근처에 어린 망고나무(amba-rukkha)가 있었기 때문에 암발랏티까라고 부른다고 소개하고 있다.(DA.i.41) 그러나 『디가 니까야 복주서』에서는 "어떤 마을(ekagāma)이라고 하는 자들도 있다."(DAṬ.i.66)고 다른 견해도 소개하고 있다.

서[614] 암발랏티까로 라훌라 존자를 만나러 가셨다. 라훌라 존자는 세존께서 멀리서 오시는 것을 보았다. 보고는 자리를 마련하고 발 씻을 물을 준비하였다. 세존께서는 마련된 자리에 앉으셨다. 앉으셔서 발을 씻으셨다. 라훌라 존자는 세존께 절을 올리고 한 곁에 앉았다.

3. 그러자 세존께서는 물그릇에 물을 조금 남기시고 라훌라 존자에게 물으셨다.

"라훌라야, 너는 이 물그릇에 물이 조금 남아있는 것을 보느냐?"

"그렇습니다, 세존이시여."

"라훌라야, 고의로 거짓말하는 것을 전혀 부끄러워하지 않는 자들의 출가수행[615]이란 것도 이와 같이 조금 남은 [하찮은] 것에 지나지 않는다."

4. 그러자 세존께서는 그 조금 남은 물을 쏟아버리시고 라훌라 존자에게 물으셨다.

"라훌라야, 너는 그 조금 남은 물이 버려진 것을 보느냐?"

"그렇습니다, 세존이시여."

"라훌라야, 고의로 거짓말하는 것을 전혀 부끄러워하지 않는 자들의 출가수행이란 것도 이와 같이 버려진 것에 지나지 않는다."

5. 그러자 세존께서는 그 물그릇을 뒤집어엎으시고 라훌라 존자에게 물으셨다.

---

614) "'홀로 앉음에서 일어남(paṭisallāṇā vuṭṭhita)'이란 과의 증득(phala-sam-āpatti)에서 출정하신 것이다."(MA.iii.124)

615) '출가수행'은 sāmañña(사문에 속하는 것)를 옮긴 것인데 주석서에서 "사문의 법(samaṇa-dhamma)"(MA.iii.127)이라고 설명하고 있어서 이렇게 옮겼다.

"라훌라야, 너는 이 물그릇이 엎어진 것을 보느냐?"

"그렇습니다, 세존이시여."

"라훌라야, 고의로 거짓말하는 것을 전혀 부끄러워하지 않는 자들의 출가수행이란 것도 이와 같이 엎어진 것에 지나지 않는다."

6. 그러자 세존께서는 그 물그릇을 다시 바로 세우시고 라훌라 존자에게 물으셨다.

"라훌라야, 너는 이 물그릇이 바닥나고 비어있는 것을 보느냐?"

"그렇습니다, 세존이시여."

"라훌라야, 알면서 고의로 거짓말하는 것을 전혀 부끄러워하지 않는 자들의 출가수행이란 것도 이와 같이 바닥나고 빈 것에 지나지 않는다."

7. "라훌라야, 예를 들면 왕의 코끼리가 마차의 깃대만 한 상아를 가졌고 건장하고 혈통 좋고 전쟁에 능숙하다고 하자. 그 코끼리는 전쟁터에 나가 앞발로도 죽이고 뒷발로도 죽이고 몸의 앞부분도 사용하고 몸의 뒷부분도 사용하고616) 머리도 사용하고 귀도 사용하고 상아들도 사용하고 꼬리도 사용하지만 [415] 코는 보호를 한다. 이를 본 코끼리에 타고 있는 자에게 이런 생각이 들 것이다.

'이 왕의 코끼리는 마차의 깃대만 한 상아를 가졌고 건장하고 혈통 좋고 전쟁에 능숙하다. 그는 전쟁터에 나가 앞발로도 죽이고 뒷발로도 죽이고 몸의 앞부분도 사용하고 몸의 뒷부분도 사용하고 머리도 사용하고 귀도 사용하고 상아들도 사용하고 꼬리도 사용하지만 코는 보호하고 있다.617) 왕의 코끼리는 목숨까지 내놓지는 않는구나.'

---

616) "몸의 앞부분과 뒷부분을 사용해서 적군 총사령관의 방패와 지휘봉 등을 떨어트린다."(MA.iii.127)

라훌라야, 이 왕의 코끼리가 마차의 깃대만 한 상아를 가졌고 건장하고 혈통 좋고 전쟁에 능숙하다. 그 코끼리는 전쟁터에 나가 앞발로도 죽이고 뒷발로도 죽이고 … 코까지 사용한다. 이를 본 코끼리에 타고 있는 자에게 이런 생각이 들 것이다.

'이 왕의 코끼리는 마차의 깃대만 한 상아를 가졌고 건장하고 혈통 좋고 전쟁에 능숙하다. 그 코끼리는 전쟁터에 나가 앞발로도 죽이고 뒷발로도 죽이고 … 코까지 사용한다. 왕의 코끼리는 참으로 목숨까지 내놓았구나. 이제 왕의 코끼리가 하지 못할 일이 없다.'

라훌라야, 그와 같이 고의로 거짓말하는 것을 전혀 부끄러워하지 않는 자는 누구든지 어떠한 악한 행위라도 저지르지 못할 것이 없다고 나는 말한다. 라훌라여, 그러므로 너는 '나는 농담으로라도 결코 거짓말을 하지 않으리라.'고 공부지어야 한다."

8. "라훌라야, 이를 어떻게 생각하는가? 거울의 용도는 무엇인가?"

"비추어보는 것입니다, 세존이시여."

"라훌라야, 그와 같이 지속적으로 반조하면서 몸의 행위를 해야 하고, 지속적으로 반조하면서 말의 행위를 해야 하고, 지속적으로 반조하면서 마음의 행위를 해야 한다."

9. "라훌라야, 네가 몸으로 행위를 하고자 하면, 너는 그 몸의 행위를 이렇게 반조해야 한다.

'나는 이제 몸으로 행위를 하려고 한다. 나의 이런 몸의 행위가 나를 해치게 되고 다른 사람을 해치게 되고 둘 다를 해치게 되는 것은 아닐까? 이 몸의 행위가 해로운 것이어서 괴로움으로 귀결되고 괴로운 과보를 가져오게 되는 것은 아닐까?'

---

617) "코를 입안으로 말아 넣어 보호한다."(MA.iii.128)

라훌라야, 만일 네가 그렇게 반조하여 '내가 이제 몸으로 행하고자 하는 이 몸의 행위는 나도 해치게 되고 다른 사람도 해치게 되고 둘 다를 해치게 될 것이다. 이 몸의 행위는 해로운 것이어서 괴로움으로 귀결되고 괴로운 과보를 가져올 것이다.'라고 알게 되면, 너는 그와 같은 몸의 행위는 절대로 해서는 안된다.

라훌라야, [416] 만일 네가 반조하여 '내가 이제 몸으로 행하고자 하는 이 몸의 행위는 나를 해치지도 않을 것이고 다른 사람을 해치지도 않을 것이고 둘 다를 해치지 않을 것이다. 이 몸의 행위는 유익한 것이어서 즐거움으로 귀결되고 즐거운 과보를 가져올 것이다.'라고 알게 되면, 너는 그와 같은 몸의 행위를 해야 한다."

10. "라훌라야, 네가 몸으로 행위를 하고 있다면, 너는 그 몸의 행위를 이렇게 반조해야 한다.

'나는 지금 몸으로 행위를 하고 있다. 나의 이런 몸의 행위가 나를 해치거나 다른 사람을 해치거나 둘 다를 해치고 있는 것은 아닐까? 이 몸의 행위가 해로운 것이어서 괴로움으로 귀결되고 괴로운 과보를 가져오는 것은 아닐까?'

라훌라야, 만일 네가 그렇게 반조하여 '내가 지금 몸으로 행하고 있는 이 몸의 행위는 나도 해치고 다른 사람도 해치고 둘 다를 해치고 있는 것이다. 이 몸의 행위는 해로운 것이어서 괴로움으로 귀결되고 괴로운 과보를 가져오는 것이다.'라고 알게 되면, 너는 그와 같은 몸의 행위는 중지해야 한다.

라훌라야, 만일 네가 반조하여 '내가 지금 몸으로 행하고 있는 이 몸의 행위는 나를 해치고 있는 것도 아니고 다른 사람을 해치고 있는 것도 아니고 둘 다를 해치고 있는 것이 아니다. 이 몸의 행위는 유익한 것이어서 즐거움으로 귀결되고 즐거운 과보를 가져오는 것이다.'

라고 알게 되면, 너는 그와 같은 몸의 행위는 계속해도 좋다."

11. "라훌라야, 네가 몸으로 행위를 하고 난 뒤에도, 너는 그 몸의 행위를 이렇게 반조해야 한다.

'나는 지금 몸으로 행위를 했다. 나의 이런 몸의 행위가 나를 해친 것이거나 다른 사람을 해친 것이거나 둘 다를 해친 것은 아닐까? 이 몸의 행위가 해로운 것이어서 괴로움으로 귀결되고 괴로운 과보를 가져온 것은 아닐까?'

라훌라야, 만일 네가 그렇게 반조하여 '내가 지금 몸으로 행했던 이 몸의 행위는 나도 해친 것이고 다른 사람도 해친 것이고 둘 다를 해친 것이다. 이 몸의 행위는 해로운 것이어서 괴로움으로 귀결되고 괴로운 과보를 가져온 것이다.'라고 알게 되면, 너는 그와 같은 몸의 행위를 스승이나 현명한 동료 수행자들에게 실토하고 드러내고 밝혀야 한다. 실토하고 드러내고 밝힌 뒤 [417] 미래를 위해 단속해야 한다.618)

라훌라야, 만일 네가 반조하여 '내가 지금 몸으로 행했던 이 몸의 행위는 나를 해친 것도 아니고 다른 사람을 해친 것도 아니고 둘 다를 해친 것이 아니다. 이 몸의 행위는 유익한 것이어서 즐거움으로 귀결되고 즐거운 과보를 가져온 것이다.'라고 알게 되면, 너는 밤낮으로 유익한 법들을 공부 지으면서 희열과 환희로 머물게 될 것이다."

12. "라훌라야, 네가 말로 행위를 하고자 하면, 너는 그 말의 행위를 이렇게 반조해야 한다.

'나는 이제 말로 행위를 하려고 한다. 나의 이런 말의 행위가 나를

---

618) 이 방법은 본서 「밧달리 경」(M65) §13과 제4권 「요소의 분석 경」(M140) §33 등에 정형구로 나타난다.

해치게 되고 다른 사람을 해치게 되고 둘 다를 해치게 되는 것은 아닐까? 이 말의 행위가 해로운 것이어서 괴로움으로 귀결되고 괴로운 과보를 가져오게 되는 것은 아닐까?'

라훌라야, 만일 네가 그렇게 반조하여 '내가 이제 말로 행하고자 하는 이 말의 행위는 나도 해치게 되고 다른 사람도 해치게 되고 둘 다를 해치게 될 것이다. 이 말의 행위는 해로운 것이어서 괴로움으로 귀결되고 괴로운 과보를 가져올 것이다.'라고 알게 되면, 너는 그와 같은 말의 행위는 절대로 해서는 안된다.

라훌라야, 만일 네가 반조하여 '내가 이제 말로 행하고자 하는 이 말의 행위는 나를 해치지도 않을 것이고 다른 사람을 해치지도 않을 것이고 둘 다를 해치지 않을 것이다. 이 말의 행위는 유익한 것이어서 즐거움으로 귀결되고 즐거운 과보를 가져올 것이다.'라고 알게 되면, 너는 그와 같은 말의 행위를 해야 한다."

13. "라훌라야, 네가 말로 행위를 하고 있다면, 너는 그 말의 행위를 이렇게 반조해야 한다.

'나는 지금 말로 행위를 하고 있다. 나의 이런 말의 행위가 나를 해치거나 다른 사람을 해치거나 둘 다를 해치고 있는 것은 아닐까? 이 말의 행위가 해로운 것이어서 괴로움으로 귀결되고 괴로운 과보를 가져오는 것은 아닐까?'

라훌라야, 만일 네가 그렇게 반조하여 '내가 지금 말로 행하고 있는 이 말의 행위는 나도 해치고 다른 사람도 해치고 둘 다를 해치고 있는 것이다. 이 말의 행위는 해로운 것이어서 괴로움으로 귀결되고 괴로운 과보를 가져오는 것이다.'라고 알게 되면, 너는 그와 같은 말의 행위는 중지해야 한다.

라훌라야, 만일 네가 반조하여 '내가 지금 말로 행하고 있는 이 말의 행위는 나를 해치고 있는 것도 아니고 다른 사람을 해치고 있는 것도 아니고 둘 다를 해치고 있는 것이 아니다. 이 말의 행위는 유익한 것이어서 즐거움으로 귀결되고 즐거운 과보를 가져오는 것이다.' 라고 알게 되면, 너는 그와 같은 말의 행위는 계속해도 좋다."

14. "라훌라야, 네가 말로 행위를 하고 난 뒤에도, 너는 그 말의 행위를 이렇게 반조해야 한다.

'나는 지금 말로 행위를 했다. 나의 이런 말의 행위가 나를 해친 것이거나 다른 사람을 해친 것이거나 둘 다를 해친 것은 아닐까? 이 말의 행위가 해로운 것이어서 괴로움으로 귀결되고 괴로운 과보를 가져온 것은 아닐까?'

라훌라야, 만일 네가 그렇게 반조하여 '내가 지금 말로 행했던 이 말의 행위는 나도 해친 것이고 다른 사람도 해친 것이고 둘 다를 해친 것이다. 이 말의 행위는 해로운 것이어서 괴로움으로 귀결되고 괴로운 과보를 가져온 것이다.'라고 알게 되면, 너는 그와 같은 말의 행위를 스승이나 현명한 동료 수행자들에게 실토하고 드러내고 밝혀야 한다. 실토하고 드러내고 밝힌 뒤 미래를 위해 단속해야 한다.

라훌라야, 만일 네가 반조하여 '내가 지금 말로 행했던 이 말의 행위는 나를 해친 것도 아니고 다른 사람을 해친 것도 아니고 둘 다를 해친 것이 아니다. 이 말의 행위는 유익한 것이어서 즐거움으로 귀결되고 즐거운 과보를 가져온 것이다.'라고 알게 되면, 너는 밤낮으로 유익한 법들을 공부 지으면서 희열과 환희로 머물게 될 것이다."

15. "라훌라야, 네가 마음으로 행위를 하고자 하면, 너는 그 마음의 행위를 이렇게 반조해야 한다.

'나는 이제 마음으로 행위를 하려고 한다. 나의 이런 마음의 행위가 나를 해치게 되고 다른 사람을 해치게 되고 둘 다를 해치게 되는 것은 아닐까? 이 마음의 행위가 해로운 것이어서 괴로움으로 귀결되고 괴로운 과보를 가져오게 되는 것은 아닐까?'

라훌라야, 만일 네가 그렇게 반조하여 '내가 이제 마음으로 행하고자 하는 이 마음의 행위는 나도 해치게 되고 다른 사람도 해치게 되고 둘 다를 해치게 될 것이다. 이 마음의 행위는 해로운 것이어서 괴로움으로 귀결되고 괴로운 과보를 가져올 것이다.'라고 알게 되면, 너는 그와 같은 마음의 행위는 절대로 해서는 안된다.

라훌라야, 만일 네가 반조하여 '내가 이제 마음으로 행하고자 하는 이 마음의 행위는 나를 해치지도 않을 것이고 다른 사람을 해치지도 않을 것이고 둘 다를 해치지 않을 것이다. 이 마음의 행위는 유익한 것이어서 즐거움으로 귀결되고 즐거운 과보를 가져올 것이다.'라고 알게 되면, 너는 그와 같은 마음의 행위를 해야 한다."

16. "라훌라야, 네가 마음으로 행위를 하고 있다면, 너는 그 마음의 행위를 이렇게 반조해야 한다.

'나는 지금 마음으로 행위를 하고 있다. 나의 이런 마음의 행위가 나를 해치거나 다른 사람을 해치거나 둘 다를 해치고 있는 것은 아닐까? 이 마음의 행위가 해로운 것이어서 괴로움으로 귀결되고 괴로운 과보를 가져오는 것은 아닐까?'

라훌라야, 만일 네가 그렇게 반조하여 '내가 지금 마음으로 행하고 있는 이 마음의 행위는 나도 해치고 다른 사람도 해치고 둘 다를 해치고 있는 것이다. 이 마음의 행위는 해로운 것이어서 괴로움으로 귀결되고 괴로운 과보를 가져오는 것이다.'라고 알게 되면, 너는 그와 같은 마음의 행위는 중지해야 한다.

라훌라야, 만일 네가 반조하여 '내가 지금 마음으로 행하고 있는 이 마음의 행위는 나를 해치고 있는 것도 아니고 다른 사람을 해치고 있는 것도 아니고 둘 다를 해치고 있는 것이 아니다. 이 마음의 행위는 유익한 것이어서 즐거움으로 귀결되고 즐거운 과보를 가져오는 것이다.'라고 알게 되면, 너는 그와 같은 마음의 행위는 계속해도 좋다."

17. "라훌라야, 네가 마음으로 행위를 하고 난 뒤에도, 너는 그 마음의 행위를 이렇게 반조해야 한다.

'나는 지금 마음으로 행위를 했다. 나의 이런 마음의 행위가 나를 해친 것이거나 다른 사람을 해친 것이거나 둘 다를 해친 것은 아닐까? 이 마음의 행위가 해로운 것이어서 괴로움으로 귀결되고 괴로운 과보를 가져온 것은 아닐까?'

라훌라야, 만일 네가 그렇게 반조하여 '내가 지금 마음으로 행했던 이 마음의 행위는 나도 해친 것이고 다른 사람도 해친 것이고 둘 다를 해친 것이다. 이 마음의 행위는 해로운 것이어서 괴로움으로 귀결되고 괴로운 과보를 가져온 것이다.'라고 알게 되면, 너는 그와 같은 마음의 행위를 몰아내고 부끄러워하고 진저리를 쳐야 한다. 몰아내고 부끄러워하고 진저리를 친 뒤 미래를 위해 단속해야 한다.[619]

라훌라야, 만일 네가 반조하여 '내가 지금 마음으로 행했던 이 마음의 행위는 나를 해친 것도 아니고 다른 사람을 해친 것도 아니고 둘 다를 해친 것이 아니다. 이 마음의 행위는 유익한 것이어서 즐거

---

619) 말의 행위(vacī-kamma)에서는 그것이 해로운 것이고 괴로운 과보를 가져온 것이라면, 스승이나 현명한 동료 수행자들에게 실토하고 드러내고 밝혀야 하고, 그리하여 미래를 위해 단속해야 한다고 했지만 '마음의 행위(mano-kamma)'에서는 실토할 필요는 없다. 그러므로 그러한 해로운 생각들을 얼른 몰아내고 부끄러워하면서 미래에 다시 일어나지 않도록 해야 한다고 말씀하신 것이다.

움으로 귀결되고 즐거운 과보를 가져온 것이다.'라고 알게 되면, 너는 밤낮으로 유익한 법들을 공부 지으면서 희열과 환희로 머물게 될 것이다."

18. "라훌라야, [420] 몸의 행위가 청정했고 말의 행위가 청정했고 마음의 행위가 청정했던 과거세의 사문들이나 바라문들[620]은 모두 이와 같이 계속해서 반조함에 의해 몸의 행위가 청정했고, 이와 같이 계속해서 반조함에 의해 말의 행위가 청정했고, 이와 같이 계속해서 반조함에 의해 마음의 행위가 청정했다.

라훌라야, 몸의 행위가 청정할 것이고 말의 행위가 청정할 것이고 마음의 행위가 청정할 미래세의 사문들이나 바라문들도 모두 이와 같이 계속해서 반조함에 의해 몸의 행위가 청정할 것이고, 이와 같이 계속해서 반조함에 의해 말의 행위가 청정할 것이고, 이와 같이 계속해서 반조함에 의해 마음의 행위가 청정할 것이다.

라훌라야, 몸의 행위가 청정하고 말의 행위가 청정하고 마음의 행위가 청정한 지금의 사문들이나 바라문들도 모두 이와 같이 계속해서 반조함에 의해 몸의 행위가 청정하고, 이와 같이 계속해서 반조함에 의해 말의 행위가 청정하고, 이와 같이 계속해서 반조함에 의해 마음의 행위가 청정하다.

라훌라야, 그러므로 여기서 너는 '계속해서 반조함에 의해 몸의 행위를 청정하게 하리라. 계속해서 반조함에 의해 말의 행위를 청정하게 하리라. 계속해서 반조함에 의해 마음의 행위를 청정하게 하리라.'라고 공부지어야 한다."

---

620) "여기서 '사문이나 바라문들(samaṇā vā brāhmaṇā vā)'은 부처님들이나 벽지불들(paccekabuddhā)이나 여래의 제자들(tathāgata-sāvakā)을 말한다."(MA.iii.129)

세존께서는 이와 같이 설하셨다. 라훌라 존자는 흡족한 마음으로 세존의 말씀을 크게 기뻐하였다.

암발랏티까에서 라훌라를 교계한 경(M61)이 끝났다.

라훌라를 교계한 긴 경

Mahā-Rāhulovāda Sutta(M62)

1. 이와 같이 나는 들었다.621) 한때 세존께서는 사왓티에서 제따 숲의 아나타삔디까 원림(급고독원)에 머무셨다.

2. 그때 세존께서는 아침에 옷매무새를 가다듬고 발우와 가사를 수하시고 사왓티로 탁발을 가셨다. 라훌라 존자도 아침에 옷매무새를 가다듬고 [421] 발우와 가사를 수하고 세존을 뒤따라갔다.

3. 그러자 세존께서는 뒤를 돌아보시면서 라훌라 존자를 불러 말씀하셨다.622)

---

621) 주석서에 의하면 본경은 라훌라 존자가 열여덟 살의 사미 시절에 설하신 경이라고 한다.(MA.iii126) 라훌라를 교계한 긴 경이라는 본경의 명칭에 대칭이 되는 짧은 길이의 경은 여기 제7장 「비구 품」에 나타나지 않고 본서 제4권의 제15장 「여섯 감각장소 품」에 「라훌라를 교계한 짧은 경」(M147)으로 나타나고 있다. 이 경이 존재를 안팎의 여섯 감각장소(육내처와 육외처)로 해체해서 설하시는 가르침이라서 제15장 「여섯 감각장소 품」에 포함시킨 것이다.

622) 본경에 해당되는 주석서의 내용을 요약하면 다음과 같다.
라훌라 존자는 부처님을 시야에서 놓치지 않고 계속해서 따랐고 행동거지를 따라 하면서 뒤따라갔다. 그때 세존께서는 발걸음을 옮길 때마다 기품 있는

걸음으로 앞서 가셨고, 라훌라 존자는 십력을 가진 분의 발자국을 쫓아 뒤를 따르고 있었다.

세존께서는 꽃이 만개한 살라 숲에 들어갔다가 아름다운 대지에 내려가기 위해 방금 나온 고귀한 코끼리처럼 광채가 빛났고, 행운아인 라훌라도 고귀한 코끼리를 따라 나선 어린 코끼리처럼 빛났다. 세존께서는 해거름에 보석으로 만들어진 동굴에서 나와 자기의 영역에 이른 갈기가 있는 사자처럼 빛났고, 라훌라도 사자를 따라 나선 어린 사자처럼 빛났다. 세존께서는 그 족보가 널리 알려진(mahā-sammata-paveṇi) 옥까까 왕의 가문(Okkāka-rāja-vaṁsa)에서 태어나셨고, 라훌라도 그러했다. 세존께서도 조가비에 담긴 우유처럼 아주 청정한 태생인 끄샤뜨리야 가문에 태어나셨고, 라훌라도 그러했다. 세존께서도 왕위를 버리고 출가하셨고, 라훌라도 그러했다. 세존께서도 몸에 서른두 가지 대인상이 새겨져 있고(dvattiṁsa-mahā-purisa-lakkhaṇa-paṭimaṇḍita), 라훌라도 그러했다. 이와 같이 두 분 모두 확고한 결심이 있었고, 두 분 모두 왕궁에서 출가했고, 두 분 모두 우아한 끄샤뜨리야들이었고, 둘 모두 황금색 피부를 가졌고, 둘 모두 대인상을 구족하여 그들의 영광으로 마치 대범천들의 영광을 무색하게 만들듯 그렇게 빛났다.

그때 라훌라 존자가 세존을 뒤따라가면서 발바닥부터 머리털까지 세존을 살펴보았다. 그는 세존의 모습이 우아한 것을 보고는 '세존께서는 멋지시다. 서른두 가지 대인상을 가진 몸은 매우 아름답다. 서른 가지 바라밀을 두루 완성하신 뒤에 생긴 몸은 이렇게 아름다운 광영을 구족하는구나.'라고 생각했다. 그리고 자기의 몸도 살펴보고는 '나도 멋지다. 만약 세존께서 네 개의 대해에서 전륜성왕(cakkavatti-rajja)이 되었다면 내게 지도자의 자리를 물려줄 수 있었을 것이다. 그렇게 되었다면 이 잠부섬은 아주 아름다웠을 것이다.'라고 자신에 관하여 세속적인 열정과 욕망(gehassita chanda-rāga)을 일으켰다.

세존께서는 앞서 가시면서 생각하셨다. '피부와 살과 피로 구성된 라훌라의 몸은 지금 성인이 되어 사랑스러운 형색의 대상 등에 대해 마음으로 몰입할 시기가 되었다. 라훌라가 어디에 마음을 두고 있는가?'라고, 마음을 전향함과 동시에 마치 맑은 물의 물고기처럼, 깨끗한 거울에 비친 얼굴처럼 라훌라의 마음을 보셨다.

'라훌라는 자기가 잘생겼다라고 생각하면서 자기 몸과 관련하여 세속적인 열망과 욕망을 일으켜 길이 아닌 곳(atittha)에 들어가고, 잘못된 길(uppatha)에 이르고, 영역이 아닌 곳(agocara)에 거닐고 있었다. 마치 길을 잃은 자가 가지 말아야 할 방향으로 가는 것처럼. 그렇게 되면 오염원(kilesa)이 증장하여 안으로 자기의 이익(attha)도 있는 그대로 알고 볼 줄 모르고, 다른 사람의 이익도 알고 볼 줄 모르고, 둘 다의 이익도 알고 볼 줄

"라훌라야, 물질이라고 하는 것은 그 어떤 것이든, 그것이 과거의 것이든 미래의 것이든 현재의 것이든, 안의 것이든 밖의 것이든, 거칠든 섬세하든, 저열하든 수승하든, 멀리 있건 가까이 있건, 그 모든 물질에 대해 '이것은 내 것이 아니다. 이것은 내가 아니다. 이것은 나의 자아가 아니다.'라고 이와 같이 이것을 있는 그대로 바른 통찰지로 보아야 한다."

"오직 물질만 그러합니까, 세존이시여? 오직 물질만 그러합니까, 선서시여?"

"라훌라여, 물질도 그러하고, 느낌도 그러하고, 인식도 그러하고, 심리현상들도 그러하고, 알음알이도 그러하다."

4. 그러자 라훌라 존자는 [이렇게 생각했다.]

"누가 세존으로부터 직접 가르침을 받고 오늘 마을로 탁발을 가겠는가?"623)

모른다. 그리하여 지옥에 재생연결을 취할 것이고, 동물의 세계, 아귀, 아수라, 인간 등 시작이 없는(anamatagga) 윤회(saṁsāra-vaṭṭa)에 떨어질 것이다. 마치 여러 종류의 보배를 가득 실은 큰 배의 갑판이 부서져 물이 들어오면 한순간도 방치해서는 안되고 빨리 그 구멍을 막아야 하듯이, 라훌라도 방치해서는 안되겠다. 이 오염원들이 안으로 계의 보배(sīla-ratana) 등을 파멸시키기 전에 그를 제지하리라.'라고 의도를 일으키셨다. 그리하여 온몸으로 돌아서서 행운아인 라훌라(Rāhula-bhadda)를 불러 말씀하신 것이다.(MA.iii.130~134)

623) "라훌라 존자는 이렇게 생각했다. 부처님께서 내게 내 몸과 관련하여 일어난 열정과 욕망(chanda-rāga)을 아시고 '사문은 이러한 생각을 일으켜서는 안된다.'라고 방편으로 설법을 하신 것도 아니고, '앞으로 다시는 그런 생각을 일으켜서는 안된다.'라고 비구를 불러 이 말씀을 내게 전하도록 심부름(dūta)을 보내신 것도 아니고, 직접 내 앞에서 마치 묶여있는 도둑의 관모를 잡아 그를 끌듯이 목전에서(sammukhā) 경책을 하셨다. 선서의 경책(sugat-ovāda)은 헤아릴 수 없는 겁을 지나도 듣기 어려운 것이다. 이와 같이 목전에서 부처님의 경책을 들었거늘, 그가 만일 현명한 사람이라면 누가 오늘 마을로 탁발을 가겠는가?

그래서 그는 되돌아와서 어떤 나무 아래에서 가부좌를 틀고 상체를 곧추세우고 전면에 마음챙김을 확립하여 앉았다.

5. 사리뿟따 존자는 라홀라 존자가 가부좌를 틀고 상체를 곧추세우고 전면에 마음챙김을 확립하여 어떤 나무 아래에 앉아있는 것을 보았다. 그를 보고 라홀라 존자에게 말했다.

"라홀라여, 들숨과 날숨에 대한 마음챙김을 닦아라. 라홀라여, 들숨과 날숨에 대한 마음챙김을 닦고 많이 공부지으면 실로 큰 결과와 큰 공덕이 있다."624)

6. 그러자 라홀라 존자는 해거름에 [낮 동안의] 홀로 앉음에서 일어나 세존을 뵈러 갔다.625) 가서는 세존께 절을 올리고 한 곁에 앉

그러자 라홀라 존자는 탁발 가던 일(āhāra-kicca)을 그만 두고 경책(ovāda)을 받은 그곳에서 돌아와 어떤 나무 아래 앉았다. 세존께서도 존자가 돌아가는 것을 보시고, 돌아가지 말고 탁발하러 가자고 말씀하시지 않았다. 존자는 오늘만큼은 몸에 대한 마음챙김(kāyagatā-sati)이라는 불사(不死)의 음식(amata-bhojana)을 먹으리라는 생각 때문에서였다."(MA.iii.134~135)

624) 라홀라 존자의 스승인 사리뿟따 존자는 라홀라 존자가 세존으로부터 조금 전에 오온에 대해서 '이것은 내 것이 아니고, 내가 아니고, 나의 자아가 아니다.'라고 오온을 무상하고 괴로움이고 자아가 아니라고 통찰하라는 가르침을 받았다는 사실을 몰랐다. 그것을 모른 채 들숨날숨에 대한 마음챙김을 닦으면 '큰 결실과 큰 공덕이 있다(mahapphalā hoti mahānisaṁsā).'고 하면서 라홀라 존자에게 그것을 닦을 것을 권하고 있다. 사리뿟따 존자는 그때 세존과 함께 머무르지 않았기 때문이라고 주석서는 밝히고 있다.(MA.iii.135)
그러면 들숨날숨에 대한 마음챙김을 닦으면 어떤 큰 결실과 큰 공덕이 있는가? 주석서는 다음과 같은 큰 결실과 큰 공덕이 있다고 설명한다.
"들숨날숨에 대한 마음챙김에 열중할 때 한 자리에 앉아서 모든 번뇌들을 다 물리치고 아라한과를 얻을 수 있다. 그렇게 할 수 없는 경우 죽는 순간에 아라한과를 얻을 수 있다. 아니면 천상에 태어나서 법을 듣고 아라한과를 얻을 수 있다. 그것에 실패하면 부처님이 세상에 계시지 않는 때에 태어나 독각(獨覺, paccekabodhi)을 실현하게 된다. 그것을 실현하지 못하면 부처님들의 회상에서 바히야 장로 등처럼 즉시에 초월지를 얻는 자(khippa-abhiñña)가 된다."(MA.iii.136)

았다. 한 곁에 앉아서 라홀라 존자는 세존께 이렇게 여쭈었다.

7. "세존이시여, 어떻게 들숨과 날숨에 대한 마음챙김을 닦고 어떻게 많이 공부지으면 실로 큰 결과와 큰 공덕이 있게 됩니까?"

8. "라홀라야,626) 몸 안에 있고627) 개개인에 속하고 딱딱하고 견고하고 업에서 생긴 것은 무엇이건 이를 일러 내적인 땅의 요소[地界]라 한다. 예를 들면 머리털·몸털·손발톱·이·살갗·살·힘

---

625) "이와 같이 세존께서는 물질에 대한 명상주제(rūpa-kammaṭṭhāna)를 주셨고, 사리뿟따 장로는 들숨날숨에 대한 마음챙김(ānāpāna-ssati)을 말씀하시어 두 분 모두 명상주제를 말씀하시고 떠나셨다. 라홀라 존자는 승원에 혼자 남아있었다. 세존과 사리뿟따 존자는 라홀라 존자가 아무것도 먹지 않은 것을 아셨지만 음식을 직접 갖고 오거나 누구에게 시켜서 갖다 주게 하거나, 음식을 먹지 않았다고 어느 누구에게 알리지도 않았다.
라홀라 존자도 음식에 대한 생각은 없었고 오로지 세존께서 설해주신 명상주제를 음식삼아 '이런 이유로 물질은 무상하고, 이런 이유로 괴로움이고, 이런 이유로 부정(不淨)하고, 이런 이유로 자아가 아니다.'라고 불을 문지르듯이 계속해서 마음에 잡도리한 뒤 해거름에 이와 같이 생각했다. '나의 스승[사리뿟따 존자]께서는 들숨날숨에 마음챙길 것을 말씀하셨는데 나는 그것을 하지 않았다. 스승의 말씀을 듣지 않으면 비난을 받을 것이다.'라고. 그리하여 그것에 대한 수행 방법을 질문하기 위해 세존을 찾아갔던 것이다."(MA.iii.137~138)

626) 여기서부터 본경에 나타나는 네 가지 요소[四界] 혹은 네 가지 근본물질[四大]에 관한 설명은 『청정도론』 XI.30 이하에 상세하게 설명되어 있으니 참고할 것. 그리고 본서 제1권 「코끼리 발자국 비유의 긴 경」(M28) §6 §11, §16, §21과 본서 제4권 「요소의 분석 경」(M140) §§14~17에도 나타나고 있으니 참조할 것.

627) "세존께서는 들숨날숨에 마음챙기는 수행방법에 대해 질문을 받았지만 라홀라의 열망과 욕망을 제거하게 하기 위해 물질에 대한 명상주제를 설하신다. 세존께 이런 생각이 들었다. '라홀라에게 자기의 몸(atta-bhāva)과 관련하여 열망과 욕망이 일어났다. 앞에서 간략하게 물질에 대한 명상주제를 설했으니, 여기서는 그에게 마흔두 가지 측면으로 자기 몸에 대해 욕망을 빛바래게 하고(virājetvā) 분해하여(visaṅkharitvā) 그와 관련된 열망과 욕망이 일어나지 않는 그런 법을 설하리라.'라고."(MA.iii.138)

줄 · 뼈 · 골수 · 콩팥 · 염통 · 간 · 근막 · 지라 · 허파 · 창자 · 장간막 · 위 속의 음식 · 똥과 그 외에도 몸 안에 있고 개개인에 속하고 딱딱하고 견고하고 업에서 생긴 것은 무엇이건 [이를 일러 내적인 땅의 요소라 한다.]

내적인 땅의 요소든 외적인 땅의 요소든 그것은 단지 땅의 요소일 뿐이다. 이에 대해 '이것은 내 것이 아니다. 이것은 내가 아니다. 이것은 나의 자아가 아니다.'라고 있는 그대로 바르게 통찰지로 보아야 한다. 이와 같이 [422] 이것을 있는 그대로 바르게 통찰지로 보아 땅의 요소를 염오하고 마음이 땅의 요소에 대한 탐욕을 빛바래게 한다[離慾]."

9. "라훌라야, 그러면 무엇이 물의 요소[水界]인가? 물의 요소는 내적인 것과 외적인 것이 있다. 라훌라여, 그러면 무엇이 내적인 물의 요소인가?

몸 안에 있고 개개인에 속하는 물과 액체 상태로 된 것628)과 업에서 생긴 것은 무엇이건 이를 일러 내적인 물의 요소라 한다. 예를 들면 쓸개즙 · 가래 · 고름 · 피 · 땀 · 굳기름 · 눈물 · [피부의] 기름기 · 침 · 콧물 · 관절활액 · 오줌과 그 외에도 몸 안에 있고 개개인에 속하는 물과 액체 상태로 된 것과 업에서 생긴 것은 무엇이건 이를 일러 내적인 물의 요소라 한다.

내적인 물의 요소든 외적인 물의 요소든 그것은 단지 물의 요소일

---

628) '액체 상태로 된 것'이라고 옮긴 원어는 āpo-gata인데 직역하면 '물에 속하는'이 된다. 본서 제1권 『코끼리 발자국 비유의 긴 경』(M28) §11에도 본 정형구가 나타나는데 그 경에 해당하는 주석서에서는 이 단어를 "신선한 액즙 상태를 특징으로 하는 것(alla-yūsa-bhāva-lakkhaṇa — MA.ii.227)"으로 설명하고 있어서 이렇게 옮겼다. 미얀마에서는 이것을 '흐르는 상태에 있는 것(upādinnā dhāti)'으로 해석한다고 한다.

뿐이다. 이에 대해 '이것은 내 것이 아니다. 이것은 내가 아니다. 이것은 나의 자아가 아니다.'라고 있는 그대로 바르게 통찰지로 보아야 한다. 이와 같이 이것을 있는 그대로 바르게 통찰지로 보아 물의 요소를 염오하고 마음이 물의 요소에 대한 탐욕을 빛바래게 한다."

10. "라훌라야, 그러면 무엇이 불의 요소[火界]인가? 불의 요소는 내적인 것과 외적인 것이 있다. 라훌라야, 그러면 무엇이 내적인 불의 요소인가?

몸 안에 있고 개개인에 속하는 불과 뜨거운 것과 업에서 생긴 것은 무엇이건 이를 일러 내적인 불의 요소라 한다. 예를 들면 그것 때문에 따뜻해지고 늙고 타버린다거나 그것 때문에 먹고 마시고 씹고 맛본 것이 완전히 소화된다든지 하는 것이다. 그 외에도 몸 안에 있고 개개인에 속하는 불과 뜨거운 것과 업에서 생긴 것은 무엇이건 이를 일러 내적인 불의 요소라 한다.

내적인 불의 요소든 외적인 불의 요소든 그것은 단지 불의 요소일 뿐이다. 이에 대해 '이것은 내 것이 아니다. 이것은 내가 아니다. 이것은 나의 자아가 아니다.'라고 있는 그대로 바르게 통찰지로 보아야 한다. 이와 같이 이것을 있는 그대로 바르게 통찰지로 보아 불의 요소를 염오하고 마음이 불의 요소에 대한 탐욕을 빛바래게 한다."

11. "라훌라야, 그러면 무엇이 바람의 요소[風界]인가? 바람의 요소는 내적인 것과 외적인 것이 있다. 라훌라야, 그러면 무엇이 내적인 바람의 요소인가?

몸 안에 있고 개개인에 속하는 바람과 바람 기운과 업에서 생긴 것은 무엇이건 이를 일러 내적인 바람의 요소라 한다. 예를 들면 올라가는 바람, 내려가는 바람, 복부에 있는 바람, 창자에 있는 바람,

온몸에 움직이는 바람, 들숨과 날숨이다. 그 외에도 몸 안에 있고 개개인에 속하는 바람과 바람 기운과 업에서 생긴 것을 일러 내적인 바람의 요소라 한다.

내적인 바람의 요소든 외적인 바람의 요소든 그것은 단지 바람의 요소일 뿐이다. 이에 대해 '이것은 내 것이 아니다. 이것은 내가 아니다. 이것은 나의 자아가 아니다.'라고 있는 그대로 바르게 통찰지로 보아야 한다. 이와 같이 [423] 이것을 있는 그대로 바르게 통찰지로 보아 바람의 요소를 염오하고 마음이 바람의 요소에 대한 탐욕을 빛바래게 한다."

12. "라훌라야, 그러면 무엇이 허공의 요소[空界]인가?629) 허공의 요소는 내적인 것과 외적인 것이 있다. 라훌라야, 그러면 무엇이 내적인 허공의 요소인가?

몸 안에 있고 개개인에 속하는 허공과 허공에 속하는 것과 업에서 생긴 것은 무엇이건 이를 일러 내적인 허공의 요소라 한다. 예를 들면 귓구멍, 콧구멍, 입이다. 그리고 먹고 마시고 씹고 맛본 것이 넘어가는 [목구멍과], 먹고 마시고 씹고 맛본 것이 머무는 곳, 먹고 마시

---

629) "[본서 제1권] 「코끼리 발자국 비유의 긴 경」(M28)에서는 네 가지 근본물질(cattāri mahā-bhūtāni)만 설명하셨지만 여기서는 파생된 물질(upādā-rūpa)을 보이기 위하여 허공의 요소(ākāsa-dhātu)도 상세하게 언급하신다."(MA.iii.138)
세존께서는 이렇듯 어떤 곳에서는(본서 제1권 「코끼리 발자국 비유의 긴 경」(M28)) 네 가지 요소를, 또 여기서처럼 어떤 경에서는 허공의 요소[空界]를 넣어 다섯 가지 요소를, 또 다른 경에서는(본서 제4권 「요소의 분석 경」(M140) §8; 『디가 니까야』 제3권 「합송경」(D33) §2.2 (16)); 『앙굿따라 니까야』 제1권 「외도의 주장 경」(A3:61)) 알음알이의 요소[識界, viññāṇa-dhātu]를 더하여 여섯 가지 요소를 말씀하신다. 여기에 관한 설명은 본서 제4권 「여섯 가지 청정 경」(M112) §7의 주해와, 「요소의 분석 경」(M140) §8의 주해를 참조할 것.

고 씹고 맛본 것이 나가는 곳이다. 그 외에도 몸 안에 있고 개개인에 속하는 허공과 허공에 속하는 것과 업에서 생긴 것을 일러 내적인 허공의 요소라 한다.

내적인 허공의 요소든 외적인 허공의 요소든 그것은 단지 허공의 요소일 뿐이다. 이에 대해 '이것은 내 것이 아니다. 이것은 내가 아니다. 이것은 나의 자아가 아니다.'라고 있는 그대로 바르게 통찰지로 보아야 한다. 이와 같이 이것을 있는 그대로 바르게 통찰지로 보아 허공의 요소를 염오하고 마음이 허공의 요소에 대한 탐욕을 빛바래게 한다."

13. "라훌라야, 땅을 닮는 수행을 닦아라.[630] 라훌라야, 땅을 닮는 수행을 닦으면 마음에 드는 감각접촉[觸]과 마음에 들지 않는 감각접촉이 일어나더라도 그런 것이 마음을 사로잡지 못할 것이다.

라훌라야, 예를 들면 땅에 깨끗한 것을 던지기도 하고 더러운 것을 던지기도 하고 똥을 누기도 하고 오줌을 누기도 하고 침을 뱉기도 하고 고름을 짜서 버리기도 하고 피를 흘리기도 하지만, 땅은 그 때문에 놀라지도 않고 모욕을 당하지도 않고 넌더리치지도 않는다.

---

630) "여기서는 라훌라에게 공평함의 특징(tādibhāva-lakkhaṇa)을 가르치시기 위해서 '라훌라야, 땅을 닮는 수행을 닦아라(paṭhavīsamaṁ rāhula bhāvanaṁ bhāvehi).'라고 말씀하신다. 원하는 대상(iṭṭha)에 집착하지 않고(arajjanta) 원하지 않는 대상에 성내지 않는 것(adussanta)이 공평(tādī)이다.
'마음에 드는 감각접촉(manāpa phassa)'이란 여덟 가지의 탐욕이 함께한 마음과 관련된 감각접촉이고, '마음에 들지 않는 감각접촉(amanāpa phassa)'이란 두 가지 성냄이 함께한 마음과 관련된 감각접촉이다."(MA.iii.140)
계속해서 주석서는, 땅을 닮는 수행을 닦으면 이런 감각접촉들이 일어나 마음을 제압하여 머물 수 없을 것이고, '나는 잘생겼고 멋지다.'라고 자기 몸과 관련된 열망이나 욕망이 일어나지 않을 것이라고 덧붙이고 있다.(MA.iii.140)

라훌라야, 그와 같이 땅을 닮는 수행을 닦아라. 라훌라야, 땅을 닮는 수행을 닦으면 마음에 드는 감각접촉과 마음에 들지 않는 감각접촉이 일어나더라도 그런 것이 마음을 사로잡지 못할 것이다."

14. "라훌라야, 물을 닮는 수행을 닦아라. 라훌라야, 물을 닮는 수행을 닦으면 마음에 드는 감각접촉[觸]과 마음에 들지 않는 감각접촉이 일어나더라도 그런 것이 마음을 사로잡지 못할 것이다.

라훌라야, 예를 들면 물에 깨끗한 것을 씻기도 하고 더러운 것을 씻기도 하고 똥을 씻기도 하고 오줌을 씻기도 하고 침을 씻기도 하고 고름을 씻기도 하고 피를 씻기도 하지만, 물은 그 때문에 놀라지도 않고 모욕을 당하지도 않고 넌더리치지도 않는다.

라훌라야, [424] 그와 같이 물을 닮는 수행을 닦아라. 라훌라야, 물을 닮는 수행을 닦으면 마음에 드는 감각접촉과 마음에 들지 않는 감각접촉이 일어나더라도 그런 것이 마음을 사로잡지 못할 것이다."

15. "라훌라야, 불을 닮는 수행을 닦아라. 라훌라야, 불을 닮는 수행을 닦으면 마음에 드는 감각접촉과 마음에 들지 않는 감각접촉이 일어나더라도 그런 것이 마음을 사로잡지 못할 것이다.

라훌라야, 예를 들면 불이 깨끗한 것을 태우기도 하고 더러운 것을 태우기도 하고 똥을 태우기도 하고 오줌을 태우기도 하고 침을 태우기도 하고 고름을 태우기도 하고 피를 태우기도 하지만, 불은 그 때문에 놀라지도 않고 모욕을 당하지도 않고 넌더리치지도 않는다.

라훌라야, 그와 같이 불을 닮는 수행을 닦아라. 라훌라야, 불을 닮는 수행을 닦으면 마음에 드는 감각접촉과 마음에 들지 않는 감각접촉이 일어나더라도 그런 것이 마음을 사로잡지 못할 것이다."

16. "라훌라야, 바람을 닮는 수행을 닦아라. 라훌라야, 바람을 닮

는 수행을 닦으면 마음에 드는 감각접촉과 마음에 들지 않는 감각접촉이 일어나더라도 그런 것이 마음을 사로잡지 못할 것이다.

라훌라야, 예를 들면 바람이 깨끗한 것을 불어 날리기도 하고 더러운 것을 불어 날리기도 하고 똥을 불어 날리기도 하고 오줌을 불어 날리기도 하고 침을 불어 날리기도 하고 고름을 불어 날리기도 하고 피를 불어 날리기도 하지만, 바람은 그 때문에 놀라지도 않고 모욕을 당하지도 않고 넌더리치지도 않는다.

라훌라야, 그와 같이 바람을 닮는 수행을 닦아라. 라훌라야, 바람을 닮는 수행을 닦으면 마음에 드는 감각접촉과 마음에 들지 않는 감각접촉이 일어나더라도 그런 것이 마음을 사로잡지 못할 것이다."

17. "라훌라야, 허공을 닮는 수행을 닦아라. 라훌라야, 허공을 닮는 수행을 닦으면 마음에 드는 감각접촉과 마음에 들지 않는 감각접촉이 일어나더라도 그런 것이 마음을 사로잡지 못할 것이다.

라훌라야, 예를 들면 허공이 어느 곳에도 머물지 않는 것처럼 그와 같이 허공을 닮는 수행을 닦아라.

라훌라야, 허공을 닮는 수행을 닦으면 마음에 드는 감각접촉과 마음에 들지 않는 감각접촉이 일어나더라도 그런 것이 마음을 사로잡지 못할 것이다."

18. "라훌라야, 자애의 수행을 닦아라.[631] 라훌라야, 네가 자애

---

631) "여기서 '라훌라야, 자애의 수행을 닦아라(mettaṁ rāhula bhāvanaṁ bhāvehi).'라고 시작하신 것은 무엇을 조건으로 수행자가 공평해지는지, 그 이유를 보이시기 위함(kāraṇa-dassan-attha)이다. 앞에서는(§§13~17) 공평함의 특징(tādi-bhāva-lakkhaṇa)을 보이셨다. 그러나 '나는 공평하고 편견이 없다.'라고 아무런 이유도 없이(akāraṇā) 그렇게 될 수 없다. 그리고 '나는 좋은 가문에서 태어났고 많이 배웠고 많은 것을 가졌다. 왕이나 유명인사들이 나를 섬기기 때문에 나는 공평하고 편견이 없다.'라는 이런 이유로

의 수행을 닦으면 어떤 악의라도 다 제거될 것이다."

19. "라훌라야, 연민의 수행을 닦아라. 라훌라야, 네가 연민의 수행을 닦으면 어떤 잔인함이라도 다 제거될 것이다."

20. "라훌라야, 더불어 기뻐함의 수행을 닦아라. 라훌라야, 네가 더불어 기뻐함의 수행을 닦으면 어떤 싫어함이라도 다 제거될 것이다."

21. "라훌라야, 평온의 수행을 닦아라. 라훌라야, 네가 평온의 수행을 닦으면 어떤 적의라도 다 제거될 것이다."

22. "라훌라야, 부정하다고 인식하는[不淨想] 수행을 닦아라. 라훌라야, 네가 부정하다고 인식하는 수행을 닦으면 어떤 탐욕이라도 다 제거될 것이다."

23. "라훌라야, 무상을 인식하는[無常想] 수행을 닦아라. 라훌라야, [425] 네가 무상을 인식하는 수행을 닦으면 나라는 자만632)은 모두 제거될 것이다."

24. "라훌라야, 들숨과 날숨에 대한 마음챙김을 닦아라.633) 라훌라야, 들숨과 날숨에 대한 마음챙김을 닦고 거듭거듭 행하면 실로 큰 결실과 큰 이익이 있다. 라훌라야, 그러면 어떻게 들숨과 날숨에 대

는 어떤 자도 공평한 자가 될 수 없다. 그것은 자애 등의 수행(mettādi-bhāvanā)으로만 가능하다. 그러므로 공평한 자가 되는 이유를 보이기 위해 이 가르침을 설하시는 것이다."(MA.iii.140)

632) "'나라는 자만(asmi-māna)'은 물질 등에 대해 '나'라고 하는 자만이다." (MA.iii.141)

633) 이제 앞의 §7에서 라훌라 존자가 여쭈었던 질문에 대해 상세하게 설명하신다. 들숨날숨에 마음챙기는 수행에 대한 상세한 설명은 『청정도론』 제8장 §145 이하를 참조할 것.

한 마음챙김을 닦고 어떻게 거듭거듭 행하면 실로 큰 결실과 큰 이익이 있게 되는가?"

25. "라훌라야, 여기에 비구가 숲 속에 가거나 나무 아래에 가거나 빈방에 가거나 하여 가부좌를 틀고 상체를 곧추세우고 전면에 마음챙김을 확립하여 앉는다. 그는 마음챙기면서 숨을 들이쉬고 마음챙기면서 숨을 내쉰다."634)

26. "① 길게 들이쉬면서는 '길게 들이쉰다.'고 꿰뚫어 알고, 길게 내쉬면서는 '길게 내쉰다.'고 꿰뚫어 안다. ② 짧게 들이쉬면서는 '짧게 들이쉰다.'고 꿰뚫어 알고, 짧게 내쉬면서는 '짧게 내쉰다.'고 꿰뚫어 안다. ③ '온몸을 경험하면서 들이쉬리라.'며 공부짓고, '온몸을 경험하면서 내쉬리라.'며 공부짓는다. ④ '몸의 작용[身行]635)을

---

634) 다음 §§26~29에 나타나는 16단계의 들숨날숨에 대한 마음챙김은 본서 제4권 「들숨날숨에 대한 마음챙김 경」(出入息念經, Anāpānasati Sutta, M118)의 §§18~21에도 나타나는데 들숨날숨 공부의 핵심이 되는 가르침이다. 그곳의 해당 주해들도 참조할 것. 그리고 이 16단계는 『청정도론』 VIII.146~237에 상세히 설명되어 있다. 초기불전연구원에서는 이 「들숨날숨에 대한 마음챙김 경」(M118)과 『청정도론』의 설명을 엮어서 『들숨날숨에 마음챙기는 공부』(대림 스님 역, 개정3판, 2008)를 출간하였으므로 참조할 것.
그리고 이 16단계는 「들숨날숨에 대한 마음챙김 경」(M118) §§24~27과 『상윳따 니까야』 제6권 「낌빌라 경」(S54:10) §§7~10에도 나타나듯이 다시 크게 네 개로 구성된 네 무리로 구분이 되어(4×4=16) 이 넷은 각각 사념처의 신·수·심·법에 배대가 된다. 자세한 것은 「들숨날숨에 대한 마음챙김 경」(M118) §24이하를 참조할 것.

635) 여기서 '몸의 작용[身行, kāya-saṅkhāra]'은 들숨날숨을 말한다. 『상윳따 니까야』 제4권 「까마부 경」 2(S41:6/iv.293) §5에서 까마부 존자는 찟따 장자에게 "장자여, 들숨날숨은 몸에 속하는 것이고 이런 법들은 몸에 묶여 있습니다. 그래서 들숨날숨은 몸의 작용입니다."라고 말하고 있다. 그리고 『청정도론』의 복주서인 『빠라맛타 만주사』도 "여기서 '몸의 작용[身行, kāya-saṅkhāra]'이란 들숨날숨을 말한다. 비록 이것은 마음에서 생긴 것이

편안히 하면서 들이쉬리라.'며 공부짓고, '몸의 작용을 편안히 하면서 내쉬리라.'며 공부짓는다."

27. "⑤ '희열을 경험하면서636) 들이쉬리라.'며 공부짓고, '희열을 경험하면서 내쉬리라.'며 공부짓는다. ⑥ '행복을 경험하면서637) 들이쉬리라.'며 공부짓고, '행복을 경험하면서 내쉬리라.'며 공부짓는다. ⑦ '마음의 작용[心行]638)을 경험하면서 들이쉬리라.'며 공부짓고, '마음의 작용을 경험하면서 내쉬리라.'며 공부짓는다. ⑧ '마음의 작용을 편안히 하면서 들이쉬리라.'며 공부짓고, '마음의 작용을 편안히 하면서 내쉬리라.'며 공부짓는다."

지만 그것의 존재가 몸에 묶여 있고 몸을 통해 형성되기 때문에 몸의 작용이라 부른다."(Pm.220)라고 설명하고 있다.
『상윳따 니까야』 제3권 「앗사지 경」(S22:88) §7의 주해도 참조할 것.

636) "두 가지 방법을 통해서 '희열을 경험한다(pīti-paṭisaṁvedi).' 그것은 대상을 통해서와 미혹하지 않음을 통해서(ārammaṇato ca asammohato ca)이다. ① 그는 희열이 있는 두 禪 [즉 초선과 제2선]에 든다. 그가 그것에 드는 순간에 禪을 얻음으로써 대상을 경험했기 때문에 대상을 통해서 희열을 경험한다. ② 희열이 있는 두 禪에 들었다가 출정하여 禪과 함께한 희열을 파괴되기 마련이고 사라지기 마련이라고 명상한다. 그가 위빳사나를 하는 순간에 특상을 경험하기 때문에 잊어버리지 않음을 통해서 희열을 경험한다."(『청정도론』 VIII.226~227)
즉 ①은 사마타를 닦아서 禪에 들었을 때의 희열이고 ②는 禪에서 출정하여 무상·고·무아의 특상(lakkhaṇa)을 꿰뚫는 위빳사나를 할 때의 희열을 말한다.

637) 『청정도론』은 '행복을 경험하면서(sukha-paṭisaṁvedī)'도 희열의 경험과 같은 방법으로 두 측면에서 이해해야 한다고 설명하고 있다. 즉 ① 사마타를 닦아서 禪에 들었을 때의 행복과 ② 禪에서 출정하여 무상·고·무아의 특상을 꿰뚫는 위빳사나를 할 때의 행복을 말한다. 다른 점은 행복은 초선부터 제3선까지에서 경험된다는 것이다.(『청정도론』 VIII.229)

638) "마음의 작용[心行, citta-saṅkhāra]은 느낌의 무더기[受蘊]와 인식의 무더기[想蘊]를 말한다. … 네 가지 禪들로 '마음의 작용을 경험한다(citta-saṅkhāra-paṭisaṁvedī).'고 알아야 한다."(『청정도론』 VIII.229)

28. "⑨ '마음을 경험하면서639) 들이쉬리라.'며 공부짓고, '마음을 경험하면서 내쉬리라.'며 공부짓는다. ⑩ '마음을 기쁘게 하면서640) 들이쉬리라.'며 공부짓고, '마음을 기쁘게 하면서 내쉬리라.'며 공부짓는다. ⑪ '마음을 집중하면서641) 들이쉬리라.'며 공부짓고, '마음을 집중하면서 내쉬리라.'며 공부짓는다. ⑫ '마음을 해탈케 하면서642) 들이쉬리라.'며 공부짓고, '마음을 해탈케 하면서 내쉬리라.'며

---

639) "'마음을 경험하면서(citta-paṭisaṁvedī)'란 네 가지 禪들로 마음을 경험한다고 알아야 한다."(『청정도론』 VIII.231)

640) "'마음을 기쁘게 하면서(abhippamodayaṁ cittaṁ)': 여기서는 삼매와 위빳사나의 두 가지 방법으로 기쁘게 한다. 어떻게 삼매를 통해 기쁘게 하는가? 희열(pīti)이 있는 두 禪에 든다. 그 증득의 순간에 그 禪과 함께한 희열로 마음을 반갑게 하고 기쁘게 한다. 어떻게 위빳사나를 통해 기쁘게 하는가? 희열이 있는 두 禪에 들었다가 출정하여 禪과 함께한 희열을 파괴되기 마련이고 사그라지기 마련이라고 명상한다. 이와 같이 위빳사나를 하는 순간에 禪과 함께한 희열을 대상으로 삼아 마음을 반갑게 하고 기쁘게 한다." (『청정도론』 VIII.232)

641) 『청정도론』 VIII.232는 두 가지로 '마음을 집중하면서(samādaha citta)'를 설명하고 있는데 하나는 네 가지 禪에 드는 것이고 다른 하나는 찰나삼매(刹那三昧, 순간적인 마음이 한 끝에 집중됨, 刹那心一境性, khaṇika-citt-ekaggatā)를 통해서이다. 찰나삼매는 "그 禪에 들었다가 출정하여 禪과 함께한 마음을 파괴되기 마련이고 사그라지기 마련이라고 명상할 때 그 위빳사나를 하는 순간에 특상을 통찰하는 것"이라고 『청정도론』(VIII. 232)은 정의하고 있다.

642) "'마음을 해탈하게 하면서(vimocayaṁ cittaṁ)': 초선을 통해 장애들로부터 마음을 벗어나게 하고 해탈하게 하면서, 제2선을 통해 일으킨 생각[尋]과 지속적 고찰[伺]로부터, 제3선을 통해 희열로부터, 제4선을 통해 행복과 고통으로부터 마음을 벗어나게 하고 해탈하게 하면서 들이쉬고 내쉰다. 혹은 그가 그 禪에 들었다가 출정하여 禪과 함께한 마음은 파괴되기 마련이고 사그라지기 마련이라고 명상한다. 그가 위빳사나를 하는 순간에 무상의 관찰로 영원하다는 인식(nicca-saññā)으로부터, 괴로움의 관찰로 행복하다는 인식(sukha-saññā)으로부터, 무아의 관찰로 자아라는 인식(atta-saññā)으로부터, 염오의 관찰(nibbidānupassanā)로 즐김(nandi)으로부터, 탐욕이 빛바램의 관찰로 탐욕(rāga)으로부터, 소멸의 관찰로 일어남(samudaya)으

공부짓는다."

29. "⑬ '무상을 관찰하면서[643] 들이쉬리라.'며 공부짓고, '무상을 관찰하면서 내쉬리라.'며 공부짓는다. ⑭ '탐욕이 빛바램을 관찰하면서[644] 들이쉬리라.'며 공부짓고, '탐욕이 빛바램을 관찰하면서 내쉬리라.'며 공부짓는다. ⑮ '소멸을 관찰하면서 들이쉬리라.'며 공부짓고, '소멸을 관찰하면서 내쉬리라.'며 공부짓는다. ⑯ '놓아버림을 관찰하면서[645] 들이쉬리라.'며 공부짓고, '놓아버림을 관찰하면서 내

로부터, 놓아버림의 관찰로 가짐(ādāna)으로부터 마음을 벗어나게 하고 해탈하게 하면서 들이쉬고 내쉰다."(『청정도론』 VIII.233)

643) "'무상을 관찰하면서(anicca-anupassī)'라고 했다. 여기서 무상한 것(anicca)이란 다섯 가지 무더기[五蘊]이다. 왜 그런가? 그들은 일어나고 멸하고 변하는 성질을 가졌기 때문(uppāda-vayaññathatta-bhāvā)이다. 무상한 성질(aniccatā)이란 그들에게 존재하는 일어나고 멸하고 변하는 성질이다. 혹은 생겼다가 없어지는 것이다. 생긴 무더기[蘊]가 그 본래의 모습으로 머물지 않고 순간적인 부서짐(khaṇa-bhaṅga)을 통해 부서진다(bheda)는 뜻이다. 무상의 관찰이란 그 무상함으로 물질 등에 대해 무상하다고 관찰하는 것이다."(『청정도론』 VIII.234)

644) "탐욕이 빛바램을 관찰하면서(virāga-anupassī): 여기 탐욕의 빛바램은 파괴로서의 탐욕의 빛바램과 절대적인 탐욕의 빛바램(khaya-virāgo ca ac-canta-virāgo ca)의 두 가지가 있다. 여기서 파괴로서의 탐욕의 빛바램이란 형성된 것들[行]이 순간적으로 무너지는 것(khaṇa-bhaṅga)이다. 절대적인 탐욕의 빛바램이란 열반이다. 탐욕이 빛바램을 관찰함이란 이 둘의 관찰로 일어나는 위빳사나와 도(magga)이다. '소멸을 관찰하면서(nirodha-anupassī)'라는 구절에도 이 방법이 적용된다."(『청정도론』 VIII.235)

645) "여기서도 놓아버림(paṭinissagga)은 두 가지이다. 버림으로서의 놓아버림과 들어감으로서의 놓아버림(pariccāga-paṭinissaggo ca pakkhandana-paṭinissaggo ca)이다. 놓아버림의 관찰이란 놓아버림 그 자체가 관찰(anu-passanā)이다. 이것은 위빳사나와 도의 동의어이다.① 위빳사나는 ㉠ 반대되는 것으로 대체하여 [과보로 나타난] 무더기들과, 업형성력(abhisaṅ-khāra)들과 함께 오염원(kilesa)들을 버리기 때문에 ㉡ 형성된 것에 대해 [무상 등의] 결점을 보고 그 [형성된 것의] 반대인 열반으로 기울어짐으로써 열반에 들어가기 때문에 각각 버림으로서의 놓아버림과 들어감으로서의 놓

쉬리라.'며 공부짓는다."646)

30. "라훌라야, 이와 같이 들숨과 날숨에 대한 마음챙김을 닦고 이와 같이 거듭거듭 행하면 실로 큰 결실과 큰 이익이 있다. 라훌라야, 이와 같이 들숨과 날숨에 대한 마음챙김을 닦고 이와 같이 거듭거듭 행하면 [426] 마지막 들숨과 날숨이 소멸할 때에도 [멸한다고] 안다. 그것을 모른 채 멸하지 않는다."

세존께서는 이와 같이 설하셨다. 라훌라 존자는 흡족한 마음으로 세존의 말씀을 크게 기뻐하였다.

라훌라를 교계한 긴 경(M62)이 끝났다.

아버림이라 한다. ② 도는 ㉠ 근절(samuccheda)로써 무더기를 생기게 하는 업형성력들과 함께 오염원들을 버리기 때문에 ㉡ 열반을 대상으로 삼음으로써 열반에 들어가기 때문에 각각 버림으로서의 놓아버림과 들어감으로서의 놓아버림이라 한다. 이 두 [위빳사나의 지혜와 도의 지혜]는 각각 이전의 지혜를 계속해서 따라 보기 때문에 관찰[隨觀]이라 한다."(『청정도론』 VIII.236)

646) 『청정도론』의 설명에서 보듯이 ⑫번째까지의 앞의 세 번째의 네 개조까지는 사마타와 위빳사나의 방법이 둘 다 적용되었지만 이 네 번째의 네 개조는 위빳사나의 방법만이 적용되고 있다.

말룽꺄 짧은 경

Cūḷa-Māluṅkya Sutta(M63)

1. 이와 같이 나는 들었다. 한때 세존께서는 사왓티에서 제따 숲의 아나타삔디까 원림(급고독원)에 머무셨다.

2. 그때 말룽꺄뿟따 존자[647]가 한적한 곳에 가서 홀로 앉아 [명상하던] 중에 이런 생각이 마음에 떠올랐다.

"세존께서는 이런 견해에 대해서는 설명하지 않고 제쳐두고 거부하신다. ① '세상은 영원하다.'거나 ② '세상은 영원하지 않다.'거나 ③ '세상은 유한하다.'거나 ④ '세상은 무한하다.'거나 ⑤ '생명이 바

---

647) 말룽꺄뿟따 존자(āyasmā Māluṅkyaputta)는 꼬살라 왕의 보좌관의 아들이었으며 말룽꺄는 어머니 이름이다. 그래서 그의 이름은 말룽꺄의 아들이라는 뜻이다. 나이가 들어서 외도 유행승(paribbājaka)이 되었다가 세존의 가르침을 듣고 출가했다고 한다.(ThagA.ii.170)
본경은 한역 『중아함』의 「전유경」(箭喩經, 독화살 비유 경)에 해당한다. 말룽꺄뿟따 존자는 전유경에서 존자 만동자(尊者 鬘童子)로 번역되어 알려진 분이며, 세존께서 세상은 유한한가 하는 등의 열 가지 문제[十事]에 대해서 명확한 답변을 해 주시지 않는다고 환속하려고 했던 사람이기도 하다. 다음의 「말룽꺄 긴 경」(M64)도 그를 두고 설하신 경이다. 그는 『상윳따 니까야』 제4권 「말룽꺄뿟따 경」(S35:95)을 듣고 아라한이 되었으며(§18), 『앙굿따라 니까야』 제2권 「말룽꺄뿟따 경」(A4:254)도 세존께서 그에게 설하신 경이고, 『장로게』(Thag) {794~817}은 그의 게송이다.

로 몸이다.'거나 ⑥ '생명은 몸과 다른 것이다.'거나 ⑦ '여래[648]는 사후에도 존재한다.'거나 ⑧ '여래는 사후에 존재하지 않는다.'거나 ⑨ '여래는 사후에 존재하기도 하고 존재하지 않기도 한다.'거나 ⑩ '여래는 사후에 존재하는 것도 아니고 존재하지 않는 것도 아니다.'[649]

---

648) "여기서 '여래(tathāgata)'는 중생(satta)을 말한다."(MA.iii.141)
복주서는 여기에 대해서, "중생은 과거 겁과 과거 생에서 업과 오염원들에 의해서 태어났듯이 지금도 그와 같이 왔다(tathā etarahi pi āgato)고 해서 여래라 한다. 혹은 업을 지은 대로 자기 존재가 생긴다(tathā taṁ taṁ attabhāvaṁ āgato)고 해서 여래이고 이것은 중생을 말한다."(SAṬ.ii.149)라고 설명하고 있다. 『상윳따 니까야』 제2권 「사후(死後) 경」(S16:12) §3에 해당하는 주석서(SA.ii.201)와 제3권 「야마까 경」(S22:85) §11에 해당하는 주석서(SA.ii.311)에도 이런 설명이 나타나고 있다.

649) 이상의 열 가지는 전통적으로 '설명하지 않음[無記, avyākata]'으로 불리었으며 이것은 십사무기(十事無記)로 우리에게 알려져 있다. 이 십사무기 혹은 무기는 『상윳따 니까야』 제3권의 「왓차곳따 상윳따」(S33)에 포함된 모든 경들에 나타나며, 제5권의 「설명하지 않음[無記] 상윳따」(S44)에 포함된 열 개의 경들(S44:1~S44:10)의 기본 주제이다.
이 십사무기는 본경뿐만 아니라 본서 제1권 「미끼 경」(M25) §10과 제3권 「왓차곳따 불 경」(M72) §§3~14에도 나타난다. 특히 왓차곳따는 이 십사무기와 관련이 많은 사람으로 초기불전에 나타나는데 여기에 대해서는 「왓차곳따 불 경」(M72) §3의 주해를 참조하기 바란다.
그리고 『디가 니까야』 제1권 「뽓타빠다 경」(D9) §§25~27과 본서 제1권 「미끼 경」(M25) §§10~11 등과 『앙굿따라 니까야』 제2권 「초연함 경」(A4:38) 등과 『상윳따 니까야』 제6권 「사색 경」(S56:8) 등 초기불전의 여러 곳에서도 같은 10가지로 정형화 되어서 나타나고 있다.
그런데 북방에서는 10가지가 아니라 14가지로 알려져서 『아비달마 구사론』에서는 이러한 무기가 '열네 가지의 무기'(諸契經中說 十四無記事)라 하여 十四無記로 언급되고 있다. 이것은 아마 『잡아함』 등에 나타나는 "① 세간은 영원[常]한가 ② 영원하지 않은가 ③ 영원하고 영원하지 않은가 ④ 영원한 것도 아니고 영원하지 않은 것도 아닌가 ⑤ 세간은 끝[邊]이 있는가 ⑥ 없는가 ⑦ 있고 없는가 ⑧ 있는 것도 아니고 없는 것도 아닌가 ⑨ 여래의 사후는 존재하는가 ⑩ 존재하지 않는가 ⑪ 존재하고 존재하지 않는가 ⑫ 존재하는 것도 아니고 존재하지 않는 것도 아닌가 ⑬ 몸[身]과 생명[命]이 동일한가 ⑭ 다른가?(世間常. 世間無常. 世間常無常. 世間非常非無常. 世有邊. 世無邊. 世有邊無邊. 世非有邊非無邊. 命卽是身. 命異身異. 如來死後有. 如來死後無. 如來死後有無. 如來死後非有非無.)"(『雜阿含』

라는 것에 대해 세존께서는 내게 설명해주시지 않으신다. 세존께서 설명해주시지 않는 것이 기껍지 않고 묵인할 수 없다. 그러니 나는 세존을 찾아가서 이 뜻을 여쭈어보리라.

만일 세존께서 '세상은 영원하다.'거나, '세상은 영원하지 않다.'거나, '세상은 유한하다.'거나, '세상은 무한하다.'거나, '생명이 바로 몸이다.'거나, '생명은 몸과 다른 것이다.'거나, '여래는 사후에도 존재한다.'거나, '여래는 사후에 존재하지 않는다.'거나 '여래는 사후에 존재하기도 하고 존재하지 않기도 한다.'거나, '여래는 사후에 존재하는 것도 아니고 존재하지 않는 것도 아니다.'라고 설명해주시면 세존 아래서 청정범행을 닦으리라.

만일 세존께서 '세상은 영원하다.'거나, '세상은 영원하지 않다.'거나, … '여래는 사후에 존재하는 것도 아니고 존재하지 않는 것도 아니다.'라는 것에 대해 설명해주시지 않으면 나는 공부지음을 버리고 환속하리라."

3. 그러자 [427] 말룽꺄뿟따 존자는 해거름에 [낮 동안의] 홀로 앉음에서 일어나 세존을 뵈러 갔다. 가서는 세존께 절을 올리고 한

---

168)를 염두에 둔 듯하다. 여기서는 상·무상과 유변·무변과 여래에 대해서 모두 4가지씩의 무기가 적용되었고 명·신(命·身)에 대해서는 두 가지만 적용이 되어서 모두 14가지가 된 것이다.

그러나 한역 『아함경』 들에는 경마다 이 무기가 다르게 나타난다. 예를 들면 본경(M63)에 상응하며 독화살 비유 경으로 잘 알려진 『중아함』 의 「전유경」 에는 빠알리 니까야들에서처럼 10가지로 나타난다. 그리고 『장아함』 의 「布吒婆樓經」 (포타파루경, 『디가 니까야』 제1권 「뽓타빠다 경」 (D9)에 상응함.)에는 16가지 무기로 나타나는데 상·무상과 유변·무변과 명·신과 여래에 모두 4가지씩의 무기가 적용된 것이다.

그러나 거듭 밝히지만 빠알리 니까야에서는 10가지로 정리되어 나타나지 14가지나 16가지 등으로는 결코 나타나지 않는다.

여기에 대한 설명은 『상윳따 니까야』 제5권 해제 §4도 참조하기 바란다.

곁에 앉았다. 한 곁에 앉아서 말룽꺄뿟따 존자는 세존께 이렇게 말씀드렸다.

"세존이시여, 제가 한적한 곳에 가서 홀로 앉아 [명상하던] 중에 이런 생각이 마음에 떠올랐습니다.

'세존께서는 이런 견해에 대해서는 설명하지 않고 제쳐두고 거부하신다. '세상은 영원하다.'거나, '세상은 영원하지 않다.'거나, … '여래는 사후에 존재하는 것도 아니고 존재하지 않는 것도 아니다.'라는 것에 대해 세존께서는 내게 설명해주시지 않으신다. 세존께서 설명해주시지 않는 것이 기껍지 않고 묵인할 수 없다. 그러니 나는 세존을 찾아가서 이 뜻을 여쭈어보리라.

만일 세존께서 '세상은 영원하다.'거나, '세상은 영원하지 않다.'거나, … '여래는 사후에 존재하는 것도 아니고 존재하지 않는 것도 아니다.'라고 설명해주시면 세존 아래서 청정범행을 닦으리라.

만일 세존께서 '세상은 영원하다.'거나, '세상은 영원하지 않다.'거나, … '여래는 사후에 존재하는 것도 아니고 존재하지 않는 것도 아니다.'라는 것에 대해 설명해주시지 않으면 나는 공부지음을 버리고 환속하리라.'

만일 세존께서 '세상은 영원하다.'라고 아신다면 '세상은 영원하다.'라고 제게 설명해주십시오. 만일 세존께서 '세상은 영원하지 않다.'라고 아신다면 '세상은 영원하지 않다.'라고 제게 설명해주십시오. 만일 세존께서 '세상은 영원하다.'거나, '세상은 영원하지 않다.'라고 알지 못하신다면, 알지 못하고 보지 못할 때 '나는 알지 못하고 나는 보지 못한다.'라고 밝히는 것이 정직한 것입니다.

만일 세존께서 '세상은 유한하다.'라고 아신다면 '세상은 유한하다.'라고 제게 설명해주십시오. 만일 세존께서 '세상은 무한하다.'라고 아신다면 '세상은 무한하다.'라고 제게 설명해주십시오. 만일 세존께서 '세상은 유한하다.'거나, '세상은 무한하다.'라고 알지 못하신다면, 알지 못하고 보지 못할 때 '나는 알지 못하고 나는 보지 못한다.'라고 밝히는 것이 정직한 것입니다.

만일 세존께서 '생명이 바로 몸이다.'라고 아신다면 '생명이 바로 몸이다.'라고 제게 설명해주십시오. 만일 세존께서 '생명은 몸과 다른 것이다.'라고 아신다면 '생명은 몸과 다른 것이다.'라고 제게 설명해주소서. 만일 세존께서 '생명이 바로 몸이다.'거나, '생명은 몸과 다른 것이다.'라고 알지 못하신다면, 알지 못하고 보지 못할 때 '나는 알지 못하고 나는 보지 못한다.'라고 밝히는 것이 정직한 것입니다.

만일 세존께서 '여래는 사후에도 존재한다.'라고 아신다면 '여래는 사후에도 존재한다.'라고 제게 [428] 설명해주십시오. 만일 세존께서 '여래는 사후에 존재하지 않는다.'라고 아신다면 '여래는 사후에 존재하지 않는다.'라고 제게 설명해주십시오. 만일 세존께서 '여래는 사후에도 존재한다.'거나, '여래는 사후에 존재하지 않는다.'라고 알지 못하신다면, 알지 못하고 보지 못할 때 '나는 알지 못하고 나는 보지 못한다.'라고 밝히는 것이 정직한 것입니다.

만일 세존께서 '여래는 사후에 존재하기도 하고 존재하지 않기도 한다.'라고 아신다면 '여래는 사후에 존재하기도 하고 존재하지 않기도 한다.'라고 제게 설명해주십시오. 만일 세존께서 '여래는 사후에 존재하는 것도 아니고 존재하지 않는 것도 아니다.'라고 아신다면 '여래는 사후에 존재하는 것도 아니고 존재하지 않는 것도 아니다.'라고 제게 설명해주십시오. 만일 세존께서 '여래는 사후에 존재하기도 하고 존재하지 않기도 한다.'거나, '여래는 사후에 존재하는 것도 아니고 존재하지 않는 것도 아니다.'라고 알지 못하신다면, 알지 못하고 보지 못할 때 '나는 알지 못하고 나는 보지 못한다.'라고 밝히는 것이 정직한 것입니다."

4. "말룽꺄뿟따여, 내가 그대에게 이렇게 말한 적이 있는가? '오라, 말룽꺄뿟따여. 그대는 내 아래에서 청정범행을 닦아라. 나는 그대에게 '세상은 영원하다.'거나, '세상은 영원하지 않다.'거나, … '여래는 사후에 존재하는 것도 아니고 존재하지 않는 것도 아니다.'라고 설명해주리라.'라고."

"아닙니다, 세존이시여."

"그러면 그대가 내게 이렇게 말한 적이 있는가? '세존이시여, 저는 세존 아래에서 청정범행을 닦을 것입니다. 세존께서는 제게 '세상은 영원하다.'거나, '세상은 영원하지 않다.'거나, … '여래는 사후에 존재하는 것도 아니고 존재하지 않는 것도 아니다.'라고 설명해 주실 것입니다.'라고."

"아닙니다, 세존이시여."

"말룽꺄뿟따여, 이와 같이 내가 그대에게 '오라, 말룽꺄뿟따여. 그대는 내 아래에서 청정범행을 닦아라. 나는 그대에게 '세상은 영원하다.'거나, '세상은 영원하지 않다.'거나, … '여래는 사후에 존재하는 것도 아니고 존재하지 않는 것도 아니다.'라고 설명해주리라.'라고 말한 적이 없고, 그대도 내게 '세존이시여, 저는 세존 아래에서 청정범행을 닦을 것입니다. 세존께서는 제게 '세상은 영원하다.'거나, '세상은 영원하지 않다.'거나, … '여래는 사후에 존재하는 것도 아니고 존재하지 않는 것도 아니다.'라고 설명해 주실 것입니다.'라고 말한 적이 없다.

이 쓸모없는 인간이여, 사정이 이와 같거늘 그대가 누구라고 무엇을 버린단 말인가?"650)

5. "말룽꺄뿟따여, 어떤 사람이 말하기를 '세존께서 내게 세상은 영원하다거나, 세상은 영원하지 않다거나, … 여래는 사후에 존재하는 것도 아니고 존재하지 않는 것도 아니라고 [429] 설명해주시기 전에는 나는 세존 아래에서 청정범행을 닦지 않으리라.'라고 말한다면, 여래는 그것에 대한 설명을 하지 않을 것이므로 그 동안 그 사람은 죽게 될 것이다.

말룽꺄뿟따여, 예를 들면 어떤 사람이 독이 잔뜩 묻은 화살에 맞았다 하자. 그의 친구나 동료나 일가친척들이 그를 치료하기 위해 의사를 데려올 것이다.

그러나 그는 이렇게 말할 것이다. '내게 화살을 쏜 사람이 끄샤뜨리야인지 바라문인지 와이샤인지 수드라인지 내가 그 사람을 알기 전에는 이 화살을 뽑지 않을 것이다.'라고.

그는 이렇게 말할 것이다. '내게 화살을 쏜 사람의 이름이 무엇이고 성이 무엇인지 내가 알기 전에는 이 화살을 뽑지 않을 것이다.'라고.

그는 이렇게 말할 것이다. '내게 화살을 쏜 사람의 키가 큰지 작은지 중간인지 내가 알기 전에는 이 화살을 뽑지 않을 것이다.'라고.

그는 이렇게 말할 것이다. '내게 화살을 쏜 사람의 피부색이 검은지 갈색인지 황금색인지 내가 알기 전에는 이 화살을 뽑지 않을 것이다.'라고.

---

650) "'그대가 누구라고 무엇을 버린단 말인가?(ko santo kaṁ paccācikkhasi)'라고 하셨다. 간청한 사람(yācaka)이 간청을 받아들인 자(yācitaka)를 버릴 수 있고, 혹은 간청을 받아들인 사람이 간청한 사람을 버릴 수 있지만, 말룽꺄뿟따는 간청한 사람도 아니고 간청을 받아들인 사람도 아니다."(MA.iii.142)
그러므로 말룽꺄뿟따는 세존께서 설명해주시면 청정범행을 닦을 것이고, 설명해주시지 않으면 승단을 버리고 환속하겠다는 말을 할 자격이 없다는 말씀이다.

그는 이렇게 말할 것이다. '내게 화살을 쏜 사람이 어떤 마을이나 성읍이나 도시에 사는지 내가 알기 전에는 이 화살을 뽑지 않을 것이다.'라고.

그는 이렇게 말할 것이다. '내게 화살을 쏜 그 활이 긴 활인지 석궁인지 내가 알기 전에는 이 화살을 뽑지 않을 것이다.'라고.

그는 이렇게 말할 것이다. '내게 화살을 쏜 그 활줄이 실인지 갈대인지 힘줄인지 대마인지 유엽수[651]의 껍질인지 내가 알기 전에는 이 화살을 뽑지 않을 것이다.'라고.

그는 이렇게 말할 것이다. '내게 쏜 그 화살대가 야생의 갈대인지 기른 갈대인지[652] 내가 알기 전에는 이 화살을 뽑지 않을 것이다.'라고.

그는 이렇게 말할 것이다. '내게 쏜 화살대의 깃털이 독수리의 것인지 까마귀의 것인지 매의 것인지 공작의 것인지 황새의 것인지 내가 알기 전에는 이 화살을 뽑지 않을 것이다.'라고.

그는 이렇게 말할 것이다. '내게 쏜 화살대를 묶고 있는 힘줄이 소의 것인지 물소의 것인지 사자의 것인지 원숭이의 것인지 내가 알기 전에는 이 화살을 뽑지 않을 것이다.'라고.

그는 이렇게 말할 것이다. '내게 쏜 화살이 보통의 것인지 굽은 것인지 가시 달린 것인지 송아지 이빨인지 협죽도 이파리 모양의 것인지 내가 알기 전에는 이 화살을 뽑지 않을 것이다.'라고.

말룽꺄뿟따여, [430] 그 사람은 그것을 알지 못하고 죽게 될 것이다.

말룽꺄뿟따여, 그와 같이 어떤 사람이 말하기를 '세존께서 내게 세

---

651) "'유엽수(khīrapaṇṇī, *Calotropis gigantea*)'란 그 나뭇잎이 유백색의 즙을 함유하고 있는 나무인데, 그 껍질로 활줄을 만든다. 대마도 그 껍질을 사용한다."(MA.iii.142)

652) "즉 산의 관목이나 강가의 관목들 사이에서 자란 것이거나 혹은 씨앗을 뿌려 키운 갈대로 화살대를 만든다."(MA.iii.142)

상은 영원하다거나, 세상은 영원하지 않다거나, … 여래는 사후에 존재하는 것도 아니고 존재하지 않는 것도 아니라고 설명해주시기 전에는 나는 세존 아래에서 청정범행을 닦지 않으리라.'라고 말한다면, 여래는 그것에 대한 설명을 하지 않을 것이므로 그 동안 그 사람은 죽게 될 것이다."

6. "말룽꺄뿟따여, '세상은 영원하다.'라는 견해가 있으면 청정범행을 닦을 수가 없다. 말룽꺄뿟따여, '세상은 영원하지 않다.'라는 견해가 있어도 청정범행을 닦을 수가 없다. '세상은 영원하다.'라는 견해가 있거나 '세상은 영원하지 않다.'라는 견해가 있으면 태어남이 있고 늙음이 있고 죽음이 있고 근심 · 탄식 · 육체적 고통 · 정신적 고통 · 절망이 있을 뿐이다. 말룽꺄뿟따여, 나는 지금 · 여기에서 바로 태어남 · 늙음 · 죽음 · 근심 · 탄식 · 육체적 고통 · 정신적 고통 · 절망이 소멸하는 것을 가르친다.

말룽꺄뿟따여, '세상은 유한하다.'라는 견해가 있으면 청정범행을 닦을 수가 없다. 말룽꺄뿟따여, '세상은 무한하다.'라는 견해가 있어도 청정범행을 닦을 수가 없다. '세상은 유한하다.'라는 견해가 있거나 '세상은 무한하다.'라는 견해가 있으면 태어남이 있고 늙음이 있고 죽음이 있고 근심 · 탄식 · 육체적 고통 · 정신적 고통 · 절망이 있을 뿐이다. 말룽꺄뿟따여, 나는 지금 · 여기에서 바로 태어남 · 늙음 · 죽음 · 근심 · 탄식 · 육체적 고통 · 정신적 고통 · 절망이 소멸하는 것을 가르친다.

말룽꺄뿟따여, '생명이 바로 몸이다.'라는 견해가 있으면 청정범행을 닦을 수가 없다. 말룽꺄뿟따여, '생명은 몸과 다른 것이다.'라는 견해가 있어도 청정범행을 닦을 수가 없다. '생명이 바로 몸이다.'라는 견해가 있거나 '생명은 몸과 다른 것이다.'라는 견해가 있으면 태어남이 있고 늙음이 있고 죽음이 있고 근심 · 탄식 · 육체적 고통 · 정신적 고통 · 절망이 있을 뿐이다. 말룽꺄뿟따여, 나는 지금 · 여기에서 바로 태어남 · 늙음 · 죽음 · 근심 · 탄식 · 육체적 고통 · 정신적 고통 · 절망이 소멸하는 것을 가르친다.

말룽꺄뿟따여, '여래는 사후에도 존재한다.'라는 견해가 있으면 청정범행을 닦을 수가 없다. 말룽꺄뿟따여, '여래는 사후에 존재하지 않는다.'라는 견해가 있어도 청정범행을 닦을 수가 없다. '여래는 사후에도 존재한다.'라는 견해가 있거나 '여래는 사후에 존재하지 않는다.'라는 견해가 있으면 태어남이 있고 늙음이 있고 죽음이 있고 근심 · 탄식 · 육체적 고통 · 정신적 고통 · 절망이 있을 뿐이다. 말룽꺄뿟따여, 나는 지금 · 여기에서 바로 태어남 · 늙음 · 죽음 · 근심 · 탄식 · 육체적 고통 · 정신적 고통 · 절망이 소멸하는 것을 가르친다.

말룽꺄뿟따여, [431] '여래는 사후에 존재하기도하고 존재하지 않기도 한다.'라는 견해가 있으면 청정범행을 닦을 수가 없다. 말룽꺄뿟따여, '여래는 사후에 존재하는 것도 아니고 존재하지 않는 것도 아니다.'라는 견해가 있어도 청정범행을 닦을 수가 없다. '여래는 사후에 존재하기도하고 존재하지 않기도 한다.'라는 견해가 있거나 '여래는 사후에 존재하는 것도 아니고 존재하지 않는 것도 아니다.'라는 견해가 있으면 태어남이 있고 늙음이 있고 죽음이 있고 근심 · 탄식 · 육체적 고통 · 정신적 고통 · 절망이 있을 뿐이다. 말룽꺄뿟따여, 나는 지금 · 여기에서 바로 태어남 · 늙음 · 죽음 · 근심 · 탄식 · 육체적 고통 · 정신적 고통 · 절망이 소멸하는 것을 가르친다."

7. "말룽꺄뿟따여, 그러므로 내가 설명하지 않은 것은 설명하지 않았다고 호지하고, 내가 설명한 것은 설명했다고 호지하라.

말룽꺄뿟따여, 그러면 나는 무엇을 설명하지 않았는가? 말룽꺄뿟따여, '세상은 영원하다.'라고 나는 설명하지 않았다. '세상은 영원하지 않다.'라고 나는 설명하지 않았다. '세상은 유한하다.'라고 나는 설명하지 않았다. '세상은 무한하다.'라고 나는 설명하지 않았다. '생명이 바로 몸이다.'라고 나는 설명하지 않았다. '생명은 몸과 다른 것이다.'라고 나는 설명하지 않았다. '여래는 사후에도 존재한다.'라고 나는 설명하지 않았다. '여래는 사후에 존재하지 않는다.'라고 나는 설명하지 않았다. '여래는 사후에 존재하기도 하고 존재하지 않기도 한다.'라고 나는 설명하지 않았다. '여래는 사후에 존재하는 것도 아니고 존재하지 않는 것도 아니다.'라고 나는 설명하지 않았다."

8. "말룽꺄뿟따여, 그러면 나는 왜 이것을 설명하지 않았는가? 말룽꺄뿟따여, 이것은 참으로 이익을 주지 못하고, 청정범행의 시작과 관련이 없고,[653] 염오로 인도하지 못하고, 탐욕의 빛바램으로 인도하지 못하고, 소멸로 인도하지 못하고, 고요함으로 인도하지 못하고, 최상의 지혜로 인도하지 못하고, 바른 깨달음으로 인도하지 못하고, 열반으로 인도하지 못하기 때문이다."[654]

---

653) "'청정범행의 시작과 관련이 없고(nādibrahmacariyikaṁ)'라는 것은 이런 그릇된 견해(diṭṭhi-gata)를 가지는 것은 청정범행의 시작만큼(ādi-matta)도 아니고, 예비단계의 계행만큼(pubbabhāga-sīla-matta)도 아니다." (MA.iii.143)

654) 여기서 '염오와 욕망의 빛바램과 소멸과 고요와 최상의 지혜와 바른 깨달음과 열반'은 각각 nibbidā, virāga, nirodha, upasama, abhiññā, sambodha, nibbāna를 옮긴 것이다. 주석서는 다음과 같이 간단하게 설명한다. "윤회(vaṭṭa)에 대해 염오하거나, 탐욕을 빛바래게 하거나, 윤회를 소멸하거나, 탐욕 등을 고요하게 가라앉히거나, 최상의 지혜로 알아야 할 법들(abhi-ññeyyā dhammā)을 최상의 지혜로 알게 하거나, 네 가지 도라고 불리는 바른 깨달음을 얻게 하거나(catu-magga-saṅkhāta-sambodh-attha), 형성되지 않은 열반을 실현하도록(asaṅkhata-nibbāna-sacchikiriy-attha) 인도하지 않는다."(MA.iii.143)

9. "말룽꺄뿟따여, 그러면 나는 무엇을 설명했는가? 말룽꺄뿟따여, '이것은 괴로움이다.'라고 나는 설명했다. '이것은 괴로움의 일어남이다.'라고 나는 설명했다. '이것은 괴로움의 소멸이다.'라고 나는 설명했다. '이것은 괴로움의 소멸로 인도하는 도닦음이다.'라고 나는 설명했다."

10. "말룽꺄뿟따여, 그러면 나는 왜 이것을 설명했는가? 말룽꺄뿟따여, 이것은[655] 참으로 이익을 주고, 청정범행의 시작과 관련되며, 염오로 인도하고, 탐욕의 빛바램으로 인도하고, 소멸로 인도하고, 고요함으로 인도하고, 최상의 지혜로 인도하고, 바른 깨달음으로 인도하고, 열반으로 인도하기 때문이다. 그러므로 나는 이것을 설명했다. 말룽꺄뿟따여, 그러므로 [432] 설명하지 않은 것은 설명하지 않았다고 호지하라. 내가 설명한 것은 설명했다고 호지하라."

세존께서는 이와 같이 설하셨다. 말룽꺄뿟따 존자는 마음이 흡족해져서 세존의 말씀을 크게 기뻐하였다.

말룽꺄 짧은 경(M63)이 끝났다.

655) "'이것(etaṁ)'은 사성제의 법을 설명한 것(catu-sacca-byākaraṇa)을 말한다."(MA.iii.143)

말룽꺄 긴 경

Mahā-Māluṅkya Sutta(M64)

1. 이와 같이 나는 들었다. 한때 세존께서는 사왓티에서 제따 숲의 아나타삔디까 원림(급고독원)에 머무셨다. 거기서 세존께서는 "비구들이여."라고 비구들을 부르셨다. "세존이시여."라고 비구들은 세존께 응답했다. 세존께서는 이렇게 말씀하셨다.

2. "비구들이여, 그대들은 내가 설한 다섯 가지 낮은 단계의 족쇄들을 기억하고 있는가?"

이렇게 말씀하셨을 때 말룽꺄뿟따 존자가 세존께 이렇게 말씀드렸다.

"세존이시여, 저는 세존께서 설하신 다섯 가지 낮은 단계의 족쇄들을 기억하고 있습니다."

"말룽꺄뿟따여, 그대는 내가 설한 다섯 가지 낮은 단계의 족쇄들을 어떻게 기억하고 있는가?"

"세존이시여, 저는 [불변하는] 존재 더미가 있다는 견해[有身見]를 세존께서 설하신 낮은 단계의 족쇄라고 기억하고 있습니다. 세존이시여, 저는 의심을 세존께서 설하신 낮은 단계의 족쇄라고 기억하고 있습니다. 세존이시여, 저는 계행과 의례의식에 대한 집착을 세존께서 설하신 낮은 단계의 족쇄라고 기억하고 있습니다. 세존이시여, 저는 감각적 욕망을 세존께서 설하신 낮은 단계의 족쇄라고 기억하고 있습니다. 세존이시여, 저는 악의를 세존께서 설하신 낮은 단계의 족쇄라고 기억하고 있습니다.

세존이시여, 저는 이와 같이 세존께서 설하신 다섯 가지 낮은 단계의 족쇄들을 기억하고 있습니다."

3. "말룽꺄뿟따여, 그대는 내가 누구에게 이런 식으로 다섯 가지 낮은 단계의 족쇄들을 설했다고 기억하고 있는가?[656] 말룽꺄뿟따여, 그렇게 되면 참으로 다른 외도 유행승들이 어린아이의 비유로써 그대를 논박하지 않겠는가?

말룽꺄뿟따여, 참으로 어리고 유약하고 아직 뒤척이지도 못하고 반듯하게 누워만 있는 갓난아이에게는 [불변하는] 존재 더미라는 생각조차 없는데 [433] 어떻게 [불변하는] 존재 더미가 있다는 견해[有身見]가 생기겠는가? 그러나 그 아이에게는 [불변하는] 존재 더미가 있

656) "세존께서도 족쇄(saṁyojana)에 관해 질문하셨고, 장로도 또한 족쇄에 대해서만 대답했다. 그럼에도 불구하고 그의 대답에 세존께서는 잘못(dosa)을 지적하신다. 세존께서는 무슨 까닭으로 그렇게 하셨는가? 장로는 '사람은 이들 [족쇄가] 실제로 드러나는 순간(samudācāra-kkhaṇa)에만 오염원들에 의해 묶이고, 다른 순간에는 묶이지 않는다.'라는 맹목적인 믿음(laddhi)을 갖고 있었기 때문이다. 그래서 세존께서 잘못을 지적하셨다."(MA.iii.144)
한편 본서 제3권 「사마나만디까 경」(M78) §5에 의하면 다른 외도 유행승들 가운데 어떤 이는 "몸으로 나쁜 행위를 하지 않고, 나쁜 말을 하지 않고, 나쁜 사유를 하지 않고, 나쁜 생계로 생활을 영위하지 않는 것, 즉 단지 실천하지 않는 것만이 최고의 경지를 얻은 대적할 수 없는 사문"(§5)이라는 맹목적인 믿음을 갖고 있었다. 여기에 대해서 세존께서는 그렇다면 갓난아이들은 그런 것들을 실천할 수 없으므로 최고의 경지를 얻은 대적할 수 없는 사문이라고 해야겠다면서 잘못을 지적하시고 그에 대한 해답을 주신다. 그처럼 말룽꺄뿟따 장로도 이런 견해를 갖고 있었던 사람이다.

다는 견해가 잠재성향으로 내재해있다.

말룽꺄뿟따여, 참으로 어리고 유약하고 아직 뒤척이지도 못하고 반듯하게 누워만 있는 갓난아이에게는 법이라는 생각조차 없는데 어떻게 법에 대한 의심이 생기겠는가? 그러나 그 아이에게는 의심의 잠재성향이 잠재해있다.

말룽꺄뿟따여, 참으로 어리고 유약하고 아직 뒤척이지도 못하고 반듯하게 누워만 있는 갓난아이에게는 계율이라는 생각조차 없는데 어떻게 계율들에 대해 계행과 의례의식에 대한 집착이 생기겠는가? 그러나 그 아이에게는 계행과 의례의식에 대한 집착의 잠재성향이 잠재해있다.

말룽꺄뿟따여, 참으로 어리고 유약하고 아직 뒤척이지도 못하고 반듯하게 누워만 있는 갓난아이에게는 감각적 욕망이라는 생각조차 없는데 어떻게 감각적 쾌락들에 대해 감각적 욕망이 생기겠는가? 그러나 그 아이에게는 감각적 욕망의 잠재성향이 잠재해있다.

말룽꺄뿟따여, 참으로 어리고 유약하고 아직 뒤척이지도 못하고 반듯하게 누워만 있는 갓난아이에게는 중생이라는 생각조차 없는데 어떻게 중생들에 대해 악의가 생기겠는가? 그러나 그 아이에게는 악의의 잠재성향이 잠재해있다.

말룽꺄뿟따여, 그렇게 되면 참으로 다른 외도 유행승들이 이러한 어린아이의 비유로써 그대를 논박하지 않겠는가?"

4. 이렇게 말씀하셨을 때 아난다 존자는 세존께 이렇게 말씀드렸다.[657]

---

657) "그때 아난다 장로가 생각하기를, '세존께서는 비구 승가에게 법을 설하리라.'라고 자신의 법성(dhammatā)에 의해 이 설법을 시작하셨는데 이 현명하지 못한 비구 때문에 그 맥이 끊어져 버렸다(visaṁvāditā). 내가 세존께

"세존이시여, 지금이 바로 그때입니다. 선서시여, 지금이 세존께서 다섯 가지 낮은 단계의 족쇄들에 대해서 상세하게 설명해주실 바로 그때입니다. 세존으로부터 배워서 비구들은 잘 호지할 것입니다."

"비구들이여, 그렇다면 잘 듣고 잘 마음에 잡도리하라. 나는 설하리라."

"그러겠습니다, 세존이시여."라고 그 비구들은 세존께 응답했다.

세존께서는 이렇게 말씀하셨다.

5. "아난다여, 여기 배우지 못한 범부는 성자들을 친견하지 못하고 성스러운 법에 능숙하지 못하고 성스러운 법에 인도되지 못하고, 바른 사람들을 친견하지 못하고 바른 사람들의 법에 능숙하지 못하고 바른 사람들의 법에 인도되지 않아서, 그의 마음이 [불변하는] 존재 더미가 있다는 견해[有身見]에 압도되고 [불변하는] 존재 더미가 있다는 견해에 사로잡히며, 이미 일어난 [불변하는] 존재 더미가 있다는 견해에서 벗어남을 있는 그대로 꿰뚫어 알지 못한다. 그 [불변하는] 존재 더미가 있다는 견해가 견고하여 제거되지 않으면, 그것이 그에게 낮은 단계의 족쇄가 된다.

그의 마음이 의심에 압도되고 의심에 사로잡히며, 이미 일어난 의심에서 벗어남을 있는 그대로 꿰뚫어 알지 못한다. 그 의심이 견고하여 제거되지 않으면, 그것이 그에게 낮은 단계의 족쇄가 된다.

그의 마음이 계행과 의례의식에 대한 집착[戒禁取]에 압도되고 계행과 의례의식에 대한 집착에 사로잡히며, 이미 일어난 계행과 의례의식에 대한 집착에서 벗어남을 있는 그대로 꿰뚫어 알지 못한다. 그 계행과 의례의식에 대한 집착이 견고하여 제거되지 않으면, 그것이

청을 하여 비구들에게 법을 설하시도록 하리라고 생각하면서 이렇게 말씀드린 것이다."(MA.iii.144)

그에게 낮은 단계의 족쇄가 된다.

그의 마음이 감각적 욕망에 압도되고 [434] 감각적 욕망에 사로잡히며, 이미 일어난 감각적 욕망에서 벗어남을 있는 그대로 꿰뚫어 알지 못한다. 그 감각적 욕망이 견고하여 제거되지 않으면, 그것이 그에게 낮은 단계의 족쇄가 된다.

그의 마음이 악의에 압도되고 악의에 사로잡히며, 이미 일어난 악의에서 벗어남을 있는 그대로 꿰뚫어 알지 못한다. 그 악의가 견고하여 제거되지 않으면, 그것이 그에게 낮은 단계의 족쇄가 된다."

6. "아난다여, 잘 배운 성스러운 제자는 성자들을 친견하고 성스러운 법에 능숙하고 성스러운 법에 인도되고, 바른 사람들을 친견하고 바른 사람들의 법에 능숙하고 바른 사람들의 법에 인도되어서, 그의 마음이 [불변하는] 존재 더미가 있다는 견해에 압도되지 않고 [불변하는] 존재 더미가 있다는 견해에 사로잡히지 않으며, 이미 일어난 [불변하는] 존재 더미가 있다는 견해에서 벗어남을 있는 그대로 꿰뚫어 안다. 그 [불변하는] 존재 더미가 있다는 견해는 잠재성향과 더불어 그에게서 완전히 제거된다.

그의 마음이 의심에 압도되지 않고 의심에 사로잡히지 않으며, 이미 일어난 의심에서 벗어남을 있는 그대로 꿰뚫어 안다. 그 의심이 잠재성향과 더불어 그에게서 완전히 제거된다.

그의 마음이 계행과 의례의식에 대한 집착[戒禁取]에 압도되지 않고 계행과 의례의식에 대한 집착에 사로잡히지 않으며, 이미 일어난 계행과 의례의식에 대한 집착에서 벗어남을 있는 그대로 꿰뚫어 안다. 그 계행과 의례의식에 대한 집착이 잠재성향과 더불어 그에게서 완전히 제거된다.

그의 마음이 감각적 욕망에 압도되지 않고 감각적 욕망에 사로잡히지 않으며, 이미 일어난 감각적 욕망에서 벗어남을 있는 그대로 꿰뚫어 안다. 그 감각적 욕망이 잠재성향과 더불어 그에게서 완전히 제거된다.

그의 마음이 악의에 압도되지 않고 악의에 사로잡히지 않으며, 이미 일어난 악의에서 벗어남을 있는 그대로 꿰뚫어 안다. 그 악의가 잠재성향과 더불어 그에게서 완전히 제거된다."

7. "아난다여, 다섯 가지 낮은 단계의 족쇄들을 제거하기 위해서는 도와 도닦음이 있는 바, 어떤 사람이 그 도와 그 도닦음을 따르지 않고도 다섯 가지 낮은 단계의 족쇄들을 알게 되고 보게 되고 제거하게 될 것이라는 것은 근거가 없다.

아난다여, 예를 들면 고갱이를 가진 큰 나무가 서 있는데 외피를 자르지 않고 겉재목[白木質]을 자르지 않고도 고갱이를 자를 것이라는 것은 근거가 없는 것과 같다.

아난다여, 그와 같이 다섯 가지 낮은 단계의 족쇄들을 제거하기 위해서는 도와 도닦음이 있는 바, 어떤 사람이 [435] 그 도와 그 도닦음을 따르지 않고서도 다섯 가지 낮은 단계의 족쇄들을 알게 되고 보게 되고 제거하게 될 것이라는 것은 근거가 없다.

아난다여, 다섯 가지 낮은 단계의 족쇄들을 제거하기 위해서는 도와 도닦음이 있는 바, 어떤 사람이 그 도와 그 도닦음을 따라 다섯 가지 낮은 단계의 족쇄들을 알게 되고 보게 되고 제거하게 될 것이라는 것은 근거가 있다.

아난다여, 예를 들면 고갱이를 가진 큰 나무가 서 있는데 외피를 자르고 겉재목을 자른 뒤 고갱이를 자를 것이라는 것은 근거가 있는 것과 같다.

아난다여, 그와 같이 다섯 가지 낮은 단계의 족쇄들을 제거하기 위해서는 도와 도닦음이 있는 바, 어떤 사람이 그 도와 그 도닦음을 따라 다섯 가지 낮은 단계의 족쇄들을 알게 되고 보게 되고 제거하게 될 것이라는 것은 근거가 있다."

8. "아난다여, 예를 들면 강가 강이 물로 가득 차있어 까마귀가 마실 수 있을 만큼 넘실댄다 하자. 이제 허약한 사람이 와서 '나는 두 팔로 헤엄을 쳐서 이 강가 강의 흐름을 가로질러 안전하게 저 언덕에 도착하리라.'라고 하더라도 그는 두 팔로 헤엄쳐서 강가 강의 흐름을 가로질러 안전하게 저 언덕에 도착하지 못하는 것과 같다.

아난다여, 그와 같이 존재 더미의 소멸[658]을 위해 어떤 사람에게 법이 설해질 때 그의 마음이 그것에 들어가지 못하고 깨끗한 믿음을 가지지 못하고 안정되지 못하고 해탈하지 못한다면 그는 마치 저 허약한 사람과 같다고 여겨야 한다.

아난다여, 예를 들면 강가 강이 물로 가득 차있어 까마귀가 마실 수 있을 만큼 넘실댄다 하자. 이제 힘센 사람이 와서 '나는 두 팔로 헤엄을 쳐서 이 강가 강의 흐름을 가로질러 안전하게 저 언덕에 도착하리라.'라고 하면 두 팔로 헤엄쳐서 강가 강의 흐름을 가로질러 안전하게 저 언덕에 도착하는 것과 같다.

아난다여, 그와 같이 존재 더미의 소멸을 위해 어떤 사람에게 법이 설해질 때 그의 마음이 그것에 들어가고 깨끗한 믿음을 가지고 안정되고 해탈하면 그는 마치 저 힘센 사람과 같다고 여겨야 한다."

9. "아난다여, 그러면 무엇이 다섯 가지 낮은 단계의 족쇄들을

---

658) "'존재 더미의 소멸(sakkāya-nirodha)'이란 취착의 [대상인] 다섯 가지 무더기[五取蘊]와 취착의 [대상인] 다섯 가지 무더기의 일어남이라는 이 두 가지가 전개하지 않게 된 것(appavatti-bhūta)이니 바로 열반(nibbāna)을 뜻한다."(DA.iii.992)

제거하기 위한 도와 도닦음인가?

아난다여,[659] 여기 비구는 재생의 근거를 멀리 여의고[660] 해로운 법들을 제거하고 몸의 무력증을 완전히 가라앉혀서[661] 감각적 욕망들을 완전히 떨쳐버리고 해로운 법들을 떨쳐버린 뒤, 일으킨 생각과 지속적 고찰이 있고, 떨쳐버렸음에서 생긴 희열과 행복이 있는 초선(初禪)을 구족하여 머문다.

그는 거기에 있는[662] 물질과 느낌과 인식과 심리현상들과 알음알이라면 그것이 어떠한 것이든 그 법들을 모두 무상하다고 괴로움이라고 병이라고 종기라고 쇠살이라고 재난이라고 질병이라고 남[他]이라고 부서지기 마련인 것이라고 공한 것이라고 무아라고[663] 바르

---

659) 본경의 §§9~12와 비슷한 가르침이 본서 「앗타까나가라 경」(M52) §§4~7에도 나타나므로 참조할 것.

660) "'재생의 근거를 멀리 여의고(upadhi-vivekā)'란 다섯 가닥의 얽어매는 감각적 욕망을 멀리 여의는 것을 말한다. '해로운 법들(akusalā dhammā)'이란 다섯 가지 장애[五蓋, pañca nīvaraṇāni]를 말하고, '몸의 무력증(kāya-duṭṭhullā)'이란 몸의 게으름(kāy-ālasiya)을 말한다."(MA.iii.145)

661) 여기 초선의 정형구 앞에 나타나는 '재생의 근거를 멀리 여의고 해로운 법들을 제거하고 몸의 무력증을 완전히 가라앉혀서(upadhivivekā akusalānaṁ dhammānaṁ pahānā sabbaso kāyaduṭṭhullānaṁ paṭippassaddhiyā)'라는 이 구문은 빠알리 삼장 전체에서 본경에만 나타나는 것으로 조사되었다.

662) "'거기에 있는(yadeva tattha hoti)'이란 증득에 들어있는 순간(anto-sam-āpatti-kkhaṇa)에 증득에서 생긴(samāpatti-samuṭṭhita) 물질 등 오온을 말한다."(MA.iii.145)

663) 본경에 나열되는 '무상', '괴로움', '병', '종기', '쇠살', '재난', '질병', '남[他]', '부서지기 마련인 것', '공한 것', '무아'의 11개의 술어들은 각각 anicca, duk-kha, roga, gaṇḍa, salla, agha, ābādha, para, paloka, suñña, anatta를 옮긴 것이다. 이들은 본서 제3권 「디가나카 경」(M74/i.500) §9에도 나타나고 있다. 그리고 『상윳따 니까야』 3권 「계 경」(S22:122) §3과 『앙굿따라 니까야』 「다른 점 경」 2(A4:124/ii.128) §1과 「선(禪) 경」(A9:36/iv.422~423) §2 등에도 나타난다. 그리고 이것은 『무애해도』(Ps.ii.238)에서 40가지로 확장이 되고, 그것은 다시 『청정도론』(Vis.XX.19~20)에서 설

게 관찰한다. 그는 이런 법들에서 마음을 돌려버린다.664) 그는 [436] 이런 법들에서 마음을 돌린 뒤 불사(不死)의 경지로 마음을 향하게 한다.665) '이것은 고요하고 이것은 수승하다. 이것은 모든 형성된 것들[行]이 가라앉음[止]이요, 모든 재생의 근거를 놓아버림[放棄]이요,

---

명이 되고 있다.

『상윳따 니까야 주석서』는 이 11개를 삼특상으로 간추려서 설명하고 있다. 즉 무상과 부서지기 마련인 것은 무상의 특상을 마음에 잡도리하는 것(anicca-manasikāra)이고, 공과 무아는 무아를, 괴로움부터 남[他]까지의 나머지 7가지는 괴로움의 특상을 마음에 잡도리하는 것을 뜻한다고 설명하고 있다.(SA.ii.334) 그러나 아래 인용에서 보듯이 본서에 해당하는 『맛지마 니까야 주석서』(MA.iii.146)와 『청정도론』(Vis.XX.20)과 『무애해도』(Ps.iii.146)에서는 남[他]인 것(para)을 무아에다 포함시키고 있는데 이것이 더 타당하다고 생각된다. 주석서를 인용한다.

"이 오온은 자기 자신의 것이 아니라는(asaka) 뜻에서 '남(para)'이라고, 무너진다(palujjana)는 뜻에서 '부서지기 마련인 것(aloka)'이라고, 중생이라고 할 것이 없다(nissatta)는 뜻에서 '공한 것(suñña)'이라고, 자아가 없다는 뜻에서 '무아(anatta)'라고 바르게 관찰한다. 이 중에서 '무상하다는 것(anicca)'과 '부서지기 마련이라는 것(paloka)'의 두 단어는 무상의 특상(aniccalakkhaṇa)을 말했고, '괴로움(dukkha)'부터 여섯 단어는 괴로움의 특상(dukkhalakkhaṇa)을, '남(para)'과 '공함(suñña)'과 '무아(anatta)'의 세 단어는 무아의 특상(anattalakkhaṇa)을 말했다."(MA.iii.146)

664) "'이런 법들에서 마음을 돌린다(tehi dhammehi cittaṁ paṭivāpeti).'는 것은 이와 같이 무상·고·무아의 세 가지 특상[三特相, ti-lakkhaṇa]을 새긴 뒤 그가 관찰했던, 증득에 포함된 다섯 가지 무더기(오온)의 법들에서 마음을 돌린다. 즉 그 법들에서 마음을 벗어나게 한다(moceti apaneti)는 말이다."(MA.iii.146)

665) "'불사의 경지로 마음을 향하게 한다(amatāya dhātuyā cittaṁ upasaṁharati).'라고 하셨다. 여기서 '불사의 경지(amatā dhātu)'란 열반을 말한다. '향하게 한다(upasaṁharati).'는 것은 들음(savana)과 칭송(thuti)과 교학 공부(pariyatti)와 교학에 대한 개념(paññatti)을 통해서 '이 열반은 고요하다.'라고 이와 같이 형성되지 않은[無爲, asaṅkhatā] 불사의 경지로 위빳사나의 마음(vipassanā-citta)을 향하게 한다는 말이다. 도의 마음(magga-citta)이 열반을 대상으로 삼는다는 측면에서 '이것은 고요하고, 이것은 수승하다.'라고 말하는 것이 아니라, 이런 형태로 그것을 꿰뚫으면서(paṭivijjhanto) 그곳으로 마음을 향하게 한다는 말이다."(MA.iii.146)

갈애의 멸진이요, 탐욕이 빛바램[離慾]이요, 소멸[滅]이요, 열반이다.' 라고.

그는 여기에 확고하게 머물러[666] 번뇌의 소멸을 얻는다[阿羅漢]. 만일 번뇌의 소멸을 얻지 못하더라도 이 법을 좋아하고 이 법을 즐기기 때문에[667] 다섯 가지 낮은 단계의 족쇄를 완전히 없애고 [정거천에] 화생하여 그곳에서 완전한 열반에 들어 그 세계에서 다시 돌아오지 않는 법을 얻는다[不還者].

아난다여, 이것이 다섯 가지 낮은 단계의 족쇄들을 제거하기 위한 도와 도닦음이다."

10. ~ *12.* "아난다여, 다시 비구는 일으킨 생각[尋]과 지속적 고찰[伺]을 가라앉혔기 때문에 [더 이상 존재하지 않고], 자기 내면의 것이고, 확신이 있으며, 마음의 단일한 상태이고, 일으킨 생각과 지속적 고찰은 없고, 삼매에서 생긴 희열과 행복이 있는 제2선(二禪)을 구족하여 머문다. … 제3선(三禪)을 … 제4선(四禪)을 구족하여 머문다.

그는 거기에 있는 물질과 느낌과 인식과 심리현상들과 알음알이라

---

666) "'여기에 확고히 머물러(tathaṭṭhita)'라는 것은 세 가지 특상을 대상으로 하는 위빳사나에 굳건히 머무는 것이다. 그 위빳사나에 굳건히 머물러 차례대로 네 가지 도를 개발하여 '번뇌의 소멸을 얻는다(āsavānaṁ khayaṁ pāpuṇāti).'"(MA.iii.146)

667) "'이 법을 좋아하고 이 법을 즐기기 때문에(tena dhammarāgena tāya dhammanandiyā)'라는 것은 사마타와 위빳사나의 둘 다에 대한 열정과 욕망(chanda-rāga)을 말한다. 사마타와 위빳사나에 대해 모든 열정과 욕망을 완전히 끝낼 수 있으면 아라한이 되고, 그렇지 못하면 불환자가 된다."(MA.iii.146)
"그는 사마타와 위빳사나에 대한 모든 열정과 욕망을 완전히 끝내지 못하였기 때문에 제4선의 의도(catuttha-jjhāna-cetanā)에 의해서 정거천(Suddhāvāsa)에 태어난다. 이것이 스승들의 공통된 말씀(samāna-kathā)이다."(MA.iii.14, 본서 「앗타까나가라 경」(M52)에 대한 주석)

면 그것이 어떠한 것이든 그 법들을 … 그곳에서 완전한 열반에 들어 그 세계에서 다시 돌아오지 않는 법을 얻는다.

아난다여, 이것도 역시 다섯 가지 낮은 단계의 족쇄들을 제거하기 위한 도와 도닦음이다."

13. "아난다여, 다시 비구는 물질[色]에 대한 인식을 완전히 초월하고 부딪힘의 인식을 소멸하고 갖가지 인식을 마음에 잡도리하지 않기 때문에 '무한한 허공'이라고 하면서 공무변처(空無邊處)를 구족하여 머문다.

그는 거기에 있는 느낌과668) 인식과 심리현상들과 알음알이라면 그것이 어떠한 것이든 그 법들을 … 그곳에서 완전한 열반에 들어 그 세계에서 다시 돌아오지 않는 법을 얻는다.

아난다여, 이것도 역시 다섯 가지 낮은 단계의 족쇄들을 제거하기 위한 도와 도닦음이다."

14. ~ *15.* "아난다여, 다시 비구는 공무변처를 완전히 초월하여 '무한한 알음알이[識]'라고 하면서 식무변처(識無邊處)를 구족하여 머문다. … 다시 비구는 식무변처를 완전히 초월하여 '아무것도 없다.'라고 하면서 무소유처(無所有處)를 구족하여 머문다.

그는 거기에 있는 느낌과 인식과 심리현상들과 알음알이라면 그것이 어떠한 것이든 그 법들을 모두 무상하다고 괴로움이라고 병이라고 종기라고 쇠살이라고 재난이라고 질병이라고 남[他]이라고 부서지기 마련인 것이라고 공한 것이라고 무아라고 바르게 관찰한다. 그는 이런 법들에서 마음을 돌려버린다. 그는 이런 법들에서 마음을 돌

---

668) 이것은 무색계 증득(arūpa-avacara-samāpatti)이기 때문에 물질은 없다고 주석서는 밝히고 있다.(MA.iii.147)

린 뒤 불사(不死)의 경지로 마음을 향하게 한다. '이것은 고요하고 이것은 수승하다. 이것은 모든 형성된 것들[行]이 가라앉음[止]이요, 모든 재생의 근거를 놓아버림[放棄]이요, 갈애의 멸진이요, 탐욕이 빛바램[離慾]이요, 소멸[滅]이요, 열반이다.'라고.

그는 여기에 확고하게 머물러 [437] 번뇌의 소멸을 얻는다[阿羅漢]. 만일 번뇌의 소멸을 얻지 못하더라도 이 법을 좋아하고 이 법을 즐기기 때문에 다섯 가지 낮은 단계의 족쇄를 완전히 없애고 [정거천에] 화생하여 그곳에서 완전한 열반에 들어 그 세계에서 다시 돌아오지 않는 법을 얻는다[不還者].

아난다여, 이것도 역시 다섯 가지 낮은 단계의 족쇄들을 제거하기 위한 도와 도닦음이다."

16. "세존이시여, 만일 이것이 다섯 가지 낮은 단계의 족쇄들을 제거하기 위한 도와 도닦음이라면 여기서 왜 어떤 비구들은 마음의 해탈[心解脫]을 증득하고 어떤 비구들은 통찰지를 통한 해탈[慧解脫]을 증득합니까?"

"아난다여, 그것은 그들의 기능이 서로 다르기 때문이라고 나는 말한다."669)

---

669) "'기능이 서로 다르기 때문이라고 나는 말한다(indriya-vemattataṁ vadā-mi).'에서 '서로 다름(vemattatā)'이란 차이점(nānattatā)을 말한다.
아난다 존자는 열 가지 바라밀(dasa pāramiya)을 완성하여 일체지(sabba-ññutā)를 꿰뚫지 않았으므로 이것이 아난다 존자에게는 분명하게 드러나지 않았다. 그러나 부처님은 십바라밀을 완성하여 일체지를 꿰뚫었기 때문에 부처님께는 이것이 분명하게 드러났다.
① 사마타를 닦는 사람들 가운데 어떤 비구에게는 마음이 한 끝에 집중됨[心一境性, cittekaggatā]이 강한데(dhura) 그를 마음의 해탈을 증득한 자[心解脫者, ceto-vimutta]라 한다. 어떤 자에게는 통찰지가 강한데 그를 통찰지를 통한 해탈을 증득한 자[慧解脫者, paññā-vimutta]라 한다. ② 위빳사나를 닦는 사람들 가운데 어떤 비구에게는 통찰지(paññā)가 강한데 그를

세존께서는 이와 같이 설하셨다. 아난다 존자는 흡족한 마음으로 세존의 말씀을 크게 기뻐하였다.

말룽꺄 긴 경(M64)이 끝났다.

통찰지를 통한 해탈을 증득한 자라 한다. 어떤 자에게는 마음이 한 끝에 집중됨[心一境性]이 강한데 그를 마음의 해탈을 증득한 자라 한다.
두 명의 상수제자들(agga-sāvakā)은 사마타와 위빳사나 둘 모두를 강화하여 아라한과를 얻었다. 그중에서 법의 총사령관인 사리뿟따 존자는 통찰지를 통한 해탈을 증득했고, 마하목갈라나 존자는 마음의 해탈을 증득했다. 이와 같이 기능의 차이가 여기서 그 이유(kāraṇa)라고 알아야 한다."(MA.iii.147~148)

밧달리 경

Bhaddāli Sutta(M65)

1. 이와 같이 나는 들었다. 한때 세존께서는 사왓티에서 제따 숲의 아나타삔디까 원림(급고독원)에 머무셨다. 거기서 세존께서는 "비구들이여."라고 비구들을 부르셨다. "세존이시여."라고 비구들은 세존께 응답했다. 세존께서는 이렇게 말씀하셨다.

2. "비구들이여, 나는 한 자리에서만 먹는다.670) 비구들이여, 나는 한 자리에서만 먹을 때 병이 없고 고통이 없고 가볍고 생기 있고 편안하게 머무는 것을 인식한다. 오라, 비구들이여. 그대들도 한 자리에서만 먹도록 하라. 그대들도 한 자리에서만 먹을 때 병이 없고 고통이 없고 가볍고 생기 있고 편안하게 머무는 것을 인식할 것이다."

---

670) '한 자리에서만 먹는 것(ekāsana-bhojana)'은 오전에 한 자리에서 단 한 번만 먹는 수행으로 열세 가지 두타행(頭陀行, dhutaṅga) 가운데 하나이다. 13가지 두타행은 『청정도론』 제2장에 상세히 설명되어 있으니 참고할 것. 13가지 두타행은 ① 분소의를 입는 수행 ② 삼의(三衣)만 수용하는 수행 ③ 탁발음식만 수용하는 수행 ④ 차례대로 탁발하는 수행 ⑤ 한 자리에서만 먹는 수행 ⑥ 발우 [한 개]의 탁발음식만 먹는 수행 ⑦ 나중에 얻은 밥을 먹지 않는 수행 ⑧ 숲에 머무는 수행 ⑨ 나무 아래 머무는 수행 ⑩ 노천에 머무는 수행 ⑪ 공동묘지에 머무는 수행 ⑫ 배정된 대로 머무는 수행 ⑬ 눕지 않는 수행이다.(Vis.II.2)

3. 이렇게 말씀하시자 밧달리 존자671)는 세존께 이렇게 말씀드렸다.

"세존이시여, 저는 한 자리에서만 먹는 수행을 할 용기가 없습니다. 세존이시여, 한 자리에서만 먹을 때 제게 걱정이 앞서고 염려가 되기 때문입니다."672)

"밧달리여, 그렇다면 그대가 초청을 받은 곳에서 일부는 먹고 일부는 가져가서 먹도록 하라.673) 밧달리여, 이와 같이 먹을 때 그대는 [438] 자신을 지탱할 수 있을 것이다."

"세존이시여, 이와 같이 먹는 것도 행할 용기가 없습니다. 이와 같이 먹더라도 제게 걱정이 앞서고 염려가 되기 때문입니다."

4. 그때 세존께서는 이것을 학습계목으로 제정하여 공포를 하셨고,674) 밧달리 존자는 이 학습계목을 받아 지닐 수 없다고 비구 승

---

671) 밧달리 존자(āyasmā Bhaddāli)가 누구인지 주석서는 설명을 하지 않는다. 대신에 "이 존자는 바로 전생에 까마귀 모태(kāka-yoniya)에 태어났다. 까마귀는 항상 배가 많이 고팠다. 그래서 그는 배고픈 장로(chātaka-tthera)라고 불리기도 했다."(MA.iii.148)라고 적고 있는데 이런 이유로 그는 한 자리에서만 먹는 것에 강하게 저항하는 것으로 본경에 나타나고 있다.

672) "'걱정이 앞서고 염려가 된다(siyā kukkuccaṁ siyā vippatisāro).'라는 것은 그가 이렇게 먹을 때 평생 동안(yāva-jīvaṁ) 청정범행을 실천할 수 있을지에 대해 걱정이 앞서고 염려가 된다는 것이다."(MA.iii.148)

673) "옛날의 장로들(porāṇakattherā)은 발우에 음식을 얻은 뒤 버터기름(sappi)까지 얻었을 때는 그 버터기름으로 인해 뜨거워진 것만 조금 먹고 손을 씻은 뒤 나머지는 밖으로 가져가서 그늘지고 물이 있는 편안한 곳에 앉아서 먹었다고 한다. 그와 관련하여 스승께서 이렇게 말씀하신 것이다."(MA.iii.148)

674) "그가 위와 같이 큰 소리로 말했을 때 세존께서 그를 제지하시면서 "비구가 때 아닌 때에 딱딱한 것이나 부드러운 것을 먹으면 단타죄(單墮罪, pācittiya)에 해당된다."라고 학습계목(sikkhā-pada)을 제정하셨다."(MA.iii.149)
이 계목에 대해서는 『율장』의 「단타죄 조항」 37(Vin.iv.35)을 참조할 것.

가에 선언했다. 그리고 밧달리 존자는 안거의 석 달 동안을 세존의 면전에 나타나지 않았다. 스승의 교법에서 이 학습계목을 실천하지 못했기 때문이었다.[675]

5. 바로 그 즈음에 많은 비구들이 '가사가 완성되고 석 달의 안거가 끝나면 세존께서 유행을 떠나실 것이다.'라고 생각하면서 세존의 가사를 만들고 있었다.

6. 그때 밧달리 존자는 그 비구들을 만나러 갔다. 가서는 그 비구들과 함께 환담을 나누었다. 유쾌하고 기억할만한 이야기로 서로 담소를 하고서 한 곁에 앉았다. 한 곁에 앉은 밧달리 존자에게 그 비구들은 이렇게 말했다.

"도반 밧달리여, 이것은 세존의 가사를 만드는 것입니다. 가사가 완성되고 석 달의 안거가 끝나면 세존께서 유행을 떠나실 것입니다. 도반 밧달리여, 그러니 그대가 선언한 것을 잘 마음에 잡도리해 보십시오. 나중에 더 어려워지지 않도록 하십시오."[676]

『율장』에 나타나는 바라이죄나 단타죄 등의 일곱 가지 범계의 무더기(satta āpattikkhandha)에 대해서는 본서 제3권 「사마가마 경」(M104) §16의 주해를 참조할 것.

675) "다른 사람도 학습계목을 실천하지 않으면 비록 한 승원에 살더라도 스승의 면전에 나타나지 않듯이, 그도 나타나지 않았다. 세존을 시봉할 수도 없고, 설법하는 곳과 토론 장소에도 갈 수 없고, 혼자서 탁발을 갈 수도 없었다. 어떤 집에 세존께서 앉아계시면 그 집의 문에도 설 수 없고, 만약 세존께서 그의 거처(vasana-ṭṭhāna)로 가시면 그는 미리 알아서 다른 곳으로 간다. 이 선남자는 신심으로 출가했고(saddhā-pabbajita) 계행이 청정(parisuddha-sīla)했으므로 그는 다른 생각을 하지 않았다. '나는 단지 배를 채우는 것(udara-kāraṇa) 때문에 세존께서 제정하신 학습계목(sikkhāpada-paññā-pana)에 반기를 들었고(paṭibāhita), 그것은 나에게 적절치 않았다.'라고 생각했다. 그러므로 한 승원에 살지만 부끄러워 스승의 면전에 나타날 수 없었다."(MA.iii.149)

7. "그러겠습니다, 도반들이여."라고 밧달리 존자는 그 비구들에게 대답하고 세존을 뵈러 갔다. 가서는 세존께 절을 올리고 한 곁에 앉았다. 한 곁에 앉아서 밧달리는 세존께 이렇게 말씀드렸다.

"세존이시여, 저는 잘못을 범했습니다. 어리석고 미혹하고 미숙하여 세존께서 학습계목을 공포하심에도 불구하고 제가 이 학습계목을 받아 지닐 수 없다고 비구 승가에 선언했습니다. 세존이시여, 세존께서는 제가 미래에 [다시 이와 같은 잘못을 범하지 않도록] 제 자신을 단속하겠사오니 제 잘못에 대한 참회를 섭수해주십시오."

8. "밧달리여, 확실히 그대는 잘못을 범했다. 어리석고 미혹하고 미숙하여 그대는 내가 학습계목을 공포하는데도 이 학습계목을 받아 지닐 수 없다고 비구 승가에 선언했다."

9. "밧달리여, 그대는 이런 상황을 꿰뚫어보지 못했다. '세존께서는 사왓티에 계시므로 세존께서 나에 관해 '밧달리라는 비구가 스승의 교법에서 학습계목을 완전하게 실천하지 않는다.'라고 아실 것이다.'라고.

밧달리여, 또한 그대는 이런 상황도 꿰뚫어보지 못했다. '많은 비구들이 [439] 사왓티에서 안거를 하고 있으므로 그들이 나에 관해 '밧

---

676) "'더 어려운(dukkaratara)'이란 안거(vassa)를 마치고 밖으로 나갈 때 비구들이 '어디서 안거를 지냈습니까?'라고 묻는다. 그들은 제따 숲에서 지냈다는 말을 들으면 '도반이여, 세존께서 이번 결제 중에 어떤 본생담jātaka과 어떤 경들을 설하셨고, 어떤 학습계목을 제정하셨습니까?'라고 물을 것이다. 그러면 그들은 '때 아닌 때에 먹는 것을 금하는 학습계목을 제정하셨는데 밧달리라는 한 장로가 그것을 거부했습니다.'라고 답할 것이다. 그것을 들으면 비구들은 '세존께서 학습계목을 제정하실 때 그것을 거부하는 것은 적절치 않고 온당치 않습니다.'라고 말한다. 이와 같이 그의 이런 결점(dosa)이 많은 사람에게 알려져서 돌이킬 수 없는 상황(duppaṭikāratā)에 처할 것이라고 생각하면서 이와 같이 말한 것이다."(MA.iii.150)

달리라는 비구가 스승의 교법에서 학습계목을 완전하게 실천하지 않는다.'라고 알 것이다.'라고.

밧달리여, 또한 그대는 역시 이런 경우도 꿰뚫어보지 못했다. '많은 비구니들이 사왓티에서 안거를 있으므로 그들이 나에 관해 … 많은 청신사들이 사왓티에 살고 있으므로 그들이 나에 관해 … 많은 청신녀들이 사왓티에 살고 있으므로 그들이 나에 관해 '밧달리라는 비구가 스승의 교법에서 학습계목을 완전하게 실천하지 않는다.'라고 알 것이다.'라고.

밧달리여, 또한 그대는 이런 경우도 꿰뚫어보지 못했다. '많은 외도 사문・바라문들이 사왓티에서 안거를 하고 있으므로 그들이 나에 관해 밧달리라는 비구는 사문 고따마의 장로 제자인데 스승의 교법에서 학습계목을 완전하게 실천하지 않는다.'라고 알 것이다.'라고."

10. "세존이시여, 저는 잘못을 범했습니다. 어리석고 미혹하고 미숙하여 세존께서 학습계목을 공포하심에도 불구하고 제가 이 학습계목을 받아 지닐 수 없다고 비구 승가에 선언했습니다. 세존이시여, 세존께서는 제가 미래에 [다시 이와 같은 잘못을 범하지 않도록] 제 자신을 단속하겠사오니 제 잘못에 대한 참회를 섭수해주십시오."

"밧달리여, 확실히 그대는 잘못을 범했다. 어리석고 미혹하고 미숙하여 그대는 내가 학습계목을 공포하는데도 이 학습계목을 받아 지닐 수 없다고 비구 승가에 선언했다."

11. "밧달리여, 이를 어떻게 생각하는가? 여기 양면으로 해탈[兩面解脫][677]한 비구가 있는데, 내가 그에게 이렇게 말한다 하자. '오라,

---

677) '양면으로 해탈[兩面解脫]한 자(ubhato-bhāga-vimutta)' 혹은 '양면해탈(兩面解脫, ubhato-bhāga-vimutti)'에 대해서는 본서 「끼따기리 경」(M70) §15와 주해를 참조할 것.

비구여. 그대는 나를 위해 진흙탕을 건널 수 있도록 교량 역할을 해 달라.'라고. 그런데도 그가 그냥 지나가 버린다든가,678) 다른 쪽으로 몸을 돌려 [외면]한다든가, '저는 못하겠습니다.'라는 말을 하겠는가?"

"그렇지 않습니다, 세존이시여."

"밧달리여, 이를 어떻게 생각하는가? 여기 통찰지로 해탈[慧解脫]한679) 비구가 … 몸으로 체험한 비구가 … 견해를 얻은 비구가 … 믿음으로 해탈한 비구가 … 법을 따르는 비구가 … 믿음을 따르는 비구가 있는데,680) 내가 그에게 이렇게 말한다 하자. '오라, 비구여. 그대

---

678) '교량 역할을 해 달라.'는 saṅkamo hohi를 옮긴 것이고, 여기 '그냥 지나가 버린다.'는 saṅkameyya를 옮긴 것이다. saṅkama와 saṅkameyya는 둘 다 sam+√kram(*to go*)에서 파생된 단어인데 saṅkama는 교량 역할로 옮겼고 후자는 지나가 버린다로 다르게 옮겼다.
그런데 호너(Honer)는 본생담의 attānaṁ saṅkamaṁ katvā(Ja.iii.373)라는 문장을 인용하면서 '자신을 평평하게 눕혀 교량 역할을 했다.'라고 영역했다. 그러나 본문에 나타나는 밧달리의 대답을 보거나, 혹은 이런 뛰어난 제자들에게 부처님께서 이런 요구를 하실 리도 만무하지만 설령 하셨다 하더라도 이런 제자들이 거절할 리도 없기 때문에, Honer의 영역은 문맥이 서로 통하지 않는다. 그러므로 역자는 원어를 그대로 살려서 '지나가 버리다'라고 옮겼다. 냐나몰리 스님은 '*would walk across himself*'로 역자와 같이 옮겼다.(냐나몰리 스님/보디 스님, 544쪽 참조)

679) '통찰지를 통한 해탈[慧解脫, paññā-vimutti]'은 본서 「끼따기리 경」(M70) §16과 주해를 참조할 것.

680) 이 일곱 부류의 성인들은 본서 「끼따기리 경」(M70) §§14~21에 자세히 설명되어 나타나므로 참조하기 바란다. 그리고 이 일곱 부류의 인간들(satta puggalā)은 『디가 니까야』 제3권 「확신경」(D28) §8과 『앙굿따라 니까야』 제4권 「사람 경」(A7:14) 등에도 나타나고 『인시설론 주석서』(PugA.194~195)에 잘 설명되고 있다. 『인시설론 주석서』의 해당 부분을 여기에 옮겨보면 다음과 같다.
"여덟 가지 증득[等至, 초선부터 비상비비상처까지의 8가지 본삼매를 말함]을 얻은 비구가 통찰지를 중히 여기고 사마타로 명상하면서 어떤 특정한 무색계의 증득을 기초로 하여 위빳사나를 확립하여 도와 과를 얻는 경우가 있다. 그가 예류도에 머무는 순간에는 ① '법을 따르는 자(dhammā-nusāri)'라 하고, 예류과에서부터 아라한도까지 여섯 단계에 머물 때에는 ⑤ '몸으로

는 나를 위해 진흙탕을 건널 수 있도록 교량 역할을 해 달라.'라고. 그런데도 그가 그냥 지나가 버린다든가, 다른 쪽으로 몸을 돌려 [외면]한다든가, '저는 못하겠습니다.'라는 말을 하겠는가?"

"그렇지 않습니다, 세존이시여."

체험한 자(kāyasakhi)'라 하고, 마지막 아라한과에 이를 때에는 ⑥ '양면으로 해탈한 자(ubhatobhāgavimutti)'라 한다.

여덟 가지 증득을 얻지 못했거나 혹은 색계 4禪만을 얻은 자가 오직 통찰지를 중히 여기고 위빳사나(유위법들의 무상·고·무아를 통찰하는 것)로 명상하면서 상카라들만을 명상하거나 혹은 네 가지 색계禪 가운데 어떤 하나를 명상하여 도와 과를 얻는 경우가 있다. 그가 예류도에 머무는 순간에는 ① '법을 따르는 자(dhammānusārī)'라 하고, 예류과에서부터 아라한도까지 여섯 단계에 머물 때에는 ② '견해를 얻은 자(diṭṭhippatta)'라 하고, 마지막 아라한과에 이를 때에는 ③ '통찰지로 해탈한 자(paññā-vimutta)'라 한다.

여덟 가지 증득을 얻은 자가 믿음을 중히 여기고 사마타로 명상하면서 어떤 특정한 무색계의 증득을 기초로 하여 위빳사나를 확립하여 도와 과를 얻는 경우가 있다. 그가 예류도에 머무는 순간에는 ④ '믿음을 따르는 자(saddhānusārī)'라 하고, 예류과에서부터 아라한도까지 여섯 단계에 머물 때에는 ⑤ '몸으로 체험한 자(kāyasakhi)'라 하고, 마지막 아라한과에 이를 때에는 ⑥ '양면으로 해탈한 자(ubhatobhāgavimutti)'라 한다.

여덟 가지 증득을 얻지 못했거나 혹은 색계 4禪만을 얻은 자가 오직 믿음을 중히 여기고 위빳사나로 명상하면서 상카라들만을 명상하거나 혹은 네 가지 색계禪 가운데 어떤 하나를 명상하여 도와 과를 얻는 경우가 있다. 그가 예류도에 머무는 순간에는 ④ '믿음을 따르는 자(saddhānusārī)'라 하고, 예류과에서부터 아라한도까지 여섯 단계에 머물 때에는 ⑦ '믿음으로 해탈한 자(saddhāvimutti)'라 하고, 마지막 아라한과에 이를 때에는 ③ '통찰지로 해탈한 자(paññāvimutti)'라 한다."(PugA.194 ~195)

이것을 정리해 보면 모두 7가지가 된다.

① 법을 따르는 자(dhammānusārī): 예류도에 머무는 순간
② 견해를 얻은 자(diṭṭhippatta): 예류과에서부터 아라한도까지 여섯 단계
③ 통찰지로 해탈한 자(paññāvimutta): 아라한과
④ 믿음을 따르는 자(saddhānusārī): 예류도에 머무는 순간
⑤ 몸으로 체험한 자(kāyasakhi): 예류과부터 아라한도까지의 여섯 단계
⑥ 양면으로 해탈한 자(ubhatobhāgavimutti): 아라한과
⑦ 믿음으로 해탈한 자(saddhāvimutti): 예류과에서부터 아라한도까지 여섯 단계

12. "밧달리여, 이를 어떻게 생각하는가?[681] 밧달리여, 그대는 그 당시에 양면으로 해탈한 자였는가, 아니면 [440] 통찰지로 해탈했거나, 몸으로 체험했거나, 견해를 얻었거나, 믿음으로 해탈했거나, 법을 따르거나, 믿음을 따르는 자였는가?"[682]

"그렇지 않았습니다, 세존이시여."

"밧달리여, 그렇다면 그대는 그 당시에 비었고 실속 없고[683] 잘못한 것이 아닌가?"

13. "참으로 그렇습니다, 세존이시여. 세존이시여, 저는 잘못을 범했습니다. 어리석고 미혹하고 미숙하여 세존께서 학습계목을 공포하심에도 불구하고 제가 이 학습계목을 받아 지닐 수 없다고 비구 승가에 선언했습니다. 세존이시여, 세존께서는 제가 미래에 [다시 이와 같은 잘못을 범하지 않도록] 제 자신을 단속하겠사오니 제 잘못에 대한 참회를 섭수해주십시오."

"밧달리여, 확실히 그대는 잘못을 범했다. 어리석고 미혹하고 미숙하여 그대는 내가 학습계목을 공포하는데도 이 학습계목을 받아 지

---

681) "세존께서는 이제 잘못된 경우를 통해서(aṭṭhāna-parikappa-vasena) 밧달리 장로의 반항적 기질을 드러내시기 위해서(dubbaca-bhāva-dassan-attha) 이렇게 말씀하시는 것이다."(MA.iii.151~152)

682) "이러한 말씀은 밧달리를 나무라기 위한 것(niggahaṇ-attha)이다. 이 일곱 부류의 성자들은 세상에서 공양받을 만한 자들(dakkhiṇeyyā)로 세존의 교법(sāsana)의 주인(sāmi)들이다. 세존께서 학습계목을 제정하실 때 거부해야 할 만한 이유가 있을 때에는 이들이 거부하는 것이 타당하다. 그러나 밧달리는 세존의 교법의 밖에 있는 자(sāsanato bāhiraka)이기 때문에 세존께서 학습계목을 제정할 때 그가 거부하는 것은 옳지 않다는 말씀이다." (MA.iii.152)

683) "안으로 성자들의 공덕(ariya-guṇā)이 없기 때문에 '비었고(ritta) 실속 없는(tuccha)' 것이다."(MA.iii.152)

닐 수 없다고 비구 승가에 선언했다. 밧달리여, 그러나 이제 그대는 잘못을 범했음을 보아서 법답게 속죄하였다. 우리는 그런 그대를 미래의 단속을 위해서 섭수한다. 밧달리여, 참으로 성자들의 율에서 잘못을 범했음을 보아 미래의 단속을 위해서 법답게 속죄하는 자에게는 향상이 있기 때문이다."

14. "밧달리여, 여기 어떤 비구는 스승의 교법에서 [학습계목을] 완전하게 실천하지 못하는데도 이런 생각을 한다.

'내가 참으로 숲 속이나 나무 아래나 산이나 협곡이나 산속 동굴이나 묘지나 밀림이나 노지나 짚더미와 같은 외딴 처소를 의지하면, 나는 인간의 법을 초월했고 성자들에게 적합한 지와 견의 특별함을 실현할 수 있을 것이다.'

그는 숲 속이나 나무 아래나 산이나 협곡이나 산속 동굴이나 묘지나 밀림이나 노지나 짚더미와 같은 외딴 처소를 의지한다. 그가 거기서 혼자 은둔하여 머물 때 스승도 그를 경책하시고, 지혜로운 동료 수행자들도 검증을 해 보고서 경책하고, 신들도 경책하고, 그 자신도 자신을 경책한다.

스승의 경책을 받고 지혜로운 동료 수행자들의 경책을 받고 신들의 경책을 받고 그 자신이 자신의 경책을 받았지만, 그는 인간의 법을 초월했고 성자들에게 적합한 지와 견의 특별함을 실현하지 못한다. 그것은 무슨 까닭인가? 밧달리여, 그는 스승의 교법에서 학습계목을 완전하게 실천하지 못하면서 그와 같이 했기 때문이다."

15. "밧달리여, 여기 어떤 비구는 스승의 교법에서 [학습계목을] 완전하게 실천한다. 그에게 이런 생각이 든다.

'내가 참으로 숲 속이나 나무 아래나 산이나 협곡이나 산속 동굴이나 묘지나 밀림이나 노지나 [441] 짚더미와 같은 외딴 처소를 의지하면, 나는 인간의 법을 초월했고 성자들에게 적합한 지와 견의 특별함을 실현할 수 있을 것이다.'

그는 숲 속이나 나무 아래나 산이나 협곡이나 산속 동굴이나 묘지나 밀림이나 노지나 짚더미와 같은 외딴 처소를 의지한다. 그가 거기서 혼자 은둔하여 머물 때 스승도 그를 경책하지 않고, 지혜로운 동료 수행자들도 검증을 해 보고서 경책하지 않고, 신들도 경책하지 않고, 그 자신도 자신을 경책하지 않는다.

스승의 경책을 받지 않고 지혜로운 동료 수행자들의 경책을 받지 않고 신들의 경책을 받지 않고 그 자신이 자신의 경책을 받지 않았지만, 그는 인간의 법을 초월했고 성자들에게 적합한 지와 견의 특별함을 실현한다."

16. "그는 감각적 욕망들을 완전히 떨쳐버리고 해로운 법들을 떨쳐버린 뒤, 일으킨 생각과 지속적 고찰이 있고, 떨쳐버렸음에서 생긴 희열과 행복이 있는 초선(初禪)을 구족하여 머문다. 그것은 무슨 까닭인가? 밧달리여, 스승의 교법에서 학습계목을 완전하게 실천하기 때문이다."

17. "밧달리여, 다시 비구는 일으킨 생각[尋]과 지속적 고찰[伺]을 가라앉혔기 때문에 [더 이상 존재하지 않고], 자기 내면의 것이고, 확신이 있으며, 마음의 단일한 상태이고, 일으킨 생각과 지속적 고찰은 없고, 삼매에서 생긴 희열과 행복이 있는 제2선(二禪)을 구족하여 머문다. 그것은 무슨 까닭인가? 밧달리여, 스승의 교법에서 학습계목을 완전하게 실천하기 때문이다.

밧달리여, 다시 비구는 희열이 빛바랬기 때문에 평온하게 머물고,

마음챙기고 알아차리며[正念 · 正知] 몸으로 행복을 경험한다. [이 禪 때문에] 성자들이 그를 두고 '평온하고 마음챙기며 행복하게 머문다.' 고 묘사하는 제3선(三禪)을 구족하여 머문다. 그것은 무슨 까닭인가? 밧달리여, 스승의 교법에서 학습계목을 완전하게 실천하기 때문이다.

밧달리여, 다시 비구는 행복도 버리고 괴로움도 버리고, 아울러 그 이전에 이미 기쁨과 슬픔을 소멸하였으므로 괴롭지도 즐겁지도 않으며, 평온으로 인해 마음챙김이 청정한[捨念淸淨] 제4선(四禪)을 구족하여 머문다. 그것은 무슨 까닭인가? 밧달리여, 스승의 교법에서 학습계목을 완전하게 실천하기 때문이다."

18. "그는 이와 같이 마음이 집중되고, 청정하고, 깨끗하고, 흠이 없고, 오염원이 사라지고, 부드럽고, 활발발하고, 안정되고, 흔들림이 없는 상태에 이르렀을 때 전생을 기억하는 지혜[宿命通]로 마음을 향하게 한다.

그는 한량없는 전생의 갖가지 삶들을 기억한다. 즉 한 생, 두 생, … 이처럼 한량없는 전생의 갖가지 모습들을 그 특색과 더불어 상세하게 기억해낼 수 있다. 그것은 무슨 까닭인가? 밧달리여, [442] 스승의 교법에서 학습계목을 완전하게 실천하기 때문이다."

19. "그는 이와 같이 마음이 집중되고, 청정하고, 깨끗하고, 흠이 없고, 오염원이 사라지고, 부드럽고, 활발발하고, 안정되고, 흔들림이 없는 상태에 이르렀을 때 중생들의 죽음과 다시 태어남을 [아는] 지혜[天眼通]로 마음을 향하게 한다.

그는 청정하고 인간을 넘어선 신성한 눈[天眼]으로 중생들이 죽고 태어나고, 천박하고 고상하고, 잘생기고 못생기고, 좋은 곳[善處]에 가고 나쁜 곳[惡處]에 가는 것을 보고, 중생들이 지은 바 그 업에 따라 가는 것을 꿰뚫어 안다. … 이처럼 그는 중생들이 지은 바 그 업에 따라 가는 것을 꿰뚫어 안다. 그것은 무슨 까닭인가? 밧달리여, 스승의 교법에서 학습계목을 완전하게 실천하기 때문이다.”

20. “그는 이와 같이 마음이 집중되고, 청정하고, 깨끗하고, 흠이 없고, 오염원이 사라지고, 부드럽고, 활발발하고, 안정되고, 흔들림이 없는 상태에 이르렀을 때 모든 번뇌를 소멸하는 지혜[漏盡通]로 마음을 향하게 한다.

그는 ‘이것은 괴로움이다.’라고 있는 그대로 꿰뚫어 안다. ‘이것은 괴로움의 일어남이다.’라고 있는 그대로 꿰뚫어 안다. ‘이것은 괴로움의 소멸이다.’라고 있는 그대로 꿰뚫어 안다. ‘이것은 괴로움의 소멸로 인도하는 도닦음이다.’라고 있는 그대로 꿰뚫어 안다. ‘이것들은 번뇌이다.’라고 있는 그대로 꿰뚫어 안다. ‘이것들은 번뇌의 일어남이다.’라고 있는 그대로 꿰뚫어 안다. ‘이것들은 번뇌의 소멸이다.’라고 있는 그대로 꿰뚫어 안다. ‘이것들은 번뇌의 소멸로 인도하는 도닦음이다.’라고 있는 그대로 꿰뚫어 안다.”

21. “그가 이와 같이 알고 이와 같이 볼 때 그는 감각적 욕망에 기인한 번뇌에서 마음이 해탈한다. 존재에 기인한 번뇌에서도 마음이 해탈한다. 무명에 기인한 번뇌에서도 마음이 해탈한다. 해탈했을 때 해탈했다는 지혜가 생긴다. ‘태어남은 다했다. 청정범행은 성취되었다. 할 일을 다 해 마쳤다. 다시는 어떤 존재로도 돌아오지 않을 것이다.’라고 꿰뚫어 안다. 그것은 무슨 까닭인가? 밧달리여, 스승의 교법에서 학습계목을 완전하게 실천하기 때문이다.”

22. 이와 같이 말씀하셨을 때 밧달리 존자는 세존께 이렇게 여쭈었다.

"세존이시여, 무슨 원인과 무슨 이유로 어떤 비구에게는 거듭 훈계하여 대중공사를 합니까?[684] 세존이시여, 무슨 원인과 무슨 이유로 어떤 비구에게는 거듭 훈계하여 대중공사를 하지 않습니까?"

23. "밧달리여, 여기 어떤 비구는 상습적으로 계를 범하고 아주 많은 계를 범한다. 그는 비구들로부터 책망을 받으면 얼버무려 넘기고, 화제를 돌려버리고, 화를 내고 분노하고 불만을 드러내며, 바르게 고치지 않고 순응하지 않아서 그 [계를 범한 것에서] 사면을 얻지 못하고, '승가가 흡족하도록 행하겠습니다.'라고 말하지 않는다.

밧달리여, 그러면 비구들은 이렇게 [의논할 것이다.]

"도반들이여, 이 비구는 상습적으로 계를 범하고 아주 많은 계를 범합니다. 그는 비구들로부터 책망을 받으면 얼버무려 넘기고, 화제를 돌려버리고, 화를 내고 분노하고 불만을 드러내며, 바르게 고치지 않고 순응하지 않아서 그 [계를 범한 것에서] 사면을 얻지 못하고, '승가가 흡족하도록 행하겠습니다.'라고 말하지 않습니다. 그러니 [443] 존자들이 이 대중공사가 너무 빨리 마무리되지 않도록 그렇게 이 비구에 대해 심문을 하는 것이 좋겠습니다."

밧달리여, 그러면 비구들은 이 대중공사가 너무 빨리 마무리되지 않도록 그렇게 이 비구에 대해 심문한다."

---

684) '대중공사를 하다.'는 kāraṇaṁ karonti를 옮긴 것이다. 일반적으로 '대중공사(大衆公事)'로 옮기는 원어는 adhikaraṇa이다.(D33 §2.3 (14) 등) 중국에서는 諍事로 옮겼다. 그러나 현재의 한국 승가에서 쟁사라는 술어는 일상생활에서 전혀 사용하지 않고 대중공사라는 술어를 사용한다. 그래서 역자도 대중공사로 옮겼다. 대중공사란 승가의 중요한 일을 대중이 모여서 확정하는 회합을 말한다.
한편 본서 제4권 「어리석은 자와 현명한 자 경」(M129) §10 등에서 kāraṇaṁ karoti는 '고문을 하다'의 뜻으로 쓰이고 있으며 kamma-kāraṇa도 형벌이나 고문의 의미로 쓰이고 있다.(M129 §29; M130 §7 등)

24. "밧달리여, 여기 어떤 비구는 상습적으로 계를 범하고 아주 많은 계를 범한다. 그러나 그는 비구들로부터 책망을 받으면 얼버무려 넘기지 않고, 화제를 돌리지 않고, 화를 내거나 분노하거나 불만을 드러내지 않으며, 바르게 고치고 순응하여 그 [계를 범한 것에서] 사면을 얻고, '승가가 흡족하도록 행하겠습니다.'라고 말한다.

밧달리여, 그러면 비구들은 [의논할 것이다.]

"도반들이여, 이 비구는 상습적으로 계를 범하고 아주 많은 계를 범합니다. 그러나 그는 비구들로부터 책망을 받으면 얼버무려 넘기지 않고, 화제를 돌리지 않고, 화를 내거나 분노하거나 불만을 드러내지 않으며, 바르게 고치고 순응하여 그 [계를 범한 것에서] 사면을 얻고, '승가가 흡족하도록 행하겠습니다.'라고 말합니다. 그러니 존자들이 이 대중공사가 빨리 마무리되도록 그렇게 이 비구에 대해 심문하는 것이 좋겠습니다."

밧달리여, 그러면 비구들은 이 대중공사가 빨리 마무리되도록 그렇게 이 비구에 대해 심문한다."

25. "밧달리여, 여기 어떤 비구는 우발적으로 계를 범하고 많은 계를 범하지 않는다. 그러나 그는 비구들로부터 책망을 받으면 얼버무려 넘기고, 화제를 돌려버리고, 화를 내고 분노하고 불만을 드러내며, 바르게 고치지 않고 순응하지 않아서 그 [계를 범한 것에서] 사면을 얻지 못하고, '승가가 흡족하도록 행하겠습니다.'라고 말하지 않는다. 밧달리여, 그러면 비구들은 이렇게 [의논할 것이다.]

"도반들이여, 이 비구는 우발적으로 계를 범하고 많은 계를 범하지 않습니다. 그러나 그는 비구들로부터 책망을 받으면 얼버무려 넘기고, 화제를 돌려버리고, 화를 내고 분노하고 불만을 드러내며, 바르게 고치지 않고 순응하지 않아서 그 [계를 범한 것에서] 사면을 얻지 못하고, '승가가 흡족하도록 행하겠습니다.'라고 말하지 않습니다. 그러니 존자들이 이 대중공사가 너무 빨리 마무리되지 않도록 그렇게 [444] 이 비구에 대해 심문을 하는 것이 좋겠습니다."

밧달리여, 그러면 비구들은 이 대중공사가 너무 빨리 마무리되지 않도록 그렇게 이 비구에 대해 심문한다."

26. "밧달리여, 여기 어떤 비구는 우발적으로 계를 범하고 많은 계를 범하지 않는다. 그리고 그는 비구들로부터 책망을 받으면 얼버무려 넘기지 않고, 화제를 돌리지 않고, 화를 내거나 분노하거나 불만을 드러내지 않으며, 바르게 고치고 순응하여 그 [계를 범한 것에서] 사면을 얻고, '승가가 흡족하도록 행하겠습니다.'라고 말한다. 밧달리여, 그러면 비구들은 이렇게 [의논할 것이다.]

"도반들이여, 이 비구는 우발적으로 계를 범하고 많은 계를 범하지 않습니다. 그는 비구들로부터 책망을 받으면 얼버무려 넘기지 않고, 화제를 돌리지 않고, 화를 내거나 분노하거나 불만을 드러내지 않으며, 바르게 고치고 순응하여 그 [계를 범한 것에서] 사면을 얻고, '승가가 흡족하도록 행하겠습니다.'라고 말합니다. 그러니 존자들이 이 대중공사가 빨리 마무리되도록 그렇게 이 비구에 대해 심문하는 것이 좋겠습니다."

밧달리여, 그러면 비구들은 이 대중공사가 빨리 마무리되도록 그렇게 이 비구에 대해 심문한다."

27. "밧달리여, 여기 어떤 비구는 단순한 믿음과 공경만으로 머문다.[685] 밧달리여, 이 경우에 비구들은 이렇게 [의논할 것이다.]

---

685) "'단순한 믿음과 공경만으로 머문다(saddhāmattakena vahati pemamatta

"도반들이여, 이 비구는 단순한 믿음과 공경만으로 머뭅니다. 만일 우리가 이 비구에게 거듭 훈계하여 대중공사를 하더라도 그 비구가 단순한 믿음과 공경을 잃어버리지 않도록 해야 할 것입니다."

밧달리여, 예를 들어 애꾸눈인 사람이 있다 하자. 그의 친구와 동료들과 일가친척들은 '나머지 한 눈마저 잃어버려서는 안된다.'라고 하면서 그 외눈을 보호할 것이다. 밧달리여, 그와 같이 여기 어떤 비구가 단순한 믿음과 공경만으로 머물 때, 비구들에게 이렇게 [의논할 것이다.]

"도반들이여, 이 비구는 단순한 믿음과 공경만으로 머뭅니다. 만일 우리가 이 비구에게 거듭 훈계하여 대중공사를 하더라도 그 비구가 단순한 믿음과 공경을 잃어버리지 않도록 해야 할 것입니다."라고."

28. "밧달리여, 이런 이유와 이런 조건 때문에 어떤 비구에게는 거듭 훈계하여 대중공사를 한다. 밧달리여, 이런 원인과 이런 이유로 어떤 비구에게는 거듭 훈계하여 대중공사를 하지 않는다."

29. "세존이시여, 무슨 원인과 무슨 이유로 이전에는 [445] 더 적은 학습계목으로 더 많은 비구들이 구경의 지혜를 성취했습니까? 세존이시여, 무슨 원인과 무슨 이유로 지금은 더 많은 학습계목이 있음에도 불구하고 더 적은 비구들이 구경의 지혜686)를 성취합니까?"687)

-kena).'는 것은 스승과 은사(ācariy-upajjhāyā)를 향한 약간의 세속적인(gehassita) 믿음과 약간의 세속적인 공경으로 머문다는 뜻이다. 이 출가(pabbajjā)라는 것은 재생연결을 받는 것과 같다(paṭisandhiggahaṇa-sadisā, 즉 출가는 다시 태어난 것과 같다는 말). 새로 출가한 자(nava-pabbajita)는 출가의 공덕을 알지 못하여 스승이나 은사를 향한 단순한 믿음으로 머문다. 그러므로 이와 같이 호의를 베풀어야 한다. 약간의 도움을 받아 출가자로 머물 때 초월지를 얻은 큰 스님이 될지도 모른다. 이런 판단으로 '꼭 훈계를 해야만 되는 것은 훈계하고, 그 이외는 하지 않는다.'라고 세존께서 이것을 말씀하셨다."(MA.iii.154)

30. "밧달리여, 그것은 이와 같다. 중생들이 그 근기가 약하고[688] 정법이 사라질 때에는 더 많은 학습계목이 있고 더 적은 비구들이 구경의 지혜를 성취한다. 밧달리여, 스승은 번뇌 거리가 되는 어떤 사건들[689]이 승가에 나타나기 전에는[690] 제자들을 위한 학습계목을 제정하지 않는다. 밧달리여, 그러나 어떤 번뇌 거리들이 승가에 나타나면 스승은 그 번뇌 거리들을 물리치기 위해 제자들을 위한 학습계목을 제정한다."

31. "밧달리여, 승가의 규모가 커지지 않는 한, 어떤 번뇌 거리들이 승가에 나타나지 않는다. 승가의 규모가 커지면 어떤 번뇌 거리들이 승가에 나타난다. 그러면 스승은 제자들을 위한 학습계목을 제정

---

686) "'구경의 지혜(aññā)'란 아라한과를 말한다."(MA.iii.155)
'구경의 지혜(aññā)'에 대해서는 본서 제1권 「뿌리에 대한 법문 경」(M1) §51과 제3권 「수낙캇따 경」(M105) §2의 주해를 참조할 것.

687) 이 문단은 『상윳따 니까야』 제2권 「유사정법(類似正法) 경」(S16:13) §3에서 마하깟사빠 존자가 세존께 드리는 질문으로도 나타난다. 그러나 세존의 대답은 다르다. 거기서는 '유사정법(saddhamma-patirūpaka)'의 문제를 집중적으로 다루신다.

688) "'중생들이 그 근기가 약하고(sattesu hāyamānesu)'라고 하셨다. 도닦음(paṭipatti)이 시들해지기 때문에 중생들이 그 근기가 약하다고 하셨다."(MA.iii.155)

689) '번뇌 거리가 되는 사건들'은 āsavaṭṭhānīyā dhammā를 옮긴 것이다. 『디가 니까야』 제3권 「십상경」(D34) §1.8에서는 '번뇌의 기반이 되는 법들'로 옮겼고 『앙굿따라 니까야』 제5권 「힘 경」 2(A8:28) §5에서는 '번뇌를 일으킬만한 법들'로 옮겼다.

690) 이 말씀은 "번뇌 거리가 되는 어떤 사건들이 일어나기 전에는(na idhekacce āsavaṭṭhānīyā dhammā saṅghe pātubhavanti)"(Vin.iii.10에도 나타남) 그 사건에 대한 학습계목(sikkhā-pada)을 제정하여 공포하지 않는다는 『율장』에 나타나는 부처님의 원칙을 언급하시는 것이다. 여기에 대해서는 『율장』의 「바라이죄 조항」 1(Vin.iii.9~10)을 참조할 것.

하나니 그 번뇌 거리들을 물리치기 위해서이다.

밧달리여, 승가가 이득의 절정에 이르지 않는 한, … 명성의 절정에 이르지 않는 한, … 많이 배우지 않는 한, … 오래되지 않는 한, 번뇌 거리들이 승가에 나타나지 않는다. 승가가 오래 되면 번뇌 거리들이 승가에 나타난다. 그러면 스승은 제자들을 위한 학습계목을 제정하나니 그 번뇌 거리들을 물리치기 위해서이다."

32. "밧달리여, 내가 어린 준마에 대한 비유로 법문을 설할 때에 너희들 몇 명이 거기에 있었다. 밧달리여, 그대는 그것을 기억하는가?"

"아닙니다, 세존이시여."

"밧달리여, 그것이 무엇 때문이라고 생각하는가?"

"세존이시여, 제가 스승의 교법에서 오랫동안 학습계목을 완전하게 실천하지 못했기 때문입니다."

"밧달리여, 이것만이 원인이 아니고 이것만이 이유가 아니다. 밧달리여, 나는 오랫동안 내 마음으로 그대의 마음에 대하여 알고 있다. '이 쓸모없는 인간은 내가 법을 설하더라도 뜻을 파악하고 마음에 잡도리하고 온 마음으로 몰두하고 경청하지 않는구나.'라고. 밧달리여, 그렇더라도 이제 나는 어린 준마의 비유로 법문을 설하리라. 그것을 듣고 잘 마음에 잡도리하라. [446] 나는 설하리라."

"그러겠습니다, 세존이시여."라고 밧달리 존자는 세존께 대답했다. 세존께서는 이렇게 말씀하셨다.

33. "밧달리여, 예를 들면 능숙한 조련사는 쌩쌩한 준마를 얻으면 먼저 그 말이 입에 재갈을 무는 일에 익숙하게 한다. 그 말이 재갈을 무는 훈련을 받으면, 그 말이 이전에 해 본 적이 없기 때문에 비틀고 안절부절하고 몸부림치지만 끊임없이 반복하고 점차적으로 숙달

되어 마침내 그것에 유순해진다.691)

밧달리여, 그 쌩쌩한 준마가 끊임없이 반복하고 점차적으로 숙달되어 그것에 유순해지면 능숙한 조련사는 그 말이 다시 마구를 차는 일에 익숙하게 한다. 그 말이 마구를 차는 훈련을 받으면, 그 말은 이전에 해본 적이 없기 때문에 비틀고 안절부절하고 몸부림치지만 끊임없이 반복하고 점차적으로 숙달되어 마침내 그것에 유순해진다.

밧달리여, 그 쌩쌩한 준마가 끊임없이 반복하고 점차적으로 숙달되어 그것에 유순해지면 능숙한 조련사는 그가 다시 [일격으로 네 발을] 동시에 들고 놓으며, [땅바닥에 떨어진 무기를 주을 수 있도록] 둥글게 돌고, [소리를 내지 않도록] 발굽 끝으로 가고, 전력질주하고, [소리를 두려워 않고 적을 향해] 돌진하고, 왕다운 자질을 가지고, 왕다운 묘기를 가지고, 최상의 속력과 최상의 움직임과 최상의 조련에 익숙하게 한다. 그 말은 최상의 속력과 최상의 움직임과 최상의 조련을 거치는 훈련을 받으면, 그 말은 이전에 해본 적이 없기 때문에 비틀고 안절부절하고 몸부림치지만 끊임없이 반복하고 점차적으로 숙달되어 마침내 그것에 유순해진다.

밧달리여, 그 쌩쌩한 준마가 끊임없이 반복하고 점차적으로 숙달되어 그것에 유순해지면 능숙한 조련사는 최고로 꾸며주고 돌보아주는 보답을 한다. 밧달리여, 이들 열 가지 요소들을 구족한 어린 준마는 왕에게 어울리고 왕을 섬길 수 있으며 왕의 수족이라는 이름을 얻

---

691) '마침내 그것에 유순해진다.'는 tasmiṁ ṭhāne parinibbāyati를 옮긴 것인데, 저항하던 행위에 대해 유순해진다는 내용이다. 여기서 '유순해지다'라고 옮긴 동사는 parinibbāyati인데 이것은 대부분의 경우 완전한 열반에 든다는 뜻으로 사용되지만 여기서는 유순해진다(nibbisevano hoti), 즉 그렇게 스스로 저항하던 것(visevana)을 버린다(jahati)라는 뜻이라고 주석서는 설명하고 있다.(MA.iii.158)
비슷한 비유가 본서 제3권 「가나까 목갈라나 경」(M107) §3에도 나타난다.

게 된다."

34. "밧달리여, 이와 같이 열 가지 법들을 구족한 비구는 공양받아 마땅하고, 선사받아 마땅하고, 보시받아 마땅하고, 합장받아 마땅하며, 세상의 위없는 복밭[福田]이다. 무엇이 열 가지인가?

밧달리여, 여기 비구는 무학(無學)의 바른 견해692)를 구족한다. 무학의 바른 사유를 구족한다. 무학의 바른 말을 구족한다. 무학의 바른 행위를 구족한다. 무학의 바른 생계를 구족한다. 무학의 바른 정진을 구족한다. [447] 무학의 바른 마음챙김을 구족한다. 무학의 바른 삼매를 구족한다. 무학의 바른 지혜를 구족한다. 무학의 바른 해탈을 구족한다.693)

---

692) "'무학(無學)의 바른 견해(asekhā sammādiṭṭhi)'란 아라한과(arahatta-phala)의 바른 견해를 말한다. 이것은 바른 사유부터 바른 해탈까지에도 모두 적용된다."(MA.iii.162)

693) 이 열 가지는 팔정도에다 바른 지혜(sammā-ñāṇa)와 바른 해탈(sammā-vimutti)을 더한 것이다. 『상윳따 니까야 주석서』는 "바른 지혜를 가진 자란 바른 반조(paccavekkhaṇa)의 [지혜를 가진] 자이고 바른 해탈을 가진 자란 벗어남(출구, niyyānika)인 과를 통한 해탈을 구족한 자이다."(SA.ii.152)라고 설명하고 있다. 19가지 반조의 지혜(paccavekkhaṇa-ñāṇa)는 본서 제1권 「역마차 교대 경」(M24) §2의 주해를 참조할 것.
『맛지마 니까야』를 암송하는 자들은 이 열 가지는 도의 경지(magga)를 나타낸다고 주장하고 나머지 세 니까야를 암송하는 자들은 이 열 가지는 과의 경지(phala)를 나타낸다고 주장한다고 『맛지마 니까야 주석서』는 소개하고 있다.(MA.iv.135)
본경의 이곳에서도 이 열 가지는 무학의 바른 견해 등으로 무학이 갖추는 것으로 나타나고 있으며 본서 제3권 「사마나만디까 경」(M78) §14에서도 마찬가지이다. 본서 제4권 「위대한 마흔 가지 경」(M117/iii.76) §34에서도 유학들은 바른 견해부터 바른 삼매까지의 여덟 가지 구성요소를 갖추고 있고, 무학인 아라한들은 바른 지혜(sammā-ñāṇa)와 바른 해탈(sammā-vimutti)까지 갖추어서 모두 열 가지 구성요소를 구족하고 있다고 한다. 이처럼 이 열 가지는 무학인 아라한이 갖추는 것으로 경들 특히 『맛지마 니까야』의 경들에 나타나고 있다.
그런데 『상윳따 니까야』 제6권 「아나타삔디까 경」 1(S55:26) §10에서는 밧달리여, 이와 같은 열 가지 법들을 구족한 비구는 공양받아 마땅하고, 선사받아 마땅하고, 보시받아 마땅하고, 합장받아 마땅하며, 세상의 위없는 복밭이다."

세존께서는 이와 같이 설하셨다. 밧달리 존자는 흡족한 마음으로 세존의 말씀을 크게 기뻐했다.

밧달리 경(M65)이 끝났다.

예류자인 급고독 장자도 이 두 가지를 갖추어 열 가지를 다 갖춘 것으로 나타나고 있다.

메추라기 비유 경

Laṭukikopama Sutta(M66)

1. 이와 같이 나는 들었다. 한때 세존께서는 앙굿따라빠의 아빠나[694]라는 앙굿따라빠들의 성읍에 머무셨다.

2. 그때 세존께서는 아침에 옷매무새를 가다듬고 발우와 가사를 수하시고 아빠나로 탁발을 가셨다. 아빠나에서 탁발하여 공양을 마치시고 탁발에서 돌아와 낮 동안을 머물기 위해 어떤 숲으로 가셨다. 그 숲에 들어가셔서 낮 동안을 머물기 위해 어떤 나무 아래 앉으셨다.

3. 그때 우다이 존자[695]도 아침에 옷매무새를 가다듬고 발우와

---

694) 앙굿따라빠(Aṅguttarāpā)와 아빠나(Apaṇa)에 대해서는 본서 「뽀딸리야 경」(M54) §1의 주해를 참조할 것.

695) "우다이(Udāyī)라 이름하는 세 분의 장로가 있는데 랄루다이(Lāḷudāyī), 깔루다이(Kāḷudāyī), 마하우다이(Mahā-udāyī)이다. 여기서는 마하우다이 존자를 두고 한 말이다."(DA.iii.903)
본경에 해당하는 주석서도 본경의 우다이 존자는 마하우다이 존자(Mahā-Udāyi-tthera)라고 밝히고 있다.(MA.iii.163)
마하우다이 존자에 대해서는 본서 「많은 느낌 경」(M59) §2의 주해를 참조할 것.

가사를 수하고 아빠나로 탁발을 갔다. 아빠나에서 탁발하여 공양을 마치고 탁발에서 돌아와 낮 동안을 머물기 위해 어떤 숲으로 갔다. 그 숲에 들어가서 낮 동안을 머물기 위해 어떤 나무 아래 앉았다.

4. 그때 우다이 존자가 한적한 곳에 가서 홀로 앉아 [명상하던] 중에 이런 생각이 마음에 떠올랐다.

"참으로 세존께서는 우리들에게서 많은 괴로운 법들을 제거해주셨다. 참으로 세존께서는 우리들에게 많은 즐거운 법들을 가져다주셨다.[696] 참으로 세존께서는 우리들에게서 많은 해로운 법들을 제거해주셨다. 참으로 세존께서는 우리들에게 많은 유익한 법들을 가져다주셨다."[697]

5. 그러자 우다이 존자는 해거름에 [낮 동안의] 홀로 앉음에서 일어나[698] 세존을 뵈러 갔다. 가서는 세존께 절을 올리고 한 곁에 앉

---

696) '제거해주셨다'와 '가져다주셨다'는 각각 apahattā와 upahattā를 옮긴 것인데, 이 둘은 과거, 현재, 미래의 세 시제에 모두 해당된다고 복주서는 설명하고 있다. 복주서는 이렇게 설명한다.
"'제거해주셨다(apahattā)'는 것은 제거해주셨고(apahari), 제거해주시고(apaharati), 제거해주실 것이다(apaharissati)라는 뜻이다. '가져다주셨다(upahattā)'는 것도 이와 같다."(MAṬ.ii.74)

697) 여기서 '괴로운 법들', '즐거운 법들', '유익한 법들', '해로운 법들'은 각각 dukkha-dhammā, sukha-dhammā, kusala-dhammā, akusala-dham-mā를 옮긴 것이다.
한편 『상윳따 니까야 주석서』는 '괴로운 법들(dukkha-dhammā)'을 괴로움을 발생시키는 법들(dukkha-sambhava(=uppatti)-dhammā)로 해석하고(SA.iii.53) 복주서는 괴로움의 이유들(dukkha-kāraṇā)이라고 설명하고 있다.
두 가지 '즐거움(sukha)'에 대해서는 본경 §§18~21을 참조할 것. 그리고 유익함[善, kusala]과 해로움[不善, alusala]은 본서 제3권 「왓차곳따 긴 경」(M73)의 주제이므로 참조하기 바란다.

698) "과의 증득(phala-samāpatti)에서 깨어난다는 뜻이다."(MA.iii.163)

았다. 한 곁에 앉아서 우다이 존자는 [448] 세존께 이렇게 여쭈었다.

6. "세존이시여, 여기서 제가 한적한 곳에 가서 홀로 앉아 [명상하던] 중에 이런 생각이 마음에 떠올랐습니다.

'참으로 세존께서는 우리들에게서 많은 괴로운 법들을 제거해주셨다. 참으로 세존께서는 우리들에게 많은 즐거운 법들을 가져다주셨다. 참으로 세존께서는 우리들에게서 많은 해로운 법들을 제거해주셨다. 참으로 세존께서는 우리들에게 유익한 법들을 가져다주셨다.'라고.

세존이시여, 저희들이 전에는 저녁에도 아침에도 오후에도 이렇게 때 아닌 때에 먹었습니다. 세존이시여, 그러자 그 즈음에 세존께서 비구들을 불러 말씀하셨습니다.

'비구들이여, 부디 그대들은 적당한때가 아닌 오후에 음식을 먹는 것을 버려라.'

세존이시여, 그런 저희들은 당황하고 정신적 고통을 겪었습니다.

'신심있는 장자들이 우리에게 적당한때가 아닌 오후에 여러 가지 맛있는 음식을 공양하는데 세존께서는 우리에게 그것을 버리라고 말씀하시는구나. 선서께서는 우리에게 그것을 포기하라고 말씀하시는구나.'

세존이시여, 그러나 저희들은 세존에 대한 무한한 사랑과 존경과, 잘못에 대한 부끄러움과 수치심을 보면서 이와 같이 적당한때가 아닌 오후에 음식을 먹는 것을 버렸습니다. 세존이시여, 그리하여 저희들은 저녁과 아침에만 음식을 먹었습니다.

세존이시여, 그러자 그 즈음에 세존께서 비구들을 불러서 말씀하셨습니다.

'비구들이여, 부디 그대들은 적당한때가 아닌 저녁에 음식을 먹는

것을 버려라.'

세존이시여, 그런 저희들은 당황하고 정신적 고통을 겪었습니다.

'이 두 끼 공양 중에 우리가 더 좋아라고 생각하는 그것마저도 세존께서는 우리들에게 버리라고 말씀하시는구나. 선서께서는 그것마저도 우리들에게 포기하라고 말씀하시는구나.'

세존이시여, 전에699) 어떤 사람이 오후에 국을 얻고는 이렇게 말했습니다.

'오, 이것을 남겨두었다가 저녁에 모든 것을 함께 모아서 먹어야겠다.'

세존이시여, 모든 특별한 요리는 저녁에 하고 낮에는 거의 하지 않습니다.700) 그러나 저희들은 세존에 대한 무한한 사랑과 존경과, 잘못에 대한 부끄러움과 수치심을 보면서 이와 같이 적당한때가 아닌 저녁에 음식을 먹는 것을 버렸습니다.701)

---

699) "'전에(bhūtapubbaṁ)'라고 시작하는 이 대목은 사람들이 저녁에 음식 먹는 것(ratti-bhojana)을 더 좋아함(paṇīta-bhāva)을 보여주는 것이다." (MA.iii.163)

700) "'모든 특별한 요리는 저녁에 하고 낮에는 거의 하지 않는다(yā kāci saṅkhatiyo sabbā tā rattiṁ, appā divā).'라고 했다. 여기서 특별한 요리(saṅkhatiyo)란 특별히 준비하는 음식들(abhisaṅkhārika-khādanīyāni)을 말한다. 이러한 음식들은 모두 저녁에 하고, 낮에는 아주 조금만 한다. 왜냐하면 사람들은 낮에는 우유죽이나 흰죽(yāgu-kañjiya) 등을 먹고 생활하지만 저녁에는 원하는 만큼 맛있는 음식을 먹기 때문이다."(MA.iii.164)

701) 『율장』은 비시불식(非時不食)에 대한 학습계목(vikāla-bhojana-sikkhā-pada)을 설명하면서(Vin.iv.85) '때 아닌 때 먹는 것(vikāla-bhojana)'은 단타죄(單墮罪, pācittiya)에 속한다고 언급하고 있다. 그러나 『율장』은 이 계목의 기원을 설명하면서 단계적으로 때 아닌 때에 음식을 먹는 것을 금지했다는 언급을 하지 않고 있다. 오히려 『율장』은 비시불식(非時不食, 때 아닌 때 먹지 않는 것)은 비구들에게는 일반상식에 속하는 당연한 문제로 취급하고 있다. 그러나 본경의 이 문단을 통해서 보면 처음에는 오후에 먹는 것만 금하게 하시고 저녁에 먹는 것은 허락하셨다, 그 다음에 시간이 흐른

세존이시여, 전에는[702] 비구들이 칠흑같이 어두운 밤에 탁발을 다니다가 오물 구덩이에 빠지고 하수구에 떨어지고 가시덤불로 들어서고 잠자는 소 위로 넘어지고 도둑질을 이미 했거나 꾀하고 있는 불량배들을 만나고 여인들로부터 부정하게 유혹받기도 했습니다.

세존이시여, 전에[703] 제가 칠흑같이 어두운 밤에 탁발을 다녔습니다. 세존이시여, 그때 어떤 여인이 그릇을 씻다가 번갯불이 비칠 때 저를 보았습니다. 저를 보고서는 놀라 비명을 질렀습니다.

'살려주세요. 유령이 나타났어요.'

세존이시여, 이것을 듣고 저는 그 여인에게 이렇게 말했습니다.

'누이여, 저는 유령이 아닙니다. 탁발을 온 [449] 비구입니다.'

'어미 아비가 다 죽은 비구겠지.[704] 비구여, 이런 칠흑같이 어두운 밤에 창자를 위해 탁발을 다니는 것보다는 날카로운 푸줏간 칼로 그대의 창자를 잘라버리는 게 더 나을 거요.'

세존이시여, 그런 것을 기억할 때 제게 이런 생각이 듭니다.

'참으로 세존께서는 우리들에게서 많은 괴로운 법들을 제거해주셨다. 참으로 세존께서는 우리들에게 많은 즐거운 법들을 가져다주셨

뒤 다시 저녁에 먹는 것도 금하게 하신 것을 알 수 있다.

702) "다시 '전에는(bhūtapubbaṁ)'이라고 시작하는 이 대목은 적당한때가 아닌 저녁에 음식을 먹는 것(vikāla-bhojana)에 대한 위험(ādīnava)을 보여주는 것이다."(MA.iii.164)

703) "다시 '전에'라고 시작하는 이 대목은 자신이 체험한 일(diṭṭha-kāraṇa)을 설명하는 것이다."(MA.iii.164)

704) "그녀는 다음과 같이 생각했다. '만일 그의 어머니와 아버지가 살아 있다면 그의 부모는 우리 아들이라는 생각에 맛있는 여러 가지 음식을 공양하고 잠자리를 제공했을 것이다. 그랬으면 이 비구가 이 밤에 탁발을 위해 돌아다니지 않을 것인데, 그의 부모가 죽고 없기 때문에 이렇게 돌아다닐 것이다.'라고."(MA.iii.165)

다. 참으로 세존께서는 우리들에게서 많은 해로운 법들을 제거해주셨다. 참으로 세존께서는 우리들에게 유익한 법들을 가져다주셨다.' 라고."

7. "참으로 그러하다, 우다이여. 그러나 여기 어떤 쓸모없는 자들은 '이것을 버려라.'라는 내 말을 들으면 이와 같이 대꾸한다.

'뭐 이런 사소하고 보잘것없는 것까지? 이 사문은 지나친 완벽주의자로군!'

그들은 그것을 버리지 않고 오히려 나와 나의 가르침대로 공부짓고자 하는 비구들에 대해 불만을 드러낸다. 우다이여, 그들에게 이것은 강한 속박이고 견고한 속박이고 질긴 속박이고 썩지 않는 속박이고 두터운 족쇄이다."

8. "우다이여, 예를 들면 암 메추라기가 썩은 넝쿨에 묶여 부상을 당하고 감금되고 죽음에 이르게 되었는데, 어떤 사람이 말하기를 '저 썩은 넝쿨은 저 메추라기에게 강하지 않고 허약하고 썩었고 속빈 속박에 지나지 않는다.'라고 한다고 하자. 우다이여, 이 자는 바르게 말하는 자로서 말한 것인가?"

"아닙니다, 세존이시여. 세존이시여, 저 암 메추라기가 썩은 넝쿨에 묶여 부상을 당하고 감금되고 죽음에 이르게 되었으므로 그것은 그 메추라기에게는 강한 속박이고 견고한 속박이고 질긴 속박이고 썩지 않는 속박이고 두터운 족쇄이기 때문입니다."

"참으로 그러하다, 우다이여. 여기 어떤 쓸모없는 자들은 '이것을 버려라.'라는 내 말을 들으면 이와 같이 대꾸한다.

'뭐 이런 사소하고 보잘것없는 것까지? 이 사문은 지나친 완벽주의자로군!'

그들은 그것을 버리지 않고 오히려 나와 나의 가르침대로 공부짓고자 하는 비구들에 대해 불만을 드러낸다. 우다이여, 그들에게 이것은 강한 속박이고 견고한 속박이고 질긴 속박이고 썩지 않는 속박이고 두터운 족쇄이다."

9. "우다이여, 그러나 여기 어떤 좋은 가문의 아들들은 [450] '이것을 버려라.'라는 내 말을 들으면 이와 같이 말한다.

'이런 사소하고 하잘것없는 것까지도 세존께서는 버리라고 하시는구나. 선서께서는 포기하라고 하시는구나.'

그들은 그것을 버리고 나와 나의 가르침대로 공부짓고자 하는 비구들에 대해 불만을 드러내지 않는다. 그들은 그것을 버리고 담담하고 차분하고 다른 사람의 시주물로만 살고 사슴과 같은 마음으로 머문다.[705] 우다이여, 그들에게 이것은 강하지 않은 속박이고 허약한 속박이고 썩은 속박이고 속 빈 속박에 지나지 않는다."

10. "우다이여, 예를 들면 마차의 깃대만 한 상아를 가졌고 건장하고 혈통 좋고 전쟁에 능숙한 왕의 코끼리가 질긴 가죽끈들로 묶여 있더라도 몸을 조금 비틀어서 끈들을 잘라버리고 끊어버린 뒤 원하는 곳으로 간다고 하자. 우다이여, 어떤 사람이 말하기를 '그 질긴 가죽끈들은 그 왕의 코끼리에게 강한 속박이고 견고한 속박이고 질긴 속박이고 썩지 않는 속박이고 두터운 족쇄이다.'라고 한다고 하자.

---

705) "'사슴과 같은 마음으로 머문다(migabhūtena cetasā viharanti).'는 것은 인적이 없는 쪽(apaccāsīsana-pakkha)을 의지하여 머문다는 뜻이다. 마치 사슴은 공격(pahāra)을 받으면 사람이 사는 곳으로 가서 약(bhesajja)이나 연고(vaṇa-tela)를 얻어 오리라는 생각을 하는 대신 인적이 없는 숲으로 들어가서 공격당한 부분을 아래로 향하게 하고 낮추어서 상처가 아물면 일어나서 간다. 이와 같이 사슴은 인적이 없는 쪽을 의지하여 머문다."(MA.iii.167)

우다이여, 이 자는 바르게 말하는 자로서 말한 것인가?”

“아닙니다, 세존이시여. 세존이시여, 마치 마차의 깃대만 한 상아를 가졌고 건장하고 혈통 좋고 전쟁에 능숙한 왕의 코끼리는 질긴 가죽끈들로 묶여있더라도 몸을 조금 비틀어서 끈들을 잘라버리고 끊어버린 뒤 원하는 곳으로 갑니다. 그러므로 그것은 그 코끼리에게는 강하지 않고 허약하고 썩었고 속 빈 속박에 지나지 않습니다.”

“우다이여, 그와 같이 여기 어떤 좋은 가문의 아들들은 ‘이것을 버려라.’라는 내 말을 들으면 이와 같이 말한다.

‘이런 사소하고 하잘것없는 것까지도 세존께서는 버리라고 하시는구나. 선서께서는 포기하라고 하시는구나.’

그들은 그것을 버리고 나와 나의 가르침대로 공부짓고자 하는 비구들에 대해 불만을 드러내지 않는다. 그들은 그것을 버리고 담담하고 차분하고 다른 이가 주는 시주물로만 살고 사슴과 같은 마음으로 머문다. 우다이여, 그들에게 이것은 강하지 않은 속박이고 허약한 속박이고 썩은 속박이고 속 빈 속박에 지나지 않는다.”

11. “우다이여, 예를 들면 가난하고 무일푼이고 곤궁에 처한 사람이 있는데, 그에게는 다 낡고 허물어져서 까마귀가 마음대로 드나들 정도의 허름한 오두막 한 채에다 다 낡아서 부서져 가는 초라한 침상이 하나 있고 [451] 한 항아리의 묵은 곡식과 호박씨가 있고 볼품없는 아내가 한 명 있다. 그가 승원에 사는 비구가 맛있는 음식을 먹고 나서 손과 발을 잘 씻고 시원한 나무그늘에 앉아 고결한 마음에 몰입해 있는 것을 본다 하자. 그에게 이런 생각이 들 것이다.

‘오, 수행자의 삶이란 참으로 큰 행복이로구나. 수행자의 삶이란 참으로 건강한 것이로구나. 그러니 이제 나도 머리와 수염을 깎고 가사를 입고 집을 나와 출가해야겠다.’

그러나 그는 다 낡고 허물어져서 까마귀가 마음대로 드나들 정도의 허름한 오두막 한 채를 버리지 못하고 다 낡아서 부서져 가는 초라한 침상 하나를 버리지 못하고 한 항아리의 묵은 곡식과 호박씨를 버리지 못하고 볼품없는 아내 한 명을 버리지 못하여 머리와 수염을 깎고 가사를 입고 집을 나와 출가할 수 없었다고 하자. 우다이여, 어떤 사람이 말하기를 '그 사람은 속박에 묶여서 다 낡고 허물어져서 까마귀가 마음대로 드나들 정도의 허름한 오두막 한 채를 버리지 못하고 … 볼품없는 아내 한 명을 버리지 못했지만 그것은 그에게 강하지 않은 속박이고 허약한 속박이고 썩은 속박이고 속 빈 속박이다.'라고 한다 하자. 우다이여, 이 자는 바르게 말하는 자로서 말한 것인가?"

"아닙니다, 세존이시여. 세존이시여, 그 사람은 속박에 묶여서 다 낡고 허물어져서 까마귀가 마음대로 드나들 정도의 허름한 오두막 한 채를 버리지 못하고 다 낡아서 부서져 가는 초라한 침상 하나를 버리지 못하고 한 항아리의 묵은 곡식과 호박씨를 버리지 못하고 볼품없는 아내 한 명을 버리지 못하므로 그것은 그에게 강한 속박이고 견고한 속박이고 질긴 속박이고 썩지 않는 속박이고 두터운 족쇄입니다."

"참으로 그러하다, 우다이여. 여기 어떤 쓸모없는 자들은 '이것을 버려라.'라는 내 말을 들으면 이와 같이 대꾸한다.

'뭐 이런 사소하고 보잘것없는 것까지? 이 사문은 지나친 완벽주의자로군!'

그들은 그것을 버리지 않고 오히려 나와 나의 가르침대로 공부짓고자 하는 비구들에 대해 불만을 드러낸다. 우다이여, 그들에게 이것은 강한 속박이고 견고한 속박이고 질긴 속박이고 썩지 않는 속박이고 두터운 족쇄이다."

12. "우다이여, 예를 들면 큰 재물과 큰 재산을 가진 부유한 장자나 장자의 아들이 [452] 수많은 금괴와 곡식을 나르는 수많은 짐마차와 수많은 전답과 수많은 토지와 수많은 아내와 수많은 하인과 수많은 하녀를 가졌는데, 그가 원림에 사는 비구가 맛있는 음식을 먹고 나서 손과 발을 잘 씻고 시원한 나무그늘에 앉아 고결한 마음에 몰입해 있는 것을 본다 하자. 그에게 이런 생각이 들 것이다.

'오, 수행자의 삶이란 참으로 큰 행복이로구나. 수행자의 삶이란 참으로 건강한 것이로구나. 그러니 이제 나도 머리와 수염을 깎고 가사를 입고 집을 나와 출가해야겠다.'

그는 수많은 금괴를 버리고 곡식을 나르는 수많은 짐마차를 버리고 수많은 전답을 버리고 수많은 토지를 버리고 수많은 아내를 버리고 수많은 하인을 버리고 수많은 하녀를 버리고 머리와 수염을 깎고 가사를 입고 집을 나와 출가할 것이다. 우다이여, 어떤 사람이 말하기를 '그 장자나 장자의 아들은 속박으로 묶여있지만 수많은 금괴를 버리고 곡식을 나르는 수많은 짐마차를 버리고 수많은 전답을 버리고 수많은 토지를 버리고 수많은 아내를 버리고 수많은 하인을 버리고 수많은 하녀를 버리고 머리와 수염을 깎고 가사를 입고 집을 나와 출가했다. 그러나 그것은 그에게 강한 속박이고 견고한 속박이고 질긴 속박이고 썩지 않는 속박이고 두터운 족쇄이다.'라고 한다 하자. 우다이여, 이 자는 바르게 말하는 자로서 말한 것인가?"

"아닙니다, 세존이시여. 세존이시여, 그 장자나 장자의 아들은 속박으로 묶여있었지만 수많은 금괴를 버리고 곡식을 나르는 수많은 짐마차를 버리고 수많은 전답을 버리고 수많은 토지를 버리고 수많은 아내를 버리고 수많은 하인을 버리고 수많은 하녀를 버리고 머리와 수염을 깎고 가사를 입고 집을 나와 출가할 수 있었습니다. 그러므로 그것은 그에게 강하지 않고 허약하고 썩었고 속 빈 속박에 지나지 않습니다."

"우다이여, 그와 같이 여기 어떤 좋은 가문의 아들들은 '이것을 버려라.'라는 내 말을 들으면 이와 같이 말한다.

'이런 사소하고 하잘것없는 것까지도 세존께서는 버리라고 하시는구나. 선서께서는 포기하라고 하시는구나.'

그들은 그것을 버리고 나와 나의 가르침대로 공부짓고자 하는 비구들에 대해 불만을 드러내지 않는다. 그들은 [453] 그것을 버리고 담담하고 차분하고 다른 이가 주는 시주물로만 살고 사슴과 같은 마음으로 머문다. 우다이여, 그들에게 이것은 강하지 않은 속박이고 허약한 속박이고 썩은 속박이고 속 빈 속박에 지나지 않는다."

13. "우다이여, 여기 이 세상에는 네 부류의 사람들이 있다.706) 무엇이 넷인가?"

14. "우다이여, 여기 어떤 사람은 ① 재생의 근거(오온)707)를 버

706) "앞 문단에서 '그들은 그것을 버린다. 그들은 그것을 버리지 않는다.'라고 버리는 자들(pajahanakā)과 버리지 않는 자들(appajahanakā)을 집합적으로(rāsi-vasena) 말했지만 여기서는 그들을 개별적으로(pāṭiyekkaṁ) 네 부류로 설명하기 위해 이 법문을 시작하셨다."(MA.iii.169)

707) 여기서 '재생의 근거(오온)'는 upadhi를 옮긴 것이다. 이 단어는 upa+√dhā(*to put*)에서 파생된 명사로 문자적으로는 '그 위에 무엇이 놓여진'을 의미하며 그래서 삶에 필요한 토대나 소지품이나 설비 등을 뜻한다. 그래서 『디가니까야 복주서』는 "'여기에 괴로움이 놓이기 때문에 우빠디(upadhi, 재생의 근거)라고 한다. 즉 무더기(蘊) 등을 말한다."(DAṬ.ii.76)라고 설명하고 있다.
이것은 외적인 입장과 내적인 입장에서 살펴볼 수 있다. 외적인 입장에서(*objectively*) 보자면 얻어진 것들을 뜻하는데 자신의 재산이나 소유물을 뜻한다. 내적인 입장에서(*subjectively*) 보자면 갈애가 생겨서 소유하려는 행위를 말한다. 이것은 다시 태어남(재생)의 근거가 된다. 이런 의미에서 우빠디(upadhi)는 우빠다나(취착, upādāna)와 유사하다. 물론 이 두 단어의

리고 재생의 근거를 놓아버리기 위해 도를 닦는다. 그가 재생의 근거를 버리고 재생의 근거를 놓아버리기 위해 도를 닦을 때 재생의 근거와 관련된 기억과 사유들이 그를 압도한다. 그는 그들을 품고 있고 버리지 않고 제거하지 않고 끝내지 않고 없애지 않는다.

우다이여, 나는 이런 사람을 속박되었다[708]고 하지 속박되지 않았다고 하지 않는다. 그것은 무슨 까닭인가? 우다이여, 나는 이 사람이 가진 기능의 차이를 알기 때문이다.

15. "우다이여, 여기 어떤 사람은 ② 재생의 근거를 버리고 재생의 근거를 놓아버리기 위해 도를 닦는다. 그가 재생의 근거를 버리고 재생의 근거를 놓아버리기 위해 도를 닦을 때 재생의 근거와 관련된 기억과 사유들이 그를 압도한다. 그는 그것을 품고 있지 않고 버리고 제거하고 끝내고 없앤다.

우다이여, 나는 이런 사람도 속박되었다고 하지 속박되지 않았다고 하지 않는다. 그것은 무슨 까닭인가? 우다이여, 나는 이 사람이 가진 기능의 차이를 알기 때문이다.

16. "우다이여, 여기 어떤 사람은 ③ 재생의 근거를 버리고 재생의 근거를 놓아버리기 위해 도를 닦는다. 그가 재생의 근거를 버리고

어원은 다르다. 이 두 입장을 고려해서 초기불전연구원에서는 재생의 근거(소유물)로 정착시키고 있다. 『앙굿따라 니까야』 제1권 「노력 경」(A2:1:2)의 주해와 『상윳따 니까야』 제1권 「기뻐함 경」(S1:12)의 주해를 참조할 것.

주석서에 의하면 네 가지 재생의 근거가 있는데 그것은 무더기[蘊]라는 재생의 근거(khandha-upadhi), 오염원이라는 재생의 근거(kilesa-upadhi), 업형성력이라는 재생의 근거(abhisaṅkhāra-upadhi), 다섯 가닥의 얽어매는 감각적 욕망이라는 재생의 근거(kāma-upadhi)이다.(MA.iii.170)

708) "'속박되었다(saṁyutta).'는 것은 오염원(kilesa)에 의해 속박되었다는 말이다."(MA.iii.170)

재생의 근거를 놓아버리기 위해 도를 닦을 때 이따금씩 마음챙김을 놓아버려 재생의 근거와 관련된 기억과 사유들이 그를 압도한다. 우다이여, 그의 마음챙김은 느리게 일어나지만 그는 빨리 그것을 버리고 제거하고 끝내고 없앤다.

우다이여, 예를 들면 사람이 온종일 달구어진 철판 위에 두세 방울의 물을 떨어뜨리면 물방울이 떨어지는 것은 느리지만 그것은 즉시에 증발해서 사라지는 것과 같다.709)

우다이여, 그와 같이 여기 어떤 사람은 재생의 근거를 버리고 재생의 근거를 놓아버리기 위해 도를 닦는다. 그가 재생의 근거를 버리고 재생의 근거를 놓아버리기 위해 도를 닦을 때 이따금씩 마음챙김을 놓아버려 재생의 근거와 관련된 기억과 사유들이 그를 압도한다. 우다이여, 그의 마음챙김은 느리게 일어나지만 그는 빨리 그것을 버리고 제거하고 끝내고 없앤다.

우다이여, 나는 이런 사람도 속박되었다고 하지 속박되지 않았다고 하지 않는다. 그것은 [454] 무슨 까닭인가? 우다이여, 나는 이 사람이 가진 기능의 차이를 알기 때문이다."710)

---

709) 이 비유는 본서 제4권 「감각기능을 닦음 경」(M152) §9과 『상윳따 니까야』 제4권 「괴로움을 야기 시키는 법 경」(S35:244) §10에도 나타난다.

710) "여기까지 ① 버리지 않는 자(nappajahati), ② 버리는 자(pajahati), ③ 빨리 버리는 자(khippaṁ pajahati)의 세 가지 무리(rāsi)를 설하셨다. 이 중에서 네 사람을 두고 ① 버리지 않는 자라고 하고, 네 사람을 두고 ② 버리는 자라고 하고, 네 사람을 두고 ③ 빨리 버리는 자라고 한다.
① 여기서 범부(puthujjana)와 예류자(sotāpanna)와 일래자(sakadāgāmī)와 불환자(anāgāmī)인 이 네 부류의 사람을 버리지 않는 자라고 한다. 앞의 세 부류의 사람은 제쳐두고라도 어떻게 불환자를 그렇게 말하는가? 불환자에게도 존재에 대한 탐욕이 있어서 '와, 행복해. 와, 행복해.'라고 즐기기 때문이다. 그러므로 그를 버리지 않는 자라 한다.
② 또한 바로 이 네 부류의 사람을 버리는 자라고도 한다. 예류자 등은 그렇다 하더라도 어떻게 범부를 그렇게 말하는가? 위빳사나를 시작한 비구가 마

17. "우다이여, 그러나 여기 어떤 사람은 ④ 재생의 근거야말로 괴로움의 뿌리라고 알고서 재생의 근거를 여의고 재생의 근거를 부수어 해탈한다.[711]

우다이여, 나는 이런 사람을 속박되지 않았다고 하지 속박되었다고 하지 않는다. 그것은 무슨 까닭인가? 우다이여, 나는 이 사람이 가진 기능의 차이를 알기 때문이다."

18. "우다이여, 여기 다섯 가닥의 얽어매는 감각적 욕망이 있다.[712] 무엇이 다섯인가?

원하고 좋아하고 마음에 들고 사랑스럽고 감각적 욕망을 짝하고 매혹적인, 눈으로 인식되는 형색들이 있다. … 귀로 인식되는 소리들이 있다. … 코로 인식되는 냄새들이 있다. … 혀로 인식되는 맛들이 있다. 원하고 좋아하고 마음에 들고 사랑스럽고 감각적 욕망을 짝하고 매혹적인, 몸으로 인식되는 감촉들이 있다.

음챙김을 놓아버려(sati-sammosa) 급히 오염원이 일어나면 '나 같은 비구에게 오염원이 일어나다니.'라고 절박감(saṁvega)에 사로잡혀 정진을 일으켜 위빳사나를 증장하여 도로써 오염원들을 뿌리뽑는다. 그러므로 그를 버리는 자라 한다.

③ 또한 바로 이 네 부류의 사람을 빨리 버리는 자라 한다."(MA.iii.170)

711) "'재생의 근거야말로 괴로움의 뿌리다(upadhi dukkhassa mūlaṁ).'라고 하셨다. 여기서 재생의 근거(upadhi)는 다섯 가지의 무더기(오온)라는 재생의 근거를 말한다. 그 오온이 괴로움의 뿌리라고 알아 오염원이라는 재생의 근거에서 재생의 근거를 여읜다. 즉 거머쥠이 없다(niggahaṇa), 갈애가 없다(nitaṇha)는 말이다.
'재생의 근거를 부수어 해탈한다(upadhisaṅkhaye vimutto).'는 것은 갈애가 다한(taṇha-kkhaya) 열반을 대상으로 해탈한다는 것이다."(MA.iii.171)
이것은 모든 족쇄를 다 부순 아라한을 말한다.

712) "이와 같이 네 부류의 사람을 상세히 설명하신 뒤, 이제 '버리는 자는 이러한 오염원을 이만큼 버리고, 버리지 않는 자는 이러한 오염원을 이만큼 버리지 않는다.'는 것을 보이시기 위해 이 설법을 시작하셨다."(MA.iii.171)

비구들이여, 이들이 다섯 가닥의 얽어매는 감각적 욕망이다."

19. "우다이여, 이 다섯 가닥의 얽어매는 감각적 욕망에 의지하여 생기는 즐거움과 기쁨을 일러 감각적 욕망의 즐거움, 불결한 즐거움, 범부들의 즐거움, 고결하지 못한 즐거움이라 한다. 이런 즐거움은 받들어 행해서도 안되고, 닦아서도 안되고, 거듭해서도 안되며, 오히려 두려워해야 한다고 나는 말한다."

20. "우다이여, 여기 비구는 감각적 욕망들을 완전히 떨쳐버리고 해로운 법들을 떨쳐버린 뒤, 일으킨 생각과 지속적 고찰이 있고, 떨쳐버렸음에서 생긴 희열과 행복이 있는 초선(初禪)을 구족하여 머문다. 일으킨 생각[尋]과 지속적 고찰[伺]을 가라앉혔기 때문에 [더 이상 존재하지 않고], 자기 내면의 것이고, 확신이 있으며, 마음의 단일한 상태이고, 일으킨 생각과 지속적 고찰은 없고, 삼매에서 생긴 희열과 행복이 있는 제2선(二禪)을 구족하여 머문다. … 제3선(三禪)을 … 제4선(四禪)을 구족하여 머문다."

21. "이것을 일러 출리의 즐거움, 떨쳐버림의 즐거움, 고요함의 즐거움, 깨달음의 즐거움이라 한다. 이런 즐거움은 받들어 행해야 하고, 닦아야 하고, 거듭해야 하고, 두려워할 필요가 없다고 나는 말한다."713)

---

713) "'출리의 즐거움(nekkhamma-sukha)'이란 감각적 욕망(kāma)에서 벗어남의 즐거움(nikkhanta-sukha)이고, '떨쳐버림의 즐거움(paviveka-sukha)'이란 대중을 떨치고 오염원을 떨쳐버림에서 오는 즐거움이고, '고요함의 즐거움(upasama-sukha)'이란 탐욕 등을 가라앉힘으로 오는 즐거움이고, '깨달음의 즐거움(sambodha-sukha)'은 도라 불리는 깨달음에서 생긴 즐거움이다. 이런 즐거움은 지금 얻은 것(paṭilābha)이건 과보로 나타난 것(vipāka)이건 두려워할 필요가 없고 오히려 계발해야(bhāvetabba) 한다." (MA.iii.171)

22. "우다이여, 여기 비구는 감각적 욕망들을 완전히 떨쳐버리고 해로운 법들을 떨쳐버린 뒤, 일으킨 생각과 지속적 고찰이 있고, 떨쳐버렸음에서 생긴 희열과 행복이 있는 초선(初禪)을 구족하여 머문다. 우다이여, 나는 이것을 동요하는 [법]이라고 말한다.714) 그러면 무엇이 여기서 동요하는가? 여기서는 일으킨 생각과 지속적 고찰이 소멸되지 않았는데 이것이 동요한다."

23. "우다이여, 여기 비구는 일으킨 생각[尋]과 지속적 고찰[伺]을 가라앉혔기 때문에 [더 이상 존재하지 않고], 자기 내면의 것이고, 확신이 있으며, 마음의 단일한 상태이고, 일으킨 생각과 지속적 고찰은 없고, 삼매에서 생긴 희열과 행복이 있는 제2선(二禪)을 구족하여 머문다. 우다이여, 나는 이것도 동요하는 [법]이라고 말한다. 그러면 무엇이 여기서 동요하는가? 여기서는 희열과 행복이 소멸되지 않았는데 이것이 동요한다."

24. "우다이여, 여기 비구는 희열이 빛바랬기 때문에 평온하게 머물고, 마음챙기고 알아차리며[正念·正知] 몸으로 행복을 경험한다. [이 禪 때문에] 성자들이 그를 두고 '평온하고 마음챙기며 행복하게 머문다.'고 묘사하는 제3선(三禪)을 구족하여 머문다. 우다이여, 나는

---

714) "'이것을 동요하는 [법]이라고 나는 말한다(iñjitasmiṁ vadāmi).'라는 것은 이 초선이 흔들리고(iñjana), 움직이고(calana), 동요하는 [법](phandana)이라는 말이다. 거기서 무엇이 동요하는가? 초선에는 일으킨 생각[尋]과 지속적 고찰[伺]이 소멸되지 않고 존재하는데, 그것이 동요한다. 제2선 등에서도 이런 방법이 적용된다. 그러나 제4선을 두고 '동요하지 않는 [법]이라고 말한다(aniñjitasmiṁ vadāmi — §25).'라는 것은 제4선은 흔들림이 없고 움직임이 없고 동요가 없다는 것이다."(MA.iii.171)
'흔들림 없음(āneñja/āniñjita)' 등에 대해서는 본서 제3권 「수낙캇따 경」(M105) §11의 주해도 참조할 것.

이것도 동요하는 [법]이라고 말한다. 그러면 무엇이 여기서 동요하는가? 여기서는 평온과 행복이 [455] 소멸되지 않았는데 이것이 동요한다."

25. "우다이여, 여기 비구는 행복도 버리고 괴로움도 버리고, 아울러 그 이전에 이미 기쁨과 슬픔을 소멸하였으므로 괴롭지도 즐겁지도 않으며, 평온으로 인해 마음챙김이 청정한[捨念淸淨] 제4선(四禪)을 구족하여 머문다. 우다이여, 나는 이것을 동요하지 않는 [법]이라고 말한다."715)

26. "우다이여, 여기 비구는 감각적 욕망들을 완전히 떨쳐버리고 해로운 법들을 떨쳐버린 뒤, 일으킨 생각과 지속적 고찰이 있고, 떨쳐버렸음에서 생긴 희열과 행복이 있는 초선(初禪)을 구족하여 머문다. 우다이여, 이것은 충분치 못하다고 나는 말한다.716) 버려야 한다고 나는 말한다. 넘어서야 한다고 나는 말한다. 무엇이 이것을 넘어서는 것인가?"

27. "우다이여, 여기 비구는 일으킨 생각[尋]과 지속적 고찰[伺]을 가라앉혔기 때문에 [더 이상 존재하지 않고], 자기 내면의 것이고, 확신이 있으며, 마음의 단일한 상태이고, 일으킨 생각과 지속적 고찰은 없고, 삼매에서 생긴 희열과 행복이 있는 제2선(二禪)을 구족하여 머

715) 일반적으로 '흔들림 없음' 혹은 '흔들림 없는 경지(āneñja/aniñjita)'는 무색계를 뜻한다. 그런데 본경의 이 문단은 제4선이 '흔들림 없음' 혹은 '흔들림 없는 경지'에 속한다는 경전적 근거가 된다. 여기에 대해서는 본서 제3권 「수낙캇따 경」(M105) §11의 주해를 참조할 것.

716) "'충분치 못하다고 나는 말한다(analanti vadāmi).'는 것은 이 초선에 갈애와 집착(taṇhā-ālaya)을 일으켜서는 안된다는 것을 보여주고 계신다." (MA.iii.171~172)

문다. 이것이 그것을 넘어서는 것이다. 우다이여, 그러나 이것도 충분치 못하다고 나는 말한다. 버려야 한다고 나는 말한다. 넘어서야 한다고 나는 말한다. 무엇이 이것을 넘어서는 것인가?"

28. "우다이여, 여기 비구는 희열이 빛바랬기 때문에 평온하게 머물고, 마음챙기고 알아차리며[正念 · 正知] 몸으로 행복을 경험한다. [이 禪 때문에] 성자들이 그를 두고 '평온하고 마음챙기며 행복하게 머문다.'고 묘사하는 제3선(三禪)을 구족하여 머문다. 이것이 그것을 넘어서는 것이다. 우다이여, 그러나 이것도 충분치 못하다고 나는 말한다. 버려야 한다고 나는 말한다. 넘어서야 한다고 나는 말한다. 무엇이 이것을 넘어서는 것인가?"

29. "우다이여, 여기 비구는 행복도 버리고 괴로움도 버리고, 아울러 그 이전에 이미 기쁨과 슬픔을 소멸하였으므로 괴롭지도 즐겁지도 않으며, 평온으로 인해 마음챙김이 청정한[捨念淸淨] 제4선(四禪)을 구족하여 머문다. 이것이 그것을 넘어서는 것이다. 우다이여, 그러나 이것도 충분치 못하다고 나는 말한다. 버려야 한다고 나는 말한다. 넘어서야 한다고 나는 말한다. 무엇이 이것을 넘어서는 것인가?"

30. "우다이여, 비구는 물질[色]에 대한 인식을 완전히 초월하고 부딪힘의 인식을 소멸하고 갖가지 인식을 마음에 잡도리하지 않기 때문에 '무한한 허공'이라고 하면서 공무변처(空無邊處)를 구족하여 머문다. 이것이 그것을 넘어서는 것이다. 우다이여, 그러나 이것도 충분치 못하다고 나는 말한다. 버려야 한다고 나는 말한다. 넘어서야 한다고 나는 말한다. 무엇이 이것을 넘어서는 것인가?"

31. "우다이여, 비구는 공무변처를 완전히 초월하여 '무한한 알

음알이[識]'라고 하면서 식무변처(識無邊處)를 구족하여 머문다. 이것이 그것을 넘어서는 것이다. 우다이여, 그러나 이것도 충분치 못하다고 나는 말한다. 버려야 한다고 나는 말한다. 넘어서야 한다고 나는 말한다. 무엇이 이것을 넘어서는 것인가?"

32. "우다이여, 비구는 식무변처를 완전히 초월하여 '아무것도 없다.'라고 하면서 무소유처(無所有處)를 구족하여 머문다. 이것이 그것을 넘어서는 것이다. 우다이여, 그러나 이것도 충분치 못하다고 나는 말한다. 버려야 한다고 나는 말한다. 넘어서야 한다고 나는 말한다. 무엇이 이것을 넘어서는 것인가?"

33. "비구는 무소유처를 완전히 초월하여 비상비비상처(非想非非想處)를 구족하여 머문다. [456] 이것이 그것을 넘어서는 것이다. 우다이여, 그러나 이것도 충분치 못하다고 나는 말한다. 버려야 한다고 나는 말한다. 넘어서야 한다고 나는 말한다. 무엇이 이것을 넘어서는 것인가?"

34. "우다이여, 비구는 비상비비상처를 완전히 초월하여 상수멸(想受滅)을 구족하여 머문다. 이것이 그것을 넘어서는 것이다. 우다이여, 이처럼 나는 비상비비상처조차도 버려야 한다고 말한다. 우다이여, 그대는 작든 크든 간에[717] 내가 버려야 한다고 말하지 않은 그런 족쇄가 있다고 보는가?"

"그렇지 않습니다, 세존이시여."

---

717) "'작든 크든 간에(aṇuṁ vā thūlaṁ vā)'라는 것은 사소하거나 중요한 것(khuddakaṁ vā mahantaṁ vā), 혹은 약간의 비난을 받아야 하거나 크게 비난받아야 할 것(appa-sāvajjaṁ vā mahā-sāvajjaṁ vā)을 말한다." (MA.iii.172)

세존께서는 이와 같이 설하셨다. 우다이 존자는 흡족한 마음으로 세존의 말씀을 크게 기뻐하였다.

메추라기 비유 경(M66)이 끝났다.

짜뚜마 경

Cātuma Sutta(M67)

1. 이와 같이 나는 들었다. 한때 세존께서는 짜뚜마718)의 아말라끼 숲에 머무셨다.

2. 그 즈음에 사리뿟따와 목갈라나를 상수로 하는 오백 명의 비구들이 세존을 친견하기 위해 짜뚜마에 도착했다.719) 새로 도착한 방문객 비구들은 그곳에 이미 거주하고 있는 비구들720)과 더불어 서

---

718) 주석서는 짜뚜마(Cātumā)에 대해서 "이런 이름을 가진 마을(gāma)이다."(MA.iii.172)라고만 설명하고 있다. 본경 §6에 의하면 짜뚜마는 석가족들이 사는 마을이다.

719) "이들은 갓 출가한(adhunā pabbajitā) 오백 명의 비구들이다. 두 장로는 '이 선남자들은 열 가지 힘[十力, dasa-bala]을 갖추신 세존을 아직 친견하지 못한 채(adisvā) 출가했다. 이들에게 세존을 친견하게 하리라. 세존을 뵙고 면전에서 법문을 들으면 각자 자신이 강하게 의지하는 것에 따라(yathā-upanissayena) 굳건하게 머물 것이다.'라고 생각하면서 이들을 데리고 세존을 찾아갔다."(MA.iii.172)

720) 여기서 '방문객 비구들'은 āgantukā bhikkhū를 옮긴 것이고 '거주하고 있는 비구들은nevāsikā bhikkhū'를 옮긴 것이다.
비슷한 표현이 『앙굿따라 니까야』 제3권 「소임승 경」(A5:231)에 āvāsika와 nevāsika로 나타나고 있다. 전자는 '소임승'으로 옮겼고 후자는 '거주승'으로 옮겼다. 여기에 대해서는 「소임승 경」(A5:231) §1의 주해를 참

로 담소를 나누고, 잠자리와 좌구를 준비하고,721) 발우와 가사를 정리하면서722) 큰 소리로 시끄럽게 떠들었다.

3. 그러자 세존께서는 아난다 존자를 불러서 말씀하셨다.

"아난다여, 그런데 이들은 누구인데 이렇게 큰 소리로 시끄럽게 떠드는가? 꼭 어부가 물고기들을 끌어올릴 때와 같구나."

"세존이시여, 사리뿟따와 목갈라나를 상수로 하는 오백 명의 비구들이 세존을 뵈러 짜뚜마에 도착했습니다. 그들 방문객 비구들은 이곳에 이미 거주하고 있는 비구들과 더불어 서로 담소를 나누고, 잠자리와 좌구를 준비하고, 발우와 가사를 정리하면서 큰 소리로 시끄럽게 떠들고 있습니다."

4. "아난다여, 그렇다면 내 말이라 전하고 그 비구들을 불러오라. '존자들이여, 스승께서 그대들을 부르십니다.'라고."

"그러겠습니다, 세존이시여."라고 아난다 존자는 세존께 대답하고 그 비구들을 만나러 갔다. 가서는 그 비구들에게 이렇게 말했다.

"존자들이여, 스승께서 그대들을 부르십니다."

"도반이여, 잘 알겠습니다."라고 그 비구들은 [457] 아난다 존자에게 대답하고 세존을 뵈러 갔다. 가서는 세존께 절을 올리고 한 곁에 앉았다. 한 곁에 앉은 그 비구들에게 세존께서는 이렇게 말씀하셨다.

조할 것.

721) "'잠자리와 좌구를 준비하고(senāsanāni paññāpayamānā)'라는 것은 자기의 스승과 은사(ācariy-upajjhāyā)가 머물 곳을 물은 뒤 문과 창문을 열고 잠자리와 좌구를 밖으로 옮겨 먼지를 털어서 본래 있던 곳으로 정리를 하는 것이다."(MA.iii.173)

722) "발우(patta)와 가사(cīvara)와 컵(thālaka)과 물병(udaka-tumba)과 작은 지팡이(kattara-yaṭṭhi) 같은 사문의 자구(資具, samaṇa-parikkhāra)를 잘 정리해서 두는 것이다."(MA.iii.173)

"그런데 왜 그대들은 이렇게 큰 소리로 시끄럽게 떠드는가? 꼭 어부가 물고기들을 끌어올릴 때와 같구나."

"세존이시여, 저희 오백 명의 비구들은 사리뿟따와 목갈라나를 상수로 하여 세존을 뵈러 짜뚜마에 도착했습니다. 저희들은 여기 거주하고 있는 비구들과 더불어 서로 담소를 나누고, 잠자리와 좌구를 준비하고, 발우와 가사를 정리하면서 큰 소리로 시끄럽게 떠들었습니다."

5. "비구들이여, 물러가라. 나는 그대들을 내쫓는다. 그대들은 나와 함께 머물 수 없다."

"그러겠습니다, 세존이시여."라고 그 비구들은 세존께 대답하고 자리에서 일어나서 세존께 절을 올리고 오른쪽으로 돌아 [경의를 표한] 뒤 침구와 좌구를 정리하고 발우와 가사를 수하고 떠났다.

6. 그때 짜뚜마에 사는 사꺄족들은 어떤 일 때문에 집회소에 모여 있었다. 짜뚜마에 사는 사꺄족들은 멀리서 그 비구들이 오는 것을 보았다. 보고서는 그 비구들을 만나러 갔다. 가서는 그 비구들에게 이렇게 말했다.

"존자들은 어디로 떠나십니까?"

"도반들이여, 세존께서 비구 승가를 내치셨습니다."

"그러시다면 존자들께서는 잠시만 앉아계십시오. 아마도 저희들이 세존께서 신뢰를 회복하도록 할 수 있을 것입니다."

"그러겠습니다, 도반들이여."라고 그 비구들은 짜뚜마에 사는 사꺄족들에게 대답했다.

7. 그러자 짜뚜마에 사는 사꺄족들은 세존을 뵈러 갔다. 가서는 세존께 절을 올리고 한 곁에 앉았다. 한 곁에 앉아서 짜뚜마에 사는

사까족들은 세존께 이렇게 말씀드렸다.[723]

"세존이시여, 세존께서는 비구 승가를 기쁘게 해주소서. 세존이시여, 세존께서는 비구 승가를 반겨주소서. 세존이시여, 세존께서는 마치 이전에 비구 승가를 섭수하셨듯이 지금의 비구 승가를 섭수해주소서.

세존이시여, 여기에는 갓 출가하여 근래에 이 법과 율에 입문한 신참 비구들이 있습니다. 그들이 세존을 친견할 기회를 얻지 못하면 다른 생각을 품게 되고 변할 수도 있을 것입니다.

세존이시여, 마치 어린 씨앗이 물을 얻지 못하면 달라지고 변하는 것과 같습니다. 세존이시여, 그와 같이 여기에는 [458] 갓 출가하여 근래에 이 법과 율에 입문한 신참 비구들이 있습니다. 그들이 세존을 친견할 기회를 얻지 못하면 다른 생각을 품게 되고 변할 수도 있을 것입니다.

세존이시여, 마치 막 태어난 어린 송아지가 어미를 보지 못하면 달라지고 변하는 것과 같습니다. 세존이시여, 그와 같이 여기에는 갓 출가하여 근래에 이 법과 율에 입문한 신참 비구들이 있습니다. 그들이 세존을 친견할 기회를 얻지 못하면 다른 생각을 품게 되고 변할 수도 있을 것입니다.

세존이시여, 세존께서는 비구 승가를 기쁘게 해주소서. 세존이시여, 세존께서는 비구 승가를 반겨주소서. 세존이시여, 세존께서는 마치 이전에 비구 승가를 섭수하셨듯이 지금의 비구 승가를 섭수해주소서."

---

723) 이하 본경에 나타나는 이 일화는 『상윳따 니까야』 제3권 「걸식 경」(S22:80) §2 이하에 나타나는 것과 비슷하다. 그곳에는 짜뚜마의 석가족들이 본경의 이곳처럼 세존께 권청하는 것이 아니라 세존께서 스스로 사유를 하시고 그 뒤에 사함빠띠 범천이 세존께 권청을 하는 것으로 나타나고 있다.

8. 그러자 사함빠띠 범천[724]이 자기의 마음으로 세존의 마음속 생각을 알고서 마치 힘센 사람이 구부린 팔을 펴고 편 팔을 구부리듯이 그렇게 재빨리 범천의 세상에서 사라져 세존 앞에 나타났다.[725] 그때 사함빠띠 범천은 한쪽 어깨가 드러나게 윗옷을 입고서 세존을 향해 합장하고 이렇게 말했다.

9. "세존이시여, 세존께서는 비구 승가를 기쁘게 해주소서. 세존이시여, 세존께서는 비구 승가를 반겨주소서. 세존이시여, 세존께서는 마치 이전에 비구 승가를 섭수하셨듯이 지금의 비구 승가를 섭수해주소서.

세존이시여, 여기에는 갓 출가하여 근래에 이 법과 율에 입문한 신참 비구들이 있습니다. 그들이 세존을 친견할 기회를 얻지 못하면 다른 생각을 품게 되고 변할 수도 있을 것입니다.

세존이시여, 마치 어린 씨앗이 물을 얻지 못하면 달라지고 변하는 것과 같습니다. 세존이시여, 그와 같이 여기에는 갓 출가하여 근래에 이 법과 율에 입문한 신참 비구들이 있습니다. 그들이 세존을 친견할 기회를 얻지 못하면 다른 생각을 품게 되고 변할 수도 있을 것입니다.

세존이시여, 마치 막 태어난 어린 송아지가 어미를 보지 못하면 달라지고 변하는 것과 같습니다. 세존이시여, 그와 같이 여기에는 갓 출가하여 근래에 이 법과 율에 입문한 신참 비구들이 있습니다. 그들이 세존을 친견할 기회를 얻지 못하면 다른 생각을 품게 되고 변할 수도 있을 것입니다.

---

724) 사함빠띠 범천(brahmā Sahampati)에 대해서는 본서 제1권 「성스러운 구함 경」(M26) §20의 주해를 참조할 것.

725) 이하 본경 §§8~9에 나타나는 일화는 『상윳따 니까야』 제3권 「걸식 경」(S22:80) §4와 유사하다.

세존이시여, 세존께서는 비구 승가를 기쁘게 해주소서. 세존이시여, 세존께서는 비구 승가를 반겨주소서. 세존이시여, 세존께서는 마치 이전에 비구 승가를 [459] 섭수하셨듯이 지금의 비구 승가를 섭수해주소서."

10. 짜뚜마에 사는 사꺄족들과 사함빠띠 범천은 씨앗의 비유와 송아지의 비유로 세존께서 신뢰를 회복하도록 할 수 있었다.

11. 그러자 마하목갈라나 존자는 비구들에게 이렇게 말했다.

"도반들이여, 일어나십시오. 발우와 가사를 수하십시오. 짜뚜마에 사는 사꺄족들과 사함빠띠 범천이 씨앗과 송아지의 비유로 [간청을 드리자] 세존께서는 신뢰를 회복하셨습니다."726)

12. "그러겠습니다, 도반이시여."라고 비구들은 마하목갈라나 존자에게 대답하고 자리에서 일어나 발우와 가사를 수하고 세존을 뵈러 갔다. 가서는 세존께 절을 올리고 한 곁에 앉았다. 한 곁에 앉은 사리뿟따 존자에게 세존께서는 이렇게 말씀하셨다.

"사리뿟따여, 내가 비구 승가를 내칠 때 그대에게 어떤 생각이 들었는가?"

"세존이시여, 제게 이런 생각이 들었습니다.

'세존께서는 비구 승가를 내치시는구나. 세존께서는 이제 무심히 지금·여기에서의 행복한 삶에 열중하여 머무실 것이다. 우리도

---

726) "목갈라나 존자는 그곳에 남아 있었지만 천안(dibba-cakkhu)으로 범천이 가는 것을 보았고, 천이계(天耳界, 天耳通, dibbā sota-dhātu)로 간청하는 소리를 들었다. 그리고 타심통(cetopariya-ñāṇa)으로 세존께서 신뢰를 회복하신 것도 알았다. 그러므로 '어떤 비구를 보내어 부를 때 가는 것은 옳지 않다. 스승께서 사람을 보내기 전에 가야겠다.'라고 생각하면서 '세존께서는 신뢰를 회복하셨다.'라고 말한 것이다."(MA.iii.175)

이제 무심히 지금 · 여기에서의 행복한 삶에 열중하여 머물러야겠다.'"[727]

"그만하라, 사리뿟따여. 그만하라, 사리뿟따여. 사리뿟따여, 그대는 다시는 그런 마음을 일으키지 마라."[728]

13. 그러자 세존께서는 마하목갈라나 존자에게 이렇게 말씀하셨다.

"목갈라나여, 내가 비구 승가를 내칠 때 그대에게 어떤 생각이 들었는가?"

"세존이시여, 제게 이런 생각이 들었습니다.

'세존께서는 비구 승가를 내치시는구나. 세존께서는 이제 무심히 지금 · 여기에서의 행복한 삶에 열중하여 머무실 것이다. 나와 사리뿟따 존자가 비구 승가를 돌보아야겠다.'"

"장하구나. 장하구나, 목갈라나여. 목갈라나여, 참으로 내가 비구 승가를 돌보아야 하고 아니면 사리뿟따와 목갈라나가 그렇게 해야 한다."

14. 그리고 나서 세존께서는 비구들을 불러서 말씀하셨다.[729]

---

727) "'우리도 이제 무심히 지금 · 여기에서의 행복한 삶에 열중하여 머물러야겠다(mayampi dāni appossukkā diṭṭhadhammasukhavihāraṁ anuyuttā viharissāma).'라고 하였다. 이것은 '세존께서는 이제 다른 일에 대해 일체 관심을 두지 않고, 과의 증득(phala-samāpatti)에 몰입하여 머물고자 하시나보다. 스승께서는 이제 자신이 하시고 싶은 대로 머무실 것이다. 우리는 다른 사람을 훈계하는 것에서 벗어났다(nikkaḍḍhitā). 남에게 훈계(par-ovāda)를 해서 무엇하겠는가? 이제 우리도 지금 · 여기에서 행복하게 머물리라.'라는 것을 드러낸 것이다."(MA.iii.175~176)

728) "장로는 이 경우에 실수(viraddha)하여 자기의 책임(bhāra-bhāva)을 알아차리지를 못했다. 이 비구 승가는 두 분의 큰 장로에게 책임(bhāra)이 있었기 때문에 세존께서 그에게 '그만하라.'라고 말문을 닫게 하셨다. 그러나 목갈라나 장로는 자신의 책임을 알아차리고 있었기 때문에 세존께서 그를 칭찬하신 것이다."(MA.iii.176)

"비구들이여, 물속에 들어가는 자들에게 이런 네 가지 두려움이 예상된다. 무엇이 넷인가? 파도에 대한 두려움과 악어에 대한 두려움과 소용돌이에 대한 두려움과 상어에 대한 두려움이다.730) 비구들이여, 물속에 들어가는 자들에게는 이런 네 가지 두려움이 예상된다."

15. "비구들이여, 그와 같이 집을 나와 이 법과 율에 출가한 사람에게는 이런 네 가지 두려움이 예상된다. 무엇이 [460] 넷인가? 파도에 대한 두려움과 악어에 대한 두려움과 소용돌이에 대한 두려움과 상어에 대한 두려움이다."

16. "비구들이여, 그러면 무엇이 파도에 대한 두려움인가?

비구들이여, 여기 어떤 좋은 가문의 아들은 믿음으로 집을 나와 출가하여 이렇게 생각한다.

'나는 태어남과 늙음과 죽음과 근심・탄식・육체적 고통・정신적 고통・절망에 짓눌렸다. 괴로움에 짓눌렸다. 괴로움에 압도되었다. 이제 참으로 이 전체 괴로움의 무더기의 끝을 꿰뚫어 알아야겠다.'

이렇게 출가한 그를 청정범행을 닦는 동료 수행자들은 가르치고 훈계한다.

---

729) 이하 본경의 마지막까지는 『앙굿따라 니까야』 제2권 「파도 경」(A4:122) 전체와 동일하다.

730) 비슷한 표현이 『상윳따 니까야』 제4권 「바다 경」 1(S35:228) §4에 "파도와 소용돌이와 상어와 도깨비가 있는 눈의 바다를 건넜다고 한다."라고 언급되고 있다. 여기서는 육근이 육경의 흐름을 견디는 것을 두고 파도와 소용돌이와 상어와 도깨비가 있는 육경의 바다를 건넜다고 한다고 설명하고 있다. 한편 『쿳다까 니까야』의 『여시어경』(It.114)에 의하면 '파도(ūmi)'는 분노와 절망(kodh-upāyāsa)을, '소용돌이(āvaṭṭa)'는 다섯 가닥의 감각적 욕망을, '상어와 도깨비(gāha-rakkhasa)'는 여인들을 뜻한다고 나타난다. 본경에서 상어는 susukā로 나타나고 있다.

'그대는 앞으로 볼 때는 이와 같이 해야 하고, 뒤로 돌아볼 때는 이와 같이 해야 하고, 구부릴 때는 이와 같이 해야 하고, 펼 때는 이와 같이 해야 하고, 가사와 발우와 의복을 수할 때는 이와 같이 해야 합니다.'

그러면 그에게 이런 생각이 든다.

'나는 전에 재가자였을 때는 다른 사람들을 가르치고 훈계했다. 그러나 이제 아들뻘이 되어 보이고 손자뻘이 되어 보이는 이 [비구들이] 우리에게 가르치고 훈계를 해야 한다고 생각하는구나.'

그는 화가 나서 가르침을 버리고 낮은 [재가자의] 삶으로 되돌아간다.

비구들이여, 이를 일러 파도에 대한 두려움에 질려 공부지음을 버리고 낮은 [재가자의] 삶으로 되돌아간다고 한다. 비구들이여, 파도에 대한 두려움이란 분노에 따른 절망을 두고 한 말이다."

17. "비구들이여, 그러면 무엇이 악어에 대한 두려움인가?

비구들이여, 여기 어떤 좋은 가문의 아들은 믿음으로 집을 나와 출가하여 이렇게 생각한다.

'나는 태어남과 늙음과 죽음과 근심·탄식·육체적 고통·정신적 고통·절망에 짓눌렸다. 괴로움에 짓눌렸다. 괴로움에 압도되었다. 이제 참으로 이 전체 괴로움의 무더기의 끝을 꿰뚫어 알아야겠다.'

이렇게 출가한 그를 동료 수행자들은 가르치고 훈계한다.

'그대는 이것을 씹을 수 있고, 이것은 씹으면 안 됩니다. 그대는 이것을 먹을 수 있고, 이것은 먹으면 안 됩니다. 그대는 이것을 맛볼 수 있고, 이것을 맛보아서는 안 됩니다. 그대는 이것을 마실 수 있고, 이것을 마셔서는 안 됩니다. 그대는 허락된 것만을 씹을 수 있고, 허락되지 않은 것을 씹어서는 안 됩니다. 그대는 허락된 것만을 먹을 수 있고, 허락되지 않은 것을 먹어서는 안 됩니다. 그대는 허락된 것만을 맛볼 수 있고, 허락되지 않은 것을 맛보아서는 안 됩니다. 그대는 허락된 것만을 마실 수 있고, 허락되지 않은 것을 마셔서는 안 됩니다. 그대는 바른 때에 씹어야 하고, 때 아닌 때에 씹어서는 안 됩니다. 그대는 바른 때에 먹어야 하고, 때 아닌 때에 먹어서는 안 됩니다. 그대는 바른 때에 맛보아야 하고, 때 아닌 때에 맛보아서는 안 됩니다. 그대는 바른 때에 마셔야 하고, 때 아닌 때에 마셔서는 안 됩니다.'

그러면 [461] 그에게 이런 생각이 든다.

'우리가 전에 재가자였을 때는 원하는 것은 무엇이건 씹었다. 원하는 것은 무엇이건 먹었다. 원하는 것은 무엇이건 맛보았다. 원하는 것은 무엇이건 마셨다. 우리는 허락된 것도 씹었고 허락되지 않은 것도 씹었다. 우리는 허락된 것도 먹었고 허락되지 않은 것도 먹었다. 우리는 허락된 것도 맛보았고 허락되지 않은 것도 맛보았다. 우리는 허락된 것도 마셨고 허락되지 않은 것도 마셨다. 우리는 제때에도 씹었고 때 아닌 때에도 씹었다. 우리는 제때에도 먹었고 때 아닌 때에도 먹었다. 우리는 제때에도 맛보았고 때 아닌 때에도 맛보았다. 우리는 제때에도 마셨고 때 아닌 때에도 마셨다. 신심 깊은 장자들이 우리들에게 한낮의 때 아닌 때에 맛있는 여러 음식을 공양 올리는데 이 [비구들은] 우리의 입에 재갈을 물리는 것 같구나.'

그는 공부지음을 버리고 낮은 [재가자의] 삶으로 되돌아간다.

비구들이여, 이를 일러 악어에 대한 두려움에 질려 공부지음을 버리고 낮은 [재가자의] 삶으로 되돌아간다고 한다. 비구들이여, 악어에 대한 두려움이란 게걸스러움을 두고 한 말이다."

18. "비구들이여, 그러면 무엇이 소용돌이에 대한 두려움인가?

비구들이여, 여기 어떤 좋은 가문의 아들은 믿음으로 집을 나와서 출가하여 이렇게 생각한다.

'나는 태어남과 늙음과 죽음과 근심·탄식·육체적 고통·정신적 고통·절망에 짓눌렸다. 괴로움에 짓눌렸다. 괴로움에 압도되었다. 이제 참으로 이 전체 괴로움의 무더기의 끝을 꿰뚫어 알아야겠다.'

그는 이렇게 출가하여 아침에 옷매무새를 가다듬고 발우와 가사를 수하고 마을이나 성읍으로 탁발을 간다. 그러나 그의 몸은 보호되지 않았고 말도 보호되지 않았고 마음챙김도 확립되지 않았고 감각기능들도 제대로 단속되지 않았다.

그는 거기서 장자나 장자의 아들이 다섯 가닥의 얽어매는 감각적 욕망을 갖추고 완비하여 즐기고 있는 것을 본다. 그러면 그에게 이런 생각이 든다.

'우리는 전에 재가자였을 때 다섯 가닥의 얽어매는 감각적 욕망을 갖추고 완비하여 즐겼다. 우리 가문은 재물이 풍족하다. 나는 재물을 즐기고 공덕을 지을 수도 있다.'

그는 공부지음을 버리고 낮은 [재가자의] 삶으로 되돌아간다.

비구들이여, 이를 일러 소용돌이에 대한 두려움에 질려 공부지음을 버리고 낮은 [재가자의] 삶으로 되돌아간다고 한다. 비구들이여, 소용돌이에 대한 두려움이란 다섯 가닥의 얽어매는 감각적 욕망들을 두고 한 말이다."

19. "비구들이여, 그러면 무엇이 상어에 대한 두려움인가?

비구들이여, 여기 [462] 어떤 좋은 가문의 아들은 믿음으로 집을 나와서 출가하여 이렇게 생각한다.

'나는 태어남과 늙음과 죽음과 근심·탄식·육체적 고통·정신적 고통·절망에 짓눌렸다. 괴로움에 짓눌렸다. 괴로움에 압도되었다. 이제 참으로 이 전체 괴로움의 무더기의 끝을 꿰뚫어 알아야겠다.'

그는 이렇게 출가하여 아침에 옷매무새를 가다듬고 발우와 가사를 수하고 마을이나 성읍으로 탁발을 간다. 그러나 그의 몸은 보호되지 않았고 말도 보호되지 않았고 마음챙김도 확립되지 않았고 감각기능들도 제대로 단속되지 않았다.

그는 거기서 제대로 몸을 감싸지도 않고 제대로 옷을 입지 않은 여인을 본다. 제대로 몸을 감싸지도 않고 제대로 옷을 입지 않은 그런 여인을 보고서 마음이 애욕에 물든다. 그는 애욕에 물든 마음으로 공부지음을 버리고 낮은 [재가자의] 삶으로 되돌아간다.

비구들이여, 이를 일러 상어에 대한 두려움에 질려 공부지음을 버리고 낮은 [재가자의] 삶으로 되돌아간다고 한다. 비구들이여, 상어에 대한 두려움이란 여인을 두고 한 말이다."

20. "비구들이여, 집을 나와서 이 법과 율에 출가한 사람에게는 이런 네 가지 두려움이 예상된다."

세존께서는 이와 같이 설하셨다. 그 비구들은 흡족한 마음으로 세존의 말씀을 크게 기뻐하였다.

짜뚜마 경(M67)이 끝났다.

날라까빠나 경

Naḷakapāna Sutta(M68)

1. 이와 같이 나는 들었다. 한때 세존께서는 꼬살라의 날라까빠나[731]에 있는 빨라사 숲에 머무셨다.

2. 그 즈음에 잘 알려진 좋은 가문의 아들들이 많이 세존 아래로 믿음으로 집을 나와 출가했다. 그들은 아누룻다 존자,[732] 난디야 존자, 낌빌라 존자,[733] 바구 존자,[734] 꾼다다나 존자,[735] 레와따 존

731) 꼬살라의 날라까빠나 성읍(Naḷakapāna nigama)은 그곳에 있는 날라까빠나 호수(pokkharaṇi) 때문에 붙여진 이름이라고 한다. 주석서는 이 이름이 붙여진 전설을 자따까를 인용하면서 길게 설명하고 있다.(MA.iii.178~180) 이 마을에는 께따 숲(Keta-vana)과 빨라사 숲(Palāsa-vana)이 있었다고 하는데 본경은 후자에서 설해진 것이다. 『앙굿따라 니까야』 제6권 「날라까빠나 경」 1/2(A10:67~68)도 이곳 빨라사 숲에서 설하신 것이다.

732) 아누룻다 존자(āyasmā Anuruddha)에 대해서는 본서 「고싱가살라 긴 경」(M32) §2의 주해를 참조할 것.

733) 난디야 존자(āyasmā Nandiya) 낌빌라 존자(āyasmā Kimbila) 에 대해서는 본서 「고싱가살라 짧은 경」(M31) §2의 주해들을 참조할 것.

734) 바구 존자(āyasmā Bhagu)는 사꺄족 출신이며 본경과 『율장』과 주석서 문헌에서는 성도 후에 까삘라왓투를 방문하신 부처님을 따라서 사꺄의 아누삐야(Anupiya)에서 아누룻다 존자(āyasmā Anuruddha), 아난다(Ānan-

자,[736] 아난다 존자[737]와 다른 잘 알려진 좋은 가문의 아들들이었다.

3. 그때 세존께서는 비구 승가에 둘러싸여서 [463] 노천에 앉아

---

da), 낌빌라(Kimbila), 데와닷따(Devadatta) 같은 왕자와 이발사 우빨리(Upāli)를 비롯한 많은 사까의 청년들과 함께 출가하였다고 나타난다.(Vin. ii.180; AA.i.108; DhpA.i.133; iv.127)

그는 발라깔로나까라 마을(Bālakaloṇakāra gāma)에 머물면서 거기서 아라한과를 얻었는데(ThagA.ii.111~112) 이때 읊은 그의 게송이 『장로게』(Thag) {271-4}로 전해온다.

그는 본서 제4권 「오염원 경」(M128)의 §7에도 나타나는데 「오염원 경」 §§1~7에 의하면 꼬삼비에서는 비구들이 분쟁이 생겼는데 그들은 중재하려는 세존의 말씀도 듣지 않게 되자 세존께서는 발라깔로나까라 마을로 가셨고 [이미 아라한과를 증득하여] 그곳에 머무르던 바구 존자는 세존의 격려의 말씀을 듣고 크게 기뻐하였다고 한다. 주석서(SA.ii.304)에 의하면 이때 세존께서는 하루 낮과 밤 동안 그에게 설법을 하셨다고 한다.

735) 꾼다다나 존자(āyasmā Kuṇḍadhāna)는 사왓티의 바라문 가문에서 태어났으며 베다에 능통했다고 한다. 그의 이름은 원래 다나(Dhāna)였다. 그가 꾼다다나 혹은 꼰다다나라고 불리게 된 데는 이상한 인연이 있다. 그는 부처님의 가르침을 듣고 출가하였는데 그때부터 이상한 일이 벌어졌다. 자신은 모르지만 젊은 여인의 모습이 항상 그를 따라다녔다. 탁발을 가면 여인네들은 그에게 두 사람분의 음식을 주면서 '하나는 당신 여자 친구의 것입니다.' 하면서 놀렸고 비구들도 그를 '우리 존자는 참 꼬부라지기도(꾼다, kuṇḍa/koṇḍa)하지.'라면서 놀렸다고 한다. 그래서 그의 이름이 꾼다다나 혹은 꼰다다나가 되었다 한다. 그는 상심하여 탁발을 갈 수도 없었고 제대로 수행을 할 수도 없었다고 한다.

꼬살라의 빠세나디 왕이 이 소문을 듣고 그에게 늘 공양을 베풀기로 약속을 하여 탁발을 가지 않고도 수행에 전념할 수 있었으며 그래서 아라한이 되었다고 한다. 그러자 그 여인의 모습은 없어졌다고 한다.

그는 세존을 상수로 여러 비구대중이 욱가나가라의 마하수밧다(Mahā-Subhaddā)와 사께따(Sāketa)의 쭐라수밧다와 수나빠란따(Sunāparanta)로 유행을 갔을 때 늘 제일 먼저 식권을 받았다고 한다. 그래서 그는 식권을 처음 받는 비구들 가운데 으뜸이라고 불리게 된 것이다.

736) 레와따 존자(āyasmā Revata)에 대해서는 본서 「고싱가살라 긴 경」(M32) §3의 주해를 참조할 것.

737) 아난다 존자(āyasmā Ananda)에 대해서도 본서 「고싱가살라 긴 경」(M32) §3의 주해들을 참조할 것.

계셨다. 그러자 세존께서는 그 좋은 가문의 아들들에 관해 비구들에게 말씀하셨다.

"비구들이여, 그 좋은 가문의 아들들은 내 아래로 믿음으로 집을 나와 출가했다. 비구들이여, 그 비구들은 청정범행에 기뻐하고 있는가?"

이렇게 말씀하셨을 때 그 비구들은 침묵을 지키고 있었다. 두 번째로 … 세 번째로 세존께서는 그 좋은 가문의 아들들에 관해 비구들에게 말씀하셨다.

"비구들이여, 그 좋은 가문의 아들들은 내 아래로 믿음으로 집을 나와 출가했다. 비구들이여, 그 비구들은 청정범행에 기뻐하고 있는가?"

이렇게 말씀하셨을 때 그 비구들은 침묵을 지키고 있었다.

4. 그러자 세존께 이런 생각이 들었다.

"내가 직접 그 좋은 가문의 아들들에게 물어보리라."

그러자 세존께서는 아누룻다 존자를 불러 말씀하셨다.

"아누룻다들이여[738], 그대들은 청정범행에 기뻐하는가?"

"세존이시여, 참으로 저희들은 청정범행에 기뻐합니다."

5. "장하구나. 장하구나, 아누룻다들이여. 아누룻다들이여, 청정범행에 기뻐하는 것은 그대들과 같이 믿음으로 집을 나와 출가한 좋은 가문의 아들들에게는 참으로 어울리는 것이다. 아누룻다들이여, 그대들은 머리칼이 검고 축복받은 젊음을 두루 갖춘 인생의 초년에 감각적 욕망을 즐길 수도 있었을 것이다. 아누룻다들이여, 그러나 그런 검은 머리칼과 축복받은 젊음을 두루 갖춘 인생의 초년에 머리와

738) 여기에 대해서는 본서 「고싱가살라 짧은 경」(M31) §5의 주해를 참조할 것.

수염을 깎고 가사를 수하고 집을 떠나 출가했다.

그대들이 집을 나와 출가한 것은 왕의 명령[739]으로 인한 것도 아니고, 도둑의 협박 때문도 아니고, 빚 때문도 아니고, 두려움 때문도 아니고, 생계 때문도 아니다. 아누룻다들이여, 그대들은 '나는 태어남과 늙음과 죽음과 근심·탄식·육체적 고통·정신적 고통·절망에 짓눌렸다. 괴로움에 짓눌렸다. 괴로움에 압도되었다. 이제 참으로 이 전체 괴로움의 무더기의 끝을 꿰뚫어 알아야겠다.'라고 생각하면서 믿음으로 집을 나와 출가한 것이 아닌가?"

"그렇습니다, 세존이시여."

6. "아누룻다들이여, 그러면 이렇게 출가한 좋은 가문의 아들은 무엇을 해야 하는가?

아누룻다들이여, 감각적 욕망들을 멀리 떨쳐버리고 해로운 법들을 멀리 여읜 희열과 행복을 얻지 못하거나 이보다 더 평화로운 경지를 얻지 못하면 탐욕이 그의 마음을 제압하여 머문다.[740] 악의가 그의 마음을 압도하고 제압하여 머문다. 해태와 혼침이 … 들뜸과 후회가

739) "'왕의 명령(rāja-abhinīta)'이라고 하였다. 어떤 사람이 왕에게 죄를 짓고 도망을 갔지만 결코 벗어날 수가 없었다. 그러나 출가를 한다면 면죄해주겠다는 왕의 말을 듣고 친구와 상의를 하였다. 친구는 목숨을 건지려면 출가를 하라고 권했다. 그리하여 그는 출가하여 목숨을 부지하였는데, 이것을 두고 말하는 것이다."(MA.iii.180)

740) "'탐욕이 그의 마음을 제압하여 머문다(tassa abhijjhā pi cittaṁ pariyādāya tiṭṭhati).'고 하셨다. 감각적 욕망들(kāmā)과 해로운 법들(akusala-dhammā)을 멀리 떨쳐버렸으므로(vivittena) 초선과 제2선이라 불리는 희열과 행복(pīti-sukha)을 얻어야 한다. 만일 감각적 욕망들을 멀리 떨쳐버리고 해로운 법들을 멀리 여읜 희열과 행복을 얻지 못하거나 혹은 더 높은 두 가지 禪(제3선가 제4선)과 네 가지 도의 더 평화로운 행복(santatara sukha)을 얻지 못하면, 이런 탐욕 등이 그의 마음을 제압하여 머문다는 말씀이다."(MA.iii.181)

… 의심이 … [464] … 싫어함[741]이 … 게으름이 그의 마음을 제압하여 머문다. 아누룻다들이여, 감각적 욕망들을 멀리 여의고 해로운 법들을 멀리 여읜 희열과 행복을 얻지 못하거나 이보다 더 평화로운 경지를 얻지 못하면 [이와 같이 된다.]

아누룻다들이여, 감각적 욕망들을 멀리 여의고 해로운 법들을 멀리 여읜 희열과 행복을 얻거나 이보다 더 평화로운 경지를 얻으면 탐욕이 그의 마음을 제압하여 머물지 않는다. 악의가 그의 마음을 제압하여 머물지 않는다. 해태와 혼침이 … 들뜸과 후회가 … 의심이 … 싫어함이 … 게으름이 그의 마음을 제압하여 머물지 않는다. 아누룻다들이여, 감각적 욕망들을 멀리 여의고 해로운 법들을 멀리 여읜 희열과 행복을 얻거나 이보다 더 평화로운 경지를 얻으면 [이와 같이 된다.]"

7. "아누룻다들이여, 그대들은 나에 대해서 이런 생각이 드는가? '여래는 정신적 오염원이고 다시 태어남을 가져오고 두렵고 괴로운 과보를 가져오고 미래의 태어남과 늙음과 죽음을 초래하는 번뇌들을 버리지 못했다. 그래서 여래는 숙고한 뒤에 어떤 것을 수용하고, 숙고한 뒤에 어떤 것을 감내하고, 숙고한 뒤에 어떤 것을 피하고, 숙고한 뒤에 어떤 것을 버린다.'라고."[742]

---

741) '싫어함'은 arati를 옮긴 것이다. 주석서는 "높은 유익한 법들(adhikusalā dhammā)에 대한 불만스러움(ukkaṇṭhitatā)이다."(MA.iii.181)라고 설명하고 있다.

742) 숙고한 뒤에 어떤 것을 수용함으로써, 감내함으로써, 피함으로써, 버림으로써 번뇌들을 없애는 이 네 가지 수행 방법은 본서 제1권 「모든 번뇌 경」(M2) §4에서 ③ 수용함으로써 없애야 할 번뇌들 ④ 감내함으로써 없애야 할 번뇌들 ⑤ 피함으로써 없애야 할 번뇌들 ⑥ 버림으로써 없애야 할 번뇌들로 포함되어 나타나고 있고, 이것들은 다시 §13 이하에서 설명되고 있으므로 참조하기 바란다.

"세존이시여, 저희들은 세존에 대해 그런 생각은 들지 않고, 오히려 이런 생각이 듭니다. '여래께서는 정신적 오염원이고 다시 태어남을 가져오고 두렵고 괴로운 과보를 가져오고 미래의 태어남과 늙음과 죽음을 초래하는 번뇌들을 버리셨다. 그래서 여래는 숙고한 뒤에 어떤 것을 수용하시고, 숙고한 뒤에 어떤 것을 감내하시고, 숙고한 뒤에 어떤 것을 피하시고, 숙고한 뒤에 어떤 것을 버리신다.'라고."

"장하구나. 장하구나, 아누룻다들이여. 여래는 정신적 오염원이고 다시 태어남을 가져오고 두렵고 괴로운 과보를 가져오고 미래의 태어남과 늙음과 죽음을 초래하는 번뇌들을 모두 제거하고 그 뿌리를 자르고 줄기만 남은 야자수처럼 만들고 멸절시켜 미래에 다시는 일어나지 않게끔 했다.

아누룻다들이여, 예를 들면 야자수가 그 윗부분이 잘리면 다시 자랄 수 없는 것처럼, 여래는 정신적 오염원이고 다시 태어남을 가져오고 두렵고 괴로운 과보를 가져오고 미래의 태어남과 늙음과 죽음을 초래하는 번뇌를 모두 제거하고 그 뿌리를 자르고 줄기만 남은 야자수처럼 만들고 멸절시켜 미래에 다시는 일어나지 않게끔 했다. 그래서 여래는 숙고한 뒤에 어떤 것을 수용하고, 숙고한 뒤에 어떤 것을 참고, 숙고한 뒤에 어떤 것을 피하고, 숙고한 뒤에 어떤 것을 버린다.' 라고."

8. "아누룻다들이여, 이를 어떻게 생각하는가? 여래는 어떤 목적을 보기에 제자가 죽어서 임종하면 '아무개는 이런 곳에 태어났다. 아무개는 저런 곳에 태어났다.'라고 재생을 설명하는가?"

"세존이시여, [465] 저희들의 법은, 세존을 근원으로 하며, 세존을 길잡이로 하며, 세존을 귀의처로 합니다. 세존이시여, 세존께서 말씀하신 뜻을 친히 밝혀주신다면 참으로 감사하겠습니다. 비구들은 세존으로부터 잘 듣고 마음에 새겨 지닐 것입니다."

9. "아누룻다들이여, 여래가 '아무개는 이런 곳에 태어났다. 아무개는 저런 곳에 태어났다.'라고 죽어서 임종한 제자의 재생을 설명하는 것은 결코 사람들을 속이기 위한 것이거나, 사람들에게 발림 말을 하기 위한 것이거나, 이득과 환대와 명성을 얻기 위한 것이거나, '이와 같이 사람들이 나를 알아주겠지.'라는 이유 때문도 아니다. 아누룻다들이여, 그것은 믿음과 큰 기쁨743)과 큰 환희를 가진 좋은 가문의 아들들이 이런 말을 들으면 그러한 상태로 마음을 향하게 할 것이고, 그것은 그들에게 오랫동안 이익과 행복이 되기 때문이다."

10. "아누룻다들이여, 여기 비구는 이와 같이 듣는다. '아무개라는 이름의 비구가 임종을 했는데, 세존께서 그에 대해 '그는 구경의 지혜에 확고하게 되었다[阿羅漢].'라고 설명하셨다.'라고. 그리고 그는 '그 존자의 계행744)은 이러했고, 그 존자의 법745)은 이러했고, 그 존자의 통찰지는 이러했고, 그 존자의 머묾은 이러했고, 그 존자의 해탈은 이러했다.'라고 그 스스로 보거나 다른 사람에게서 들은 적이 있다. 그는 그 비구의 믿음과 계행과 배움과 베풂과 통찰지를 기억하면서 그러한 상태로 마음을 향하게 한다. 이와 같이 비구는 편안히 머문다."746)

---

743) '큰 기쁨'은 uḷāra-vedā(광대한 영감)를 옮긴 것인데, 주석서에서 큰 기쁨(mahanta-tuṭṭhi)이라고 설명하고 있어서(MA.iii.182) 이렇게 옮겼다.

744) "여기서 '계행(sīla)' 등은 세간적인 것과 출세간적인 것이 섞인 것(lokiya-lokuttara-missakā)이다."(MA.iii.182)

745) "여기서는 삼매의 편에 있는 법들(samādhi-pakkhikā dhammā)을 '법(dhamma)'이라 표현했다."(MA.iii.182)

746) "'편안히 머문다(phāsu-vihāro hoti).'라고 하셨다. 그 비구는 완성된 도닦

11. "아누룻다들이여, 여기 비구는 이와 같이 듣는다. '아무개라는 이름의 비구가 임종을 했는데, 세존께서 그에 대해 '그는 다섯 가지 낮은 단계의 족쇄를 완전히 없앤 뒤 [정거천]에 화생하여 그곳에서 완전한 열반에 들어 그 세계로부터 다시 돌아오지 않는 법을 얻은 자이다[不還者].'라고. 그리고 그는 '그 존자의 계행은 이러했고, 그 존자의 법은 이러했고, 그 존자의 통찰지는 이러했고, 그 존자의 머묾은 이러했고, 그 존자의 해탈은 이러했다.'라고 그 스스로 보거나 다른 사람에게서 들은 적이 있다. 그는 그 비구의 믿음과 계행과 배움과 베풂과 통찰지를 기억하면서 그러한 상태로 마음을 향하게 한다. 이와 같이 비구는 편안히 머문다."

12. "아누룻다들이여, 여기 비구는 이와 같이 듣는다. '아무개라는 이름의 비구가 임종을 했는데, 세존께서 그에 대해 '그는 세 가지 족쇄를 완전히 없애고 탐욕과 성냄과 어리석음이 엷어져서 한 번만 더 돌아올 자가 되어 한 번만 이 세상에 와서 괴로움을 끝낼 것이다[一來者].'라고. 그리고 그는 '그 존자의 계행은 이러했고, 그 존자의 법은 이러했고, 그 존자의 통찰지는 이러했고, 그 존자의 머묾은 이러했고, 그 존자의 해탈은 이러했다.'라고 그 스스로 보거나 다른 사람에게서 들은 적이 있다. 그는 [466] 그 비구의 믿음과 계행과 배움과 베풂과 통찰지를 기억하면서 그러한 상태로 마음을 향하게 한다. 이와 같이 비구는 편안히 머문다."

13. "아누룻다들이여, 여기 비구는 이와 같이 듣는다. '아무개라

음(pūrita-paṭipatti)을 계속할 때 아라한과를 실현하여 과의 증득에 머물기 때문에 편안히 머문다. 아라한과를 증득할 수 없더라도 도닦음을 완성하면서(pūrayamāna) 머물 때에도 편안히 머문다고 한다."(MA.iii.182)

는 이름의 비구가 임종을 했는데, 세존께서 그에 대해 '그는 세 가지 족쇄를 완전히 없애고 흐름에 든 자가 되어 [악취에] 떨어지는 법이 없고 [해탈이] 확실하며 바른 깨달음으로 나아가는 자가 되었다[預流者].'라고. 그리고 그는 '그 존자의 계행은 이러했고, 그 존자의 법은 이러했고, 그 존자의 통찰지는 이러했고, 그 존자의 머묾은 이러했고, 그 존자의 해탈은 이러했다.'라고 그 스스로 보거나 다른 사람에게서 들은 적이 있다. 그는 그 비구의 믿음과 계행과 배움과 베풂과 통찰지를 기억하면서 그러한 상태로 마음을 향하게 한다. 이와 같이 비구는 편안히 머문다."

14. "아누룻다들이여, 여기 비구니는 이와 같이 듣는다. '아무개라는 이름의 비구니가 임종을 했는데, 세존께서 그 비구니에 대해 '그 비구니는 구경의 지혜에 확고하게 되었다[阿羅漢].'라고 설명하셨다.'라고. 그리고 그 비구니는 '그 스님의 계행은 이러했고, 그 스님의 법은 이러했고, 그 스님의 통찰지는 이러했고, 그 스님의 머묾은 이러했고, 그 스님의 해탈은 이러했다.'라고 그 스스로 보거나 다른 사람에게서 들은 적이 있다. 그녀는 그 비구니의 믿음과 계행과 배움과 베풂과 통찰지를 기억하면서 그러한 상태로 마음을 향하게 한다. 이와 같이 비구니는 편안히 머문다."

15. "아누룻다들이여, 여기 비구니는 이와 같이 듣는다. '아무개라는 이름의 비구니가 임종을 했는데, 세존께서 그 비구니에 대해 '그 비구니는 다섯 가지 낮은 단계의 족쇄를 완전히 없앤 뒤 [정거천]에 화생하여 그곳에서 완전한 열반에 들어 그 세계로부터 다시 돌아오지 않는 법을 얻은 자이다[不還者].'라고 설명하셨다.'라고. 그리고 그 비구니는 '그 스님의 계행은 이러했고, 그 스님의 법은 이러했고,

그 스님의 통찰지는 이러했고, 그 스님의 머묾은 이러했고, 그 스님의 해탈은 이러했다.'라고 그 스스로 보거나 다른 사람에게서 들은 적이 있다. 그녀는 그 비구니의 믿음과 계행과 배움과 베풂과 통찰지를 기억하면서 그러한 상태로 마음을 향하게 한다. 이와 같이 비구니는 편안히 머문다."

16. "아누룻다들이여, 여기 비구니는 이와 같이 듣는다. '아무개라는 이름의 비구니가 임종을 했는데, 세존께서 그 비구니에 대해 '그 비구니는 세 가지 족쇄를 완전히 없애고 탐욕과 성냄과 어리석음이 엷어져서 한 번만 더 돌아올 자가 되어 한 번만 이 세상에 와서 괴로움을 끝낼 것이다[一來者].'라고 설명하셨다.'라고. 그리고 그 비구니는 '그 스님의 계행은 이러했고, 그 스님의 법은 이러했고, 그 스님의 통찰지는 이러했고, 그 스님의 머묾은 이러했고, 그 스님의 해탈은 이러했다.'라고 그 스스로 보거나 다른 사람에게서 들은 적이 있다. 그녀는 그 비구니의 믿음과 계행과 배움과 베풂과 통찰지를 기억하면서 그러한 상태로 마음을 향하게 한다. 이와 같이 비구니는 편안히 머문다."

17. "아누룻다들이여, 여기 비구니는 이와 같이 듣는다. '아무개라는 이름의 비구니가 임종을 했는데, 세존께서 그 비구니에 대해 '그 비구니는 세 가지 족쇄를 완전히 없애고 흐름에 든 자가 되어 [악취에] 떨어지는 법이 없고 [해탈이] 확실하며 바른 깨달음으로 나아가는 자가 되었다[預流者].'라고 설명하셨다.'라고. 그리고 [467] 그 비구니는 '그 스님의 계행은 이러했고, 그 스님의 법은 이러했고, 그 스님의 통찰지는 이러했고, 그 스님의 머묾은 이러했고, 그 스님의 해탈은 이러했다.'라고 그 스스로 보거나 다른 사람에게서 들은 적이

있다. 그녀는 그 비구니의 믿음과 계행과 배움과 베풂과 통찰지를 기억하면서 그러한 상태로 마음을 향하게 한다. 이와 같이 비구니는 편안히 머문다."

18. "아누룻다들이여, 여기 청신사는 이와 같이 듣는다. '아무개라는 이름의 청신사가 임종을 했는데, 세존께서 그에 대해 '그는 다섯 가지 낮은 단계의 족쇄를 완전히 없앤 뒤 [정거천]에 화생하여 그곳에서 완전한 열반에 들어 그 세계로부터 다시 돌아오지 않는 법을 얻은 자이다[不還者].'라고. 그리고 그는 '그분의 계행은 이러했고, 그분의 법은 이러했고, 그분의 통찰지는 이러했고, 그분의 머묾은 이러했고, 그분의 해탈은 이러했다.'라고 그 스스로 보거나 다른 사람에게서 들은 적이 있다. 그는 그 청신사의 믿음과 계행과 배움과 베풂과 통찰지를 기억하면서 그러한 상태로 마음을 향하게 한다. 이와 같이 청신사는 편안히 머문다."

19. "아누룻다들이여, 여기 청신사는 이와 같이 듣는다. '아무개라는 이름의 청신사가 임종을 했는데, 세존께서 그에 대해 '그는 세 가지 족쇄를 완전히 없애고 탐욕과 성냄과 어리석음이 엷어져서 한 번만 더 돌아올 자가 되어 한 번만 이 세상에 와서 괴로움을 끝낼 것이다[一來者].'라고. 그리고 그는 '그분의 계행은 이러했고, 그분의 법은 이러했고, 그분의 통찰지는 이러했고, 그분의 머묾은 이러했고, 그분의 해탈은 이러했다.'라고 그 스스로 보거나 다른 사람에게서 들은 적이 있다. 그는 그 청신사의 믿음과 계행과 배움과 베풂과 통찰지를 기억하면서 그러한 상태로 마음을 향하게 한다. 이와 같이 청신사는 편안히 머문다."

20. "아누룻다들이여, 여기 청신사는 이와 같이 듣는다. '아무개라는 이름의 청신사가 임종을 했는데, 세존께서 그에 대해 '그는 세 가지 족쇄를 완전히 없애고 흐름에 든 자가 되어 [악취에] 떨어지지 않고 [해탈이] 확실하며 바른 깨달음으로 나아가는 자가 되었다[預流者].'라고. 그리고 그는 '그분의 계행은 이러했고, 그분의 법은 이러했고, 그분의 통찰지는 이러했고, 그분의 머묾은 이러했고, 그분의 해탈은 이러했다.'라고 그 스스로 보거나 다른 사람에게서 들은 적이 있다. 그는 그 청신사의 믿음과 계행과 배움과 베풂과 통찰지를 기억하면서 그러한 상태로 마음을 향하게 한다. 이와 같이 청신사는 편안히 머문다."

21. "아누룻다들이여, 여기 청신녀는 이와 같이 듣는다. '아무개라는 이름의 청신녀가 임종을 했는데, 세존께서 그녀에 대해 '그녀는 다섯 가지 낮은 단계의 족쇄를 완전히 없앤 뒤 [정거천]에 화생하여 그곳에서 완전한 열반에 들어 그 세계로부터 다시 돌아오지 않는 법을 얻은 자이다[不還者].'라고. 그리고 그녀는 '그분의 계행은 이러했고, 그분의 법은 이러했고, 그분의 통찰지는 이러했고, 그분의 머묾은 이러했고, 그분의 해탈은 이러했다.'라고 그녀 스스로 보거나 다른 사람에게서 들은 적이 있다. 그녀는 그 청신녀의 믿음과 계행과 배움과 베풂과 통찰지를 기억하면서 [468] 그러한 상태로 마음을 향하게 한다. 이와 같이 청신녀는 편안히 머문다."

22. "아누룻다들이여, 여기 청신녀는 이와 같이 듣는다. '아무개라는 이름의 청신녀가 임종을 했는데, 세존께서 그녀에 대해 '그녀는 세 가지 족쇄를 완전히 없애고 탐욕과 성냄과 어리석음이 엷어져서 한 번만 더 돌아올 자가 되어 한 번만 이 세상에 와서 괴로움을 끝낼

것이다[一來者].'라고. 그리고 그녀는 '그분의 계행은 이러했고, 그분의 법은 이러했고, 그분의 통찰지는 이러했고, 그분의 머묾은 이러했고, 그분의 해탈은 이러했다.'라고 그녀 스스로 보거나 다른 사람에게서 들은 적이 있다. 그녀는 그 청신녀의 믿음과 계행과 배움과 베풂과 통찰지를 기억하면서 그러한 상태로 마음을 향하게 한다. 이와 같이 청신녀는 편안히 머문다."

23. "아누룻다들이여, 여기 청신녀는 이와 같이 듣는다. '아무개라는 이름의 청신녀가 임종을 했는데, 세존께서 그녀에 대해 '그녀는 세 가지 족쇄를 완전히 없애고 흐름에 든 자가 되어 [악처에] 떨어지지 않고 [해탈이] 확실하며 바른 깨달음으로 나아가는 자가 되었다[預流者].'라고. 그리고 그녀는 '그분의 계행은 이러했고, 그분의 법은 이러했고, 그분의 통찰지는 이러했고, 그분의 머묾은 이러했고, 그분의 해탈은 이러했다.'라고 그녀 스스로 보거나 다른 사람에게서 들은 적이 있다. 그녀는 그 청신녀의 믿음과 계행과 배움과 베풂과 통찰지를 기억하면서 그러한 상태로 마음을 향하게 한다. 이와 같이 청신녀는 편안히 머문다."

24. "아누룻다들이여, 이처럼 여래가 '아무개는 이런 곳에 태어났다. 아무개는 저런 곳에 태어났다.'라고 죽어서 임종한 제자의 재생을 설명하는 것은 결코 사람들을 속이기 위한 것이거나, 사람들에게 발림 말을 하기 위한 것이거나, 이득과 환대와 명성을 얻기 위한 것이거나, '이와 같이 사람들이 나를 알아주겠지.'라는 이유 때문도 아니다. 아누룻다들이여, 그것은 믿음과 큰 기쁨과 큰 환희를 가진 좋은 가문의 아들들이 이런 말을 들으면 그러한 상태로 마음을 향하게 할 것이고, 그것은 그들에게 오랫동안 이익과 행복이 되기 때

문이다.”

세존께서는 이와 같이 설하셨다. 아누룻다 존자는 흡족한 마음으로 세존의 말씀을 크게 기뻐하였다.

날라까빠나 경(M68)이 끝났다.

굴릿사니 경

Gulissāni Sutta(M69)

1. 이와 같이 나는 들었다. [469] 한때 세존께서는 라자가하 대나무 숲의 다람쥐 보호구역에 머무셨다.

2. 그 즈음에 굴릿사니라는 비구747)가 있었는데, 그는 숲 속에 거주하는 자였고 품행이 단정하지 못했는데, 어떤 일 때문에 승가 대중에 머물게 되었다. 그러자 사리뿟따 존자는 굴릿사니 비구에 관해 비구들에게 말했다.

3. "도반들이여, 숲 속에 거주하는 비구가 승가 대중에 와서 승가 대중에 머물면 동료 수행자들에 대해 공경하고 순응해야 합니다. 도반들이여, 만일 숲 속에 거주하는 비구가 승가 대중에 와서 승가 대중에 머물 때 동료 수행자들에 대해 공경하지 않고 순응하지 않으면 그를 두고 이렇게 말하는 자들이 있을 것입니다.

'이 숲 속에 거주하는 존자는 혼자 숲 속에서 마음대로 머물더니 얻은 것이 무엇인가? 이 존자는 동료 수행자들에 대해 공경하지 않

747) 주석서와 복주서는 굴릿사니 비구(Gulissāni bhikkhu)가 누구인지 아무 언급이 없다.

고 순응하지도 않는구나.'

그러므로 숲 속에 거주하는 비구가 승가 대중에 와서 승가 대중에 머물 때 동료 수행자들에 대해 공경하고 순응해야 합니다."

4. "도반들이여, 숲 속에 거주하는 비구가 승가 대중에 와서 승가 대중에 머물면 '이처럼 장로 비구들의 자리를 차지하여 앉지 않으리라. 신참 비구들을 자리에 앉지 못하게 하지 않으리라.'라고 하면서 앉을 자리에 대한 차례(좌차, 座次)를 잘 지켜야 합니다. 도반들이여, 만일 숲 속에 거주하는 비구가 승가 대중에 와서 승가 대중에 머물 때 앉을 자리에 대한 차례를 잘 지키지 않으면 그를 두고 이렇게 말하는 자들이 있을 것입니다.

'이 숲 속에 거주하는 존자는 혼자 숲 속에서 마음대로 머물더니 얻은 것이 무엇인가? 이 존자는 최소한의 바른 행실도 알지 못하구나.'

그러므로 숲 속에 거주하는 비구가 승가 대중에 와서 승가 대중에 머물 때 좌차를 잘 지켜야 합니다."

5. "도반들이여, 숲 속에 거주하는 비구가 승가 대중에 와서 승가 대중에 머물면 너무 일찍 마을에 들어가서도 안되고 한낮에 돌아와서도 안됩니다. 도반들이여, 만일 숲 속에 거주하는 비구가 승가 대중에 와서 승가 대중에 머물 때 너무 일찍 마을에 들어가거나 한낮에 돌아오면 그를 두고 이렇게 말하는 자들이 있을 것입니다.

'이 숲 속에 거주하는 존자는 혼자 숲 속에서 마음대로 머물더니 얻은 것이 무엇인가? 이 존자는 너무 일찍 마을에 들어가고 한낮에 돌아오는구나.'

그러므로 숲 속에 거주하는 비구가 승가 대중에 와서 승가 대중에 머물 때 너무 일찍 마을에 들어가서도 안되고 한낮에 돌아와서도 안됩니다."

6. "도반들이여, 숲 속에 거주하는 비구가 승가 대중에 와서 승가 대중에 머물면 식사 전이나 [470] 식사 후에 가정집을 방문해서는 안됩니다.[748] 도반들이여, 만일 숲 속에 거주하는 비구가 승가 대중에 와서 승가 대중에 머물 때 식사 전이나 식사 후에 가정집을 방문하면 그를 두고 이렇게 말하는 자들이 있을 것입니다.

'이 숲 속에 거주하는 존자는 혼자 숲 속에서 마음대로 머물 때 틀림없이 때 아닌 때에 방문했을 것이다. 그러니 승가 대중에 와서도 그렇게 행동하구나.'

그러므로 숲 속에 거주하는 비구가 승가 대중에 와서 승가 대중에 머물 때 식사 전이나 식사 후에 가정집을 방문해서는 안됩니다."

7. "도반들이여, 숲 속에 거주하는 비구가 승가 대중에 와서 승가 대중에 머물면 오만불손해서도 안되고 경거망동해서도 안됩니다. 도반들이여, 만일 숲 속에 거주하는 비구가 승가 대중에 와서 승가 대중에 머물 때 오만불손하거나 경거망동하면 그를 두고 이렇게 말하는 자들이 있을 것입니다.

'이 숲 속에 거주하는 존자는 혼자 숲 속에서 마음대로 머물 때 틀림없이 아주 오만불손하고 경거망동했을 것이다. 그러니 승가 대중에 와서도 그렇게 행동하는구나.'

그러므로 숲 속에 거주하는 비구가 승가 대중에 와서 승가 대중에 머물 때 오만불손해서도 안되고 경거망동해서도 안됩니다."

---

748) 이러한 행위는 『율장』의 「단타죄 조항」 46(Vin.iv.98~101)에 의해서 금지된다. 이러한 시간에 가정집을 방문하려는 비구는 동료 비구에게 그가 방문하려는 목적을 통지한 뒤에 해야 한다. 단 가사를 만드는 시기에는 예외로 한다.

8. "도반들이여, 숲 속에 거주하는 비구가 승가 대중에 와서 승가 대중에 머물면 험한 말을 해서도 안되고 수다스러워서도 안됩니다. 도반들이여, 만일 숲 속에 거주하는 비구가 승가 대중에 와서 승가 대중에 머물 때 험한 말을 하거나 수다스러우면 그를 두고 이렇게 말하는 자들이 있을 것입니다.

'이 숲 속에 거주하는 존자는 혼자 숲 속에서 마음대로 머물더니 얻은 것이 무엇인가? 이 존자는 험한 말을 하고 수다스럽구나.'

그러므로 숲 속에 거주하는 비구가 승가 대중에 와서 승가 대중에 머물 때 험한 말을 해서도 안되고 수다스러워서도 안됩니다."

9. "도반들이여, 숲 속에 거주하는 비구가 승가 대중에 와서 승가 대중에 머물면 훈계를 쉽게 받아들이고 좋은 도반과 사귀어야 합니다. 도반들이여, 만일 숲 속에 거주하는 비구가 승가 대중에 와서 승가 대중에 머물 때 훈계를 쉽게 받아들이지 않고 나쁜 도반과 사귀면 그를 두고 이렇게 말하는 자들이 있을 것입니다.

'이 숲 속에 거주하는 존자는 혼자 숲 속에서 마음대로 머물더니 얻은 것이 무엇인가? 이 존자는 훈계를 쉽게 받아들이지 않고 나쁜 도반과 사귀는구나.'

그러므로 숲 속에 거주하는 비구가 승가 대중에 와서 승가 대중에 머물 때 훈계를 쉽게 받아들이고 좋은 도반과 사귀어야 합니다."

10. "도반들이여, 숲 속에 거주하는 비구는 감각의 대문을 잘 지켜야 합니다. 도반들이여, 만일 숲 속에 거주하는 비구가 감각의 대문을 잘 지키지 않으면 그를 두고 이렇게 말하는 자들이 있을 것입니다.

'이 숲 속에 거주하는 존자는 혼자 숲 속에서 마음대로 머물더니 얻은 것이 무엇인가? 이 존자는 [471] 감각의 대문을 잘 지키지 않는구나.'

그러므로 숲 속에 거주하는 비구는 감각의 대문을 잘 지켜야 합니다."

11. "도반들이여, 숲 속에 거주하는 비구는 음식에 적당한 양을 알아야 합니다. 도반들이여, 만일 숲 속에 거주하는 비구가 음식에서 적당함을 알지 못하면 그를 두고 이렇게 말하는 자들이 있을 것입니다.

'이 숲 속에 거주하는 존자는 혼자 숲 속에서 마음대로 머물더니 얻은 것이 무엇인가? 이 존자는 음식에 적당한 양을 알지 못하는구나.'

그러므로 숲 속에 거주하는 비구는 음식에 적당한 양을 알아야 합니다."

12. "도반들이여, 숲 속에 거주하는 비구는 깨어있음에 몰두해야 합니다. 도반들이여, 만일 숲 속에 거주하는 비구가 깨어있음에 몰두하지 않으면 그를 두고 이렇게 말하는 자들이 있을 것입니다.

'이 숲 속에 거주하는 존자는 혼자 숲 속에서 마음대로 머물더니 얻은 것이 무엇인가? 이 존자는 깨어있음에 몰두하지 않는구나.'

그러므로 숲 속에 거주하는 비구는 깨어있음에 몰두해야 합니다."

13. "도반들이여, 숲 속에 거주하는 비구는 부지런히 정진해야 합니다. 도반들이여, 만일 숲 속에 거주하는 비구가 부지런히 정진하지 않으면 그를 두고 이렇게 말하는 자들이 있을 것입니다.

'이 숲 속에 거주하는 존자는 혼자 숲 속에서 마음대로 머물더니 얻은 것이 무엇인가? 이 존자는 부지런히 정진하지 않는구나.'

그러므로 숲 속에 거주하는 비구는 부지런히 정진해야 합니다."

14. "도반들이여, 숲 속에 거주하는 비구는 마음챙김을 확립해야 합니다. 도반들이여, 만일 숲 속에 거주하는 비구가 마음챙김을 놓아

버리면 그를 두고 이렇게 말하는 자들이 있을 것입니다.

'이 숲 속에 거주하는 존자는 혼자 숲 속에서 마음대로 머물더니 얻은 것이 무엇인가? 이 존자는 마음챙김을 놓아버렸구나.'

그러므로 숲 속에 거주하는 비구는 마음챙김을 확립해야 합니다."

15. "도반들이여, 숲 속에 거주하는 비구는 마음이 집중되어 있어야 합니다. 도반들이여, 만일 숲 속에 거주하는 비구가 마음이 집중되어 있지 않으면 그를 두고 이렇게 말하는 자들이 있을 것입니다.

'이 숲 속에 거주하는 존자는 혼자 숲 속에서 마음대로 머물더니 얻은 것이 무엇인가? 이 존자는 마음이 집중되어 있지 않구나.'

그러므로 숲 속에 거주하는 비구는 마음이 집중되어 있어야 합니다."

16. "도반들이여, 숲 속에 거주하는 비구는 통찰지를 가져야 합니다. 도반들이여, 만일 숲 속에 거주하는 비구가 통찰지가 없으면 그를 두고 [472] 이렇게 말하는 자들이 있을 것입니다.

'이 숲 속에 거주하는 존자는 혼자 숲 속에서 마음대로 머물더니 얻은 것이 무엇인가? 이 존자는 통찰지가 없구나.'

그러므로 숲 속에 거주하는 비구는 통찰지를 가져야 합니다."

17. "도반들이여, 숲 속에 거주하는 비구는 높은 법과 높은 율[749]에 전념해야 합니다. 도반들이여, 숲 속에 거주하는 비구에게 높은 법과 높은 율에 대해 질문을 하는 자들이 있습니다. 도반들이여, 만일 숲 속에 거주하는 비구가 높은 법과 높은 율에 대해 질문을

---

749) "'높은 법과 높은 율에 전념해야 한다(abhidhamme abhivinaye yogo karaṇīyo).'고 했다. 여기서 '높은 법(abhidhamma)'이란 『논장』(Abhidhamma-piṭaka)을 말하고 '높은 율(abhivinaya)'이란 『율장』(Vinaya-piṭaka)을 말하는데, 여기에는 각각의 성전(pāḷi)과 각각의 주석서(aṭṭhakathā)를 합한 것을 말한다."(MA.iii.185)

받고 제대로 설명을 못하면 그를 두고 이렇게 말하는 자들이 있을 것입니다.

'이 숲 속에 거주하는 존자는 혼자 숲 속에서 마음대로 머물더니 얻은 것이 무엇인가? 이 존자는 높은 법과 높은 율에 대해 질문을 받고 제대로 설명을 못하는구나.'

그러므로 숲 속에 거주하는 비구는 수승한 법과 수승한 율에 전념해야 합니다."

18. "도반들이여, 숲 속에 거주하는 비구는 물질을 초월한 무색계의 평화로운 해탈에 전념해야 합니다.[750] 도반들이여, 숲 속에 거주하는 비구에게 물질을 초월한 무색계의 평화로운 해탈에 대해 질문을 하는 자들이 있습니다. 도반들이여, 만일 숲 속에 거주하는 비구가 물질을 초월한 무색계의 평화로운 해탈에 대해서 질문을 받고 제대로 설명을 못하면 그를 두고 이렇게 말하는 자들이 있을 것입니다.

'이 숲 속에 거주하는 존자는 혼자 숲 속에서 마음대로 머물더니 얻은 것이 무엇인가? 이 존자는 물질을 초월한 무색계의 평화로운 해탈에 대해 질문을 받고 제대로 설명을 못하는구나.'

그러므로 숲 속에 거주하는 비구는 물질을 초월한 무색계의 평화로운 해탈에 전념해야 합니다."

19. "도반들이여, 숲 속에 거주하는 비구는 인간을 초월한 법에

---

750) "여기서 '무색계의 평화로운 해탈(santā vimokhā āruppā)'이라고 한 것은 여덟 가지 증득[八等至, 八等持, aṭṭha samāpatti] 모두를 말한 것이다. 이 모든 증득에 전념할 수 없다면 일곱 가지 증득에라도 전념해야 하고(yogo karaṇīyo), 그럴 수 없을 때 여섯 가지 증득에, 다섯 가지 증득에 전념해야 한다. 최소한 하나의 까시나를 명상주제로 하여 예비 단계(parikamma)의 禪을 익혀서 그것을 지니면서 행동해야 한다. 그만큼도 없이는 옳지 않다." (MA.iii.185)

전념해야 합니다.751) 도반들이여, 숲 속에 거주하는 비구에게 인간을 초월한 법에 대해 질문을 하는 자들이 있습니다. 도반들이여, 만일 숲 속에 거주하는 비구가 인간을 초월한 법에 대해 질문을 받고 제대로 설명을 못하면 그를 두고 이렇게 말하는 자들이 있을 것입니다.

'이 숲 속에 거주하는 존자는 혼자 숲 속에서 마음대로 머물더니 얻은 것이 무엇인가? 이 존자는 인간을 초월한 법에 대해 질문을 받고 제대로 설명을 못하는구나.'

그러므로 숲 속에 거주하는 비구는 인간을 초월한 법에 전념해야 합니다."

20. 이와 같이 말하자 마하목갈라나 존자는 사리뿟따 존자에게 이렇게 물었다.

"도반 사리뿟따여, 숲 속에 거주하는 비구만이 이러한 법들을 수지해야 합니까, 아니면 [473] 마을에 거주하는 자도 마찬가지로 수지해야 합니까?"

"도반 목갈라나여, 숲 속에 거주하는 비구도 이 법들을 수지해야 하는데 마을 부근에 거주하는 자는 다시 말해서 무엇하겠습니까?"

굴릿사니 경(M69)이 끝났다.

---

751) "여기서 '인간을 초월한 법(uttari-manussa-dhamma)'이란 모든 출세간 법들(lokuttara-dhammā)을 말한다. 그러므로 그는 아라한이 되어 머물러야 한다. 아라한이 되지 못하면 불환과나 일래과나 예류과에 머물러야 한다. 아니면 최소한 위빳사나를 통해(vipassanā-mukhaṁ) 아라한과를 익혀서(paguṇaṁ katvā) 그것을 지니면서 행해야 한다(ādāya vicaritabbaṁ)." (MA.iii.185)

끼따기리 경

Kīṭāgiri Sutta(M70)

1. 이와 같이 나는 들었다. 한때 세존께서는 많은 비구 승가와 함께 까시[752]를 유행하셨다. 그때 세존께서 비구들에게 말씀하셨다.

2. "비구들이여, 나는 밤에 먹는 것을 삼간다. 비구들이여, 내가

---

752) 까시(Kāsi 혹은 Kāsikā)는 부처님 당시 인도 중원의 16국 가운데 하나로 바라나시(Bārānasi)를 수도로 하였다. 까시와 바라나시는 초기경에 거의 동일시되고 있다. 옛적부터 와라나시(Varanasi, 바라나시)를 까시(Kāsi) 혹은 까시까(Kāsika)라고도 불렀다.(『디가 니까야』 제1권 「소나단다경」(D4) §1의 주해 참조)
『앙굿따라 니까야』 제1권 「팔관재계 경」(A3:70/i.213) §17 등에 의하면 16개국은 앙가(Aṅga), 마가다(Magadha), 까시까(Kāsika, 까시, 와라나시), 꼬살라(Kosala), 왓지(Vajjī), 말라(Mallā), 쩨띠(Cetī), 왐사(Vaṁsā), 꾸루(Kuru), 빤짤라(Pañcāla), 맛차(Macchā), 수라세나(Surāsena), 앗사까(Assaka), 아완띠(Avantī), 간다라(Gandhāra), 깜보자(Kamboja)이다. 한편 『디가 니까야』 제2권 「자나와사바 경」(D18) §1에서는 이 가운데 까시와 꼬살라, 왓지와 말라, 쩨띠와 왐사, 꾸루와 빤짤라, 맛차와 수라세나, 앙가와 마가다로 서로 짝을 이루어 언급되고 있다. 이처럼 까시는 일찍부터 마가다에 편입되었던 듯하다.
한편 까시에서 만든 천 혹은 비단(Kāsika vattha)은 초기불전의 몇몇 군데서 언급되고 있는데(D14. §1.27 등) 지금도 바라나시에서 만든 비단과 천과 향은 유명하다.

밤에 먹는 것을 삼갈 때 병이 없고 고통이 없고 가볍고 생기 있고 편안하게 머무는 것을 인식한다. 오라, 비구들이여. 그대들도 밤에 먹는 것을 삼가라.[753] 비구들이여, 그대들이 밤에 먹는 것을 삼갈 때 병이 없고 고통이 없고 가볍고 생기 있고 편안하게 머문다고 인식할 것이다."[754]

"그러겠습니다, 세존이시여."라고 그 비구들은 세존께 응답했다.

3. 그때 세존께서는 까시에서 차례로 유행하시다가 마침내 끼따기리[755]라는 까시의 성읍에 도착하셨다. 거기서 세존께서는 까시

---

753) "세존께서는 비구들에게 [병이 없고 고통이 없는 등의] 이러한 다섯 가지 이익(pañca ānisaṁsa)을 보면서 밤에 먹는 것(ratti-bhojana)을 삼가라고 말씀하셨다. 이처럼 세존께서는 때 아닌 때인 밤에 먹는 것(rattiṁ vikāla-bhojana)과 때 아닌 때인 오후에 먹는 것(divā vikāla-bhojana)의 두 가지를 한꺼번에(eka-ppahāra) 버리게 하지 않으시고 먼저 오후에 먹는 것을 버리게 하시고, 다시 시간이 흐른 뒤 밤에 먹는 것을 버리게 하시면서 이렇게 말씀하셨다.

그러면 무슨 이유로 이렇게 단계적으로 금하셨는가? 이 두 가지 식사(bhoja-na)는 이 세상에서 습관적으로 이행되고 실행되어 온 것(vaṭṭe āciṇṇāni samāciṇṇāni)이다. 그러므로 잘 보호된 마을 집에서 좋은 음식을 먹고 커온 아직은 어린, 좋은 가문의 아들들이 이러한 두 가지 식사를 한 번에 버리는 것은 힘든 일이다(kilamanti). 그러므로 한 번에 버리게 하지 않으시고 본서 「밧달리 경」(M65)에서는 오후에 먹는 것을 버리게 하시고, 본경에서는 저녁에 먹는 것을 버리게 하시는 것이다. 버리게 하시면서 위협을 주거나 꾸중을 하시면서 버리게 하신 것이 아니라 '병이 없는 것을 인식할 것이다.'라고 이렇게 이익을 보이시면서 버리게 하셨다."(MA.iii.186)

754) 적당한때가 아닌 때에 음식을 먹지 말라는 부처님의 말씀은 본서 「메추라기 비유 경」(M66) §6에도 나타난다. 이 경 §6에서 보듯이 세존께서는 처음에 점심때 먹는 것을 금하셨고 그 다음에 저녁에 먹는 것을 금하셨다. 주석서는 세존께서는 한꺼번에(ekappahārena) 점심과 저녁을 다 금하게 되면 약한 비구들에게는 무리가 따를 것이므로 이렇게 점진적으로 금하였다고 설명하고 있다.(MA.iii.186)

755) 본경에 나타나듯이 끼따기리(Kīṭāgiri)는 까시에서 사왓티로 향하는 도로에 있는 성읍이며, 육군비구(六群比丘, chabbaggiya bhikkhu)에 속하는 앗

의 성읍인 끼따기리에 머무셨다.

4. 그때 앗사지와 뿌납바수까라는 두 비구가 끼따기리에 거주하고 있었다.756) 그때 많은 비구들이 앗사지 비구와 뿌납바수까 비구를 만나러 갔다. 가서는 앗사지 비구와 뿌납바수까 비구에게 이렇게 말했다.

"도반들이여, 세존께서는 밤에 먹는 것을 삼가십니다. 비구 승가도 그러하고요. 도반들이여, 밤에 먹는 것을 삼갈 때 병이 없고 고통이 없고 가볍고 생기 있고 편안하게 머무는 것을 인식합니다. 오십시오, 도반들이여. 그대들도 밤에 먹는 것을 삼가십시오. 도반들이여, 그대들이 밤에 먹는 것을 삼갈 때 병이 없고 고통이 없고 가볍고 생기 있

사지와 뿌납바수까(Assaji-Punabbasuka)의 본거지였다. 『율장』 등에 의하면 사왓티의 제따 숲으로 향하는 어떤 비구에게 이곳의 어떤 신심 깊은 청신사가 이 두 비구의 나쁜 행실에 대해서 불만을 토로했으며 그 비구는 세존께 아뢰었다고 한다. 그래서 부처님께서는 이 두 비구를 경책하기 위해서 사리뿟따와 목갈라나 존자를 보냈다고 한다.(Vin.ii.9f.; iii.179f.; DhpA.ii.108f.) 그 후 세존께서는 사리뿟따와 목갈라나를 포함한 많은 비구들과 그곳을 방문했는데 그들은 이 두 존자를 위해서는 아무런 거처를 제공하지 않았다고 한다.(Vin.ii.171)

본경에 해당하는 주석서도 끼따기리를 성읍(nigama)이라고 언급하고 있는데(MA.iii.186), 『율장 주석서』에서는 이곳을 지방(janapada)이라 언급하면서 이곳은 적당한 비가 내려 곡물이 풍성하였고 그래서 앗사지와 뿌납바수가 이곳을 그들의 근거지로 삼았다고 나타난다.(VinA.iii.613)

756) "앗사지(Assaji)와 뿌납바수까(Punabbasuka)는 [『율장』 『건도부』(Vin.iii.179~184) 등에서 언급되는] 육군(六群, chabbaggiya) 비구 가운데 무리를 거느리는(gaṇācariyā) 두 사람이다. 이들 여섯 명은 빤두까(Paṇḍuka), 로히따까(Lohitaka), 멧띠야(Mettiya), 붐마자까(Bhummaja-ka), 앗사지(Assaji), 뿌납바수까(Punabbasuka)인데, 이들 여섯 명을 육군비구(六群比丘, chabbaggiya bhikkhu)라 한다. 이 중에서 빤두까와 로히따까는 자기들의 회중(parisa)을 거느리고 사왓티에서 머물렀고, 멧띠야와 붐마자까는 라자가하에서, 이 두 사람은 끼따기리에서 머물렀다."(MA.iii.186~187)

고 편안하게 머무는 것을 인식할 것입니다."

이렇게 말하자 [474] 앗사지 비구와 뿌납바수까 비구는 그 비구들에게 이렇게 말했다.

"도반들이여, 우리는 저녁에 먹고 아침에 먹고 오후에 아무 때나 먹습니다. 저녁에 먹고 아침에 먹고 오후에 아무 때나 먹어도 우리는 병이 없고 고통이 없고 가볍고 생기 있고 편안하게 머무는 것을 인식합니다. 그런데 왜 우리가 지금·여기에서 눈에 보이는 [이익을] 버리고 미래에 얻어질 이익757)을 추구하겠습니까? 우리는 저녁에 먹고 아침에 먹고 오후에 아무 때나 먹을 것입니다."

5. 그 비구들은 앗사지 비구와 뿌납바수까 비구를 설득할 수 없자 세존을 뵈러 갔다. 가서는 세존께 절을 올리고 한 곁에 앉았다. 한 곁에 앉아서 그 비구들은 세존께 이렇게 말씀드렸다.

"세존이시여, 여기 저희들은 앗사지 비구와 뿌납바수까 비구를 만나러 갔습니다. 가서는 앗사지 비구와 뿌납바수까 비구에게 이렇게 말했습니다. '도반들이여, 세존께서는 밤에 먹는 것을 삼가십니다. … 편안하게 머무는 것을 인식할 것입니다.' 이렇게 말하자 앗사지 비구와 뿌납바수까 비구는 저희들에게 이렇게 말했습니다. '도반들이여, 우리는 저녁에 먹고 … 오후에 아무 때나 먹을 것입니다.'

---

757) '미래에 얻어질 이익'은 kālika(시간에 속하는, 시간이 걸리는)를 주석서에서 설명한 대로 풀어서 옮긴 것이다. 주석서는 "미래의 시간에 얻어질 이로움(anāgate kāle pattabbaṁ ānisaṁsaṁ)"(MA.iii.187)으로 설명하고 있다.
그런데 이와는 반대의 의미를 가진 akālika(시간이 걸리지 않는)라는 단어는 삼보 가운데 법을 설명하는 단어로, 즉 부처님 가르침은 누구든지 그것을 바르게 실천할 때 그 결과가 시간이 걸리지 않고(akālika) 즉각적으로 나타난다는 뜻으로 우리에게 잘 알려져 있다. 여기에 대해서는 본서 제1권 「옷감의 비유 경」(M7) §6과 본서 「갈애 멸진의 긴 경」(M38) §25를 참조하고 설명은 『청정도론』 VII.80~81을 참조할 것.

세존이시여, 저희들은 앗사지 비구와 뿝납바수까 비구를 설득할 수가 없어서 세존께 이 사실을 말씀드리는 것입니다."

6. 그러자 세존께서는 다른 비구를 부르셨다.

"오라, 비구여. 그대는 내 말이라 전하고 앗사지 비구와 뿝납바수까 비구를 불러오라. '스승께서 존자들을 부르셨습니다.'라고."

"그러겠습니다, 세존이시여."라고 그 비구는 세존께 대답하고 앗사지 비구와 뿝납바수까 비구를 만나러 갔다. 가서는 앗사지 비구와 뿝납바수까 비구에게 이렇게 말했다.

"스승께서 존자들을 부르셨습니다."

"도반이여, 잘 알겠습니다."라고 앗사지 비구와 뿝납바수까 비구는 그 비구에게 대답하고 세존을 뵈러 갔다. 가서는 세존께 절을 올리고 한 곁에 앉았다. 한 곁에 앉은 앗사지 비구와 뿝납바수까 비구에게 세존께서는 이렇게 말씀하셨다.

"비구들이여, 이것이 사실인가? 많은 비구들이 그대들을 만나러 가서 '도반들이여, 세존께서는 밤에 먹는 것을 삼가십니다. 비구 승가도 그러하고요. 도반들이여, 밤에 먹는 것을 삼갈 때 병이 없고 고통이 없고 가볍고 생기 있고 편안하게 머무는 것을 인식합니다. 오십시오, 도반들이여. 그대들도 밤에 먹는 것을 삼가십시오. 도반들이여, [475] 그대들이 밤에 먹는 것을 삼갈 때 병이 없고 고통이 없고 가볍고 생기 있고 편안하게 머무는 것을 인식할 것입니다.'라고 말했을 때, 그대들은 그 비구들에게 '도반들이여, 우리는 저녁에 먹고 아침에 먹고 오후에 아무 때나 먹습니다. 저녁에 먹고 아침에 먹고 오후에 아무 때나 먹어도 우리는 병이 없고 고통이 없고 가볍고 생기 있고 편안하게 머무는 것을 인식합니다. 그런데 왜 우리가 지금·여기에서 눈에 보이는 [이로움을] 버리고 미래에 얻어질 이로움을 추구하겠습니까? 우리는 저녁에 먹고 아침에 먹고 오후에 아무 때나 먹을 것입니다.'라고 말한 것이 사실인가?"

"그렇습니다, 세존이시여."

"비구들이여, 그대들은 내가 '인간이 즐겁거나 괴롭거나 괴롭지도 즐겁지도 않은 어떤 느낌을 경험하면 그에게 해로운 법들은 줄어들고 유익한 법들은 증장한다.'라고 법을 설했다고 생각하는가?"

"아닙니다, 세존이시여."

7. "비구들이여, 그대들은 내가 이렇게 법을 설한 것을 알지 못하는가?

'여기 어떤 자는 어떤 종류의 즐거운 느낌을 느낄 때 해로운 법들이 증장하고 유익한 법들이 줄어들지만, 여기 어떤 자는 어떤 종류의 즐거운 느낌을 느낄 때 해로운 법들이 줄어들고 유익한 법들이 증장한다.[758] 여기 어떤 자는 어떤 종류의 괴로운 느낌을 느낄 때 해로운 법들이 증장하고 유익한 법들이 줄어들지만, 여기 어떤 자는 어떤 종류의 괴로운 느낌을 느낄 때 해로운 법들이 줄어들고 유익한 법들이 증장한다. 여기 어떤 자는 어떤 종류의 괴롭지도 즐겁지도 않은 느낌을 느낄 때 해로운 법들이 증장하고 유익한 법들이 줄어들지만, 여기 어떤 자는 어떤 종류의 괴롭지도 즐겁지도 않은 느낌을 느낄 때 해로운 법들이 줄어들고 유익한 법들이 증장한다.'"

"그렇습니다, 세존이시여."

---

758) "이 문장의 첫 번째 즐거운 느낌은 재가에 바탕 한 기쁨(gehassita-somanassa)에 의한 것이고 후자는 출가에 바탕 한 기쁨(nekkhammasita-somanassa)에 의한 것이다. 같은 방법으로 다음 두 문장에 나타나는 [괴로운 느낌과 괴롭지도 즐겁지도 않은 느낌]도 각각 재가와 출가에 바탕 한 슬픔과 평온에 의한 것이라고 알아야 한다."(MA.iii.187)
재가에 바탕 한 [여섯 가지] 기쁨 등에 대해서는 본서 제4권 「여섯 감각장소의 분석 경」(M137) §§9~15를 참조할 것.

8. "장하구나, 비구들이여. 비구들이여, 내가 '여기 어떤 자는 어떤 종류의 즐거운 느낌을 느낄 때 해로운 법들[不善法]이 증장하고 유익한 법들[善法]이 줄어든다.'759)라는 것을 알지 못하고 보지 못하고 경험하지 못하고 실현하지 못하고 통찰지로써 체득하지 못했다 하자. 내가 그와 같이 알지 못하면서도 '그대들은 이런 종류의 즐거운 느낌을 버려라.'라고 말한다면 이것은 나에게 타당한 일이겠는가?"

"아닙니다, 세존이시여."

"비구들이여, 그러나 나는 '여기 어떤 자는 어떤 종류의 즐거운 느낌을 느낄 때 해로운 법들이 [476] 증장하고 유익한 법들이 줄어든다.'라는 것을 알고 보고 경험하고 실현하고 통찰지로써 체득하였다. 그러므로 나는 '그대들은 이런 종류의 즐거운 느낌760)을 버려라.'라고 말한다."

비구들이여, 내가 '여기 어떤 자는 어떤 종류의 즐거운 느낌을 느낄 때 해로운 법들이 줄어들고 유익한 법들이 증장한다.'라는 것을 알지 못하고 보지 못하고 경험하지 못하고 실현하지 못하고 통찰지

---

759) '해로운 법들[不善法, akusala-dhammā]'과 '유익한 법들[善法, kusala-dhammā]'을 말씀하셨다. 본서 제3권 「왓차곳따 긴 경」(M73) §§4~5에서 세존께서는 탐·진·치와, 살생과 도둑질 등의 열 가지 해로움[十不善]을 해로운 법들[不善法, akusala-dhammā]로, 불탐·부진·불치와 열 가지 유익함[十善]을 유익한 법들[善法, kusala-dhammā]로 정의하고 계신다. '유익한 법들[善法]'과 '해로운 법들[不善法]'에 대해서는 『초기불교 이해』 제20장 네 가지 바른 노력[四正勤]과 선법·불선법(299쪽 이하)을 참조할 것. 그리고 이러한 선법·불선법의 판단은 바른 정진[正精進, sammā-vāyāma]의 내용이기도 하다. 여기에 대해서는 본서 제4권 「진리의 분석 경」(M141) §29를 참조할 것.

760) "'이런 종류의 즐거운 느낌(evarūpa sukhavedana)'이란 것은 재가에 바탕한 기쁨(geha-ssita-somanassa)을 통해서 말씀하신 것이다."(MA.iii.187) 재가에 바탕 한 기쁨과 출가에 바탕 한 기쁨 등에 대해서는 본서 제4권 「여섯 감각장소의 분석 경」(M137) §9이하를 참조할 것.

로써 체득하지 못했다 하자. 내가 이와 같이 알지 못하면서도 '그대들은 이런 종류의 즐거운 느낌을 구족하여 머물러라.'라고 말한다면 이것은 나에게 타당한 일이겠는가?"

"아닙니다, 세존이시여."

"비구들이여, 그러나 나는 '여기 어떤 자는 어떤 종류의 즐거운 느낌을 느낄 때 해로운 법들이 줄어들고 유익한 법들이 증장한다.'라는 것을 알고 보고 경험하고 실현하고 통찰지로써 체득하였다. 그러므로 나는 '그대들은 이런 종류의 즐거운 느낌761)을 구족하여 머물러라.'라고 말한다."

9. "비구들이여, 내가 '여기 어떤 자는 어떤 종류의 괴로운 느낌을 느낄 때 해로운 법들이 증장하고 유익한 법들이 줄어든다.'라는 것을 알지 못하고 보지 못하고 경험하지 못하고 실현하지 못하고 통찰지로써 체득하지 못했다 하자. … 그러므로 나는 '그대들은 이런 종류의 괴로운 느낌을 버려라.'라고 말한다.

비구들이여, 내가 '여기 어떤 자는 어떤 종류의 괴로운 느낌을 느낄 때 해로운 법들이 줄어들고 유익한 법들이 증장한다.'라는 것을 알지 못하고 보지 못하고 경험하지 못하고 실현하지 못하고 통찰지로써 체득하지 못했다 하자. … 그러므로 나는 '그대들은 이런 종류의 괴로운 느낌을 구족하여 머물러라.'라고 말한다."

10. "비구들이여, 내가 '여기 어떤 자는 어떤 종류의 괴롭지도 즐겁지도 않은 느낌을 느낄 때 해로운 법들이 증장하고 유익한 법들이 줄어든다.'라는 것을 알지 못하고 보지 못하고 경험하지 못하고 실현

---

761) "여기서 '이런 종류의 즐거운 느낌(evarūpa sukhavedana)'이란 것은 출가에 바탕 한 기쁨(nekkhamma-sita-somanassa)을 통해서 말씀하신 것이다."(MA.iii.187)

하지 못하고 통찰지로써 체득하지 못했다 하자. … 그러므로 나는 '그대들은 이런 종류의 괴롭지도 즐겁지도 않은 느낌을 버려라.'라고 말한다.

비구들이여, 내가 '여기 어떤 자는 어떤 종류의 괴롭지도 즐겁지도 않은 느낌을 느낄 때 해로운 법들이 줄어들고 유익한 법들이 증장한다.'라는 것을 알지 못하고 보지 못하고 경험하지 못하고 실현하지 못하고 통찰지로써 체득하지 못했다 하자 … 그러므로 [477] 나는 '그대들은 이런 종류의 괴롭지도 즐겁지도 않은 느낌을 구족하여 머물러라.'라고 말한다."

11. "비구들이여, 나는 모든 비구들에게 방일하지 않고 해야 할 일이 있다고 말하지 않는다. 비구들이여, 그렇지만 나는 모든 비구들에게 방일하지 않고 해야 할 일이 더 이상 없다고 말하지도 않는다."

12. "비구들이여, 번뇌가 다했고 삶을 완성했고 할 바를 다 했고 짐을 내려놓았고 참된 이상을 실현했고 존재의 족쇄를 부수었고 바른 구경의 지혜로 해탈한 아라한인 비구들이 있다. 그들에게는 방일하지 않고 해야 할 일이 있다고 말하지 않는다. 그것은 무슨 까닭인가? 그들은 방일하지 않고 [해야 할 일을 이미 다] 했기 때문이다. 그들은 방일할 수가 없기 때문이다."

13. "비구들이여, 아라한과를 얻지 못했지만[762)] 위없는 유가안은을 원하면서 머무는 유학인 비구들이 있다. 그들에게는 방일하지 않고 해야 할 일이 있다고 나는 말한다. 그것은 무슨 까닭인가? 이 존자들은 적당한 거처를[763)] 사용하고 선우들을 섬기면서 기능[根]들

---

762) '얻지 못했지만'은 appattamānasā를 옮긴 것이다. 여기에 대한 설명은 본서 제1권 「뿌리에 대한 법문 경」 (M1) §27의 주해를 참조할 것.

을 조화롭게 유지할 때,764) 좋은 가문의 아들들이 바르게 집을 나와 출가한 목적인 그 위없는 청정범행의 완성을 바로 지금·여기에서 스스로 최상의 지혜로 실현하고 구족하여 머물 수 있을 것이기 때문이다. 비구들이여, 나는 이 비구들의 이런 불방일의 열매를 보기 때문에 방일하지 않고 해야 할 일이 있다고 말한다."

14. "비구들이여, 세상에는 일곱 부류의 인간들765)이 존재한다.766) 무엇이 일곱인가?

양면으로 해탈[兩面解脫]한 자, 통찰지로 해탈[慧解脫]한 자, 몸으로 체험한 자, 견해를 얻은 자, 믿음으로 해탈한 자, 법을 따르는 자, 믿음을 따르는 자이다."

15. "비구들이여, 어떤 사람이 양면으로 해탈[兩面解脫]한 자767)

---

763) "'적당한 거처(anulomikāni senāsanāni)'란 도닦기에 적당하고(paṭipatti-anulomāni) 명상주제를 들기에 적합한 곳(kammaṭṭhāna-sappāyāni)으로, 그곳에 머물 때 도와 과를 얻을 수 있는 그런 곳이다."(MA.iii.187)

764) "'기능[根]들을 조화롭게 유지할 때(indriyāni samannānayamānā)'라는 것은 다섯 가지 기능[五根], 즉 믿음의 기능, 정진의 기능, 마음챙김의 기능, 삼매의 기능, 통찰지의 기능을 조화롭게 유지하는 것(samānaṁ kurumānā)을 말한다."(MA.iii.188)
다섯 가지 기능을 조화롭게 유지함(indriyānaṁ samabhāva-karaṇa)에 대해서는 『청정도론』 IV.45~49를 참조할 것.

765) '일곱 부류의 인간들(satta puggalā)'은 『인시설론 주석서』(PugA.194~195)에도 잘 설명되어 있는데 이 부분은 본서 「밧달리 경」(M65) §11의 주해에서 소개하고 있으므로 참조할 것. 본서에 해당하는 주석서의 설명은 아래 주해들에서 인용하고 있다.

766) "이 일곱 부류의 인간들 가운데서 방일하지 않고 해야 할 일(appamādena karaṇīya)이 더 이상 없는 사람은 두 부류(양면해탈자와 혜해탈자)이고, 해야 할 일이 남아 있는 사람은 다섯 부류이다. 그리하여 모두 일곱 부류의 사람이 있다."(MA.iii.188)

767) "'양면으로 해탈[兩面解脫]한 자(ubhato-bhāga-vimutta)'란 두 가지 측

인가?

비구들이여, 여기 어떤 사람은 물질을 초월한 무색계의 평화로운 해탈을 몸으로 체험하여 머물고, 또 그는 통찰지로써 번뇌들을 보아 그들을 완전히 제거한다. 비구들이여, 이를 일러 양면으로 해탈한 자라 한다.

비구들이여, 나는 이런 비구에게 방일하지 않고 해야 할 일이 있다고 말하지 않는다. 그것은 무슨 까닭인가? 그들은 방일하지 않고 [해야 할 일을 이미 다] 했기 때문이다. 그들은 방일할 수가 없기 때문이다."

16. "비구들이여, 어떤 사람이 통찰지로 해탈[慧解脫]한 자[768)]

면(bhāgā) 모두로 해탈한 자이다. 즉 무색계 증득(arūpa-samāpatti)으로 물질의 몸(rūpa-kāya)에서 해탈했고, 도를 얻음으로 정신의 몸(nāma-kāya)에서 해탈했다. 네 가지 무색계 증득 가운데 어느 하나에서 출정하여(vuṭṭhāya) 심리현상들[行, saṅkhārā]을 명상하여 아라한과를 증득한 네 부류의 사람과 상수멸(nirodha)에서 출정하여 아라한과를 얻은 불환자, 이렇게 다섯 부류의 사람이 양면으로 해탈한 자이다.
그러나 『인시설론』(Pug.73)에는 "어떤 사람이 양면으로 해탈한 자인가? 여기 어떤 사람이 여덟 가지 해탈(aṭṭha vimokkhā)을 몸으로 체험하여(kāyena phusitvā) 머물고, 또 통찰지로써 번뇌들(āsavā)을 보아 그들을 완전히 제거한다."라고 나타난다. 이처럼 『논장』(Abhidhamma)에서는 여덟 가지 해탈을 얻은 것(aṭṭha-vimokkha-lābhi)으로 설명하고 있다." (MA.iii.188)

768) "'통찰지로 해탈[慧解脫]한 자(paññā-vimutta)'란 통찰지를 닦아 해탈한 자이다. 마른 위빳사나를 닦은 자(sukkha-vipassaka)와 네 가지 [색계]禪에서 출정하여 아라한과를 얻은 네 사람, 이렇게 다섯 부류의 사람이 통찰지로 해탈한 자이다. 그러나 성전(즉 『인시설론』)에서는 다음과 같이 오직 여덟 가지 해탈과 반대되는 것만으로(aṭṭha-vimokkha-paṭikkhepa-vasena eva) 설명했다. "그는 여덟 가지 해탈을 몸으로 체험하지 못하고 머문다. 그러나 통찰지로써 번뇌들(āsavā)을 보아 그들을 완전히 제거한다. 이런 사람을 통찰지로 해탈한 자라고 한다."(Pug.73)라고."(MA.iii.188)
마른 위빳사나를 닦은 자(sukkha-vipassaka)란 禪 혹은 삼매의 습기(濕氣, 촉촉함)가 없이 위빳사나를 닦은 자를 말하며, 순수 위빳사나를 닦는 자인가?

비구들이여, 여기 어떤 사람은 물질을 초월한 무색계의 평화로운 해탈을 몸으로 체험하지 못하고 머물지만, 그는 통찰지로써 번뇌들을 보아 그들을 완전히 제거한다. 비구들이여, 이를 일러 통찰지로 해탈한 자라 한다.

비구들이여, [478] 나는 이런 비구에게 방일하지 않고 해야 할 일이 있다고 말하지 않는다. 그것은 무슨 까닭인가? 그들은 방일하지 않고 [해야 할 일을 이미 다] 했기 때문이다. 그들은 방일할 수가 없기 때문이다."

17. "비구들이여, 어떤 사람이 몸으로 체험한 자769)인가?

비구들이여, 여기 어떤 사람은 물질을 초월한 무색계의 평화로운 해탈을 몸으로 체험하여 머물고, 또 그는 통찰지로써 보아 일부 번뇌들을 제거한다. 비구들이여, 이를 일러 몸으로 체험한 자라 한다.

이런 비구들에게는 방일하지 않고 해야 할 일이 있다고 나는 말한다. 그것은 무슨 까닭인가? 이 존자들은 적당한 거처를 사용하고 선우들을 섬기면서 감각기능들을 조화롭게 유지할 때, 좋은 가문의 아들들이 바르게 집을 나와 출가한 목적인 그 위없는 청정범행의 완성

(suddha-vipassaka, 『청정도론』 XVIII.8)라고도 불린다. 마른 위빳사나를 닦은 자는 『아비담마 길라잡이』 9장 §29의 해설과 『청정도론』 XXI.112의 주해 등을 참조할 것.

769) "감촉하면서(phuṭṭhanta) 실현한다(sacchikaroti)고 해서 '몸으로 체험한 자(kāya-sakkhī)'라 한다. 禪의 감촉(jhāna-phassa)에 먼저 닿고, 나중에 소멸(nirodha)인 열반을 실현한다. 그는 예류과의 경지를 시작으로 아라한도의 경지까지 여섯 부류이다. 그러므로 이와 같이 말씀하셨다. "여기 어떤 자는 여덟 가지 해탈을 몸으로 체험하여 머물고 또 통찰지로써 번뇌들을 보아 그들의 일부(ekacca)를 제거한다. 이를 일러 몸으로 체험한 자라고 한다."(Pug.73)라고."(MA.iii.188)

을 바로 지금·여기에서 스스로 최상의 지혜로 실현하고 구족하여 머물 수 있을 것이기 때문이다. 비구들이여, 나는 이 비구들의 이런 불방일의 열매를 보기 때문에 방일하지 않고 해야 할 일이 있다고 말한다."

18. "비구들이여, 어떤 사람이 견해를 얻은 자[770]인가?

비구들이여, 여기 어떤 사람은 물질을 초월한 무색계의 평화로운 해탈을 몸으로 체험하지 못하고 머물지만, 그는 통찰지로써 보아 일부 번뇌들을 제거하고 또 여래가 선언하신 법들을 통찰지로써 잘 보고 바르게 검증한다. 비구들이여, 이를 일러 견해를 얻은 자라 한다.

이런 비구들에게도 방일하지 않고 해야 할 일이 있다고 나는 말한다. 그것은 무슨 까닭인가? 이 존자들은 적당한 거처를 사용하고 선우들을 섬기면서 감각기능들을 조화롭게 유지할 때, 좋은 가문의 아들들이 바르게 집을 나와 출가한 목적인 그 위없는 청정범행의 완성을 바로 지금·여기에서 스스로 최상의 지혜로 실현하고 구족하여 머물 수 있을 것이기 때문이다. 비구들이여, 나는 이 비구들의 이런 불방일의 열매를 보기 때문에 방일하지 않고 해야 할 일이 있다고 말한다."

---

770) "'견해를 얻은 자(diṭṭhi-ppatta)'의 간단한 특징(saṅkhepa-lakkhaṇa)은 이렇다. '형성된 것들[行]은 괴로움이고 소멸은 행복이다.'라고 알고(ñāta) 보고(diṭṭha) 체험하고(vidita) 실현하고(sacchikata) 체득한(phusita) 것을 분명하게 안다(paññāyāti)고 해서 '견해를 얻은 자'이다.
상세하게 설하면(vitthārato) 이런 사람도 몸으로 체험한 자처럼 여섯 부류이다. 그러므로 『인시설론』에서 이와 같이 설하셨다. "여기 어떤 사람이 '이것은 괴로움이다.'라고 있는 그래도 꿰뚫어 안다. … '이것은 괴로움의 소멸로 인도하는 도닦음이다.'라고 있는 그대로 꿰뚫어 안다. 여래께서 선언하신(tathāgata-ppaveditā) 가르침들(dhammā)을 통찰지로써 잘 보고(vodiṭṭhā) 바르게 검증한다(vocaritā). 이런 사람을 일러 견해를 얻은 사람이라 한다."(Pug.74)라고."(MA.iii.188)

19. "비구들이여, 어떤 사람이 믿음으로 해탈한 자[771]인가?

비구들이여, 여기 어떤 사람은 물질을 초월한 무색계의 평화로운 해탈을 몸으로 체험하지 못하고 머물지만, 그는 통찰지로써 보아 일부 번뇌들을 제거하고 또 여래에 믿음을 심고 뿌리내려 확고하게 되었다. 비구들이여, 이를 일러 믿음으로 해탈한 자라 한다.

이런 비구들에게도 방일하지 않고 해야 할 일이 있다고 나는 말한다. 그것은 무슨 까닭인가? 이 존자들은 [479] 적당한 거처를 사용하고 선우들을 섬기면서 감각기능들을 조화롭게 유지할 때, 좋은 가문의 아들들이 바르게 집을 나와 출가한 목적인 그 위없는 청정범행의

---

771) "'믿음으로 해탈한 자(saddhā-vimutta, saddhāya vimutta)'도 여섯 부류가 된다. 그러므로 『인시설론』에서 이와 같이 설하셨다. "여기 어떤 사람이 '이것은 괴로움이다.'라고 있는 그대로 꿰뚫어 안다. … '이것은 괴로움의 소멸로 인도하는 도닦음이다.'라고 있는 그대로 꿰뚫어 안다. 그는 여래께서 선언하신 가르침들을 통찰지로써 잘 보고 바르게 검증한다. 그는 통찰지로써 번뇌들을 보고 그들의 일부(ekacca)를 제거한다. 그러나 견해를 증득한 사람처럼 [번뇌를 제거하는 것이] 아니라 [믿음으로 해탈한다.] 그러므로 이 사람을 일러 믿음으로 해탈한 자라 한다."(Pug.74)라고."(MA.iii.189~190)
여기서 [ ] 안의 부분은 아래에서 인용하는 『디가 니까야 복주서』의 설명을 참조하여 넣은 것이다. 『디가 니까야 복주서』는 '견해를 얻은 사람처럼 번뇌를 제거하는 것이 아니라 신심으로 해탈한다.'라는 이 마지막 부분에 대해서 다음과 같이 부연 설명을 하고 있다.
"그렇다면 견해를 얻은 자(diṭṭhi-ppatta)와 믿음으로 해탈한 자(saddhā-vimutta) 간에 오염원들을 버림(kilesa-ppahāna)에 다른 점(nānatta)이 있는가? 없다. 그렇다면 무슨 연고로 믿음으로 해탈한 자는 견해를 얻지 못하는가? 도가 오는 근원이 다르기(āgamanīya-nānatta) 때문이다. 견해를 얻은 자의 경우 도가 나타나서 오염원들을 억압할 때(vikkhambhento) 고통스럽지 않고 힘들이지 않고 어렵지 않게 억압할 수 있다. 그러나 믿음으로 해탈한 자는 오염원들을 억압할 때 고통스럽고 힘들이고 어렵게 억압하기 때문에 견해를 얻지 못한다.
그리고 그들은 통찰지(paññā)에 의해서도 차이가 있다. 견해를 얻은 자는 앞의 세 가지 도(예류도부터 일래도까지)의 위빳사나의 지혜가 예리하고 용감하고 밝다. 믿음으로 해탈한 자는 위빳사나의 지혜가 예리하지 않고, 용감하지 않고 밝지 않기 때문에 그는 견해를 얻지 못한다."(DAṬ.iii.94)

완성을 바로 지금 · 여기에서 스스로 최상의 지혜로 실현하고 구족하여 머물 수 있을 것이기 때문이다. 비구들이여, 나는 이 비구들의 이런 불방일의 열매를 보기 때문에 방일하지 않고 해야 할 일이 있다고 말한다."

20. "비구들이여, 어떤 사람이 법을 따르는 자[772]인가?

비구들이여, 여기 어떤 사람은 물질을 초월한 무색계[773]의 평화로운 해탈을 몸으로 체험하지 못하고 머물며, 또 그는 통찰지로써 보지만 아직 번뇌들을 완전히 제거하지 못한다. 그러나 여래가 선언하신 법을 그의 통찰지로 충분히 사유하여 받아들이고 또한 믿음의 기능, 정진의 기능, 마음챙김의 기능, 삼매의 기능, 통찰지의 기능의 이런 법을 가진다. 비구들이여, 이를 일러 법을 따르는 자라 한다.

이런 비구들에게도 방일하지 않고 해야 할 일이 있다고 나는 말한

---

772) "법을 따르기 때문에 '법을 따르는 자(dhamma-anusārī)'이다. 법이란 통찰지(paññā)이다. 통찰지를 앞세운 도를 닦는다는 뜻이다. [아래 §21의] '믿음을 따르는 자(saddhānusārī)'도 이와 같은 방법으로 알아야 한다. 이 둘은 예류도의 경지에 머무는 자들(sotāpatti-magga-ṭṭhā)이다. 『인시설론』에서 이와 같이 설하셨다. "예류과를 실현하기 위해 도닦는 자가 통찰지의 기능[慧根, paññindriya]이 강하고(adhimatta), 통찰지를 가져오고 통찰지를 앞세운(paññā-pubbaṅgama) 성스러운 도(ariya-magga)를 닦는 자를 법을 따르는 자라고 한다."(Pug.74)라고, 마찬가지로 "예류과를 실현하기 위해 도닦는 자가 믿음의 기능[信根, saddhindriya]이 강하고, 믿음을 가져오고 믿음을 앞세운 성스러운 도를 닦는 자를 믿음을 따르는 자라고 한다."(Pug.74)라고. 여기서 설명한 것은 간략한 것이다. 상세한 것은 『청정도론』의 통찰지의 수행 편(paññā-bhāvanādhikāra, Vis.XVII.74~78)에 설명되어 있다."(MA.iii.190~191)

773) "색계 증득 없이는 무색계 증득이 있을 수 없기 때문에 여기서 무색계라고 표현했지만 여덟 가지 해탈[八解脫, aṭṭha vimokkhā]을 말한 것이라고 알아야 한다."(MA.iii.191)
팔해탈의 정형구는 본서 제3권 「사꿀루다이 긴 경」(M77) §22와 주해들을 참조할 것.

다. 그것은 무슨 까닭인가? 이 존자들은 적당한 거처를 사용하고 선우들을 섬기면서 감각기능들을 조화롭게 유지할 때, 좋은 가문의 아들들이 바르게 집을 나와 출가한 목적인 그 위없는 청정범행의 완성을 바로 지금・여기에서 스스로 최상의 지혜로 실현하고 구족하여 머물 수 있을 것이기 때문이다. 비구들이여, 나는 이 비구들의 이런 불방일의 열매를 보기 때문에 방일하지 않고 해야 할 일이 있다고 말한다."

21. "비구들이여, 어떤 사람이 믿음을 따르는 자[774]인가?

비구들이여, 여기 어떤 사람은 물질을 초월한 무색계의 평화로운 해탈을 몸으로 체험하지 못하고 머물며, 또 그는 통찰지로써 보지만 아직 번뇌들을 완전히 제거하지 못한다. 그러나 여래에 대해 충분한 믿음과 사랑이 있고, 또한 믿음의 기능, 정진의 기능, 마음챙김의 기능, 삼매의 기능, 통찰지의 기능의 이런 법을 가진다. 비구들이여, 이를 일러 믿음을 따르는 자라 한다.

이런 비구들에게도 방일하지 않고 해야 할 일이 있다고 나는 말한다. 그것은 무슨 까닭인가? 이 존자들은 적당한 거처를 사용하고 선우들을 섬기면서 감각기능들을 조화롭게 유지할 때, 좋은 가문의 아들들이 바르게 집을 나와 출가한 목적인 그 위없는 청정범행의 완성을 바로 지금・여기에서 스스로 최상의 지혜로 실현하고 구족하여 머물 수 있을 것이기 때문이다. 비구들이여, 나는 이 비구들의 이런 불방일의 열매를 보기 때문에 방일하지 않고 해야 할 일이 있다고 말한다."

---

774) '믿음을 따르는 자(saddhānusārī)'에 대한 주석서의 설명은 위 §20의 주해를 참조할 것.

22. "비구들이여, 나는 구경의 지혜가 단박에 이루어진다고 말하지 않는다. 비구들이여, 그러나 순차적인 공부지음과 순차적인 실천과 순차적인 도닦음으로 구경의 지혜는 이루어지는 것이다."[775]

---

775) 여기서 세존께서는 '나는 구경의 지혜가 단박에 성취된다고 말하지 않는다(nāhaṁ ādikeneva aññārādhanaṁ vadāmi).'라고 하시고, '순차적인 공부지음(anupubba-sikkhā)'과 '순차적인 실천(anupubba-kiriyā)'과 '순차적인 도닦음(anupubba-paṭipadā)'으로 구경의 지혜는 이루어지는 것이라고 하신다. 본서 제3권 「가나까 목갈라나 경」(M107) §2에도 '순차적인 공부지음'과 '순차적인 실천'과 '순차적인 도닦음'은 나타나고 있으며 §3이하에서 세존께서는 이것을 계를 지님부터 네 가지 禪까지의 8가지 단계로 말씀하고 계신다. 이 세 술어에 대한 주석서의 설명은 그곳 §2의 주해를 참조하기 바란다.

한편 여기서 '단박에'는 ādikena eva를 옮긴 것인데 주석서에서 "단 한 번에(첫 번째에 바로, paṭhamam eva)"(MA.iii.193)라고 설명하고 있어서 이렇게 옮겼다. 주석서는 다음과 같이 설명하고 있다.

"이것은 개구리(maṇḍūka)가 단 한 번에(paṭhamam eva) 껑충 뛰어올라서(uppatitvā) 가는 것처럼 그렇게 구경의 지혜가 이루어져서(aññārādha-na) 아라한과에 확립(patiṭṭhāna)된다고 말하지 않으신다는 뜻이다."(MA.iii.193)

이것은 후대에서 전개된 돈오점수(頓悟漸修)와 돈오돈수(頓悟頓修)를 위시한 돈(頓)과 점(漸)의 문제에 대한 초기불교의 입장이라 볼 수 있을 것이다. 수행에 대한 초기불교의 입장은 점수적 혹은 점진적이라 할 수 있다.

초기불교에서 깨달은 성자는 예류자 · 일래자 · 불환자 · 아라한의 네 부류로 분류된다. 이러한 성자가 되기 위해서는 당연히 교학적인 이해와 수행이 있어야 한다. 범부가 성자가 되기 위해서는 순차적이고 점진적인 수행 즉 '순차적인 공부지음(anupubba-sikkhā)'과 '순차적인 실천(anupubba-kiriyā)'과 '순차적인 도닦음(anupubba-paṭipadā)'이 있어야 한다. 본 『맛지마 니까야』에 나타나는 15단계 계 · 정 · 혜의 정형구가 그렇고 『디가 니까야』에 나타나는 23단계 계 · 정 · 혜의 정형구(이 둘은 본서 역자 서문 §8-(3)을 참조할 것.)가 그렇다. 그리고 본경 §23에 나타나는 12가지 점진적인 방법이 그렇고, 본서 제3권 「가나까 목갈라나 경」(M107) §3이하에 나타나는 계를 지님부터 네 가지 禪까지의 11가지 점진적인 방법도 그렇다. 그러므로 범부에서 성자의 첫 단계인 예류자가 되기 위해서는 순차적이고 점전적인 수행을 해야 한다. 그리고 이것은 과정과 절차와 순서와 차례가 있는 세상의 모든 일의 입장에서도 지극히 상식적인 주장이기도 하다.

그리고 초기불전의 여러 곳에서 10가지 족쇄 가운데 몇 가지를 풀었는가에

23. "비구들이여, [480] 그러면 어떻게 순차적으로 공부짓고 순차적으로 행하고 순차적으로 도를 닦아 구경의 지혜가 이루어지는가?

비구들이여, 여기 스승에 대해 믿음이 생긴 자는 스승을 친견한다. 친견하면서 공경한다. 공경하면서 귀를 기울인다. 귀 기울이면서 법을 배운다. 배우고 나서 법을 호지한다. 호지한 법들의 뜻을 자세히 살펴본다. 뜻을 자세히 살필 때에 법을 사유하여 받아들인다. 법을 사유하여 받아들이기 때문에 열의가 생긴다. 열의가 생길 때에 시도한다. 시도할 때 세밀하게 조사한다. 세밀하게 조사한 뒤 노력한다. 노력할 때 몸으로 최상의 진리를 실현하고 통찰지로써 그것을 꿰뚫어본다."776)

따라서 예류자 · 일래자 · 불환자 · 아라한으로 설명하고 있는데 이 자체가 돈오점수의 입장이라 할 수 있다. 자아가 있다는 견해인 유신견과 계행과 의례의식에 대한 집착과 의심은 단박에 해결되는 것이라서 돈오의 입장이라 할 수 있겠지만 정서적 · 감정적 번뇌인 감각적 욕망과 악의 등은 점진적으로 닦아서 없어지는 것이며 색계와 무색계의 집착부터 무명까지의 미세한 족쇄도 마찬가지이다.

그래서 아비담마 문헌의 여러 곳에서는 열 가지 족쇄 가운데 처음의 셋을 보아서[見, dassana] 버려야 할 법들(dassanena pahātabbā dhammā)이라고 정리하고 있으며(Dhs.182 {1002}), 나머지는 닦아서[修, bhāvanā]) 버려야 할 법들(bhāvanāya pahātabbā dhammā)이라고 설명하고 있다.(Dhs.183 {1007}) 이러한 봄[見]과 닦음[修]은 다시 견도(見道, dassana-magga)와 수도(修道, bhāvanā-magga)라는 술어로 주석서 문헌들의 도처에 나타나고 있으며(MA.i.75 등) 견 혹은 견도에 의해서 예류자가 되고 수 혹은 수도의 성취정도에 따라서 차례대로 일래자, 불환자, 아라한이 된다고 설명하고 있다.(Ps.ii.82 이하; Pm.299 등)

물론 견도로 유신견 등의 세 가지 족쇄를 없애기 위해서도 당연히 점진적이고 진지한 노력이 필요하고 수도로 정서적 번뇌 등 나머지 족쇄를 없애기 위해서도 그러하다. 그래서 본경은 순차적인 공부지음과 순차적인 실천과 순차적인 도닦음을 강조하는 것이다.

그리고 시 · 계 · 생천(施 · 戒 · 生天)과 관계된 또 다른 순차적인 가르침(ānupubbi-kathā)의 정형구에 대해서는 본서 「우빨리 경」(M56) §18과 그 주해와 본서 제3권 「브라흐마유 경」(M91) §36을 참조할 것.

24. "비구들이여, [그대들에게는] 참으로 그런 믿음이 없었고, 참으로 친견이 없었고, 참으로 공경이 없었고, 참으로 귀 기울임이 없었고, 참으로 법을 들음이 없었고, 참으로 법을 호지함이 없었고, 참으로 뜻을 자세히 살펴봄이 없었고, 참으로 법들을 사유하여 받아들임이 없었고, 참으로 열의가 없었고, 참으로 시도가 없었고, 참으로 세밀한 조사가 없었고, 참으로 노력이 없었다.

비구들이여, 그대들은 길을 잃었고, 그릇된 도를 닦았다. 비구들이여, 이 어리석은 인간들이여, 그대들은 이 법과 율에서 얼마나 멀리 떨어져 있고 얼마나 잘못 들어섰던가!"

25. "비구들이여, 네 구절로 된 진리[777]가 있나니, 그것을 암송할 때 지자는 오래지 않아 통찰지로써 그 뜻을 잘 알게 될 것이다. 비구들이여, 그대들을 위해 암송하리라. 이것을 잘 이해하도록 하라."

"세존이시여, 저희들이 누구라고 그 법을 이해하겠습니까?"

26. "비구들이여, 스승이 세속적인 것을 중히 여기고 세속적인 것을 상속받고 세속적인 것에 애착을 가지고 머문다 하더라도 '우리가 이런 것을 얻으면 이것을 하겠습니다. 우리가 이런 것을 얻지 못

---

776) "'열의(chanda)'란 하고자 하는 유익한 열정(kattukamyatā-kusala-cchan-da)이다. '세밀하게 조사한다(tuleti).'는 것은 무상, 고, 무아라고 세밀하게 조사하는 것이다. '세밀하게 조사한 뒤 노력한다(tulayitvā padahati).'는 것은 세밀하게 조사할 때 도의 노력(magga-padhāna)으로 노력하는 것이다. '몸으로 최상의 진리를 실현한다(kāyena ceva paramasaccaṁ sacchi-karoti).'는 것은 정신의 몸(nāma-kāya, 즉 정신의 무더기)으로 열반의 진리를 실현하는 것이다. '통찰지로써 꿰뚫어본다(paññāya ca naṁ ativijjha passati).'는 것은 정신의 무더기가 함께한 도의 통찰지로써 꿰뚫고 보는 것이다."(MA.iii.193)

777) "'네 구절로 된 진리(catu-ppada veyyākaraṇa)'란 사성제에 대한 설명(catu-sacca-byākaraṇa)을 말한다."(MA.iii.193)

하면 이것을 하지 않겠습니다.'라고 그에게 이런 흥정을 해서는 안 되는데,778) 하물며 그가 모든 세속적인 것에서 완전히 벗어난 여래에 대해서야 말해 무엇하겠는가?"

27. "비구들이여, 스승의 교법에 믿음을 가진 제자가 통찰하여 취할 때,779) 다음과 같이 생각하는 것은 법다운 것이다.780) '세존은 스승이시고, 나는 제자이다. 세존께서는 아시고, 나는 알지 못한다.'라고. 비구들이여, 스승의 교법에 믿음을 가진 제자가 통찰하여 취할 때 스승의 교법은 증장할 것이고 자양분을 가진다.

비구들이여, 스승의 교법에 믿음을 가진 제자가 통찰하여 취할 때, 다음과 같이 [481] 생각하는 것은 법다운 것이다. '피부와 힘줄과 뼈가 쇠약해지고 몸에 살점과 피가 마르더라도 남자다운 근력과 남자다운 노력과 남자다운 분발로써 얻어야 하는 것을 얻을 때까지 정진을 계속하리라.'라고.781)

---

778) "마치 물건을 사고팔 때 가격을 올리거나 깎는 것처럼 흥정하는 것을 말한다."(MA.iii.194)

779) '통찰하여 취할 때'는 pariyogāya를 옮긴 것이다. 주석서에서 이것을 "pariyogāhitvā(pari + ava + √gāh, *to plunge*) ukkhipitvā gahetvā"(MA.iii.194)라고 설명하고 있듯이 pariyogāya는 pariyogāhitvā의 축약형이며 깊이 들어가서 취한다는 의미이다.

780) "'법다운 것(anudhamma)'이라는 것은 고유성질(sabhāva)이 [있는 진실한 것]이라는 말이다. 즉 '세존께서는 한 자리에서만 먹는 그 이익을 아시지만, 나는 알지 못한다. 그러나 스승에 대한 믿음으로 하루에 세 끼를 먹는 것을 버리고 한 자리에서만 먹는다.'라고 생각하는 것은 법다운 것이고 그 고유성질이 있는 [진실한 것]이다."(MA.iii.194)

781) 주석서는 이러한 '정진(vīriya)'을 네 가지 요소를 갖춘 정진(catur-aṅga-samannāgata vīriya)이라 부르고 있다. 여기서 네 가지는 본문에 나타나는 '피부(taca)', '힘줄(nahārū)', '뼈(aṭṭhi)', '살점과 피(maṁsa lohita)'이다.(MA.iii.194; SA.ii.49) 이 정진의 정형구는 『상윳따 니까야』 제2권 「십력 경」 2(S12:22) §6과 「통 경」(S21:3) §5에도 나타나고 있다.

비구들이여, 스승의 교법에 믿음을 가진 제자가 통찰하여 취할 때 두 가지 결실 가운데 한 가지 결실을 얻나니, 바로 지금·여기에서 구경의 지혜를 증득하거나 만일 취착이 남아있다면 불환자가 된다."

세존께서는 이와 같이 설하셨다. 그 비구들은 흡족한 마음으로 세존의 말씀을 크게 기뻐하였다.

끼따기리 경(M70)이 끝났다.

제7장 비구 품이 끝났다.

역자 · 대림스님

세등선원 수인(修印) 스님을 은사로 출가. 봉녕사 승가대학 졸업.
11년간 인도 뿌나 대학교(Pune University) 에서 산스끄리뜨어와 빠알리어 수학.
3년간 미얀마에서 아비담마 수학.
현재 초기불전연구원 원장 소임을 맡아 삼장 번역불사에 몰두하고 있음.

역서로 『염수경(상응부 느낌상응)』(1996), 『아비담마 길라잡이』(전2권, 2002, 12쇄 2016, 전정판 2쇄, 2018, 각묵스님과 공역), 『들숨날숨에 마음챙기는 공부』(2003, 개정판 2005), 『청정도론』(전3권, 2004, 9쇄 2023), 『앙굿따라 니까야』(전6권, 2006~2007, 6쇄 2021), 니까야강독(I/II, 2013, 4쇄 2017, 각묵스님과 공역)이 있음

맛지마니까야 제2권

2012년 10월 10일 초판1쇄 인쇄
2023년 11월 1일 초판6쇄 발행

옮긴 이 | 대림스님
펴낸 이 | 대림스님
펴낸 곳 | 초기불전연구원
경남 김해시 관동로 27번길 5-79
전화 (055)321-8579
홈페이지 | http://tipitaka.or.kr
http://cafe.daum.net/chobul
이 메 일 | chobulwon@gmail.com
등록번호 | 제13-790호(2002.10.9)
계좌번호 | 국민은행 604801-04-141966 차명희
하나은행 205-890015-90404 (구.외환 147-22-00676-4) 차명희
농협 053-12-113756 차명희
우체국 010579-02-062911 차명희

ISBN 978-89-91743-24-3
ISBN 978-89-91743-22-9(전4권)

값 | 30,000원